社會心理學

Social Psychology 【原書第十版】

Elliot Aronson、Timothy D. Wilson、Samuel R. Sommers◎著

余伯泉、陳舜文、危芷芬、余思賢◎譯

關於作者

Elliot Aronson

　　小時候，我們家在反猶太聲浪高漲的住宅區裡，是唯一的猶太家庭。每天下午，我必須到猶太學校念書。由於我是附近地區唯一就讀猶太學校的小孩，所以很容易就成為大家欺負的對象。放學時天色已暗，在回家途中我經常遭到毆打與辱罵。

　　至今，記憶依然鮮明得歷歷在目：我頹坐在街石上，撫摸著滴血的鼻子或受傷的嘴角，一邊覺得自己處境凄慘，一邊很想知道這些小孩為什麼如此恨我，他們甚至還不認識我。我思索著，是有人把這些孩子教導成痛恨猶太人，還是他們生來就如此？我還想著他們的仇恨心是不是能夠改變；如果他們多認識我一點，情形會不會不同？我甚至還自我反省，是不是什麼地方得罪了人，以及如果我的塊頭比別人大，我會不會反過來，也會無緣無故去欺負別人呢？

　　當然，當時的我無法解開這些謎團，但最後我發現，這些都是意義深遠的問題。在三十幾年之後，身為實驗社會心理學家，我很幸運有此機會來解答上述的一些問題，並發展出一些技術來消減令我蒙受其害的偏見。

> Elliot Aronson是世界上最著名的社會心理學家之一，2002年獲選20世紀百大傑出心理學家之一，是加州大學聖克魯斯分校的名譽教授，也是美國心理學會一百二十年歷史中唯一獲得研究貢獻獎、教學貢獻獎及寫作貢獻獎這三項大獎的人。

社會心理學
Social Psychology

Tim Wilson

我八歲那一年，兩個較大的孩子騎著腳踏車來告訴我，他們在一條鄉村小路旁發現一間棄屋。他們說：「這間棄屋真的很清淨，我打破了一塊窗玻璃，也沒有人管！」於是，我就跟一位最好的朋友跳上腳踏車前往探險，並且很快就找到了。它獨自座落在路旁，一樓的一扇窗戶破了一個大洞。我們跳下車看看四周，我朋友找到一塊棒球大小的石頭往窗子一丟，正中一樓另一扇玻璃。我們感到一股莫名的興奮，當時我們不覺得這些行為有何不妥，畢竟這是一間沒人住的棄屋。於是我們幾乎把屋子所有的玻璃窗都打破，然後爬上窗戶往裡面看個仔細，卻嚇出一身冷汗，原來這屋子是有人住的，牆上不但掛著圖畫，傢俱相當考究，而且書架上擺滿了書。我們很快得知這是一對老夫婦的房子，他們外出去度假。最後，我們的父母親知道了這件事情，賠了一大筆修繕玻璃的費用。多年以來，我一直在思考這件事：

我為什麼會做出這種可怕的事？難道我是個壞小孩？對此我不這麼認為，我的父母親也一樣。但是為什麼一個乖小孩會闖下這種大禍呢？雖然鄰近的小孩說那是一間棄屋，為什麼我跟我的朋友就看不出那是一間有人住的屋子！當時的我並不明白這些問題的答案，但後來我終於瞭解，這些反省都觸及古典社會心理學所探討的主題，諸如是不是只有壞小孩才會做壞事，社會情境的影響力會不會強烈到迫使好人也會去做壞事，以及我們心中若已預設立場，往往使我們很難認清真相等等。幸運的是，這件打破玻璃的事件事實上提供了動力，使我至今還著迷於如何瞭解人們的行為及存在於社會世界當中的基本問題。

Tim Wilson在密西根大學拿到博士學位，目前擔任維吉尼亞州立大學的心理學教授。他發表了許多關於內省、態度改變、自我知識、情感性預測的文章。他的研究工作受到美國科學基金會與美國心理衛生協會的資助。2001年他獲頒維吉尼亞州立大學的傑出教學獎；2010年獲維吉尼亞州立大學傑出科學獎；2015年獲頒美國心理科學學會的心理科學獎。

Sam Sommers

　　我上大學原本主修英語，在大一第二學期找到興趣，我在普通心理學課程中發現自己真正的興趣。當上到社會心理學章節，腦海中有聲音告訴我：「喂！你知道這是好東西。就像跟朋友閒話家常，但用的是科學數據。」

　　課程中，我們可以參加研究而得到課程分數。有一次，我參加一項互動研究，要跟另一位伙伴搭檔解決問題。我走進實驗室，另一個傢伙早就到了，他的外套和背包就掛在椅子後方。我被帶到另一個小房間，觀看等會兒那位伙伴的影片。然後我拿到一份問卷，問及我對對方的看法、對下階段互動的預期等等。最後，我走回原本的房間，實驗者遞給我一張椅子，叫我拿到那位伙伴座位旁邊先坐下，她會去叫他過來（他跟我剛剛一樣正在另一間獨自回答問卷）。

　　所以我照做了。我把椅子放好坐下並等待。然後實驗者一個人回來，她告訴我實驗已結束，沒有另一位參與者，也沒有要做什麼搭檔解決問題。我看的影片是演員演的。他在某些版本中談及女友，在其他版本則談及男友。研究要探討的是性傾向資訊會如何影響互動態度。然後她用捲尺做了一項測量。

　　這個測量是要確認我把椅子放離伙伴的椅子有多近。實驗假設是對同性戀的不舒服感會讓人把椅子放遠一點，對伙伴感到舒服的話則會靠近些。

　　就在那時，我被迷住了。腦袋中的輕聲變成呼喊，告訴我這是可以讓我興奮的領域。首先，研究者騙倒我了，我只能用「很酷」來表達我的感覺。但是更重要的是，她們努力做這些事，讓我和其他參與者顯現出真實的態度、偏好和傾向，如果直接問我們，我們絕不會承認（或甚至我們從未察覺到）。這是一個迷人、有創造力的研究設計，從重要社會議題的範疇揭露出我的角色。

　　就像我說的，我被迷住了。這個領域曾在學生時期讓我感到驚奇，現在仍不斷激起我的好奇和啟發，我也迫不及待想讓你認識它。

Sam Sommer在威廉斯學院取得學士，並在密西根大學取得博士學位。2003年起任教於麻州塔夫茨大學（Tufts University）心理學系，研究主題涵蓋刻板印象、偏見、團體異質性，尤其特別關注這些現象在法律領域的運作。他在塔夫茨大學得過多項教學獎，包括Lerman-Neubauer傑出教學與論文指導獎、傑拉德·吉爾教授年度獎。

原　序

　　當我們開始撰寫這本書時，我們最重要的目標就是激發人們對社會心理學的熱情。從許多教授和學生的來信中，我們很高興知道我們做到了。我們最喜歡的一個回饋來自一名學生，她說這本書很有趣，她總是把它留到最後，當作是完成其他工作的獎勵。有這樣的一個學生即表示至少我們成功將這本書變成一則有趣、引人入勝的故事，而不是一篇關於事實和數字的枯燥報告。不過，永遠都有進步的空間，在最新的第十版中，我們的目標是將社會心理學領域變成一本更好看的讀物。當我們在教這門課時，最開心的事就是看到坐在後排昏昏欲睡的學生興味盎然地坐直身子說：「哇！我怎麼不知道有這回事！這真是太有趣了。」我們希望讀這本書的學生都能有相同的反應。

　　先談一下本版不變的地方。我們持續用有趣、引發共鳴的方法，向學生講述社會心理學發生的事。我們也保留了有助於學生學習和記憶的部分。跟之前一樣，每一章的開頭都有學習目標，在每個節次重複一次，也在章末的摘要中做統整。本版的每一節都有複習題。研究發現學生經常做測驗有助於學習教材，所以這些複習題和每章末的測驗應該很有幫助。在互動式教材中，老師可以自由挑選習題作業。每一章有【試試看！】單元，讓學生應用所學到日常生活。其中幾個【試試看！】單元有更新過。

　　我們很得意在第十版增加了一些新特色，相信它們將受到學生的歡迎，也讓學習更輕鬆。第一個新特色是「趨勢」。這是對時事的分析，用以闡明每章的關鍵概念。例如第十一章的利社會行為中，我們描述一名來自德州的白人男性牙醫，在川普總統就職典禮所在地的餐廳，給了一名非裔女性服務生高達450美元的小費。這裡會請學生用該章的概念去解釋為什麼那名男士這麼慷慨，例如用Batson的同理心—利他假說。重要的是，這些案例會頻繁地更新，讓學生一直能把讀到的東西跟時事做連結。

　　第二，現在每章開頭會有「你認為如何」單元，用一項調查幫助學生理解該章的概念。例如在第六章，學生會被問到：「你曾經參加過某個團體，要求你在成為其成員前必須做些不堪或危險的事嗎？」在互動教材中，學生會馬上知道其他學生的答案（23%回答是）。每章最後有跟這項調查呼應的申論題作

業，老師可以選擇用或不用。例如第六章的題目是「如何從『為付出的努力辯護』來解釋何以許多類型的團體都常使用令人難堪的入會儀式？」

當然，我們在第十版大幅更新了許多新研究的參考資料。以下概要說明本書收錄的新研究：

1. 第一章：本章補充了範例與一個新的【試試看！】單元，並加上一個新的小節，說明生物研究取向與演化論在社會心理學的角色。

2. 第二章：本書的招牌特色依然是社會心理學研究方法的章節，淺顯易懂。本章在第十版補充新的文獻與案例，並加上討論社會心理學研究複製的爭議。

3. 第三章〈社會認知：我們如何看待社會世界〉補充了超過四十篇新文獻，還有一個關於規劃謬誤的新段落，以及近期研究發現，例如反真實思考與人們對上帝信念之研究。

4. 第四章〈社會知覺：我們如何瞭解別人〉有幾項新特色，包含用《黑鏡》（*Black Mirror*）電視影集做開場白、利用第一印象來獲得優勢的圖文專欄、討論因果報應及正義世界信念的跨文化態度，以及重新組織對Kelley共變模式的討論。

5. 在第五章〈自我瞭解：在社會脈絡中認識自己〉補充了超過三十五篇新文獻。本章也重新組織成四大部分，應該讓教材更易於清楚理解。開頭有一則新案例，提到被動物養大的小孩對自我的感受會如何受影響。自尊這個小節則被挪到第六章。

6. 第六章〈認知失調與維護自尊的需求〉是這個版次修訂最多的章節之一。本章是這本書的招牌。這本書是唯一花整章講述認知失調理論與自尊維持的教科書。我們很自豪地在第十版維持這一章，並用醒目的案例引發學生興趣、用淺顯易懂的方式講述認知失調的經典研究。這章同時做了一些更新，加了一個新的小節說明失調理論的進展，包括自我肯定理論與自我評價維持理論的討論。原本在第五章有關自戀與自尊的部分被挪到這章。本章更新兩個會讓學生喜歡的【試試看！】單元：一個是請他們完成一項價值肯定的寫作，另一個是請他們填寫簡版的自戀人格量表並計分。

7. 第七章〈態度和態度的改變：影響想法和感覺〉有新的開場故事，而以

情感為基礎的態度有一則關於2016年選舉的新案例。另有一則新的專欄，是關於應徵者的名字如何影響審查者的內隱態度，進而對工作履歷有不一樣的觀感。另外我們還加入一個新專欄，用以解釋耶魯的態度改變研究取向。

8.第八章〈從眾與服從：影響行為〉現在用Pete Frates和漸凍人症冰桶挑戰的案例，以較正面的社會影響開場。訊息式社會影響的部分加上假新聞擴散的討論。還有新增當代對Milgram實驗的批判。

9.第九章〈團體歷程：社會團體的影響〉有新的開場，分析2016年希拉蕊競選團隊決策的問題。我們也增加網路去個人化以及社群媒體產生團體極化的近期研究。本章同時擴增並更新囚犯困境的討論、加上資源困境的圖文專欄。

10.第十章〈吸引力和關係：從最初印象到長期親密〉更新了標題，更能反映本章同時關注一開始的人際吸引力與關係發展／滿足。我們增加一個圖文專欄呈現單純曝光效應與喜愛間的關聯，另外加談了Sternberg的三角理論（包括一個圖），並重新組織與更新結論有關關係滿意度與分手的部分。

11.第十一章〈利社會行為的基本動機：人們為何助人？〉有超過三十篇新的參考文獻，擴大對同理心、利他行為及志工服務的討論，也修訂宗教信仰與利社會行為的討論。

12.第十二章〈攻擊：為何我們會傷害別人？能防範嗎？〉除了涵蓋新的研究之外，在內容上也大幅更新。本版對睪固酮與攻擊關聯的討論更為細緻，除了進一步說明性別與激素的一些面向，也介紹其他與攻擊有關的激素：雌二醇。我們也增加並評論了兩個關於攻擊具體的演化理論：挑戰假說與雙激素理論。本版精簡了性侵害的小節，讓這個重要的小節更為清晰。整體來說，本章現在的撰寫，強調攻擊衝動角色在生物學與心理學間相互呼應的證據。

13.在第十三章〈偏見：原因、後果和對策〉在組織和內容上有重大更新。我們得對偏見的討論，從黑人白人、男女延伸到其他種族、多元性別、受汙名化的群體。雖然如此，我們跟反黑人的現象維持重要的對話，包括警察開槍與激進團體的討論。我們在本章涵蓋更多偏見的生理學研究，進而擴增情緒作為偏見核心元素的討論。在減少偏見的對策上，我

們延伸團體間接觸的內容，來教導學生間接接觸的做法。我們縮減拼圖教室的內容。整章更新了近期流行文化與互動式教材的範例。

14. 探討「社會心理學之生活應用」的三章——〈運用社會心理學帶來改變：維持永續未來〉、〈社會心理學與健康〉、〈社會心理學與法律〉——增加了許多新研究的參考資料，但是維持較短的篇幅。當我們在教課時，我們發現學生對於學習這些應用領域興趣盎然。當然，我們也承認有些老師很難將這幾章納入他們的課程中。和前一版本一樣，我們維持縮減這三章的篇幅，讓老師們容易地將這幾章融入課程的其他部分中。〈運用社會心理學帶來改變：維持永續未來〉這章用新的開場案例去描述改變氛圍的影響，以及一個新案例說明提高幸福感的可行方式。在〈社會心理學與健康〉這章中，我們多談了對療養院住民的知覺控制處遇方式，並增加一個壓力因應的新專欄。〈社會心理學與法律〉有一個新的圖說用以說明最佳的目擊證人指認程序。

鳴　謝

Elliot Aronson很榮幸在此感謝Carol Tavris的協助。他也想要感謝他最好的朋友（剛好也是他結縭六十年的妻子）Vera Aronson。Vera一如以往為他的想法提供靈感，而且對於他許多半成型的概念，她都扮演智囊團和支持他的評論家角色，協助他將這些概念塑造成更有意義的分析。

Tim Wilson想要感謝他的研究所導師Richard E. Nisbett，他孕育了Wilson在社會心理學領域的興趣，並證明了在社會心理學研究和日常生活之間的連貫性。他也要感謝過去多年他在社會心理學課程中的許多學生，他們問出驚艷的問題，並提出日常生活中有關社會心理學現象的最佳例子。最後，他感謝很多研究生，他有幸與他們一起工作，一起發掘迷人的社會心理學新現象。

Sam Sommers想感謝的首要對象是可愛的Sommers女士們，Marilyn、Abigail和Sophia，在不分晝夜修訂期間給予耐心、包容地板上一直都佈滿凌亂的論文和書本（保證第十一版開始工作前會清理完），並常常提供聰明的生活案例去闡述社會心理學概念。他也特別感謝他所有的社會心理學老師，引領他進入這個領域、持續地支持，並提供了作為老師、指導者、研究者和作者的好榜樣。

　　如果沒有幕後的許多人與作者協力合作，一本書不可能付梓出版，本書也不例外。我們要特別感謝Elizabeth Page-Gould大力協助修訂其中兩章，她在社會心理學的高深知識與絕佳文風對這個版次貢獻甚多。我們想感謝許多為我們審閱本版次和前幾版文章的同事。

　　我們也要感謝Pearson優秀的編輯群，包括Dickson Musslewhite（編輯部主任）、Cecilia Turner（內容製作）、Christopher Brown（產品行銷執行經理）、Louis Fierro（編輯助理）和Angel Chavez（技術專案經理）。我們想要特別感謝Thomas Finn（策劃編輯），即便只透過電子郵件，也持續地用激勵與啟發的方式提供專業指引；還有Amber Chow（專案組合經理），他對本書孜孜不倦的信念和遠見，真的讓一切都變得不同。最後，我們要感謝Mary Falcon，如果沒有她，我們就不會開始本書的寫作計畫。謝謝你帶著我們走進你的課堂。若你對本書有任何建議，我們竭誠歡迎你的賜教。

Elliot Aronson　　elliot@cats.ucsc.edu

Tim Wilson　　tdw@virginia.edu

Sam Sommers　　sam.sommers@tufts.edu

譯　序

　　本書第一作者E. Aronson是素享盛名的社會心理學家，亦是L. Festinger在史丹福大學指導的得意門生，平生致力於將實驗結果用於解決社會問題。本書另兩位作者也是實驗派社會心理學家，分別專攻不同領域。E. Aronson亦主編了三巨冊的《社會心理學經典論文集》，收羅了百年來對西方社會心理學具有重要貢獻的原始論文，這些經典論文均值得加以中譯，但實非民間所能推動。不過，立基於這三巨冊的經典論文所撰寫出來的教科書，卻是譯者特別挑選翻譯此書的第一個重要原因。

　　美國心理學會頒發的主要獎項分為研究貢獻獎、教學貢獻獎、寫作貢獻獎，E. Aronson是美國心理學會一百多年歷史中，唯一獲得三大獎的學者。E. Aronson雖然是實驗派學者，卻無實驗派的技術匠氣，反而深具社會思想，而且說故事能力很強。本書的特色是：“story-telling approach. Social Psychology is full of good stories.”，這是譯者挑選翻譯本書的第二個重要原因。閱讀本書可啟發你發現台灣與華人社會的有趣故事。

　　台灣社會心理結構的基調是傳統華人文化與美國文化的衝突混合，台灣人面臨巨大的社會心理斷層與不安，一邊是華人情境中心文化的糾纏拉扯，一邊是西方個人中心文化的「橫材舉入灶」無可迴避，展現形式主義與無法安身立命（余伯泉，2014）。本書最新版不斷提醒讀者：美國是個人主義文化，不同文化會產生文化差異，並初步介紹「緣」、「人情」等華人社會概念。這方面的研究成果，台灣本土心理學已經有相當豐盛與深入的進展，例如英文版《華人心理學的基盤》（*Foundations of Chinese Psychology*；Kwang-Kuo Hwang黃光國，2012）等，發現更多台灣與華人社會的故事。

　　翻譯是一項知識移轉，讓台灣社會瞭解外來知識，講究信實暢達。翻譯也是一項眾志成城的工作，不講究單打獨鬥。本譯文的出版必須感謝多人的合作，但主要的翻譯理念與譯文由譯者自行負責。本書的參考文獻，過去採用紙本印出，本版採用網路提供，與試題解答一併放在揚智閱讀俱樂部的教學輔助區中，並提供QR code掃描。專有名詞儘量沿用張春興與李美枝兩位教授過去的用語，有些部分則加以調整。

　　《社會心理學》的中文版於1995年由揚智文化第一次出版，1999年由弘

智出版社出版第二版，2011年回歸揚智文化繼續出版第七版（2010原文版），2015年出版第八版（2013原文版），2019年出版第九版（2016原文版）。第一譯者於1995年出版時的理想，中文版持續更新與美國大學英文版同步，這個理想竟忽忽實踐二十六年，或許是台灣學術翻譯史的特例之一，感謝揚智文化公司葉忠賢先生的堅持。

　　本書最早譯者李茂興係台大工學院高材生，政大企管所碩士，中英文造詣甚佳，經本書第一譯者引介，大量貢獻於心理學與研究方法學術翻譯，卻在2011年出版第七版前因故離世，令人惋惜，特為之紀念。本書四位譯者均曾在台灣大學受業於國家講座教授黃光國門下。心理學「本土化與華語化」是一體兩面。

　　本書譯文疏漏之處，尚祈見諒，並歡迎斧正。

　　　　　　　　　余伯泉、陳舜文、危芷芬、余思賢　謹誌

　　　　　　　　　　　　　　　　　　　　　2021年5月

目 錄

CHAPTER 1

社會心理學導論

綱要與學習目標

社會心理學的定義

學習目標1.1　社會心理學是什麼？跟其他學科有何不同？

社會心理學、哲學、科學和一般常識

社會心理學和其他近親學科的不同

情境的威力

學習目標1.2　為何人們解釋事件與行為的方式很重要？

低估情境的威力

解讀的重要性

解讀從何而來：人類基本動機

學習目標1.3　當追求自我感覺良好和追求準確的需求衝突時，會怎樣？

自尊動機：自我感覺良好的需求

社會認知動機：追求準確的需求

為什麼要研究社會心理學？

學習目標1.4　研究社會心理學的重要性

社會心理學
Social Psychology

●●●●●●● 你認為如何？

調查：你認為如何？	
調查	**結果**
你覺得自己善於預測旁人的行為和不同情況下的反應嗎？ □是 □否	

　　很榮幸向您導覽社會心理學的世界。我們相當興奮能向您講述社會心理學是什麼，以及它為何重要。我們不只喜歡教這些東西（我們作者合起來已經教了超過一百年），也樂於貢獻這個領域的發展。我們既是老師也是科學家，不斷創造著這門學科的知識。在導覽的同時，我們也會啟發興趣，在很多地方介紹迷人且奇特的現象，像是偏見、愛、宣傳、教育、從眾、攻擊、憐憫等等，當中蘊含人類社會生活中，豐富的多樣性與驚奇。準備好了嗎？開始囉！

　　讓我們先看看一些英雄式、感人的、悲劇的、難以理解的案例：

- 喬治・孟諾茲（Jorge Munoz）白天是一位校車司機，晚上卻有不同的「工作」：供餐給飢餓的人。當他結束最後一班校車工作回到家，他和家人用捐贈的食物和自己的錢為幾十個困苦的人煮飯供餐，這些人會在紐約皇后區的街角排隊等候。四年來，孟諾茲幫助了超過七萬人。他為什麼要這樣做？孟諾茲說：「當他們展開笑顏，就是我的收穫。」（參見http://www.karmatube.org/videos.php?id=1606）

- 克麗斯丹認識馬丁兩個月後瘋狂愛上他。她告訴最好的朋友說：「我們是心靈伴侶！」「他就是那個人！」朋友說：「妳在想什麼？」「他完全不適合妳！你們完全沒有共通點，有不同的背景、宗教信仰、政治立場；你們甚至就像兩部不同的電影。」克麗斯丹說：「我不在乎」「相反的人真的可以相互吸引，我在維基百科看過！」

- 珍妮和弟弟奧斯卡對兄弟會產生爭執。珍妮的大學沒有兄弟會，但是奧斯卡在中西部的大型州立大學就讀，在那裡參加了Alpha Beta兄弟會。他通過一連串嚴格又危險的戲弄儀式才進去。珍妮無法理

解為什麼他這麼愛那些傢伙。珍妮說：「他們讓宣誓加入的人幹很多蠢事。」「他們羞辱你、強迫你喝個爛醉、半夜讓你幾乎凍死，你怎麼還喜歡待在那裡？」奧斯卡說：「妳不懂，Alpha Beta是最棒的兄弟會，我的兄弟看起來就是比其他人有意思多了。」

- 19歲的亞伯拉罕（Abraham Biggs Jr.），在線上聊天室貼文已二年餘。對未來感到憂慮且面臨感情挫折。亞伯拉罕在視訊聊天時，公開尋短的念頭。他透過直播公開自己於臥房內服下大量藥物。線上數百名網友，超過十個小時，仍無人報警；甚至有人鼓動他。救護人員抵達搶救時，亞伯拉罕已回天乏術。

- 在1970年代中期，以加州為基地的團體人民聖殿教（Peoples Temple）共有數百名成員，在教主瓊斯（Reverend Jim Jones）率領下，移民至蓋亞那（Guyana）。他們在當地建立一個沒有種族界限的社區，稱之為瓊斯鎮（Jonestown）。幾年後，有部分的成員想退出，外界開始介入調查，而團體的凝聚力開始衰減。瓊斯憂心忡忡，召集了社區內所有人，向他們闡揚死亡之美，並肯定死後他們一定會在另一個地方重逢。教徒們在一大桶混著致命氰化物的酷愛飲料（Kool-Aid）前排成一列，然後服毒自殺（這個事件留下的用語「喝酷愛」（drinking the Kool-Aid）就是指一個人盲目的意識形態）。事後死亡人數914人，其中包括首領瓊斯及80名嬰兒。

為什麼很多人會幫助陌生人？克麗斯丹說異類相吸是對的，還是她在開自己玩笑？為什麼奧斯卡在兄弟會成員戲弄他之後還這麼愛他們？為什麼網友看著欲尋短的年輕人在眼前自殺，卻不向網站示警，或許可以免除一場悲劇？數百人怎麼會被引誘殺害自己的小孩然後自殺？這些所有的故事——不管是好、是壞、是醜陋——呈現出人類行為的奇特問題。本書將告訴你社會心理學家如何回答這些問題。

社會心理學的定義

學習目標1.1　社會心理學是什麼？跟其他學科有何不同？

心理學家的任務是瞭解和預測人類行為，社會心理學家則聚焦在他

社會心理學

探討人們的想法、感覺及行為，如何因他人的真實或想像之存在，而受到影響的科學研究

社會影響

其他人所說的話、行動或僅僅別人的存在，對我們的思想、情感、態度或行為所造成的影響效果

人對我們的影響。更精確的說，社會心理學（social psychology）是探討人們的想法、感覺及行為，如何因他人真實或想像之存在，而受到影響的科學研究（Allport, 1985）。當我們想到社會影響時，首先想到的是各種直接說服的例子，即一個人處心積慮想改變另一個人的行為或態度。這些例子包括：說服人們去購買某品牌牙膏的廣告；或朋友試圖要我們做一些其實我們不願意做的事（例如：「來吧！再喝一杯……每個人都喝了」）；或校園中的大塊頭以暴力勒索低年級學生。

直接研究社會影響（social influence）是社會心理學的重點，也將會在後文關於服從、態度及團體歷程等章節中加以討論。不過對社會心理學家而言，社會影響的範疇遠比一個人意圖改變另一個人的行為寬廣得多。因為：第一，除了行為外，想法與感覺也會受別人的影響；第二，社會影響有許多種形式，不僅止於改變別人行為的意圖。我們常常受到其他人的存在而影響，就算是和我們毫無互動的陌生人。也就是說，即使人們未出現在旁邊，我們仍可能會受到影響：我們也受到父母、朋友和老師對我們的期望以及我們對他人的期望之影響。同時，社會心理學家也致力於研究這些影響彼此衝突時會產生何種結果。例如，許多大一新生常發現自己在家中學到的價值觀與信念，跟教授及其他同學往往不一樣。（請見【試試看！】單元）

本章要來探討這些問題，讀者就可以從中得知什麼是社會心理學，又何者為非，以及和其他學科不同之處。

我們的思想、情感和行為皆受到我們現今所處的環境影響，包括他人的出現，甚至只是陌生人。

試試看！

社會影響的衝突

想想會讓你感到衝突壓力的情境：你的父母（或其他重要長輩）和朋友分別希望你做出不一樣的事情。這種讓你感到衝突壓力的情境有哪些？你在當中會怎麼做決定？

社會心理學、哲學、科學和一般常識

就人類歷史而言，哲學啟發了許多對人性的觀點，某個程度形成當代心理學的基礎。哲學對人性的看法，提供心理學家許多啟發，去探討諸如意識（consciousness）的性質（如Dennett, 1991），以及信念在人際世界裡是如何形成的（如Gilbert, 1991）。但是，有時候偉大思想家之間的說法並不一致，而我們又很難分辨誰對誰錯。

社會心理學也致力於研究哲學家探討的相同問題，不同的地方是以科學的方法進行此等研究，即便是複雜神秘的「愛情」。荷蘭哲學家史賓諾莎（Benedict Spinoza）在1663年提出了一個極具原創性，關於愛的洞見。他強烈抨擊享樂主義哲學家阿瑞斯提普斯（Aristippus），他說，當我們愛上了一個曾經痛恨過的人時，這份愛將比沒有恨過他的情況來得更為強烈。史賓諾莎的推論在邏輯上無懈可擊，但不代表就是對的，這些都是實徵問題，必須靠實驗或測量回答，而不是靠個人意見（Aronson, 1999; Wilson, 2015）。

讓我們從另一個角度來看本章一開頭所舉的例子。人們為什麼會以那些方式表現其行為呢？回答這項問題，也許可以直接問當事者本人，例如我們可以問喬治‧孟諾茲為什麼要花那麼多時間金錢供餐給貧困者；我們可以問那些目睹亞伯拉罕自殺的網友為什麼不報警；我們可以問奧斯卡為何這麼喜愛兄弟會的生活。這種做法的困難是人們常常不能察覺自己反應和感覺的根源（Nisbett & Wilson, 1977; Wilson, 2002）。網友會有各種藉口說明自己為何沒報警救亞伯拉罕，但這些藉口可能都不是他們坐視不管的原因。

另一種回答問題的方式是靠一般常識或民間智慧。社會心理學家並不反對民間智慧，問題是這些說法之間常常互相矛盾。比方說，若要解釋人如何相互吸引，民間智慧有個說法是「物以類聚」。當然我們可以看到很多人歡聚在一起是因為他們有共同的背景和興趣。但是民間智慧又有另一項說法，像是克麗斯丹說的「異類相吸」，而我們又確實可以看到許多符合的例子。到底哪個說法對？同樣地，我們要相信「離久情疏」還是「小別勝新婚」？

社會心理學家會主張，在某些條件下，同類會相聚；但是在另一些

北大西洋公約組織的士兵在現場偵察阿富汗的自殺炸彈攻擊。什麼原因導致一個人願意當自殺炸彈客？多數理論認為此類的人通常是心理疾病患者、個性孤僻者或精神病患者。但社會心理學家試著去瞭解會致使那些健康、受良好教育、聰明的人，會因信仰和政治因素而殺人並自殺的環境和狀況。

情況下，異類會相吸；我們也知道「小別勝新婚」或「離久情疏」都有道理。但是這不足以說兩則諺語都是對的。社會心理學的任務之一是，確認在哪些特定條件下，何種假設會成立。

因此，要解釋兩人為何互相吸引或其他的問題，社會心理學家會想知道各種不同的解釋當中，何者最符合真實。為了做到這點，我們設計一系列科學方法，以系統性的和實徵（empirically）的方式，去檢驗人類社會行為的猜測和想法，而不是僅靠民間智慧、一般常識，或哲學家、小說家、政治家的意見和觀點，或老祖母們和其他智者的看法。社會心理學實驗會遇到相當大的挑戰，主要是因為預測的是高度複雜的有機體，在錯綜複雜且多變環境中所展現的行為。我們作為科學家的目標是找出客觀答案以回答這類問題：哪些因素導致攻擊？哪些導致偏見？而我們要如何減少它們？哪些變項使人互相喜愛？為何某些政治宣傳特別有效？我們在第二章會討論社會心理學運用的科學方法。

社會心理學和其他近親學科的不同

社會心理學與自然科學、社會科學都有關聯，包括生物學、神經科學、社會學、經濟學以及政治學。它們都是探討人類行為的成因。儘管如此，社會心理學與其他社會科學之間仍存在著顯著的差別，其中最大的差別是分析層次的不同。生物學家和神經科學家分析的層次可能在基因、賀爾蒙或大腦中的生物歷程。雖然社會心理學家有時候也會探討大腦和社會行為的關聯，他們的焦點是人們如何解讀社會世界。

有些社會心理學家用生物學的觀點建立演化理論，嘗試解釋社會行為。生物學中的演化理論是用來解釋不同物種怎麼會需要特定生理特

徵，像長長的脖子。在食物匱乏的環境裡，長頸鹿演化出長脖子，才能吃到其他動物在高處吃不到的葉子，如此更有利於生存繁衍，於是「長頸」基因成為牠們後代的優勢基因。

但是社會行為，例如同物種間的互相攻擊或協助，背後也有天擇歷程演化而成的基因嗎？如果這在其他動物當中成立，對人類來說又是否成立？這些是演化心理學（evolutionary psychology）關注的問題。它根據天擇原理，用基因演化的觀點來解釋社會行為，其核心觀點是：現在我們看見的攻擊或助人等社會行為，是漫長演化過程的結果，至少部分來自於我們在遠古時代對環境的適應（Brown &Cross, 2017; Buss, 2005; Neuberg, Kenrick, & Schaller, 2010）。後面的章節會討論演化理論對社會行為的解釋（例如第十章的人際吸引、第十一章的利社會行為，以及第十二章的攻擊）。

人格心理學和臨床心理學的層次分析是在個人。對社會心理學家而言，分析的層次則在於身處社會情境脈絡下的個體。例如，為瞭解個體為什麼會故意去傷害別人，社會心理學就會去研究攻擊行為的心理歷程，諸如攻擊前，受挫的強度應強至何種程度？受挫是不是必要條件？如果人們有挫折感，則在哪些條件下會以攻擊來宣洩情緒？哪些條件下會抑制自己？又有哪些其他因素可能引致攻擊？（見第十二章）

關於演化論的真實性，學界其實有精彩的辯論。因為當前的行為被看成數千年前對環境條件的適應，即使心理學家對這些條件是什麼，以及特定行為怎麼形成繁衍優勢，做了最佳猜測，但是這些假設根本不可能用實驗檢證。看似正確的假設不代表就是真的。比方說科學家現在認為長頸鹿當時其實不需要一個長脖子去吃高處的樹葉，反而主張長脖子一開始被演化出來，是有利於雄性長頸鹿之間互相打鬥爭取雌性（Simmons & Scheepers, 1996）。我們很難說哪個說法是對的，畢竟演化論涉及對數千年前的假設，無法直接驗證。然而心理學者可以對人們行為的成因，從其他角度提出可供檢驗的假設，後續章節會陸續說明。

除了演化或生物學觀點，我們還可以怎麼解釋人們行為的成因？在看本章前面所舉的案例時，你可能像多數人一樣，認為那些人可能有缺陷、有優點、有某種特質，才讓他們如此。在人群中，有人是領袖，有人是追隨者；有人坦蕩為公，有人自私為己；有人勇敢，有人懦弱。或許當時

演化心理學

根據天擇原理，用基因演化解釋社會行為的研究

在網路上不對亞伯拉罕伸出援手的人，是因為懶惰、膽小、自私或冷血無情。你若知道他們的行為，你願意借車給他們或將小狗託付給他們嗎？

通常，人格心理學在解釋社會行為時，較重視個別差異。亦即致使一個人異於其他人的人格面向。社會心理學則認為，上述觀點固然有助於解釋人類行為，但是如果全然依賴人格特質來解釋的話，將嚴重低估一項人類行為的重要根源——社會影響——所扮演的角色。

回想一下瓊斯鎮的悲劇。在那裡自殺的人不是少數幾個人，而是近乎百分之百的集體自殺，假設他們都是精神異常患者或有相同的人格特質是極不可能成立的。較實際的做法應該是去瞭解像瓊斯這樣的奇魅人物會散發出多大的影響力，以及生活在一個與世隔絕的封閉社會中，和其他心智正常的人仍願意順服他的原因。事實上，社會心理學家已經揭露，瓊斯鎮的社會情況會讓任何人聽任於瓊斯的影響——甚至更強，對你我這種健康的人都一樣。

再舉一個例子。假設你參加一場聚會，見到一位心儀已久的同學，很早就想更進一步認識對方。但這名同學看起來很不自在。她經常獨自一個人，離人群遠遠的；別人找她攀談的時候，她也不太說話。因此你也失去興趣，認為這個人好像很害羞靦腆、疏離，甚至傲慢自大。但幾週過後，你再見到對方，卻是大方、風趣又誠懇。哪一個才是對方真正的性格？是害羞靦腆？傲慢自大？還是迷人親切？這個問法有誤，答案是以上皆是，或許以上皆非。我們所有的人都可能同時會有害羞與大方的行為。一個更有趣的問題是：究竟是哪些因素在這兩種社交情境下有所不同，以至於對這位同學的行為造成如此重大的影響？這正是社會心理學要探討的問題。（請練習【試試看！】）

人格心理學和臨床心理學的

一個人可能害羞、傳統、叛逆，在公共場合配戴藍綠色的假髮或在一片藍衫中穿著黃襯衫。人格心理學家研究個人特質，社會心理學家則研究社會影響對大眾行為的威力。

社會情況與害羞

1.想想一位你認為個性害羞的朋友或認識的人（自己也可以）。試著別把他想成是個「害羞的人」，是一個在某些情境下有交際障礙，但是在別的情境不會如此的人。

2.試列出你認為最容易引發這位朋友之害羞行為的情境。

3.接著試列出你認為可能會引發這位朋友較外向行為的情境（例如：處在一個輕鬆相處的朋友群當中、剛認識一個有相同興趣的新朋友時）。

4.試著創造出能達成上述之社交情境，並密切注意此等情境對他（或對你）的行為會產生何種影響。

分析層次是在個人，社會心理學家的分析層次則在於身處社會情境脈絡下的個體，特別是個體對情境的**解讀**（construal）。解讀意指人們如何知覺、理解、解釋社會世界，是社會心理學家重視的概念，因為他們要瞭解人們心中如何看待世界，以及社會脈絡如何形塑這些對世界的解讀。例如，為瞭解個體為什麼會故意去傷害別人，社會心理學就會去研究人們怎麼解讀特定的社會情境：諸如攻擊前，情境讓他們感到受挫嗎？如果人們有挫折感，則在哪些條件下會引致攻擊？哪些條件下不會？（見第十二章）

> **解讀**
> 人們知覺、理解及解釋社會世界的方式

其他的社會科學則探討社會性、經濟性、政治性及歷史性因素對人類行為的影響。社會學研究社會階級、社會結構與社會制度等主題，而不是研究個體。由於社會係由個體群聚組成，因此社會學與社會心理學的研究領域不免會有重疊。至於主要的差異在於：社會學的分析層次是群體、機構，或整個宏觀的社會，

在這張照片裡的人，可以用不同的角度來研究：如個體、家庭成員、社會階層、職業、文化、區域等等。社會學家研究群體或制度；社會心理學家研究這些群體或制度對個人行為的影響。

但社會心理學的分析層次是群體、機構，或整個宏觀的社會中的個體。社會學家對於攻擊行為的成因雖然也可能有興趣，但會關注為何特定的社會或群體會產生更高的攻擊行為。例如，美國的謀殺率為什麼高於加拿大或歐洲？在美國，為什麼某些地方的謀殺率會比其他來得高？社會變遷與攻擊行為的改變之間有何關聯？

不僅在分析層次方面，社會心理學與其他社會科學欲解釋的對象也有不同。社會心理學之目的在於找出每個人（不論社會階級或文化背景）會受到社會影響所左右的通則。例如，就地球上大部分的人而言，攻擊與挫折具有關聯性的假說均適用，不論屬於何種性別、社會階級、文化、年齡階層或人種。

然而，因為社會心理學是一門年輕的科學，而且大半都是在美國發展出來的，所以許多的研究發現尚未在其他文化中得到驗證，以證明它們是否具有普遍性。雖然如此，我們的目標就是要發現這樣的法則。隨著由美國社會心理學家所發展的研究方法和理論日益獲得歐洲、亞洲、非洲、中東以及南美洲社會心理學家的採用，我們也更加瞭解這些法則普遍的程度，以及這些法則所呈現出來的文化差異（參見第二章）。因此跨文化研究極為重要，因為它使得理論更加純熟，無論是證實它們的普遍性或是帶領我們發現其他的變因，都將使我們更能理解、預測人類的行為。在後續章節中，我們將會看到許多跨文化研究的例證。

總而言之，社會心理學是介於兩個與它血緣最近的學術近親——社會學與人格心理學之間（見**表1.1**）。一方面，它和社會學一樣重視情境因素與宏觀社會因素對行為的影響；另一方面，它和人格心理學一樣重視個體的心理，但是社會心理學家關注以上兩學門重疊的地方：他們強調使大多數人受到社會影響所左右的心理歷程。

表1.1　社會心理學和其他學科的比較

生物學或基因科學	人格心理學	社會心理學	社會學
研究基因、賀爾蒙或大腦的生理歷程。	研究各項特徵，藉以指出個體獨特及與其他人不同的地方。	研究人們共通的心理歷程，說明人們為什麼會受到社會影響的左右。	研究團體、組織、鉅觀社會而非個體。

複習題

1.社會心理學家可能會從什麼角度解釋一名年輕男性的攻擊行為？
   a.他的攻擊性格。
   b.基因的可能影響。
   c.他的同儕團體的行為。
   d.他父親的教導。

2.會讓大部分社會心理學家感興趣的主題可能是
   a.不同總統的外向程度會如何影響他們的政治決策。
   b.人們對在考試中作弊的決定，是否受到朋友發現後的可能反應所影響。
   c.社會階級對收入的預測力。
   d.街上的路人對全球暖化有何看法。

3.關於演化心理學的描述何者正確？
   a.天擇在人類和其他動物的運作方式不同。
   b.用實驗來檢證演化論假設是容易的。
   c.多數的社會行為主要由基因演化決定，社會環境的影響較小。
   d.演化觀點可以產生對社會行為的新假設，然後用實驗法檢驗。

4.社會心理學和人格心理學有何不同？
   a.社會心理學關注個體差異，但是人格心理學關注人們在不同情境下的行為。
   b.社會心理學關注人們在社會影響下的共同歷程，而人格心理學關注個體差異。
   c.社會心理學提出有關社會的通則和理論，而人格心理學探討獨特於他人的特徵。
   d.社會心理學關注個體差異，而人格心理學提出有關社會的通則和理論。

5.社會心理學家的「分析層次」是什麼？
   a.社會情境脈絡中的個體。
   b.社會情境本身。
   c.一個人的成就程度。
   d.一個人的理性推論程度。

6.社會心理學家可能去研究下列哪一項關於攻擊的主題？
   a.一個文化中的暴力轉變。
   b.各種文化間不同的謀殺率。
   c.一個人被激怒時，大腦的反常如何引發攻擊。
   d.為何某些情境比其他情境更容易引發攻擊。

情境的威力

學習目標1.2　為何人們解釋事件與行為的方式很重要？

　　想像一下你和朋友們去一家餐廳，女侍前來服務，但你一直無法下定決心吃哪一種派。就在你猶疑不決時，那位女侍不耐煩地用筆敲著菜單、翻白眼，最後衝著你說：「喂！不要浪費我時間！」給對方這麼一數落，你會有何感想？大部分的人會認為這位女侍脾氣不好、心眼小。

　　假設你在決定是否要向經理投訴時，一位常客告訴你那位傲慢的服務生是單親媽媽，昨晚為了照顧患病的幼兒，一夜未眠；或她的車子在上

班中途受損，修理費還不曉得如何張羅；或另一位女侍酒醉請假，她必須做雙份工作；或她剛被老闆責備，說幫客人點東西的速度太慢，那麼，你可能會修正你的判斷，認為她不一定是個壞脾氣的女孩，只是處於巨大壓力下的普通人。

這個小故事有重大的意涵。絕大部分的美國人會用人格因素解釋行為。他們定焦在魚，而不是魚所在的環境（水）。多數人未考慮「情境」因素的事實，有著相當深遠的影響，就如這個服務生的例子，人們可能對她同情、包容，也有可能不耐煩、生氣。

低估情境的威力

因此，社會心理學者在試圖說服人們相信人類行為深受社會環境影響時，面臨了巨大的阻礙：人們傾向於以性格來解釋人類行為，這個阻礙被稱為**基本歸因偏誤**（fundamental attribution error），也就是將自己或他人的行為完全歸諸於人格因素，而低估社會和當下情境影響力的傾向。我們將告訴你這種現象的基本成因，因為你在讀這本書的時候就會一直碰到這個現象。

當我們用人格特質解釋行為時，我們會獲得一種虛假的安全感。例如，在解釋人們光怪陸離的行為時（譬如自殺炸彈客或瓊斯鎮的人為何犧牲自己與小孩的性命），很奇怪，我們很容易就將這些罹難者描述為具有性格缺陷的人物，並因此覺得舒服，因為這讓我們其他人覺得，此類事件絕不會發生在自己身上。諷刺的是，這樣做反而會讓我們降低自己的防衛性，使我們更容易受到社會影響的傷害。另外，若未能充分認識情境的力量，使我們傾向於將複雜的情境過度簡化，並將有礙於我們瞭解許多人類行為的起因。此外，此種情境的過度簡化也可能會導致我們責怪受害者，即使其所處情境中的社會影響力強大到連我們大多數人都無法抵抗——如瓊斯鎮悲劇中的情況。

為了更貼近生活現象，請想像一種「囚犯困境」的兩人遊戲，遊戲中有兩種策略可以選擇：他們能夠採取競爭，盡可能讓自己贏錢，並且讓對方盡可能輸錢；或者採取合作，使自己和對方都能贏一些錢。現在想想你的朋友們，你認為他們會怎麼玩這個遊戲？

只有少數人覺得這個問題很難回答，我們都覺得某些朋友比較競

爭，你可能會說：「我相信拚了命做生意的珍妮佛，玩這個遊戲會比富有愛心及忠誠的安娜更富競爭色彩。」但是這種預測的準確度如何？我們應該考慮社會情境而不是參賽者本身？

為了找出答案，史丹佛大學進行了下述實驗（Liberman, Samuels, & Ross, 2004）。首先，他們向史丹佛大學宿舍助理描述囚犯困境遊戲，並請他們挑選了一群被認為特別競爭或特別合作的學生。不出所料，宿舍助理輕鬆就將學生分類。接下來，研究者邀請那些學生到心理學實驗室玩囚犯困境遊戲。他們做了一點小變化：改變遊戲名稱，他們告訴半數的參與者，遊戲名稱是「華爾街遊戲」，對另一半則說是「社區遊戲」，其他事情完全一樣。因此，這些被評定為競爭或合作的學生，玩的不是華爾街遊戲就是社區遊戲，於是產生四種情境：合作型的人玩華爾街遊戲、合作型的人玩社區遊戲、競爭型的人玩華爾街遊戲、競爭型的人玩社區遊戲。

許多人假設，人格是真正的解釋，而不是諸如遊戲名稱之類的小細節。正確嗎？別遽下結論！如**圖**1.1所示，遊戲名稱造成巨大的行為差異；當遊戲被稱為華爾街時，近三分之二的人有競爭反應，然而當它被稱為社區遊戲，只有三分之一的人有競爭反應。遊戲名稱傳達了強烈的訊息，透露了在這個情境中何種行為是適當的。但是，學生的性格對於他們的行為並沒有太大的影響。被貼上「競爭」標籤的學生，並沒有比所謂「合作型」的學生更可能採取競爭策略。此種型態會是本書經常討論的重點之一：社會情境中看似微不足道的面向，能產生超越人格差異的強大效果（Ross & Ward, 1996）。

如果只是改變遊戲名稱就可以對人的行為產生重大影響，你覺得要是照這種方向改變教室的氛圍會怎樣？假設你是國一的歷史老師，你在其中一個班級建立起類似「華爾街遊戲」的學習經驗：鼓勵競爭、告訴學生儘快舉手回答問題並嘲笑答錯的學生。在另一個班

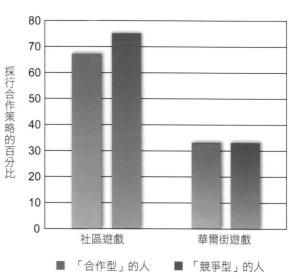

圖1.1　為什麼遊戲名稱很重要

在這個實驗中，遊戲名稱為「社區遊戲」時，參與者比遊戲名稱是「華爾街遊戲」更顯出合作傾向，與他們個人是合作型或競爭型的性格並無太大關聯。遊戲名稱傳達了社會規範，透露了在這個情境中何種行為是適當的（摘自Liberman, Samuels, & Ross, 2004）。

級，你獎勵合作，包括善於傾聽、相互鼓勵，或是讀書的時候相互拉一把的學生。你認為這些不同的情境會對學業表現、在學校的心情、學生的相互感受有什麼影響？我們將在第十三章討論這種實驗（Aronson & Patnoe, 2011）。

當然，人格差異的確存在，並且常常都很重要，但是社會與環境情境是如此強勁，對每個人幾乎都會產生劇烈影響，這正是社會心理學家致力研究的領域。

解讀的重要性

概括而論，社會情境對於人類行為有深刻的影響，但是我們所指的社會情境究竟是什麼？定義它的策略之一是，詳述情境中的客觀性質，譬如它給人們的收穫有多少，然後考證這些客觀性質所造成的行為。

這套研究取向，正是行為主義（behaviorism）所採取的方式。該學派主張，若要瞭解人類行為，只需研究環境中的強化因子。如果特定行為事後有獎勵（例如金錢、引起關注、得到讚美或其他好處），就容易持續下去。如果事後是懲罰（例如痛苦、失落或生氣大叫），就容易消失。狗會應聲而來，因為牠們知道順從會有正面的報酬（譬如食物或寵愛）；又例如，如果給予正在學習中的孩子獎勵、對他們微笑，或在說出正確答案時，在他們額頭上貼星星貼紙，那些孩子將會更快記住九九乘法表。行為主義學派的心理學者，譬如史金納（B. F. Skinner, 1938）主張，所有行為都能藉由研究社會情境中的獎賞與處罰而理解。

行為學派有很多優勢，其原理可以完善解釋某些行為（見第十章）。然而，早期行為學派的學者選擇不去處理認知、思考和感覺等議題，因為他們認為這些概念太過空泛、太過唯心，和可觀察的行為之間關係不夠緊密。他們忽視了人類社會經驗至關重要的現象，尤其是忽視人們解釋他們所處環境的重要性。

對社會心理學家來說，人的行為並非直接受情境影響。而是像前面所說，是被人們對情境的解讀（construal）所影響（Griffin & Ross, 1991; Ross & Nisbett, 1991）。舉個例子，如果有一個人走向你，拍拍你的背，問你感覺可好，你的反應可能不是取決於這個人對你做了什麼，而是你如何解讀這個行為。你可能會有不同的解讀，可能是一位密友關心你的

行為主義
該學派主張，若要瞭解人類行為，只需研究環境中的強化因子，也就是環境裡面的正面事件和負面事件與特定行為之關係

健康，或一個覺得無聊想打發時間的舊識，或是汽車銷售員想要賣二手車，即使所用的言詞和語氣完全一樣。我們不可能在回答汽車銷售員的問題時，一開始就詳細描述最近遭受腎疾之苦，但我們卻可能告訴自己的密友。

此種對於主觀解讀的著重，源於所謂的完形心理學（Gestalt psychology），它最初是一種人們如何理解物理世界的理論。完形心理學認為我們應該研究一個物體出現在我們心中的主觀方式（完形或完整），而不是這個物體客觀物理特徵的總和。**圖**1.2可以用來說明這項觀點。你在這張圖看見什麼？是一隻面向左方的鴨子還是面向右邊的兔子？客觀上，兩者都不全然符合，但這顯示出你當下解讀它的方式。完形心理學認為一個人應該著眼於知覺者的現象意識（phenomenology）——著眼於物體在人們心中如何呈現——而不是著眼於客觀的單獨成分。

德國心理學家20世紀初於德國建立完形研究方法。30年代末期，數名德國心理學者逃避納粹政權而移民到美國。勒文（Kurt Lewin）是這些移民者之一，一般而言，他被認為是現代實驗社會心理學之父。身為一個年輕的猶太裔德國學者，勒文在30年代的德國，直接經歷了由於無法容忍多元文化而產生的暴行（譯註：納粹屠殺猶太人）。這個經驗不但對他的思考產生了重大的影響，也使他到了美國之後，便著手修正美國的社會心理學。因而，美國社會心理學界開始對於偏見、種族刻板印象的肇因與糾正，作深層與長期的研究。

勒文將超越物體知覺的完形原則（例如前面的鴨子／兔子圖案），大膽援用於社會知覺上。他說：瞭解人們如何知覺、理解、解釋社會環境，比瞭解客觀性質重要（Lewin, 1943）。他說：「如果有個人坐在房間內，相信天花板不會掉下來，那麼在預期其行為時，應僅考慮『主觀機率』，或者也應一併把工程師計算出來關於天花板是否會掉下來的『客觀

完形心理學

本學派強調，我們應該研究物體出現在我們心中的主觀方式，而非該物體的客觀物理特徵

圖1.2　這張圖可用來說明完形心理學派的視像幻覺。這是一隻面向左方的鴨子還是面向右邊的兔子？客觀上，兩者都不全然符合，但這顯示出你當下解讀它的方式。

Kurt Lewin (1890-1947)

社會心理學
Social Psychology

機率』納入考慮？對我而言，我只會去考慮到前者。」

社會心理學很快的開始把重心放在考慮主觀解讀情境的重要性。Fritz Heider（1958）是另一位早期的社會心理學奠基者，他觀察到「一般而言，一個人的行為反應所根據的是，他認為別人會有何種知覺、感覺、想法，以及可能會採取何種舉動」。我們都忙著猜測另一個人的內心狀態、動機和思想。我們可能是對的——但常常是錯的。

這是為何解讀具有重要的意義。在一個謀殺案的審判庭中，即使檢察官提出足以證明被告有罪的確鑿證據，但最後的定案取決於每位陪審員如何解讀這些證據（譯註：美國法庭採陪審制，台灣尚未建立陪審制）。而這些解讀得靠各類事件及觀點來支撐，通常與案件沒有客觀的關聯性，例如交叉盤問時，關鍵證人回答時猶豫或態度傲慢，或是檢察官是否顯得漫不經心、討人厭或不確定？

有一種特別的解讀，Lee Ross稱之為素樸實在論（naïve realism），意思是我們以為我們知覺的「就是真實的本相」，而低估我們在主觀上對事實做了多少「加工」。例如，政治立場相左的人甚至無法在客觀事實達成共識，兩邊都以為自己「所見就是真實的本相」，卻可能戴上有色的眼鏡看事實，當對方對同一件事有不同觀點，就以為一定是「他們」有偏見（Ehrlinger, Gilovich, & Ross, 2005; Pronin, Gilovich, & Ross, 2004; Ross, 2010）。Ross曾與以色列和巴勒斯坦的談判者密切合作，試圖解決雙方數十年來的衝突。談判常常因為素樸實在論而觸礁，每一邊都以為另一邊理性的人，看事情的方式也跟自己一樣。Ross說道：「當任何一方察覺另一方對議題有不同的理解，任何一方都認為對方存有偏見，而自己的這一方才是客觀的，並且自己這一方的觀點應該作為解決問題的依據」（Ross, 2010）。所以雙方都抗拒妥協，害怕存有偏見的敵方會得到比自己更多的利益。

在一個簡單的實驗中，Ross拿著

素樸實在論

一種信念，以為我們知覺的「就是真實的本相」，而低估我們在主觀上對知覺做了多少「加工」

社會心理學家在解讀上的研究指出國家之間的談判困難的原因：各方都認為自己的看法清楚而對方卻有失偏頗。

以色列談判人員的和平提案，貼上巴基斯坦人提案的標籤，要求以色列市民來評斷。結果以色列人較喜歡他們以為是以色列人所提的巴基斯坦提案，甚於他們以為是巴基斯坦人所提的以色列提案。Ross（2010）因此下了個結論：「如果你自己的提案貼上對方的標籤，假裝成對方的提案後，並不能吸引你；那麼對方的提案也以對方的名義提出時，怎麼可能有機會吸引你？」唯一的希望是雙方的談判人員若能意識到這個現象，並且瞭解這種現象會阻礙衝突的解決，那麼合理的妥協才更加有可能。

此種解讀的範疇有時單純（譬如我們先前所討論的「你覺得如何？」的案例），有時卻是非常複雜（譬如國際談判），而且影響著我們每天的生活。舉個例子來說，傑森是個害羞的大學生，喜歡瑪麗亞已久。以新進社會心理學家的身分，你現在的任務是預測傑森會不會邀請瑪麗亞共進晚餐。你必須透過傑森來看瑪麗亞的行為。如果她對他微笑，傑森是否理解為一種禮貌？還是如同她可能對班上其他輸家笑一樣？或認為那是一種鼓勵的訊號，激勵他約她出去？如果她漠視他，傑森要認為她是欲擒故縱還是根本就對他沒意思？要預測傑森的行為，單單根據瑪麗亞的行為細節是不夠的，必須知道傑森如何解讀瑪麗亞的行為。然而，這些解讀是如何形成的呢？請繼續看下去！

▶▶▶ #趨勢 ▶▶▶

名稱大不同

政治家很清楚解讀的影響力，並用來操控大眾對政策的觀感。他們會把自己支持或不支持的政策分別貼上正、負面標籤。例如，美國共和黨員將「平價醫療法案」稱之為「歐巴馬健保」，傳達出這是一項低民意總統提出的法案。改名稱的結果很成功，讓很多人不知道歐巴馬健保和平價醫療法案是同一件事。當肯塔基州執行平價醫療法案時，又把它稱為「肯聯網」（Kynect）（譯註：Kynect一開始用於肯塔基州官方醫保網站的命名，象徵一種進步的新氣象）。肯塔基州長Steve Beshear宣稱這項政策非常成功，而確實2014年的民調顯示該州不支持「肯聯網」的居民只有22%。然而，另一份相同的民調多做了點小聰明，它對一半受訪者用「肯聯網」的名稱去詢問，另一半則用「歐巴馬健保」的名稱去詢問，結果後者竟有57%的不支持度（Dann, 2014）。相信這種混淆不會只出現在肯塔基州，因為2017年2月的全國民調顯示，不知道或不確定歐巴馬健保和平價醫療法案是同一件事的美國人高達35%（Dropp & Nyhan, 2017）。

複習題

1. 基本歸因偏誤的最佳定義是哪一種傾向？
   a. 完全用人格特質解釋自己和他人的行為，以致於低估社會影響的威力。
   b. 用情境因素解釋自己和他人的行為，以致於低估人格特質的影響力。
   c. 相信人們的團體成員會比其人格特質更能影響他們的行為。
   d. 相信人們的人格特質會比其團體成員更能影響他們的行為。

2. 華爾街遊戲揭露了什麼事情？
   a. 競爭型的人無論遊戲名字是什麼都會猛烈競爭。
   b. 合作型的人會努力讓競爭對手跟他一起合作。
   c. 遊戲名稱對遊戲中的行為沒有影響。
   d. 遊戲名稱強烈地影響遊戲中的行為。

3. 一名陌生人在校園接近Emily，說他是專業攝影師。他問她是否能花十五分鐘在學生會旁邊讓他拍照。根據社會心理學家的說法，Emily的行為取決於：
   a. 男人的穿著。
   b. 男人是否付錢給她。
   c. Emily解讀情境的方式。
   d. 男人是否有前科。

4. 社會心理學起源於：
   a. 完形心理學。
   b. 佛洛伊德心理學。
   c. 行為學派心理學。
   d. 生理心理學。

5. 「素樸實在論」意指
   a. 大部分的人對心理學是素樸的（沒受過教育）。
   b. 很少人是實在的。
   c. 大部分的人是素樸的，不是正確的。
   d. 大部分的人相信自己所見是正確的。

解讀從何而來：人類基本動機

學習目標1.3　當追求自我感覺良好和追求準確的需求衝突時，會怎樣？

　　傑森如何確定瑪麗亞對他微笑的原因？如果人們受主觀情境而不是客觀情境的影響屬實，那麼我們必須瞭解人們對世界的主觀印象是什麼。當人們詮釋社會世界時，他們想試圖完成什麼？分析他們所處的環境，大多數的人會傾向於正面的思想解讀（例如傑森認為「瑪麗亞漠視我只是為了引起我的妒意」），或是會做出正確的理解，即使理解的結果使自己感到不舒服（例如「痛苦是難免的，但我必須承認瑪麗亞寧願和別人去，也不會選擇我」）。我們必須瞭解人類的基本動機，這些動機解釋了我們解讀社會世界的方式。

　　人類是複雜的生物，在特定時刻，我們的想法與行為背後都有無數的動機，包括飢餓、口渴、恐懼、控制慾、愛的承諾、喜好和其他的報酬（見第十章和第十一章）。社會心理學者強調兩項特別重要的動機：自我感覺良好的需求（need to feel good about ourselves）與追求準確的需求（need to be accurate）。在生命裡的大部分時間，這些動機都從同一個方向影響我們；然而，我們也經常發現自己處於兩種動機相互對抗的情境——要對周遭的世界獲得準確的認知，就必須面對自己表現得很愚蠢或缺德的事實。

　　Leon Festinger是社會心理學界最有創意的研究者之一，他很快的瞭解到，使個人陷於矛盾的不同動機，正能讓社會心理學者對於人類心靈之運作，取得最珍貴的洞察。舉例而言，想像自己是美國總統，你的國家正在海外進行一場艱困、代價昂貴的戰爭，你已為戰事投下數千億美元，戰爭已經使數萬名美國人及更多無辜的人民喪命。戰爭似乎陷入僵局，眼前沒有結束的希望，這個衝突使你經常在半夜中驚醒，全身冒冷汗。一方面你對進行中的殘殺感到遺憾，但又不希望自己變成美國歷史中第一個打敗戰的總統。

　　某些顧問告訴你，他們看見一道曙光，如果你加強轟炸，敵人很快就會投降，戰爭也就結束了，對你而言這是最好的結局，你不僅能成功地達成軍事與政治目的，歷史也將視你為英雄。然而其他顧問卻相信，加強轟炸只會增強敵人的決心，他們建議你求和。

　　你會相信哪些顧問的意見？詹森總統在1960年代中期的越戰中，就面臨過這項困境。2003年，布希總統亦然，伊拉克戰爭並沒有在六週內結束。歐巴馬總統和川普總統分別在2009年和2017年也面對是否增兵阿富汗戰爭的難題（見第六章）。大部分的總統選擇相信升高戰事的建議，因為如果他能夠成功地贏得戰爭，勝利能夠辯護生命與金錢的代價；若決定撤軍的話，他不僅將是美國歷史上打敗戰的總統，他也必須為所有人命與金錢白白浪費的事實而辯護。事實證明，追求自我感覺良

Leon Festinger（1919-1989）：「如果經驗的世界顯得複雜，如果人們對於類似的刺激似乎會做出不同而令人困惑的反應，以及如果我無法瞭解內心動力的運作通則，那是我的錯——我問了錯誤的問題；在理論層次上，我以錯誤的方式去切割這個世界，內心動力一直存在著，我必須發掘出理論的利器，使我們能夠揭發這些動力的通則。」社會心理學的目標即是發掘並闡明這些內心動力。

這是Edward Snowden，美國國家安全局的前任電腦承包商。Snowden在2013年釋出數千份有關美國政府監聽計畫的加密文件，使司法部以間諜罪起訴他。有些人主張Snowden是間諜、叛國者、罪犯，應該從俄羅斯的政治庇護中遣返美國面對審判。有些人視他為揭秘者、愛國者、英雄，捍衛私人權益且告訴美國大眾政府的責任（事實上，照片上的他正接受德國和平獎，而他只能透過Skype領獎）。兩邊都確信自己是對的。不同的解讀從何而來？各有什麼後果？

自尊

一人對自己之價值的評估，換言之，就是一個人認為自己有多好、多能幹以及多高尚

好的需要，可能蓋過追求準確的需要，然後帶來災難性後果（Draper, 2008; McClellan, 2008; Woodward, 2010）。詹森總統決定增加轟炸，只加強了敵人的決心，因而不必要地拖延了越戰。

自尊動機：自我感覺良好的需求

希望維持合理的高自尊（self-esteem）——也就是說，看待自己是好的、有能力的、高尚的——是大多數人都有的一種強烈需求（譯註：self-esteem一詞翻譯為中文的意思接近於自信與自我感覺良好，與道德無關。傳統中文的「自尊」一詞，涉及受尊敬的道德意涵）（Aronson, 1998, 2007; Baumeister, 1993; Tavris & Aronson, 2007）。若是為了讓自我感覺良好，必須在扭曲世界或真實反映世界之間做選擇，人們通常會選擇前者。他們會稍微扭曲一點，盡可能讓自己看起來有最好的樣子。你可能認為你的朋友Roger是個友善的人但卻是恐怖的邋遢鬼——衣服上總是沾滿汙垢、廚房堆滿空碗盤。儘管如此，Roger可能把自己描述為不拘小節、隨興的人。

自尊明顯是個有益的事物，但是當它導致人們合理化自己的行為，而不是從中學習時，就會妨礙自我改善。假設一對結婚十年的夫妻離婚，因為丈夫的過度的嫉妒心而難以持續。丈夫不承認自己的嫉妒和占有慾使妻子受不了的事實，反而把婚姻破裂歸咎於她，怪罪前妻沒有充分滿足他的需求。他的解讀有個目的：使他自我感覺良好（Simpson, 2010）。當然，此種扭曲的結果是減低了從經驗中學習的可能性，他很可能在下一段婚姻中又製造同樣的問題。坦白承認自己的缺點是非常困難的，即便代價是必須錯誤地看待世界。

受苦與自我辯護

維持自尊的需求可能產生弔詭的現象。讓我們回到先前的一則案例：奧斯卡以及他為了加入兄弟會所經歷的戲弄。人格心理學家可能認為只有外向性格的人不怕困窘，才可能會想參加兄弟會。行為學派心理學家會預測，奧斯卡可能不會喜歡任何讓他痛苦與丟臉的人事物。然而，社會

心理學家發現了入會前被受苦戲弄的儀式本身，就是奧斯卡這麼喜愛兄弟會的主要因素。 它如何運作呢？如果奧斯卡經歷嚴格的戲弄儀式而成為兄弟會的一員，後來卻發現兄弟會不像他想像的那麼好，誠實面對將使自己像個傻瓜：「我是個白癡，為什麼我經歷了所有的痛苦與尷尬，只是為了和一群混蛋在一起？」承認「自己是白癡」不可能維持自尊，所以奧斯卡可能會試著扭曲經驗：「雖然我的兄弟們並不完美，但只要我有需要他們就在那，而且那裡確實有很棒的聚會。」盡力正面看待兄弟會，可以辯解他被人戲弄所經歷的痛苦和羞辱。

大學新鮮人受到學校高年級生戲弄式的「歡迎」。戲弄有時好玩，但常常也危險甚至致命，讓大學明令禁止這項傳統。但這項禁令的難處是：撤除弊病不說，戲弄卻同時可以建立團體的向心力。這說法牽強嗎？第六章會介紹許多實驗，證明人們常常在痛苦的地方尋求愛。

然而，旁觀者像是他的姐姐珍妮，就更能清楚看到兄弟會生活的問題。兄弟會的費用使奧斯卡的預算透支、舞會幾乎占據所有讀書的時間、他的成績開始退步。但是奧斯卡卻有動機把這些負面看得微不足道。確實，他認為那是為兄弟之情所付出的小代價，他著眼於兄弟會一起居住的好處，並且扭曲與排除別人眼中的各項缺點。

透過以上的討論可以瞭解：(1)人類擁有維護正面自我形象的動機，而辯護行為是達成此一目的手段之一；(2)在特定的情境下，這將導致他們做出乍看之下似乎驚奇或矛盾的事，譬如喜歡那些與痛苦或受罪有關的人或事，勝於與痛苦無關的一切。

社會認知動機：追求準確的需求

即使人們會盡可能扭曲真相，以使自己感覺良好，但多數人並不會完全扭曲事實。畢竟，以為不作為就能飛黃騰達，或是認定自己絕對能活到一百歲而放縱飲食或抽菸，都不是明智之舉。人們會扭曲事實，但不會摧毀事實。沒錯，雖然我們喜歡正向看待自己，但我們也十分善於檢視社會世界。很多社會心理學者因此投入社會認知（social cognition）的研究：人們如何選擇、詮釋、記憶、使用資訊，來做出判斷和決策（Fiske

社會認知

人們看待自己和社會世界的方式；講得更明確一點，就是人們選擇、詮釋、記憶和使用社會資訊做出判斷與決策的方式

社會心理學
Social Psychology

從重要生活決策到選擇商店裡的麥片，我們對周遭世界的判斷靠著一系列的預期和心理捷徑，廣告和行銷業者非常瞭解這一點。

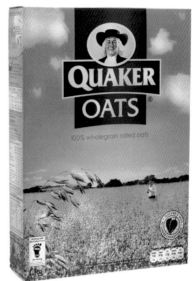

& Taylor, 2017; Markus & Zajonc, 1985; Nisbett & Ross, 1980）。研究社會認知歷程的學者先假定人們會盡可能準確看待世界。他們把人類看成業餘偵探，會盡可能理解和預測社會世界。

　　就如同維護自尊的需求偶爾會觸礁，追求準確的需求也一樣。人類因此經常陷入困擾，因為在特定的情境中，我們幾乎都不知道要做出正確判斷所需的所有事實。不管是相當簡單的決定，譬如哪一種早餐麥片較好，能兼具健康與美味；或稍為複雜的決定，譬如想辦法在兩萬美金以內買一輛最好的新車；或是一個更複雜的決定，譬如選擇一個能讓我們從此過著幸福快樂日子的終身伴侶，在事前就蒐集到所有相關的資訊絕不容易。此外，我們每天都要做無數個決定，沒人有那麼多時間與精力去蒐集所有事實。

　　聽起來有些誇張？不是所有決定都滿容易的嗎？讓我們進一步來探討。我們從一個簡單的問題開始：哪一種麥片對你比較好，「幸運魔」（Lucky Charms）還是「桂格百分百天然」麥片搭配燕麥、蜂蜜或葡萄乾？如果你和我們多數的學生一樣的話，你可能回答桂格百分百天然。畢竟，每個人都知道幸運魔是充滿甜味的兒童麥片，它的盒面上畫著一隻小精靈，而桂格百分百天然的盒面是淺褐色的小麥。自然不就是代表「有益健康」嗎？如果這就是你的推理方式，你已經掉入一個普遍的認知陷

附：從包裝推理產品的內容。仔細閱讀它們的成分（印在包裝盒上的小字）會發現，桂格百分百天然每份含熱量是400大卡，20克的糖，12克的脂肪；相較之下，幸運魔每份含熱量147大卡，13克的糖，1克的脂肪。即使簡單到選擇麥片，事情並非總是和表面一樣。

　　因此，就算我們想要盡量準確地看待社會世界，還是時常出錯，而對世界形成錯誤的印象。

複習題

1.研究社會認知的學者假定人們
　a.盡可能正確地看待世界。
　b.無法清楚思考周遭的人。
　c.為了良好看待自己而扭曲現實。
　d.被控制他人的欲望所驅動。

2.下列哪一項不是反映出維持高自尊的動機？
　a.在Sarah為了別人而和Bob分手之後，Bob開始覺得他也沒有多喜歡她。
　b.想要選修Lopez教授之課程的學生，必須先寫10頁的文章提出申請，每個上課學生最後都很愛這堂課。
　c.Janetta在心理學的第一次考試考得很糟。

她承認沒有準備充分，發誓下次要更努力讀書。
　d.Zach在拿到駕照之後發生過幾次小擦撞，他說：「路上本來就有很多爛駕駛，他們應該學學我這個好駕駛。」

3.根據社會認知的研究：
　a.人對社會世界幾乎都形成正確的看法。
　b.人對社會世界很少有正確的看法。
　c.在看社會世界時，人們主要的目的是使自我感覺良好。
　d.即使當人們想要盡量準確地看待社會世界，還是時常出錯，而對世界形成錯誤的印象。

為什麼要研究社會心理學？

學習目標1.4　研究社會心理學的重要性

　　社會心理學被界定為一種探討社會影響的科學研究。為什麼我們最初想要去瞭解社會影響呢？一個人的行為是否根源於正確瞭解狀況的需求，或是維護自尊的需求，會有何差別？

　　基本的答案很簡單：因為我們好奇。社會心理學家對人類的社會行為非常著迷，並且想要瞭解它最深的可能層次。在某種意義上，我們都是社會心理學家，我們都生活在社會環境裡，而且對於如何受影響、如何影響別人、如何與某人陷入情網、討厭其他人、對別人冷漠等問題，都想有

社會心理學
Social Psychology

社會心理學幫助我們瞭解與解決社會問題，社會心理學者可能會探討孩童觀看帶有暴力的電視節目，是否會產生暴力行為——如果是，就去找出有效的介入方式。

更多的瞭解。不跟人面對面相處，也能進入一個社會環境。社交軟體是社會心理學家的夢幻實驗室，因為包羅萬象：愛情、生氣、霸凌、吹噓、影響、調戲、傷口、爭執、加入好友、解除好友、驕傲和偏見，盡在其中。

許多社會心理學家研究社會行為有另一個理由：找出解決社會問題的方法。這項目標在學科形成之初就已經出現。Kurt Lewin勉強躲過德國納粹迫害，將他的熱情帶到美國，去理解他的國家是怎麼轉變的。從那時起，社會心理學家熱切地投入當代社會的挑戰，本書將會呈現這些事實。他們的努力包括：減少敵意與偏見、增加利他行為與寬恕（第十一章與第十三章）、說服人們保護水和能源等自然資源、教育人們進行安全的性行為、吃更健康的食物（第七章）、瞭解媒體暴力的影響（第十二章）、發展解決團體內或國際衝突的策略（第九章）、發掘提高孩童智力的環境介入方法和更好的校園計畫，以及降低少數族裔學生的高中輟學率。他們也致力於正面的主題，例如熱情、喜歡和愛——以及怎麼維持它們（第十章）。

本書將討論社會心理學在應用上的許多案例，用以證明社會心理學可以瞭解並解決日常生活的問題。為了滿足有興趣的讀者，我們也撰寫了三章分別針對三大議題：「健康」、「環境」以及「法律」。希望透過瞭解社會心理學家的研究，讓你更能改變自己弄巧成拙或被誤導的行為、改變你的人際關係，以及做出更好的決定。

我們現在準備好，要認真開始一段社會心理學的旅程了。我們強調了社會心理學的核心是探討社會情境的巨大影響。我們的工作是問對問題，然後找出方法，去捕捉社會情境的影響力，帶進實驗室做精細的研究。如果我們做得好，將找到人類普遍的行為規則，然後把實驗室的發現帶進真實世界——終極改善我們的社會。

摘　要

學習目標1.1　社會心理學是什麼？跟其他學科有何不同？

■社會心理學的定義　社會心理學是一種科學研究，探討人類的思考、感覺及行為如何受其他真實或想像之人的影響。社會心理學家有興趣於瞭解社會環境形塑人類思考、感覺及行為的過程與原因。

• 社會心理學、哲學、科學和一般常識　社會心理學家致力於瞭解社會造成的影響，和哲學家、記者或門外漢的解讀有所不同。社會學心理學家研究社會影響（social influence），透過實徵（empirical）的方式，在實驗中對變數進行控制。社會心理學的目標是發現人類行為的通則，這也是為什麼跨文化研究有其必要性。

• 社會心理學和其他近親學科的不同　某些社會心理學家從演化心理學的天擇原理，用基因演化來解釋社會行為。演化很難直接用實驗檢證，但是能對社會行為催生出可以科學檢驗的新假設。在解釋社會行為時，人格心理學著重探討個人的特質，而社會心理學家雖也認同人格有差異，但以人類如何解讀社會情境，來解釋社會行為。社會心理學的分析層次是社會情境脈絡下的個體。相反的，社會學家的分析層次是團體、機構，或宏觀的社會。社會心理學家的目的在於找出每個人（不論社會階級、性別或文化背景）會受到社會影響所左右的通則。

學習目標1.2　為何人們解釋事件與行為的方式很重要？

■情境的威力　個人行為很容易受到社會環境的影響，但是很多人不相信。

• 低估情境的威力　社會心理學家必須要克服基本歸因偏誤（fundamental attribution error），亦即將自己或他人的行為完全歸諸於性格因素，以至於低估社會影響力的傾向。社會心理學家一再證明環境往往比人格差異更具影響力。

• 解讀的重要性　社會心理學家表示個人和環境的關係宛如雙向道。不單單要明白環境會影響個人，也要明白人們如何看待並解讀社會世界和他人行為。這些知覺比客觀情境本身更有影響力。construal一詞，是指個人對世界的「解讀」。

學習目標1.3　當追求自我感覺良好和追求準確的需求衝突時，會怎樣？

■解讀從何而來：人類基本動機　人類解讀（知覺、理解及解釋）情境，受到兩大人類基本動機的影響：「自我感覺良好的需求」與「追求準確的需求」。有時這兩大動機產生衝突，例如準確看待自己的作為，可能會看見自己的自私。

• 自尊動機：自我感覺良好的需求　大多數人有強烈的需求看待自己是好的、有能力的及高尚的。人們經常扭曲對世界的知覺，來維護自己的自尊。

• 社會認知動機：追求準確的需求　社會認知是用以解釋人們如何看待所處世

界：如何選擇、詮釋、記憶和運用資訊，去做判斷與決策。人們追求準確的理想世界，以便有效率的抉擇與判斷，大至婚姻，小至選擇早餐。事實上，人類行為的基礎是建立在不完整且不準確的資訊解讀上。

學習目標1.4　研究社會心理學的重要性

■為什麼要研究社會心理學　為何社會心理學家想瞭解社會影響？正因他們對人類的社會行為非常著迷，並且想要瞭解它最深的可能層次。許多社會心理學者也想為社會問題找出解方。

分享寫作　你有什麼想法？

沉醉式互動

　　本章提到「基本歸因偏誤」。瞭解FAE（譯註：客服工程師，擔任客戶與工程師的橋樑，Field Application Engineer）的工作，對預測你周遭人的未來行為有何幫助？

測　驗

1. 社會心理學是關於什麼的研究？
   a. 他人真實的或想像的影響。
   b. 社會機構，像是教會或學校。
   c. 社會事件，像是橄欖球賽或舞會。
   d. 心理歷程，像是夢想。

2. 社會心理學者認為，瓊斯鎮的集體自殺可能導因於：
   a. 成員心理不穩定或有憂鬱症。
   b. 宗教領袖用催眠或藥物讓追隨者服從。
   c. 一個幾乎可以誘導任何心智正常者的歷程。
   d. 教團開放、歡迎的本質，使成員感覺服從領袖是安全的。

3. 社會心理學的分析層次是：
   a. 宏觀的社會。
   b. 社會脈絡中的個體。

   c. 團體和組織。
   d. 認知與知覺的大腦歷程。

4. 下列哪一項（或哪些）說法不涉及基本歸因偏誤？
   a. 一名男人說「我太太成了愛發牢騷的人」，但是對他自己的牢騷又解釋成整天辛苦工作的影響。
   b. 一名女人看到貧窮社區的高失業率之後，說：「那些人不要這麼懶惰就找得到工作。」
   c. 「在瓊斯鎮自殺的人是因為和社會隔離，以致於聽不到對領袖的其他觀點。」
   d. 「在瓊斯鎮自殺的人是因為心理不正常。」

5. 社會心理學和人格心理學有什麼相同點？
   a. 兩者都關注個體。

b.兩者都關注人格特質。

c.兩者都關注童年經驗。

d.兩者都關注基因對人格特質的影響。

6.社會心理學和社會學有什麼相同點？

　a.兩者都探討人口統計學的傾向。

　b.兩者都研究國家機關。

　c.兩者都關注性格差異。

　d.兩者都關注團體歷程。

7.在社會心理學中，為何解讀（construal）這麼重要？

　a.人們的行為受他們對事件解讀方式的影響，而不是受事件本身影響。

　b.人們的行為主要決定於所處的客觀環境。

　c.人們會察覺他們知覺事物時的偏誤。

　d.人們認為其他理性的人跟他們看事情的方法是一樣的。

8.完形心理學對社會心理學的主要貢獻是：

a.它增加了對於大腦如何運作的理解。

b.它強調人們如何知覺物理世界。

c.它顯示出整體比部分的總和具備更多意義。

d.它增加了行為研究的歷史觀點。

9.影響我們解讀世界方式的核心動機是？

　a.維持自尊的需求。

　b.準確知覺與做決策的需求。

　c.自我表現的需求。

　d.a與b。

　e.a與c。

10.Eleanor在英語課的第一次作業成績很差，如果要預測她會停修還是繼續修課，社會心理學家最可能會問哪一個問題？

　a.她在堅持力的人格測驗得幾分？

　b.她在上學期英語課的修課狀況如何？

　c.她的入學分數多高？

　d.她怎麼解釋為何拿到很差的成績？

CHAPTER 2

研究方法：社會心理學家如何進行研究

綱要與學習目標 ▲

社會心理學：實徵科學

學習目標2.1 描述研究者如何發展假說和理論
形成假說和理論

研究設計

學習目標2.2 比較社會心理學家所採用的各種研究設計之優點和缺點
觀察法：描述社會行為
相關法：預測社會行為
實驗法：回答因果關係

社會心理學研究的新疆界

學習目標2.3 解釋跨文化研究和社會神經科學研究對於科學家探討社會行為的影響
文化與社會心理學
社會神經科學

社會心理學的倫理議題

學習目標2.4 總結社會心理學家如何確保研究參與者的安全和福祉，同時又能驗證有關社會行為成因的假說

社會心理學
Social Psychology

●●●●●●● 你認為如何？

調查：你認為如何？	
調查	結果

沉醉式互動 你聽到一則新聞故事，描述下列的研究發現：兒童吃速食愈多，則他們的閱讀、數學和科學成績愈差。儘管上述結果是以兒童為對象，你會因此減少你攝取的速食數量嗎？
　□是
　□否

　　在這個資訊時代裡，從網路上幾乎可以找到任何事情，色情書刊也比以往更為普遍。有一項調查發現，在18歲到39歲民眾當中，46％男性和16％女性上一週曾經觀看色情書刊（Regnerus, Gordon, & Price, 2016）。另一項民意調查指出，四分之一員工在上班日瀏覽色情網站（The Tangled Web of Porn, 2008）。因此，接觸色情書刊是否帶來有害影響是個重要問題。例如，觀看真實性愛場景可能提高男性性暴力的機率嗎？

　　過去數十年以來，正反雙方經常激辯這個問題的正確答案。法律學者Catharine MacKinnon（1993）主張：「色情書刊是性暴力的完美預備狀態——結合動機和指導手冊」（p. 28）。1985年，由美國最高檢察署指派的一群專家提出相似意見，認為色情書刊是強暴和其他暴力犯罪的成因。然而在1970年，另一個委員會回顧相同證據，卻認為色情書刊「不會」導致性暴力顯著增加。我們要相信誰？是否可以用科學方法來決定答案？我們相信答案是肯定的。在本章中，我們將討論社會心理學家採用的研究方法，並且以上述的色情書刊為例。

社會心理學：實徵科學

學習目標2.1　描述研究者如何發展假說和理論

　　社會心理學的基本原則是，許多社會問題可以用科學方法來探討，例如暴力的成因和反應（Reis & Gosling, 2010; Reis & Judd, 2000; Wilson, Aronson, & Carlsmith, 2010）。在我們討論如何進行社會心理學研究之

前，首先提出一項警告：你所看到的某些實驗結果似乎顯而易見，這是因為我們對社會行為和社會影響很熟悉（Richard, Bond, & Stokes-Zoota, 2001）。這種熟悉性讓社會心理學與其他科學有所區別。當你閱讀量子物理實驗時，其結果跟你的個人經驗很可能無關。我們不瞭解你，但是我們自己絕不會這樣想：「哇！那個夸克實驗就像我昨天等公車時的遭遇一樣。」或者「我祖母總是告訴我要注意正子和反物質。」然而，當我們閱讀助人行為或攻擊的研究結果時，常會這樣想：「拜託，我早就知道了。這跟我上星期五的遭遇一樣。」

請記住，當我們探討人類行為時，結果似乎可以預見——事後看來。的確，人們有種聞名的傾向稱為後見之明偏誤（hindsight bias），也就是人們知道事件發生之後，誇大自己事前預測結果之能力的傾向（Bernstein, Aßfalg, Kumar, & Ackerman, 2016; Davis & Fischhoff, 2014; Ghrear, Birch, & Bernstein, 2016; Knoll & Arkes, 2016）。舉例來說，當我們知道政治選舉的勝利者，就開始尋找候選人勝選的理由。事實發生後，結果看來更容易預測，即使我們在選舉前仍不確定誰能勝出。心理學實驗也是如此，我們似乎很容易預測結果——當我們已經知道結果後。真正的竅門在於，不知道結果而能夠預測實驗當中發生的事情。為了說明並非所有顯而易見的發現都很容易預測，請完成下方的【試試看！】測驗。

後見之明偏誤

當人們知道事件發生後，誇大自己事前預測結果之能力的傾向

試試看！

社會心理學測驗：你的預測如何？

請根據社會心理學研究回答下列問題：

1. 假定某位權威人物要求大學生，對另一位不曾傷害過他的學生施予幾乎致命的電擊。這些學生同意照做的百分比是多少？

2. 如果你因為兒童從事他們原本喜歡的活動而給予酬賞，他們後來喜歡該活動的程度：
(a)更高；(b)相等；(c)更低。

3. 當企業或政府機構面對重要的選擇時，最好讓一群人來做決定，因為「三個臭皮匠，勝過一個諸葛亮」，你認為上述說法是否正確？

(a)是；(b)否。

4. 重複接觸某一刺激（像是某個人、某一首歌或某一幅畫）使得你喜歡它的程度：
(a)更高；(b)相等；(c)更低。

5. 你要求某位熟識者幫你個忙（像是借你美金10元），對方也同意。因為幫忙你，這個人喜歡你的程度：
(a)更高；(b)相等；(c)更低。

6. 下列何人最不可能幫助陌生人撿起掉落在地上的一疊紙？

(a)心情好的人；(b)心情不好不壞的人；(c)心情壞的人。

7.在美國，女大學生的數學測驗表現比不上男生。在下列何種狀況之下，女生的表現跟男生一樣好：

(a)當她們被告知，該測驗結果並沒有性別差異時；(b)當她們被告知，女生在困難數學測驗上表現較優異時（因為她們在這種狀況下奮力應付挑戰）；(c)當她們被告知，男性幾乎在所有情況下都打敗女性時。

8.下列有關廣告效果的陳述，何者最為真實？

(a)廣告植入的閾下訊息比正常廣告更為有效；(b)止痛藥或洗潔劑的正常電視廣告比廣告植入的閾下訊息更有效；(c)兩種廣告都無效。

9.玩暴力電玩遊戲對人們的日常生活攻擊性可能產生何種影響？

(a)玩遊戲提高他們做出攻擊行為的可能性；(b)他們的攻擊性降低，因為遊戲「讓他們發洩情緒」；(c)玩遊戲對於人們的攻擊性毫無影響。

10.校園裡的學生被要求填寫一份問卷，評定在校園議題上應考慮學生意見的程度。你認為學生最可能聽從何人的要求？

(a)以較輕的寫字夾板夾住問卷的人；(b)以較重的寫字夾板夾住問卷的人；(c)夾板重量對人們的評分不會造成差異。

形成假說和理論

　　社會心理學家如何獲得研究構想？研究的開始在於靈感或假說，也就是研究者想要驗證的想法。傳說中聰明想法完全來自靈光乍現，就像希臘學者阿基米德（Archimedes）突然想到問題解答時大喊：「我發現了！我找到了！」儘管有時頓悟突然發生，但其實科學是累積的歷程，人們經常從先前的理論和研究裡產生新假說。

受到先前理論和研究所啟發

　　許多研究源自研究者對既有理論和解釋並不滿意。在閱讀其他人的成果之後，研究者認為自己可以對人類行為提出更好的解釋。例如在1950年代，里昂・費斯廷格（Leon Festinger）並不滿意當時主流理論行為論對於態度改變的解釋。他重新構思新取向失調理論，具體預測人們何時及如何改變態度。我們將在第六章探討，其他研究者對於費斯廷格的解釋也不滿意，因此進行下一步研究以驗證其他可能解釋。社會心理學家跟其他領域的科學家一樣，持續不斷修正其理論：提出理論；從理論導出的特定假說得到驗證；根據所得結果，進行理論修正，然後形成新假說。

根據個人觀察所得的假說

　　社會心理學家也處理日常生活的現象。研究者通常觀察自身或他人

生活裡某件令人好奇、感興趣的事情，然後建構理論來解釋此一現象的發生——接下來設計一項研究檢驗其是否正確。例如，在1960年代初期，紐約市皇后區發生一件悲慘的謀殺案，自此衍生社會心理學的重要研究。1964年，一位年輕女子Kitty Genovese在某天夜晚返回公寓時遭到襲擊，經歷長達四十五分鐘的攻擊後慘死。當時《紐約時報》報導，有38位公寓居民從窗戶看見攻擊或聽見Genovese尖叫，然而沒有人嘗試幫助她，甚至無人報警。儘管現在我們得知：《紐約時報》誇大了袖手旁觀的目擊者人數（Cook, 2014; Pelonero, 2014），這則報導卻鮮明地勾起大眾的恐懼，而且當時「廣為流傳」。旁觀者確實在緊急事件裡袖手旁觀（將在第十一章討論），而且Genovese謀殺案促使許多人探討其原因。有些人認為，生活在都會地區讓我們失去人性、變得冷漠，對人們的苦難無動於衷，而且缺乏愛心。

2011年10月，一位兩歲女孩接連被兩輛貨車碾過，數十人走路或騎腳踏車經過她身旁。為何他們沒有停下來協助？

　　兩位社會心理學家Bibb Latané和John Darley當時在紐約的大學任教，他們的觀點卻有所不同。Latané和Darley並未將重點放在「紐約人怎麼了」，他們更感興趣、也覺得更重要的是，Kitty Genovese的鄰居所處的社會情境。他們認為，或許目擊緊急事件的人數愈多，任何人介入的機率愈低。Genovese的鄰居可能假定其他人已經撥了電話報警，Latané和Darley（1968）將此現象稱為責任分散（diffusion of responsibility）。或許旁觀者發現，只有自己目睹謀殺案，較可能提供協助。

複習題

1. 下列何者是社會心理學家的基本假定？
   a. 社會問題成因複雜，我們永遠不可能瞭解它們為何發生。
   b. 探討色情書刊對人們的影響很困難，因為每個人都不相同。
   c. 許多社會問題可以用科學方法加以研究。

   d. 許多人在緊急事件時無法提供協助，因為他們不關心其他人。
2. 下列有關社會心理學發現的陳述，何者正確？
   a. 有時當我們學會這些結果之後，它們似乎顯而易見，其原因是後見之明偏誤。
   b. 大多數人在瞭解研究結果之前，就能夠輕易

地預測它們。

c.像爺爺奶奶那樣聰明的人可以在瞭解研究結果之前，就能夠輕易地預測它們。

d.生活在實施該研究之相同文化的大多數人能夠在獲知研究結果之前，輕易地預測它們。

3.社會心理學家如何形成假說和理論？

a.他們受到先前理論和研究所啟發。

b.他們不同意先前研究者對其研究結果的解釋。

c.他們根據日常生活的個人經驗來建構假說和理論。

d.以上皆是。

研究設計

學習目標2.2　比較社會心理學家所採用的各種研究設計之優點和缺點

　　社會心理學是一門科學，採用發展良好的一組方法來回答有關社會行為的問題，像是本章開頭提到的色情書刊的影響。這些方法可分為三種類型：觀察法、相關法和實驗法（請參閱**表2.1**）。每一種方法都可以用來探討具體的研究問題；每一種方法都有其效用和缺點。社會心理學研究的創造力部分來自選擇正確方法，盡力提高其優點，減少其缺點。

　　在本章我們將詳細地討論這些方法，提供讀者第一手經驗，以瞭解進行社會心理學研究的快樂及困難。快樂來自於解開線索，瞭解有趣、重要社會行為的原因，那就像是偵探逐漸揭開殺人犯真面目的快感。我們因為能夠運用手中的工具，將哲學家數百年來爭論不止的問題找出確定答案而感到興奮。在此同時，身為理性的研究者，我們也在興奮之外保持謙卑，因為進行社會心理學研究需要遵循實務和倫理的限制。

觀察法：描述社會行為

　　想要成為敏銳的人類行為觀察者，有許多需要學習的地方。如果你

表2.1　研究方法摘要

方法	焦點	回答問題
觀察法	描述	現象的性質是什麼？
相關法	預測	知道X是否可以預測Y？
實驗法	因果關係	變項X是否為變項Y的原因？

的目標是描述某一群人或某一類行為，**觀察法**（observational method）非常有用。這種技術讓研究者可以觀察和記錄行為指標或印象。觀察法有多種形式，取決於研究者所尋求的內容、是否涉入或跳脫所觀察的人，以及他們是否將觀察結果量化。

民族誌

　　觀察法的實例之一是**民族誌**（ethnography），研究者嘗試從內部觀察某一團體或文化，而不施加任何既有概念。其目標在於藉由行為觀察，瞭解該團體的豐富性和複雜性。民族誌是文化人類學的主要方法，也就是探討人類文化和社會的研究。當社會心理學家將焦點拓展到不同文化的社會行為，可以運用民族誌來描述不同文化，以及產生有關心理原則的假說（Fine & Elsbach, 2000; Flick, 2014; Uzzel, 2000）。

　　我們以早期社會心理學研究為例。1950年代初期，住在美國中西部的一群人預測，在1954年12月21日，世界會因為嚴重洪水而毀滅。他們也宣布，來自Clarion星球的太空船將會降落在領導者Keech夫人的後院，在大難來臨前迅速帶走他們。費斯廷格等人認為，當世界末日預言日期逼近，近距離長期觀察這群人對於預言和信念被推翻的反應將會十分有趣（Festinger, Riecken, & Schachter, 1956）。為了監聽這個團體的談話，社會心理學家必須成為他們的一份子，假裝自己也相信世界末日的預言。在預言註定的1954年12月21日上午，既沒有洪水環伺，也不見太空船的蹤影，他們觀察到一件令人好奇的事情：Keech夫人並未承認自己錯了，反而加倍支持自己的信念，宣稱信眾的虔誠讓神赦免了地球，現在正是該團體現身於公眾，招募更多成員的時刻。費斯廷格觀察到Keech夫人執著於她的信念，因此提出社會心理學最著名的認知失調理論，我們將在第六章討論。

　　採用民族誌的關鍵在於避免強加自己既有的概念於團體，而且嘗試瞭解被研究對象的觀點。然而，研究者有時想要運用觀察法來驗證特定假說。例如，研究者所感興趣的可能是，兒童在下課時表現多少攻擊行為。在這種情況下，觀察者必須有系統地注意特定行為，而且這些行為在觀察開始之前就已經得到具體定義。例如，攻擊行為可能被界定為打或推另一位兒童、未經詢問就搶走另一位兒童的玩具等等。觀察者可能站在遊戲場旁邊，有系統地記錄這些行為發生的頻率。如果研究者所感興趣的是

觀察法

研究者觀察人們，並且有系統地記錄其行為指標或印象的技術

民族誌

研究者瞭解團體或文化的方法，也就是從內部觀察而不施加任何既有概念

社會行為的性別和年齡差異，他還要記錄兒童的性別及年齡。我們如何得知觀察的正確性？在這樣的研究裡，由兩人以上獨立進行觀察和編碼資料，並且建立兩人之間的一致性是非常重要的。當兩位以上獨立評分者得到相同的觀察結果，研究者就可確保觀察並非個人的主觀、扭曲印象。

檔案分析

觀察法並不限於真實生活之行為的觀察。研究者也可以檢驗已經在某一文化當中累積的文件或檔案，這種技術稱為檔案分析（archival analysis）（Mannes, Soll, & Larrick, 2014; Oishi, 2014）。例如，日記、小說、自殺遺言、流行音樂歌詞、電視節目、電影、雜誌和新聞文章，以及人們使用網路的方式都可以反映出人類行為。例如，有一項研究分析八十四個國家發送的數百萬則推特（Twitter）訊息，以檢驗人們每天的心情節奏。根據訊息內容來看，大多數人的正向心情似乎在一天的兩個不同時間達到高峰：早晨起床後不久，以及傍晚睡覺前（Golder & Macy, 2011）。研究者也運用檔案資料來回答色情書刊的問題。比方說，你認為住在美國哪些區域的人較可能觀看線上色情書刊？或許你猜測，住在較自由的「藍色州」（譯註：藍色是民主黨的代表顏色，其政治傾向較偏向自由主義；紅色是共和黨的代表顏色，其政治傾向較偏向保守主義）居民是最大消費者，因為自由主義者對社會議題採取比較寬容的態度。為了回答這個問題，研究者檢驗色情網站的信用卡訂閱資料（Edelman, 2009）。雖然他無法取得訂閱者的姓名，卻可以得知郵遞區號，並且藉此估計地區變異。結果，「藍色州」和「紅色州」居民訂閱色情網站的數量相等（為數最多的是猶他州居民）。

研究者運用檔案分析來驗證心理學假說。例如，有一項研究分析數百萬則推特訊息，檢視人們在一天當中的心情變化。

觀察法的限制

分析推特訊息的研究顯示有趣的日常模式，然而它無法解釋為何情緒高峰出現在早晨和夜晚。除此之外，某些行為難以進行觀察，因為它們很少發生或者私底下才會發生。你可以看出觀察法的限制。例如，Latané和Darley如果選擇採用觀察法來探討旁觀者人數對於助人意願的影響，

可能我們仍無法得到答案，因為緊急事件很少發生，預測它們何時發生又相當困難。而色情書刊的檔案資料儘管可以提供訂閱者的訊息，卻無法說明對於其態度和行為的影響。社會心理學家不僅想要描述行為，他們也想要預測和解釋它。此時，其他方法更加適當。

相關法：預測社會行為

　　社會科學的目標之一是瞭解變項之間的關係、預測不同類型的社會行為。人們閱讀色情書刊的數量跟他們從事性暴力行動的可能性有何關聯？兒童觀看電視暴力數量跟其攻擊行為有關嗎？為了回答上述問題，研究者通常採用另一種取向：相關法。

　　所謂的相關法（correlational method）意指有系統地測量兩個變項，並且評估它們之間的關係——如何從某一變項預測另一變項。人們的行為和態度可藉由多種方式來測量。就像運用觀察法一樣，研究者有時直接觀察人們的行為。例如，研究者所感興趣的是，兒童的攻擊性以及他們觀看電視暴力數量之間的關係。他們可能觀察兒童在遊戲場的行為，然而此時目標是評估兒童攻擊性跟其他變項的關係或相關，例如觀看電視的習慣就是研究者測量的另一個變項。

　　研究者計算**相關係數**（correlation coefficient）以檢視變項之間的關係，這種統計技術可以評估從某一變項預測另一變項的程度——例如根據人們的體重是否可預測其身高。相關係數的範圍從-1到+1。正相關表示某一個變項的數值增加，則另一個變項的數值也增加。例如，人們的身高和體重之間的相關大約是0.7；這表示身材較高的人傾向於體重較重。相關雖然很強但並未達到完美相關，所以相關係數小於1。負相關表示某一個變項的數值增加，則另一個變項的數值減少。如果人類的身高和體重之間為負相關，我們看起來非常怪異；身材矮小的人（像是兒童）看起來像是企鵝，而身材高挑的人（像是NBA籃球選手）卻都是皮包骨！當然，兩個變項之間也可能完全無關，所以研究者無法從某一變項來預測另一變項。在這種情況下，相關係數等於0（請參見**圖**2.1）。

調查

　　相關法通常運用於分析**調查**（survey）的結果，也就是研究者要求代表性樣本當中的個人（通常匿名）回答有關其態度或行為之問題的研

相關法

有系統地測量兩個以上的變項，並評估其間關係（例如根據某一變項可否預測另一變項）的技術

相關係數

評估從某一變項預測另一變項之程度的統計技術，例如以人們的身高可以預測其體重的程度

調查

要求代表性樣本當中的人（通常匿名）回答有關其態度或行為之問題的研究

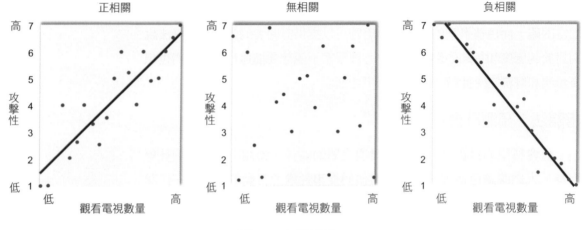

圖2.1 相關係數

上圖顯示觀看電視暴力與兒童攻擊行為之假設性研究的三種可能相關。左圖顯示高度正相關：兒童觀看電視愈多，則攻擊性愈高。中圖顯示無相關：兒童看電視的數量與攻擊性無關。右圖顯示高度負相關：兒童觀看電視愈多，則攻擊性愈低。

究。調查是測量態度的簡便方式；例如，人們可以經由電話回答他們在最近選舉當中支持的候選人，或者回答對各種社會議題的感受。研究者通常將相關法運用於調查結果，根據人們回答某些問題的答案來預測其他反應。心理學家通常運用調查來瞭解社會行為和態度——例如，檢視男性自述閱讀色情書刊的數量跟他們對女性的態度是否有關。

調查有許多優點，其中一項是讓研究者評估難以觀察之變項的相互關係，像是人們從事安全性行為的頻率。研究者檢視調查問題之間的關係，像是對HIV感染方面認識較多者，是否比其他人更可能從事安全性行為。另一項優點是能夠取得母群的代表性樣本。最佳方法是採用**隨機抽樣**（random selection），由母群中選擇參與者，母群當中每個人被選擇成為樣本的機率相等。只要經由隨機抽樣來選擇樣本，而且樣本數夠大，就可以確保其反應大致符合全體母群。

有一項著名調查因為未能隨機抽樣而產生誤導結果。例如，《文學文摘》（*The Literary Digest*）週刊在1936年秋天進行一項大型調查，詢問人們在即將舉行的大選中將投票給誰。這份雜誌從電話簿和汽車註冊名單取得樣本的名字和地址。兩百萬人的調查結果指出，共和黨候選人Landon將大獲全勝。當然你知道美國沒有名叫Landon的總統；相反地，Roosevelt總統只輸掉兩州。《文學文摘》的意見調查出了什麼錯？在經濟

隨機抽樣

確保樣本可以代表母群的方法，母群當中每個人被選擇成為樣本的機率相等

大蕭條的谷底，許多人無法擁有電話或汽車，而買得起
這些東西的人，經濟狀況相當不錯；大多數富裕選民是
共和黨員，幾乎一面倒偏向Alf Landon。然而，多數選民
是窮人——他們全面支持民主黨候選人Roosevelt。《文
學文摘》採用的名單排除了母群當中較不富裕的成員，
因此只得到不具代表性的樣本（《文學文摘》經過這場
方法災難後一蹶不振，在公布民調後不久就停刊）。 現
代政治民意調查也免不了犯下這類抽樣錯誤。許多民意
調查公司只能接觸家中有電話（市內電話）的民眾，因
為取得行動電話的電話簿相當困難。他們的做法可能有
風險，因為研究結果顯示：主要依賴行動電話的美國人
較可能投票給民主黨候選人（Silver, 2012）。此外，民
意測驗專家估計受訪者參加投票的機率，並且運用其他
統計修正技術，調整其結果。這些調整策略可能產生其
他偏差，因此某些民意調查低估了2016年總統選舉時，
川普（Donlad Trump）在關鍵搖擺州的得票率（Newkirk,
2016）。

1936年，《文學文摘》根據其民意調查，預
測共和黨總統候選人將大獲全勝。相反地，
根據下圖所示，Franklin Roosevelt只輸掉
兩州。《文學文摘》的民意調查發生什麼錯
誤？

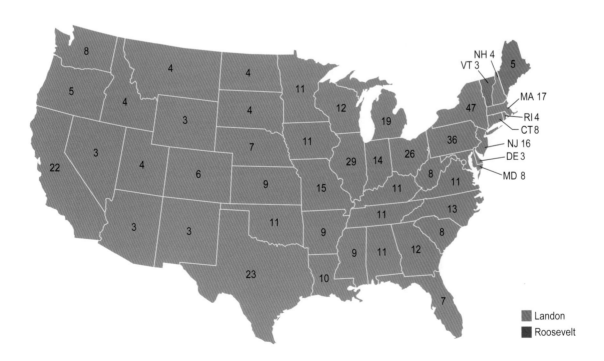

調查資料的另一項潛在問題是答案的正確性。直截了當的問題很容易回答，無論是關於人們對某一議題的想法或者常見的行為。然而要求參與調查者預測他們在假設性情境當中的反應或者解釋過去行為的動機，可能並不正確（Schuman & Kalton, 1985; Schwarz, Groves, & Schuman, 1998）。通常人們並不知道答案——然而卻假裝自己知情。Richard Nisbett和Tim Wilson（1977）證實，許多研究曾出現這種「言過其實」現象，人們報告的行為動機常常並不正確。他們陳述自己反應的原因比較符合他們心目中應當造成影響之因素的理論和信念，而非實際影響他們的原因（我們將在第五章更詳細地討論這些研究）。

相關法的限制：相關不等於因果關係

相關法的主要缺點在於，它只能夠告訴我們兩個變項有關，然而社會心理學家的目標卻是找出社會行為的原因。我們希望說A導致B，而不只是A跟B有關。

如果研究者發現兩個變項之間存在相關，表示它們可能有三種因果關係。舉例來說，研究者發現兒童觀看暴力電視節目數量跟他們的攻擊行為之間存有相關（類似**圖2.1**的左圖，但是強度較低；請參見Eron, 2001）。造成這種相關的原因可能是看電視暴力導致兒童自己變得更為暴力。然而，可能相反關係才是正確的：有暴力傾向兒童較喜歡觀看暴力電視節目。或者兩個變項之間根本沒有因果關係；相反地，觀看電視和暴力行為都由第三個變項所導致，像是忽視子女的父母（實驗證據支持其中一種因果關係解釋；我們將在第十二章討論）。在運用相關法時，我們不可以跳到某一變項導致另一變項的結論。相關無法證明因果關係。不幸的是，忘記這句箴言是社會科學中最常見的方法論錯誤之一。我們以女性避孕方法和性病（STIs）的研究為例（Rosenberg, Davidson, Chen, Judson, & Douglas, 1992）。研究者檢視女性的門診紀錄，看看她們採用的避孕方法與是否罹患性病間的關係。令人驚訝的是，研究者發現：以保險套避孕的婦女比使用子宮帽或避孕海綿的婦女，更容易罹患性

在1990年代初期的研究發現，婦女避孕的方法跟罹患性病（STIs）的機率有關。伴侶使用保險套的婦女比採用其他避孕方法的婦女更容易罹患性病。這表示使用保險套導致性病增加？未必如此——請閱讀文本當中對此一研究發現的其他解釋。

病。上述結果被大肆報導，其結論是使用子宮帽和避孕海綿可導致罹患性病的比例降低。有些新聞文章鼓勵婦女，說服伴侶改用保險套以外的避孕方法。

你可以看出這個結論有何問題嗎？事實上，性病比例跟婦女使用避孕方法的相關性，可能出於多種原因。或許使用海綿和子宮帽的女性擁有較少性伴侶（事實上，某些保險套使用者有可能在前一個月與多重伴侶發生性行為）；也或許以保險套避孕之婦女的伴侶較可能罹患性病。我們沒有簡便方法可以得知何者為真。因此，相關研究無法得出避孕方法可以保護婦女免於罹患性病的結論。

相關設計難以推論出因果關係的另一個例子，是本章先前探討的色情書刊導致性暴力行為（像是強暴）的問題。最近有一篇論文統整22項研究，包含7個國家的2萬多名參與者，其結果指出：閱讀色情書刊和性暴力的相關是0.28（Wright, Tokunaga, & Kraus, 2016）。你還記得相關係數0.28的意義嗎？由於這是正相關，所以意指人們觀看色情書刊愈多，愈可能從事性暴力，儘管兩者關聯並不強。

但是這個結果可以證明，閱讀色情書刊導致人們產生性暴力嗎？雖然這是可能解釋之一，然而你可以想到其他解釋嗎？或許因果關係方向相反——較可能產生性暴力的人也比較喜歡閱讀色情書刊；換言之，攻擊性導致他們喜歡色情書刊，而不是色情書刊導致攻擊（Malamuth, Addison, & Koss, 2000）。此外，兩者的關聯可能來自第三變項，像是人們接受的教養或次文化導致他們同時產生性暴力，又喜歡閱讀色情書刊。從相關研究難以得到因果關係的其他例子請參閱接下來的【試試看！】專欄探討）。

試試看！

相關與因果：認識兩者的差異

人們很難記住，當兩個變項有相關，並不表示其中一個變項導致另一變項；相關無法讓我們得到因果關係推論。針對下列實例，請思考兩個變項為何有相關。即使看來某一變項顯然導致另一變項，是否存在其他解釋？

1. 某位政治家讚美男、女童軍。這位政治家向童軍致敬時，提到只有少數街頭犯罪的青少年是童軍。換言之，他認為童軍活動跟犯罪行為之間有負相關。為何會如此？

2. 近期的研究發現，擁有所謂「直昇機父母」

（helicopter parents）（隨時追蹤孩子學業表現，並且經常介入的爸媽）的大學生，實際上學業成績低於雙親不會在附近徘徊的其他學生，這表示如果父母少打擾孩子，大學生的成績會更好？

3. 以駐守在陸軍基地之士兵為對象的研究指出，士兵的刺青數量與涉入機車意外的次數呈現正相關。為什麼？

4. 有一項研究發現，有宗教信仰的青少年較不可能犯罪，而且較可能繫安全帶。信仰宗教促使人們遵守法律嗎？

5. 人們吃早餐的傾向跟壽命有關，不吃早餐的人較短命。吃麥片讓人長命百歲嗎？

6. 有一項研究指出，兒童喝愈多牛乳，體重增加愈多。有一位研究者下結論說，需要控制體重的兒童應該減少攝取牛乳。這是有效的結論嗎？

7. 近期調查發現，看公共電視者的性行為多於其他人。這位研究者指出，「人們可能想，國家地理頻道特別節目或Ken Burns（譯註：美國紀錄片導演和製片）的棒球史可能燃起人們的欲望？」你如何解釋上述相關？

8. 近期英國研究發現，每天吃甜食的十歲兒童長大後比不吃甜食的兒童更可能因暴力犯罪被逮捕。我們是否應該限制兒童吃糖果的數量，以免他們成為暴力罪犯？

9. 近期有一項研究發現，使用臉書的大學生平均學業等第（GPA）低於不使用臉書的學生。這表示刪除你的臉書帳號可以提高平均學業等第嗎？

10. 根據某一項研究，青少年在電視上觀看愈多性行為，他們自己愈可能從事性行為。請問父母應該限制青少年觀看性電視節目的數量嗎？

實驗法

研究者隨機分派參與者至不同組別，確保這些組別完全相等，除了自變項（研究者認為對人們反應產生因果效應的變項）之外

自變項

由研究者所改變，以檢視是否影響其他變項的變項

依變項

由研究者所測量，以檢視是否受到自變項所影響的變項；研究者假定依變項取決於自變項的程度高低

實驗法：回答因果關係

可以確定因果關係的唯一方法就是實驗法（experimental method）。研究者有系統地安排事件，讓人們產生特定經驗（例如跟其他目擊者一起或自己單獨目睹意外事件）。實驗法是社會心理學研究最常使用的方法，因為它能讓實驗者做出因果關係的推論。

自變項與依變項

為了說明如何進行實驗，我們回到先前社會心理學家Bibb Latané和John Darley的研究實例。他們提出的研究假說如下：目擊緊急事件的人數愈多，任何人介入的機率愈低。就像任何實驗一樣，他們需要改變產生因果影響的關鍵情境層面，也就是目擊緊急事件的人數。它稱為自變項（independent variable），由研究者改變，以檢視對其他變項之效果的變項。研究者觀察自變項（旁觀者人數）是否對依變項產生預定效果。依變項（dependent variable）是研究者所測量，用以檢視是否受到自變項所影

響的變項──在上述例子裡就是人們是否在緊急事件裡助人（請參見**圖 2.2**）。

聽起來很簡單？事實上不然。想要設計實驗來驗證Latané和Darley有關團體大小的假說，可能會遭遇嚴重的實務和倫理困難。至於應該使用哪一種緊急事件？理想上（根據科學觀點），它應該儘量接近Genovese案件。因此，你可能希望設計有目擊者可能目睹的謀殺案；某一組有少數幾位目擊者在場；另一組則有許多位目擊者。

顯然，任何一位精神正常的科學家都不會設計一場目擊者毫不起疑的謀殺案。然而我們如何設計實際可行的情境，既類似Genovese個案，又不會過度讓人煩惱？除此之外，我們如何確保每位旁觀者都感受到相同緊急事件，除了我們希望驗證的變項（在此意指旁觀者人數）有所差異？

我們看看Latané和Darley（1968）如何處理這些問題。想像你是參與他們實驗的某位參與者。你在預定時間抵達，發現在走廊上有幾扇門，通往不同的小隔間。實驗者歡迎你，帶你進入其中一間小隔間，順帶提到另外五位學生坐在其他小隔間裡，將與你同時參與研究。實驗者給你一組耳

自變項	依變項
研究者假定會影響依變項的變項。參與者所受到的待遇完全相同，除了這個變項以外。	研究者假定受到自變項影響的反應。所有參與者都要接受此變項的測量。
實例：Latané和Darley (1968)	
旁觀者人數	有多少參與者助人？

參與者 ＋ 受害者	85%
參與者 ＋ 受害者 ＋ 另外兩人	62%
參與者 ＋ 受害者 ＋ 另外四人	31%

圖2.2　實驗研究的自變項和依變項

研究者改變自變項（例如旁觀者認為在場人數），然後觀察對依變項（例如人們是否幫助）產生的效果。

機加麥克風，然後離開房間。你戴上耳機，很快就聽到實驗者對所有人解釋，他想要瞭解大學生所面臨的私人困擾。

他解釋，為了確保每個人能夠公開討論問題，每位參與者都保持匿名；每個人都分別待在不同房間，只能藉由對講機彼此溝通。此外，研究者表示，他不會在現場聆聽討論，讓他們可以更加開放、坦誠表達。最後，實驗者要求參與者輪流說出自己的問題，每個人有兩分鐘的發言時間，然後每個人對他人發表的內容提出評論，為了確保程序，每次只有一個人的麥克風會開啟。 團體討論開始。你聽見第一位參與者說，他發現自己難以適應大學生活。他有些尷尬地說，他有時會發病，尤其是在壓力之下。當兩分鐘時間結束後，你聽見另外四位參與者討論自己的問題；然後輪到你發言。當你結束後，第一個人再度說話。讓你驚訝的是，他很快就開始發病：

> 我－嗯－呃－我想我－我需要－嗯－如果－如果可以－嗯－嗯－有人－嗯－嗯－嗯－嗯－嗯－嗯－給我一些－嗯－給我一些幫助因為－嗯－我－嗯－我－嗯－嗯－呃－呃－有－個－真的有個問題－嗯－現在我－嗯－如果有人能幫忙我那就－那－嗯－嗯－當然－當然很好……因為－嗯－有－嗯－因為我－嗯－我－我得了－一種－嗯－病－嗯－現在發作了－還有－還有我真的－嗯－需要幫助，如果有人－嗯－幫我一點－小忙－嗯－嗯－嗯－有人可以－嗯－幫－嗯－呃－一點－忙－呃－嗯－嗯－嗯－有人可以－嗯－幫忙－嗯－呃－呃（咳嗽聲）……我要死掉了－嗯－我快要……死了－嗯－救命－嗯－嗯－發病－嗯（咳嗽，然後安靜）（Darley & Latané, 1968, p.379）

你在這種情況下會怎麼做？如果你像研究裡大多數參與者一樣，你會坐在自己的小隔間裡，親耳聽見另一位同學發病，但是袖手旁觀。你覺得驚訝嗎？Latané和Darley記錄受害者在發病結束前，離開隔間尋找受害者或實驗者的人數。其中，只有31%的參與者會尋求協助，69%的學生則留在自己的小隔間，毫無作為——就像Kitty Genovese的鄰居一樣。

上述結果是否證明：未提供幫助是出於目擊發病的人數？我們如何

得知它並非來自其他因素？我們之所以確認因果關係，是因為Latané和Darley的實驗包含另外兩種狀況。在其他兩組當中，所有程序完全相同，只有一個重要差異：討論團體的人數較少，表示目擊發病的人數較少。某一組參與者被告知，除了他們自己之外，還有另外三人參與討論（受害者和另外兩人），此時助人行為提高到62%；在第三組當中，參與者被告知討論團體只有另外一個人（受害者），此時幾乎每個人都會提供協助（85%，請參見**圖2.2**）。

這些結果顯示，旁觀者人數強烈地影響助人比例；然而，這並不表示團體人數是影響人們助人決定的唯一因素。畢竟，即使有四位旁觀者在場，仍有三分之一參與者提供協助；相反地，當參與者認為只有自己是唯一目擊者，仍有某些人沒有提供協助。顯然，其他因素也會影響助人行為——旁觀者的性格、先前目擊緊急事件的經驗等等。儘管如此，Latané和Darley成功地找出影響助人行為的重要因素：人們認為在場的旁觀者人數。

實驗的內效度

我們如何確保：在Latané和Darley的發病研究裡，不同組別的助人比例差異來自目擊緊急事件的旁觀者人數差異？其他原因也能夠產生相同效果嗎？這就是實驗法的巧妙之處：我們可以確知旁觀者人數及助人行為的因果關聯，因為Latané和Darley確保各組的情境完全相同，除了自變項（旁觀者人數）之外。除了自變項之外維持其他實驗條件相同，稱為「內效度」。Latané和Darley謹慎地維持很高的內效度，確保每個人目擊相同的緊急事件。他們預先錄製其他參與者和受害者的談話，然後經由對講機播放錄音帶。

然而，你可能注意到，在Latané和Darley的實驗裡，除了旁觀者人數之外，還有一項關鍵差異：各組的參與者並非同一群人。或許助人行為的差異出自參與者特徵，而非自變項。屬於唯一目擊者狀況的人可能跟其他組別參與者有所差別，因此他們較可能助人。他們也許更瞭解癲癇，或曾經在緊急事件當中助人。如果任何一項可能性為真，我們就難以下結論說，旁觀者人數導致助人行為的差異，而非參與者的背景變項。

所幸，有一種技術讓實驗者可以縮小參與者之間的差異，避免影響

隨機分派

確保所有參與者參加任何一種實驗狀況的機率相等；藉由隨機分派，研究者可以確認，參與者的性格或背景變項平均地分布於不同組別

結果：隨機分派（random assignment to condition），讓所有參與者加入任何實驗組別的機率相等；經由隨機分派，研究者可以確認，參與者的性格或背景變項平均地分布於不同組別。由於Latané和Darley的參與者經由隨機分派而參加不同組別，最瞭解癲癇的參與者似乎不太可能全都集中在同一組。參與者對癲癇的認識程度應當隨機（大致平均）分布於三種實驗狀況。這種強而有力的技術是實驗法當中最重要的部分。

然而，即使採用隨機分派，仍有（極小）可能參與者特徵並未平均分布。例如，倘若我們隨機將四十人分為兩組，可能其中一組包含較多瞭解癲癇的人——就像扔四十次硬幣得到正面比反面多。在實驗科學裡，我們認真看待這種可能性。進行資料分析時必須考慮機率水準（probability level, p-value），也就是根據統計技術所計算出，實驗結果純粹出於機率，並非出於自變項之影響的可能性。根據科學慣例（包括社會心理學在內），若結果出於機率因素、而非自變項造成的可能性小於5%，則表示結果達到顯著水準（值得信任）。例如，如果扔硬幣四十次，而且四十次都得到正面，我們可能假定這種不尋常結果出於機率，或者硬幣有問題（我們可能檢查另一面，確認它並非兩面都相同！）。同樣地，如果實驗組別之間的差異顯著大於機率所預期，我們假定此間差異出於自變項（例如緊急事件期間的旁觀者人數）。機率水準告訴我們，我們認定差異出於機率的信心水準。

機率水準

根據統計技術所計算出，實驗結果純粹出於機率，並非出於自變項的可能性；根據科學慣例（包括社會心理學在內），若結果出於機率因素，而非自變項的可能性小於5%，則表示結果達到顯著水準（值得信任）

綜合而言，良好實驗的關鍵在於維持很高的內效度（internal validity），其定義為確保自變項影響依變項，且為唯一影響因素。要建立內效度必須控制所有外在變項，而且將人們隨機分派至不同實驗狀況（Campbell & Stanley, 1967）。如果內效度很高，表示實驗者可以判定自變項是否影響依變項。這是實驗法跟觀察法、相關法有所區別的重要標誌：只有實驗法可以回答因果關係的問題，像是接觸色情書刊是否導致男性產生暴力行為。

內效度

確保除了自變項之外，其他因素都不會影響依變項；建立內效度的方法是控制所有外在變項，而且將參與者隨機分派至不同實驗狀況

舉例來說，研究者想要驗證色情書刊是否導致攻擊，因此將同意的參與者隨機分派至觀看色情或非色情影片（自變項），然後測量人們對女性的攻擊行為（依變項）。在Donnerstein和Berkowitz（1981）的研究裡，男性被女助手激怒，然後隨機分派觀看三部影片之一：暴力色情影片（包含強暴場景）、非暴力色情影片（不含暴力的性行為），以及無暴力

或性的中性影片（脫口秀訪談）。然後這些男性有機會對先前激怒他們的女性做出攻擊行為，也就是在看來毫無關聯的學習實驗裡，給予對方不同程度的電擊（實際上女助手並未遭到電擊，然而參與者卻信以為真）。觀看暴力色情影片的男性施加電擊強度，顯著地高於觀看非暴力色情影片或中性影片的男性，表示色情書刊本身不會導致攻擊行為，然而部分色情書刊描述的暴力才是真正原因（Mussweiler & Förster, 2000）。我們將在第十二章更詳細地回顧此一領域的研究。

實驗的外效度

　　實驗法雖然有這些優點，但也有一些缺點。為了控制情境而將人們隨機分派，以及排除外在變項的效果，使得實驗情境多少有些人為做作，不符合真實生活之處。例如，有人可能認為Latané和Darley根本偏離原本的研究靈感來源，也就是Kitty Genovese謀殺案。在大學建築裡參與實驗研究時目擊有人發病，跟都會人口密集社區裡的殘忍謀殺案有何關聯？我們在日常生活中經常跟其他人透過對講機討論嗎？參與者知道自己參加心理學實驗，這一點是否影響他們的行為？

　　這些重要問題跟外效度（external validity）有關，也就是研究結果可以類推到其他情境和其他人的程度。請注意我們所討論的是兩種可類推性：我們可以從實驗者建構的情境類推到真實生活情境的程度（跨越情境的可類推性），以及我們可以從參與實驗者類推到一般人的程度（跨越人群的可類推性）。

　　針對跨越情境的可類推性，社會心理學研究有時被批評在人為情境當中進行，無法類推到真實生活──例如，大學裡的心理學實驗。社會心理學家相當重視這個問題，嘗試要提高結果的可類推性，因此盡可能讓研究具有真實性。然而人們在日常生活裡較少處於實驗室情境，就像Latané和Darley經由對講機進行私人問題的團體討論。相反地，心理學家希望擴大研究的心理真實性（psychological realism），也就是實驗引發的心理歷程類似於日常生活之心理歷程的程度（Aronson, Wilson, & Brewer, 1998）。即使Latané和Darley設計的緊急事件跟日常生活的遭遇不盡相同，然而在心理上，它是否類似於日常生活的緊急事件呢？它是否引發相同的心理歷程呢？參與者的知覺及想法、決策及行為是否跟他們在日常生活情境裡相同？如果上述問題屬實，這項研究具有高度心理真實性，因此

外效度
研究結果可以類推到其他情境和其他人的程度

心理真實性
實驗引發的心理歷程類似於日常生活之心理歷程的程度

社會心理學
Social Psychology

許多社會心理學研究在實驗情境裡進行。社會心理學家如何將研究成果類推到實驗室以外的生活當中？

表面故事

告知參與者的研究目標描述，與真實目標不同，通常用於維持心理真實性

其結果可以類推至日常生活。

如果人們認為自己涉入真實事件，可以強化實驗的心理真實性。為達到此一目的，實驗者通常告訴參與者表面故事（cover story）——經過掩飾的研究目標。例如，Latané和Darley告訴人們：他們所參與的是大學生個人問題的討論，然後演出一場緊急事件。如果告訴人們下列說法其實更容易：「瞧，我們所感興趣的是人們對緊急事件的反應，所以在研究過程中，我們會演出一場意外，然後看看你的如何反應。」你一定會同意，上述程序的心理真實性很低。在真實生活裡，我們從不知道緊急事件何時發生，也沒有時間規劃自己的反應。如果參與者知道緊急事件即將發生，所引發的心理歷程跟真實緊急事件必然極為不同，因此降低心理真實性。

社會心理學家也關心跨越人群的可類推性。舉例來說，Latané和Darley的實驗記錄了預料之外的社會影響，人們只是知道他人在場就減少助人行為。但是我們瞭解一般人嗎？參與者是紐約大學的五十二名男女學生，他們參與此一實驗得到課程加分。如果採用另一個母群，還能夠得到相同結果嗎？如果參與者是中年藍領員工，旁觀者人數仍會影響助人行為嗎？如果他們不是紐約人，而是美國中西部居民，又會如何？當他們是日本人時又會如何呢？為確保實驗結果代表一般母群的唯一方式，是從母群隨機抽樣。理想上，實驗的樣本應該得自隨機抽樣，就像調查一樣。社會心理學家逐漸採用多元母群和文化的對象進行研究，有些來自網際網路（例如Lane, Banaji, & Nosek, 2007）。然而不幸的是，大多數社會心理學實驗要做到隨機抽樣非常昂貴。即使在政治民意調查裡，採用電話訪問，要求隨機樣本的美國參與者回答問題，就已經相當困難，而且需要花費上萬美元。Latané和Darley要求隨機抽樣的美國人搭上飛機前來紐約，你可以想見參與他們的實驗會有多麼困難，更不用說所花費的金錢了；此外，想要取得紐約大學生的隨機樣本同樣不容易，因為你必須讓名單上的每個人都同意撥出一小時來到Latané和Darley的實驗室。

然而，可行性和費用並非低劣科學研究的藉口。許多研究者會探討促使人們遭受社會影響的基本心理歷程，並假定這些歷程普遍存在，此時，社會心理學實驗的參與者就不需要來自不同文化。當然，有些社會心理學歷程跟文化因素有密切關聯時，我們就需要多元樣本；問題在於，研究者如何分辨他們所探討的歷程是否普遍存在？

實地研究

　　增加外效度的最佳方式之一就是進行實地實驗（field experiments）。在實地實驗裡，研究者在實驗室以外的自然情境裡探討行為。如同實驗室實驗一樣，研究者控制自變項的發生（例如團體大小），以檢視它對依變項（例如助人行為）的效果，而且將參與者隨機分派至不同狀況，故實地實驗的設計跟實驗室實驗相同，不同的只是在真實生活情境進行，而不是實驗室的人為情境。此外，實地實驗的參與者並不知道自己所遭遇的事件其實是實驗。上述實驗的外效度很高，因為它發生在真實世界，以真實人群為對象，通常比大學生樣本更加多元化。

　　社會心理學家曾進行許多實地研究。例如，Latané和Darley（1970）在紐約市一間便利商店外面驗證團體大小和旁觀者介入的假說。兩位「盜賊」（商店店員和經理充分知情也得到允許）等候一位或兩位顧客來到櫃檯結帳。他們要求店員說出店裡最昂貴的啤酒品牌。店員回答問題，然後到後面檢查存貨。當店員離開時，盜賊拿起櫃檯前的一罐啤酒，大喊：「他們不會發現的。」然後將啤酒放進車子，駕車離開。

　　由於盜賊的同伴身材魁梧，沒有人膽敢直接介入，攔下他們。問題在於，當店員回來時，有多少人會告訴他事發經過？跟實驗室發病研究一樣，旁觀者人數抑制助人行為：當另一位顧客目擊事件時，人們較少報告商店遭竊。

　　你可能想問，既然實地實驗的外效度較高，研究者為何要進行實驗室研究？確實，社會心理學的完美實驗應當

有些實驗在實驗室裡進行，有些則是在真實生活情境裡。每一種取向各有何優點和缺點呢？

是在實地進行，擁有隨機選取的樣本，同時具有極高內效度（控制所有外在變項，將人們隨機分派）。聽起來不錯，不是嗎？唯一的問題是，我們很難在同一個研究裡滿足所有條件，因此幾乎不可能進行這樣的研究。

內效度和外效度之間幾乎總是彼消我長——換言之，隨機分派、控制情境以確保外在變項不會影響結果，以及確保結果可以類推到日常生活，兩者難以兼顧。我們在實驗情境裡可以達到最大控制，但是實驗室跟日常生活並不相似。實地實驗可以捕捉真實生活的處境，然而難以控制所有外在變項。例如，細心的讀者已經注意到，Latané和Darley（1970）的偷酒賊研究跟實驗室實驗有一項重要差異：人們並非隨機分派至單獨一人或兩人的情況。由於Latané和Darley只進行這項研究，我們並不確定單獨來購物的人是否不同於跟朋友結伴購物的人，與兩者之間的差異是否會影響助人行為。在實驗室研究裡，藉由隨機分派，Latané和Darley可以排除其他解釋。

內效度和外效度之間彼消我長的問題稱為社會心理學家的基本兩難困境（basic dilemma of the social psychologist）（Aronson & Carlsmith, 1968）。解決上述兩難困境的方式並非在單一實驗裡完成所有要求。大多數社會心理學家首先追求內效度，在實驗室實驗裡進行隨機分派、控制外在變項；因此因果關係並無含混模糊之處。其他心理學家偏好進行實地研究，儘量擴大外效度。許多社會心理學家兩者並行。兩類研究合在一起，就能夠滿足完美實驗的條件。

重複驗證及後設分析

重複驗證（replications）是實驗外效度的最終驗證。只有藉由不同情境、不同母群進行研究，才能夠決定結果的可類推性。針對同一問題進行多次研究，結果通常有些變化。例如，有些研究可能發現旁觀者對助人行為有所影響，有些研究則否。我們如何理解此一現象？旁觀者人數究竟是否有效果？所幸，後設分析（meta-analysis）的統計技術可以計算兩個以上研究的平均結果，以檢視自變項的效果是否可靠。先前我們曾討論機率水準，它可以告訴我們研究發現出於機率或自變項的可能性。後設分析本質上效用相同，然而它是將不同研究的結果予以平均。如果在二十項研究裡，自變項的效果只出現於單一研究，後設分析可能顯示：這只是例

社會心理學家的基本兩難困境
進行研究時，內效度和外效度之間彼消我長的問題；同一實驗難以兼具很高的內效度，又能類推到其他情境和人

重複驗證
重複進行研究，通常運用不同受試者母群或者不同情境

後設分析
將兩個以上研究的結果予以平均，以檢視自變項之效果是否可靠的統計技術

 ＃趨勢

相關不等於因果關係

你是否在上課時使用筆電或平板電腦呢？如果屬實，你的注意力是否從課堂飄向臉書或IG等網站呢？「當然，」你可能會說：「有時候授課很無聊，所以我跟朋友登入社群媒體，但是我還是在聽教授說話。」但是你真的可以一邊跟朋友傳訊息，一邊聽教授上課嗎？以最近在密西根州立大學普通心理學課堂上的研究為例；在得到校方和學生同意後，研究者追蹤學生在1小時50分鐘課程裡瀏覽網頁的活動。平均而言，學生花費37分鐘在無關乎課程的網站（像是社群媒體、電子郵件、購物網站）。這跟他們的學業表現有關：學生花費愈多時間在非課程相關網站，期末考成績愈低，兩者有顯著負相關-.25（Ravizza, Uitvlugt, & Fenn, 2016）。

「哇，」你可能在想：「或許我應該關上筆電，認真聽教授上課。」這是上述結果的可能含意之一。但是我們希望你在閱讀這章以後，腦袋裡閃過一個訊息念頭，「別這麼快下結論！

相關不等於因果關係！」的確，Ravizza等人（2016）的研究結果可能有多種解釋。是的，可能性之一是觀看網站導致學生成績變差。但是也可能是測驗成績不佳讓學生放棄不再聽課，或者是第三變項導致學生不聽課以及考前不複習，像是對此科目不感興趣。

如前所述，好的實驗可以回答因果關係的問題。所幸在這個主題上有許多好實驗。在其中一項實驗裡，學生被隨機分派到上課時有或無多重任務（像是瀏覽網路），而多重任務組的學生測驗成績較差——顯示上課時從事多重任務必然會降低表現（Sana, Weston, & Cepeda, 2013）。在另一項實驗裡，學生被隨機分派為使用筆電或手寫方式抄筆記。使用筆電抄筆記的學生內容比較粗略草率，而且測驗成績較差（Mueller & Oppenheimer, 2014）。因此，感謝這些精心設計的實驗者，答案十分明顯：關掉你的筆電，用紙筆的傳統方式抄筆記。

外，平均而言，自變項並不會影響依變項。如果自變項在大多數研究裡都產生效果，後設分析可能顯示：平均而言，自變項的確影響依變項。

你在本書所閱讀的大多數研究發現都曾經運用不同情境、母群進行重複驗證；因此它們是可靠現象，不限於實驗室或大學生。例如，Anderson和Bushman（1997）比較實驗室和真實生活裡的攻擊成因研究。這兩類研究都證實，媒體暴力導致攻擊行為。同樣地，Latané和Darley最初的發現也經過許多研究重複驗證。增加旁觀者人數抑制許多族群的助人行為，包括兒童、大學和未來的部長（Darley & Batson, 1973; Latané & Nida, 1981; Plötner et al., 2015）；小鎮和大城市居民（Latané & Dabbs, 1975）；而且它出現在各種情境，像是心理學實驗室、城市街道和地下

鐵車廂（Harrison & Wells, 1991; Latané & Darley, 1970; Piliavin & Piliavin, 1972）；此外，它也顯現於不同類型的緊急事件，像是發病、潛在火災、打鬥和意外（Latané & Darley, 1968; Shotland & Straw, 1976; Staub, 1974），以及較不嚴重的事件，像是爆胎（Hurley & Allen, 1974）。許多重複驗證的研究在真實生活情境裡進行（例如地下鐵車廂），人們根本不知道自己參與實驗。在本書當中，我們將不斷指出重要研究發現的重複驗證（Wilson, 2011）。

但是，有時候重複驗證無法確認特定研究的發現。社會心理學和其他科學如何進行重複驗證已經成為爭議主題，有些人主張：太多心理學研究無法被重複驗證，需要改進研究方法，以確保研究發現是可靠、可以重複的（Open Science Collaboration, 2015）。另外一些人則認為，科學方法始終可以改善，而且已經朝向此一方向採取健全措施，因此並無「重複驗證危機」存在的證據（Gilbert, King, Pettigrew, & Wilson, 2016）。我們向讀者保證，本書所討論的大多數研究都曾經得到重複驗證。然而，若有特定發現招致疑問，我們將指明。

基礎研究vs.應用研究

你可能懷疑，人們如何決定具體研究主題。為何社會心理學家決定要探討助人行為、認知失調理論，或者色情書刊對攻擊行為的影響？他或她只是基於好奇？或者社會心理學家心裡有特定目的，像是減少性暴力？

基礎研究（basic research）的目的在於找到人們行為動機的最佳解答，且純粹出於求知好奇的理由。研究者並不想解決特定的社會或心理學問題。相對地，應用研究（applied research）的動機在於解決特定社會問題。此時，建立行為理論只是次要目標，它主要是為瞭解決特定問題，像是緩和種族歧視、減少性暴力，或者阻止愛滋病蔓延。

在社會心理學當中，基礎研究和應用研究的區別十分模糊。即使許多研究者自稱為基礎或應用科學家，其貢獻仍與另一群人有所關聯。無數基礎科學的進展原本並沒有應用價值，後來才被確認為解決重要應用問題的關鍵。例如，我們在本書後面章節將會討論，以狗、老鼠和魚為對象，探討控制環境之效果的基礎研究最終啟發改進護理之家年長居民健康

基礎研究
為了找到人們行為動機的最佳解答，純粹出於求知好奇理由所進行的研究

應用研究
為了解決特定社會問題所進行的研究

的技術（Langer & Rodin, 1976; Richter, 1957; Schulz, 1976）。

　　大多數社會心理學家都會同意，為瞭解決特定社會問題，必須瞭解與它有關的心理歷程。的確，社會心理學創始者之一Kurt Lewin（1951）的這一段話已經成為此一領域的格言：「好的理論比任何事物更實用。」（p. 169）他的意思是，想要解決都會暴力或種族歧視等艱難社會問題，首先必須瞭解人性及社會互動的潛在心理動力。即使你的目標在於發現社會行為的潛在心理歷程，其發現通常具有明確的應用意涵，你將會在本書看見這一點。舉例來說，有關人們如何理解和建構世界的基礎研究曾被成功地轉化以解決許多問題，包括拉近教育的成就差距、消除偏見、降低青少年懷孕，以及減少兒童虐待率（Wilson, 2011; Walton, 2014）。

複習題

1.有一位研究者想瞭解，一星期當中每天的心情變化。她將臉書的數百則貼文予以編碼，看看人們是否在某些日子表達較多正向評論。她採用的研究方法為何？
　a.民族誌。
　b.調查。
　c.實驗法。
　d.檔案分析。
2.觀察法最適合回答下列何種問題？
　a.人們在公開場所的禮貌程度如何？
　b.美國南方各州居民是否比北方各州居民更有禮貌？
　c.人們在公開場所行為舉止有禮貌或粗魯的原因為何？
　d.百貨公司播放的音樂是否影響人們在這些商店的禮貌程度？
3.相關法最適合回答下列何種問題？
　a.人們在公開場所的禮貌程度如何？

　b.美國南方各州居民是否比北方各州居民更有禮貌？
　c.人們在公開場所行為舉止有禮貌或粗魯的原因為何？
　d.百貨公司播放的音樂是否影響人們在這些商店的禮貌程度？
4.實驗法最適合回答下列何種問題？
　a.在美國主要城市交通尖峰時間，駕駛人的攻擊性如何？
　b.玩暴力電玩遊戲的人是否較可能在駕駛時具有攻擊性？
　c.玩暴力電玩遊戲的人是否較可能對前方插隊的人表現粗魯行為？
　d.玩暴力電玩遊戲是否導致人們對前方插隊的人表現粗魯行為？
5.假定有一位研究者發現，人們每天發送推特訊息數量跟他們自述快樂程度有強烈正相關。下列何者是得自上述發現的最佳結論？

a.發送推特訊息讓人感到快樂。

b.感覺快樂讓人更想要發送推特訊息。

c.快樂的人比悲傷的人更可能發送許多推特訊息。

d.可能有第三變項導致人們感到快樂，並且發送許多推特訊息。

6.有一位研究者想要瞭解，當人們因慈善捐款而獲贈小禮物時，他們是否更願意捐錢。她寄送慈善募款信給1,000個人。其中半數人（隨機選擇）收到的信件包含免費地址標籤，另外半數人則否。研究者檢視收到地址標籤的人是否捐贈金額較多。下列有關該研究的陳述，何者正確？

a.它採用相關法。

b.自變項是人們是否得到地址標籤，依變項是他們的捐贈金額。

c.自變項是人們的捐贈金額，依變項是他們是否得到地址標籤。

d.這項研究的內效度很低，因為得到地址標籤的人可能跟沒有得到標籤的人有所差異。

7.下列何者是提高研究之外效度的最佳方法？

a.確保其心理真實性很低。

b.在實驗室裡進行研究，而非實地研究。

c.以不同母群、在不同情境下重新驗證此研究。

d.確保至少有兩個依變項。

8.社會心理學家通常在實驗室裡進行實驗，而非實地實驗，這種做法可以：

a.提高內效度。

b.提高外效度。

c.進行後設分析。

d.降低心理真實性。

社會心理學研究的新疆界

學習目標2.3　解釋跨文化研究和社會神經科學研究對於科學家探討社會行為的影響

　　社會心理學家持續尋找探討社會行為的新取向，近年來也發展出嶄新方法和取向。而這些研究方法的進展受到社會行為起源的新問題所激勵，因為新問題和新方法通常並肩前進。

文化與社會心理學

跨文化研究
以不同文化之成員所進行的研究，其目的是檢視心理歷程是否存在於所有文化，或者專屬於人們成長的文化

　　社會心理學起初主要是西方的科學，由西方社會心理學家以西方參與者來進行研究。這種情形讓人質疑，研究發現究竟有多普遍。為了探討文化對社會心理歷程的影響，社會心理學家進行跨文化研究（cross-cultural research）（Gelfand, Chiu, & Hong, 2014; Heine, 2010; Kitayama & Cohen, 2007; Morling, 2016; Wang, 2016; Nisbett, 2003）。在本書中將會討論到，有些社會心理學發現跟文化有關。例如在第三章裡，我們將討論西

方人和東亞人知覺和理解社會世界的基本想法有所差異。在第五章，我們將討論人們界定自我方式的文化差異。無論我們強調個人獨立或社會相依，都反映出文化價值（Henrich, Heine, & Norenzayan, 2010）。

　　進行跨文化研究並非只是搭飛機到另一個文化，將工具翻譯成當地語言，重複進行研究那麼簡單（Heine et al., 2002; Davidov et al., 2014）。研究者要避免強加自身文化的觀點和定義，在他們不熟悉的另一個文化之上。他們也必須確保其自變項和依變項在不同文化當中的意義相等（Bond, 1988; Lonner & Berry, 1986）。

　　舉例來說，假定你想要在另一個文化重複驗證Latané和Darley的發病實驗。顯然，你無法在其他地方進行完全相同的實驗。Latané和Darley錄製的大學生活討論內容係針對1960年代紐約大學的學生所製作，對其他地方的人並沒有意義。至於研究裡更細微的層面也是如此，像是人們對於罹患癲癇的人有何觀感？各文化對於自己所屬社會團體的定義極不相同；這個因素顯著地影響他們如何對待他人（Gudykunst, 1988; Triandis, 1989）。如果某一文化的人將受害者視為其社會團體的一員，另一文化的人卻認為受害者屬於敵對團體成員，在這兩個文化所得到的結果必然大不相同——並非因為助人行為的心理歷程有所差別，而是人們對情境的解釋不同。想要在不相似的文化裡進行研究，而且得到類似的解釋及知覺，著實令人氣餒。跨文化研究者對這些議題相當注意，隨著跨文化研究數量的增加，我們可以區分普遍以及受限於文化的社會心理歷程（Heine, 2010）。例如，許多證據指出：暴力電玩遊戲導致人們做出更多攻擊行為、更少助人行為。然而這一點是否只存在西方國家？近年的文獻回顧比較美國和日本的電玩遊戲研究，暴力電玩遊戲在兩個國家都帶來害處（Anderson et al., 2010）。

某些基本心理歷程具有普遍性，然而有些心理歷程受到文化所塑造。例如，人們的自我概念是否受到自我表現的文化規則所影響，像是阿富汗的塔利班婦女從頭到腳都要遮掩？跨文化研究充滿挑戰，但卻是瞭解文化如何影響人們對他人的想法及互動方式的必要途徑。我們將在本書裡討論許多跨文化研究。

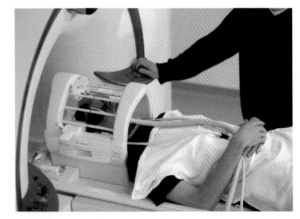

社會心理學家探討腦與行為的關係。他們運用的技術包括腦波圖（EEG）以及功能性核磁共振顯影（fMRI）。

社會神經科學

　　如前所述，社會心理學關心人們的想法、感受和行為如何受到真實或想像他人所影響。大多數社會心理學研究的範疇只有想法、感受和行為。然而，人類是有機運用精緻複雜的技術，包括腦波圖（electroencephalography, EEG），將電極貼在頭皮上用以測量腦波的活動；功能性核磁共振顯影（functional magnetic resonance imaging, fMRI），將人們置於掃描器內，測量腦部血流變化。社會心理學家要求參與者思考和處理社會訊息，同時進行測量，找出腦部不同種類活動跟社會訊息處理之間的關聯。這類研究開啟了腦與行為的全新探索領域（Cacioppo & Cacioppo, 2013; Coan & Maresh, 2014; Connelly & Morris, 2016; Lieberman, 2013; Ochsner, 2007; Varnum, 2016）。

複習題

1. 下列有關跨文化研究的陳述，何者正確？
   a. 大多數社會心理學發現是普世皆同的；亦即，幾乎在所有文化裡都是真的。
   b. 跨文化研究的目的是檢視：哪些社會心理學發現是普世皆同的，哪些發現受限於文化。
   c. 為了進行跨文化研究，研究者到各國旅行，將研究素材翻譯成當地語言，然後在當地重複驗證該研究。
   d. 在不同文化裡進行研究，而且參與者對研究的解釋與知覺都很類似，是一件容易的事情。

2. 下列有關社會神經科學的陳述，何者正確？
   a. 此一領域只關心不同腦活動跟社會訊息處理的關聯。
   b. 此一領域主要關心荷爾蒙如何影響社會行為。
   c. 社會心理學家對於生理歷程和社會行為的關聯愈來愈感到興趣。
   d. 說到底，腦跟行為無關，測量腦波活動或血流也無法學到什麼。

社會心理學的倫理議題

學習目標2.4　總結社會心理學家如何確保研究參與者的安全和福祉，同時又能驗證有關社會行為成因的假說

　　當你閱讀本章時，發現研究者有時誤導人們對真實研究目的之想法，或者讓人們處於煩惱情境（像是Latané和Darley的發病研究），這一

點是否讓你感到困擾？由於社會心理學家想要創造符合
實際、引人注意的情境，通常面臨倫理兩難困境。基於
科學理由，我們希望實驗盡可能類似於真實世界，而且
盡量控制情境。但是我們也希望參與者不會感到壓力、
不適或不愉快。當研究者進行實驗時，這兩個目標通常
彼此衝突。

　　最重要的是，研究者關切實驗參與者的健康和福
祉。研究者也想要發現有關人類社會行為的重要訊息，
像是旁觀者介入、偏見、從眾、攻擊和服從權威。許多
發現對社會有益。的確，當社會心理學家發展出有力工
具，以科學方法探討上述議題時，許多學者認為不採用

「別告訴我這件無厘頭的事情並不違反生物倫
理準則。」
ScienceCartoonsPlus.com

實驗法可能有違道德。然而，為了瞭解這些關鍵議題，
研究者通常必須創造出生動鮮活、吸引參與者投入的事
件。有些事件可能讓參與者感到不舒服，像是目擊某人
癲癇發作。無論假惺惺地說參與者不曾感到不舒服，或堅持在科學裡一切
都是公平的，然後盲目地前進，都無法解決此一倫理兩難困境。

　　如果研究者事前取得參與者的知後同意（informed consent），可以
減少倫理困境所帶來的問題。為了取得知後同意，研究者需要事前向參與
者解釋實驗性質，並且詢問他們是否同意參與。如果參與者充分瞭解他們
可能遭遇的經驗，而且表達願意參與，如此就可以解決倫理困境。在許多
社會心理學實驗裡，這種做法似乎很合理——只要它合理，研究者就會照
做。例如，本書其中一位作者所感興趣的是，當大學生在15分鐘裡無法接
觸手機或其他外界事物時，他們會有何反應。他們可能感到無聊，所以
對自己實施輕微電擊，從無聊當中解脫嗎？為了回答這個問題，我們詢
問人們是否願意接受輕微電擊，所有參與者都提供知後同意（在此研究
裡，三分之二男性和四分之一女性至少願意接受電擊一次，Wilson et al.,
2014）。

　　但是有時研究者無法事前告知參與者，究竟會發生什麼事情。假定
Latané和Darley告訴參與者，他們可能看到有人發病，其實那不是真正的
緊急事件，只是為了瞭解他們是否會提供協助。上述程序可能導致糟糕的
科學研究。在這類實驗裡，參與者對於人為事件的感受如同真實事件；這

知後同意

參與者事前瞭解實驗性
質，然後同意參與實驗

欺瞞

誤導參與者有關研究的真實目的或者實際發生的事件

簡報

在實驗結束後，實驗者向參與者解釋研究的真正目的及實際發生的事件

類實驗被稱為欺瞞實驗（deception experiment）。在社會心理學研究裡，欺瞞（deception）涉及誤導參與者研究的真實目的，或實際發生的事件。當心理學家別無他法可以驗證有關社會行為的假說時，才會採用欺瞞。

如果在研究裡使用欺瞞，必須進行實驗後晤談，或者稱為簡報。簡報（debriefing）意指在實驗結束後，實驗者向參與者解釋研究的真正目的，以及實際發生的事件。如果任何參與者感到不舒服，研究者需要消減及緩和它。在簡報期間，參與者也可以學習到研究的目標。最好的研究者會仔細詢問參與者，傾聽他們的話，無論是否在實驗裡運用欺瞞（有關進行簡報的詳細描述，請參閱Aronson et al., 1990）。

根據我們的經驗，幾乎所有參與者都能理解和體諒欺瞞的必要性，只要在實驗後簡報時段詳細說明研究目的，並且解釋為何其他程序不可行。有些研究者更進一步評估參與欺瞞研究的影響（例如Christensen, 1988; Epley & Huff, 1998; Finney, 1987; Gerdes, 1979; Sharpe, Adair, & Roese, 1992）。這些研究一致地發現，人們並不反對社會心理學研究裡常見的輕微不適和欺瞞。事實上，有些研究指出，大多數參與欺瞞實驗的參與者自述比其他參與者學到更多，也更喜歡實驗（Smith & Richardson, 1983）。例如，Latané和Darley（1970）表示，在簡報期間，參與者表示欺瞞是必要的，而且他們未來願意參與類似研究──即使他們在研究期間感到壓力和衝突。

為了確保研究參與者的尊嚴及安全，美國心理學會（American Psychological Association, 2010）公布所有心理學研究的倫理準則（請參見圖2.3）。除此之外，任何機構（像是大學）只要接受聯邦政府資助心理學研究經費，都需要進行機構審查（institutional review board, IRB），在研究執行前審查其程序。審查委員會至少應包含一位科學家、一位非科學家、一位機構以外的人士，他們將負責審查該機構所有研究計畫，判定其程序是否符合倫理準則。在開始進行研究前，實驗程序裡造成過大壓力或苦惱的部分都必須修改或刪除。請注意，後面章節所描述的部分實驗在1970年代初期被要求在機構審查前進行。你可能需要自行判定，如果你是審查委員會成員，你是否會核准這些研究。

現在你對於社會心理學家如何進行研究已經有所認識，我們可以開始探討此一領域的主要發現。我們希望你也像我們一樣發現其魅力。

機構審查

由至少一位科學家、一位非科學家、一位機構以外的人士所組成的團體，負責審查該機構所有研究計畫，判定其程序是否符合倫理準則；所有研究必須在執行前得到機構審查的核准

心理學研究倫理的部分原則

1. 心理學家所追求的是促進心理學之科學、教學和食物的正確性、誠實和真實性。
2. 心理學家尊重所有人的尊嚴和價值，以及個人隱私、機密和自我決定的權利。
3. 當心理學家進行真人或電子通訊或形式溝通時，必須獲得個人的知後同意。
4. 在取得告知同意時，心理學家須告知參與者：(1)研究目的、預期持續時間和程序；(2)參與者拒絕或退出研究的權利；(3)拒絕或退出的可預見結果；(4)預期可能影響參與意願的可預見因素，像是潛在風險、不適或嫌惡因素；(5)任何預期利益；(6)保密的限制；(7)參與的誘因；(8)欲瞭解有關研究的問題及研究參與者權益時的聯繫者。
5. 心理學家有義務且應當採取謹慎做法，來保護研究時獲得或貯存的任何機密訊息。
6. 除非心理學家有正當理由證實該研究具有重大的科學、教育或應用價值，而且非欺瞞的其他程序並不可行，否則不可以進行帶有欺瞞的研究。
7. 心理學家儘快向參與者解釋實驗設計和實施當中的欺瞞。
8. 心理學家迅速提供機會，讓參與者獲得研究性質、結果和結論的適當訊息，而且採取合理步驟修正參與者的任何誤解。

圖2.3　心理學研究保護參與者之程序

代表美國心理學界的專業組織美國心理學會（American Psychological Association）已經建立倫理準則，要求心理學研究者遵守。上表列出部分內容（改編自American Psychological Association Ethical Principles of Psychologists and Code of Conduct, 2017）。

複習題

1. 下列心理學研究倫理準則，何者正確？
   a. 在參與者參加研究前告知研究假說是良好的科學程序。
   b. 如果研究參與者對研究有所誤解，在研究結束時必須給予詳細的簡報。
   c. 如果Darley和Latané事前告訴參與者，他們將聽到某人假裝發病，可以更容易驗證其假說。
   d. 使用欺瞞絕對不被容許。
2. 下列有關機構審查（IRBs）的陳述，何者正確？
   a. 大學可以決定是否採用機構審查以批准心理學研究。
   b. 機構審查的目的是在研究執行後進行審查，

   檢視是否有任何抱怨。
   c. 機構審查在心理學研究執行前進行審查，確保它們符合倫理準則。
   d. 機構審查必須完全由非科學家組成委員會。
3. 下列何者為美國心理學會的倫理準則？
   a. 心理學家尊重所有人的尊嚴和價值，以及個人隱私、機密和自我決定的權利。
   b. 心理學家不得以未成年人（年齡不滿18歲者）擔任研究參與者。
   c. 如果在網路上進行研究，心理學家不需要取得參與者的告知同意。
   d. 心理學家不需要負責為參與者提供之訊息而保密。

摘　要

學習目標2.1　描述研究者如何發展假說和理論

■ **社會心理學：實徵科學**　社會心理學的基本原則是，社會影響可以用科學方法加以探討。

- **形成假說和理論**　社會心理學研究從有關社會影響之效果的假說開始。假說通常來自先前的研究發現；研究者進行研究以驗證先前實驗的其他解釋。許多假說來自日常生活的觀察，像是Latané和Darley有關人們為何沒有幫助Kitty Genovese的直覺。

學習目標2.2　比較社會心理學家所採用的各種研究設計之優點和缺點

■ **研究設計**　社會心理學家使用三種研究設計：觀察法、相關法和實驗法。

- **觀察法：描述社會行為**　觀察法意指研究者觀察人們，並且有系統地記錄其行為；觀察法可以用於描述現象的性質和產生假說。觀察法也包含民族誌，也就是研究者嘗試從內部觀察某一團體或文化，而不會施加任何既有概念。另一種觀察法是檔案分析，也就是研究者檢驗文件或檔案，像是看看雜誌裡的照片如何描繪男性和女性。

- **相關法：預測社會行為**　相關法意指有系統地測量兩個變項，並且評估它們之間的關係，如果研究目標是從一個變項預測另一個變項則非常有用。例如，研究者所感興趣的是兒童觀看

暴力電視數量及其與攻擊行為之間的相關。相關法通常應用於調查結果，由具有代表性的一群人回答有關態度和行為的問題。為了確保結果的可類推性，研究者從較大母群裡隨機抽取調查的受訪者。相關法的限制在於相關不等於因果關係。

- **實驗法：回答因果關係**　唯一可以檢驗因果關係的方法是實驗法，研究者隨機將參與者分派至不同組別，確保這些組別除了自變項之外完全相同。自變項是由研究者改變，以檢視其因果影響的變項（也就是兒童觀看電視數量）；依變項是由研究者所測量，以檢視其是否受到影響的變項（也就是兒童的攻擊行為）。實驗應當具有很高的內效度，意指所有人都得到相同的對待，除了自變項（也就是兒童觀看的電視數量）之外。外效度意指研究者可以將結果類推到其他情境和其他人身上的程度，欲達成外效度需要提高實驗的真實性，尤其是心理真實性（實驗引發的心理歷程類似於日常生活之心理歷程的程度）。建立外效度也可以運用不同母群來重複驗證研究結果。正如同其他科學一樣，有些社會心理學研究屬於基礎研究實驗（為了回答人們行為動機的基本問題），有些則從事應用研究（為了找出解決特定社會問題的解答）。

學習目標2.3　解釋跨文化研究和社會神經科學研究對於科學家探討社會行為的影響

■ 社會心理學研究的新疆界　近年來，社會心理學家發展出探討社會行為的新方法。

- 文化與社會心理學　為了探討文化如何塑造人們的想法、感受和行為，社會心理學家進行跨文化研究。這不僅是在不同文化重複進行相同研究；研究者避免將自己的觀點和定義強加於他所不熟悉的其他文化，而是向對方的文化學習。

- 社會神經科學　社會心理學家逐漸對生物歷程和社會行為的關聯產生興趣，包括社會行為跟荷爾蒙、人類免疫系統，以及人腦的神經歷程。

學習目標2.4　總結社會心理學家如何確保研究參與者的安全和福祉，同時又能驗證有關社會行為成因的假說

■ 社會心理學的倫理議題　社會心理學家遵循聯邦政府、州政府及專業團體之準則，確保研究參與者的福祉。其內容包括事前經由機構審查以核准其研究，要求參與者簽署知後同意表格，在實驗後進行簡報，告知參與者研究目的以及所發生的事件，尤其是涉及任何欺瞞時。

分享寫作　你有什麼想法？

沉醉式互動

　　現在你已經知道相關不等於因果關係，你知道吃速食未必導致測驗表現變差。你對於兒童吃速食和低測驗分數的負相關還可以提出哪些不同的解釋？

測　驗

1. Megan讀到一項研究指出，兒童觀看大量電視暴力較可能在遊戲場做出攻擊行為。Megan心想：「這很顯而易見；我早就料到了！」Megan對該項研究的反應或許屬於：
   a. 內效度。
   b. 後見之明偏誤。
   c. 外效度。
   d. 心理真實性。

2. 假設有一位研究者發現大學生的平均學業等第（GPA）與飲酒量呈現高度負相關。下列何者是本研究的最佳結論？
   a. 高GPA的學生較常唸書，因此喝酒時間較少。
   b. 過量飲酒干擾讀書。
   c. 如果你知道學生的飲酒量，就可以預測他或她的GPA。
   d. 聰明的人成績好，而且少喝酒。

3. 一群研究者想要檢驗下列假說：飲酒使人更喜歡爵士樂。他們將21歲（含）以上的大學生隨機分派至飲酒聽爵士樂的房間，或者飲水聽爵士樂的房間。恰好

「飲酒」的房間有一扇大窗戶和窗外的美景，而「飲水」的房間卻沒有窗戶，十分昏暗。本實驗最嚴重的缺失是：

a.外效度低。

b.內效度低。

c.未能從全國所有大學生當中隨機選擇樣本。

d.心理真實性低。

4.Mary想要找出考試前吃甜點是否使得考試成績變好。下列何種策略最適合用來回答她的問題？

a.找來許多考試成績特別低或特別高的學生，詢問他們是否有在考試前吃甜點，看看高表現者在考試前是否吃甜的點心比低表現者更多。

b.等候某一個大班級的考試時間到來，問每一個人在考試前是否吃甜點，看看考試前吃甜點的人是否考試成績優於沒有吃甜點的人。

c.等候某一個大班級的考試時間到來，隨機選擇半數的學生，在考試前給他們吃巧克力，看看這些吃巧克力的學生是否考試成績較佳。

d.選一個大班級，在某次考試前給所有學生吃甜點心，下一次考試前吃鹹點心，看看學生第二次考試的平均成績是否比較差。

5.有一位研究者以大學生為對象進行研究。後來研究者以相同程序重複進行研究，但是參與者是一般母群（像是成年人）。兩群體樣本的結果相似。這項研究是經由_____來建立其_____。

a.重複驗證；外效度。

b.重複驗證；內效度。

c.心理真實性；外效度。

d.心理真實性；內效度。

6.X教授想要確保他所進行的資優青年研究可以發表，但是他擔心他的研究發現可能是由自變項（一年級老師）之外的因素所導致。他所擔憂的是實驗_____的問題。

a.機率水準。

b.外效度。

c.重複驗證。

d.內效度。

7.假設有一位心理學家決定要參與地方社區，以瞭解和觀察其成員的社會關係。這是一種：

a.跨文化研究。

b.應用研究。

c.實驗。

d.民俗誌。

8.社會心理學家的基本兩難困境是：

a.難以教導學生社會心理學，因為許多人強烈地相信人格的影響。

b.許多實驗都有內效度與外效度的取捨問題。

c.實驗室實驗幾乎不可能從母群中隨機選擇樣本。

d.所有社會行為都受到人們成長之文化所影響。

9.下列有關社會心理學研究之新疆界的陳述，何者為真？

a.社會心理學家對於文化扮演的角色感興趣，對於演化歷程則否。

b.社會心理學家對於演化歷程感興趣，對於文化的角色則否。

c.社會心理學家運用功能性核磁共振顯

影（fMRI），將不同部位的腦活動
跟社會訊息處理建立關聯。

d.跨文化研究的目的在於顯示，所有社
會心理學發現都是普世皆同的，沒有
文化變異。

10.下列何者不符合倫理的研究準則？

a.所有研究應由機構審查委員會負責審
查，委員會由至少一位科學家、一位

非科學家和一位機構以外人士組成。

b.除非欺瞞有其必要，而且實驗符合倫
理準則，研究者一律要得到參與者的
知後同意。

c.當研究中使用欺瞞時，必須對參與者
進行簡報。

d.每一個研究都必須有表面故事，因為
所有研究都涉及某種欺瞞。

CHAPTER 3

社會認知：我們如何看待社會世界

綱要與學習目標

自動駕駛：低費力的思考形式

學習目標3.1　解釋基模的優點與缺點

人人都是日常理論家：運用基模的自動式思考

我們運用了哪些基模？可提取性和促發

讓基模成真：自我應驗預言

自動式思考的類型

學習目標3.2　描述自動式思考的類型

自動式追求目標

自動式思考以及身體與心智的隱喻

心智策略與捷徑：判斷捷思

社會認知的文化差異

學習目標3.3　分析文化對社會思考的影響

基模的文化因子

整體式思考和分析式思考

控制式社會認知：高費力的思考形式

學習目標3.4　描述控制式思考的缺陷以及改善方法

控制式思考與自由意志

心理上改變過去事件：反事實推理

改善人們的思考

重返Watson案例

●●●●●●● 你認為如何？

調查：你認為如何？	
調查	結果
你是否曾看過你的星座命盤結果，並且覺得奇準無比？ □是 □否	

　　美國的機智問答節目《危險境地》（*Jeopardy!*）上演了一次精采的比賽。在這節目中，參賽者聽到答案後，要給出正確的問題。那場比賽有三名參賽者，其中兩名是歷屆最頂尖的選手：Ken Jennings是該節目連勝紀錄保持人（他連勝七十四場），而Brad Rutter是歷屆獎金最高得主。第三名參賽者是誰？還有誰敢跟這兩名勁敵對抗？事實上，這名參賽者不是人類，而是一台超級電腦，叫作Watson。它是由IBM所製造，名字是取自該公司創辦者Thomas J. Watson。

　　比賽一開始陷入膠著，但到了第三天也是最後一天，Watson已遙遙領先。這台超級電腦屢次對困難的提示給出正確反應。Ken Jennings曾形容自己是「對抗新世代思考機器的偉大碳基希望」，而他最後在節目中表示「我個人歡迎我們的電腦新霸主」，以示認輸。這句話是擷取自《辛普森家族》（*The Simpsons*）某一集中的台詞（Jennings, 2011; Markoff, 2011）。

　　這不是第一次IBM電腦智取人類。1997年，世界西洋棋王Gary Kasparov與IBM名為「深藍」的電腦對奕，棋王於第六局認輸落敗。我們應自認愚昧嗎？正如「深藍」擊敗棋王之後，某名評論家說他感到「IQ降低的刺痛而且身上毛髮更加濃密」（Dunn, 1997）。

　　好吧！電腦是愈來愈聰明，也許不久之後它們就會幫我們開車、煮飯或在餐廳服務我們（Rao, 2016）。但要它們能夠像人腦一樣會辨識與理解人類的複雜行為，還是很遙遠的事。或許電腦終能臻此境地，就像幻想未來的電影《人造意識》（*Ex Machina*）或影集《西方極樂園》（Westworld）中所刻畫，其中的電腦擁有自己的心智，還對人類理解入微，最後竟使人們愛上了它們。不過就目前而言，人類大腦至少在一項關鍵事項上遠勝電腦，那就是能夠理解他人。

　　人類的大腦已演化為用於理解他人的強大精密工具（Liebeman,

2013）。更廣泛地說，人類極擅於社會認知（social cognition），如第一章所言，這是指人們如何思考自己與社會世界，包括如何選擇、詮釋、記憶和運用社會資訊。儘管沒有任何電腦可以在這點勝過人類，但這並不是說人類是完美的社會思考者。即使我們具有優秀的認知能力，社會心理學家也發現一些人們易犯的有趣失誤。本章中我們將看看社會認知的優異與限制之處。

　　為了瞭解人們如何思考所處的社會世界，以及正確理解的程度，我們必須區分兩類社會認知：自動式思考與控制式思考。我們先看看自動式思考。

> **社會認知**
>
> 人們看待自己和社會世界的方式；講得更明確一點，就是人們選擇、詮釋、記憶和使用社會資訊做出判斷與決策的方式

自動駕駛：低費力的思考形式

學習目標3.1　解釋基模的優點與缺點

> **自動式思考**
>
> 下意識、非刻意、自發且不費力的思考形式

　　人們擅長快速且正確地理解新環境。人們能正確判斷現場有誰、正發生什麼事，以及接下來會發生什麼事。例如，你在大學第一堂課上，大概便能快速地辨識誰是誰（站在講台上的那個人就是教授），以及要如何行動。你應該不會搞不清楚上課和參加同樂會的差別，而且你大概沒意識到自己正在做這些判斷。

　　想像另一種情況：每當你進入新的場所，就停下來細細思考環境，像是羅丹的雕塑《沉思者》（*The Thinker*）那樣。每當你新認識某個人，就要請對方給你十五分鐘，讓你仔細分析是否曾經見過他或你有多喜歡他。聽起來很累人吧？還好我們可以快速地形成對人的印象，幾乎毫不費力。我們之所以能夠自動地分析環境，是基於過去的經驗以及對世界的知識。**自動式思考**（automatic thinking）是下意識、非刻意、自發且不費力的思考形式。雖然自動式思考具有各種類型，符合上述條件的程度不一（Bargh et al., 2012; Hassin, 2013; Jonas, 2013; Moors & De Houwer, 2006; Payne & Gawronski, 2010），但就我們的討論目的而言，我們可以將符合上述所有或大部分條件的思考方式定義為自動式。

羅丹的著名雕像《沉思者》。此雕像刻畫了人在進行控制式思考時，坐著沉思的樣子。然而，雖然我們毫不自覺，但我們也會從事下意識、無自覺、非自主且不費力的自動式思考。

人人都是日常理論家：運用基模的自動式思考

自動式思考將我們面對的新情境與過去經驗連結，以助於理解新情境。當我們第一次認識某人，我們不是一點一滴地瞭解對方。我們會先將對方歸類，例如「他是工程系學生」或「她像我表妹艾瑪」。面對新地點、物品和情境時也一樣。當我們走進從未去過的速食店，我們不用想就知道不要坐等服務生招呼。我們知道必須到櫃檯點餐，因為我們的過去經驗自動告訴我們，到了速食店就要這樣做。

更正式地說，人們運用了基模（schemas），也就是我們組織社會世界之知識的心理架構。這些心理架構影響我們所注意、思考、記憶的資訊（Bartlett, 1932; Heine, Proulx, & Vohs, 2006; Markus, 1977）。「基模」這個詞指涉範圍相當廣，它涵蓋我們對於許多事情的知識，包括對別人、我們自己、社會角色（例如圖書館員或工程師像什麼樣子），以及特定事件（例如在餐廳吃飯通常會發生什麼事）。對於每件事，我們的基模都包含了我們的基本知識及印象，以用來組織我們所知的社會世界，以及詮釋新的情境。例如，假如你觀賞真人實境節目《鑽石求千金》（*The Bachelor*）或《千金求鑽石》（*The Bachelorette*），你可能會對參賽者形成不同類型的基模，像是「卑鄙狡猾的壞蛋」和「純真易心碎的人」。

基模常幫助我們組織與理解世界，以及填補我們的知識。想想看，如果你完全不具有基模的話，將會是什麼樣子。如果你所遇見的每樣東西都無法解釋、使你困惑，並且和你所知道的一切都不相像，那生活將會有多艱難？不幸地，這種情況發生在患有柯薩可夫症候群（Korsakov's syndrome）這種神經病變的病人身上。他們失去了形成新記憶的能力，每個情境對他們來說都像是初次體驗一樣，即使某個情境他已經遇過許多次了。這樣的經驗，可能會令人不安，甚至感到恐怖。這使得某些患者必須費力將自己的經驗強加意義。神經學家Oliver Sacks（1987）對一位名為Thompson的患者做了如下的描述：

> 每件事情他只要隔幾秒便忘記。他一直處於茫然狀態，長期陷入失憶症的深淵，不過，他可以流暢地編織與虛構各種事物，來填補空隙。這些對他而言，並不是虛構，而是他對世界的瞬間觀察或理解。世界快速流變失諧，將使人一刻都無法忍受。

基模
人們用來組織社會世界或事物之知識的心理架構，會影響人們對資訊之注意、思考與記憶

為了避免如此，Thompson便持續、下意識且快速地創造出奇
異、瘋狂、貌似和諧的世界，編造出許多事物……**因為，這種
病人必須時時刻刻建構自己（以及他的世界）**。（p. 109-110；
強調處為原文所加）

　　總之，能夠穩定地將新的經驗和過去的基模銜接起來，對我們來說
非常重要。失去這項能力的人，會創造出原本並不存在的基模。

　　當我們面對模糊的情境時，基模特別有用，因為它可以幫助我們瞭
解狀況。在Harold Kelley（1950）的一項著名研究中，不同課堂的經濟學
學生被告知有位來賓將在課堂上演講，為了塑造同學對這位講者個性的基
模，Kelley告訴學生說，經濟系想知道不同班級對不同講者的反應是否不
一樣，學生將在講者來到之前，收到一份關於講者的簡介，包括他的年
紀、背景及教學經驗和個性。其中一個簡介版本寫道：「認識他的人們認
為他是一個相當熱忱的人，而且認真、批判、實際與果斷」，另一個版本
只是將「熱忱的人」改成「冷漠的人」，其餘描述完全相同。這兩種版本
的簡介隨機地發給學生。

　　接著該名講者進行了一場二十分鐘的討論課。上完課之後，所有學
生對該講者進行印象評量。這情境相當模糊，畢竟學生只見到他一小段時
間而已，因此Kelley的假設是，這些學生們會運用簡介中提及的基模作填
空。結果的確如此。預期該名講者個性熱忱的學生，比那些以為他個性冷
漠的學生，對講者的評價高出許多，雖然他們見到的是同一位老師的相同
表現。預期他是一位熱忱講者的學生也較會提出問題並參與討論。

　　這種情形是否也曾發生在你身上？你對一個教授的預期是否會影響
你對他的印象？你是否有點訝異地發現，某位教授的表現如你所料？問問
看與你持不同預期的同學，聽聽他對這位教授的看法。你們對同一位老師
抱持不同看法，是否導因於你們所用的基模不同呢？

　　當然，人們並不會完全無視真實世界的狀況。有時我們處於相當清
楚的情境，就不必使用基模來幫助我們詮釋。但只要我們的資訊愈模糊曖
昧，我們就愈會利用基模來填補空缺。

　　必須注意的是，Kelley的學生並沒有做錯什麼。只要人們有理由相信
他們的基模是正確的，使用基模解決不明事物便很合理。如果在一條黑暗

社會心理學
Social Psychology

認識他的人們認為他是一個相當冷漠的人，而且認真、批判、實際與果斷。　認識他的人們認為他是一個相當溫暖的人，而且認真、批判、實際與果斷。

的小巷中，有個看起來很可疑的傢伙走向你說「把皮包交出來」，此時你的基模會告訴你，這個人是要你的錢，而不是要稱讚你家人的照片。這項基模可協助你不致出現嚴重或甚至致命的誤解。

我們運用了哪些基模？可提取性和促發

社會世界充滿需要詮釋的模糊資訊。試想，你在公車上，有個男人上了車，坐在你的身旁。他含糊地喃喃自語，身體前後搖晃，然後開始哼唱起「涅槃合唱團」的老歌。你要如何理解他的行為？你有好幾種基模可以運用。你會用「酒鬼」或「精神病患」基模來詮釋他嗎？你怎麼斷定？

你用什麼基模形成對這名男子的印象，會受可提取性（accessiblity）所影響。所謂可提取性，是指基模或概念浮上心頭的容易程度，愈易浮現便因而愈易被提取用來判斷社會世界（Higgins, 1996; Kilduff & Galinsky, 2017; Wheeler & DeMarree, 2009; Wyer & Srull, 1989）。要使某項基模易於提取，可以透過三種方式。第一，某些基模可能因為過去的經驗而長期易於提取（Chen & Andersen, 1999; Coane & Balota, 2009; Koppel & Bensten, 2014）。這表示這些基模時常保持活躍，並隨時可用來詮釋模糊情境。例如，如果你家中有人酗酒，則對你來說，酗酒者的一些特質便可能長期易於提取，讓你認為公車上這名男子喝多了酒。但如果你認識某個精神疾病患者，則你對精神疾病患者行為的認識可能會比對飲酒過量者的

可提取性
基模或概念浮上心頭的容易程度，也因而容易被提取用來作為判斷社會世界時的依據

看法更容易提取，導致你對該男子的行為做出極為不同的詮釋。

　　第二，基模也會因為牽涉目前的目標而容易提取。心理疾病的概念可能並不會在你心中長期浮現，但如果你最近正在準備變態心理學的考試，需要學習許多不同心理疾病的症狀，那麼這些概念便暫時容易提取。結果你可能更容易注意到公車上的男子，並認為他患有某種精神疾病——至少直到你考完，且不再需要學習心理疾病的知識為止（Eitam & Higgins, 2010; Masicampo & Ambady, 2014; Mun et al., 2016）。

這名男子是喝醉酒或只是運氣差？我們對他人的判斷，會受到記憶中可提取的基模所影響。如果你剛和朋友聊到某個酗酒的親戚，你可能會認為這男子也有酗酒問題，因為酗酒這件事被提取至你的記憶中。

　　最後，基模也會因為近期的經驗而暫時容易被提取（Bargh, 1996; Higgins & Bargh, 1987; Orbell & Henderson, 2016）。這意思是說，在經歷某事件之前，你可能因為恰好剛做過或想過某事，便促發了特定基模或特質。例如，假設公車上那名男子正要坐下之前，你剛好在看新聞，上面提到哈利王子曾因為母親黛安娜王妃之死而困擾不已，而他最終在「迷惑的歲月」中尋求幫助（Smith, 2017）。因為你才剛看過關於心理問題的報導，你可能也會認為車上男子精神健康有問題。然而，如果你剛好抬頭看到車窗外有個人靠在牆邊拿起酒瓶猛灌，你便可能會認為車上的男子也是喝多了酒（見**圖3.1**）。以上所述即是**促發**（priming）作用——也就是近期經驗會使某些基模、特質或概念較易於提取。閱讀哈利王子的報導會促發心理疾病的想法，致使這些想法更可能被用來詮釋新事件（例如公車上這名男子的行為），即使該新事件和促發這些想法的事件毫不相干。

促發

近期的經驗會使某些基模、特質或概念較易於被提取

　　以下的著名實驗可說明促發效應（Higgins, Rholes, & Jones, 1977）。實驗中，研究參與者被告知將參加兩項不相關的研究。第一項是知覺研究，參與者必須一邊記憶一張清單上的字詞，一邊指認不同的顏色。第二項是閱讀理解力的研究，參與者必須閱讀一段有關Donald這個人的文字，再描述對他的印象。這段文字列於**圖3.2**，請花一點時間閱讀，並想想Donald是怎樣的人？

　　你可能已經注意到，Donald的許多行為十分模糊，既可以用正面的方

社會心理學
Social Psychology

圖3.1 我們如何詮釋模糊的情境：可提取性與促發之影響
（黃建中繪製）

式加以解釋，亦可以用負面的方式解釋。例如，他不太瞭解船隻，卻想要駕駛一艘船橫渡大西洋。你可以正面評價Donald的這項舉止，認為他富有冒險精神；但也可以給予負面評價，認為他莽撞衝動。

　　參與者如何解讀Donald的行為？正如預期，這要看被促發且可提取的是正面或負面特質而定。在第一個實驗中，研究人員將參與者隨機分成二組，並要求背誦不同的詞彙。結果，背誦「冒險」、「自信」、「獨立」和「有恆心」詞彙的參與者，在第二個實驗中對Donald形成了正面的印象，認為他是樂於接受挑戰且可愛的人。而背誦「莽撞」、「自滿」、「冷淡」和「頑固」的參與者，則對Donald形成負面的印象，認為他是一個有勇無謀的自大傢伙。

　　然而，不是背誦任何正面或負面的詞彙都能影響人們對Donald的印象。在其他實驗情境中，參與者同樣記住了一些正面或負面的詞彙，如「整潔」或「無禮」。但是，由於這些字眼並不適用於Donald的行為，因此不會影響參與者對他的印象。由此可見，一個想法要產生促發效應，除了必須「可提取」（accessible）之外，還必須「適用於」（applicable）當下的情境，如此才能影響我們對社會世界的印象。促發作用是自動式思考的良好例子，因為它快速、非刻意且下意識地產生。人們在判斷他人時，常不會意識到自己正在運用先前恰好想到的基模或概念。

讓基模成真：自我應驗預言

　　人們並非被動地接收訊息，而會經常運用他們的基模，如此一來

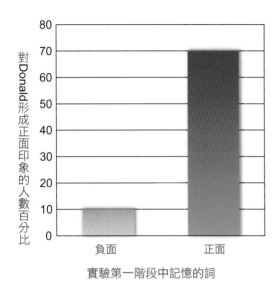

對於Donald的描述

Donald花了許多時間從事冒險。他爬過麥齊力山、滑雪時獵捕科羅拉多野兔、玩過撞車大賽，還駕駛過噴射遊艇——他其實不太瞭解船隻。他曾經受過傷，好幾次甚至差點喪命。現在他要找新的刺激。他想試試跳傘衝浪，或划船橫越大西洋。從Donald所做的事來看，有人可能認為他很確定自己的能力。除了事務需要，Donald接觸的人很有限。他認為自己不需要依賴任何人。Donald一旦決定要做某件事，不管要花多久或多困難，他都會去做。不論好壞，他很少改變心意

圖3.2　基模與可提取性

實驗的第二階段，人們閱讀對於Donald的描述，形成對他的印象。在實驗第一階段，一些參與者記憶了一些詞，可以用負面方式詮釋Donald（例如「自滿」、「莽撞」）；另一些參與者則記了一些詞，可以用正面方式詮釋Donald（例如「冒險」、「自信」）。如圖所示，記憶負面詞者比記憶正面詞者，對於Donald的印象較為負面（整理自Higgins, Rholes, & Jones, 1977）。

他們的基模受到支持或削弱的程度便可能改變。事實上，人們可能不經意地透過他們對待他人的方式，使基模成真（Rosenthal & Jacobson, 1968/2003; Stinson et al., 2011; Snyder, 2016; Willard & Madon, 2016; Willard et al., 2012）。這稱為自我應驗預言（self-fulfilling prophecy），它的歷程如下：我們對別人的形象有所預期，這項預期影響到我們對待此人的方式，此種對待方式又導致此人表現出符合我們當初預期的行為。圖3.3展示了一件惡性循環的自我應驗預言。

自我應驗預言

人們對另一個人的期待影響自己對待對方的方式，而後造成對方的行為符合原本期待，導致預言成真

Robert Rosenthal與Lenore Jacobson（1968/2003）在小學進行了一項關於自我應驗預言的著名社會心理學實驗。他們為所有的學生進行智力測驗，並告訴老師，部分學生的智商得分很高，這些學生很有潛力，可能在未來有所成就。但事實上這不是真的，研究人員其實是隨機選取一些學生，聲稱他們為「有潛力者」。如同第二章的說明，利用隨機分配的方法，平均而言，那些被認為是「有潛力者」並不比較聰明，或比其他同學更有潛力。只有他們的老師心中以為這些學生有差別（測驗的結果均未告

社會心理學
Social Psychology

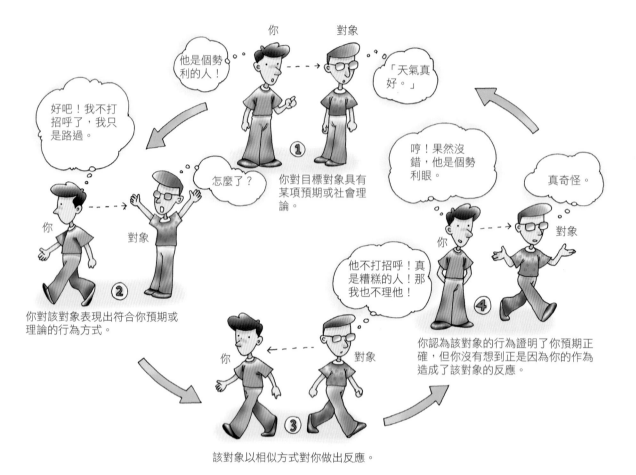

圖3.3　自我應驗預言的惡性循環
（黃建中繪製）

知學生與家長）。

　　在老師心中製造了某些學生特別優秀的期望後，Rosenthal與Jacobson
觀察接下來會發生什麼事。他們定期觀察課堂中的動態，並在學年結
束後，為所有學生再做一次IQ測驗。預言會成真嗎？的確如此。各班
級中被標定為「有潛力者」之學生的IQ得分顯著比其他學生進步更多
（見**圖3.4**）。老師們的期望變成事實了。Rosenthal與Jacobson的這項
研究發現，後來在許多實驗和相關性研究中，也被複製驗證（Jussim,
2012; Lamb & Crano, 2014; Madon et al., 2003; 2008; 2011; Sorhagen, 2013;
Weaver, Filson Moses, & Snyder, 2016）。

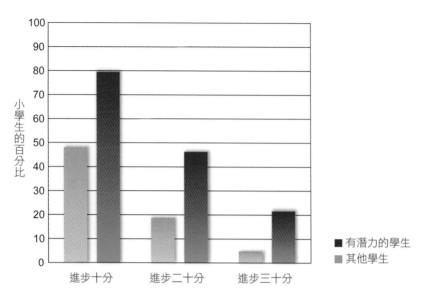

圖3.4　自我應驗的預言：國小一、二年級學生於一學年後的智力測驗進步程度
那些被教師預期會有好表現的學生，真的表現得比其他同學好（整理自Rosenthal & Jacobson,
1968/2003. Reprinted with permission of R. Rosenthal）。

　　Rosenthal與Jacobson（1968/2003）研究中的課堂上究竟發生什麼事？
難道老師故意給予「有潛力者」更多關注與鼓勵嗎？並非如此。大部分老
師很認真，而且當知道自己偏愛某些同學時相當沮喪。自我應驗預言是屬
於自動式思考，而非有意識的刻意行為（Chen & Bargh, 1997）。有趣的
是，Rosenthal與Jacobson研究中的老師其實花較少的時間在那些被以為是
「有潛力者」的學生身上。然而，後續研究發現，老師們對於「有潛力
者」（那些被看好的學生）會普遍表現出四種特別的對待方式：為他們創
造較溫暖的情緒環境；給予他們較多個別關注、鼓勵和支持；給予他們較
多學習材料和較難的教材；提供他們較多與較好的回饋，以及讓他們在
班上有較多回應的機會與較長的回應時間（Brophy, 1983; Rosenthal, 1994;
Snyder, 1984）。

　　當然，在真實生活中，心理學家不會讓老師錯誤地期待他們的學生
有多優秀。但畢竟老師也是人，他們可能基於學生的性別、種族、社會階
級或家庭背景，對學生抱持錯誤期待。上述任一項因素都可能在教師心
中注入錯誤期待，導致自我應驗預言，正如Rosenthal與Jacobson研究所顯
示那樣。事實上，有證據顯示，在真實課堂中，老師尤其可能會做出某

社會心理學
Social Psychology

＃趨勢

你相信占星嗎？

本章一開始問了個問題「你是否曾看過你的星座命盤結果，並且覺得奇準無比？」如你所見，有50%的學生給予肯定答案。2014年美國國家科學基金會的一項研究發現，45%的美國人相信占星術有一些科學基礎。其實並沒有任何良好的科學證據支持占星術，那麼人們的信念究竟從何而來？可能是自我應驗預言造成的嗎？

為了檢驗這點，研究者隨機指派大學生閱讀他們的算命結果，一部分人讀到的是樂觀敘述（例如「我會遇到驚奇的事；無論健康、工作和財運都很正面；一切萬無一失」），另一部分讀到悲觀敘述（例如「這將是糟糕的一天，充滿負面結果和不幸的遭遇」）。接著觀察這些算命敘述是否會影響學生後續任務的表現。

結果顯示：讀了正面算命敘述的學生在創造力和認知技能測驗的表現，都顯著高於讀了負面敘述的學生。我們知道這不可能是星座命盤靈驗，因為人們拿到的根本不是真正算命結果。還記得嗎？他們其實是被隨機指派到樂觀或悲觀組別。其實是算命敘述本身使得人們較積極（如果讀到樂觀敘述）或消極（如果讀到悲觀敘述）地行動。換言之，這是標準的自我應驗預言。因為是人們對於星座命盤的「信念」才使其成真，而不是星體運行位置所致（Clobert et al., 2016）。此結果可以解釋何以人們相信占星算命之術：他們可能在不自知之下，自己使得算命結果成真。

些行為，確認他們對於少數族群或弱勢學生的低度期望（Madon, Jussim, & Eccles, 1997; McKown & Weinstein, 2008）。例如一項研究發現，如果一年級老師對某些學生抱持特別低的期望，這些學生十年後在數學、閱讀和字彙標準測驗的成績都較差——尤其是來自貧窮家庭的學生（Sorhagen, 2013）。也就是說，老師若認為來自低收入家庭的學生學業表現必然不佳，便會不經意地做出行為，致使這些學生學業表現不良。這些效果並不強，會稍微影響標準測驗成績幾分，這表示老師的低期望還不致於使學生在班上吊車尾。即使如此，自我應驗預言是真實的，可能使有潛力的學生較難發揮他們應有的實力。而且要提醒的是，同樣的狀況也可能發生在課堂之外，例如在工作場所中，老闆

老師以不同方式對待某些學生，將於無意間使他們對學生預期成真。

可能透過自我應驗預言影響員工。

　　總而言之，我們每天所面對的資訊是如此之多，因此我們必須減低至可以處理的程度。此外，有很多資訊模稜兩可或難以解讀，如同William James的形容：「五光十色、迷離困惑」。我們解決這些問題的方法之一，是依賴我們的基模，協助我們減少必須瞭解的訊息，幫助我們解釋模糊的資訊。我們能夠迅速、非刻意且毫不費力地應用這些基模。簡言之，這些是自動式思考的形式之一。但基模只是我們自動處理社會世界資訊的諸多方式之一，我們將繼續說明其他方式。

複習題

1. 下列何者最能總結說明基模的功能？
   a. 基模經常因為自我應驗預言而造成錯誤判斷。
   b. 基模總是有益的，因為能夠幫助人們組織世界，並填補人們的知識。
   c. 基模有助於人們組織對世界的資訊，但也會因自我應驗預言而造成問題。
   d. 基模可幫助我們組織對他人的資訊，但無助於對特定事件的資訊，例如在餐廳用餐時該怎麼做。

2. 下列何者與基模在人們心中的提取速度無關？
   a. 基模的內容愈負面，則愈容易提取。
   b. 基模可能因為人們的過去經驗而易於提取。
   c. 基模可能因為促發而暫時容易提取。
   d. 與我們當前目標有關的基模易被提取。

3. 下列何者是自我應驗預言的最佳例子？
   a. 某位老師相信男孩的數學比女生好，但他班上男孩的數學成績比女孩差。
   b. Bob認為學生自治會的成員都勢利且不友善。每當他遇到自治會成員，他們都對他相當友善。
   c. Sarah擔心她的兒子沒有音樂天分，但是她

兒子在鋼琴課表現得比她預期得還好。
   d. Jill認為她女兒閱讀能力不太好，因此沒有常陪她女兒讀書。結果她女兒在學校的閱讀成績殿後。

4. 假設你剛看完一部恐怖片，片中描寫一個搭便車的殺人犯。你回家途中看到路上有人對朋友大聲說話。因為你剛看了那部片，你覺得你正目擊一場爭吵，最後雙方可能打起來。這例子顯示的是：
   a. 促發作用。
   b. 基本率資訊。
   c. 信念固著。
   d. 控制式思考。

5. Rob絕不是全宿舍最迷人的男孩子，但他對自己的身分和外表非常有信心。他深信自己在大部分女生眼中很有魅力，而且他的確常常約到比他還有吸引力的女生。下列何者最能解釋Rob的成功？
   a. 自我肯定理論。
   b. 自我應驗預言。
   c. 代表性捷思。
   d. 整體式思考。

自動式思考的類型

學習目標3.2 描述自動式思考的類型

自動式思考還有許多其他形式，都可以幫助我們不費力地詮釋社會世界並做出決定。

自動式追求目標

當我們為自己設定目標時，例如決定生涯方向，我們通常會花上一段時間，小心翼翼地審慎思量自己想做什麼。但這不是我們選擇目標唯一的方法。在日常生活中，我們常面對許多相衝突的目標，我們常自動地從中做出選擇。例如，假設你將面對一場困難的數學考試，而且教授會調整全班成績的分布，只讓少部分人能夠得到A等級。某名你不太熟的同學對你說，某部分考試章節的內容他不太懂，他想請教你並向你借筆記。你一方面想做一名樂於助人的人，另一方面你想要在考試中勝過他人，要不要為了幫他人提升成績而損害自己的機會？你猶疑不定。你會依哪個目標行動？你可能會衡量整個狀況，再做決定。但是一般而言，我們是靠下意識思考來選擇目標，亦即部分是基於最近被促發的目標而定（Aarts & Elliot, 2012; DeMarree et al., 2012; Hassin, 2013; Loersch & Payne, 2011; Marien, Aarts, & Custers, 2016）。

社會心理學家為了檢驗這項假設，以精妙的實驗促發參與者的目標，看看是否會影響其行為。舉例而言，Azim Shariff與Ara Norenzayan（2007）在實驗中要求參與者從一些詞彙中挑出幾個來組成句子，例如「感應到」（felt）、「她」（she）、「清除」（eradicate）、「靈魂」（spirit）和「這個」（the），可以組成「她感應到這個靈魂」（She felt the spirit）。接著，讓參與者以為進行另一個分錢遊戲實驗。在這個實驗中，參與者領到十個一美元硬幣，並且要決定分多少給下一名參與者，剩下的自己留著。只有第二名參與者知道分配結果，但不知道分配者是誰。試想一下如果你是決定分錢的人，你會怎麼做。你有機會獨占十美元，這誘惑不小；但你可能會因為獨吞所有的錢而感到有點罪惡感。這種情況有點像是你的一邊肩膀站著小惡魔（「別蠢了，全拿吧！」），另一邊肩膀站著小天使（「希望別人如何待你，就得如何待人」）。簡

言之，人們的目標兩相衝突，又想獨吞金錢，又想待人如己。你會怎麼選？

　　結果部分取決於最近哪個目標受到促發。還記得之前的組句作業吧？某些參與者被分到的詞彙與宗教有關（例如靈魂、神聖、上帝、聖潔和天啟），用來促發視人如己的目標。控制組的參與者被分到的則是中性詞。本實驗的重點是，參與者並不知道組句作業與金錢遊戲之間的關聯，他們以為這兩件事完全無關。即使如此，看到宗教相關詞彙者，平均而言，分給他人的錢（4.56美金）顯著地超過看到中性詞者所分的錢（2.56美金）。

　　最近一項後設分析研究證實，促發有關宗教的想法可以提升人們幫助他人的可能性（Shariff et al., 2015），但前提是：只對有宗教信仰者有效。可以理解，對於沒有宗教信仰的人，促發宗教目標的效果有限。那麼我們要如何增進無宗教信仰者的利社會行為呢？Shariff和Norenzayan（2007）的第三個實驗結果顯示：可促發與良善公民有關的目標。此實驗情境使用的詞彙與宗教無關，但與公平對待他人有關，例如「公民」和「契約」。此情境中，人們分給他人的錢與看到「上帝」相關詞彙差不多（平均4.44美金）。

研究發現，人們的目標會因最近經驗而被下意識地激發。例如，經過教堂的人可能會激發「助人為善」的念頭，使他們更可能捐錢給遊民。

　　這些研究顯示，人們的目標可被激發，而且下意識地影響其行為，因為人們完全沒意識到前一個組句作業與後續分錢決定之間的關係（Strack & Schwarz, 2016; Weingarten et al., 2016）。這有何寓意？這表示，你是否決定幫助你那名同學，可能要看最近哪個目標被促發。例如若你是虔誠教徒，且剛好經過你常敬拜的地方，你便非常可能會幫助你的同學。

自動式思考以及身體與心智的隱喻

　　想像某日你正走出某家商店，一名陌生女子走近你，對你說她的皮包被偷了，希望你能給她一些錢，幫助她搭車回家。這名女子可能說真話，真的需要幫助；但是她也可能完全在說謊，只是想騙錢買酒或毒品。你會幫助她嗎？如之前所言，當面臨這類模糊情境時，我們會依靠可

提取的心理基模。如果你的助人基模被促發（也許你剛看到一位店員出來幫助他人），你便可能幫助那名女子。但是，如果我們告訴你，你的決定也會受到清新的氣味影響呢？例如，想像某位清潔工正在店外擦拭玻璃，你可以聞到玻璃清潔劑的味道。雖然看似不太可能，但研究顯示，清潔氣味會使人更相信陌生人，並更願意幫助他人（Kalanthroff, Aslan, & Dar, 2017; Meier et al., 2012）。

這些結果顯示，並不是只有基模能被促發並影響我們的判斷與決策。心智是與身體相連的，而當我們想到某事或某人，我們也會參考我們身體的反應方式。這有時候相當直接，例如當我們疲憊的時候，與精神百倍的時候比起來，我們對外界的看法可能較負向。比較不那麼明顯的是，我們對身體和社會判斷的隱喻，也會影響我們的判斷與決策（Barsalou, 2008; Lakoff & Johnson, 1999; Zhong & Liljenquist, 2006）。舉例而言，乾淨清潔通常與道德相關聯；骯髒汙穢通常與不道德相關聯，就像我們會說「洗淨罪惡」或「骯髒想法」。當然，這些只是隱喻，思想並非真的髒掉。但是，促發關於心智與身體關係的隱喻，也會影響我們的所做與所思（Landau, Meier, & Keefer, 2010）。

例如，在一項研究中，一些參與者坐在噴灑柑橘味洗潔劑的房間，另一些則坐在無氣味的房間。如研究者所預期，坐在有香味房間的參與者較相信陌生人，也較願意付出時間或捐款給慈善活動（Liljenquist, Zhong, & Galinsky, 2010）。另一項研究發現，拿著熱咖啡的參與者，比拿冰咖啡的參與者更認為陌生人是友善的。拿著熱或冷的飲品，似乎促發了隱喻，亦即友善的人是「溫暖的」，而不友善的人是「冷漠的」，因而影響了人們對陌生人的印象（Williams & Bargh, 2008）。還有一項研究發現，拿著沉重寫字板填問卷的大學生參與者，與拿著輕盈寫字板的人比起來，更認為學校應更考慮學生對校園事務的意見。為什麼會如此？「重量」是「重要」的隱喻，就像我們會說「看重」或「加重論點」。感受到寫字板的重量似乎促發了這項隱喻，導致參與者認為學生意見應更受重視（Jostmann, Lakens, & Schubert, 2009）。

板子的重量是否會影響此人的問卷填答？為什麼？

以上研究都是以某種身體感覺（聞到乾淨氣味、摸到熱的飲料、拿著沉重物品）啟動某種隱喻，進而影響了對於毫無關係之議題或人士的判斷。這項研究顯示，並非只有促發基模才會影響我們的判斷與行為，促發身體與心智關聯的隱喻也有同樣效果（Krishna & Schwarz, 2014; Winkielman et al., 2015）。

心智策略與捷徑：判斷捷思

到目前為止，我們已知道人們如何自動地運用先前對世界的知識（例如基模和隱喻知識）來理解社會世界。是否有其他方法可以讓人們處理任何特定時刻湧入的大量資訊呢？例如，想一想你是如何決定要申請哪所大學吧？你可能採取的策略之一，是詳細調查美國五千多所大學。你可以一本一本地閱讀簡介、拜訪學校，或詢問所有你認識的學生與教職員。已經感覺累了吧？顯然這種做法將會花費你極多時間與費用。大部分高中生不會這樣做，他們會縮小範圍，從少數大學中挑選他們想上的學校。

我們每天所做的許多決定和判斷也是如此。當我們要決定接受哪個工作、買什麼車、跟誰結婚，我們不太可能把所有可能選擇都仔細過濾（「好吧！我該結婚了，所以明天我要查閱人口普查中心的未婚人口名單，然後開始一一訪談」）。取而代之，我們會利用心智策略和捷徑來幫助我們更容易做出決定，這樣可以避免將每個決定都變成大型研究計畫。不過，這些捷徑不見得都能導向最佳的決定。例如，若你完全瞭解所有大學之後，很可能會發現，你較喜歡的並非你現在就讀的這一所。儘管如此，心理捷徑還是很有效率，它常常可以幫助我們在合理的時間內做出還不錯的決定（Gigerenzer, 2016; Gilovich & Griffin, 2002; Griffin & Kahneman, 2003; Kahneman, 2011; Nisbett & Ross, 1980）。

人們使用的心理捷徑有哪些呢？其中一項我們已經談過，也就是使用基模來瞭解新的情境。在做選擇時，我們常常使用我們已有的知識與基模，而非從頭一一拼湊資訊。我們擁有許多這樣的基模，例如關於學校的基模（長春藤聯盟和中西部大學的概況）、關於他人的基模（教師對於低收入家庭學生的想法）等等。可是，當我們要做一些特別的決定時，可能沒有現成基模可供參考。有時候，可供運用的基模卻又太多了，以至於不

知道到底該用哪一個。這時候要怎麼辦呢？

這種時候，人們通常會運用被稱為**判斷捷思**（judgmental heuristics）的一些心理捷徑（Gigerenzer, 2016; Shah & Oppenheimer, 2008; Tversky & Kahneman, 1974）。heuristic這個詞源於希臘文，意指「發現」。在社會認知的領域中，這個詞是指：人們為做出迅速且有效之判斷，而採取的一些心理捷徑。在討論這些捷思之前，我們必須強調，它們並不保證人們可以對外界做出正確無誤的判斷。有時候，判斷捷思並不適用於眼前的任務，或者會被誤用而使人做出錯誤的判斷。事實上，許多社會認知的研究主題，就是探討此類推理錯誤。在本章中，我們將介紹許多這樣的心理錯誤。然而，儘管我們所討論的心理策略有時候會導致錯誤，請記得人們之所以採用這些捷思的原因：大多數時候，它們仍是正確有用的。

可得性捷思：有多容易進入心中？

假設有一天你和朋友們在餐廳用餐，結果服務生把你朋友阿福點的餐弄錯了。他本來點的洋蔥圈被換成薯條。結果阿福說：「沒關係，我吃薯條好了。」其他的朋友討論起阿福的行為，有些人說他個性不夠有主見。這時候阿福回過頭來問你：「你認為我是沒主見的人嗎？」你會怎麼說？

一個可能的方法是，你可以依照既有的基模來回答。如果你很瞭解阿福，而且已經對他是否個性有主見形成看法，你便能迅速且輕易地說出你的答案：「別擔心，如果我要跟二手車商打交道，我會第一個打電話找你。」不過，假如你從來沒有想過阿福問的問題，你必須思索一番。此時，我們會仰賴一些容易進入我們心中的不同事件例子來做出反應。如果你很容易就想到阿福表現出很有主見的事（例如，某次他在排隊買電影票的時候，阻攔了一個插隊的人），你會推論他是有主見的人；但如果你很輕易地想起他曾經表現軟弱的事件（例如，某次他被一個推銷員說服，買了一支昂貴的手機），你便會認為他不怎麼有主見。

這種心理經驗法則稱為**可得性捷思**（availability heuristic），亦即依靠事物進入心中的容易程度做出判斷（Caruso, 2008; Pachur, Hertwig, & Steinmann, 2012; Schwarz & Vaughn, 2002; Tversky & Kahneman, 1973）。在許多情況下，可得性捷思是不錯的策略。如果你心中很快想起阿福幾次

爭取自身權益的例子，那他可能是個有主見的人；如果你心中快速想到的是他羞怯或懦弱的樣子，那他可能是個主見不強的人。但是，可得性捷思的問題是：有時候，最容易想起的，並非事物的全貌，這將導致我們做出錯誤的結論。

　　以醫師的診斷為例。醫師們觀察病情並且做出診斷，似乎是一件相當直接明瞭的事。但是，相同的症狀有時候可能源自不同的疾病。難道醫師會採用可得性捷思，根據他們最容易想到的病因做出診斷嗎？一些針對醫學診斷的研究顯示確實如此（Weber et al., 1993）。

　　思考一下Robert Marion醫師為前來看診的九歲小女孩Nicole所做的診斷。Nicole看起來一切正常，但每年會發生一、兩次神經異常症狀，包括：喪失方向感、失眠、說話含糊、發出怪聲等等。Nicole住院過三次，看過十幾位專科醫師，也做過許多檢驗，包括腦部斷層掃瞄、腦波測驗，以及幾乎所有的血液檢驗。結果，醫師們都束手無策，不知道Nicole到底出了什麼問題。但是，Marion醫師只花了幾分鐘的時間，就正確診斷出她患的是一種罕見遺傳性血液疾病，稱為「急性間歇吡咯紫質沉著症」（acute intermittent porphyria，簡稱AIP）。患有此症的病人，其血液內的化學成分會經常出狀況，導致各種神經症狀。經由謹慎的飲食和避開特定的藥物，病情便能得到控制。

　　這麼多醫師都無法診斷出的病情，Marion醫生為什麼可以快速地診斷出來呢？其實，Marion醫生才剛寫完一本有關歷史名人罹患之遺傳疾病的著作，其中一章是在討論英國國王喬治三世。你知道喬治國王患有什麼病嗎？沒錯，就是「急性間歇吡咯紫質沉著症」。Marion醫生說：「我之所以能診斷出病情，不是因為我是什麼特別厲害的醫師，或是特別敏銳的傾聽者，而是因為我在天時和地利的配合下，正巧遇到Nicole。」（Marion, 1995, p. 40）。

　　換言之，Marion醫師運用了可得性捷思。由於他剛讀過AIP，因此快速想到這個疾病，診斷變得相當容易。雖然這是可得性捷思應用得當的例子，但顯然事情不會都如此順利。正如Marion醫生所說：「醫生和一般人一樣，也

研究顯示，醫生在診斷病情時，會使用可得性捷思。不同疾病進入其心中的容易程度，會影響他們的診斷。

會看電影、看電視、看報紙、讀小說。如果病人的症狀碰巧和我們在前一晚所看的電影裡出現的罕見疾病有關，我們便比較可能做出和電影中相同的診斷。」（Marion, 1995, p. 40）。如果你的疾病碰巧與昨天電影演的一樣，那便很順利；但如果你的疾病在醫生的記憶裡不可得，就像Nicole之前所看的十二位醫生一樣，便會很不順利（Schmidt et al., 2014）。

人們會運用可得性捷思來做出關於自己的判斷嗎？對於自己的個性（例如有主見的程度），我們似乎早已有著既定的看法。但是，人們對於自己的特質，常常欠缺穩定的基模（Markus, 1977）。因此，我們可能會根據回憶自己曾做過之行為的容易程度，對自己做出判斷。為了探討這一點，研究者設計了一個巧妙的實驗，改變人們憶起自己過去行為之容易程度（Schwarz et al., 1991）。在其中一種情境中，參與者被要求寫出六次表現得有主見的經驗，許多人很容易便想起一些例子，例如拒絕推銷員、堅持自己的立場等。在另一個情境中，參與者被要求寫出十二次有主見的行為。這組人得絞盡腦汁，才能想出足夠多的例子。然後，全部的參與者被要求評量自己多麼有主見。

難道人們真的會運用可得性捷思（心中出現相關例子的容易程度）來推論自己的主見程度嗎？是的，如圖3.5的左半部所示，相對而言，只寫出六個行為這一組的受試者，認為自己較有主見，因為只想幾個例子很容易。被要求憶起十二個例子的那一組人，則評定自己較沒有主見，因為要想到這麼多例子並不容易。其他人被要求寫出「沒有主見」的行為，也是分成六個行為和十二個行為兩組，結果也類似：被要求寫下六個沒主見行為的參與者，傾向於認為自己沒有主見（見圖3.5的右半部）。總之，人們在做出有關自己或他人的判斷時，確實會用到可得性捷思（Caruso, 2008; Yahalom & Schul, 2016）。最近，有個機靈的教授使用這技巧來提升他的教學評量。他要求同學列出兩種或十種改進課程的方法，然後要同學評量對課程的整體印象。誰會對這門課給予最高評價？就是那些被要求列出十種改進方式的同學，因為他們很難想到如此多改進課程的方法，「如果我想不出那麼多可批評之處，這一定是一門很好的課！」（Fox, 2006）。

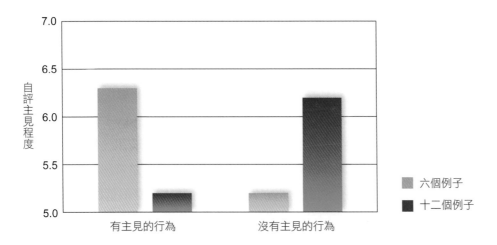

圖3.5 可得性與主見的自評程度

被要求寫出六個主見行為的受試者，發現這麼做很容易，因此都認為自己相當有主見；被要求憶起十二個例子的那一組，發現要想到這麼多例子，因此都覺得自己不是很有主見（見圖的左半邊）。同樣，被要求寫出六個或十二個「沒有主見」行為的受試者，也得出類似的結果（見圖的右半邊）。這些結果顯示，人們會根據可得性——即憶起相關資訊的容易程度——來做出判斷（整理自Schwartz et al., 1991）。

代表性捷思：A與B有多相似？

假設你到某一所紐約州立大學。某天學生集合時，你遇見一個名叫Brian的學生。Brian擁有一頭金髮和一身曬成棕色的皮膚，看起來悠悠哉哉的，而且喜歡到海邊玩。你認為Brian是哪裡人呢？Brian符合許多人對加州人的刻板印象，因此你可能會猜他就是加州人。若是如此，你就是使用了**代表性捷思**（representativeness heuristic）——這也是一種我們會用的心理捷徑，也就是利用對象與某種典型事物的相似性來進行歸類。例如，Brian與你印象中的加州人有許多相似之處（Arend et al., 2016; Kahneman & Frederick, 2002; Kahneman & Tversky, 1973; Lien, & Yuan, 2015）。

根據代表性來分類事物，常常是相當合理的做法。如果我們不採用代表性捷思，我們如何判斷Brian是哪裡人呢？難道我們要隨便猜一個州，而不考慮他與紐約州或其他州的同學之間的相似性嗎？事實上，我們還可以利用另一項資訊來源。如果我們對Brian一無所知，猜測他來自紐約州比較明智，原因是在州立大學中，本州的學生遠比他州的學生為多。如果我們猜紐約州，那麼我們所採用的是**基本率資訊**（base rate

代表性捷思
利用對象與某種典型事物的相似性來進行歸類的一種心理捷徑

基本率資訊
母群中不同類別之成員所占比例的資訊

社會心理學
Social Psychology

information），亦即關於母群中不同類別之成員所占相對比例的資訊（例如：紐約州各州立大學中，來自紐約州學生的比例）。

當人們同時擁有「基本率資訊」（例如，知道某大學中紐約人多於加州人）以及代表性捷思之資訊（例如，Brian是金髮、性情悠閒，而且喜歡去海邊），他們會怎麼做呢？Kahneman與Tversky（1973）發現，人們通常無法有效運用基本率資訊，而較注意代表性資訊（例如加州）。如果關於對象的資訊非常可信，這方法倒不壞；但若是資訊不確實，便可能造成問題。加州人到紐約州立大學就讀的基本率是很低的，若你要忽略基本率，猜測他來自加州，你最好事先擁有非常好的證據，顯示他是特例。而且既然美國東岸也有許多金髮、性情悠閒且愛去海邊的人，此時使用基本率做判斷可能比較保險。

我們並不是說，人們會完全忽視基本率資訊（Koehler, 1993, 1996; Obrecht & Chesney, 2016）。棒球經理看到對方派出左投手時，會估計左打者打出安打的整體機率，然後決定派誰代打；賞鳥者確認鳥種時，會思考不同種類的鳥在當地出現的機率（如「那隻應該不是棗胸鵐，牠們從來沒有在這個區域出現過」）。重點是，人們常常太強調他們觀察到的個別特徵（如「但是牠有棗紅色的頸部，可能真的是棗胸鵐」），而過度忽視基本率資訊。

舉例而言，綜觀歷史，人們一直以來都認為，治療一項疾病的藥，必定和該病的症狀相似（即具有代表性），無論事實是否真的如此。有段時期，服用狐狸的肺，被認為可以治療氣喘，因為狐狸的呼吸系統相當強健（Mill, 1843）。如此依賴代表性，常使人難以發現真正的病因。20世紀初期，一位華盛頓的報紙主編指責聯邦政府胡亂花錢，贊助研究關於黃熱病病因的各種誇張想法，其中一項被視為荒謬的想法，就是由Walter Reed所提出，認為黃熱病的病媒就是蚊子（當然，結果這是對的）（Nisbett & Ross, 1980）。想知道心理捷思如何影響你嗎？不妨做一做【試試看！】練習。

性格測驗與代表性捷思

假想你做了一份網路上常見的性格測驗，最後得到以下結果：

你需要獲得他人喜歡與讚美，卻常批評自己。雖然你的個性有

推理測驗

請回答下列問題：

1. 想想英文中r這個字母。你認為r這個字母較常出現在字首（例如rope）還是字中的第三個字母（例如park）？

   a. 字首

   b. 第三個字母

   c. 兩個位置的出現頻率差不多

2. 你認為下列何者為美國最高的死亡原因？

   a. 意外

   b. 中風

   c. 意外和中風數量差不多

3. 假設你將一枚公平的硬幣連續投擲六次，下列何種順序最有可能出現？（H為正面，T 為反面）

   a. HTTHTH

   b. HHHTTT

   c. 兩個結果的機率相同

4. 在TTTTT這樣的順序出現過之後，下次擲硬幣時出現正面的機率有多少？

   a. 低於0.5

   b. 等於0.5

   c. 高於0.5

些缺點，但你通常能夠克服。你擁有一些才能，但未完全發揮。你看起來自律節制，但內心常感到憂慮不安。有時候你會猶豫是否做了正確決定或正確的事。你想要在許多方面做些改變，若受到限制與約束則感到不滿。你很高興自己能獨立思考，不會隨便接受他人沒有根據的話。但你很清楚對他人過於坦率並不明智。有時候你喜歡與人往來交際，但有些時候你想一個人獨處。你擁有一些不切實際的夢想。保有安全是你生活的重要目標之一。

你可能會想：「哇！這測驗太厲害了，怎麼把我說得這麼準。」若是如此，你不是唯一這樣想的。Bertram Forer（1949）將上面這段話拿給一群學生看，請他們評量這段話有多麼準確地描述他們。量表從0到5：「0」代表「非常不準」，「5」代表「非常準」。平均結果是4.26——此現象被稱為「巴南效應」（Barnum effect），這名稱是源自一名馬戲團長兼藝人P. T. Barnum。

為什麼大部分人認為這份個性描述很符合自己？原因之一是代表性捷思：這些敘述十分模糊，幾乎每個人都可以找到一些過去行為符合（作

為代表）這些描述。試想這句敘述：「有時候你會猶豫是否做了正確決定或正確的事」，我們每個人都有這樣的經驗，也就是作為這句話的代表範例。畢竟面對重要決定時，例如選擇學校科系，有誰不會稍作考慮呢？類似地，我們都能夠想起自己獨立做決定，以及對人太坦白的時候。這份描述之所以使人覺得如此準確，只是因為我們沒有擺脫代表性捷思而想到：「事實上，也有很多時候我的感覺和行動並非如此。」所以請留意報章雜誌上給予普遍回饋的小測驗和星座命盤，它們可能適用於所有人。

複習題

1. 以下何者最能總結自動式追求目標的研究？
   a. 人只能使用控制式思考選擇追求哪個目標。
   b. 人常會追求最近被促發的目標，不明白自己何以追求該目標。
   c. 人常會追求最近被促發的目標，但必須是有意識地察覺自己曾受到促發。
   d. 人無法有意識地選擇自己的目標，只能自動地追求被促發的目標。

2. 假設你邀請一位新朋友到你的宿舍，想讓對方留下好印象。也就是說，你想讓對方喜歡你。你應該如何做？
   a. 拿一杯熱飲給對方，希望對方在你說話時一直將杯子握在手中。
   b. 拿一杯冷飲給對方，希望對方在你說話時一直將杯子握在手中。
   c. 在對方來之前烤一些麵包，使宿舍充滿香味。
   d. 用沉重的盤子給對方一些小餅乾。

3. 回家過節時，你的父母要你想出十二個理由，說明你就讀的大學比它的對手大學還要好。你很難想出這麼多理由，所以放棄繼續想下去：「嗯，這些學校似乎差別不大嘛！」你可能是運用了哪一項心理策略而得到上述結論？
   a. 代表性捷思。
   b. 基本率資訊。
   c. 定錨與調整捷思。
   d. 可得性捷思。

4. 根據社會心理學的研究，為什麼許多人相信星座命盤可以準確描述他們的個性，以及他們的未來？
   a. 星座命盤使用模糊的敘述，使大部分的人都覺得可以代表自己的個性和過去的行為。
   b. 星座命盤引發自動化決策歷程。
   c. 人們很難想到符合或近似星座命盤敘述的例子。
   d. 星座命盤自動促發人們的生活目標。

社會認知的文化差異

學習目標3.3　分析文化對社會思考的影響

你可能會好奇，我們這裡說的自動式思考是否普世皆然，或是在某些文化中較常見。若是如此，你不是第一個這麼想的人。社會心理學家愈來愈有興趣瞭解文化對社會認知的影響。

基模的文化因子

雖然所有人都會用基模瞭解世界，但基模的「內容」會受我們所處的文化所影響。例如，一名研究者訪談了史瓦濟蘭的蘇格蘭移民和當地游牧民族班圖人（Bantu）（Bartlett, 1932）。所有受訪者在一年前都參加過一場複雜的牲口買賣會。蘇格蘭人必須查閱紀錄，才知道當時買賣了哪些牲口，以及花了多少錢。班圖人卻馬上就可以回憶交易的所有細節，包括向誰買了多少牛、賣給誰多少牛、每頭牲畜的顏色以及價碼。班圖人對牲口的記憶如此清楚，所以根本不用對牲口烙印。如果哪頭牛跑到鄰居的牧地，主人只需走進牛群便能夠把牠牽回來，無需費神辨認每一頭牛。

顯然，我們在自己的文化中成長，文化是我們基模的重要來源。牲口是班圖人經濟與文化的核心，因此班圖人對於牲口的基模非常完善。對我們而言，每頭牛看起來都差不多，但可能有人對於股票交易情形，或最近電視歌唱比賽的參賽者，發展出完善的基模而記憶清楚。文化會影響我們的重要基模，更清楚地說，文化會灌輸我們心智架構以影響我們詮釋與理解世界的方式。第五章中，我們將看到不同文化的人對於自己和社會世界具有相當不同的基模，並導致一些有趣的後果（Wang & Ross, 2007）。此處要指出的是，文化教給我們的基模，會強烈地影響我們對世界的記憶和注意力。

整體式思考和分析式思考

文化還會影響其他重要的社會認知層面。人類的心智可以比喻為一個工具箱，充滿各式工具，幫助人們在社會世界中思考與行動。所有人都有相同工具，但隨著人成長，文化會影響人們最常用哪些工具（Norenzayan & Heine, 2005）。如果你住的房子只有螺絲，沒有釘子，你

快速掃過這兩張圖片，你是否注意到任何不同處。如課文中所討論，你所成長的文化可能會影響你注意到的差異。

分析式思考

注意事物的特徵，而未考慮周遭脈絡的思考模式。此類思考較常見於西方文化

整體式思考

注意整體脈絡，尤其是事物之間關係的思考模式。此類思考較常見於東亞文化（例如中國、日本和韓國）

會比較常用螺絲起子，而非鎚子。但如果你的房子只有釘子，你就用不太到螺絲起子。

類似地，文化會影響人們如何自動理解所處世界。提醒一下，並非所有類型的思考方式都受文化影響。我們目前為止討論過的自動式思考方式（例如下意識思考和運用基模），應是所有人類都會使用。然而，某些人們常用來知覺和思考世界的方式，會受文化形塑。為了說明這些差異，請快速瞄一下旁邊上方的圖。好，請再快速瞄一眼下方的圖。你注意到這兩張圖有不同之處嗎？你的答案可能會因你成長的文化而定。Richard Nisbett和同僚發現，西方文化中成長的人傾向使用分析式思考（analytic thinking style），亦即注意主要物體的特徵，而未考慮周遭脈絡。例如，西方人較可能會注意圖中的飛機，因為那是圖中主要物體。他們可能會注意到這些物體的差異，例如第一張圖中客機的窗子比第二張圖還多（Masuda & Nisbett, 2006）。在東亞文化（例如中國、日本、韓國）長大的人，傾向採用整體式思考（holistic thinking style），亦即注意整體脈絡，尤其是物體之間的關係（Chen et al., 2016; Miyamoto, 2013; Monga & Williams, 2016; Nisbett, 2003; Norenzayan & Nisbett, 2000）。

舉例而言，東亞人較可能注意到圖中背景的差異，例如機場控制塔的形狀不同（原實驗其實是讓人們觀看二十秒的影片，然後找出其中差異。此處的圖片是兩段影片的最後一幕畫面）。在第四章中，我們將說明這些不同思考方式是如何影響著我們對他人情緒的知覺。例如，假想你遇到一名同學，他被許多朋友包圍。如果你在西方文化長大，你可能會只注意你同學的臉（你的注意主體），來判斷他的情緒為何。如果你在東亞文化長大，你可能會檢視群體中所有人的臉（整體脈絡），並使用這些訊息來判斷你同學的情緒（Ito, Masuda, & Li, 2013; Masuda, Ellsworth, & Mesquita, 2008）。

整體式思考與分析式思考的差異從何而來？Richard Nisbett（2003）

認為是根基於東、西方思想傳統的差別。東方傳統源自儒家、道家和佛家思想，強調萬物的關聯與相對性。西方傳統根植於柏拉圖和亞里斯多德的古希臘哲思，專注的是獨立於脈絡之主體的統整律則。然而目前研究也發現，思考方式的差別也可能源自不同文化現實環境的差異。Yuri Miyamoto、Richard Nisbett與Takahiko Masuda隨機選擇日本和美國城市街景照片。他們盡可能將照片互相搭配，例如城市規模類似、照片中的建築（如醫院或公立小學）也類似。他們的研究假設是，日本城市街景會比美國城市街景更「擁擠」，亦即包含較多物體，使人分散注意。的確如此，日本街景明顯比美國街景包含更多訊息和物體。

　　這理由能說明何以美國人較注意前景物體，而東亞人較注意脈絡嗎？為了瞭解這一點，Miyamoto和同僚做了另一個實驗，他們讓美國和日本大學生觀看美國或日本城市照片，然後要求同學想像自己身處於照片中的環境。研究者的想法是：日本照片能促發整體式思考；美國照片則能促發分析式思考。然後參與者進行類似前述飛機照片作業，亦即在兩張相似圖片中找出差異。如研究者預期：觀看日本城市照片者，較能夠找出測試照片中的「背景」差異；而觀看美國城市照片者，較能找到照片中「主要物體」的差異。此項研究顯示：所有文化中的人都能採取整體式或分析式思考（人們的心智工具箱裝有相同工具），但人們生活的環境，或甚至剛被促發的環境，會影響人使用哪種思考方式（Boduroglu, Shah, & Nisbett, 2009; Cheung, Chudek, & Heine, 2011; Masuda, Ishii, & Kimura, 2016; Norenzayan, Choi, & Peng, 2007; Varnum et al., 2010）。

複習題

1. 針對整體式思考，以下何者正確？
   a. 注意主要物體的特徵，而未考慮周遭脈絡。
   b. 西方社會中的人若被日本照片促發，也可能出現整體式思考。
   c. 整體式思考有基因遺傳基礎。
   d. 可能是根植於亞里斯多德和柏拉圖的希臘哲學傳統。

2. 針對社會思考的文化差異，以下何者正確？
   a. 雖然每個人都會使用基模瞭解世界，但基模的內容會受他們所處的文化所影響。
   b. 基模會影響人們注意外在世界的方式，但不影響他們記住了什麼。
   c. 基模會影響人們記住了什麼，但不影響他們注意外在世界的方式。

d.文化不會影響自動式思考。

3.分析式思考的定義為何？

　a.此類思考會注意整體脈絡，尤其是物體之間的關係。

　b.此類思考會注意主要物體的特徵，而未考慮周遭脈絡。

　c.此類思考是有意識、刻意、主動且費力。

　d.此類思考是下意識、非刻意、自發且不費力。

4.整體式思考與自動式思考之差異是源自於什麼？

a.亞裔和非亞裔西方人的基因差異。

b.東方和西方教育系統的差異。

c.東方和西方的氣候差異。

d.東方和西方哲學傳統的差異。

5.研究者隨機選擇日本和美國城市的幾個地點拍照。他們發現，平均而言，日本城市的景色包含較多：

a.商業和廣告。

b.人群和住宅。

c.使人分散注意的物體。

d.建築和大樓。

控制式社會認知：高費力的思考形式

學習目標3.4　描述控制式思考的缺陷以及改善方法

　　你可能會好奇，其實人類擅長的是控制式思考，為什麼我們花這麼多時間說明下意識且自動式的社會認知方式。就目前所知，人類是唯一有能力以意識反思自己與外在世界的物種，而且我們常常發揮此能力，以解決重要問題及規劃未來。想想看，人類已發現許多治療致命疾病的方法、建設宏偉的建築，甚至登陸月球。我們之所以能做到這些，至少有部分運用了**控制式思考**（controlled thinking），亦即有意識、刻意、主動且費力的思考形式。人們可以隨意開啟或關閉此類思考方式，而且完全知道自己在想什麼。此外，這類思考較為費力，亦即耗費較多心力。人們一次只能對一件事進行有意識的控制式思考，他們無法一邊想著今天中午要吃什麼，一邊同時思考困難的數學問題（Weber & Johnson, 2009）。

　　那麼，為什麼如此強調自動式思考呢？原因是過去數十年間，社會心理學家發現，自動式思考的威力和普遍程度比過去以為的還大。正如本章已說明，人們具有極強能力，可以快速且下意識地思考，而且這對於日常生活至關緊要。當然，有些社會心理學家認為鐘擺擺得太過頭，目前研究太過強調自動式思考，低估了控制式思考的價值和力量（Baumeister

控制式思考

有意識、刻意、主動且費力的思考形式

& Masicampo, 2010; Baumeister, Masicampo, & Vohs, 2015; Dijksterhuis & Strick, 2016）。究竟哪種思考方式較為重要，目前仍在激辯中。

控制式思考與自由意志

辯論的焦點之一是關於一個古老的問題：自由意志（free will）（Knobe et al., 2012）。我們真的能夠掌控自己的行動嗎？我們能夠自由地在特定時刻選擇做某事嗎？如果我們的行為受控於我們無法意識到的自動式思考歷程，那麼答案可能不像我們以為的那麼樂觀。

「是嗎，」你可能會回應道：「我知道我有自由意志，因為我可以決定現在要不要抓頭、蓋上這本書，或者站起來學公雞跳舞。」你跳完公雞舞了嗎？若是如此，請思考一下：雖然看起來我們有能力選擇我們要做什麼，而這顯示自由意志確實存在，但事情也許沒那麼簡單。Daniel Wegner（2002, 2004; Ebert & Wegner, 2011）表示，自由意志可能是個「錯覺」（illusion），這很像第二章提到的「相關關係不等於因果關係」之問題。你想著「我認為我現在要跳公雞舞」與你接下來的行為（拍展你的手臂，繞著房間跳）是相關關係。雖然兩者看似因果關係，亦即思想導致行為，然而它們可能其實共同源自於第三個因素。也就是說，某個下意識意圖同時導致有意識的思考與行為。

也許舉另外一個例子會比公雞舞更加清楚。想像你正坐在沙發上看電視，並且想著「現在要是能吃冰淇淋多好」。然後你站起來，走到冰箱，挑選你喜愛的口味。但是，可能你在看電視的時候，對冰淇淋的欲望先下意識地升起（也許被某個電視廣告促發）。這個下意識的欲望同時使你在意識上產生想吃冰淇淋的想法，以及起身走向冰箱的決定。換句話說，「我想吃冰淇淋」這個意識想法是源自於下意識歷程，而不是你決定走向冰箱的原因。畢竟人們有時會走到冰箱前，卻「沒有」意識到當時是吃零嘴的時間。此時，他們的下意識欲望引發了行為，而意識思考並未介入。以上例子可以看出，人們常以為自己掌握了其實不存在的控制力。

但情況也可能反過來：人們有時不知道自己其實掌控了意想之外的事情。多年前，有一種新的溝通協助技巧（facilitated communication）號稱可以用來幫助溝通障礙者，這些溝通障礙者包括自閉症和腦性麻痺患者。受過訓練的協助者將溝通障礙者的手攙扶於電腦鍵盤上，幫助他們打

你確定你是自己決定要吃冰淇淋的嗎？

字回答問題。這項技巧似乎相當有效，原本無法與外界溝通的患者，突然變得能言善道，在協助之下說出許多想法和感覺——至少乍看之下似乎如此。患者突然能夠溝通，連他們的父母都感到十分詫異。

可惜的是，這種協助溝通技巧很快便遭摒棄，因為後來發現打字的其實不是溝通障礙者，而是不經意的協助者。在一項設計良好的研究中，實驗者透過耳機詢問協助者和溝通障礙者不同問題，協助者聽到的可能是「你覺得今天天氣如何？」，而溝通障礙者聽到的是「你覺得今天午餐如何？」。結果得到的答案符合協助者聽到的問題（例如「我希望出太陽」），而非溝通障礙者聽到的問題（Heinzen, Lilienfeld, & Nolan, 2015; Mostert, 2010; Wegner, Sparrow, & Winerman, 2004）。協助者並非刻意做假，他們真的以為是溝通障礙者要這樣回答，而他們只是幫助溝通障礙者在鍵盤上移動手指而已——然而其實是協助者在打字。

這些例子顯示，我們意識到可控制自己的程度，與我們實際可控制自己的程度之間，可能存在落差。有時我們高估自己的控制程度，例如以為戴上幸運符就能有好運；有時我們低估了自己的控制程度，例如協助溝通者以為是在幫助對方打字，但其實是自己在下意識地打字（Wegner, 2002）。

人們的想法究竟有何影響？其實人們相信自己擁有自由意志，會導致重要的後果（Dar-Nimrod & Heine, 2011; Feldman, 2017; Moynihan, Igou, & van Tilburg, 2017）。舉例來說，人們愈相信自己擁有自由意志，就會愈願意幫助有需要的人，而且較不會做出違反道德的行為（例如作弊）（Baumeister, Masicampo, & Dewall, 2009）。在一項研究中，讓一部分大學生閱讀一段支持自由意志存在的語句，例如「我有能力克服遺傳和環境因素對我的暫時影響」；另一部分大學生則閱讀主張自由意志不存在的語句，例如「最終而言，我們都是生物運算機器——經演化設計、基因建構，以及環境塑造」（Vohs & Schooler, 2008, p. 51）。接著，所有參與者參加一項考試，考題是從美國研究生入學考試（GRE）的題目中挑出。考

完後讓參與者自行計分，而且每答對一題可以得到一美元。至少這是參與者以為要做的事。此研究要問的是，參與者會作弊為自己加分，以拿到比實際應得還多的錢嗎？結果顯示，閱讀主張自由意志不存在之語句的參與者，與閱讀支持自由意志語句之參與者比起來，顯著地較會作弊。為什麼如此？當面臨誘惑時，那些認為可以控制自己行為的人，可能會努力自我控制而心想：「雖然我可以輕易地偷錢，但是我可以控制我自己，所以決定權在我，而我要做好事」。相對地，相信自由意志不存在的人可能會想「我想要拿錢，既然我實際上無法控制自己的行為，我就拿一點也無妨」。因此，無論人類是否「真的」擁有自由意志，為了整個社會著想，我們最好「相信」我們有自由意志（請做一做【試試看！】，比較一下人們認為自己與他人擁有自由意志的程度）。

你能預測你自己（或你朋友）的未來嗎？

A. 請回答以下關於「你自己」的問題。從每一列的三個選項中，圈選出一個最可能接近你大學畢業後一年的真實情況。

1.	從事有趣的工作或就讀有趣的研究所	從事無聊的工作或就讀無聊的研究所	兩者皆可能
2.	住在很好的房子或公寓	住在很糟的房子或公寓	兩者皆可能
3.	擁有長期伴侶	單身	兩者皆可能
4.	到歐洲旅行	未到歐洲旅行	兩者皆可能
5.	做有用的事	虛度時光	兩者皆可能
6.	與大學同學保持密切聯繫	未與大學同學保持密切聯繫	兩者皆可能

B. 請心中選擇一名大學朋友，並回答以下關於他或她的問題。從每一列的三個選項中，圈選出一個最可能接近他或她大學畢業後一年的真實情況。

1.	從事有趣的工作或就讀有趣的研究所	從事無聊的工作或就讀無聊的研究所	兩者皆可能
2.	住在很好的房子或公寓	住在很糟的房子或公寓	兩者皆可能
3.	擁有長期伴侶	單身	兩者皆可能
4.	到歐洲旅行	未到歐洲旅行	兩者皆可能
5.	做有用的事	虛度時光	兩者皆可能
6.	與大學同學保持密切聯繫	未與大學同學保持密切聯繫	兩者皆可能

心理上改變過去事件：反事實推理

反事實思考
在心理上改變過去事件
的某個環節，以便想像
事情可能有所不同

另一個重要問題是，人們何時會使用控制式思考。我們何時會停止自動導航，開始緩慢深思？情況之一是遇到負面事件而且差點成功的時候，例如你考試差一、兩分就及格時。此時，我們會採取反事實思考（counterfactual thinking），亦即在心理上改變過去事件的某個環節，以便想像事情可能有所不同（Markman et al., 2009; Myers et al., 2014; Petrocelli et al., 2015; Roese, 1997; Wong, Galinsky, & Kray, 2009）。你可能會想：「如果我這題不改答案，可能就及格了」。

反事實思考會大大影響人們對事件的情緒反應。一個事件的結果若愈容易在心理上加以「改變」，則我們的情緒反應就會愈劇烈（Miller & Taylor, 2002; Myers et al., 2014; Zhang & Covey, 2014）。如果你只差一分就及格，可能會比差十分才及格更生氣，因為你比較容易想像不同的狀況（也就是想像如果某一題沒改答案）。

正向的情緒也可能受此影響。譬如，你認為奧運銀牌得主（第二名）和銅牌得主（第三名）誰比較快樂？你可能認為當然是銀牌得主，因為他表現得比較好！事實上可能相反，因為銀牌得主較容易想像自己獲得冠軍，因此較容易出現反事實推理。為了檢驗這項假設，Medvec、Madey和Gilovich（1995）分析了1992年的奧運錄影紀錄。結果顯示，無論在比賽剛結束或領取獎牌的時刻，銀牌得主都顯得比銅牌得主更不快樂。而且在他們接受記者訪問的時候，銀牌得主也運用較多的反事實推理。他們會說：「我差點就贏了，真遺憾。」這似乎意味著，如果你會輸，多輸一點可能還比較好。

對於正向事件的反事實推理還牽涉一項有趣的後果：它可能使你更相信神。假設我們請你寫下你過去某件正向事件若未發生，你可能會多糟。你可能會寫下如果你沒錄取現在這所大學，或是沒有遇到你目前深愛的人會如何。你可能會想：「那樣我會很慘！」但如果你與參加Buffone、Gabriel和Poulin（2016）實驗的參與者一樣，你可能會更相信神。該實驗中，

你認為誰比較快樂：奧運銀牌得主或是銅牌得主？令人驚訝地，研究顯示銀牌得主常較不快樂，因為他們比較會想像自己差一點就可以獲得金牌。

參與者被隨機指派寫下如果他們生命中某件事沒發生，他們的生活可能變得多麼糟。這些參與者（相較於寫下生活可能變好或只是描述過去生活者）表達出更強的宗教信仰。想像曾經發生過的好事，似乎可以使人相信那件事實上已經發生的事之所以出現，是神在後面幫了一把。

我們前面將控制式思考界定為有意識、刻意、主動且費力的思考方式。而如同自動式思考一樣，某些控制式思考方式只符合部分界定。反事實推理顯然是有意識且費力的。我們清楚知道自己執著於過去，而且常常因此無法思考其他事。然而，反事實思考常常不是刻意或主動為之。即使我們想擺脫過去，做些別的事，仍可能無法去除「早知道就好」的想法，這是反事實推理的特徵之一（Andrade & Van Boven, 2010; Goldinger et al., 2003）。若執著於反事實思考，一直怨嘆昔日過往的失敗，這可不是什麼好事。目前發現，怨嘆過去是憂鬱的因素之一（Lyubomirsky, Layous, Chancellor, & Nelson, 2015; Trick et al., 2016; Watkins & Nolen-Hoeksema, 2014）。所以，若考試考差了，建議不要一直嘆息，以致什麼事都不能想。然而，反事實思考若可使人專注於知道未來如何能做得更好，便有其益處，例如「如果我更用功一點，就可能及格」。此類想法可以使人感到對命運有控制力，促使人們下次考試時更加用功（Nasco & Marsh, 1999; Roese & Olson, 1997）。

改善人們的思考

控制式思考的目的之一，是對自動式思考提出檢查與平衡。就像機長在飛行出問題時會將自動導航切換成手動駕駛一樣，當特殊事件發生時，我們會轉成控制式思考。然而，人們能夠有效地校正錯誤嗎？這能夠教導嗎？

改善思考的障礙之一是人們常常對於自己判斷的正確程度過度樂觀。規劃謬誤（planning fallacy）就是很好的例子，這是指人們對於自己完成計畫的速度過於樂觀，即使過去他們在類似計畫上曾經無法及時完成（Buehler, Griffin, & Peetz, 2010; Kahneman & Tversky, 1979）。例如，你認為你何時可以完成下一篇課堂報告？你可能會想：「喔，我一定可以在下週一完成。」然而，如果你像許多規劃謬誤實驗的參與者一樣，你的估計可能過於樂觀：過了下週一，你的報告仍未完成。例如，在一項研

規劃謬誤

人們對於自己完成計畫的速度過於樂觀，即使過去他們在類似計畫上曾經無法及時完成

究中，得過獎學金的大學生估計自己可以在三十四天完成論文。他們被詢問：若在最糟情況下，「所有最糟事情都發生」會如何？他們的回答是：好吧，大概會花四十九天。但是在千辛萬苦之下，這些學生最終花了五十六天才完成他們的論文（Buehler, Griffin, & Ross, 1994, p. 369）。

為什麼人們明明可從過去類似工作經驗，知道自己需要花多少時間，卻仍然對於如期完成過度樂觀？問題可能在於，人們認為這次會有所不同，以為這次不會有任何事情阻礙任務進行，即使從過去經驗可知道，許多事物都可能妨礙任務，包括：其他課堂作業、週末回家、社交活動等等。若是如此，那麼調整人們預期的方法之一，就是提醒他們，達成這次任務的過程將與過去任務的過程相似，也會遇到類似阻礙。例如，一項研究要求學生估計自己完成某電腦學習課程的時間。如一般所料，他們都過度樂觀：預估時間是5.5天，實際花了6.8天。另一項情境的學生被要求先回想過去完成任務的經驗，以及過去經驗與完成目前課程的相似程度。這些學生對目前任務的估計高度準確，他們認為會花7天，實際也是花了7天（Buehler, Griffin, & Ross, 1994）。所以當你要估計何時可以完成目前任務時，請提醒自己過去經驗中的所有阻礙。

另一種做法是，直接教導人們一些有關如何正確推理的基本統計與方法原則，並希望他們將這些原則應用於日常生活中。統計及研究設計的課程會教導許多此類原則。舉例而言，若你想從樣本的資料（例如一群領取福利金的母親）去推論母群（例如所有領取福利金的母親），你必須要有一個夠大且無偏差的樣本。上過這些課的人，會將這些原則用在日常生活上嗎？他們比較不會犯下如本章所討論的錯誤嗎？對於這些問題，許多研究提供了樂觀的答案。研究顯示，大學統計課程或研究所的研究設計課，即便只是一次短暫的課程，也能改進人們的推理（Crandall & Greenfield, 1986; Malloy, 2001; Nisbett, 2015; Schaller et al., 1996; Sirota, Kostovi ová, & Vallée-Tourangeau, 2015）。

舉例而言，Richard Nisbett與同僚（1987）檢視了研究所的各項訓練如何影響人們處理每天統計推理的問題——測試的問題與我們本章所提到的非常相似，例如如何從小樣本推論至母群（【試試看！】附了一些測試題）。研究者預測心理系及醫學系的研究生，統計推理能力會比法律及化學系的研究生還好，因為心理系及醫學系的統計訓練比其他兩系多。

你的推理有多好？

以下兩道問題是關於研究方法和統計的推理。請根據方法學和統計的原則，針對每道問題選出正確答案。

1. Middleopolis市的警長任職已有一年半，一直不受民眾歡迎。他是市長的好友，在任職前幾乎沒有任何警政方面的經驗。市長最近公開為好友辯護，聲稱自從他擔任市長以來，犯罪率下降12%。以下哪一項證據最能夠反駁市長對於警長能力的看法？

   a. 不論是地點或面積大小都最接近該市的兩個城市，在相同期間內犯罪率減少18%。

   b. 一份獨立的市民意見調查顯示，犯罪率增加了40%，而非警方檔案所聲稱的。

   c. 根據常識判斷，警長對於降低犯罪率並無用武之地，因為社會與經濟狀況都非他所能掌握。

   d. 有人發現警長與犯罪組織有生意往來。

2. 大聯盟棒球賽開賽兩週後，新聞開始公布最佳平均打擊率的前十名。一般而言，兩週後，最高平均打擊率大約是 .450。但在大聯盟歷史上，從來沒有人全季平均打擊率達到 .450。你認為何以如此？

   a. 球員在開賽初期最佳平均打擊率可能只是因為運氣好。

   b. 開賽初期打擊表現優秀的球員，會因為想維持好表現而感到極大壓力。這樣的壓力損害了他之後的表現。

   c. 投手通常在球季中會愈投愈順，愈能三振打者，造成打擊者的打擊率下降。

   d. 當投手知道某打者的打擊率高，就愈會盡力壓制他。

   e. 當投手知道某打者的打擊率高，就愈不會對他投好球。相反地，投手會投些「邊邊角角」的球給他，因為不在意保送他。

如圖3.6所示，經過兩年研究所課程的訓練，心理系及醫學系的研究生在統計推理能力方面的改善程度，較法律及化學系的研究生為佳，心理系畢業生的改善情形尤為顯著。有趣的是，各所學生的GRE成績表現都一樣好，可見這並非智能不同所致，而應是因為他們接受了不同訓練，影響了他們如何準確且合乎邏輯地推理日常問題（Nisbett et al., 1987）。因此，我們可以樂觀地認為，人們能夠克服本章中所指出的錯誤。而且，你不是一定要上研究所才做得到。正式的統計訓練，不論是大學部或研究所的課，都有所助益。所以，如果你正猶豫是否選修大學統計課，請想想：這不只是為了滿足你的學分要求，還可以改善你的推理能力！

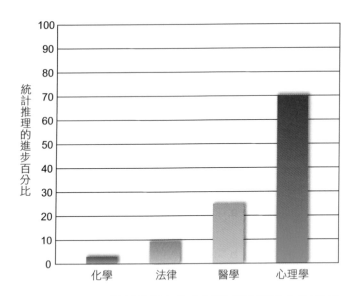

圖3.6　不同學科的研究生在統計推論測驗中的表現
經過兩年研究所的訓練之後，醫學與心理學學生的統計
推論能力，比法律和化學學生進步得多（整理自 Nisbett,
Fong, Lehman, & Cheng, 1987. Reprinted with permission of
AAAS）。

重返Watson案例

　　現在我們已經瞭解兩種非
常不同的社會認知模式：一種是
無意識、非刻意、自發且不費力
的思考方式（自動式思考）；另
一種是較花心力、刻意、自主且
有意識的思考方式（控制式思
考）。如本章一開始所提及，這
兩種思考模式一旦結合會非常有
威力，尤其是用來理解社會世
界。IBM電腦Watson在《危險境
地》電視節目比賽獲勝，但我們
不會建議你去找Watson協助你尋
求約會對象、養育小孩，或處理
困難的商業案子。

　　但是如我們於本章所討論，社會認知並非完美。人們的推理會犯
錯，甚至會透過非刻意的行為使錯誤的理論成真（自我應驗預言）。人類
既有優秀的認知能力，可以創造出炫目的文化和智慧結晶，但同時又可能
犯下如同本章說明之心智思考錯誤，我們究竟要如何看待這一切呢？

　　我們最好把社會思考者設想成這樣：雖然人是非常複雜的社會思考
者，具有優異的認知能力，但是仍有很大的進步空間。社會思考的缺陷可
能導致嚴重後果，後面的章節會舉出其他例子（例如第十三章的種族歧
視）。也許對人類思考的最佳比喻是：人就像是「粗心的科學家」，雖然
可以用符合邏輯的聰明方式發現社會世界的性質，但卻不甚完美。人們常
忽視與自己基模不一致的真相，也常以特定方式對待他人，導致基模成真
──好的科學家通常不會如此。

複習題

1. Sam在園遊會上玩遊戲，他要在二十個杯子中猜測哪個杯子藏了紅球。可惜的是，他猜的杯子剛好在正確杯子的左方，所以他沒贏得他想要的獎品。根據社會心理學研究，他最可能會：
   a. 感受到認知失調。
   b. 出現反事實思考。
   c. 將失誤歸因於群眾太吵。
   d. 以後不再玩類似遊戲。

2. 關於「自由意志」的研究，下列何者為真？
   a. 人們很少高估對於自己行為的控制程度。
   b. 有時人們低估了對自己行為的控制程度。
   c. 研究顯示，人們對於自己的行為幾乎都擁有自由意志。
   d. 人們愈相信自由意志，便愈可能做出違反道德的行為，例如作弊。

3. 下列何者最能描述協助溝通技術？
   a. 這是有展望的新技術，可以協助患有自閉症等溝通障礙者表達自己。

   b. 協助溝通者在鍵盤上握著溝通障礙者的手臂與手指，其實是刻意作假。
   c. 協助溝通者以為溝通障礙者在選字，但他們可能誤解，而且不自覺地代為作答。
   d. 協助溝通技術可以幫助輕度自閉症患者，但無法幫助重度自閉症患者。

4. 修習下列哪一項研究所學程，最可能增進你對於日常問題的統計推理能力？
   a. 心理學。
   b. 醫學。
   c. 法律。
   d. 化學。

5. 根據本章內容，下列何者最能形容人們的思考能力？
   a. 思考的懶惰蟲。
   b. 積極的謀略家。
   c. 技術好的偵探。
   d. 粗心的科學家。

摘　要

學習目標3.1　解釋基模的優點與缺點

■ **自動駕駛：低費力的思考形式** 人類極擅於社會認知，這是指人們如何思考自己與社會世界，包括如何選擇、詮釋、記憶和運用社會資訊。沒有任何電腦可以在這點勝過人類。這並不是說人類是完美的社會思考者。即便我們具有優秀的認知能力，社會心理學家也發現到人們易犯的許多有趣失誤。許多社會認知（人們思考自身與社會世界的方式），涉及自動式思考，這是下意識、非刻意、自發且不費力的思考形式。

- 人人都是日常理論家：運用基模的自動式思考 自動式思考的一項重要部分，是使用我們過去的經驗來組織和詮釋新的資訊。更清楚地說，人們會使用基模，也就是我們組織特定事物之社會世界知識的心理架構。基模影響我們所注意、思考，以及記憶的資訊，並且可以大幅降低社會世界的模糊性。

- 我們運用了哪些基模？可提取性和促發 有時候情境模糊，不清楚要使用什麼基模。具有高度可提取性的基模，最可能被採用，意即它們會浮上心頭。提升基模可提取性的因素包括：我們過去常使用它們、與我們的目標有關，或是被促發。促發是用近期經驗提升某項基模可提取性的歷程。

- 讓基模成真：自我應驗預言 基模可能導致自我應驗預言，此時會造成問題。自我應驗預言是指：我們對別人的形象有所預期，這項預期影響到我們對待此人的方式，此種對待方式又導致此人表現出符合我們當初之預期的行為。

學習目標3.2　描述自動式思考的類型

■ **自動式思考的類型** 自動式思考有許多其他形式，都可以幫助我們毫不費力地詮釋社會世界與做出決定。

- 自動式追求目標 在日常生活中，我們常面對許多相衝突的目標，我們常自動地從中做出選擇。人們常追求最近被促發的目標。

- 自動式思考以及身體與心智的隱喻 除了運用基模降低外在世界的模糊性之外，人還會使用有關身體和心智的隱喻。身體感覺（例如：拿著沉重平板）可能促發隱喻（例如：重要的想法「具有重量」），進而影響人們的判斷（例如：學生對校園事務的意見應該更加被看重）。

- 心智策略與捷徑：判斷捷思 另一種自動式思考的形式是使用判斷捷思，亦即人們為做出迅速且有效之判斷，而採取的一些心理捷徑。其中一種是可得性捷思，亦即依靠事物進入心中的容易程度做出判斷。另一種是代表性捷思，亦即利用對象與某種典型事物的相似性來進行歸類。捷思非常有用，而且通常能產生正確的判斷，不

過也可能被誤用，產生錯誤判斷。

學習目標3.3　分析文化對社會思考的影響

■ **社會認知的文化差異**　人類的心智就像是一個工具箱，充滿各式工具，幫助人們在社會世界中思考與行動。所有人都有相同工具，但隨著人成長，文化會影響人們最常用哪些工具。

- **基模的文化因子**　雖然每個人都會使用基模瞭解世界，但基模的內容會受我們所處的文化所影響。

- **整體式思考和分析式思考**　西方文化中成長的人傾向使用分析式思考，亦即注意主要物體的特徵，而未考慮周遭脈絡。在東亞文化長大的人，傾向採用整體式思考，亦即注意整體脈絡，尤其是物體之間的關係。

學習目標3.4　描述控制式思考的缺陷以及改善方法

■ **控制式社會認知：高費力的思考形式**　並非所有社會認知都是自動式思考，我們還會採取控制式思考，亦即有意識、刻意、主動且費力的思考形式。

- **控制式思考與自由意志**　我們意識到可控制自己的程度，與我們實際可控制自己的程度之間存在落差。有時我們高估自己的控制程度，有時我們低估了自己的控制程度。然而，人們愈相信自己擁有自由意志，就會愈願意幫助有需要的人，而且較不會做出違反道德的行動（例如作弊）。

- **心理上改變過去事件：反事實推理**　控制式思考的形式之一是反事實推理，亦即在心理上改變過去事件的某個環節，想像事情可能有所不同。

- **改善人們的思考**　本章中，我們談到社會認知可能在許多方面出錯，導致誤判與估計錯誤，例如規劃謬誤。研究顯示，某些思考方式，例如統計推理，可以藉由訓練（例如上統計課）而大幅改進。

- **重返Watson案例**　人類是非常複雜的社會思考者，具有優異的認知能力。但是我們也可能出錯，例如自我應驗預言。人們就像是「粗心的科學家」——雖然可以用符合邏輯的聰明方式發現社會世界的性質，但卻不甚完美。

分享寫作　你有什麼想法？

沉醉式互動

　　如何用「巴南效應」解釋為什麼有時候會覺得星座命盤神準無比？

測　驗

1. 以下何者最能總結自動式思考的研究？
   a. 自動式思考對人類生存很重要，但它並不完美，並且可能導致判斷錯誤與嚴重後果。
   b. 自動式思考驚人地準確，很少造成錯誤後果。
   c. 自動式思考很麻煩，因為它經常導致判斷錯誤。
   d. 自動式思考若是在意識上發生，便能運作得最好。

2. Jennifer和Nate在街上行走，看到有個男子走出便利商店，抱著一個袋子。店長跑出商店大叫要男子停住回頭。Jennifer馬上以為發生搶案，Nate則以為是男子忘了拿找錢，店長想將錢交給他。Jennifer和Nate對此事的詮釋截然不同，以下何者是最可能的解釋？
   a. Jennifer和Nate採取控制式思考，兩人對於事件的前提預設不同。
   b. Jennifer和Nate的性格不同。
   c. Jennifer和Nate陷入自我應驗預言。
   d. Jennifer和Nate提取不同的基模，可能因為他們最近的經驗促發了不同基模。

3. 對於基模的使用，以下何者最接近事實：
   a. 基模是屬於控制式思考。
   b. 當人們具有某項錯誤的基模，他們很少會透過行動而使該基模成真。
   c. 雖然基模可能導致錯誤，但它們對於組織社會資訊與填補我們的知識空缺非常有用。
   d. 能影響我們所使用之基模的只有長期可提取的資訊，而非我們的目標或近期被促發的資訊。

4. Tiffany不太相信她的朋友，因為她認為他們都不守信用。因此，當Tiffany和某名朋友約定共進晚餐時，她會準備備案，也和另一名朋友相約，她會只選擇其中一場出席。她的朋友很快就開始對Tiffany「放鴿子」，因為他們根本不知道Tiffany會不會出現。Tiffany自忖「看吧，我是對的。我的朋友都不守信用。」以下何者最能解釋Tiffany何以下此結論？
   a. 基於控制式思考的正確社會知覺。
   b. 自我應驗預言。
   c. 整體式思考。
   d. 基於自動式思考的正確社會知覺。

5. 假設你希望你的朋友Stephan感覺他自己是個有主見的人。根據＿＿＿＿＿的研究，你應該要他想＿＿＿＿＿項過去事件，顯示他做事沒有主見。
   a. 代表性捷思；12
   b. 可得性捷思；3
   c. 代表性捷思；3
   d. 可得性捷思；12

6. 下列何者與自動式思考「最無關係」：
   a. 根據已被促發的目標而行動。
   b. 運用有關身體的隱喻做判斷。
   c. 反事實推理。
   d. 自我應驗預言。

7. 以下何者為真？

　　a. 所有人類都具有相同的認知「工具」可運用。

　　b. 當人們從一個文化移至另一個文化時，他們通常無法學習新文化的思考方式。

　　c. 東亞人士傾向整體式思考，西方人傾向分析式思考，這是由於兩者基因差異所致。

　　d. 美國大學生較可能注意到圖片背景的變化，而日本大學生較可能注意到圖片前方主要物體的變化。

8. 關於控制式思考與自由意志的研究顯示：

　　a. 我們意識到可控制己的程度，與我們實際可控制自己的程度之間存在落差。

　　b. 無論人們是否相信自己有自由意志，都不會造成任何影響。

　　c. 有些靈長類擁有和人類同樣程度的自由意志。

　　d. 人完全沒有自由意志。

9. 假設你為了要進行慈善募款，在學校大廳布置了一張桌子。以下何種做法可能可以提升路過者的捐款？

　　a. 將募款資訊放在輕便的板子上給他們看。

　　b. 當他們聽你解說時，讓他們握著冷飲杯子。

　　c. 給他們看日本城市的照片，使他們運用整體式思考。

　　d. 在桌子上噴一些柑橘味的清潔劑。

10. 根據你在本章所學，關於社會認知的最佳結論為何？

　　a. 如果我們能關閉自動式思考，完全採用控制式思考，便可以表現得更好。

　　b. 雖然人是非常複雜的社會思考者，具有優異的認知能力，但是仍有很大的進步空間。

　　c. 社會認知在目前研究過的世界所有文化中，都是相同的。

　　d. 控制式思考的目的之一是為我們設定目標，自動式思考無法達成這一點。

CHAPTER 4

社會知覺：我們如何瞭解別人

綱要與學習目標

非口語溝通

學習目標4.1　解釋人們如何使用非口語線索來瞭解他人
面部表情
文化與非口語溝通的管道

第一印象：快速但持久

學習目標4.2　分析第一印象的形成速度和持久性
初始印象的縈繞影響

因果歸因：回答「為什麼」的問題

學習目標4.3　解釋我們如何判斷他人行動的原因
歸因歷程的性質

共變模式：內歸因與外歸因
基本歸因偏誤：人人都是人格心理學家
自利歸因
「偏誤盲點」

文化與社會知覺

學習目標4.4　描述文化如何影響社會知覺和歸因的歷程
整體式思考和分析式思考
基本歸因偏誤的文化差異
文化與其他歸因偏誤

●●●●●●● 你認為如何？

調查：你認為如何？	
調查	結果

| 沉醉式互動 | 你在線上打字或寫email時，會常常使用表情符號，或使用其他方法表達情緒嗎？
□是
□否 | |

瞭解別人並不容易。我能信任他嗎？我應該要更認識他嗎？她為什麼會這樣子？他們為什麼做這樣的事？我們在日常生活中頻繁且急切地提出類似的問題，以評估他人或瞭解他人行為的原因。在本章中，我們要討論社會知覺（social perception），亦即研究我們如何形成對他人的印象，以及如何對他們做出推論。印象形成有多重要呢？想想科幻影集《黑鏡》（*Black Mirror*），本片被稱為是現代版《陰陽魔界》（*Twilight Zone*）。某一集中，人們每次社會互動之後，都會在廣為普及的手機應用軟體上，以五點量表給予對方評價。你的平均得分高低似乎會決定你生活中所有結果，包括：你適合什麼工作、你可以和誰做鄰居、航班取消時你是否能換機等。初次與某人見面或巧遇老友嗎？無論何者，劇中世界有特殊數位隱形眼鏡，可以讓你馬上從對方臉上看到他們的得分。

社會知覺
研究我們如何形成對他人的印象，以及如何對他們下判斷

劇中角色Lacie Pound（前頁劇照中央穿著粉紅洋裝，盯著粉紅手機者）不計代價地拚命想要獲得4.5的高分。我們不在此透露劇情，不過用常識理解本集名稱「俯衝」（Nosedive）應可知道，一心一意追求高名聲通常不會有好下場。這齣戲以誇張手法，諷刺現代人重視社群媒體的「按讚」或類似行為有多麼膚淺。雖然如此，本劇仍值得深思。我們走路時不會戴著是否受人歡迎的評量值，雖然沒有可見的數字，但我們不也是常常以外表特徵取人嗎？他們穿什麼衣服、開什麼車子、買什麼食物（加工過？無麩質？有機食物？）。我們靠這些事物快速下判斷，像是在時時刻刻地轉動量表指針，不就如同Lacie Pound一樣嗎？

社會知覺還涉及我們如何解釋他人為何做出某行為。我們非常渴望能瞭解他人，連休閒與娛樂時都是如此。我們看電影、讀小說、偷聽他

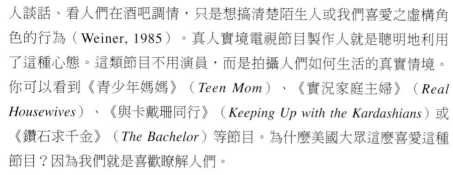

人談話、看人們在酒吧調情，只是想搞清楚陌生人或我們喜愛之虛構角色的行為（Weiner, 1985）。真人實境電視節目製作人就是聰明地利用了這種心態。這類節目不用演員，而是拍攝人們如何生活的真實情境。你可以看到《青少年媽媽》（*Teen Mom*）、《實況家庭主婦》（*Real Housewives*）、《與卡戴珊同行》（*Keeping Up with the Kardashians*）或《鑽石求千金》（*The Bachelor*）等節目。為什麼美國大眾這麼喜愛這種節目？因為我們就是喜歡瞭解人們。

即使你不是上述任何一齣影集的戲迷，也會同意人類就是著迷於解釋他人行為。我們每天都會花許多心神分析他人，包括在公開場合觀察品評他人、第一次上課時對新教授形成第一印象，深夜和朋友聊天討論某某人為什麼那樣做。我們為什麼如此？因為思考他人和他們的行為，可以幫助我們瞭解和預測我們的社會世界（Heider, 1958; Kelley, 1967）。

當然，困難在於別人行為的原因通常不是我們能夠看得到的。可惜我們並沒有「他心通」的能力。我們只能觀察他人的行為，例如對方做了什麼事、說了什麼話，以及面部表情、姿勢和說話的語調。我們只能依賴我們對他人的印象和看法，並努力地加以拼湊，希望這些能夠將我們導向足夠正確和有用的結論。我們將先探討社會知覺中獲取有關他人資訊的重要來源之一，也就是非口語行為，包括人們的面部表情、身體動作和說話語調。

非口語溝通

學習目標4.1　解釋人們如何使用非口語線索來瞭解他人

日常互動中，我們要對他人表達事情，常常完全不需要靠口說。我們的非口語溝通可給予他人豐富的資訊。我們也從他人的非口語線索中瞭解對方（Burgoon, Guerrero, & Floyd, 2016; Hall, Gunnery, & Andrzejewski, 2011; Hall, Murphy, & Schmid Mast, 2007）。非口語溝通（nonverbal communication）是指人們在不使用語言的情況下，如何進行有意或無意之溝通。面部表情、音調、手勢、肢體位置及動作，身體接觸及目光注視，都是常被運用且重要的非口語溝通管道（Knapp, Hall, & Horgan, 2014）。

非口語溝通
人們在不使用語言的情況下，如何進行有意或無意之溝通。如面部表情、音調、手勢、肢體位置及動作，身體接觸及目光注視

非口語線索在溝通上有許多功能，包括幫助我們表達我們的情緒、態度和個性。例如，你瞇起眼睛、鎖緊雙眉、緊閉嘴唇成直線，就可以表示「我生氣了」。你也可以傳達你的個性，例如肢體動作大，說話音調富變化，語氣活潑有力，表示是外向個性（Knapp et al., 2014）。想想看你有時在電子信或文字中想傳遞正確的意義或語氣有多困難，所以現在表情符號或表情貼圖非常盛行。它們可以填補此類溝通中欠缺的非語言線索。你可以在【試試看！】練習中，嘗試運用「語氣」來表達非口語溝通。

不只社會心理學家認識到非口語溝通的重要性。現在似乎每次出現政治辯論或重大記者會後，就會有一群專家名嘴出來，不只分析說了什麼，還分析怎麼說的。的確，現在的電視新聞台中，所謂「肢體語言專家」似乎和「政治記者」一樣常見。有些人可以從這些解讀中獲得更多訊息。最好的解讀者會參考有關非口語溝通的大量科學文獻。但有趣的是，研究者通常會個別研究非口語溝通的各種「管道」。也就是說，有些研究是針對眼神，有些是針對手勢，還有些是探討身體姿勢對社會知覺的

試 試 看 ！

把你的聲音當作非口語線索

雖然你的說話內容充滿訊息，但你的說話方式，可以使你的聽眾更瞭解你的意思。你可以找一個平淡無奇的句子，例如「我不認識她」，然後藉由不同說話方式，賦予不同的意義。試著大聲唸出這句話，並傳遞以下各項情緒。你可以試試改變你的聲音高低、速度、音量以及強調不同的字眼。

「我不認識她」
• 生氣的時候
• 諷刺的時候
• 害怕的時候
• 驚訝的時候

• 厭惡的時候
• 快樂的時候

現在，找個朋友來做這個練習。你背對朋友說出上面的句子。你的朋友只能憑藉你的聲音當線索，看不到你的表情。他能夠猜到你要表達的情緒嗎？讓你的朋友也來試試這個練習。你能夠瞭解他傳達的非口語線索嗎？如果你們無法完全認出對方聲音傳達的情緒，討論一下，你們的聲音是不是缺少什麼，或哪裡令人混淆？如此一來，你們就能知道「厭惡」和「生氣」或「害怕」等聲音有何不同。

影響。然而在日常生活中，各種非口語線索是以多采多姿的方式共同呈現，同時傳達訊息（Archer & Akert, 1984; Knapp et al., 2014）。我們先集中探討一些溝通管道，然後再看看許多非口語訊息自然地出現時，我們會如何加以詮釋。

面部表情

面部情緒的表達無疑是非口語溝通的最佳管道。有關這方面的研究，歷史最為悠久，始於達爾文（Charles Darwin）的《人類和動物的情緒表達》（*The Expression of the Emotions in Man and Animals*, 1872）。這本書細緻地探討了人類的表情，因此成為經典之作（Becker et al., 2007; Fernández-Dols & Crivelli, 2013; Kappas, 1997; Wehrle et al., 2000）。看看底下的照片，你應該可以輕易地辨識這些表情。

演化與表情

達爾文對於面部表情的研究，對此一研究領域造成很大的衝擊。他認為，由面部表達出來的基本情緒，具有共通性。也就是說，全世界所有人都會用同樣的方式表達或編碼（encode）他們的情緒，而所有的人也都可以準確地詮釋或解碼（decode）這些情緒。達爾文對生物演化感興趣，

編碼

表達或展現非口語行為，例如微笑或拍對方的背

解碼

解讀他人表達之非口語行為的意義，例如將拍背視為表達高傲之意，而非關懷

這些照片展示了六種基本情緒的表情。你能夠猜出每張表情的情緒嗎？ 上排答案（左至右）：生氣、恐懼、嫌惡。下排答案（左至右）：快樂、驚訝、悲傷。

社會心理學
Social Psychology

因此他認為非口語溝通形式是「物種特性」，而非「文化特性」。他指出，面部表情是過去有用之生理反應遺留下來的痕跡，例如：早期的人種吃到某些難吃的食物時，他們會不悅地皺起鼻子，並將食物吐出來。Joshua Susskind和同僚（2008）的研究提供了支持達爾文的證據。他們研究嫌惡和恐懼的表情，並且發現以下幾點。首先，這兩種表情的肌肉動作完全相反。第二，他們發現「恐懼表情」可以提升感知，而「嫌惡表情」則降低感知。恐懼時，眼睛和面部肌肉動作有助於感覺輸入，例如視野增廣、鼻部吸氣量增加，以及眼部動作加快。當遇到令人恐懼的事物時，這些都是有用的反應。相反地，嫌惡時的肌肉動作降低感官輸入，例如瞇起眼睛、吸氣減少、眼部動作減緩。當聞到或嚐到令人厭惡的東西時，這些都是有用的反應（Susskind et al., 2008）。

達爾文的理論認為情緒表情是世界普同的，這觀點正確嗎？答案似乎是肯定的。針對六種主要的情緒表達（生氣、快樂、驚訝、恐懼、嫌惡及悲傷），這個答案是肯定的。舉例來說，Paul Ekman與Walter Friesen（1971）經過縝密計畫，前往新幾內亞研究南方佛爾族（South Fore）的情緒解讀能力。該部落當時還沒有文字，尚未接受西方文明的洗禮。他們向佛爾族人講述幾個帶有情緒內容的簡短故事，然後讓他們看美國男人和女人表達六種情緒的照片，請他們用那些照片來跟故事配對，結果他們的回答和西方國家的實驗參與者一樣準確。研究者接著要求佛爾族人於拍照時，表現出與故事內容吻合的面部表情。隨後將照片出示給美國的研究參與者看，後者也都能夠正確地解讀。此研究提供堅實的證據指出，這六種主要表情的詮釋能力是跨文化的——部分是基於人類普同性，而非習自特定文化經驗（Ekman, 1993; Matsumoto & Wilingham, 2006; Sznycer et al., 2017）。

為什麼我們說研究證據支持表情是世界

皮克斯（Pixar）的動畫《腦筋急轉彎》（*Inside Out*）中，我們看到五種基本情緒住在十一歲女孩萊莉的腦袋裡，分別是：生氣、厭惡、愉快、恐懼和悲傷。你將會讀到，研究者們長期爭議這五種主要情緒是否真的是跨文化普同。然而心理學家通常認為，還有第六種情緒未出現在本片或上幅圖中……你猜得到是什麼嗎？

普同，但只是「大部分」呢？其實數十年來，許多像我們這樣的教科書對於普世性問題，都太快給予肯定的答案。然而最近的研究提供了較細緻的結果。一項研究發現，西方文化中的人們對於這六種臉部表情抱持相當明確的區別，但亞洲人的區分則有重疊之處（Jack et al., 2012）。其他研究發現，若要求不同文化參與者將表情與名稱配對，結果支持普同性；但是若讓參與者將表情以自己的方式自由分類，則發現有文化差異（Gendron et al., 2014）。還有研究發現，人們對於與自己同種族人士的表情解碼能力，高於對其他種族的表情解碼（Yan, Andrews, & Young, 2016）。顯然編碼與解碼的文化差異問題，仍有待當代社會心理學家繼續研究。

　　除了這六種主要情緒之外，還有其他情緒可以使用表情區辨與清楚識別嗎？針對這個問題，曾有人對輕蔑、焦慮、羞恥、堅定、嫉妒和尷尬等情緒進行研究（Ekman, O'Sullivan, & Matsumoto, 1991; Harmon-Jones et al., 2011; Keltner & Shiota, 2003; van de Ven, Zeelenberg, & Pieters, 2011）。研究顯示，「驕傲」的情緒也存在於不同文化（Sznycer et al., 2017）。驕傲是特別有趣的情緒，因為它不只涉及表情，還伴隨身體動作與姿勢線索。更清楚地說，典型的驕傲表現包含微笑、頭部略微上揚、挺胸、手臂高舉過頭或手掌置於臀部（Tracy & Robins, 2004）。美國、義大利，以及西非布吉納法索（Burkina Faso）一個無文字的孤立部落，其參與者都可以正確解讀照片中的驕傲情緒（Tracy & Robins, 2008）。Jessica Tracy和David Matsumoto（2008）為了研究驕傲與相對情緒「羞愧」，針對2004年奧運與殘奧柔道比賽中，獲勝與落敗選手的現場情緒表現進行分析。他們分析了三十七個國家的一般選手與視障選手，在柔道比賽獲勝或失敗時的非口語行為。無論是一般或視障選手，獲勝時的行為都與驕傲相關。而失敗的選手都顯著地表現出羞愧的行為（例如攤肩垂胸）。只有一組例外，也就是來自美國與西歐高度個人主義文化的一般選手。在個人主義文化中，「羞愧」被視為是負面、不良的情緒，必須隱藏而不應表現出來（Robin & Schriber, 2009）。

驕傲這種非語言表達包含表情、姿勢和手勢，各種文化中都能編碼和解碼。

為什麼有時難以解碼？

正確解讀人們的表情意義並不像我們以為的那麼簡單，這有兩個原因。人們常表露出混合情緒（affect blends）（Du, Tao, & Martinez, 2014; Ekman & Friesen, 1975），也就是臉上的某部分表達一種情緒，而另一部分則表達另一種情緒。看看附圖，看你是否可以分辨出每一張臉所表露的兩種情緒。若有人告訴你一件既可怕又奇怪的事情時，你可能就會有這種表情——厭惡他所說的話，同時又生氣他為什麼要告訴你。另一項麻煩是，相同的表情會因為脈絡或其他線索不同，而有不同的意涵（Hassin, Aviezer, & Bentin, 2013; Parkinson, 2013; Wenzler et al., 2016）。例如，研究顯示，對表情的解讀會因眼神凝視而異（Adams et al., 2010; Ulloa et al., 2014）。對於像是生氣這類趨近式情緒，若表達者眼神凝視著你，解讀得最快。可能這是警告你，生氣的對象就是你，你可能要準備面對衝突了。但對於像是恐懼這種避開式情緒，若表達者眼神非直視則最易解讀——眼睛看著旁邊，表示該處有嚇人的事物，這提醒你也會對該處某事物感到害怕（Adams & Kleck, 2003）。難以正確解讀表情的第三個原因則如前所述，就是文化因素。

混合情緒

臉上的某部分表達一種情緒，而另一部分則表達另一種情緒

美國總統歐巴馬和2012年奧運選手McKayla Maroney一起做出「McKayla不以為然」的表情。最近研究顯示，除了六種基本表情之外，還有一些可被普遍辨識的表情。

文化與非口語溝通的管道

幾十年來，Paul Ekman與同僚針對文化對於臉部情緒表情的影響進行研究（Ekman & Davidson, 1994; Ekman & Friesen, 1971; Matsumoto & Hwang, 2010）。他們注意到，每一種文化的表達規則（display rules）都很特殊，並且會指導人們應該表達出哪種情緒。例如，日本文化規範要求人們以微笑和笑聲來掩飾他們的負面表情，而且跟西方人比起來，日本人普遍也較少展現表情（Aune & Aune, 1996; Gudykunst, Ting-Toomey, & Nishida, 1996; Huwaë & Schaafsma, 2016）。還有另一個例子：美國的文化規範抑制男性表達某些情緒，例如悲傷或哭泣。但若女性表達這類情緒，是可以被接受的。

當然，非口語溝通還有表情以外的管道，這些管道也受文化影響。

表達規則

文化指導人們應該表達出哪種情緒的規則

目光接觸及凝視是特別有力的非口語線索。在美國文化中，若某人說話時沒有「看著對方的眼睛」，人們常會懷疑他說的話。對戴著黑色太陽眼鏡的人說話時，也會有不安的感覺。但是，我們從圖4.1中可知，在一些文化中，眼光直視對方被認為是具有侵略性或不禮貌的行為。

另一種非口語溝通管道是關於人們如何運用個人空間。你可以想像與一個太靠近（或離你太遠）的人說話，會是什麼樣子。異於「正常的」說話距離，將影響你對對方的印象。文化因素對於如何使用個人空間距離，具有重大的影響（Hall, 1969; Hogh-Olesen, 2008）。例如，多數美國人喜歡與別人保持一段距離，周遭空出大約數呎的空間。相對地，在某些其他文化中，與陌生人靠近站著或碰觸都很常見，站得太遠反而會令人起疑或感到奇怪。

雙手及手臂的姿勢也是有趣的溝通方式。美國人非常熟悉某些手勢，例如用拇指及食指彎成一個圓圈的形狀，其他指頭伸直，表示「OK」；將中指以外所有的指頭彎曲靠攏表示「去你的！」。這些意義清楚易懂的手勢，可稱為標記（emblems）（Archer, 1997; Ekman & Friesen, 1975）。最重要的是，標記並不是文化普同的：每種文化都有它們自己的標記，而其他文化的人不見得瞭解（見圖4.1）。因此，「去你的」手勢在美國社會相當容易被人理解，但在某些歐洲國家，你要做出一個快速的手勢，將手凹成杯狀放在下巴，才能傳達相同的訊息。美國前總統布希（George H. W. Bush）曾經比出「勝利V字」手勢（即用兩根手指比出V字形），但他是反著比──掌心朝著自己而非群眾。不幸的是，他是在澳洲面對一群廣大的群眾比出這個手勢，而在澳洲，這個標記的意思等同於「去你的」（Archer, 1997）！

總結而言，非口語溝通可以傳達許多關於人們的態度、情緒和意圖。有時候，人們從這些社會資訊中獲取的結論是普世皆同的，例如對於主要表情的解讀。但有時候，相同的非口語資訊在不同文化中會有截然不同的解讀，例如眼神接觸、個人距離和手勢。不過很清楚的是，無論你是哪裡人，你在社會互動中常常依靠非口語的表達。簡言之，日常對話中，在實際說話之前，人們已經傳達了許多事情。

標記

特定文化中定義清楚的非口語手勢。它們通常可以直接翻譯為語言，例如「OK」手勢

社會心理學
Social Psychology

非口語溝通的文化差異

許多非口語行為是屬於特定文化。某一文化中的某個非口語行為,可能在其他文化中毫無意義。即使兩個文化都存在某項非口語行為,也可能意義截然不同。來自不同社會的人在進行互動時,可能因為這些非口語差異而造成誤會。以下是一些文化差異的例子。

■目光接觸與凝視

美國文化相當重視直接的目光接觸。若某人「沒有直視你」,則會被認為閃避或說謊。然而,許多其他文化中,目光直視被認為是沒有禮貌,尤其是對長上。例如,在奈及利亞、波多黎各和泰國,兒童不准直視老師和成人;美洲原住民切羅基族、納瓦霍族和霍皮族,也盡可能避免目光接觸;日本人的目光直視次數遠低於美國人;相反地,阿拉伯人極強調目光凝視,對某些其他文化的人而言,會以為是要把人看穿一樣。

■個人空間與接觸

有些社會屬於高度接觸文化,這些社會中人們站得較接近,並且常互相碰觸。有些社會則屬於低度接觸文化,這些社會中人們會維持較寬的人際空間,且較少碰觸。高度接觸文化包括中東、南美和南歐國家;低度接觸文化包括北美、北歐、亞洲,以及巴基斯坦和美洲原住民。同性友人之間碰觸是否適當,也因文化而異;例如,在韓國和埃及,男女性可以和同性友人牽手、勾臂或緊靠著走路,而且這些非口語行為都不帶性意涵;在美國,這些行為較少見,尤其是男性朋友之間。

■手部和頭部姿勢

• **「OK」手勢** 用大拇指和食指環成圈,其他三根手指伸直;在美國,這表示「OK」。然而,在日本這代表「錢」;在法國代表「零」;在墨西哥代表「性」;在衣索比亞,這代表「同性性愛」;最後,在某些南美洲國家,例如巴西,這是猥褻的手勢,意義如同美國「去你的」手勢,亦即伸出中指。

• **「豎拇指」手勢** 在美國,豎起大

拇指,且將其他手指握拳,代表「OK」。在一些歐洲國家也有類似意義,例如在法國表示「太棒了!」;然而在日本,這代表「男朋友」;在伊朗與薩丁尼亞,這是猥褻的手勢。

• **「手袋」手勢** 將單手拇指和手指伸直收緊,指尖朝上互觸。這手勢在美國沒有特殊意義;然而在義大利,這代表「你到底要說什麼?」;在西班牙代表「好」;在突尼西亞代表「慢一點」;在馬爾他,這代表「你看起來似乎不錯,但你其實很糟糕」。

■其他身體姿勢

在美國,上下點頭表示「是」,左右搖頭表示「否」。然而,在非洲和印度某些地方,意義卻完全相反:點頭代表「否」,搖頭代表「是」。更麻煩的是,在韓國,搖頭代表「我不知道」,美國則是如圖以聳肩表示。

圖4.1　非口語溝通

複習題

1. Paul Ekman和Walter Friesen到新幾內亞，研究南方佛爾族原始部落人們各種表情的意義。他們得到的主要結論是什麼？

a. 表情並非全世界普同，因為不同文化的表情意義並不一樣。

b. 有六種主要表情是全世界普同的。

c. 主要表情有九種。

d. 南方佛爾族人使用與西方人不同的表情，來表達相同的情緒。

2. 以下何者「並不」屬於Ekman及其同僚針對情緒知覺跨文化研究所發現的六種主要表情？

a. 厭惡。

b. 生氣。

c. 尷尬。

d. 悲傷。

3. 達爾文對於情緒的非口語溝通採取演化觀點，他預測表情是：

a. 具有文化特殊性。

b. 已被證明是針對特定刺激的有效生理反應。

c. 可增強而非減弱感官感覺，例如視覺和嗅覺。

d. 具有跨物種普同性。

4. Tracy和Matsumoso（2008）針對奧運選手的研究顯示，羞恥這種非口語溝通：

a. 大多與運動員的失敗有關，但來自高度個人主義文化（例如美國）的選手除外。

b. 失明選手與未失明的選手之間有所差異。

c. 對於來自傾向集體主義文化（例如日本）的選手而言，難以與驕傲的非口語溝通區分。

d. 來自高度個人主義文化（例如美國）的選手較常出現，而非將其隱藏。

5. 根據眼神凝視與表情的研究，以下何者可能被最快速解讀？

a. 生氣的表情且直視我們。

b. 生氣的表情且非直視我們。

c. 恐懼的表情且直視我們。

d. 恐懼的表情且閉眼。

第一印象：快速但持久

學習目標4.2　分析第一印象的形成速度和持久性

　　我們初次與人見面時要如何認識對方？我們是依據所見所聞來認識。雖然我們知道不應該「以貌取人」，我們還是會根據細微的線索形成對對方的印象。例如，Sam Gosling（2008）在他所著的《窺探》（Snoop）一書中，探討如何「從你的東西瞭解你」。你的房間是什麼樣子？一片混亂或井然有序？你牆上貼什麼海報？你的書桌和櫃子上放了什麼？這些東西都提供線索，能使觀察者（潛在的窺探者）認識你。例如，請想想當我們看到某人的辦公室或車上全無私人物品或照片裝飾時，會認為他是什麼樣的人。Gosling認為可能之一是，這顯示此人似乎

社會心理學
Social Psychology

想將他的隱私自我與工作或公開自我明確地區分開。另一種可能是，此人個性可能並不外向。因為外向者較可能裝飾公共空間，以便邀人欣賞且能與旁人展開話題。請想想你的房間有哪些線索對他人透露了你的性格？你可以從你朋友的房間和「事物」認識他們嗎？

當然，你現在知道影響第一印象的重要因素之一是非口語溝通。但我們還未提及這類溝通產生的效果有多快。研究顯示，我們單從表情形

＃趨勢

網路上形成的第一印象

我們不只在物理空間脈絡中留下自我與形象的蛛絲馬跡。前文所謂的「窺探」也發生在網路上。Instagram貼文、推特和臉書留言、Snapchat的故事，都可以使我們認識他人。

你現在可能會想，我們真的能相信人們在網上的自我介紹嗎？畢竟我們知道，人們總是想秀出最好（和最酷）的一面，有時會為自己照片修圖，有時是想讓別人認為自己度過某個瘋狂的週二夜晚。當然，人們在社群媒體上確實會過度誇飾優點，且過度掩飾缺點（和無聊），扭曲了社會知覺。

然而，研究發現，人們在網路上的誠實程度會依上網的初始動機而定。想要維持既有人際關係的人，相較於想要交新朋友者，在社群媒體上的自我描述較真確（Hollenbaugh & Ferris, 2015）。而且重要的是，若你發現某人網上自我介紹太誇張或不實，這件事本身就可能使你察覺有異。

社群媒體的類型也有差異。類似臉書這種網站的使用者，大部分是在網上結為朋友「之前」就已是朋友。如此便難以誤導或美化資訊，因為你的朋友會知道你用假的工作頭銜，他們也知道你用的是十年前的苗條照片。至於像Tinder或其他有利結識新朋友的應用程式，便常出現不實的自我介紹資訊（Wilson, Gosling, & Graham, 2012）。

心理學家確實也認為，網路上還是可以得知有價值的社會知覺資訊。例如，使用臉書可以使我們預測某人的性格，例如外向或喜好戶外活動的程度（對，我們知道臉書已經退流行了，不過它是歷史最長久，也是在此議題上被研究最多的）。你可能猜得到，愈外向的人，臉書上的朋友就愈多。不過愈外向的人，也愈會瀏覽和評論他人的頁面、貼上愈多的群體照（不論是否包括自己），而且花愈多時間在網路討論區（Gosling et al., 2011）。

我們還可以從臉書上獲知什麼特徵？愈常更換個人照的人，通常愈喜歡嘗試新事物。責任感得分高的人（按部就班且少拖延者），每週在網路上花的時間愈少（Gosling et al., 2011）。

這顯示我們在網路上形成印象的方式和面對面時相似。你常是根據有限的資訊，推論出結論。你必須區辨對方的真實樣貌，以及他「希望」你以為的樣子。而且你要注意看到對方時的背景脈絡：他們是呈現給老友看，還是想結交新朋友？

成第一印象需要的時間短於100毫秒（Bar, Neta, & Linz, 2006; Willis & Todorov, 2006）。這不到十分之一秒！最近一項研究顯示，我們三歲時就顯然可以從他人臉孔一致地推論對方的性格（Cogsdill et al., 2014）。

舉例而言，某些人長著「娃娃臉」——眼睛大、下巴和鼻子小，而且額頭高，長相看起來令人想起小孩子。這些人容易被認為個性也像小孩：天真、親切且聽話（Livingston & Pearce, 2009; Zebrowitz & Montepare, 2008）。雖然這些印象不總是正確，但一些證據顯示，我們還是能夠依據臉部外觀，對他人做出正確判斷。例如，一項研究發現，參與者一眼瞄過男性或女性的臉部照片，便能判斷其性取向，且正確率高於亂猜答對的機率。這可能是「同志雷達」（gaydar）的科學基礎（Rule et al., 2008; Rule, Ambady, & Hallett, 2009）。另一些研究讓美國參與者從魄力與溫馨兩個向度，評斷加拿大政治人物（他們完全不認識）的面孔。他們的第一印象評斷與實際選舉結果相關：看起來愈有魄力的候選人，實際上愈能當選；看起來愈溫馨者，實際上愈未能當選（Rule & Ambady, 2010; Todorov et al., 2008）。請稍微想一下，候選人為了勝選花費大量時間、金錢和精力，結果能顯著預測獲勝的關鍵因素卻是他們外貌多有魄力。也許我們之前太低估「肢體語言專家」的重要性了！

僅從有限的外觀即足以使我們對他人的能力和性格形成有意義的第一印象，這的確令人訝異。Nalini Ambady和其同僚將這種依據極為簡短的行為觀察所推演出的社會知覺稱為**薄片擷取**（thin-slicing）（Ambady & Rosenthal, 1992; Rule et al., 2013; Slepian, Bogart, & Ambady, 2014）。在一項研究中，他們針對本書大部分讀者（更別說是作者）都熟悉的社會知覺：大學生對他們的教授如何形成第一印象（Ambady & Rosenthal, 1993）。該研究錄製了十數名教師的實際教學影片，然後從每人的影片中隨機擷取三段各十秒的片段。消去聲音之後，將無聲的錄影片段播放給從未上過這些教師課的學生看。學生要從幾個面向評價這些教師，包括他們看起來多有能力、自信和活潑。

不意外地，參與者毫無困難就做出評價——如我們之前所討論，我們很快就形成第一印象。不過Ambady的預測是，薄片擷取印象不只是快，還可能有意義。為了檢驗這一點，她比較了研究參與者的評價（這些參與者只觀看了教師們簡短且無聲的影片）以及這些教師實際班上學

她是Sarah Hyland，在《摩登家庭》（*Modern Family*）劇中扮演長女Haley Dunphy。研究顯示，她的「娃娃臉」（大眼睛、小臉頰和高額頭）會使人跳躍地推論認為她是和善、誠實且易上當的人。

薄片擷取
根據極為簡要的行為觀察，就推論出他人的個性或技能

社會心理學
Social Psychology

你覺得你會喜歡圖中的教授成為你的指導老師嗎？快回答，不要細想！從簡單一張照片就要判斷某名大學教授或某人的工作表現實效，這聽起來頗荒唐。但研究顯示，薄片擷取的判斷確實包含有意義的資訊（也可能凝聚為刻板印象，見第十三章）。圖中人物是Preethika Kumar博士，她是威奇塔州立大學（Wichita State University）電機學教授。2015年，電子與電機研究所提名她為年度全國優良教師。你對這張照片的薄片擷取判斷，是否符合她的得獎名聲？

生給予的期末評價。結果顯示強烈相關：薄片擷取印象與實際上過整學期之學生的知覺極為相似。事實上，即使用更短的影片（六秒鐘無聲短片），參與者也能正確預測哪位老師實際上獲得最佳評價（Ambady & Rosenthal, 1992）。教室外的研究也得到相似的結果。病患會依據薄片擷取形成對醫生的第一印象，而醫護人員對於他們的病患也是如此（Ambady et al., 2002; Slepian et al., 2014）。一些作家和電視製作人也注意到，人們能夠根據非常有限的接觸，抽取出有意義的訊息。Ambady及其同僚的研究成為Malcolm Gladwell（2005）暢銷書《決斷2秒間》（*Blink*）的主要內容。

至此可知，第一印象形成相當快。但是它們能持續多久？如果第一印象消失的速度跟形成一樣快，那麼第一印象對於社會知覺而言可能便無關緊要。然而它們其實相當重要。我們接下來看看第一印象究竟多重要且持續多久。

初始印象的縈繞影響

我們在第三章曾提到過，當人們對社會情境不確定時，就會運用自己的基模來解釋不確定之處。基模是一種心智捷徑，當我們僅有少量資訊時，我們的基模便會填補額外資訊（Fiske & Taylor, 2013; Markus & Zajonc, 1985）。因此，當我們要快速地認識某人的時候，我們可以先對他做些許觀察，然後運用我們的基模，創造出較完整的瞭解。由此可知，我們的初始印象可持續生效——它們將文飾我們對後續資訊的詮釋。

舉例而言，假想一名你從未見過的人，就稱他為凱斯吧。我們將告訴你有關凱斯的事，請仔細思考你對凱斯的印象：凱斯是個有趣的人。認識他的人都說他聰明，也常有人形容他勤奮。凱斯率性且好評論。也有人形容他固執且易嫉妒。根據上述資訊，你現在對於凱斯的印象為何？

再假想另一名陌生人，我們叫他凱文吧。凱文也是個有趣的人。認

識他的人都認為他易嫉妒且固執。你知道嗎，人們還認為凱文好評論、率性、勤奮和聰明。

現在你看出來了，對凱斯和凱文的形容其實是一樣的，或者至少向你描述的內容是相同的，但是形容詞的順序改變了。你覺得人們會認為凱斯和凱文是什麼樣的人？Solomon Asch（1946）進行了此研究。他使用與上述相同的形容詞，描述假想的人物，結果發現順序會造成大幅差異。若順序是「聰明、勤奮、率性、好評論、固執、易嫉妒」（上述例子中的凱斯），相較於「易嫉妒、固執、好評論、率性、勤奮、聰明」（上述例子中的凱文），參與者形成的印象較正面。為什麼會這樣？因為第一印象的效力很強。在本例中，凱斯的正向特質「聰明」和「勤奮」會形成過濾器（也就是基模），我們會透過它來看待後續特質。當知道他聰明且勤勞之後，你或許也會正向看待「率性」和「好評論」——比如說，凱斯可能決策速度快，而且會批評他人的工作，但這對於聰明的人而言，可能會使工作產量高。那麼凱文又是如何呢？你已經知道他易嫉妒且固執，這可能使相同的特質「率性」和「好評論」顯得負面，接近你對凱文的起始印象。

Asch的研究顯示了社會知覺中的**初始效應**（primacy effect），亦即我們對他人一開始的認識會影響我們如何看待他的後續資訊。除了初始效應之外，我們還會以基模將某些人格特質聚集在一起。如此一來，我們便可運用已知的少數特性，來判斷某人的其他特性（Sedikides & Anderson, 1994; Werth & Foerster, 2002; Willis & Todorov, 2006）。例如，一個能力強的人也會被認為堅強且有魄力；而一個能力差的人則被認為具有相反的個性（Fiske, Cuddy, & Glick, 2006; Todorov et al., 2008; Wojciszke, 2005）。另一個例子是外表吸引力。我們通常以為「美就是好」，亦即認為外貌姣好的人，一定也擁有許多美好的特質（Dion, Berscheid, & Walster, 1972; Eagly et al., 1991; Hughes & Miller, 2016）。

但是初始效應以及將特性聚集在一起的基模，還不足以解釋為什麼第一印象如此持

> **初始效應**
>
> 形成印象時，我們對他人一開始的知覺會影響我們如何看待他的後續資訊

2016年美國總統大選前月，大量選民堅信過去不被採信的虛偽政治消息。例如，許多對川普有正面印象的支持者，相信前總統歐巴馬是穆斯林，而且不是出生於美國（Gangitano, 2016）。這是信念固著令人困擾的效果。

信念固著

堅持起初想法的傾向，
即使後續資訊顯示應該
重新考慮該想法

久。進行社會知覺時，我們還有信念固著（belief perseverance）的傾向，或是堅持起初的想法，即使後續資訊告訴我們不應如此。數十年來許多研究顯示，即使判斷基礎有矛盾或顯然有誤，研究參與者仍會執著於原本的印象（Anderson, 1995; Ross, Lepper, & Hubbard, 1975）。事實上，信念固著可用來說明：何以陪審員很難不考慮已被認定為不當的證據；何以科學家即使知道某項已發表的研究其實是偽造數據，但也難以不顧其結果；選民即使已知某政治消息不實，也不為所動（Greitemeyer, 2014; Lilienfeld & Byron, 2013; Thorson, 2016）。第六章將詳細說明，當我們的想法不一致時，會感到不愉快且不舒服。一旦我們確定念頭，就會堅持己見。所以第一印象一旦形成，就難以動搖。

使用第一印象獲得優勢

沉醉式互動

既然你已經知道第一印象有多麼重要，你可能會想要提升給人的印象。社會心理學家稱之為「印象整飾」（impression management），亦即有意或無意地設法控制給予他人的印象（Leary & Kowalski, 1990）。

例如，研究顯示，面試時握手的感覺顯著地相關於對個性的評斷，甚至與最後錄取推薦有關（Chaplin et al., 2000; Stewart et al., 2008）。所以，若你將與未曾謀面者互動，可以留意你的裝扮或目光凝視方式，也別忽視握手力度的重要性（但也不需太用力）。

目前研究更進一步指出，你的身體語言不只會影響他人如何看你，還會影響你如何看待自己。一項研究讓參與者擺出高權力姿勢（如圖中所示），他們便認為自己更有力量，並且認為自己在後續工作面試時說話表現較佳（Cuddy et al., 2015; but also see Garrison, Tang, & Schmeichel, 2016）。

人們在網路上也會利用第一印象的效果。無論在社群網路、約會網站或應用軟體上，人們常努力呈現出自己（數位資訊上）最好的一面，有時呈現的形象並不真實（Rosenberg & Egbert, 2011）。不過和真實生活一樣，過度的印象整飾可能看起來失真，並且使人反感。

關於第一印象的研究具有清楚的含意：如果你想要說服人，開頭是極為重要的。準備要做公開演講嗎？請精心打造你的開場時刻，薄片擷取會在此定調。要求職面試嗎？你的裝扮、目光凝視方式、身體姿勢等當下因素都可能會影響他人對你的其他評價。即使是自我介紹時的微小動作（例如握手方式），也可能有巨大效果，如同前述照片所示。

複習題

1. 根據研究，以下哪名政治候選人最可能當選？
   a. Denise：大家從他的表情常覺得他個性溫馨。
   b. Theo：許多人從他的表情認為他是同性戀者。
   c. Vanessa：眼睛大、額頭高、鼻子小巧像兒童。
   d. Rudy：大家從他的表情多覺得他個性冷靜、精明且有魄力。

2. Ambody 及同僚認為其研究參與者的薄片捷取印象是基於有意義的訊息，這是因為：
   a. 參與者觀看三十秒短片的評價與六秒短片的評價差異不大。
   b. 參與者觀看無聲短片的評價與上了整學期課程學生的期末評價高度相關。
   c. 對無聲短片的評價與有聲相同短片的評價相似。
   d. 薄片擷取的影片雖短，參與者思考相當久才對片中教師做出評價。

3. Asch（1946）對於個人知覺的研究結論為何？

a. 社會知覺具有初始校應。
b. 第一印象像是過濾器，可影響對後續訊息的詮釋。
c. 即使對於兩名人物的描述內容完全相同，我們的認識順序也會強烈影響我們對他們的印象。
d. 以上皆是。

4. 信念固著可以解釋以下哪件事？
   a. 人們看了某個將氣候變遷視為騙局的節目之後，即使受到科學證據反駁，卻仍對該節目深信不疑。
   b. 在法庭上，將陪審團的信念從有罪轉成無罪，會比從無罪轉成有罪還要容易。
   c. 天氣預報中，降雨量比降雪量還容易預測。
   d. 以上皆是。

5. 關於印象整飾的敘述，以下何者正確？
   a. 可能是有意識或下意識的歷程。
   b. 發生於面對面情境，但非網路互動情境。
   c. 盡可能努力呈現自己的真實面貌。
   d. 它並不可取，而且會造成他人反感。

社會心理學
Social Psychology

因果歸因：回答「為什麼」的問題

學習目標4.3　解釋我們如何判斷他人行動的原因

我們已經提過，在觀察別人時，我們擁有豐富的訊息來源——對方的非口語行為——進而形成我們的印象。然而，非口語行為和其他影響第一印象的因素，並不保證能夠正確無誤地指出對方的想法或感受。假如你第一次遇見某位女子，她熱忱地微笑並且說：「真高興見到你！」她真的是這麼想嗎？也許她只是禮貌地寒暄罷了？也可能她根本就是在說謊，她其實受不了你。重點在於，即使有時候非口語行為很容易解讀，而且我們能夠輕易地形成第一印象，但有時候我們還是不清楚他人行為的真正意思（Ames & Johar, 2009; DePaulo, 1992; Hall, Mast, & West, 2016）。

為什麼第一次見面時她會這樣表示？為了回答這種「為什麼」的問題，我們必須依靠觀察，進一步做出細緻複雜的推論，以瞭解對方是什麼樣的人，以及對方基於什麼動機而行事。**歸因理論**（attribution theory）就是探討人們如何從他人的行為推論出行為的原因。

歸因理論

分析人們如何解釋自己與他人行為的原因

歸因歷程的性質

Fritz Heider（1958）常被譽為「歸因理論之父」。他的名著創立了社會知覺此一研究領域，他的研究成果仍影響當代的研究（Crandall et al., 2007; Kwan & Chiu, 2014）。Heider曾討論過所謂「通俗」（naive）或「常識」（common sense）心理學。他認為，人們就像是業餘的科學家，常常試著拼湊各種訊息以瞭解他人的行為，直到找到一個合理的解釋或理由為止（Surian, Caldi, & Sperber, 2007; Weiner, 2008）。

Heider的重要貢獻之一是一項簡單的二分法：當我們嘗試解釋別人為什麼做出某些行為時（例如，為什麼一位父親會對著他的女兒大罵），我們有兩種歸因方式。一種是**內歸因**（internal attribution），亦即認為這位父親的行為是源自個人因素——他的人格、態度或個性——也就是將原因歸到個人內在。例如，我們可能認為這位父親教導孩子的技巧很差，使用了不適當的管教方式。或者，我們可能做出**外歸因**（external attribution），亦即認為這位父親的行為原因是當時的情境所致，而非源於他的個性或態度。例如，若我們認為這位父親之所以吼叫，是因為他女

內歸因

將他人行為的原因推論為源自於個人因素，例如態度、個性或人格

外歸因

將他人行為的原因推論為源自他所處的情境因素，認為大部分的人在相同情境中，會做出相同的反應

兒過馬路時沒有注意左右來車，那麼我們就是對他的行為做出外歸因。

要注意的是，我們會因為歸因方向不同，而對這位父親產生截然不同的印象。在此例中，如果我們做出內歸因，我們將對他抱持負面的印象；如果我們做出外歸因，我們便不太能瞭解他這個人——畢竟很多父母看到子女不聽話亂闖馬路，都會做出同樣的行為。印象差異很大！

這種內歸因與外歸因的二分法，即使對於我們的親密關係也非常重要。對婚姻感到滿意的夫妻對於另一半的歸因，確實迥異於那些對婚姻感到不滿和難過的夫妻。感到滿意的夫妻對配偶的正面行為，傾向做出內歸因（例如「她之所以協助我，是因為她是個和善的人」），而且傾向對配偶的負面行為做出外歸因（例如「他說話這麼兇，是因為他這週工作壓力大」）。相對地，對婚姻不滿的夫妻，則做出相反的歸因方式，亦即對配偶的正面行為做出外歸因（例如「她之所以幫忙我，只是想在朋友面前做做樣子」），而對配偶的負面行為做出內歸因（例如「他說話這麼兇，因為他完全是個自以為是的傢伙」）。當親密關係出現問題時，第二類歸因模式只會雪上加霜，而且可能對關係的未來造成不良後果（Fincham et al., 1997; Furman, Luo, & Pond, 2017; McNulty, O'Mara, & Karney, 2008）。

歸因傾向會強烈影響人際關係，包括婚姻關係。想想電視影集《黑人當道》（*Blackish*）中的父親Dre。某一集中，他的太太Bow想搞清楚他的搞笑偏袒行為究竟是源自內在或外在原因。例如，她是要把他試圖驚嚇小孩的做法，詮釋成是萬聖節的惡作劇，還是因為他內心過於幼稚？或是一名慈愛父親意識到子女將長大，自然地想把握與子女少有的互動時間？我們是否對於伴侶的行為做出善意的解讀，可以預測長期的關係滿意度。

共變模式：內歸因與外歸因

社會知覺歷程的關鍵第一步，就是瞭解人們如何做出內歸因或外歸因。Harold Kelley對於歸因理論做出的重要貢獻就是，他認為我們對他人做出歸因判斷時，不只考慮一項訊息（Kelly, 1967, 1973）。例如，假設你向朋友借車，但被他拒絕。你當然會想知道為什麼。要怎麼解釋他的行為呢？Kelley的理論稱為**共變模式**（covariation model），根據這理論，你將檢視不同時間、不同情境所發生的多項行為，來回答此問題。你朋友以前曾拒絕把車借給你？他把車借給別人嗎？他常常同意借給你東西嗎？

共變模式

此理論認為，為了形成對他人行為的歸因，我們會有系統地注意可能原因是否出現，以及行為是否發生的模式

根據Fritz Heider的發現，我們傾向將他人的行為歸因於內在因素。例如，看到某名駕駛神色暴怒，我們便可能認為他要為情緒失控負責。如果我們知道他的處境（也許他正急著趕去醫院探視家人，而卻有人超他車），我們可能轉而做出外歸因。

Kelley與Heider一樣，認為我們在做歸因的歷程中，會蒐集資訊或資料，以幫助我們做判斷。Kelley認為我們所使用的資料是：他人的行為如何隨著不同的時間、地點、不同行動者及不同對象而改變或「共變」（convaries）。藉由發現他人行為的共變性（例如：你的朋友拒絕把車借給你，但是他卻把車借給其他人），我們能夠因此判斷他的行為原因。

在形成歸因時，我們應該檢視哪些共變資訊？Kelley（1967）指出有三種重要的資訊：共識性（consensus）、特殊性（distinctiveness），以及一致性（consistency）。例如，假設你在一家賣場打工，看見你的老闆對另外一名店員娜娜咆哮。很自然地，你會想知道：「老闆為什麼要對娜娜大吼，還罵得這麼兇？是老闆自己的問題嗎？或是因為老闆周圍的事物（可能與娜娜有關）？還是因為其他事情？」

Kelley（1967, 1973）的共變模式如何回答這個問題？這涉及事件的行動者（你的歸因對象，也就是老闆）以及刺激對象（受到行動影響的對象，也就是娜娜）的三類不同資訊。**共識性資訊**（consensus information）是指：其他人對於相同的刺激對象（以本例而言是娜娜）會做出何種行為——本例中是看其他員工是否也會對娜娜大呼小叫地批評？也就是說，其他人對娜娜的行為是否有一致共識？若是如此，可能是娜娜的某些工作表現造成了這次事件；若非如此，你較可能會認為是老闆自身的問題。

特殊性資訊（distinctiveness information）則是指：行動者對其他刺激（娜娜以外的人）的反應如何。是否老闆只對娜娜公開批評？也就是說，是否只有娜娜被老闆批評？若是如此，我們會以為是娜娜惹惱了老闆，問題要怪她；如果老闆罵的不只是娜娜，我們可能會認為老闆是問題所在。

一致性資訊（consistency information）是指：在不同時間和不同環境下，被觀察的行為出現於同一個行動者和同一個刺激之間的頻率。老闆是否不管店裡忙不忙、不論是週一上午或週六下午，都經常責罵娜娜？也就

共識性資訊

其他人對於相同的刺激對象，是否會做出與行動者相同行為之資訊

特殊性資訊

某一行動者對於不同刺激對象，是否會做出相同行為之資訊

一致性資訊

某一行動者對於某一刺激對象，是否會在不同時間和環境都做出相同行為之資訊

是說，是否只要見到面，娜娜就常挨老闆罵。

　　依據Kelley的理論，當一致性低時，也就是行動者不常對刺激對象做出相似行為時，我們便無法清楚地做內歸因或外歸因。此時我們通常不明所以，可能認為事情只是碰巧。基本上，我們會採取特別的外向或情境歸因，可能認為發生了不常見的特殊狀況，例如認為老闆剛剛得知一個非常壞的消息，所以不尋常地對他遇見的第一個人大發脾氣。

　　但是Kelley認為，當一致性高，且共識性及特殊性資訊呈現特定形式，人們就可以做出清楚的內歸因。當行為的共識性及特殊性低（且一致性高時，見圖4.2），我們很可能做內歸因（即認為該行為起因於老闆本身的因素）。如果我們知道沒有其他人會責罵娜娜，而且老闆會責罵其他員工，並且只要一逮到機會就責罵娜娜，則我們便有相當的信心認為，老闆之所以對娜娜咆哮，是因為他是個沒耐心或嚴苛的人。另一方面，如果共識性、特殊性及一致性都很高，人們便可能會做外歸因（即認為事情可能和娜娜有關）。如果所有人都責罵娜娜，而且老闆從不責備其他人，則我們便有相當信心認為，是娜娜激怒了老闆（和其他人）。

　　共變模式假定人們以理性、邏輯的方式，來做因果歸因。人們會觀察有關共識性、特殊性以及一致性的線索，然後對他人的行為做出符合邏輯的推理。許多研究也已經證實，人們常常如該模式所預測地進行歸因

為什麼老闆要對娜娜大吼？這是老闆自身原因（內歸因），或是老闆以外的原因造成（例如娜娜的工作習性或態度、老闆面對工作壓力、老闆生活遇到困難）。共變模式運用共識性、特殊性和一致性資訊，協助你做出判斷。				
「低」共識性（老闆是店裡唯一會對娜娜大吼的人）	+ 「低」特殊性（老闆對每個人都會大吼）	+ 「高」一致性（老闆每次見到娜娜都會大吼）	= 內歸因	這可能是因為老闆的個性或價值觀
「高」共識性（每個人都會對娜娜大吼）	+ 「高」特殊性（老闆不會對其他人大吼）	+ 「高」一致性（老闆每次見到娜娜都會大吼）	= 外歸因	這不是老闆的問題，比較可能因為娜娜的工作習性或態度
「低或高」共識性	+ 「低或高」特殊性	+ 「低」一致性	= 無歸因	當共識性和特殊性有高有低，而且缺乏行為一致性，便難以歸因

圖4.2　共變模式
老闆為什麼對員工娜娜吼叫？人們在做出內歸因（性情歸因）或外歸因（情境歸因）時，會運用共識性、特殊性和一致性資訊。

（Hilton, Smith, & Kim, 1995; Rottman & Hastie, 2014; White, 2002）。但是有兩點例外。研究發現，人們對共識性訊息的運用，並不像Kelly的理論所預期的那樣多，他們較依賴特殊性及一致性資訊做歸因（McArthur, 1972; Wright, Lüüs, & Christie, 1990）。此外，人們並非總是擁有Kelly理論中的三項資訊。例如，這可能是娜娜第一天上班？或是你第一天上班，而且你從未見過娜娜或老闆？研究顯示，此時人們會運用僅有的資訊做歸因，必要時會猜測欠缺的資料（Fiedler, Walther, & Nickel, 1999; Kelley, 1973）。

概括言之，共變模式將人們視為大偵探，能像福爾摩斯一樣，有系統且有邏輯地推論行為的起因。然而，人們在判斷他人時，並非總是依靠邏輯或理性。有時候人們會曲解訊息，以滿足自己的高自尊需求。有些時候人們則會運用心理捷徑。這樣做雖然有幫助，但也可能導致判斷錯誤。遺憾的是，有時候我們就是會做出錯誤歸因。在下一節中，我們將討論歸因歷程中常常出現的錯誤或偏差。有一種心理捷徑極為常見，即認為什麼樣的人就會做出什麼樣的事，而跟他所處的情境無關。

基本歸因偏誤：人人都是人格心理學家

1955年12月某日，阿拉巴馬州的蒙哥馬利市，一名黑人女裁縫在公車上拒絕讓位給一名白人男性。在那個時代，美國南方仍存在種族隔離法律，非裔美國人在日常生活中皆處於次等地位。他們可以坐在中間空位，但客滿時必須讓位給白人。巴士前十排只能給白人坐（Feeney, 2005）。1955年那天，Rosa Parks打破這項法律，拒絕讓位。事後她說：「大家都說我是因為太累才不讓位，其實不是如此。我那時身體一點都不累……不，我唯一感到累的是，老是讓步使我很累。」（Feeney, 2005, pp. A1, B8）。Parks女士因違反隔離法而被罰鍰。接下來一年內，非裔美國人拒乘蒙哥馬利市的巴士，並且發動修法。最後在1956年成功，最高法院裁決在巴士實施種族隔離為違法。Rosa Parks的勇敢舉動成為美國民權運動的導火線（Shipp, 2005）。

2005年10月24日，Rosa Parks逝世，享壽九十二歲。為了紀念她，美國公共交通聯合會將12月1日訂為「Rosa Parks紀念日」，呼籲美國主要城市的巴士都於當天空出司機後方的座位，以茲紀念。該座位旁的窗子擺

著印有Rosa Parks照片的告示，告示上寫著「一切都是從巴士開始」，要求乘客空出座位（Ramirez, 2005）。

紐約市一名記者在當天搭乘巴士，看看人們是否會配合做出紀念舉動——畢竟大都市的巴士總是一位難求。他發現大部分的乘客都照做，即使在交通尖峰，乘客連站立都困難的時段也是如此。然而，還是有人坐在特別座（Ramirez, 2005）。這名記者和隨行者都想知道，這些人究竟怎麼想？他們為何如此做？這種行為似乎會被人瞧不起。為什麼有人不紀念Rosa

美國境內的巴士張貼類似的海報，要求乘客空出一個座位紀念Rosa Parks。

Parks？這些「占位者」難道有種族歧視嗎？他們自私傲慢到認為自己的利益高於一切嗎？簡言之，這是對這些占位者做出負面的性情歸因。

這名記者為了忠實報導，便詢問占位者，為什麼他們要坐在特別座？結果發現一項情境因素——他們沒看到告示。事實上，巴士的告示被擺在很容易忽略的看板上（Ramirez, 2005）。對占位者指出告示之後，他們都很快地做出反應。一名男子「快速地讀了告示，聳聳肩，低聲罵了一句，然後離開位子道：『我沒注意到……這是歷史……代表自由！』」（Ramirez, 2005, p. B1）。另一名黑人男性乘客本來要坐下，然後看到告示。他告訴另一名黑人婦女：「『之前有人坐在那裡，』黑人婦女輕聲道：『他們沒看到告示。』『好吧！』黑人男子將告示移到座位旁：『這樣就看得到了。』」（Ramirez, 2005, p. B1）。由此可見，巴士上大部分的人對占位者做了錯誤歸因。其他乘客認為，占位者之所以那樣做，是因為他們就是具有某種（不良）品行的人，而非源自情境因素。然而其實是因為告示過小，而且擺放位置不佳。

關於人類行為，我們大多數人都抱有一個基本的理論或基模，那就是：什麼樣的人就會做出什麼樣的事，而跟他所處的情境無關。當我們這樣思考時，我們比較像人格心理學家（personality psychologists），亦即認為人的行為源自於內在性情及特質，而比較不像社會心理學者，亦即注意社會情境對行為所產生的影響。如第一章所言，對人們行為的成因高

社會心理學
Social Psychology

基本歸因偏誤

對人們行為的成因高估
內在人格因素，而低估
情境因素的傾向

估內在人格因素，而低估情境因素的影響力，這種傾向稱為基本歸因偏誤（fundamental attribution error）（Heider, 1958; Ross, 1977; Ross & Nisbett, 1991），有時候也被稱為「對應偏誤」（correspondence bias）（Gilbert & Jones, 1986; Gilbert & Malone, 1995; Jones, 1979）。

許多實驗都顯示，人們傾向將他人行為，視為反映其內在性情及信念，而非受到情境所影響（Arsena, Silvera, & Pandelaere, 2014; Gawronski, 2003; Miller, Ashton, & Mishal, 1990）。例如，Edward Jones和Victor Harris（1967）讓大學生們讀一篇由同學所寫的政治短文。更清楚地說，文章內容是當時的熱門議題：是否反對或贊成古巴領導人卡斯楚的統治（如果現在做這實驗，可能會要求參與者閱讀反對或贊成墮胎或是保障入學名額等議題）。讀完之後，參與者要猜測短文作者對卡斯楚的真正想法（見**圖4.3**）。

實驗情境之一是，研究人員告訴學生，作者是自行選擇撰文表示贊同或反對。此時猜測作者的真正想法很容易，如果文章支持卡斯楚，那麼很明顯地，作者一定贊成卡斯楚。然而在本研究另一種情境中，學生被告

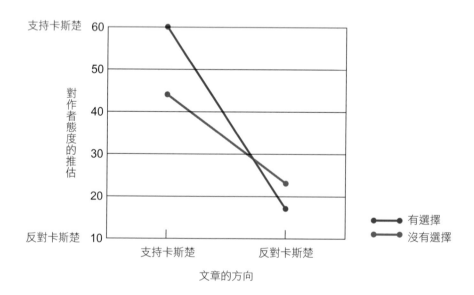

圖4.3　基本歸因偏誤

即使人們知道作者的文章主題是外來因素決定的（即處於沒有選擇的情況下），他們也會假定該作者所寫的，反映著對卡斯楚真正的態度。也就是說，人們會做內歸因（整理自Jones & Harris, 1967）。

知文章作者對於自己的立場無法選擇——像參加辯論比賽一樣，他的立場是被指定的。邏輯上來說，如果我們知道作者無法選擇撰文立場，我們應該不會認定作者實際上認同自己所寫的內容。但是此研究參與者，以及在許多類似的研究中的參與者，都認為作者真的認同自己所寫的內容，即使參與者知道作者無法自行選擇立場時亦然。如**圖4.3**所示，人們只少許修正他們的猜測——無論閱讀支持或反對卡斯楚的文章，即便知道作者無法選擇立場，人們對於作者態度的評估並沒有太大差異——他們都認為，短文的內容多少反映了作者的真實想法。這就像是，課堂辯論會中被指派為反對墮胎立場的人，就被以為是真心反墮胎。原因來自基本歸因偏誤，我們忽略情境的力量（立場是指派的），而直接跳針認為是內在因素所致（以為是對方真實想法）。

為什麼基本歸因偏誤是如此「基本」？其實內歸因並非都是錯誤的，人們當然常常因為個性而做出某些行為。然而，有許多證據顯示，社會情境對行為有很強的影響。其實，社會心理學的主旨正是顯示，外在因素的影響非常強大。基本歸因偏誤的重點在於，人們在解釋他人行為時，傾向於低估外在影響。就如Jones和Harris（1967）的實驗所顯示，即使行為很明顯地受到情境限制，人們還是堅持做內歸因（Li et al., 2012; Newman, 1996; Ross, Amabile, & Steinmetz, 1977）。

知覺顯著性在基本歸因偏誤中的角色

為什麼人們會犯下基本歸因偏誤？理由之一是，當我們嘗試解釋他人行為時，我們的注意焦點常放在他人身上，而非周遭的情境（Baron & Misovich, 1993; Heider, 1944, 1958; Jones & Nisbett, 1972）。事實上，影響他人行為的情境因素，我們往往看不到（Gilbert, 1999; Gilbert & Malone, 1995）。若我們不知道某人在今天稍早時發生了什麼事（例如他期中考不及格），就無法運用該項情境資訊來幫助我們瞭解他現在的行為。而且，就算我們知道了他面對的情境，我們還是不知道他會如何加以詮釋（例如他原本就打算退選那一科，因此期中考不及格並不會讓他覺得難過）。如果我們不知道這個情境對他的意義，也就無法正確判斷該情境對他行為的影響。如果無法取得或難以取得情境因素的資訊，我們還有什麼資訊可供參考呢？雖然我們可能看不見情境因素，但是我們會「顯著地

社會心理學
Social Psychology

知覺顯著性

人們注意的焦點被當作
是重要的資訊

知覺」他人的存在──我們看到、聽到對方。我們所注意到的似乎就成為對方行為的合理原因（Heider, 1958）。我們看不到情境，所以我們忽略情境的重要性。「人」對於我們有知覺顯著性（perceptual salience），是我們的注意對象，我們也傾向認為每個人就是他自己行為的唯一原因（Lassiter et al., 2002; Moran, Jolly, & Mitchell, 2014）。

許多研究已證實知覺顯著性非常重要，尤其是Shelley Taylor及Susan Fiske（1975）所做的一項精細研究。這項研究中，有兩位男學生進行一段對話，互相「認識」（實際上他們兩人都是實驗同謀，他們的對話依循特定腳本）。每次實驗中，另有六名真正的參與者，坐在指定的位子上，圍繞著兩名對話者（見圖4.4）。其中兩人坐在兩名對話者的兩側，他們可以清楚地綜觀兩位對話者；另外四名分別坐在兩名對話者後方，他們可以看到其中一名對話者的背面，以及另一名對話者的正面。因此，本實驗巧妙地操弄了參與者視覺上的顯著對象，也就是可以看清楚哪位對話者。

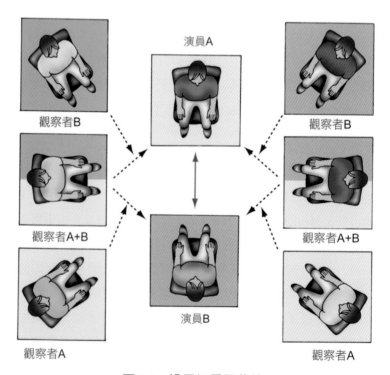

圖4.4　操弄知覺顯著性

這是Taylor和Fiske實驗的布置，其中有兩名演員與六名研究參與者。各名參與者被要求評鑑兩名演員在對話中的影響力。結果顯示，人們對於看得較清楚的演員，會認為他在對話中較有影響力（整理自Taylor & Fiske, 1975）。

　　對話結束之後，參與者被問及有關兩名對話者的問題——例如，誰主導對話進行？誰選擇談話的主題？發生了什麼事？如**圖4.5**所示，參與者將自己看得較清楚的人，指為是較影響對話的人。即使所有參與者所聽到的對話都相同，但看到A學生正面的人，認為是A主導著對話；看到B學生正面的人，則認為是B在主導對話。相較之下，兩名能夠同時清楚看到A與B的參與者，認為兩名對話者的主導份量相當。

　　知覺顯著性也關係到我們如何看待重要的對話。試想警察為了一宗犯罪案，對嫌疑犯進行偵訊。G. Daniel Lassiter和同僚（2007; Lassiter, 2010）讓21名法官和24名警官觀看錄影帶，影片中嫌犯自白認罪。錄影的角度分為三種，每位研究參與者只看其中之一：(a)鏡頭只對著嫌犯；(b)鏡頭只對著訊問者；(c)鏡頭同時對著嫌犯和訊問者。參與者需判斷嫌犯的自白是「自願」或「被迫」的程度。結果無論是法官或警官，看到鏡頭只對著嫌犯的影片者，相較於看到其他兩種版本者，顯著傾向認為自白是「自願」（Lassiter et al, , 2007）。也就是說，嫌犯單獨對著鏡頭造成了知覺顯著性，引發基本歸因錯誤，使他看起來比其他鏡頭角度更像有罪。此結果令人擔憂，因為在許多真實犯罪偵訊中，標準程序就是將攝影機對對著嫌疑犯。事實上，目前全世界只有紐西蘭為了避免上述歸因

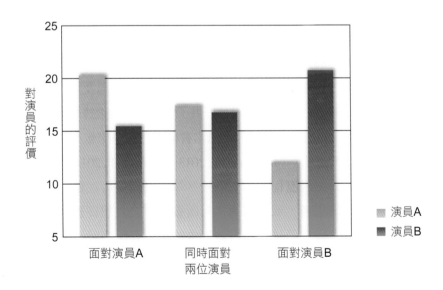

圖4.5　知覺顯著性的影響

這是對各演員之對話影響力的評量。人們認為，他們看得最清楚的演員，在對話中影響力較大（整理自Taylor & Fiske, 1975）。

社會心理學
Social Psychology

偏誤,而在偵訊錄影時採用「同等」角度的鏡頭(包含偵訊者與嫌犯)(Lassiter et al., 2006)。

我們的視覺觀點或知覺顯著性,有助於說明為什麼基本歸因偏誤如此普遍。我們將注意焦點放在人的身上,勝過於周遭環境,因為情境難以看清或瞭解。所以,當我們聽見某人在辯論會上極力反對墮胎,我們的第一個念頭是以性情做解釋:「這個人一定是反墮胎權的人」。但是,我們能夠知道這不是全貌。我們當然可能多想一些:「另一方面,我知道他是在辯論時被指定為站在反對的一方」,接著我們將歸因往情境解釋做調整。然而問題在於,人們對於自己的判斷通常調整得不夠多。正如Jones和Harris(1967)的實驗顯示,當人們知道作者無法自己選擇立場時,他們仍認為作者所寫下的文字透露了部分真實想法。他們調整得還不夠多,仍受限於最顯著的資訊,也就是文章主張的立場(Quattrone, 1982)。

歸因的兩階段歷程

總而言之,人們在做歸因時會經歷歸因兩階段歷程(two-step attribution process)(Gilbert, 1989, 1991, 1993; Krull, 1993)。一開始,人們會先做內歸因,假設他人行為的起因源自於個人的因素;然後再試著調整這項歸因,考慮他人所處的情境。但我們在第二階段中,往往沒有做出足夠的調整。事實上,如果我們分心或無法專注,便可能跳過第二階段,而做出極端的內歸因(Gilbert & Hixon, 1991; Gilbert & Osborne, 1989; Gilbert, Pelham, & Krull, 1988)。為什麼?因為第一階段(做內歸因)是迅速而自發地發生,而第二階段(往情境調整)需要花費較多心思及注意力(見**圖4.6**)。事實上,最近的腦造影研究,提供了神經層次的證據顯示,我們會即時考慮到當事人的內在心理狀態,這常會使我們接下來較不易想到可能影響他們行為的情境因素(Brosch et al., 2013; Moran et al., 2014)。

我們何時進入歸因歷程的第二階段?端視我們是否在做出判斷前,刻意放慢並謹慎地思考,或在思考時有所警覺,並且想要盡可能地做出正確判斷。或者,視我們是否對目標對象的行為有所懷疑——例如認為他別有企圖(Hilton, Fein, & Miller, 1993; Risen & Gilovich, 2007; Webster, 1993)。當然,有些文化並不預設內歸因,對這些文化中的人而言,兩階段歸因模式便不太適用(Mason & Morris, 2010)。本章最後一節將討論這一點。

歸因兩階段歷程
人們在分析他人行為時,首先會自動地做內歸因,接著才思考可能的情境因素,然後才可能調整原本的內歸因

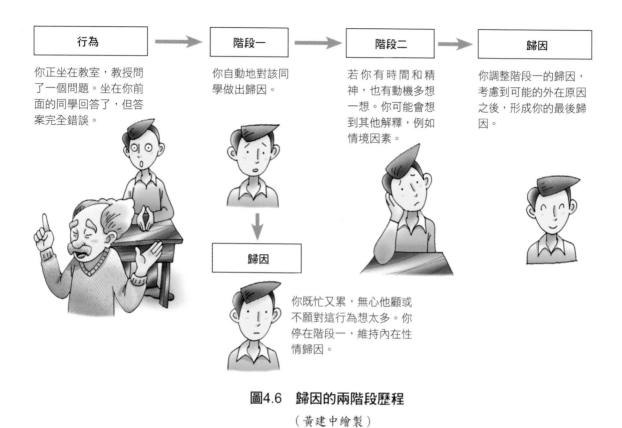

行為	階段一	階段二	歸因
你正坐在教室，教授問了一個問題。坐在你前面的同學回答了，但答案完全錯誤。	你自動地對該同學做出歸因。	若你有時間和精神，也有動機多想一想。你可能會想到其他解釋，例如情境因素。	你調整階段一的歸因，考慮到可能的外在原因之後，形成你的最後歸因。

歸因

你既忙又累，無心他顧或不願對這行為想太多。你停在階段一，維持內在性情歸因。

圖4.6 歸因的兩階段歷程

（黃建中繪製）

自利歸因

　　假想有一天艾美有點不安地去上化學課，她知道今天要公布期中考試的結果。當教授將考卷發給艾美，她翻過來一看，看到自己得了A。艾美會如何解釋自己得了這個成績？如你所猜測，人們傾向將成功原因歸到自己身上。因此，艾美很可能會認為考得好是因為自己對化學在行而且很聰明。如果艾美考差了呢？此時，她可能會埋怨教授考得太難。當我們的自尊受到威脅時，我們通常採取**自利歸因**（self-serving attributions）。簡單地說，自利歸因是指將成功內歸因於自己，而將失敗外歸因於情境（或他人）的傾向（Kestemont et al., 2014; Miller & Ross, 1975; Pronin, Lin, & Ross, 2002）。

　　研究運動比賽的自利歸因特別有趣（Wertheim & Sommers, 2016）。當獲勝時，隊員及教練都一面倒地認為是因為自己隊伍的關係。事實

自利歸因

將成功歸因於內在性情因素，而將失敗歸咎於外在情境因素的傾向

上，研究發現，職業運動員和教練在解釋自己球隊致勝的原因時，八成都認為是因為內在因素。失敗則大都被歸於外在原因，球隊無法控制，例如運氣差或對手強（Lau & Russell, 1980）。Roesch和Amirkhan（1997）想進一步知道，運動員的技巧、經驗和運動種類，是否會影響到他對比賽結果所做的歸因類型？結果發現，經驗較少的運動員，比經驗老到的運動員更可能做自利歸因。因為經驗豐富的運動員知道，失敗有時候是他們自己的錯，而勝利卻不見得總是自己的功勞。他們還發現，個人運動的運動員也比團體運動的運動員做更多的自利歸因。單人競賽（例如網球）的運動員知道自己要為勝敗擔責。

為什麼人們會做自利歸因？大部分的人會盡可能地維護他們的自尊，即使必須改變認知以扭曲事實（我們將在第六章詳述此概念）。自利歸因就是一項特別的歸因策略，可以用來保有或提升我們的自尊——亦即只要找出對你最有利的「因果關係」（Greenberg, Pyszczynski, & Solomon, 1982; Shepperd, Malone, & Sweeny, 2008; Snyder & Higgins, 1988）。當我們做某件事失敗而且認為再也無法改進時，最容易做自利歸因。我們認為未來不可能做得更好時，外歸因的確能保護我們的自尊。但若我們相信自己可以改善，我們比較可能將當前的失敗歸因於內在因素，以求改進（Duval & Silvia, 2002）。第二個理由並非關係到我們如何看待自己，而是我們想在別人面前如何呈現自己（Goffman, 1959）。我們都希望別人覺得我們很棒。告訴別人自己表現差是由於受到外在因素影響，便可以「保住面子」。

自利歸因的第三個理由，牽涉到我們先前所討論的人們所擁有之訊息種類。假設另一名修化學課的同學阿隆，他期中考考差了。阿隆考前非常用功，之前化學考試都考得不錯。大致上，他是一名優秀的學生。他看到自己得到D，感到很驚訝。阿隆能夠想到最合理的解釋是考得太困難——得到壞成績並不是因為他能力差或不用功。然而，教授知道有些同學考得不錯，有些則考差。由於教授知道這資訊，他合理推論阿隆要對自己的成績負責，而不能怪罪考試太難（Miller & Ross, 1975; Nisbett & Ross, 1980）。

人們在處理其他類型的自尊威脅時，也會改變他們的歸因。生活中最難以瞭解的事就是悲劇的發生，譬如隨機攻擊、絕症以及致命的意

外。即使悲劇是發生在素未謀面的陌生人身上，也會使人難過。這些事讓我們想到：如果它們發生在其他人身上，也可能發生在我身上。我們因而試圖否認這些事實。其中一種方法是相信：壞事只發生在壞人身上——或頂多只發生在做出愚蠢或錯誤選擇的人身上。因此，壞事不會發生在我們身上，因為我們不會那麼笨或那麼粗心。Melvin Lerner（1980, 1998）將這種信念稱為公平世界的信念（belief in a just world），亦即認為什麼樣的人就該遇到什麼樣的事（Adolfsson & Strömwall, 2017; Aguiar et al, 2008; Hafer & Begue, 2005）。

> **公平世界的信念**
> 一種防衛歸因，即人們傾向認為惡有惡報、善有善報

　　有時候，「公平世界信念」會造成一些可悲甚至悲劇的結果。試著假想你學校一名女學生遭到強暴。你想你和你的朋友會有什麼反應？你是否會認為她是不是做了什麼事引發強暴？她是否主動吸引或邀對方進房間？這類問題全都屬於防衛式歸因，人們藉由責怪受害者而試圖使自己感到不會遭到攻擊（Burger, 1981; Lerner & Miller, 1978; Stormo, Lang, & Stritzke, 1997）。研究顯示，犯罪或意外受害者常被認為是事件的肇因者。例如，人們常認為強暴和家暴案的被害人是咎由自取（Abrams et al., 2003; Bell, Kuriloff, & Lottes, 1994）。藉由此種歸因偏誤，旁觀者可以忽視生活中可能隨機遇害（例如下頁圖片所示），不必擔心意外或犯罪可能無端降臨無辜者。公平世界的信念使我們以為可以高枕無憂。

「偏誤盲點」

　　現在我們已探討了許多歸因偏誤。你能想到你曾經發生過基本歸因錯誤或自利歸因的例子嗎？你能想到任何其他人的例子嗎？你認為他們比你更常發生偏誤嗎？Emily Pronin和同僚研究此一問題，結果發現所謂偏誤盲點（bias blind spot）：我們傾向認為其他人比我們更容易做出歸因偏誤，這反映我們思考歷程中的「盲點」（Hansen et al., 2014; Pronin et al., 2002, 2004）。

> **偏誤盲點**
> 認為他人比自己更容易做出歸因偏誤的傾向

　　為了研究偏誤盲點，研究者向參與者呈現了許多偏誤的描述。我們只針對其中兩項：自利歸因以及責怪受害者。參與者閱讀的描述並未出現「偏誤」一詞（這個詞看起來像是糟糕的事），而是將這些歸因形容為某種思考「傾向」，並給予說明。參與者被要求回答他們認為自己多容易出現這些思考傾向，量尺從「從不」至「很強」。接著，參與者以同樣

歸因歷程讓我們理解周遭世界，但也具有自利功能。舉例而言，學生可能想要找出考試失敗的原因。若怪罪於外在原因（例如考試太難、考場太吵使人分心、學期中事務太多等），可以在遇到負面回饋時保護自我。

另一種自利歸因形式是傾向認為受害者咎由自取。相信「壞事只發生在壞人身上」可以使我們安心，認為自己不會遇到壞事。極端的例子就像是，有些人認為自然災害是上帝對於我們社會道德敗壞的懲罰。

你是否知道居住的地方發生搶案，但卻認為這不會發生在你身上，因為你十分謹慎？可能受害者當時接手機而分心，或者走在陰暗之處？雖然我們的確可以設法留意，降低遭搶劫的機率，但是上述想法也可以使我們在變幻莫測的世界感到安心。

針對強暴案件，責怪受害者會造成特別問題。認為強暴案的被害人是咎由自取（即使認為是部分原因），會使人以為自己絕對不會遇到性暴力。圖中抗議者的主張是，不應將性侵案歸因於受害者的穿著。

簡言之，相信「惡有惡報、善有善報」的公平世界信念，常常是一種自利歸因。這種心態會使人說「凡事皆有報」或「是他自找的」。這會使我們安心，但是也妨礙我們以更全面的方式瞭解周遭社會世界。

量尺，判斷他們認為平均而言美國人多容易出現這些思考傾向。結果顯示：參與者認為自己只是「有時」出現自利歸因，而認為平均而言美國人更容易出現。這也是一種相當諷刺的自利信念。相似地，參與者也認為自己很少做出「責怪受害者」歸因，卻仍然認為平均而言美國人更容易如此

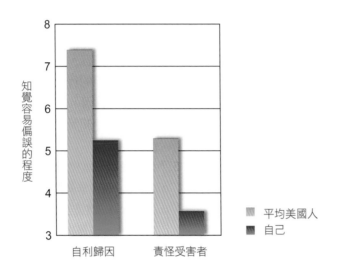

圖4.7　知覺自己與平均美國人歸因偏誤之容易程度
研究參與者評量自己與「平均美國人」出現兩項歸因偏誤的容易程度。他們認為他人
比自己更容易出現偏誤思考（整理自Pronin, Lin, & Ross, 2002）。

做（見**圖4-7**）。

　　這顯示我們知道歸因偏誤可能會發生在他人身上，但我們對自己的
觀察並沒那麼好。我們以為自己是理性的，至於其他人呢，他們就容易有
偏誤！這些研究顯示，我們必須常常小心反省自己的判斷歷程、檢查我們
的論點，並且提醒自己不要受偏誤盲點所誤導。

複習題

1.下列何者「並非」是內歸因的例子？
　a.阿德玩撲克牌贏了將近三千元之後，説自己
　　一直都是玩牌高手。
　b.小凡的生物考試考差了，她認為是因為自己
　　一向對複選題不在行。
　c.小戴認為她的弟弟常換工作，是因為他懶惰
　　且脾氣差。
　d.阿齊最近開車出車禍，他解釋是因為出事當

天下大雨而路滑。
2.雖然西蒙説不喜歡看實況電視秀，但是每一集
　實況節目「囤積症」他都沒漏看。西蒙的行為
　（觀看該實況節目）具有：
　a.高特殊性。
　b.低特殊性。
　c.低共識性。
　d.低一致性。

3.根據兩階段歸因歷程：

  a.人們先進行內歸因，然後對情境影響做調整。

  b.人們先進行外歸因，然後對性情影響做調整。

  c.美國人比華人更容易出現基本歸因偏誤。

  d.如果任一歸因階段被打斷，則不會做出任何歸因。

4.針對Jones和Harris（1967）的卡斯楚短文實驗，下列何者描述最正確？

  a.當目標行為是被強迫的，知覺者不會歸因到任何內在原因。

b.我們會將負面事件歸因於自己，而對他人的行為則較寬容。

c.相較於被迫的行為，我們對於自選的行為較可能做內歸因。

d.當行為者在知覺上顯著時，我們較可能對其做內歸因。

5.下列何者最可能做出自利歸因？

  a. Rory，他初學高爾夫球。

  b. Mariano，他是獲獎多次的棒球選手。

  c. LeBron，他是從小就開始打球的籃球員。

  d. Roger，他是打了十幾年的職業網球選手。

文化與社會知覺

學習目標4.4　描述文化如何影響社會知覺和歸因的歷程

    社會心理學家愈來愈重視文化對於社會知覺各面向的影響。除了前述非口語溝通和標記的討論之外，我們所成長的文化會影響我們對他人的知覺以及對行為的理解嗎？讓我們看看證據。

    北美與一些其他西方文化強調個人自主。每個人都被認為是自主與自給自足。也就是說，每個人的行為都反映了自己的內在特質、動機和價值觀（Lu, Fung, & Doosje, 2017; Markus & Kitayama, 1991）。西方這種文化價值觀的思想歷史可以追溯到猶太教和基督宗教對於個人靈魂的信念，以及重視個人權利的英國法律傳統（Kitayama et al., 2006; Menon et al., 1999）。相對地，東亞文化（例如中國、日本和韓國）強調群體和諧。每個人的自我是肇生自所屬的社會群體。東亞文化的這類思想歷史可追溯至儒家傳統（例如「群體的一份子」或「社會人格」），以及道家和佛家（Menon et al., 1999, p.703; Zhu & Han, 2008）

整體式思考和分析式思考

　　研究顯示，文化價值觀的差異會影響人們的注意對象。第三章曾討論過，在西方個人文化中成長的人，會形成分析式思考風格（analytic thinking style）。具有這種思考風格者會注意物體（或人）的特徵，而且可能較少注意物體周遭的脈絡或情境。相對地，集體主義價值觀（以中國、韓國與日本等東亞地區為例）使人們形成整體式思考風格（holistic thinking style）。東亞人們會注意「整體」，包括物體（或人）和物體周遭的脈絡，以及它們之間的關係（Nisbett, 2003; Nisbett & Masuda, 2003）。我們不是一刀兩切地將某文化中所有人都視為具有相同思考風格，且把另一種文化視為具有另一種風格。顯然在同一文化中存在非常多差異。但是普遍而言，思考風格可以預測我們如何看待他人。

　　例如，想像你正在和一群朋友聊天。你突然注意到某個朋友臉上的表情，她皺著眉、緊抿嘴唇。她怎麼了？分析式思考風格會要你只注意她的表情，便做出判斷。整體式思考風格則要你檢視群體中其他人的表情，並和她做比較，然後做出判斷。

　　Takahiko Masuda和同僚（2008）以類似情況進行研究。他們對美國和日本參與者呈現畫有一群人的漫畫。畫中某個人明顯是主角，這個人的表情分別是快樂、悲傷、生氣或中性。在一部分畫中，其他人的表情和主角一樣；另一部分畫中，其他人和主角表情不同。參與者須在十點量表上判斷主角的情緒。研究顯示，美國參與者對主角的判斷，少受群體中其他人的表情所影響。如果主角笑得很開心，便會被評為「快樂」，不論其他人的表情為何。相較之下，日本參與者對主角的判斷，明顯受群體中其他人的表情所影響。如果其他人和主角都一樣笑得很開心，則主角會被認為很快樂；但若其他人看起來悲傷或生氣，則主角同樣的笑容會被認為沒那麼快樂。簡言之，畫中主角表情的意義會依他所處的「脈絡」而定，亦即視他

你認為兩幅漫畫中間那個人（圖中央的人）正感受什麼情緒？你的答案可能會因為你住在西方或東亞文化圈而有所不同（見內文說明）。

周遭人們的情緒而定（Masuda et al., 2008）。研究者還追蹤了參與者觀看漫畫的眼動軌跡。日本人觀看主角背景的時間多於美國人。兩組人都會先看主角，但一秒後檢視其他人物的日本人顯著多於美國人（Masuda et al., 2008）。

社會神經科學證據

Masuda和同僚（2008）的眼動軌跡結果，引發有趣的後續研究，探討分析式思考與整體式思考在生理層次上的差異。除了眼動軌跡之外，有些研究探討文化思考風格能否預測對於社會刺激的腦部反應（Knowles et al., 2001; Mason & Morris, 2010）。Trey Hedden和同僚（2008）使用功能性磁振造影（functional magnetic resonance imaging, fMRI），探討文化經驗對於腦部知覺歷程的影響。參與者包括東亞人與美國人，一面判斷方塊中的線段長度，一面進行fMRI腦部掃描。一些參與者被告知忽略線段旁的方塊（「忽略脈絡」），另一些參與者被告知注意線段周圍的方塊（「注意脈絡」）。雖然所有參與者對於線段長度的判斷一樣準確，但當他們遵從指示，違反了自己的文化思考風格時，腦部明顯較活躍。也就是說，美國參與者被告知注意脈絡時，腦部高層次皮質區（額葉和頂葉）較為活躍；東亞參與者則是被告知忽略脈絡時，腦部相同區域較為活躍。皮質區域較活躍，表示當參與者被要求以不同於他們的一般方式知覺物體時，必須花費較多注意力（也就是認知上較耗力）（Hedden et al., 2008）。

有些研究使用事件誘發電位（event-related potentials, ERPs）測量不同文化人們的腦部活動（Goto et al., 2010, 2013）。雖然fMRI可以顯示腦部活動區域，但ERPs利用安裝在頭部的電子感應器，能夠更細緻地分析神經活動的確切位置。在一項研究中，參與者需進行一系列關於「目標」和脈絡的視覺判斷（Lewis, Goto, & Kong, 2008）。有點不同的是，參與者全是成長於美國文化的美國人，但種族背景分別是歐裔和東亞裔。ERPs結果顯示，歐裔美國人較注意目標，而東亞裔美國人較注意目標周遭的脈絡。

基本歸因偏誤的文化差異

我們已看到，人們容易犯基本歸因偏誤，亦即將他人的行為過度歸因至內在性情因素，而過度忽略外在情境因素。西方人的基本歸因偏誤會

比東方人強嗎？個人主義文化中的人們對他人確實喜好做性情歸因，相較之下，集體主義文化中的人們較喜好情境歸因（Newman & Bakina, 2009; Tang, Newman, & Huang, 2014）。例如，Joan Miller（1984）找來兩種文化的人——住在印度的印度人和住在美國的美國人——思考他們朋友的各種行為，並解釋其發生的原因。美國參與者對行為做出較多性情解釋。相反地，印度的參與者偏好對朋友的行為做情境解釋。但是，也許你會認為美國人和印度人之所以不同的例子，也許是因為印度人所解釋的行為真的是受情境影響，而美國人所解釋的行為真的是受性情影響。為了檢驗此一替代假設，Miller（1984）將印度參與者所產生的一些行為讓美國人來解釋。歸因差異仍然存在：印度人認為是因情境造成的行為，美國人仍然認為是內在性情因素所造成。

還記得我們先前討論過演化對表情呈現的影響嗎？好吧，Miller（1984）的研究則明確顯示，環境（此處是指文化經驗）對於社會知覺歷程的影響也相當重要。事實上，Miller（1984）研究中最有趣的結果在於比較美國與印度的兒

雙文化的研究參與者先被其中一個文化的圖像所「促發」，正如這裡的圖像可以促發美國文化或華人文化。

童。她除了比較兩種文化中成年人的歸因傾向之外，還分析了八歲、十一歲和十五歲兒童的歸因。結果顯示雖然成年人歸因有差異，但美國和印度兒童在解釋朋友行為時卻沒什麼差別。簡言之，社會知覺在出生時並無跨文化差異。我們出生時在思考風格上具有彈性，會因為文化（以及其他因素）而逐漸定型。

對於彈性還有個有趣的例子。Ying-Yi Hong和同僚（2003）研究香港華人大學生的基本歸因偏誤。這些學生被形容為雙重文化者，他們不但認同香港的中國文化，也接觸大量西方文化。參與者先看一些圖像，然後回答簡短問題。這些圖像是用來引發或促發他們所認同的其中一種文

社會心理學
Social Psychology

接著，這些參與者要對最前方那隻魚做歸因。經過不同文化促發之後，他們較傾向做出性情歸因或是情境歸因呢？

化。一半的參與者看到的圖像與美國文化有關，例如美國國旗和白宮。另一半的參與者看到的圖像則與中國文化有關，例如龍的圖案和長城。控制組看的是幾何圖形，未促發任何文化。接著，參與者進行另一項看似無關的作業，即觀看一張魚群照片，照片中有一隻魚在一群魚的前方。參與者要回答的歸因問題是：這隻魚為什麼游在其他魚的前面？他們的回答可歸為性情因素（例如「這隻魚正帶領其他魚」）或情境因素（例如「這隻魚被其他魚追」）。研究顯示，30%的控制組對中央的魚做出情境歸因。然而，受到不同文化促發的參與者顯著做出不同的歸因。受到中國文化圖像促發的參與者，較多對那隻魚做出情境歸因（接近50%）；被美國文化圖像促發的參與者，較少做出情境歸因（約15%），而較多做出性情歸因（Hong, Chiu, & Kung, 1997; Hong et al., 2000）。

看來生活在西方文化下的人，似乎比較像人格心理學家，從性格的角度來解釋行為。相對地，生活在東方文化下的人，則比較像是社會心理學家，從情境解釋行為。然而，並非集體主義文化中的成員都不會做性情歸因。他們當然也會——只是程度問題。最近研究顯示，許多文化中，人們都會傾向以性情歸因他人。只是集體主義文化中的人們比較能察覺到情境對行為的影響，且較可能考慮這些情境的影響效果（Choi et al., 2003; Krull et al., 1999; Miyamoto & Kitayama, 2002）。因此差別在於，集體主義文化中的人們比較不會只停留在性情的解釋，還會考慮情境資訊。

文化與其他歸因偏誤

針對文化與歸因偏誤之間的關聯，社會心理學家發現自利偏誤與文化因素也有很強的關係。一項針對全世界二百六十六個研究的綜合分析中，Amy Mezulis和同僚（2004）發現，自利偏誤最明顯的是美國與其他西方國家，包括加拿大、澳洲和紐西蘭。在非洲、東歐和俄國也很普遍。在美國內部，白人、亞裔、非裔、西班牙裔和美洲原住民參與者之間，自利偏誤的程度並無顯著差別。另一方面，一些亞洲文化的自利偏誤程度偏低，甚至完全沒有，包括日本、太平洋諸島和印度（Mezulis et al., 2004）。雖然如此，最近一些研究（包括一項超過1,300名中學生的中國研究）顯示，亞洲人的自利偏誤和美國人一樣強（Hu, Zhang, & Ran, 2016）。

但有什麼原因會使我們認為自利偏誤有文化差異呢？許多亞洲傳統文化極為重視謙虛與和諧的價值。例如，中國學生被期望將自己的成功歸因於他人，包括老師和父母，或其他情境因素，例如就讀優秀學校（Bond, 1996; Leung, 1996）。中華文化傳統不鼓勵將成功歸因於自己（例如自己的才智），而這種歸因在美國和其他西方國家很常見。如你所料，華人研究參與者比美國參與者更不會居功（Anderson, 1999; Lee & Seligman, 1997）。相反地，華人學生將自己的成功歸因於情境，反映出他們的文化價值觀。

集體主義與個人主義文化對於獲得奧運金牌的解釋也不一樣嗎？過去研究顯示，諸如廣告、歌詞、電視節目和藝術等「文化產物」的內容都反映出文化價值觀：西方文化較多個人主義的內容；日本、韓國、中國和墨西哥等國家則較多集體主義的內容（Morling & Lamoreaux, 2008）。Hazel Markus和同僚（2006）發現，電視和報紙的運動專欄也是如此。他們記錄分析2000年至2002年，日本和美國媒體對於本國奧運金牌得主的報導，發現美國媒體對於美國金牌得主的描述著重於能力與才華。相對地，日本媒體使用較廣泛的說法描述日本金牌選手的表現，不但包括個人能力，也包含他們過去的成敗經驗，以及其他人（如教練、隊友和家人等）對他們成功的影響。最後，美國報導較集中於正面事項（例如「他的力量使他持續跑下去」），而非負面。這與自利偏誤一致。而日本報導同時顧及正面與負面事項（例如「她重返奧運的結果令人遺憾。她幾乎是冠軍，但表現並不完美」；Markus et al., 2006）。以下兩段金牌選手的話，可以看出文化如何影響個人對於自己之行為的解釋與界定：

運動比賽獲勝者和落敗者，常做出非常不同的自利歸因以解釋比賽結果，而且有跨文化差異。

我想我只是保持專注。我要向全世界展示我所能……我知道我能打敗她，我深深相

信⋯⋯雖然有時不免懷疑⋯⋯但是我對自己說：「不，這是屬於我的夜晚。」（Misty Hyman，200公尺女子賽跑美國金牌得主）

最好的教練、最好的經理人，以及所有支持我的人都在這裡。集合這一切，造就了金牌。我想我不是孤單一人，不是只靠自己。（Naoko Takabashi，女子馬拉松日本金牌得主）

失敗時又如何呢？還記得美國等個人主義文化中，人們在失敗時傾向自利歸因，亦即向外（情境）找原因。在中國等集體主義國家則相反：人們傾向將失敗歸於內在因素，而非外在因素（Anderson, 1999; Oishi, Wyer, & Colcombe, 2000）。事實上，在某些亞洲國家，如日本和韓國，自我批評的歸因方式很常見，而且是群體團結的重要「黏合劑」。當某人批評自己，其他人會給予同情和安慰，這能增強團體成員的互賴（Kitayama & Uchida, 2003）。

最後，前面提過公平世界信念這種防衛歸因，可以幫助人們以為生活是安全、規律、可預測的。這樣的信念是不是也受到文化的影響呢？Adrian Furnham（1993; 2003）認為，若一個社會的大多數人都傾向相信世界是公平的，則經濟和社會的不公就會被視為是「公平的」。在這樣的社會中，一般人會認為，窮人和弱勢團體之所以擁有較少的資源，是因為他們本該如此。因此，公平世界的歸因方式，可能會被拿來作為不公正的解釋與藉口。初步的研究發現：公平世界的歸因在極窮和極富的文化中，比在財富平均的國家更為普遍（Dalbert & Yamauchi, 1994; Furnham, 1993; Furnham & Procter, 1989）。近年來，Cindel White和同僚（2017）認為可以從不同角度瞭解公平世界信念的文化差異，包括探討「業報」（karma）這種宗教觀念。「業報」觀念是指善有善報、惡有惡報，但回報不一定發生在今生今世。超過十五億人信奉的宗教提及業報的觀念，包括佛教、印度教和耆那教（Jainism）。這類傳統觀念與社會知覺傾向之間的關係仍有待釐清，這可使我們更瞭解人們（所有文化中的人）如何評估與解釋他人的行為。

複習題

1.Masuda及同僚（2008）對於跨文化情緒知覺
的研究顯示：

　a.眼動軌跡技術顯示，美國參與者對於主角周
　遭人士的觀看時間，少於日本參與者。

　b.美國參與者對於主角的情緒知覺，深受其周
　遭人士情緒所影響。

　c.參與者的社會知覺歷程不太受脈絡所影響。

　d.美國參與者會先看周遭人士，然後才轉移注
　意至主角。

2.根據fMRI腦造影技術的研究，以下何者為真？

　a.東亞參與者作判斷時，比美國參與者動用較
　大比例的額葉和顳葉區域。

　b.無論是東亞或美國參與者，都能克服關注
　（或忽略）脈絡的典型習慣傾向。

　c.當兩種文化的參與者被要求以不習慣的方式
　知覺物體時，腦部高層次皮質區都較為活
　躍。

　d.社會神經科學的研究證據，並不支持整體式
　思考與分析式思考風格會因文化而異。

3.Miller（1984）研究美國和印度人的歸因方
式，結果顯示：

　a.美國兒童較會做外歸因，印度兒童較會做內
　歸因，但成人沒有文化差異。

　b.美國兒童較會做內歸因，印度兒童較會做外
　歸因，但成人沒有文化差異。

　c.兒童少有文化差異，但美國成人較會做外歸
　因，印度成人較會做內歸因。

　d.兒童少有文化差異，但美國成人較會做內歸
　因，印度成人較會做外歸因。

4.你認為以下哪個人最可能對他人行為做出外歸
因？

　a.美國出生的美國成年人。

　b.在印度出生成長的八歲兒童。

　c.剛看到中國文化圖像的香港華人大學生。

　d.剛看到美國文化圖像的香港華人大學生。

5.西方文化人們的思考方式比較像是
＿＿＿＿＿＿＿；東方文化人們的思考方式比較
像是＿＿＿＿＿＿。

　a.兒童；成人

　b.心理學家；社會學家

　c.人格心理學家；社會心理學家

　d.內向人士；外向人士

摘　要

學習目標4.1　解釋人們如何使用非口語線索來瞭解他人

■ **非口語溝通** 非口語溝通用來表達情緒、態度和個性。人們可以準確地解讀細微的非口語線索。

- **面部表情** 六種主要情緒是普世皆同的，可以被世界各地的人們以相似方式解碼與編碼。這些情緒在演化上具有重要性。混合情緒是指臉上的某部分表達一種情緒，而另一部分則表達另一種情緒。鏡像神經元（mirror neurons）與情緒的解碼和編碼有關，而且也使我們產生同理心。

- **文化與非口語溝通的管道** 其他非口語溝通的管道包括：目光凝視、接觸、個人空間、姿勢和語調。表達規則因文化而異，會指導人們應該表達出哪種情緒。標記是特定文化中定義清楚的非口語手勢。

學習目標4.2　分析第一印象的形成速度和持久性

■ **第一印象：快速但持久** 我們會根據臉型、物品、服裝和各種線索認識他人，而且在毫秒之內就完成此歷程。薄片擷取研究顯示，這種快速判斷不只是快，還能成為有意義的資訊，而且與長時間觀察相同對象所下的判斷相一致。

- **初始印象的縈繞影響** 一旦形成印象之後，就會持續發揮影響，因為初始效應顯示，我們對他人一開始的認識會影響我們如何看待他的後續資訊。我們還有信念固著的傾向，或是堅持起初的想法，即使後續資訊告訴我們不應如此。瞭解影響社會知覺的因素，可以使我們調整他人對我們的看法。

學習目標4.3　解釋我們如何判斷他人行動的原因

■ **因果歸因：回答「為什麼」的問題** 根據「歸因理論」，我們會試圖判斷人們行動的原因，以找出他們行動背後的感受和特質。這樣可以幫助我們預測社會世界。

- **歸因歷程的性質** 判斷他人行為的原因，我們會做兩種歸因：內歸因（性情歸因）或外歸因（情境歸因）。

- **共變模式：內歸因與外歸因** 共變模式認為，人們會觀察不同時間、地點和不同行動者的行為，以及行動的對象。此模式檢視人們如何選擇做內歸因或外歸因。我們的選擇是依靠共識性、特殊性和一致性訊息。

- **基本歸因偏誤：人人都是人格心理學家** 歸因時，人們會使用多種心理捷徑，包括基模和理論。一種常見的捷徑是基本歸因偏誤，亦即傾向認為人們的行為對應了他們的性情。之所以會出現此偏誤的原因之一是，人們的行為比所處情境具有更強的知覺顯著性。歸因的兩階段歷程指出，起始階段或自動歸因時，傾向做出性情歸

因。但在第二階段，可以因情境資訊做出調整。

- 自利歸因　人們的歸因也受其需求所影響。自利歸因是指人們將成功做內歸因，而將失敗做外歸因。公平世界信念是相信惡有惡報、善有善報，有助於使我們不受世事無常感受所困擾。

- 「偏誤盲點」　偏誤盲點是指我們相信其他人比我們更容易出現歸因偏誤。

學習目標4.4　描述文化如何影響社會知覺和歸因的歷程

■ 文化與社會知覺　社會心理學家愈來愈關心人們對周遭世界詮釋方式的跨文化差異。

- 整體式思考和分析式思考　在個人文化（例如美國）中，人們傾向注意物體的特徵。相對地，集體主義文化（例如東亞地區）中，人們傾向注意整體，包括脈絡和物體之間的關係。fMRI和ERP研究也提供了社會神經科學的證據。

- 基本歸因偏誤的文化差異　雖然集體主義或個人主義文化中的人們，都可能出現基本歸因偏誤，但只要情境因素夠明顯，集體主義文化中的人們對於行為的情境線索較敏感。

- 文化與其他歸因偏誤　跨文化研究顯示，自利歸因和公平世界信念具有文化差異。一般而言，差異出現於西方個人主義文化與東方集體主義文化之間。

分享寫作　你有什麼想法？

沉醉式互動
　　你將如何在社會知覺上運用已知的非口語線索之力量，更有效地進行日常互動？

測　驗

1.Kelley的歸因共變理論，最主要的意涵是什麼？
　a.我們觀察某人一項行為之後，便迅速做出歸因。
　b.人們使用文化基模做出因果歸因。
　c.人們透過內省，推論他人行為的原因。
　d.人們收集資訊，理性且符合邏輯地做出因果歸因。

2.以下哪項心理現象的文化差異最小？
　a.自利歸因。
　b.眼神接觸與個人空間的偏好。

c.生氣的表情。

d.基本歸因偏誤。

3.假設Mischa發現，討論課時每當她坐在第一排，不論她實際參與討論的程度，都會得到較高的隨堂成績。坐在前排位置，會使老師認為Mischa參與了課堂討論，這是因為：

a.老師使用了基模。

b.知覺顯著性。

c.「美就是好」基模。

d.兩階段歸因歷程。

4.以下何者最能說明信念固著？

a.Lindsay第一次見到Tobias時，對他的聰明和志向感到印象深刻。不過很快她就開始奚落他，而且認為他好吃懶做。

b.Gob對Marta一見鍾情，但是當兩人開始約會談戀愛後，他覺得自己犯了大錯。

c.Michael對於Anne的第一印象不佳，即使後來他看到Anne在許多場合展現各種才藝，他還是認為她不甚了了。

d.Buster小時候內向害羞，現在長大了還是一樣。

5.Rowe在聯誼活動認識了Dabney，活動中他們處得不錯。後來Rowe開著他的黑色車子帶Dabney看電影。Dabney接下來整晚卻都沉默寡言，因為她的弟弟最近駕駛同型車發生嚴重車禍，她看到車子，不禁情緒低落。Rowe卻以為Dabney個性冷淡寡言，這展現了：

a.公平世界信念。

b.基本歸因偏誤。

c.知覺顯著性。

d.不充分的辯護。

6.假設某個同學Jake，每次上化學課都睡覺。再假設Jake是唯一在那堂課睡覺的人，而且他上任何課都睡覺。根據Kelley的歸因共變理論，人們會如何歸因他的行為？

a.這是Jake個人特殊原因，因為他的行為共識性低、特殊性高，且一致性高。

b.化學課實在很無聊，因為Jake的行為共識性高、特殊性高，且一致性高。

c.這是Jake個人特殊原因，因為他的行為共識性低、特殊性低，且一致性高。

d.這是由於當天出現特殊狀況，因為他的行為共識性高。

7.想像你在香港閱讀早報，你看到頭條是昨晚發生了雙人命案。一名嫌犯已被拘捕。以下哪一項最可能是本新聞的標題？

a.賭債爭執致使殺人。

b.瘋狂凶手奪二命。

c.喪心病狂刺殺無辜。

d.嗜血惡徒報仇。

8.Ming來自中國，Jason來自美國。兩人參加考試，並得知他們都表現得很好。接著請他們對自己的表現做歸因。根據自利歸因的跨文化研究，你會如何預測？

a.Jason（而非Ming）會說自己的成功是因為能力強。

b.Jason和Ming都不會說自己的成功是因為能力強。

c.Jason和Ming都會說自己的成功是因

為能力強。

　d. Ming（而非Jason）會說自己的成功是因為能力強。

9.以下哪項敘述，最能描述基本歸因偏誤的文化差異？

　a.集體主義文化中的人很少做性情歸因。

　b.西方文化中的人很少做性情歸因。

　c.集體主義文化中的人較可能超越性情解釋，進而考慮情境訊息。

　d.西方文化中的人較可能超越性情解釋，進而考慮情境訊息。

10.現在是早上十點，Jamie正要去上課，去交他昨天整晚熬夜趕出來的報告。他昏昏沉沉地在途中看到一名同學走路跌倒。Jamie對於這名同學的行為，最可能做出什麼歸因？

　a.影響Jamie歸因的最重要因素是他自己的個性。

　b.根據Jamie當時的認知能力狀態，他可能會認為那名同學是因為笨拙而跌倒。

　c.Jamie可能會歸因於情境因素，例如天雨路滑。

　d.Jamie太累了，無法做出任何因果歸因。

CHAPTER 5

自我瞭解：在社會脈絡中認識自己

◣ 綱要與學習目標 ◢

自我概念的起源和性質
學習目標5.1　描述自我概念及其發展
影響自我概念的文化因素
自我概念的功能

自我知識
學習目標5.2　解釋人們如何經由內省、觀察自己的行為以及他人來認識自己
藉由內省認識自己
藉由觀察自己的行為認識自己
藉由他人認識自己

自我控制：自我的掌控功能
學習目標5.3　比較人們何時可能成功地自我控制，而何時可能失敗

印象整飾：世界是個舞台
學習目標5.4　描述人們如何向他人展示想讓他人看到的一面
逢迎和自我設限
文化、印象整飾和自我提升

●●●●●●● 你認為如何？

調查：你認為如何？	
調查	**結果**
你認為自己的駕駛技術高於一般人的平均嗎？ □是 □否	

　　長期以來有許多神奇的報導提到由野生動物養大的孩童。有些故事顯然是虛構，例如英國作家吉卜林（Rudyard Kipling）寫過有個印度兒童Mowgli被狼養大〔這故事後來被迪士尼改編為《叢林奇譚》（*The Jungle Book*）〕。但有些是真實的，某些小孩幼年時因故被棄養，然後被動物帶大。1980年代烏克蘭一名女孩Oxana Malaya被酗酒的雙親棄養，據稱七歲以前是由狗帶大（Grice, 2006）。18世紀的Marie Angélique Memmie Le Blanc，又被稱為「香檳的野生女孩」，據稱獨自生活在法國森林十年（Douthwaite, 2002）。John Ssebunya在二或三歲時目睹父親殺害母親，因此逃到烏干達叢林。他被綠猴帶大，猴子餵他果實和樹根，並且教他如何在叢林存活。一年後，一名村民見到猴群中竟然有個人類男童，感到相當驚訝。這名村民找來其他人，救出了John（過程中綠猴還群起奮戰保護他）。

　　被動物養大對於孩童會有什麼影響？很顯然，這些孩童不會人類語言和行為禮儀。但是他們的自我感受呢？他們知道自己是誰且知道如何界定自己嗎？他們認為自己和照顧他們的動物一樣嗎？或者認為自己是人類活在動物群中？本章將說明，即使是像自我概念如此基本的事情，也會因為與他人互動而受到深刻影響。我們不可能知道，如果那些野性的孩童沒被救出，繼續與動物生活的話，他們的自我概念會如何。不過從本章內容可知，他們的經驗很可能會對他們的自我認識造成深刻的影響。

自我概念的起源和性質

學習目標5.1　描述自我概念及其發展

　　你是誰？你怎麼成為你所謂的「我自己」？不妨先從一個問題開

始：我們是不是唯一有自我意識的生物？雖然其他生物可能不像我們一樣，將自身視為獨特的生物，但一些有趣的研究顯示，其他生物至少具有粗淺的自我感（Gallup, 1997）。為了研究動物是否有自我概念，研究者將一面鏡子放入動物的籠子裡，直到牠熟悉這面鏡子為止。然後將動物暫時麻醉，並在牠的眉毛或耳朵塗上沒有氣味的紅色顏料。動物甦醒後站在鏡子前，會發生什麼事呢？大猿類生物（例如黑猩猩或紅毛猩猩）看到鏡子，會馬上摸牠們被塗上紅顏料的部位，但一般猿類（例如長臂猿）便不會如此（Anderson & Gallup, 2015; Suddendorf & Butler, 2013）。

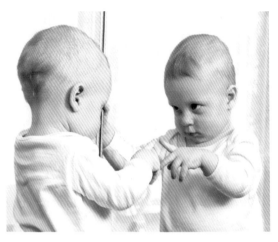

許多研究探討其他物種是否也有自我概念，方法是看牠們是否能認出鏡子裡面是自己或是其他同種生物。此方法也可用來研究人類嬰兒。

這些研究顯示，黑猩猩和紅毛猩猩具有初步的自我概念。牠們瞭解鏡子裡的是自己，而非其他動物，並且能夠從鏡子中知道自己和之前看起來不一樣（Gallup, Anderson, & Shillito, 2002; Heschl & Burkart, 2006; Posada & Colell, 2007）。其他動物呢？有些物種的某些個體可以通過鏡像測試，但這些研究常無法複製（Suddendorf & Butler, 2013）。若只根據鏡像測試結果，只有人類和大猿類可以通過測試。

為了瞭解人類的自我感受是如何發展出來，研究者將上述紅色顏料測試稍加改變，然後在人類嬰兒身上進行。結果發現，人類的自我認知大約在十八至二十四個月大時，就開始出現了（Hart & Matsuba, 2012; Lewis & Ramsay, 2004; Stapel et al., 2016）。隨著年齡增長，對自己的模糊感覺發展成為完整的自我概念（self-concept），也就是人們對於個人自身特徵的整體信念。心理學家為了研究人類的自我概念從孩童到成年是如何轉變，請來不同年齡者回答一個簡單問題：「我是誰？」一般而言，兒童的自我概念開始於一些具體、清楚且易於觀察的特徵，如年齡、性別、居住環境及嗜好等。例如，一名九歲孩童對上述問題回答如下：「我有棕色眼睛、棕色頭髮及棕色眉毛……我是男生。我有位叔叔將近七呎高。」（Montemayor & Eisen, 1977, p. 317）。

隨著年齡成長，我們較少強調生理特徵，而逐漸強調心理狀態（包括想法與感受），並且會考慮他人如何評斷我們（Hart & Damon, 1986;

自我概念
人們對於自己的個人特徵所抱持的整體信念

Livesley & Bromley, 1973; Montemayor & Eisen, 1977）。一位高中生對
「我是誰？」這個問題回答如下：

> 我是人……我是易怒的人。我是個猶豫不決的人。我是個胸懷
> 大志的人。我是個非常好奇的人。我不是單獨個人。我獨來
> 獨往。我是個美國人（上帝保佑我）。我是民主黨員。我思想
> 開放。我是激進分子。我是保守的人。我思想半開放。我是
> 無神論者。我是不可被歸類的人（也就是我不想被歸類）。
> （Montemayor & Eisen, 1977, p. 318）

很明顯，這名青少年已經不只是用嗜好和外觀描述自己（Harter,
2003）。成年人又會如何看待「自我」的特徵？為了回答這個問題，想像
你在二十歲時有個朋友，後來失去聯絡，直到四十年後又遇到他。你發現
這名朋友改變許多，問題是，這些改變會扭轉你對他「真實自我」的看法
嗎？一項研究詢問參與者此問題，結果發現有些改變（例如外表衰老、認
知能力略為衰退、新嗜好）不會改變對對方的基本看法。如果我們的朋友
阿夏現在看東西需要戴眼鏡、記憶力不如從前、成為素食者，我們還是認
為他是以前的阿夏（只是稍微不同）。但是如果某名老朋友的道德觀改變
──例如：阿夏過去很和藹，現在卻很冷酷；或是過去他平等待人，現
在卻有種族歧視──我們很難把他視為是和過去一樣的人（見圖5.1）。
簡言之，道德觀比認知歷程或欲念更被視為是自我概念的核心（Goodwin,
Piazza, & Rozin, 2014; Strohminger & Nichols, 2014）。

影響自我概念的文化因素

文化是影響我們自我概念的重要因素。舉例而言，小和田雅子是一
位傑出的外交官，畢業於哈佛及牛津大學，會說五種語言。1993年6月，
她在二十九歲時，嫁給了日本的德仁太子。當時她的外交職涯正要開
展。嫁入皇室的舉動，讓周遭某些人相當訝異，因為這表示她必須放棄
她的工作。的確，她放棄了獨立的生活，選擇嫁入皇家，輔佐太子，並
花費許多時間接受嚴格的皇室禮儀訓練。雖然有些人希望她將皇室現代
化，但到「太子妃對皇室的改變，比不上皇室對她的改變」（"Girl Born
to Japan's Princess," 2001）。

完全改變他
的真實自我

個人的改變對他「真實自我」的影響

對真實自我
無影響

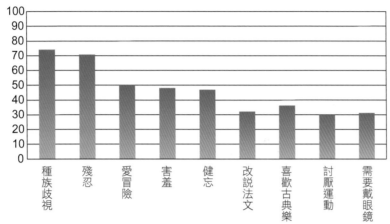

縱軸刻度：100 90 80 70 60 50 40 30 20 10 0

橫軸項目（由左至右）：種族歧視、殘忍、愛冒險、害羞、健忘、改說法文、喜歡古典樂、討厭運動、需要戴眼鏡

圖5.1　我們如何看待他人自我的關鍵屬性

參與者被要求想像他們在二十五歲時有個朋友，直到四十年後才又相遇。他們還拿到一份列表，列出這名朋友的改變。參與者必須逐項評量，這些改變是否使他們對於這名朋友的真實自我有所改觀。評量從0%（「這項改變完全不會影響他的真實自我」）到100%（「這項改變完全改變了他的真實自我」）。人們認為朋友在道德觀上的改變（例如：他有多殘忍），比其他改變更能扭轉他的真實自我。人們認為知覺能力的改變（例如：視力改變）對朋友真實自我的影響最小（資料源自Strohminger & Nichols, 2014）。

獨立自我觀

根據自己內在的想法、感受和行動來定義自我，而不是以別人的想法、感受和行動來定義自我

相依自我觀

以自己和他人的關係來定義自我，並知覺到自己的行為經常會受別人的想法、感受及行動所左右

對於雅子嫁入皇室的決定，你的看法如何？你的回答，多少會反映出你的自我概念以及你自小成長於其中的文化特性。在許多西方文化中，人們抱持獨立自我觀（independent view of the self），這種自我觀是根據自己內在的想法、感受和行動來定義自我，而不是以別人的想法、感受和行動來定義自我（Kitayama & Uchida, 2005; Markus & Kitayama, 1991, 2010; Nisbett, 2003; Oyserman & Lee, 2008; Triandis, 1995）。因此，雅子的決定使許多西方人感到不解。他們認為她是被一個具有性別歧視的落後社會所限制，被迫選擇婚姻而放棄事業，該社會並未將她視為是擁有獨立生活的個體。

相反地，許多亞洲文化及其他非西方文化的人抱持相依自我觀（interdependent view of the self），亦即以自己和他人的關係來定義自我，並知覺到自己的行為經常會受別人的想法、感受及行動所左右。在此種文化中，人際之間的聯繫和相依受到重視，獨立和獨特性則不重要。例如，當被要求以「我是……」為開頭造

哈佛畢業的小和田雅子放棄有前途的專業生涯，嫁給日本的德仁太子，被要求扮演傳統角色。許多西方女性質疑她的決定。爭議點大多在於相依自我與獨立自我的差異。

句時，亞洲文化的人們比西方文化的人們更可能提及社會團體，譬如他的家庭或宗教團體（Bochner, 1994; Triandis, 1989）。對許多日本人與其他亞洲人來說，雅子決定放棄事業的決定，一點也不令人驚訝。他們反而會認為，根據她看待自我與他人之間的聯繫，以及她對他人的義務（例如為家庭和皇室），這是理所當然的結果。由此可見，某個文化視為正面、正常的行為，在另一個文化中卻可能受到極為不同的看待。

Ted Singelis（1994）設計了一份問卷，用來測量人們抱持獨立自我觀或相依自我觀的程度。【試試看！】練習中列出了一些取自該量表的例題。研究顯示，東亞國家人們較同意相依自我觀的題目，而西方國家人們較同意獨立自我觀的題目（Taras et al., 2014）。

這並不是說，西方文化裡的每個成員都擁有獨立自我觀，而亞洲文化中的每個成員都擁有相依自我觀。例如在美國，歐裔美國人較晚進居的州（如奧克拉荷馬州和猶他州），比起進居較長久的州（如東岸的麻薩諸

試試看！

測量獨立自我與相依自我

指導語：針對以下敘述，圈選你同意或不同意的程度。

	強烈不同意						強烈同意
1.我的快樂取決於周遭的人是否快樂。	1	2	3	4	5	6	7
2.我會犧牲自己的利益以造福我所屬的團體。	1	2	3	4	5	6	7
3.尊重團體的決定對我而言是重要的。	1	2	3	4	5	6	7
4.如果我的兄弟姊妹失敗了，我也感到有責任。	1	2	3	4	5	6	7
5.即使我極不同意團體的成員，我也會避免爭執。	1	2	3	4	5	6	7
6.被單獨挑出來受到讚美或獎勵，我感到很自在。	1	2	3	4	5	6	7
7.能夠照顧自己，對我而言是最首要的事情。	1	2	3	4	5	6	7
8.與剛認識的人互動時，我喜歡直接了當。	1	2	3	4	5	6	7
9.我想要在許多方面與眾不同。	1	2	3	4	5	6	7
10.擁有獨立於他人的自我認同，對我而言是重要的。	1	2	3	4	5	6	7

註：這些題目是從Singelis（1994）的量表摘錄出來，目的是測量人們的獨立自我觀和相依自我觀。實際量表針對兩種自我觀各列有十二題。此處只分別挑出五題：前五題是測量相依自我觀；後五題是測量獨立自我觀（整理自Singelis, 1994）。

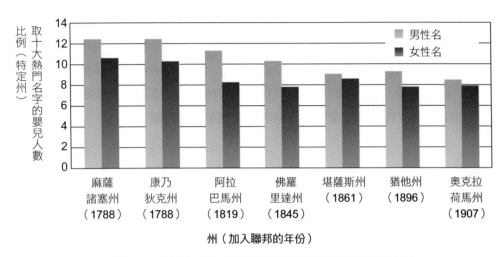

圖5.2 美國各州加入聯邦時間與熱門嬰兒名字比例

本圖標示出美國幾個州加入聯邦的時間。圖中可知，愈晚加入聯邦的州，父母愈不會為小孩取熱門名字。研究者認為，這是因為這些州的居民較傾向獨立自我觀（整理自 Varnum & Kitayama, 2011）。

塞州和康乃狄克州），人們較傾向獨立自我觀。最近一項研究顯示：在較晚進居的州所出生的嬰兒，取的名字比其他州特別。獨立自我觀的徵兆之一，就是為嬰兒取特別的名字。奧克拉荷馬州的父母比康乃狄克州的父母更會如此做（見**圖**5.2）。類似現象也發生在加拿大的新舊進居地區（Varnum & Kitayama, 2011）。

東西方在自我概念上的差異是真實存在的，並且會在文化交流的時候產生有趣的後果。的確，自我概念的差異是如此根本，以致抱持獨立自我觀的人，很難去欣賞相依自我觀，反之亦然。根據一位心理學家的陳述，有一次他為一群日本學生上了有關西方自我概念的課之後，學生們嘆氣說：「這是真的嗎？」（Kitayama & Markus, 1994, p. 18）借用莎士比亞的話來說，在西方社會中，自我是萬物的尺度。然而，無論我們認為這種自我觀是多麼理所當然，請記得，它只是社會建構，因此可能隨文化而異。

自我概念的功能

自我究竟有何作用？自我具有四種重要功能：「自我知識」（self-knowledge），亦即我們認為自己是誰，以及我們組織與形成對自己之認識的方式；「自我控制」（self-control），亦即我們策劃與執行決策

的方式，例如你現在決定讀這本書，而非去吃冰淇淋；「印象整飾」
（impression management），亦即我們在他人面前呈現自己的方式，我們
會展現希望給對方看到的一面；「自尊」（self-esteem），這是指我們對
自己的感受，亦即我們是正向或負向地看待自己。本章接下來將討論自我
知識、自我控制和印象整飾。自尊則留到第六章討論。

複習題

1. 以下何者最「不可能」通過鏡像測試而顯示具
   有初步的自我概念？
   a. 紅毛猩猩。
   b. 黑猩猩。
   c. 十二個月大的嬰兒。
   d. 三歲大的兒童。
2. 當想到其他人的時候，以下何者會被我們視為
   是他們自我概念最核心的成分？
   a. 他們的道德觀。
   b. 他們的喜好和態度。
   c. 他們的外表特徵。
   d. 他們的記憶。
3. 以下何者最能界定「獨立式自我觀」？
   a. 從自己與他人的關係來界定自我。
   b. 從自己內在想法、感覺和行為來界定自我。
   c. 喜歡舞蹈和團隊運動等活動的人。
   d. 喜歡閱讀和寫詩等活動的人。
4. 以下何者最能界定「相依式自我觀」？
   a. 從自己與他人的關係來界定自我。
   b. 從自己內在想法、感覺和行為來界定自我。
   c. 喜歡舞蹈和團隊運動等活動的人。
   d. 喜歡閱讀和寫詩等活動的人。

自我知識

學習目標5.2　**解釋人們如何經由內省、觀察自己的行為以及他人來認識自己**

我們已經看到人們所處的文化會協助塑造自我概念。但我們怎麼知
道自己是什麼樣的人，以及我們為什麼會做出各種行為？社會心理學家已
經發現自我知識的許多有趣資訊來源，有些並不很明顯。例如，他人也是
幫助我們瞭解自己的資訊來源。不過，我們先從比較直接的自我知識來源
談起，那就是「內省」。

藉由內省認識自己

你是否曾停下來想想自己對某事物（例如你想就讀之科系）的實際

感想？或者對於自己的作為感到迷惑，例如何以一直觀看網路新劇，卻不用功準備心理學考試？若是如此，你就是在進行內省（introspection），也就是往內心檢視自己的想法、感受與動機等「內在資訊」。人類心智最奇特的一點就是我們可以用它來檢視自己。

　　雖然內省很有用，但是並不完美。第一，我們並不總是喜歡反省自己。第二，我們的感受或行為之原因也可能受到隱藏，無法以意識察覺。我們來看看內省的一些後果與限制。

注意到自己：自我察覺理論

　　有時我們的思緒會自然地向內轉，使我們想到自己，有時候則是由外在環境事物所引起，例如看到鏡子，或是你的朋友用手機幫你拍照時。此時，我們將處於自我察覺的狀態。根據自我察覺理論（self-awareness theory），當我們集中注意力於自己時，我們會依自己內在的標準與價值觀來評鑑和比較自己當下的行為（Carver, 2003; Duval & Silvia, 2002; Duval & Wicklund, 1972; Morin, 2011; Phillips & Silva, 2005）。簡言之，當我們處於自我察覺狀態時，我們會像是外在觀察者一樣客觀地評斷自己。

　　假設你認為自己應該要戒菸，某日你看到窗子上映出自己正在吸菸的影像。你心裡會覺得好過嗎？看到自己的鏡影，會使你察覺到你的行為與你的內在標準並不一致。如果你能夠改變自己的行為，使其符合你的內在規範（例如停止吸菸），你便會如此做。如果你認為無法改變自己的行為，自我察覺狀態會使你感覺不舒服，因為你必須面對自我的不一致（Duval & Silvia, 2002）。這顯然時常發生。一項研究請三百六十五名高中生（來自美國兩個城市），在白天中的幾個隨機時間點報告他們正在想的事。結果顯示，人們愈常報告想到自己，則愈可能處於壞心情（Mor et al., 2010）。圖5.3描繪了自我察覺如何使我們意識到自己的內在標準，並引發我們的後續行為。

　　當人們處於自我覺察的負面狀態時，他們通常會想逃避此狀態，例如，不看朋友臉書上自己的照片。有時候人們甚至會進一步逃避自我。例如酗酒可以讓人暫時轉移對自己的負面想法，甚至暴飲暴食或承受性虐待也可以有效轉移對內在自我的注意力，但卻相當危險（Baumeister,

內省

人們往自己的內心深處探索，檢視自己的想法、感受與動機之歷程

自我察覺理論

此理論認為，當人們集中注意力於自己時，會依自己內在的標準與價值觀來評鑑和比較自己當下的行為

1.你在外在環境中，遇到能使你將注意力放在自己身上的事物（例如鏡子、照相機或一群觀眾）。

2.這些事物導致自我察覺……使你想到自己……

3.你會去比較目前的想法或行為是否符合內心的標準或期望。它們是否一致？

4a.如果不符合……喔！該怎麼辦？

4b.如果符合……一切 OK！

5a.改變你的想法或行為，使其符合內心的標準，然後覺得很棒！

5b.如果你做不到，或不想改變……你感覺糟透了！於是儘速逃離自我察覺的狀態！

否

是

或

圖5.3　自我察覺理論：注意力集中在自己身上後的結果

當人們把焦點放在自身上時，他們會去比較自己的行為是否符合內在標準（整理自 Carver & Scheier, 1981，黃建中繪製）。

1991）。人會長期耽溺於這些危險行為，不顧其風險，即可看出人們是多麼不喜歡注意到自己（Donnelly et al., 2016; Leary & Tate, 2010; Wisman, Heflick, & Goldenberg, 2015）。

不過，並非所有逃離自我的方法都會造成傷害。許多宗教和靈性活動形式，也是避免自我關注的有效方法（Baumeister, 1991; Leary, 2004a）。再者，自我關注不見得總是令人嫌惡。如果你剛獲得某個難得的成功經驗，關注到自己的確可能相當愉快，因為這可以凸顯你的正向成就（Greenberg & Musham, 1981; Silvia & Abele, 2002）。此外，自我關

注也可以提醒我們的道德良知，讓我們不會惹上麻煩。例如，有若干研究發現，當人們處於自我察覺的狀態（例如在鏡子前面），他們更有可能依循自己的道德觀，譬如克服考試作弊的誘惑（Beaman, Klentz, Diener, & Svanum, 1979; Diener & Wallbom, 1976; Gibbons, 1978）。總結來說，當自我察覺使人們注意到自己的缺點時，會特別令人感到反感，在這樣的情境下（例如考試剛考砸），人們會避免自我察覺。不過，在其他時候，例如你的欲望與理智交戰時，自我察覺也不見得是壞事。因為它可以讓你更清楚地意識到自己的道德和理想。想知道你的自我察覺程度嗎？請做做【試試看！】吧。

試 試 看 ！

測量你的私人自我意識

當你獨處時，會多注意到自己？以下問題摘錄自Fenigstein、Scheier和Buss（1975）的問卷，目的是測量私人自我意識，亦即自我察覺的持續程度。

指導語： 請在1至5的量尺上，盡可能誠實地回答以下問題。

1＝完全不像我
2＝有點不像我
3＝無所謂像不像我
4＝有點像我
5＝非常像我

1.我總是想瞭解自己。	1	2	3	4	5
2.一般而言，我不常察覺自己。	1	2	3	4	5
3.我常反省自己。	1	2	3	4	5
4.我常是自己幻想中的主角。	1	2	3	4	5
5.我從未審視我自己。	1	2	3	4	5
6.我很清楚自己的內在感受。	1	2	3	4	5
7.我常檢查自己的動機。	1	2	3	4	5
8.我有時覺得自己從外面觀察自己。	1	2	3	4	5
9.我能覺察到自己的心情改變。	1	2	3	4	5
10.當我解決問題時，我能察覺我的想法如何運作。	1	2	3	4	5

（整理自Fenigstein, Scheier, & Buss, 1975）

判斷自己為何會有某些感受：說的比能知道的還多

　　內省的另一項功能是嘗試瞭解何以自己會有某種感受。問題在於，這並非那麼簡單。想想為何你愛上某人吧。戀愛常使人頭暈目眩、歡欣不已且心神不寧。事實上，古希臘人認為戀愛是一種疾病。但是，為何你如此感受？到底你的愛人有哪一點使你墜入情網？嘗試回答此問題時，大部分的人舌頭都會打結。我們知道我們愛上的也許是對方的長相、個性、價值觀或背景。但到底是什麼呢？我們怎能以語言來表達存在於兩性間的特殊化學作用呢？我們有位朋友曾經說，他之所以愛上某位女孩，是因為她會吹薩克斯風。這真的是原因嗎？人心如此神秘，實在難以言說。

　　然而，並非只有愛情難以解釋。正如第三章所言，我們的基本心理歷程常發生在意識之外（Bargh, 2017; T. D. Wilson, 2002; Wilson & Dunn, 2004）。這並不是說，我們只是胡思亂想──我們會意識到思考過程的結果（例如，我們戀愛了），但是常察覺不到導致此一結果的認知歷程。它就像魔術師從帽子變出兔子，你只看到兔子，但是不知道牠是如何進到帽子裡。我們如何處理兔子的問題？雖然我們常常不知道自己為何有某種感受，但是我們似乎總是能解釋它。為什麼？因為我們演化出地球上最厲害的大腦，並且我們很依靠它。可惜，我們並沒有使用手冊。內省也許無法告訴我們自己的感受，以及行為的真正原因，不過我們會想辦法說服自己去相信內省的答案。Richard Nisbett及Tim Wilson將此現象描述為「我們說的比能知道的還多」，因為人們對自己感覺和行為的解釋，常超過他們能夠認識的程度（Nisbett & Ross, 1980; Nisbett & Wilson, 1977; T. D. Wilson, 2002）。

　　舉例而言，一項實驗請大學生連續五個星期每天寫日記，記下自己當天的情緒（Wilson, Laser, & Stone, 1982）。他們也記錄其他事情，例如當天的氣候、他們的工作量，以及昨晚睡多久等等。五週後，這些大學生估測他們的情緒與其他變項的關係。資料分析結果發現，他們的估測大部分是錯的。例如，大部分的人認為自己的情緒與前一天晚上睡眠多寡有關。但事實上，兩者並無關係，亦即睡眠量與人們的情緒無關。人們也不是瞎猜。例如，大部分的人知道，他們和朋友相處的好壞可以預測自己的情緒。但是整體而言，人們不總是能準確知道什麼能夠預測自己的情緒（Johansson et al., 2005; Wegner, 2002; T. D. Wilson, 2002）。

為什麼如此？因為這些參與者依賴的是他們的**因果理論**（causal theories）。人們有許多關於自己感受及行為影響因素的理論（例如「我的心情會受昨晚睡眠時數影響」），而且常常使用這些理論來對自己的感受自圓其說（例如「我現在心情很差，一定是因為昨晚睡太少了」）。我們從自己成長的文化中學到許多這類理論，例如「小別勝新婚」，或是「人們在星期一情緒較差」。唯一的問題就如第三章所言，我們的基模與理論並不總是正確，因此會對自己行為的原因做出錯誤的判斷。

這並不是說，人們內省自己的感受及行為原因時，僅依賴因果理論。除了從文化中學來的因果理論外，我們還有許多關於自己的資訊，包括我們過去的反應，以及做出抉擇前我們曾想了哪些事情（Andersen, 1984; T. D. Wilson, 2002）。無論如何，事實上，內省自己過去的行為及目前的想法，並不總是能確知造成自己感受的真正答案（Hassin, 2013; Wilson & Bar-Anan, 2008）。

藉由觀察自己的行為認識自己

如果內省無法用來認識自己或瞭解自己行動的原因時，我們還能怎麼做？其實有個重要的方法可以使我們認識自己，就是觀察自己的行為。

自我知覺理論

假設你的朋友問你有多喜歡古典音樂。你有點猶豫，因為你以前並不聽古典樂，但最近你常常聽交響樂。「嗯，我不知道。」你回答道：「我想我有點喜歡古典樂吧！昨天，我開車時聽的廣播是貝多芬交響曲。」若你如此回答，你根據的是一項重要的自我認識來源，亦即觀察自己的行為——此例中，就是你選擇聽什麼音樂。

自我知覺理論（self-perception theory）主張，當我們的態度和感受處於不確定或模稜兩可的狀態時，我們會藉由觀察自己的行為和該行為發生時的情境，來推論自己的態度和感受（Bem, 1972）。我們來看看這個理論的詳細內容。第一，我們只有在不確定自己的感受為何時，才會從自己的行為來推論自己的感受。要是你清楚知道自己喜歡古典樂，你就不需要藉由觀察自己的行為來發現這一點了（Andersen, 1984; Andersen & Ross, 1984）。但是，你的感受可能曖昧不明，你從來不知道自己喜不喜

因果理論

對於自己感覺和行為原因的理論，我們常從所處文化中習得這些理論，例如「小別勝新婚」

自我知覺理論

當我們的態度和感受處於不確定或模稜兩可的狀態時，我們會藉由觀察自己的行為和該行為發生時的情境，來推論自己的態度和感受

社會心理學
Social Psychology

歡古典樂。如此一來，你便非常有可能藉由自己的行為來瞭解自己的感受（Chaiken & Baldwin, 1981; Wood, 1982）。

第二，人們會判斷自己的行為是否真正反映了自己的感受，還是受到了情境的影響。如果是你自己選擇要收聽古典音樂頻道（沒有人指使你這樣做），那麼你很有可能認為是自己喜歡古典樂，才會聽該頻道。但是，如果是你的朋友（而不是你）把收音機調到貝多芬交響樂的頻道，你就不太可能會說是因為你自己喜歡，才邊開車邊聽古典樂。

這聽起來是不是有點熟悉？在第四章，我們已經討論過歸因理論，也就是人們如何藉由觀察他人的行為來推論他人的態度和感受。根據自我知覺理論，人們也會用類似的方法，來推論自己的態度和感受。舉例來說，如果你要判斷某個朋友喜不喜歡古典樂，你可能會觀察她的行為，進而解釋為何她會如此做。例如，你可能會注意到，她總是在沒有壓力的情境下聽古典樂——並沒有人逼她在手機上播放莫札特音樂。因此，你可能會對她的行為做出內歸因，認為她就是喜歡莫札特。自我知覺理論主張，我們也用同樣的方法來推測自己的感受：先觀察自己的行為，再對自己行為的原因進行歸因（Aucouturier et al., 2016; Schrift & Parker, 2014; Olson & Stone, 2005; T. D. Wilson, 2002）。事實上，我們從自己行為推論的不只是態度和喜好。接下來我們可以看到，我們還會推論自己行為的情緒。

瞭解我們的情緒：情緒二因論

你能在任一時刻判斷自己的情緒為何嗎？是生氣或是害怕？這個問題也許聽起來很愚蠢：我們想都不用想就能知道自己的感受吧？不盡然如此。我們的情緒經驗與前述的自我知覺理論有些共同點。

Stanley Schachter（1964）提出一個關於情緒的理論，他認為我們論斷自己的情緒，就如同判斷自己是什麼樣的人，或如同判斷自己對數學遊戲多有興趣一樣，都是經由觀察自己的行為來解釋自己為何表現此行為。唯一不同的是我們所觀察的行為類型。Schachter認為，我們會觀察自己的內在行為——亦即生理激動的感受。假如我們感受到激動，我們會嘗試著找出引起的原因。例如，假若你某日跑了三哩路，正走回你的宿舍。你轉了個彎，差點撞上一名外表非常好看的人，正是你在心理學課堂

上剛認識的同學。你的心怦怦地跳動，你感到有點出汗。這是因為你遇到令你心花怒放的新朋友，還是因為你剛跑完步？

Schachter的理論稱為情緒二因論（two-factor theory of emotion），因為我們是透過兩個步驟來瞭解自己的情緒狀態。首先，我們必須經歷到激動狀態且感受到它的存在。第二，因為我們難以指出自己生理狀態的原因，我們只好利用情境資訊來幫助我們為自己的激動狀態做出歸因（見**圖5.4**）。

為了測試這個理論，Stanley Schachter和Jerome Singer（1962）設計

情緒二因論

此理論認為情緒經驗是兩階段自我知覺歷程和結果：人們先經歷到生理激動狀態，接著對此狀態尋找適當的解釋

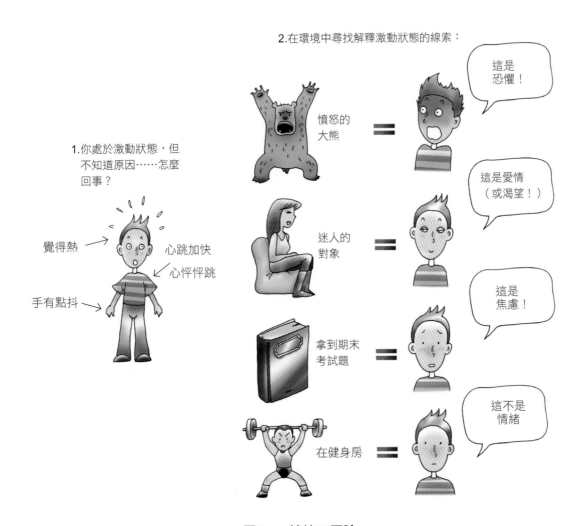

圖5.4　情緒二因論

人們先經驗到生理激動，然後才找原因解釋何以激動（黃建中繪製）。

了一項著名實驗。想像你是此實驗的參與者。實驗過程如下：當你抵達時，實驗者告訴你，他正在研究維他命Suproxin對人類視力的影響。在醫生替你注入少量的Suproxin後，實驗者要你等候藥效發生作用。他將你介紹給另一位實驗參與者。他說這位參與者也接受Suproxin的注射。實驗者給你們每人一份問卷調查去填，並告知過一會兒後，他會回來為你們做視力測驗。

你看看問卷，發現裡面有些是非常隱私且具侮辱性的問題。例如，「除了你父親之外，你母親還跟多少男人有過婚外情？」（Schachter & Singer, 1962, p. 385）。對於這些侮辱人的問題，另一位參與者反應憤怒，他愈來愈生氣，最後把問卷撕掉，丟棄於地上，踩步離開房間。你認為你會有何感受？你也會生氣嗎？

你可能猜到，這個實驗真正的目的不在於測試人們的視力。實驗中同時操控了兩個變項：激動狀態，以及對激動狀態的情緒解釋。並且觀察人們會經驗到什麼情緒。實驗參與者並沒有真的被注射維他命藥劑。取而代之的是，一部分參與者被注射了epinephrine，這是一種可引起生理激動的賀爾蒙（能使體溫升高、心跳加速且呼吸急促），另一部分參與者則被注射一種不會引起任何生理效應的安慰劑。

想像一下，若你接受了epinephrine的注射，你將有何感受：當你讀到那些具侮辱性的問卷時，你開始感受到激動。注意，實驗者並沒有告訴你藥劑是epinephrine，所以你並不知道是藥劑讓你感到激動。另一名實驗參與者（他其實是實驗助理）則反應憤怒。你很可能推論，你之所以感到臉紅激動，是因為你也很生氣。你感到激動，這是Schachter（1964）指出的必要條件，並且你從周遭環境找到一個可以合理解釋激動狀態的原因，然後你非常憤怒。實驗結果正是如此，接受epinephrine注射者的反應，比那些接受安慰劑者的反應更生氣。

Schachter的理論有一項有趣的意涵，亦即人們的情緒或多或少是任意而發，端視人們對激動狀態所找到的最合理解釋為何。Schachter與Singer（1962）以兩種方式來表示這項想法。首先，他們的研究顯示，若提供人們一個非情緒性的解釋，說明他們為何會有激動狀態，便可以避免人們生氣。為了驗證這一點，研究者告訴那些接受epinephrine注射的人，注射此藥劑將引發他們臉紅心跳，並且手會稍微抖動。當人們確實開始出現這些

感受時，他們推論這並非因為自己感到生氣，而是因為藥效發作之故。結果，這些參與者並沒有對問卷發脾氣。其次，Schachter與Singer的研究顯示，若改變參與者對激動狀態的最佳解釋，即可改變參與者體驗到的情緒。在另一項實驗情境中，參與者接受epinephrine注射，但沒有收到侮辱人的問卷。另一參與者（實驗助理）也沒生氣，反而表現出快活、輕鬆的樣子，將紙捲成棒子來打棒球、做紙飛機、玩房內的呼拉圈。參與者會如何反應？此時這些參與者會推論，他們之所以臉紅心跳，是因為既高興又快活，並且通常會加入遊戲。

　　Schachter與Singer的實驗已成為社會心理學中極為著名的研究，因為此一實驗顯示了，人們的情緒也可能是自我知覺過程的結果：人們會為自己的激動狀態找尋最合理的解釋。有時候，最合理的解釋並不是正確的解釋，也因此人們會經歷錯誤的情緒。在Schachter與Singer（1962）的研究中，感到生氣或快活的人，是因為他們體驗到激動狀態，而且前者認為這是由於令人厭惡的問卷所致，後者則認為是受到同伴輕鬆快活的行為所感染。因為他們不知道造成激動狀態的真正原因（epinephrine藥劑），所以參與者只能根據當時的情境線索，來解釋自己的行為。

找錯原因：激動狀態的錯誤歸因

　　日常生活中，人們是否會像Schachter及Singer（1962）研究參與者那樣產生錯誤的情緒？有人可能會說，在日常生活中，人們通常知道自己為何感受到激動。假若有人從背後拿著槍指著你說「這是搶劫」，你會感到激動，並且正確地知道這是由害怕所引起的。當我們與朝思暮想的男性或女性散步於月光下的沙灘時，心臟怦怦地跳，我們會認為這是因為愛或性的吸引所致。

　　然而，在許多日常狀況中，對激動狀態的合理解釋不只一種，而且也很難斷定有多少激動程度是由某一因素所造成，而又有多少程度是由於其他因素所造成。想像一下，你跟某位非常吸引你的約會對象去看一部恐怖片。當你坐在電影院，你感到心跳加速、呼吸急促。這是因為你的情人吸引了你呢？還是因為電影令你害怕？你不可能說「57%的激動是來自情人的吸引力，而32%來自令人害怕的電影，另外11%是因為吃下的爆米花尚未消化」。由於難以準確地指出造成激動狀態的原因，我們有時會產生

錯誤的情緒。你也許會認為大部分的激動狀態來自情人的吸引力，然而事實上可能有很大部分是來自電影的恐怖感（甚或有部分來自未消化的爆米花）。

若是如此，你便已經驗到**激動狀態的錯誤歸因**（misattribution of arousal），也就是對於自己的感受做出錯誤的原因推論（Anderson et al., 2012; Bar-Anan, Wilson, & Hassin, 2010; Rydell & Durso, 2012; Zillmann, 1978）。Donald Dutton與Arthur Aron（1974）做過一項有趣的田野實驗。在英屬哥倫比亞境內的某處公園中，一位年輕漂亮的女子向男性遊客要求做份問卷調查。這份心理學問卷的研究主題是關於美麗風景對人們創造力的影響。填答完畢後，這位女子表示感謝，並且說她可以找時間，詳細解釋她的研究計畫。她在問卷上撕下一角，寫下她的名字及電話號碼，表示若想進一步會談，可以用電話跟她聯絡。你認為這名女子會吸引填答的男性嗎？他們會打電話約她嗎？

這是一個很難回答的問題。無疑地，這要看填答男性是否有其他女人可以約會或有多忙等條件。然而，也可能要看他們如何詮釋正經歷的身體狀況。如果他們因為外在理由造成激動狀態，也許他們會誤認為是由於這位年輕女子的吸引力所致。為了測試這個想法，Dutton與Aron（1974）請女子在兩種非常不一樣的狀況下接近公園內的男性。

其中一項情境是在一座四百五十英尺長的木製吊橋旁，橋下是深谷。走這座吊橋時，必須彎腰抓住非常低的吊橋扶手。在吊橋上走一小段之後，會有大風使得吊橋左右搖動。這是恐怖的經驗，大部分的人走過吊橋後，都會相當激動：心跳快速、呼吸急促、身體出汗。正在此時，一位美麗的女子上前請求剛走過橋的男性填答問卷。你覺得此狀況下，這名男性會覺得她有多美？

另一個情境是，等走過吊橋的人坐在公園的板凳上休息一陣子之後，這名女子才上前請求填答問卷。填答者有時間及機會讓自己平靜下來。

當人們因某項理由而引起激動狀態（例如走在令人害怕的吊橋上），他們往往將此一激動狀態做錯誤歸因（例如認為受到周遭某人外貌所吸引）。

心跳不再激烈，呼吸也恢復正常。當這位女子要求這些男性做問卷時，他們正安詳地欣賞風景。你覺得她會多吸引這些填答的男性？Schachter的二因論預測：剛過橋的男性比坐著的男性更加激動，可能會誤認激動的部分原因是這位美麗女子的吸引力。實驗結果也是如此。大部分在橋旁被要求填答的男性，事後都打電話給這位女士並要求與她約會（見**圖5.5**）。許多研究都發現這類激動狀態錯誤歸因的現象，而且男女皆然（例如，Meston & Frohlich, 2003; Zillmann, 1978）。這項研究的教訓是，假如你遇到一位吸引人的異性，並且你感到心跳加劇，請留意為什麼你會如此激動——不然你也許會因為錯誤的理由而墜入愛河！

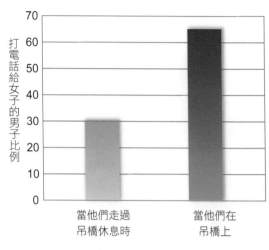

圖5.5 激動狀態的錯誤歸因

走在高空吊橋的參與者遇到一名女子請求填寫問卷，之後邀約那位女子的比例相當高。但如果是走過吊橋正在休息時才做同樣問卷的參與者，打電話邀約那位女子的比例顯著較低（整理自 Dutton & Aron, 1974）。

　　總結本節所言，人們認識自己的方式之一（包括自己的態度、動機和情緒），就是觀察自己的行為，以及行為發生的環境。這包括自己的內在行為（例如，他們是否自行選擇聽收音機的古典音樂），以及身體反應（例如，與陌生人說話時是否心跳快速）。我們接著探討自我知覺的另一個例子，就是推論我們的動機。

內在與外在動機

　　我們已經知道人們如何將自己的行為當作重要資訊，瞭解自己的態度和情緒。現在我們要將人們的歸因轉向自己的動機。例如，人們會認為自己從事某事情是因為興趣，或是因為可以得到好處（例如錢）？這有什麼關係？

　　許多研究領域（包括教育）很想瞭解人們的行為動機。假設你是一名小學老師，你想讓你的學生愛好閱讀。你不只是想讓學生讀更多書，你還想讓他們喜好閱讀。你會怎麼做呢？這不是容易的事，因為有太多其他事物會吸引你的學生，包括電視、電子遊戲和社群媒體。

　　如果你和許多教育者一樣，你可能會認為，獎勵學生閱讀會是一個好方法。也許這可以讓孩童放下遊戲控制器，拿起書本，然後慢慢喜愛讀

社會心理學
Social Psychology

許多計畫試圖利用酬賞鼓勵兒童閱讀，但這些計畫究竟是提升還是減損孩子對閱讀的喜愛呢？

內在動機

從事某項活動的欲望，是源於喜歡該活動，或覺得該活動有趣，而非由於外在酬賞或壓力

外在動機

從事某項活動的欲望，是因為外在酬賞或壓力，而非因為我們喜歡該活動，或覺得該活動有趣

書。過去許多老師常常以笑容或金色星星獎勵兒童，近來他們還採用更吸引人的獎勵，例如糖果、巧克力棒和玩具（Perlstein, 1999）。一家連鎖披薩店為了鼓勵孩童閱讀，只要小學生閱讀一定數量的書籍，就可以領到免費披薩交換券（請見 "Book It!" 網站www.bookitprogram.com）。某個學區更進一步，使用現金獎品，獎勵段考進步的高中生（Hibbard, 2011）。

　　無疑地，獎勵是有力的誘因，披薩和金錢確實激勵了孩子。心理學有一個最古老的基本原理稱為正向酬賞（positive reinforcement），亦即在行為之後給予獎勵，則該行為的發生頻率將會增加。無論是老鼠壓桿以獲取食物，或是小孩讀書以獲得免費披薩，獎勵確實能改變行為。

　　但是人不是老鼠，我們必須考量這種獎勵對於內心的影響——包括人們對自己的看法、他們的自我概念，以及未來對於閱讀的動機。例如，看書而獲取金錢或改變人們對於自己「為何」唸書的看法嗎？類似Book It!這種獎勵計畫的危險之處正是我們之前所提過的自我知覺歷程。孩子可能會漸漸認為，他們是為了賺取某物唸書，而不是因為唸書本身就是有趣的。當獎勵計畫結束，不再提供披薩或金錢時，孩子有可能讀得比以前少。

　　這尤其可能發生在原本已經喜歡閱讀的孩童身上。這些孩童具有高度內在動機（intrinsic motivation），亦即從事某項活動的欲望，是源於喜歡該活動或覺得該活動有趣，而非由於外在酬賞或壓力（Deci, 2016; Harackiewicz & Elliot, 1993, 1998; Harackiewicz & Hulleman, 2010; Hirt et al., 1996; Hulleman et al., 2010; Ryan & Deci, 2000）。他們從事活動的理由就是因為自己喜歡，亦即讀書時感到愉悅。換言之，閱讀成了遊戲，而非工作。

　　當孩童開始因為閱讀而獲得獎勵，會發生什麼事？原本閱讀是由於內在動機，現在卻出現外在動機（extrinsic motivation），亦即從事某項活動的欲望，是因為外在酬賞或壓力，而非因為喜歡該活動或覺得該活動有趣。根據自我知覺理論，在這種情況下，人們往往會以為他們是受獎賞

所激勵，而非因為內在興趣。結果很不幸地，獎勵可使人們對原本感到愉悅的活動失去興趣。這稱為**過度辯護效應**（overjustification effect）——也就是認為自己的行為起因於難以抗拒的外在因素（如酬賞），以至於低估了內在因素引發該行為的程度（Deci, Koestner, & Ryan, 1999a, 1999b; Harackiewicz, 1979; Lepper, 1995; Warneken & Tomasello, 2014）。

過度辯護效應
人們認為自己的行為起因於難以抗拒的外在因素，以至於低估了內在因素引發該行為的影響力

例如，一項研究請小學四、五年級的老師們向學生介紹四種新的數學遊戲。在為期十三天的基礎練習期間，老師記下每位學生玩每種遊戲的時間有多長。如**圖5.6**最左邊的線段所示，孩童們起初對這些數學遊戲有些內在興趣，在基礎練習期間玩了數十分鐘。往後數天，加入了獎賞辦法。玩數學遊戲可以獲得點數，藉以換取證明或獎品。如我們所預料，孩童玩遊戲的時間增長了（見**圖5.6**中央線段）。

關鍵問題是實驗最後階段，當不再給予孩童獎勵之後，會發生什麼事？正如過度辯護效應預測，獎賞取消後，孩童們玩遊戲的時間遠少於基礎練習期所花的時間（見**圖5.6**最右邊的線段）。研究者將此一結果與控制組的狀況相比較，發現是獎勵降低了人們對遊戲的喜愛程度，而不是

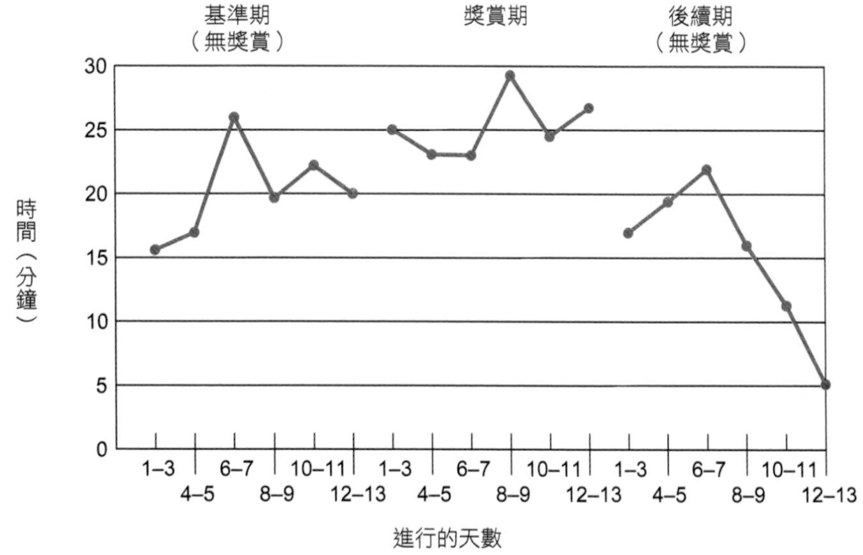

圖5.6　過度辯護效應

研究人員先在基準期測量小學生玩數學遊戲的時間。在獎賞期，則以披薩券鼓勵他們玩數學遊戲。當不再給予披薩券之後（後續期），兒童玩遊戲的時間甚至比基準期還短，顯示他們的內在興趣降低了（整理自Greene, Sternberg, & Lepper, 1976）。

因為對遊戲感到無聊。簡言之，獎勵破壞了兒童對於這些遊戲的內在興趣，以至於他們到了研究後期幾乎不玩這些遊戲了（Greene, Sternberg, & Lepper, 1976）。

內在動機減損的問題不只發生在學校。因為表現優秀而拿到高額合約的專業運動員會如何？Mark White和Ken Sheldon（2014）比較NBA籃球員與大聯盟棒球員在合約到期前一年、再議合約當年，以及拿到獎勵合約後一年的表現。球員於再議合約期間的表現優於先前表現，可能是因為此時外在酬賞相當顯著：他們表現得愈好，得到的錢愈多。但是接下來一年（拿到獎勵合約後一年）的表現大多低於前面兩年。例如，NBA球員在議約當年的平均得分高於前一年，而他們最低平均得分通常是在簽到鉅額合約後一年。這類相關研究無法確定因果關聯，不過此發現與前述現象符合：當酬賞移除或不再明顯之後，人們的內在動機會因先前酬賞而降低。

我們要如何保護內在動機，以免它們受到社會獎勵制度的摧殘呢？幸好有些條件可避免過度辯護現象發生。一開始要先有興趣，獎勵才會破壞內在興趣（Calder & Staw, 1975; Tang & Hall, 1995）。假如某個孩童對閱讀一點興趣都沒有，那麼以免費披薩獎勵他開始讀書，倒不失為好方法，因為他毫無興趣可遭減損。

以任務為條件
的獎勵
只需完成任務即可獲得獎勵，不管表現是好是壞

以表現為條件
的獎勵
以表現好壞作為給予獎勵的標準

此外，不同類型的獎勵也會造成不同影響。到目前為止，我們討論的是以任務為條件的獎勵（task-contingent rewards），也就是人們只需完成任務即可獲得獎勵，不管表現是好是壞。例如，在披薩計畫中，孩童是因讀書數量獲獎勵，而不是讀得多認真。有時候，人們會使用以表現為條件的獎勵（performance-contingent rewards），這是以表現好壞作為給予獎勵的標準。例如，當學生考試進步才給予金錢獎賞，而非只是參加考試就好。這一類型的獎勵比較不會減少人們對活動的興趣，甚至可能使之提高，因為獲得這種獎勵顯示你擅長此事（Deci & Ryan, 1985; Pulfrey, Darnon, & Butera, 2013）。因此，與其只要當孩子接觸數學遊戲就給予獎賞（以任務為條件的獎勵），不如當孩子在數學表現優良時才給予獎勵（以表現為條件的獎勵）。然而，以表現為條件的獎勵必須小心使用，否則可能會帶來後遺症。雖然這類獎勵可以傳遞正向的回饋，但是人們在受到評鑑時可能會感到壓力，如此會損及他們的表現，而且降低他們對活

動的內在興趣（Harackiewicz, 1989; Harackiewicz, Manderlink, & Sansone, 1984）。訣竅在於給予正向回饋時，不使人因受評價而感到緊張或憂慮，造成過度壓力。

心態與動機

還有另一種可能，使人們的自我知覺影響其動機，就是透過他們對於自己能力的知覺。有些人認為自己的能力一成不變，他們只是擁有或未擁有某些能力。心理學家Carol Dweck（2006）將此信念稱為固定心態（fixed mindset），亦即認為自己擁有的是一些固定、無法改變的能力。根據這樣的信念，我們所擁有的是固定的智能、運動能力和音樂才華等等。另外一些人則認為能力是磨練出來的。這是Dewck所謂的成長心態（growth mindset），亦即認為自己的能力可以經由鍛鍊而成長改變。研究顯示，人們所抱持的心態與他們的成功非常有關。抱持固定心態者，遇到失敗較容易放棄，而且較不會努力磨練他們的技術。畢竟他們認為，失敗顯示出他們就是做不到。抱持成長心態者則將失敗視為努力改進的機會（Claro, Paunesku, & Dweck, 2016）。

固定心態

認為自己擁有一些固定且無法改變的能力

成長心態

認為自己的能力具有可以鍛鍊和成長的性質

心態不只對運動表現很重要，還包含我們如何看待各種能力，包括我們的學業表現。許多學生剛進大學便遭到打擊，你可能在心理學或數學課上得到比預期還低的分數。你對於你的糟糕成績有何反應？Dweck的研究顯示，對於智能抱持固定心態的學生，之後考試較可能放棄，而且分數更低；然而，抱持成長心態的學生較可能加倍努力，而得到更好的成績。因此，下次你遇到失敗時——無論是課業、運動或人際關係——你不妨視為是努力改進的機會，而不是認為自己「就是做不到」。

藉由他人認識自己

我們的自我概念並非孤立地發展而成，還會

你認為這個人天生就有攀岩的能力嗎？她可能經過長年訓練和練習，才能登峰造極。然而，抱持固定心態的人會認為這不可能，而且不願嘗試。成長心態的人較可能相信所有事都可能，只要找到正確方法且努力不懈，最終必有所成。

＃趨勢

課堂中的成長心態

　　想像一群九年級學生在課堂上努力學習，可能是數學或英文。根據本章針對心態的研究，他們最好相信，透過努力與正確方法便可以讓自己進步（成長心態），而非認為自己做不到（固定心態）。不過，面對一大群學生，可以用標準的方法教導他們成長心態嗎？

　　為了瞭解這點，David Yeager和其同僚（2016）針對九間中學，超過三千名九年級學生，執行了一項大膽的研究。半數學生被隨機選上，在電腦教室每週上兩次成長心態課程。這課程會解釋何謂成長心態，並強調努力、找到新的學習方法，以及求助課業教材的重要性。此課程內容輔以其他學生的經驗故事，以及名人演說作為楷模，並讓學生寫下應用心得。另外半數學生則為控制組，他們會上課，但不包含上述成長心態內容。

　　結果如研究者預期，成長心態課程對於成績好的學生沒有效果，因為他們的課業表現已經很好。但如預期，這課程對於低成就學生有所幫助。相較於控制組，成長心態課程組的低成就學生成績進步較多。但差異並不大，例如成長心態課程可以使低成就學生拿D或F成績的比例，從46%降到39%。不過如此簡單經濟的教學法（兩次電腦課）就有成效，仍值得鼓勵。

受到周遭他人的影響。如果我們從未與他人互動，那麼我們的自我形象會模糊一片，因為我們將不知道自己與他人在自我上有何不同。還記得前面提到的鏡子與紅點實驗嗎？那是用來測試動物是否擁有自我概念的實驗。這項測試經過一些調整之後，顯示出社會互動對於發展自我概念極為重要。Gordon Gallup（1997）比較了在正常的家族環境下長大的黑猩猩，以及單獨被養大、完全與社會隔離的黑猩猩。那些有社交經驗的黑猩猩「通過」了鏡子測試——牠們會利用鏡中的影像很快地找到自己頭上的紅點。然而，那些與社會隔離的黑猩猩對鏡中的影像完全沒反應——牠們無法認出鏡中的自己，亦即可能未發展出自我感。

藉由與他人比較來認識自己

　　我們如何藉由他人認識自己？方法之一是看我們勝過別人多少，以衡量我們自己的能力或態度。假設你的辦公室要設立一項慈善基金，你可以根據你每個月的薪水，盤算要捐給慈善機構多少錢。你打算一個月捐一千五百元，這有多慷慨？你會對自己的善行感到自豪嗎？回答這些問題的方式之一，就是跟其他人比一比。假如你發現你的朋友小蘇每個月只捐

三百元，你可能會認為自己是個樂於助人的大善人。但是，如果你發現小蘇每個月捐三千元，你大概不會覺得自己很慷慨。

這例子正是社會比較理論（social comparison theory）要說明的現象。此理論是由Leon Festinger首先提出（1954），經過許多人修正（Buunk & Gibbons, 2013; Hoorens & Van Damme, 2012; Suls & Wheeler, 2000; Swencionis & Fiske, 2014）。此理論主張，人們會透過與他人的比較來瞭解自己的能力與態度。社會比較理論環繞著兩個重要問題：人們何時會做社會比較？人們會選擇與何人做比較？第一個問題的答案是，當人們沒有客觀標準可衡量自己，以及在特定領域對自己感到不確定時，就會進行社會比較（Suls & Fletcher, 1983; Suls & Miller, 1977）。如果辦公室捐款活動才剛開辦，而且你不確定自己有多慷慨，你便非常可能將自己與他人比較。

至於第二個問題──人們會和誰比？這要看你的目的是想準確評估自己的能力、確定你想努力達到的標竿，還是讓自己覺得好過。為了說明目的之重要性，假想現在是開學第一週，你修了西班牙文課，你想知道自己的能力以及在這門課能表現得多好。你會將自己和誰做比較：是和一位曾在西班牙住過兩年的同學比較，或是和一位隨便選到這門課、且從未學過西班牙文的同學比，還是與你有相似背景的某位同學比？

如果你的目的是想準確評估自己的能力，那麼你自然會跟那些背景和自己最相似的人做比較（Goethals & Darley, 1977; C. T. Miller, 1982; Suls, Martin, & Wheeler, 2000）。如果某名西班牙文背景與你相似的人表現不錯，你大概也做得到（Thornton & Arrowood, 1966; Wheeler, Koestner, & Driver, 1982）。

如果你的目的是想知道什麼才是努力企求的優秀標竿，你便可能會做向上社會比較（upward social comparison），亦即和那些在特定特質或能力上比你優秀的人做比較（C. Johnson, 2012）。也就是說，如果你想知道「最頂尖」的表現是如何，夢想自己有一天能成為那樣。你顯然會將自己與那位曾經住過西班牙的同學比較，看看他在課堂上的表現如何。不過，向上比較有可能令人感到沮喪，使我們自慚形穢。我們的西班牙語永遠不可能像住過西班牙的那名同學一樣好！（Beer, Chester, & Hughes, 2013; Normand & Croizet, 2013; Ratliff & Oishi, 2013）如果我們的目的是想

社會比較理論
此理論主張，人們會透過與他人的比較來瞭解自己的能力與態度

向上社會比較
和那些在特定特質或能力上比我們優秀的人做比較

向下社會比較
和那些在某個特徵或能
力上比我們差的人做比
較

對自己感到滿意並強化自信，那麼我們最好做向下社會比較（downward social comparison），亦即和那些在特定特質或能力上比自己差的人做比較（Arigo, Suls, & Smyth, 2014; Aspinwall & Taylor, 1993; Wehrens et al., 2010）。也就是說，如果你將自己在課堂上的表現與那位第一次學西班牙文的同學相比，你可能會對自己的能力感到自豪，因為你一定能勝過他。另一個例子是，根據研究訪談發現，大多數癌症病人都會不斷與那些比自己病情嚴重的人比較，這樣會使自己對病情較為樂觀（Wood, Taylor, & Lichtman, 1985）。

還有一種可以讓自己感覺不錯的方法，便是將自己現在的表現與過去做比較。這其實也是一種向下社會比較，只是比較基準是「過去的自己」，而不是別人。一項研究發現，人們將現在的自己與過去較差勁的自己比較之後，感到比較舒服。例如，一名同學說她「大學時的自己」較外向且善於交際，「高中時的自己」則是害羞內向（Ross & Wilson, 2003; Wilson & Ross, 2000）。

綜合而言，我們的目的會影響我們的比較對象。當我們要準確地認識自己的能力與看法時，我們會與自己相近的人比較。當我們要確定我們努力的目標時，我們會做向上社會比較。最後，當我們想使自己感覺較舒服，我們會拿那些比自己差的人（包括過去的自己）相比，也就是向下比較。

採用他人的觀點來認識自己

如我們所見，有時候我們會將他人當作量尺，用來評斷我們自己的能力。然而，我們對社會世界的看法，常常採用朋友的看法。你是否注意到，相處在一起的人對事情常抱持同樣的看法？也許住在同寢室的某群室友都支持自由派政策，而且都喜歡看《紙牌屋》（*House of Cards*）。而隔壁寢室的同學都是極端放任主義者，而且都熱愛看《權力遊戲》（*Game of Thrones*）。這現象的解釋之一是「物以類聚」，亦即觀點相似的人會互相吸引，比相異者更容易成為朋友。我們會在第十章討論「物以類聚」這項假設（Newcomb, 1961）。

另一個解釋是，至少在某些情況下，人們會採用常與自己相處者之觀點。Charles Cooley（1902）將此現象稱為「鏡中自我」（looking glass self），亦即我們會採用別人看待我們自己以及看待世界的觀點。最近的研究顯示，當兩個人想一起相處時更是如此（Hardin & Higgins, 1996; Huntsinger & Sinclair, 2010; Shteynberg, 2010; Skorinko & Sinclair, 2013）。如果你的一位親密朋友非常喜歡《權力遊戲》，你大概也會喜歡。

朋友之間會互相影響想法，這並不稀罕。較令人驚訝的是社會調節（social tuning），也就是我們採納他人態度的歷程——即使我們第一次遇到某個人，如果我們想與其相處，也會採納對方的態度。而且我們可能並未意識到社會調節。例如，Stacey Sinclair與其同僚的研究（Sinclair et al., 2005）讓大學生獨自參加實驗。半數實驗情境中，實驗者穿著一件T恤，上面印著反種族歧視的字 "eracism"；另一半情境中，實驗者並未穿此衣服。這個實驗想要觀察的是，當實驗者穿著反種族歧視的衣服時，參與者是否會下意識地將自己的觀點「調節」成為如同實驗者的反種族歧視觀點？

實驗假設是，參與者只有在喜歡實驗者且與其相處時才會如此。因此，實驗中操弄了參與者對實驗者的喜好。在討喜的情境中，實驗者會感謝參與者參加實驗，並且拿出一盒糖果請他。在不討喜情境中，實驗者將糖果盒推到旁邊說：「別管這個。我們實驗室有一些人就是喜歡請參與者吃糖果，不過我想你是想要加分吧！」（Sinclair et al., 2005, p. 588）。再次強調，半數時候實驗者穿著反種族歧視衣服，半數時候則否。

下一步是測量參與者在實驗者穿著反歧視衣服時，是否下意識地採取同樣觀點。實驗者讓參與者在電腦上進行自動式偏見測驗。實驗細節不重要，我們將在第七章和十三章說明。重點是參與者此時並不知道測驗的目的，它其實是測量參與者對於黑人的下意識偏見。實驗結果如同假設，當實驗者討人喜歡，且穿著反種族歧視衣服時，相較於未穿著該衣服，參與者的自動化偏見較低（見圖5.7左側，分數愈低表示偏見愈低）。參與者不自知地將自己的觀點「調節」成同意實驗者。

當實驗者不討喜時又如何？如圖5.7所示，參與者似乎反對他的觀點：實驗者穿著反種族歧視衣服時，比未穿著該衣服，參與者的自動化偏見較高。這項實驗顯示，我們會自動地傾向採納我們所喜歡者之觀點，而且會自動地拒斥我們所討厭者之觀點。

社會調節
人們採納對方的態度的歷程

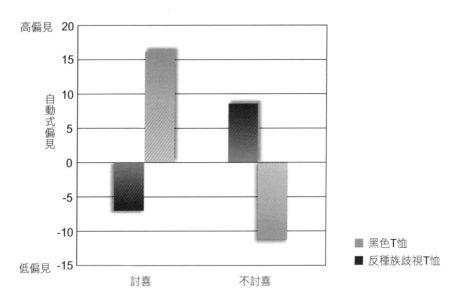

圖5.7 討喜實驗中的社會調節

參與者參加一項對黑人的自動式偏見測試。他們先與一名討喜或不討喜的實驗人員互動,該實驗者穿著一件反種族歧視T恤或黑色T恤。當討喜的實驗者穿著反歧視T恤時,比穿著黑色T恤時,參與者較不會出現自動式偏見(數值愈高,表示對黑人的偏見愈高)。對於不討喜的實驗者,參與者則反對他的立場:此實驗者穿著歧視T恤時,比穿著黑色T恤時,參與者表現出更高的自動式偏見。此實驗顯示,人們傾向自動地採納他們所喜歡之對象的觀點,而且自動地拒斥其討厭對象的觀點(整理自Sinclair, Lowery, Hardin, & Colangelo, 2005)。

複習題

1. 當人們注意到自己時,他們將:

   a. 以自己的內在標準和價值觀來評價和比較自己的行為。

   b. 較不會酗酒和暴飲暴食。

   c. 較不會遵循自己的道德觀。

   d. 幾乎總是喜歡自己對自己的看法。

2. 假想你的朋友小梅說「如果我沒有睡足八小時,第二天心情就會很差。」根據社會心理學的研究,對於她這說法的最佳結論是什麼?

   a. 她可能是對的,因為人們通常能夠知道造成自己感覺的原因。

   b. 她可能是錯的,因為人們很難知道造成自己感覺的原因。

   c. 如果她先列出平時造成她好心情或壞心情的原因,她就可能是對的。

   d. 她的說法可能是根據因果理論,這可能對也可能錯。

3. 以下何者最能描述自我知覺理論?

   a. 「我可能不知道原因,但我知道我喜歡什麼。」

   b. 「除非我知道我做了什麼,不然我常不知道我喜歡什麼。」

c.「我喜歡古典音樂，因為我太太常常演奏。」

d.「當我聽到喜愛的歌時，內心就有一股暖流。」

4.假想你為人父母，而且希望你的小孩在學校表現良好，以下何者是最佳做法？

　a.告訴他們天生就有學業天賦。

　b.告訴他們學業能力可以努力鍛鍊。

　c.當他們還小時，每讀一本書就給些錢。

　d.告訴他們智力是遺傳的，而你們家族在這點很優秀。

5.以下哪個狀況中，Khalid最可能愛上Heather？

　a.Khalid不確定是否要約Heather，於是運用內省思考對她的感覺。

　b.Khalid不確定是否要約Heather，但Heather室友表示如果他去約會，會幫他做微積分作業，於是Khalid約了Heather。

　c.Khalid和Heather一起去長跑。Heather在休息幾個小時之後擁抱Khalid，並說很喜歡他。

　d.Khalid和Heather差點發生嚴重車禍，兩人都嚇壞了。然後Heather擁抱Khalid，並說很喜歡他。

6.Mariana是高一新生，想要參加壘球校隊。為了準確評估自己的壘球能力，她應該和誰做比較？

　a.去年隊中表現最佳的舊生。

　b.比Mariana更不熟悉壘球的新生。

　c.隊上教練。

　d.跟Mariana有類似壘球經驗的新生。

7.關於社會調節，以下何者正確？

　a.人們有意識地決定是否同意他人的看法。

　b.只有當一開始就大部分同意對方時，人們才會採納他人看法。

　c.當想和對方相處時，人們非常可能會接納他人看法。

　d.西方文化中的人比亞洲人更可能進行社會調節。

自我控制：自我的掌控功能

學習目標5.3　比較人們何時可能成功地自我控制，而何時可能失敗

　　你現在是否有比讀這本書還更想做的事？去吧，承認吧：你想找朋友玩、追劇或是小睡一下。你還在嗎？若是如此，你正在展現自我控制（self-control），也就是抑制自己當下欲望（例如睡覺），以達成長遠目標（例如讀完這章且獲得好成績）。

　　自我的一項重要功能就像是執行長一樣，選擇目前以及未來要做的事（Carver & Scheier, 1998; Kotabe & Hoffmann, 2015; Mischel, Zeiss, & Ebbesen, 1972; Vohs & Baumeister, 2011）。人類是獨特的物種，例如我們可以想像未來可能發生的事情，並做長期計畫。我們正是依靠自我來進

行計畫與控制行為（Gilbert, 2006; Gilbert & Wilson, 2007）。有時這很容易，因為我們的目標清楚且不難達成。但有時比較困難，因為我們為了達成目標（例如獲得好成績），必須避開眼前阻礙我們的娛樂（例如追劇）。調節行為並做出最佳選擇，這說起來簡單，做起來難，任何想要節食或戒除壞習慣的人都瞭解這一點。不過請振作，社會心理學家已找到一些策略可增進自我控制能力。

我們先看看不良的方法。若只是不去想著誘惑，並無法不受其影響。事實上，我們愈想抑制思考某些事，例如前男友或冰箱裡的冰淇淋，這些事物就愈會停留於思緒中（Baird et al., 2013; Wegner, 1992, 1994）。再者，若只是一直想著長期目標及其重要性，也是無濟於事（Webb & Sherran, 2006）。那要怎麼辦？

首先，最好能形成明確的執行意圖（implementation intentions），專注於需要展現自我控制的情境、清楚地規劃何時、何地、如何達成目標且避免誘惑（Gollwitzer, 2014; Oettingen & Reininger, 2016）。也就是說，不要只是對自己說「下次我在心理學考試之前，會好好用功」，而是要做出具體的計畫，考慮各種狀況，明確計畫你會如何且在何時念書，並且如何避免誘惑。例如，你可以如此計畫：「我會在星期四下課後去圖書館。而如果室友傳簡訊邀我晚上一起去玩，我會告訴她，讀完書之後才會去找她」。明確地計畫你打算如何克服阻礙。

其次，將環境安排成遠離誘惑干擾（Duckworth, Gendler, & Gross, 2016）。如果你覺得很難拒絕朋友傳訊邀約，那麼就把手機關掉，放到背包裡，直到你讀完書為止。如果無法抗拒冰淇淋的引誘，那就不要在冰箱裡放冰淇淋。如果你用筆電在課堂上做筆記，但卻發現自己一直上社群媒體，那就不要用筆電，改用手寫。

最後（這一點有些爭議），展現自我控制之前不妨好好休息（Baumeister, Vohs, & Tice, 2007）。根據此觀點，自我控制需要耗費能量，將能量花在某項作業上（例如抗拒吃冰淇淋），便限制了對其他事情進行自我控制可用的能量（例如繼續讀書而不和朋友去玩）。就好像跑了五英里之後，便很難馬上再參加籃球比賽。例如，在一項研究中，被要求抑制某個念頭（不要想白熊）的參與者，相較於未抑制思考的參與者，在第二個作業中，較無法調控他們的情緒（觀看喜劇片時不要發

執行意圖

清楚地規劃何時、何地、如何達成目標且避免誘惑

笑）（Muraven, Tice, & Baumeister, 1998）。雖然這兩個作業完全不同，研究者認為，在第一個作業中，人們耗用能量控制自己的行為與感覺，這使得他們難以在後續作業中控制自我。

雖然許多研究都顯示這種「耗竭效果」，但最近一些研究者無法複製其中一項研究，並且仍在爭議：花費能量對某項事情自我控制，是否真的會使後續事情更難自我控制（Baumeister & Vohs, 2016; Carter et al., 2015; Cunningham & Baumeister, 2016; Dang, 2016; Hagger et al., 2016）。顯然需要更多複製研究來解決此項爭議。

此時我們比較能確定，重要的是你有多相信意志力容易耗盡（Egan, Hirt, & Karpen, 2012）。相信意志力是無窮的人，從事困難事情時比較能夠堅持下去而不易耗竭（Clarkson et al., 2016; Job et al., 2015; Job, Dweck, & Walton, 2010; Vohs, Baumeister, & Schmeichel, 2012）。所以，如果你想要讀完本章，避免受誘惑且在心理學考試拿高分，請相信你一定有能力完成。

複習題

1. 某個下午，Rachel和老闆見面。老闆穿了一件Rachel看過最愚蠢的衣服。Rachel想要嘲笑老闆，但她知道這是壞主意。以下何種狀況下，Rachel最可能忍住嘲笑老闆？
   a. Rachel花了整個早上撰寫困難的報告，而且她相信意志力是有限的。
   b. Rachel花了整個早上撰寫困難的報告，但是她相信自己的意志力是無窮的。
   c. Rachel一直不斷告訴自己「不要想到老闆的衣服」。
   d. Rachel一直不斷告訴自己「千萬不要惹怒老闆」。

2. Eduardo很想要吃室友的餅乾，即使他室友不准他吃。以下何種狀況下，Eduardo最可能忍住不吃餅乾？

   a. 現在是中午，而且Eduardo早上很忙。
   b. Eduardo認為人們的意志力是有限且固定的。
   c. Eduardo早上去健身房運動許久。
   d. Eduardo把餅乾放在盒子裡，這樣就看不到了。

3. Tarek需要洗衣服，但是他非常忙。以下何種狀況下，他最可能會在接下來幾天內洗衣服？
   a. 他對自己說：「我明天晚上七點會去洗衣服，如果室友邀我打電動，我就跟他說等下再玩。」
   b. 他發誓會在明天洗衣服。
   c. 他發誓會在兩天之內洗衣服。
   d. 他發誓明天不會想著電動，所以他不會花時間打電動，而去洗衣服。

印象整飾：世界是個舞台

學習目標5.4　描述人們如何向他人展示想讓他人看到的一面

　　本章提及的最後一項自我功能是印象整飾（impression management），亦即人們試圖在他人面前呈現出想給對方看到的一面（Bolino, Long, & Turnley, 2016; Goffman, 1959; Schlenker, 2003）。每個人都想呈現出自己最好的一面。許多人會在臉書或Instagram放上自己的照片給人欣賞，或者在推特上發文吸引注意力。但偶爾有些政客做得太過頭。例如，1991年，以保守共和黨員著稱的David Duke參選路易斯安那州州長。他競選時遇到相當大的阻礙，因為他過去一直是個白人優越主義者和反猶太份子，並且在1989年曾出售納粹思想的書籍（Applebome, 1991）。為了吸引選票，他聲稱他不再支持三K黨和納粹主義，而他在1970年代卻是這類組織的一名領導者（或精神領袖）。他還嘗試進行美容手術改頭換面。多數選民未被Duke的選戰花招所愚弄，他也被民主黨候選人Edwin Edwards所擊敗。2003年，他被判刑十五個月，罪名是將支持者的捐款用於私人投資與賭博（Murr & Smalley, 2003）。

　　雖然像David Duke這樣過度粉飾的政客並不多，但是在政治界或花邊新聞的名人圈中，操弄公眾形象的現象並不少見。例如，Selena Gomez和Miley Cyrus從兒童節目的童星轉型成為成人大眾明星。如前所述，無論在網路或現實生活中，我們每個人都想展現最好的一面，整飾自己在別人

印象整飾實例：在1970年代，David Duke是美國三K黨的領袖；1991年，他成為保守的共和黨之中流砥柱，出馬競選路易斯安那州的州長。在這段期間，Duke的自我表現有相當大的不同。

心中的形象。正如Erving Goffman（1959）指出，我們就像是舞台上的演員，想盡可能說服「觀眾」（我們周遭的人）我們是某種樣子，即使我們其實不是。

逢迎和自我設限

人們會使用許多印象整飾策略（Jones & Pittman, 1982）。首先是逢迎（ingratiation），也就是運用奉承或讚美，讓對方喜歡你，通常對方是居高位者（Jones & Wortman, 1973; Proost et al., 2010; Romero-Canyas et al., 2010）。我們能以順從、同意對方意見、表示同情等方式來逢迎他人。假如你的老闆在會議上喋喋不休，全辦公室都快睡著，而你卻說：「今天做得真好，喜歡你的演說。」你大概就是在逢迎。逢迎討好是一種非常有效的技巧，因為我們都喜歡他人對我們好。但是，若你逢迎的對象發現你不真誠，這手法便可能產生反效果（Jones, 1964; Kauffman & Steiner, 1968）。

另一種策略受到許多研究者注意，稱為**自我設限**（self-handicapping），亦即人們會事先為自己製造障礙或藉口，以便在表現不佳時可以避免責怪自身。事情做不好或失敗會損傷你的自尊。事實上，即使你表現不錯，但卻比你預估或是過去表現差一點，都會讓你感到難過。你要如何預防失望呢？自我設限是一種令人意外的解決之道：你可以在事前設計一些理由，以免自己真的表現糟糕（Schwinger et al., 2014; Snyder et al., 2014; Wusik & Axsom, 2016）。

逢迎

人們運用奉承或讚美，試圖討對方喜歡的歷程，通常對方是居高位者

自我設限

人們為自己製造障礙或藉口，以便在表現不佳時可以避免責怪自身之策略

名人通常會刻意轉變他們的公眾形象。Selena Gomez出道時是兒童節目的童星，出現在《小博士邦尼》（*Barney and Friends*）節目（照片中粉紅條紋裝），以及迪士尼的情境喜劇。後來轉型成為流行歌星，形象截然不同。

假設現在是你某科期末考的前一天晚上。這是一門困難的必修課，你想要得到好成績。合理的做法是吃一頓晚餐，讀一會兒書，然後早點上床睡個好覺。然而，自我設限的策略可能是開一整晚的夜車讀書，或通宵玩樂，然後隔日睡眼惺忪地去考試。如果你考不好，就有藉口向他人解釋你的表現，可以避免他人對你做出負向的內歸因（你不是很聰明）。如果你得到好成績，那就更棒了——因為你是在惡劣狀況下達成的（一夜未眠），這顯示你聰明絕頂。

自我設限有兩種主要的方式。較極端的方式稱為「行為式自我設限」（behavioral self-handicapping），此時人們會製造一些障礙，以降低他們成功的機率。所以他們一旦失敗，就可以歸罪於這些障礙，而非自己缺乏能力。人們常用的障礙包括藥物、酒、減少努力，以及未參加重要練習等（Deppe & Harackiewicz, 1996; Lupien, Seery, & Almonte, 2010）。有趣的是，研究顯示，男性比女性更可能做出行為式自我設限（Hirt & McCrea, 2009; McCrea, Hirt, & Milner, 2008）。

第二種方式稱為「陳述式自我設限」（reported self-handicapping），這比較不那麼極端。此時人們不會製造障礙，但是會事前設想一些理由來解釋可能的失敗（Eyink, Hirt, Hendrix, & Galante, 2017; Hendrix & Hirt, 2009）。我們可能不會在重要考試前開整晚的夜車，但可能會抱怨身體不舒服。人們會以各種理由來防衛自己，包括說自己害羞、考試焦慮、心情不好、身體狀況不佳，以及過去的負面事件。

然而，事先找藉口也會發生問題，因為我們可能真的相信這些理由，而降低自己的努力。如果終究做不好，又何必努力呢？而且，即使自我設限者能避免在失敗後受到人們的貶抑歸因（例如失敗表示你不聰明），但也可能遭同伴討厭。人們不喜歡那些被認為使用自我設限策略的人（Hirt, McCrea, & Boris, 2003; Rhodewalt et al., 1995）。女性特別會批評那些自我設限者。因此，如之前所言，女性較不會使用製造障礙的自我設限方式，也會批評使用此方法的人（Hirt & McCrea, 2009; McCrea, Hirt, & Milner, 2008）。為何如此？研究顯示女性比男性更看重憑努力達成目標，因此更會批評那些看似不努力，然後為失敗找理由的人。

文化、印象整飾和自我提升

　　無庸置疑，所有文化中的人都很關心自己在他人心中的印象。只不過，在不同的文化之間，此類關心的性質和印象整飾的策略卻有相當大的差異（Lalwani & Shavitt, 2009）。例如，我們曾提到，亞洲文化圈的人通常比西方人更抱持相依自我觀。這種認同感所導致的一項結果是，在亞洲文化中，「保住面子」或避免在公開場合上丟臉是非常重要的事。以日本為例，他們很重視參加婚禮的客人夠不夠「體面」，或葬禮中的弔客夠不夠多。當賓客或弔客不夠多時，他們可以去一種特別的公司去租借一些人頭。這種「便利屋」會派雇員參加典禮，假裝是親朋好友。舉例來說，有位叫做廣子的女性，很擔心她在婚禮上的客人不夠多。於是她僱用了六個人，包括其中一名假裝成她老闆，總共花了約一千五百美金。這位「老闆」還在婚禮中發表了一段祝福演說（Jordan & Sullivan, 1995）。這種印象整飾的策略，可能會使西方人覺得十分誇張可笑。不過，西方人有時也會大費周章地試圖影響別人對自己的印象（就像David Duke嘗試扭轉選民對他的看法）。

複習題

1. Amanda和足球隊友以及教練一起去野餐。以下何者最能作為「逢迎」的例子？
   a. Amanda稱讚教練做的沙拉很可口，但其實她覺得很難吃。
   b. Amanda對教練說他應該考慮去上烹飪課。
   c. Amanda對隊友的十歲弟弟說喜歡他的球鞋，她覺得那雙鞋很好看。
   d. 教練對Amanda說她是很好的球員，只是還要再多練習。

2. Ben擔心心理學考試會考砸。以下何者最能作為「行為式自我設限」的例子？
   a. 他花了許多額外時間念書，考試之前他對朋友說自己真的很用功。
   b. 考前一晚他沒念書，卻在電腦前熬夜看影片。考試之前他對朋友說自己看了許多好電影，而沒念書。

   c. 他花了許多額外時間念書，考試之前他對朋友說自己不太舒服。
   d. 考試之前，Ben對教授說這是他上過最棒的課。

3. Ben擔心心理學考試會考砸。以下何者最能作為「陳述式自我設限」的例子？
   a. 他花了許多額外時間念書，考試之前他對朋友說自己真的很用功。
   b. 考前一晚他沒念書，卻在電腦前熬夜看影片。考試之前他對朋友說自己看了許多好電影，而沒念書。
   c. 他花了許多額外時間念書，考試之前他對朋友說自己不太舒服。
   d. 考試之前，Ben對教授說這是他上過最棒的課。

摘　要

學習目標5.1　描述自我概念及其發展

■ **自我概念的起源和性質**　研究顯示，黑猩猩和紅毛猩猩等大猿類具有初步的自我感，因為牠們可通過鏡像自我辨識測試，然而一般猿類無法通過。人類的自我辨識是在十八至二十四個月大時出現，到了青春期，自我概念變得更加複雜。隨著年齡增長，自我感覺發展成為完整的自我概念，也就是人們對於個人自身特徵的整體信念。成年之後，道德觀比認知歷程或欲念更被人們視為是自我概念的核心。

- **影響自我概念的文化因素**　西方文化中成長的人傾向抱持獨立自我觀；而東方文化中成長的人傾向抱持相依自我觀。

- **自我概念的功能**　自我具有四種功能：「自我知識」是指我們認為自己是誰，以及我們組織與形成對自己之認識的方式；「自我控制」是指我們策劃與執行決策的方式；「印象整飾」是指我們在他人面前呈現自己的方式；「自尊」是指我們對自己的感受。

學習目標5.2　解釋人們如何經由內省、觀察自己的行為以及他人來認識自己

■ **自我知識**　人們如何認識自己並且知道自己行為的原因？

- **藉由內省認識自己**　瞭解自己的方法之一是經由內省，也就是往內心檢視自己的想法、感受與動機等「內在資訊」。根據自我察覺理論，當人們集中注意力於自己時，會依自己內在的標準與價值觀來評鑑比較自己當下的行為。當人們內省自己行為的原因時，他們常使用因果理論，這些大多是從所處文化習得。

- **藉由觀察自己的行為認識自己**　人們也會經由觀察自己的行為來認識自己。自我知覺理論認為，當我們的態度和感受處於不確定或模稜兩可的狀態時，我們會藉由觀察自己的行為和該行為發生時的情境，來推論自己的態度和感受。情緒二因論認為，情緒經驗常常是兩階段自我知覺歷程的結果：人們先經歷到生理激動狀態，接著對此狀態尋找適當的解釋。有時候，人們會對激動原因做出錯誤推論。過度辯護效應是指人們認為自己的行為起因於外在因素，以至於低估了內在因素。此外，有些人抱持固定心態，亦即認為自己擁有的是一些固定、無法改變的能力。另外一些人則抱持成長心態，亦即認為自己的能力可以經由鍛鍊而成長改變。抱持固定心態者遇到失敗較容易放棄，而且較不會努力磨練技術；抱持成長心態者則將失敗視為努力改進的機會。

- **藉由他人認識自己**　我們的自我概念會受周遭人士所影響。根據社會比較理論，人們會透過與他人的比較來瞭解自己的能力與態度。此外，根據社會調節的研究，人們傾向自動採納自己喜愛或欲親近者的觀點。

學習目標5.3　比較人們何時可能成功地自我控制，而何時可能失敗

■ 自我控制：自我的掌控功能　一般而言，將能量花在某事務上，會限制後續事務的自我控制能力。但僅只是相信意志力是無窮的，就可以幫助人們展現自我控制。事前祈禱和形成具體的執行意圖也有同樣效果。

學習目標5.4　描述人們如何向他人展示想讓他人看到的一面

■ 印象整飾：世界是個舞台　人們會嘗試讓他人看到自己希望被看到的一面。

- 逢迎和自我設限　人們會採取許多印象整飾的方法。其中一種逢迎，即是運用奉承或讚美來討他人喜歡，通常對方是高階者。另一種方法是自我設限，即為自己製造障礙或藉口，以便在表現不佳時可以避免責怪自身。

- 文化、印象整飾和自我提升　所有文化中的人都會形塑自己在他人心中的印象，但我們想呈現的印象類型會因所處文化而不同。

分享寫作　你有什麼想法？

沉醉式互動

　　根據本章的研究，你認為為什麼大部分的人都覺得自己駕駛能力優於大眾平均？

測　驗

1.根據自我認識的研究，下列何者「最不可能」是正確的：
　a.「認識自己」最好的方法就是往內心省思自己。
　b.有時候，認識自己最好的方法就是看看自己做的事。
　c.我們經常將自己與他人比較，以瞭解自己。
　d.瞭解自己的方法之一，是運用我們從所處文化中習得的理論。

2.以下何者「並非」自我的功能？
　a.自我知識。
　b.自我控制。

　c.印象整飾。
　d.自我批評。

3.以下哪一州的人最可能具有相依自我觀？
　a.麻薩諸塞州。
　b.康乃狄克州。
　c.奧克拉荷馬州。
　d.阿拉巴馬州。

4.你打算在萬聖節做個實驗。當有人來你家玩「不給糖就搗蛋」的遊戲時，你要他們在門外排隊。你站在門外，讓他們一一進門。你告訴他們，可以從桌上的碗裡拿「一個」糖果。其中半數時候，

碗前方有個大鏡子。另外半數時候，並沒有鏡子。所有小孩都想拿超過一個糖果，哪些小孩「較可能」受不了誘惑？

　　a.鏡子情境的小孩。

　　b.七到九歲的小孩。

　　c.無鏡子情境的小孩。

　　d.感受到向下社會比較的小孩。

5.以下何者「最為」正確？

　　a.西方文化中所有人都是獨立自我觀；而亞洲文化中所有人都是相依自我觀。

　　b.西方文化的人比亞洲人更傾向抱持相依自我觀。

　　c.獨立自我觀的人很容易欣賞相依自我觀的樣子。

　　d.在美國和加拿大，歐裔人士較晚進居的地區，比起進居較長久的地區，人們較傾向獨立自我觀。

6.你的小妹喜歡親手製作項鍊。某個生日聚會快到了，你想送每個參加聚會的人一條項鍊。她答應為每個人製作項鍊。為了增加她的動機，你為每條項鍊付她五十塊。接下來可能發生以下哪件事？

　　a.聚會之後，你的小妹會比之前「更加」喜歡製作項鍊，因為你給她酬賞。

　　b.聚會之後，你的小妹會比之前「更不」喜歡製作項鍊，因為你給她酬賞，請她做她原本就喜歡的事。

　　c.因為你的小妹原本便喜歡做此事，酬賞對於她的喜好無效果。

　　d.給予酬賞會增加她的自我察覺。

7.Catherine的數學考得很好。如果未來考試可能更難，為了不讓Catherine放棄數學，她媽媽這次最好對她怎麼說？

　　a.「妳真的很認真準備考試，妳的努力沒有白費！」

　　b.「妳真是聰明，每件事情妳都很拿手！」

　　c.「妳的數學真棒，妳一定有數學天賦！」

　　d.「我很高興妳考得比班上其他人還好！」

8.你的朋友Jane在法律事務所實習。你問她做得如何，她說：「很好啊！我做得比晚我一個月進來的人還要好」。Jane運用了哪種社會比較？

　　a.向上社會比較。

　　b.向下社會比較。

　　c.印象比較。

　　d.自我知識比較。

9.關於「自我設限」，以下何者「最為」正確？

　　a.自我設限者會更加努力。

　　b.女性比男性更會使用「陳述式自我設限」。

　　c.女性比男性更會批評自我設限者，而且比男性更不會採用「行為式自我設限」。

　　d.東亞人比西方人更會採用「行為式自我設限」。

10.Elise嘗試增進自我控制力，以便花更多時間用功。下列何者是她「最可行」的做法：

　　a.讀書時努力嘗試壓抑想起她本來可以參加的宴會。

　　b.讀書前做些非常需要專心的事，例如解謎題。

　　c.讀書前吃點帶糖份的小零食。

　　d.她要相信意志力是無限的。

CHAPTER 6

認知失調與維護自尊的需求

綱要與學習目標

認知失調理論：保護我們的自尊

學習目標6.1　解釋何為認知失調理論以及人如何避免
失調以維護正向自我形象
決定、決定、決定
為付出的努力辯護
違反態度的行為
避免誘惑
偽善範式
不同文化中的失調

認知失調理論的進階與延伸

學習目標6.2　描述認知失調理論的後續進階與延伸
自我肯定理論
親密關係中的失調：自我評價維護理論

關於失調與自尊的最後想法

學習目標6.3　總結克服失調的方式以及具有高自尊的優
缺點
克服失調
自戀與高自尊的危險

●●●●●●● 你認為如何？

調查：你認為如何？	
調查	結果
你曾經參加過某個團體，要求你在成為其成員前必須做些不堪或危險的事嗎？ □是 □否	

沉醉式互動

以下是一件令人震驚的事件：在加州聖塔菲郊區的一棟豪宅內，發現了三十九具屍體，這些人是集體自殺。他們都屬於天門教（Heaven's Gate）的教徒。在自殺現場，每具屍體都躺得很整齊，腳上穿著全新的黑色耐吉運動鞋，臉上蓋著紫色的布。這些教徒是在自願、平和的情況下死去。死前，他們錄製了錄影帶，裡頭詳盡地說明了他們的理由：他們相信，當時劃過夜空的海爾波普（Hale-Bopp）彗星，可帶領他們前往天堂開始新生命。他們堅信，在彗星的尾部有一艘巨大的太空船，任務是要接引他們重生。為了登上太空船，他們必須先拋棄自己現有的「容器」。也就是說，他們必須結束自己的生命以脫離身體。當然，最後並沒有出現什麼太空船。

在他們集體自殺的幾週前，幾名教徒曾經到一家專賣店，買了一架十分昂貴的高功率望遠鏡。他們希望能更清楚地看到彗星，以及航行在彗星背後的太空船。幾天以後，他們又回到了這家店，退還了那架望遠鏡，並客氣地請店家退錢。老闆問是不是望遠鏡有什麼問題，他們回答：「唉呀！是這樣的，我們看到了彗星，但是沒看到它後面的東西。」（Ferris, 1997）。這位老闆試著說服他們這架望遠鏡沒有任何問題，而且彗星的後方也沒有任何東西，但是這些教徒並不相信。就他們的前提而言，他們的邏輯是無可挑剔的：我們曉得海爾波普彗星後面跟著一艘外星太空船。如果這架昂貴的望遠鏡看不到那艘太空船，那麼這望遠鏡一定有問題。

對於他們的想法，你可能覺得實在很奇怪、不合理或愚蠢。但是整體說來，天門教的教徒們並非那樣。認識這些人的鄰居們都認為他們很親

切、聰明而且講理。

究竟是什麼樣的心理歷程，讓這些聰明理智的人陷入瘋狂的思想和自毀的舉動呢？本章中，我們將向你說明，他們的行為並非不可理解。這只是一個極端案例，源自人類的一種正常傾向，也就是為自己之行為與承諾辯護的需求。

認知失調理論：保護我們的自尊

學習目標6.1　解釋何為認知失調理論以及人如何避免失調以維護正向自我形象

如第一章所言，自尊（self-esteem）是指人們對自我價值的評價，也就是看待自己是好的、有能力的或高尚的程度。而且前一章也提到，自我的一項重要功能就是維持自尊。過去數十年來，社會心理學家發現，影響人類行為最有力的因素之一，便是我們希望維護穩定、正面的自我形象（Aronson, 1969, 1998; Boden, Berenbaum, & Gross, 2016; Kappes & Crockett, 2017; Randles et al., 2015; Steele, 1988; Tesser & Cornell, 1991）。本章我們將看到許多令人驚訝的現象。

多年前，Leon Festinger（1957）首先開始探討相關現象的確切運作方式，並發展為一套可說是社會心理學中最重要且發人深省的理論：認知失調（cognitive dissonance）理論。他認為當兩項認知（信念或態度）發生衝突，或我們的行為與信念發生衝突時，會產生不舒服的感受，此種感受即為失調。但他的學生Elliot Aronson修改了此定義，認為失調最強烈而且我們最想減輕的狀況，是當其中一項認知關聯到自我（Aronson, 1969）。也就是說，並非所有不一致都會導致失調，而是當行為或信念威脅到我們的自我價值時，才會感到失調。

當引發失調感受，就要留意了。不同於其他不適感（例如飢餓或口渴）的是，減輕失調的方法既不容易也不明顯。事實上，它可能會驚人地改變我們的行為方式以及對世界的看法。

例如，讓我們來看看一個數以百萬計的人每天做好幾次的荒謬行為——吸菸。假如你吸菸，那麼你可能經歷過失調的經驗，因為你知道吸菸會顯著增加罹患肺癌、肺氣腫與提早死亡的風險，這些會對你的自尊造成極大威脅。人們會想要逃避心理不舒適的失調感受。畢竟有誰願意在每次

認知失調

一種不舒服的衝動或感覺，最初被定義為：由兩個或更多個不一致的認知所引起的不舒服感；後來則被定義為：因為做了一件行為，此行為與自己習慣（而且通常是正向）的自我概念不符合，且產生不舒服感

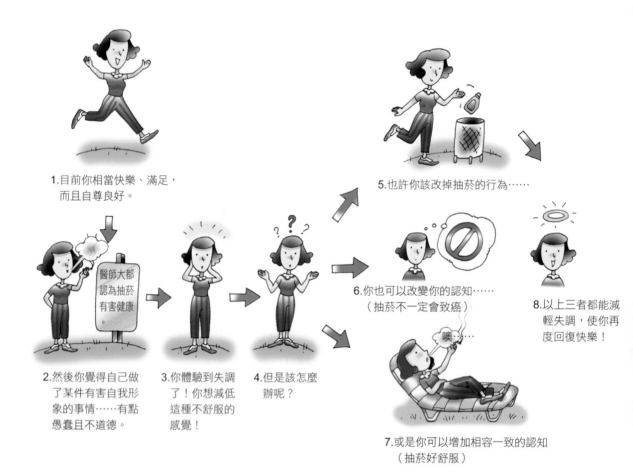

1.目前你相當快樂、滿足，而且自尊良好。

2.然後你覺得自己做了某件有害自我形象的事情……有點愚蠢且不道德。

3.你體驗到失調了！你想減低這種不舒服的感覺！

4.但是該怎麼辦呢？

5.也許你該改掉抽菸的行為……

6.你也可以改變你的認知……（抽菸不一定會致癌）

7.或是你可以增加相容一致的認知（抽菸好舒服）

8.以上三者都能減輕失調，使你再度回復快樂！

圖6.1　我們如何減輕認知失調

有三種基本的方式可以減輕失調：改變你的行為、改變你的認知，或增加新的認知 （黃建中繪製）。

點菸時，就想起這些可怕的後果呢？

我們要如何減輕失調？有三種基本的方法（見**圖6.1**）：

- 改變我們的行為，使行為與失調的認知一致。
- 改變一項原本不一致的認知，來辯護我們的行為。
- 增加新的認知，來辯護我們的行為。

以吸菸為例，最直接的方式是改變行為，不再吸菸。如此一來，你的行為便與你知道吸菸導致癌症的認知一致。雖然有許多人戒菸成功，但這並不容易，也有許多人嘗試戒菸，但失敗了。未能戒菸的人該怎麼辦？若以為他們就是承受一切，點起香菸並且準備面對死亡，那就錯

了。他們並非如此。一項研究調查了那些曾經在戒菸診所的協助下戒菸了一陣子，但是後來又重蹈覆轍的老菸槍。你猜發現什麼？這些戒菸失敗的老菸槍反而降低了他們對抽菸危險的認知。如此一來，他們可以繼續吸菸而不會感到恐懼（Gibbons, Eggleston, & Benthin, 1997）。有些吸菸者（甚至是不斷被警告的孕婦）會設法說服自己，尼古丁與肺癌之間的關係未成定論，或至少沒那麼強，降低受害機率（Naughton, Eborall, & Sutton, 2012）。研究顯示，吸菸者的這些自我辯護普世皆然（Fotuhi et al., 2013）。

如果吸菸者無法否認所有關於吸菸有害的證據，他們會採取第三種減輕失調的方法，也就是增加新的認知（或信念），使自己好過一些。例如，一項研究調查超過三百六十名吸菸青少年，結果發現：菸癮愈大且戒菸愈困難者，繼續吸菸時提出更多辯解（Kleinjan, van den Eijnden, & Engels, 2009）。吸菸者會用相當有創意的方式來辯護他們的行為。他們會說，抽菸是一種快樂的活動，值得冒著罹患癌症的風險。而且吸菸能使他們放鬆、減少緊張，這有助他們的健康。青少年吸菸者常會增加新信念，為自己的行為辯解，例如「抽菸很酷」、「我想和朋友一樣」、「我很健康，這不會出問題」、「大人總是愛管我」或「誰會想活到九十歲」。

當你瞭解何謂失調之後，你就會發現它充斥於生活之中，以下是幾個例子。

- 有些人預言世界末日將至，將財產全部賣光，待在山頂等待末日，結果卻幸運地發現預言錯誤。他們會怎麼辦？可曾注意他們很少承認自己愚蠢易受愚弄？為了減輕失調，他們通常會說「我們預言是準確的，只是錯引聖經章節的數字了。」

- 有些人在兩種核心認同上發生衝突，他們會如何減輕失調？一項研究想瞭解強烈認同基督宗教教會的男同性戀

吸菸的青少年常合理化自己的行為，例如認為「抽菸很酷」、「我要和朋友一樣」、「電影裡大家都抽菸」、「我很健康，不會有任何問題」或「大人總是在背後對我指指點點」。

者,如何看待佈道者反同性戀的言談。解決失調的方式之一是改變他們的行為,亦即轉換教會或甚至宗教信仰。但是,那些決定留在教會的人,解決失調的方式是專注於教會佈道者的缺點。例如,他們會說:「不是我的宗教鼓吹這些歧視——是那名牧師太偏執了。」(Pitt, 2010)。

簡言之,瞭解了失調就可以明白,何以許多人的想法並非理性(rational),而是合理化(rationalizing)。無論多麼聰明,正在減輕失調感的人會努力說服自己是對的,以至於他們最後往往表現出非理性與適應不良的行為(Stanovich, West, & Toplak, 2013)。當然,有時候我們會尋求新資訊,因為我們想修正我們的看法或做出明智的決定。但是,一旦我們沉浸在自己的看法和信念中,我們大多會將新資訊扭曲為和我們的看法一致(Hart et al., 2009; Ross, 2010)。深信無科學證據的信念(例如錯誤相信疫苗導致自閉症),或收到罹患重病消息的人,也會以同樣具有「創意」的方式,抗拒證據並減輕他們的不舒服感(Aronson, 1997; Croyle & Jemmott, 1990; Pratarelli, 2012)。

你可能不太訝異,人們會合理化自己的行為,並且詮釋事實以符合自己相信的信念。但接下來你會看到,人們用來減輕失調的方式常令人驚訝,而且有深刻含意。

決定、決定、決定

每當我們做出一個決定時,就會經歷到失調。為什麼呢?假設你現在要買一部新車,在四處參觀之後,你在休旅車和小轎車之間猶疑不決。這兩種車各有優缺點,休旅車比較方便,你可以塞進很多東西,可以在長途旅程中睡在車上,它的馬力也很充沛;不過,這種車行駛哩數不高,而且停車不易。相對的,小轎車的空間少了許多,而你會擔心它的安全性;不過,這種車比較便宜、駕駛起來比較輕鬆,而且維修紀錄不錯。你在做出決策前大概會先儘量蒐集資訊。你可能會上網查資料、看看專家們如何評論每款車的安全性、耗油量和穩定性。你可能會找擁有休旅車或小轎車的朋友們談一談。你也可能會到汽車經銷商那裡去試開一下,看看兩種車開起來的感覺如何。這些決策前行為都是非常理性的。

讓我們假設,你最後決定買小轎車。我們預測你的行為會發生特殊

的改變：你會愈來愈常想，一加侖的汽油可以跑多少公里，好像這是世界上最重要的事情。在此同時，你也會把車內空間小看得不那麼重要。為什麼會這樣呢？

扭曲我們的好惡

　　任何一項決定，無論是在兩輛車、兩所大學或兩個可能的情人之間做選擇，被選上的對象很少是完全正面的，而被放棄的對象也很少是完全負面的。因此，你在做決定的時候會有所疑慮。做完決定以後，你認為自己很聰明的這項認知，會和你選擇的那車、那所大學或那位情人的所有缺點產生不一致，也會和你「放棄的」那部車、那所大學或那位情人的所有「優點」產生不一致。這種情況，我們稱為**決策後失調**（postdecision dissonance）。根據認知失調理論的預測，為了對自己所做的決策感覺更好，你會進行某些下意識的心理運作，以減輕此種失調。

　　什麼樣的心理運作呢？Jack Brehm（1956）的著名實驗可以說明這一點。實驗中，Brehm假借著為測試服務顧客的品質之名，要求女士們根據商品的吸引力及優點，為若干種家用商品打分數。每位女士皆被告知，為了答謝她們參與調查，她們可以擁有當中的一項商品當作禮物。他們可以在兩種她們打出相同分數的商品當中選擇其一。當她們決定之後，每一位女士被要求再次對那些商品打分數。Brehm發現，在她們收到贈品之後，她們對該贈品所打的分數比第一次所打的分數高了一些。不只如此，對於原先看好但決定放棄的另一項商品，她們在第二次所打的分數會大幅低落許多。如此一來，在做出決定之後，我們便可減輕失調，使我們對於選擇的感覺更好。

決定的永久性

　　愈重要的決定會造成愈大的失調。決定買哪一部車，顯然比決定買烤麵包機還是買咖啡壺更重要；決定與誰結婚，很明顯會比決定買哪一輛車更重要。每項決定的固著性也有所不同，亦即反悔決定的困難程度不同。將你的車子轉售給別人，會比脫離不愉快的婚姻容易許多。決定的影響愈久且愈難反悔，則減輕失調的需求就愈強烈（Bullens et al., 2013）。

　　在一個簡單但聰明的實驗中，社會心理學家攔住前往窗口正要投注兩美元賭金的人，詢問他們賭贏的勝算（Knox & Inkster, 1968）。研究

決策後失調

做出決定後會產生失調，通常會提高被選擇對象之吸引力，降低被拒絕對象的價值

社會心理學
Social Psychology

生活中充滿困難的選擇,例如去哪裡就學。一旦我們做出決定,我們通常會放大我們選上者(例如我們所選擇的學校)的正面性質,並且縮小未選上者(例如我們沒選的學校)之正面性質。

者也攔住已投注兩美元而正要離開窗口的賭徒,問他們同樣的問題。非常一致地,已經下注的人,較肯定他們投注的馬會贏得勝利,而尚未投注者則較不確定。只不過是幾分鐘的時間,這期間沒有發生任何可能增加勝率的事,投注者唯一的改變是做出了最終決定,因此造成了失調。

一些研究者在一堂攝影課檢驗不可反悔的假設(Gilbert & Ebert, 2002)。他們透過廣告徵求有興趣學習攝影的學生,作為心理學實驗的參與者。學生被告知他們要拍攝一些照片,並印出其中兩張。他們要評價這兩張照片,並選擇拿回其中一張,另一張照片則由課務單位保留。學生被隨機分派到兩種狀況:狀況一的學生被告知,他們可以在五天期限內交換照片;狀況二的學生被告知他們的選擇不可反悔。研究者發現,在選擇之前,學生對兩張照片的喜好程度並無顯著差異。接著,研究者於選擇後數日聯絡學生,看看可選擇交換的學生與不可選擇交換(不可反悔)的學生之間,對於所選照片的喜好是否不同。實驗結果確實顯示,可選擇交換的學生最後對於所選照片的喜好,低於第一天就選定且不可交換的學生。

有趣的是,此研究還請學生預測,若保留選擇權會讓他們對決定更滿意或更不滿意。參與者預測,保留選擇權會讓他們更滿意。他們錯了。顯然他們未能預料到,不能反悔的決定會使他們更滿意。

創造不可反悔的錯覺

無法反悔的決定往往會增加失調,並且引發消除失調的動機。因此,某些無良的推銷員發展出一種技巧,創造出無可反悔的錯覺。其中一種技巧稱為**低飛球**(lowballing)(Cialdini, 2009; Cialdini et al., 1978; Weyant, 1996)。著名社會心理學家Robert Cialdini曾短期擔任汽車銷售員,藉以就近觀察這種技術。運作方法如下:你進入一家汽車展示店,想要買一輛特定的車子。由於問過許多汽車銷售店,你知道大約用18,000美元就可以買到這種車子。一位高雅的中年男子出來接待你,他告訴你可以將車子賣你17,679美元。因為價格不錯,你答應簽支票作為訂金,

低飛球

一種不老實的銷售策略。銷售員先誘使顧客答應購買某項產品,然後宣稱搞錯價格,並且提高售價。最後顧客常會同意提高後的售價

如此銷售員才能帶著支票向經理報告說你是認真的。在這同時，你想像自己開著嶄新的車子回家。十分鐘之後，銷售員一臉可憐相地回來，他說他太想促成這筆交易，但卻計算錯誤，被銷售經理挑出來。事實上，這輛車正確的價格是18,178美元。你感到失望。而且，你確信在其他地方可以用更便宜的價錢買到。然而，即使起初訂購此輛車的理由（價格優勢）不再存在，但與一開始就提出18,178美元的價錢比起來，在這種情況下會有較多的人願意繼續談。

貨既售出，概不退換。這名顧客何時會對他的新車感到較滿意：購買前十分鐘？或是購買後十分鐘？

最少有三個理由使低飛球技巧生效。第一，雖然顧客仍然可以改變心意，但是開出訂金支票即意味著某種承諾。這個行為造成一種不可後悔的錯覺，即使買車者思考一下，很快就會知道那只不過是無約束的合約。然而，在高壓力的買賣中，即使是短暫的錯覺也會影響結果。第二，承諾的感覺會使人期待興奮的事，也就是開著一輛新車。若預期的事件受阻（不繼續談的話），將會產生強烈失落感。第三，雖然實際價格高過購買者的期望，但是可能只高過其他經銷商的價格一點點。在這種情況下，顧客會想：「哇，搞什麼。我已經在這裡，表格已經填好，支票也開了，還等什麼呢？」就這樣，藉著減輕失調以及無法反悔的錯覺，施展高壓的業務員更可能使你依他們的價碼購買產品。

為付出的努力辯護

假設你為了進入一個特殊的社團，也假設你做了許多努力，最後卻發現它是沒有價值的組織，社員們都是一些無聊、傲慢、從事膚淺活動的人，你會感到自己很愚蠢，不是嗎？一個理智的人不會拚命努力，只為了得到無價值的結果。這種狀況將產生相當大的失調：你認為自己是個理智的人，但你發現自己努力加入了一個糟糕組織。你會如何消除這種失調？

一開始，你可能會使自己相信，該社團及會員比自己第一次所見的更優秀、更有趣及更有價值。但是，如何能將一群無聊的人當作有趣，還

將一個糟糕的社團視為有價值？很簡單，因為即使再無聊的人或再糟的社團，也都有一些小優點。而且，社團活動及會員們的行為也可以從不同的角度詮釋。如果我們就是想發掘這些人與事最佳的一面，我們一定可以從正面看待這些模糊現象。這種情況，我們稱之為**為付出的努力辯護**（justification of effort），也就是說，對於我們努力追求來的事物，我們傾向於提高自己對它的喜歡程度。

為付出的努力辯護

對於努力追求來的事物，人們會傾向提高自己對它的喜歡程度

海軍陸戰隊的嚴厲訓練，會增加士兵的凝聚力與投身軍旅的驕傲感。

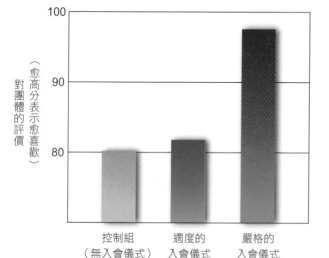

圖6.2　為努力辯護的效果

我們為了加入團體所付出的辛勞愈多，則愈會喜歡所加入的團體——即使那是個無趣的團體（整理自 Aronson & Mills, 1959）。

Elliot Aronson和Judson Mills（1959）曾進行一項著名實驗，用來測試付出的努力與失調之間的關係。實驗中，大學生參與者自願加入一個讀書會，定期討論「性心理學」的各種觀點。為了加入此讀書會，他們須自願通過一個篩選活動。其中三分之一的參與者從事的是嚴格且不愉快的活動；另外三分之一則從事稍微不愉快的活動；最後三分之一則不需經過篩選活動，即可參加讀書會。

然後，每一位參與者聆聽一段讀書會討論。雖然參與者以為他們聽到的是現場正在進行的討論，但其實是事先錄好的錄音帶。錄好的討論內容經過設計，過程極為沉悶枯燥。聽完討論之後，每位參與者被要求根據聽到的討論作評價，包括：內容多吸引人、多有趣、討論者多聰明等。

結果如**圖6.2**所示，只付出一點或未曾付出努力就加入該社團的參與者，不喜歡他們聽到的討論內容。他們很清楚，這場討論既無聊又浪費時間。他們後悔加入這個讀書會。然而，那些經過嚴格入會考驗的參與者，卻說服自己相信，聽到的討論雖然不是當初預期的那麼充滿智慧，倒也有趣精闢，因此大體上是值得的經驗。此結果經過各種情境多次複製：人們會對自己付出的各式

努力辯護，包括無用的自助課程到物理治療課（Coleman, 2010; Cooper, 1980; Gerard & Mathewson, 1966）。

　　一項在模里西斯（Mauritius）這個多元文化國家進行的觀察研究，成為「為付出的努力辯護」之驚人例子（Xygalatas et al., 2013）。每一年的印度教大寶森節（Thaipusam）會舉辦兩項儀式：一項是進行吟唱和集體祈禱的低考驗儀式；另一項是稱為「Kavadi」的嚴格考驗儀式。「嚴格」這形容詞可能還不夠強。此儀式參與者會用針、鉤和叉子刺穿皮膚，勾串著重物和拖車，長達超過四小時。然後他們赤腳登山抵達Murugan神廟。接著，研究者讓低考驗和嚴格考驗儀式參與者，有機會匿名捐獻金錢給神廟。嚴格考驗參與者捐贈金額遠高過低考驗參與者。人們受到的痛苦愈大，對於神廟的捐贈投入愈高。

　　我們並不是說，大部分的人都喜歡享受困難痛苦的經驗，也不是說人們就是喜歡與痛苦經驗有關的事情。而是要說，如果一個人為了達到目標，自願經歷困難或痛苦的過程，那麼這個目標將更具吸引力。試想上面說過的性學討論會。如果你走路去參加那個討論會，途中被一輛車濺了滿身泥巴，你不會因此更喜歡那個討論會。然而，如果你為了要進入一個團體，自願跳進一個泥巴坑，那麼即使這個團體其實無聊枯燥，你卻「可能」會更喜歡它。

一名虔誠的信徒在印度教大寶森節進行儀式。

違反態度的行為

　　假設你的朋友阿珍新買了一件昂貴衣服，並詢問你的意見。你覺得那衣服實在太糟糕。當你正想建議她趕快去退貨，不要讓其他人看到她穿這件衣服時，她表示衣服已經修改過，也就是說，不能退貨了。你會怎麼說？你很可能會這樣想：「阿珍看起來很喜歡這件新衣服。她花了這麼多錢，又不能退貨。如果我把想法照實說，會讓她很難過。」

　　所以你告訴阿珍，你非常喜歡那件衣服。你會感到失調嗎？我們認為不會。你有許多想法與這謊言一致，就像上面所說的理由。實際上，你不想要讓你喜歡的人感到尷尬或難過，便提供了很好的外部理由（external justification），使你說出無害的謊話。

外部理由

為解釋自己的失調行為而提出的存在於己身之外的理由（例如為了獲得大筆酬勞或為了避免嚴屬的懲罰）

社會心理學
Social Psychology

但是如果你說了一些自己不太相信的話，而且「缺乏」好的外部理由，那將會如何呢？例如，如果你的朋友阿珍很有錢，就算買了一件醜衣服，丟掉也無妨，那會如何呢？如果她真心想知道你的意見呢？如此一來，你對阿珍說謊的外部理由幾乎不存在了。如果你仍隱藏自己的真實意見，你將感到失調。當你不能為自己的行為找出外部理由，你將試著找出**內部理由**（internal justification）。為了減輕失調，你會試著改變你自己，例如你的行為或態度。

你要如何做到呢？你可能會開始尋找那衣服的優點，找出一些之前沒注意到的地方。只要你努力找，很可能會發現一些。於是在短時間內，你對那件衣服的態度方向會偏向你說出的話——也就是相信了你所說的話。這現象的正式名稱是**違反態度的行為**（counterattitudinal behavior），也就是我們做出與原本信念或態度相左的行為，例如表達某個與真實想法不同的意見或態度。此時若缺乏外部理由，也就是沒有外在事物使我們如此做時，我們的信念就會愈來愈接近我們說的謊言。

Leon Festinger和J. Merrill Carlsmith（1959）的一項著名實驗首先驗證了這個命題。實驗中，大學生參與者被請求花一個小時，做一連串非常無聊且重複的作業。實驗人員接著告訴大學生參與者，研究目的是為了探討，如果人們事先被告知作業內容很有趣，是否便會做得較好。實驗人員繼續對大學生參與者說，因為他被隨機分派至控制組，所以事前並未被告知作業內容有趣。接下來剛抵達休息室的下一個參與者是名年輕女性，她屬於實驗組。實驗人員說明，下一名參與者必須相信作業內容有趣好玩，但如果是學生跟她說，而不是主持研究人員去說，將更容易使她相信。就這樣，實驗人員誘導參與者向另一位同學說謊，這正是違反態度的行為。

半數的學生在說謊後有二十美元的酬金（強的外部理由），然而其餘半數只得到一美元的酬金（弱的外部理由）。當實驗結束後，一名訪談者詢問說謊的參與者，有多喜歡實驗中所從事的作業。研究結果驗證了假設：那些收到二十美元的說謊學生，將實驗作業內容評為枯燥無聊；但是那些只收到一美元的學生，卻將作業內容評為相當有趣。換言之，當人們有強烈的外部理由時，即使說了謊話，也不會相信自己所說的話。然而，那些缺乏外部理由的學生，卻成功地說服自己，而較相信自己所說的話。

內部理由

藉由改變自己（例如自己的態度或行為）來減輕失調

違反態度的行為

做出某件與自身信念或態度相反的行為

對於重要議題之違反態度的行為

　　若涉及重要的事情時，我們能不能改變人們的態度（例如種族偏見或飲食問題）？答案是可以的，而且你不需提供豐厚的獎金使人寫下支持平權的文章，反而只要提供微小的獎賞。例如，一群白人大學生被要求寫下與其原本態度相反的文章，公開支持他們校內一項具爭議性的提案——將非裔美國學生的獎學金基金提高一倍。由於基金的總額是有限的，這樣做代表白人學生能夠拿到的獎學金將減少一半。因此，你可以想像得到，這是一個會引起高度失調的狀況。這些學生要如何減輕失調呢？當他們寫文章時，他們會想到許多支持的理由，最後便相信這項政策。而且不只是相信，他們對非裔美國人的整體態度變得更友善（Leippe & Eisenstadt, 1994, 1998）。後續實驗針對更多元的族群也得到相同的結果，包括減輕白人對裔學生的歧視（Son Hing, Li, & Zanna, 2002），也包括減輕德國境內德國人對土耳其人的歧視（Heitland & Bohner, 2010）。

明星為產品代言可賺到大筆金錢。你認為布萊德·彼特相信他戴的名錶所傳達的訊息嗎？他的背書是因為外部理由還是內部理由？

　　違反態度的行為也能有效地解決極為不同的問題：飲食症（例如心因性暴食症）以及對身體的不滿意感。美國社會普遍認為苗條就是美，許多女性對於自己的體型感到不滿，內化了媒體宣揚的「纖瘦美」。這不只導致不快樂，而且造成長期節食與飲食問題。為了破除此模式，一群研究者將憂慮身體形象的高中和大學女性分派到失調組或控制組。失調組的女性要想出理由反駁她們原先所認為「瘦就是美」的觀點。她們寫文章描述追求不切實際之體型對於情緒和身體的損耗，並向其他女性宣導不要追求纖瘦美。結果，失調組的參與者明顯地增加了對自己體型的滿意感，也減少了過度節食，同時也比控制組更感到快樂且更不焦慮。此外，她們出現心因性暴食症的風險大幅下降（Green et al., 2017; McMillan, Stice, & Rohde, 2011; Stice et al., 2006）。此種介入方法已成功運用於英國十二與十三歲的女孩（Halliwell & Diedrichs, 2014），以及拉丁美洲、美國非裔、亞洲、夏威夷和太平洋群島之女性（Rodriguez et al., 2008; Stice et al., 2008）。

富蘭克林自己並不知道，他可能是第一位失調理論家。

富蘭克林效應：為善行辯護

當你幫助一個人時，到底會發生什麼事？特別是你被刻意誘導去幫助原本不喜歡的人時，會發生什麼事呢？這也是違反態度的行為的例子，因為你的行為（幫助某人）違背了你的信念（你不怎麼喜歡對方）。結果你將因此更喜歡或更不喜歡對方？失調理論預測：你幫助別人之後，將會更喜歡對方。你看得出原因嗎？

這種現象，早已在一些民間智慧俗諺中流傳。富蘭克林（Benjamin Franklin）承認曾經運用這種民間智慧，作為他的政治策略。當他擔任賓州的參議員時，有一位議員同事憎恨他，不時在政治上找他麻煩。因此，他設法爭取對方認同。富蘭克林寫道：「我不是用畢恭畢敬的態度，來爭取他的支持。」而是設法誘導對方幫他忙——富蘭克林向對方借了一本稀有的書。還書的時候，附上了一封謝函表示感激。富蘭克林這樣描述：「當我們下一次在議會相遇時，他有禮貌地對我說話（這在過去從未如此），並表示在任何情況下都樂於為我服務。因此，我們變成了好朋友，友誼持續到他去世為止。這是我從一句格言中學到的——『那些曾幫忙你一次的人，將比那些欠你人情的人，更願意再次幫你。』」（Franklin, 1868/1900）。

富蘭克林對於操縱策略成功，顯然十分得意。但身為抱持懷疑態度的科學家，我們不應該盲目相信這類軼事。我們並不清楚，富蘭克林的成功是因為方法得當，還是因為他個人的魅力。因此，我們必須設計與執行實驗，以控制個人魅力的影響。距離富蘭克林用計成功之後的兩百四十年，有人進行了這項實驗（Jecker & Landy, 1969）。在實驗中，學生參與者進行一項智力競賽，可以贏得一大筆錢。實驗結束之後，三分之一的參與者與實驗者面談，實驗者向他們解釋這個實驗是實驗者用自己的錢，而且已經花完，因此他將不得不提早結束實驗。他問參與者：「你們可以特別幫我一個忙，把錢退給我嗎？」另外三分之一的參與者也被提出同樣的要求，只是這次不是由實驗者出面，而是心理系的秘書。他表示心理系的研究經費（非個人金錢）逐漸用罄，並問他們是否願意把錢退回。剩下三分之一的參與者並未被要求退錢。最後，所有參與者都填寫一項問卷調

查，其中一個問題是對實驗者進行評價。
那些由實驗者出面請求幫忙的參與者，認
為實驗者最具吸引力——他們說服自己，
認為實驗者是個非常好且值得交往的人。
其他的參與者也認為他是個不錯的人，但
是評語沒有那麼好（見**圖**6.3）。

「富蘭克林效應」從很小就出現。
在一項針對四年級兒童的研究中，一些兒
童被告知要將他們擁有的一些遊戲貼紙送
給一隻「今天感到悲傷」的布偶狗；其他
兒童則可以選擇分享多少給布偶狗。有權
選擇對小狗慷慨的兒童，相較於被要求
分享的兒童，之後分享較多給新的玩偶
（Chernyak & Kushnir, 2013）。一旦兒童
將自己視為是慷慨之人，他們會繼續慷慨
對人。

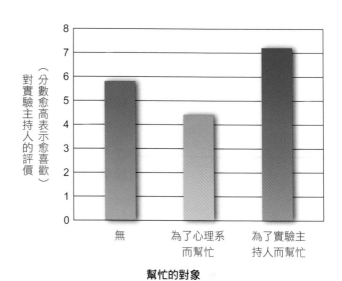

圖6.3　為善行辯護

如果我們因為個人理由幫助了某人（藍色線條），我們可能會比未幫助他（橙色線條）或因為非個人理由幫忙（黃色線條），而更加喜歡他（整理自Jecker & Landy, 1969）。

　　現在我們知道助人如何改變我們的自我概念以及我們的態度，但是如果你傷害了別人，這會對你的感覺造成什麼影響呢？

醜化敵人：為酷行辯護

　　所有文化都存在一種令人難過的普遍現象，就是不將敵人視為人，替敵人取難聽的綽號，將他們視為「螻蟻」、「禽獸」、「野獸」或其他非人生物。二次世界大戰期間，美國人將德國人和日本人稱為「德國酸菜」（krauts）和「日本鬼子」（Japs），並且在宣傳海報上把他們畫成怪物。越戰時期，美國士兵將越南人蔑稱為「人渣」（gooks）。伊拉克與阿富汗戰爭開始之後，一些美國人將敵人稱為「破布頭」（ragheads），因為許多阿拉伯人或穆斯林會在頭上纏著布。使用這些語彙，可以減輕失調：「我是個好人，但是我們跟這些人作戰，並殺死他們。所以，他們一定是活該，因為他們不像我們這樣完全是人類。」

　　當然另一方也做一樣的事，例如：納粹將猶太人描述為鼠輩；冷戰時期，俄國人將美國人稱為貪婪的資本主義豬；九一一事件之後，反美人

士將美國人稱為「狂犬」。當然，許多人對特定群體一直抱持負面和偏見的態度，使用蔑稱也許可以使他們更輕易地施以暴行。

我們如何確認自我辯護可能來自於暴行，而非暴行的原因？為了確認這點，社會心理學家必須暫時拋開真實世界中的種種複雜狀況，進入較能控制情境的實驗室裡驗證理論。

一項早期的研究探討了減輕失調的需求如何改變對於無辜受害者的態度。實驗中，每名學生參與者一一觀察一名年輕男子（實驗人員）接受面試的情形，然後描述對該男子的整體意見。接著，學生被要求分析該男子的人格缺陷並告訴他（Davis & Jones, 1960）。參與者說出一些自知會傷害對方的話之後（例如說他空洞、不值得信賴或無趣），會說服自己相信，對方應該受到如此批評。為什麼呢？因為他的確就是個空洞無聊的人啊！參與者說過這些傷人的話之後，比說話之前，他們變得更討厭對方。

從實驗室拉到戰場似乎有點跳躍，不過它們都和失調有關。想像以下兩種情境：(1)一名士兵在戰場上殺了一名敵人；(2)一名士兵殺了一名剛好處在錯誤時間和地點的無辜平民。哪一名士兵比較會感到失調？我們預測是後者。為什麼？因為在戰鬥中面對敵人，是一種「你死我亡」的情境。如果這名士兵不殺敵人，敵人可能就會殺他。所以，即便傷害或殺死他人並不是件輕鬆的事，但在這個情境下並不是件沉重的負擔，失調的程度不會太強。但如果殺傷的是一名無抵抗能力的百姓、小孩或老人，便會造成沉重的心理負擔。事實上，造成伊拉克和阿富汗老兵出現創傷後壓力症候群（PTSD）的原因之一，就是無法減輕殺害兒童、路人和其他無辜

試試看！

做善事的內在效果

當你走在市內街道上，看到有人坐在人行道上乞討，或把家當都放在推車上，你對他們有何看法？仔細想想，然後把你的想法列在紙上。如果你與大部分大學生一樣，你的感想可能有點複雜。也就是說，你可能有點同情他們，但又覺得他們自作自受，如果他們真的肯努力，就不會這樣過活。下次，你若看到有人乞討（或翻垃圾桶），主動給他們十塊錢並祝他們順利，然後留意你對他們的感覺，看看是否改變？以及為什麼如此？運用認知失調理論來分析你自己的變化。

平民的失調感受——這是與恐怖分子（而非正規軍）作戰時難以處理的後果（Klug et al., 2011）。

上述關於士兵強烈失調的預測，已獲得研究支持。在該實驗中，自願實驗的大學生必須對自己的同學施予（假的）痛苦的電擊（Berscheid, Boye, & Walster, 1968）。正如預期，對自己的同學施予電擊之後，他們貶損了承受痛苦的同學。然而，有半數的參與者被告知他們將會角色互換，也就是對方將有機會報仇。那些被告知對方有報復機會的參與者，並未貶損受害者。因為受害者有機會報復回來，所以不太會產生失調。此時，傷人者不需要為了說服自己相信受害者罪有應得，而去貶低那些受害者。這個實驗的結果顯示，在戰時，較之敵軍的受害者，軍人常常會更蔑視平民受害者（因為這些人無法報復）。

這個研究的意義令人戰慄，因為人們在進行殘酷的行為之後，心理將會受創。將受害者視為非人之後，會導致後續的暴行，甚至造成惡性循環：暴行導致自我辯護（將受害者視為非人類），接著導致更殘酷的暴行並更加貶低受害者，形成連鎖效應（Sturman, 2012）。如此一來，便可能發生令人難以置信的行徑，就像納粹的「最終方案」（Final Solution）導致六百萬歐洲猶太人死亡。但是所有暴君和壓迫者都會為自己的暴行辯護，以減輕失調。這樣他們才能安睡。

Riccardo Orizio（2003）訪問了七名獨裁者，他們都聲稱自己所做的一切都是為了他們的國家，包括刑求、謀殺政敵、阻礙自由選舉、餓死人民、私吞國庫、發動種族屠殺戰爭。他們表示，若不如此則會造成混亂、無政府與血腥暴亂。他們完全不把自己視為暴君，而是犧牲小我的愛國者。聽起來很熟悉嗎？想想敘利亞內戰時的總統阿塞德（Bashar al-Assad）。自從2011年起，這場內戰已經奪走超過四十萬人的生命，包括數千名兒童。許多人相信阿塞德總統對自己的人民施放化學毒氣。他的理由是什麼？2013年，阿塞德在一場演講中說：「保家衛國是不容討論而且合法的職責，這是合乎憲法也合乎宗教的義務，而且是唯一選

很遺憾地，將外團體、宗教團體或少數族群貶為禽獸，目前仍很常見。

作弊之後，這名同學將會說服自己：只要有機會，每個人會都作弊。

擇」（Bashar al-Assad's Opera House Speech, 2013）。

為自己違反道德的行為辯護

還有一類行為屬於違反態度的行為，就是當我們決定做出違反自己道德信念的行為。以考試作弊為例。假設你是一個大二學生，正進行有機化學的期末考。你已經確定申請了外科醫學系。你認為這一科的成績會強烈地影響你是否能進入醫學院。有一道關鍵考題的內容你相當熟悉，但是因為這個考試太重要，你產生了強烈的焦慮，腦中一片空白。你剛好坐在全班成績最好的同學旁邊，你的眼睛飄到她的考卷上，你發現她剛好寫完這道重要的問題。你轉移了目光。你的良知告訴你不可以作弊。然而，如果不作弊你就無法得到高分。而如果你考差了，就不可能擠進醫學院。

不管你是否決定作弊，你的自尊都已受到威脅，並將因此產生失調。如果你作弊，你的信念或認知「我是高尚、有道德的人」將與「我剛才做出不道德的作為」產生失調。如果你決定拒絕誘惑，你的認知「我要成為一個外科醫師」與你的認知「我本來可以拿到高分，進入醫學院，但是我竟選擇不要。啊，我真笨！」也同樣會產生失調。

假設在一番掙扎之後，你決定作弊。根據認知失調理論，你可能為你的行為找理由，將負面降到最低。在這個例子中，消除失調的有效途徑之一，就是改變對作弊的態度。你可能會抱持寬大的態度看待作弊，使自己相信這只不過是一種無害的犯行，根本不會傷害任何人，這樣做並沒那麼壞。

相反地，假設一番掙扎之後，你決定不作弊。你將如何消除心中的失調呢？同樣地，你將改變自己對行為的道德觀，但是此時的方向完全不同。那就是，為了將放棄高分的機會合理化，你必須使自己相信作弊是可憎的罪惡，那是人類所能做出最低劣的事情，作弊者應該被揭發出來並受嚴厲的懲罰。此時你不只是將自己的行為合理化，你的整個價值系統也發生改變。因此，兩個做出不同行動方式的人，即便一開始對作弊的態度

極為相同,也可能發生變化。其中一人在作弊的邊緣但決定不作弊;另一個人在抗拒作弊的邊緣但決定作弊。然而,一旦他們做出決定之後,他們對作弊的態度就會因為行動的差異而出現明顯分歧。

避免誘惑

我們如何讓人守規矩,避免受到誘惑呢?所有社會多少都要依靠處罰或處罰的威脅來維持運作。例如,當我們以每小時八十英里的速度開車,我們知道如果被警察抓到,將付出相當重的罰款,如果經常發生,我們將失去駕駛執照。所以我們學會了當有巡邏車在附近時,遵守速限。同樣的情況是,小朋友知道如果考試作弊被抓到,將被老師羞辱而且重重地處罰;因此,當老師在教室監督時,他們學會了不去作弊。但是,嚴厲的處罰可以教會大人們遵守速限嗎?又能教會小朋友看重誠實的行為嗎?我們認為並非如此。這些處罰所教導我們的只是:儘量避免被抓到。

讓我們來想想霸凌行為。假設你是一個六歲小孩的家長,他經常打他四歲大的弟弟。你經常和他講道理,但是沒有用。為了讓他變成一個好小孩(或者說為了保障他弟弟的健康及福祉),你開始處罰他的霸凌行為。作為父母親,你能用的方式可以從相當溫和的處罰(例如嚴厲地怒視)到非常嚴厲的處罰(例如痛打一頓、在牆角罰站二小時,或一個月內不准他看電視)。你可以觀察到,處罰的威脅愈嚴厲,小孩動手的可能性就愈低——但是你必須在現場。只要遠離你的視線,他便可能再度打他的弟弟。就像大部分的駕駛人學會在超速時注意公路巡邏警察一樣,你的小孩仍喜歡打他的弟弟,他只學會當你在四周準備處罰他時不那麼做而已。你該怎麼辦?

父母可以即時介入以阻止霸凌,但要如何做才能防止未來再度發生?

假設你用嚴厲的處罰作為威脅,他在欺負弟弟時會感到失調嗎?可能不會,因為他有外部理由不那麼做。他心裡會暗想:「我為什麼不能打弟弟?」在嚴厲處罰的威脅下,他有一個說服自己的答案,也就是充分的外部理由:「我不能打他,因為如果我打他,我的父母會處罰我。」如果是較溫和的處罰呢?只要他仍聽你的話,他就有可能感受失調。當他問自己「為什麼不能打

弟弟」時，他缺少說服力強的答案，因為處罰溫和到不足以作為有力的外部理由。這就是**不充分的處罰**（insufficient punishment）。這個小孩克制自己不去做一件他想做的事，雖然他有一些理由，但是理由不夠強。在這種情況下，他繼續感受失調。因此，他必須找到其他方式解釋何以不打弟弟。你給予的威脅愈輕，外部理由就愈薄弱；而外部理由愈薄弱時，對內部理由的需求就愈大。為了消除失調，小孩會說服自己，認為自己並不是真的那麼想打弟弟。最後，他終將能夠認定打弟弟並不好玩。

為了驗證是否如此，Elliot Aronson和J. Merrill Carlsmith（1963）對幼稚園學生進行實驗。當然實驗不能讓兒童互相打架，所以研究者決定採取較為和平的目標：嘗試改變小孩子對於不同種類玩具的偏好。實驗者首先評估各個小孩對幾種玩具的偏好程度，然後指出其中參與者最喜歡的玩具，告訴他不能再玩了。半數的小孩被告知，如果他們不服從的話，將受到溫和的處罰；另一半小孩則被告知將施以嚴厲的處罰。然後，實驗人員接著就離開房間，讓他們有機會玩其他的玩具，以及抗拒去玩他們原先最喜歡卻被禁止的玩具。沒有任何小孩去玩被禁止的玩具。

接著，實驗人員又回到房間，並且問小孩們對各種玩具的喜歡程度。本來所有小孩都喜歡那個被禁止玩的玩具。但是在誘惑期，所有小孩都克制自己去玩那個玩具。顯然，小孩心中會感受失調。他們如何應對這種不舒服的感受呢？被嚴厲處罰所威脅的小孩，對他們受到的限制有充分的外部理由，他們知道為什麼不能去玩他們最喜歡的玩具，因此他們不需要改變對玩具的偏好。他們仍然回答那些玩具還是他們的最愛，有些甚至比先前更喜歡那個玩具。

但是其他小孩會如何呢？只受到溫和處罰威脅的小孩缺乏充分的外部理由（玩那個玩具不太需要擔憂），這使得他們需要「內部」理由，以減輕心中的失調。不久之後，他們成功地使自己相信，不玩那個玩具的理由是他們並不怎麼喜歡它。結果他們對於該玩具的喜歡程度，比實驗開始時還低。換言之，他們為了減輕不玩有趣玩具的失調感，說服自己相信該玩具不像一開始感覺那樣好玩。

此外，兒童降低失調的效果相當持久。一項研究複製了禁止小孩玩玩具的實驗。大部分受到溫和威脅的孩童，都自己決定不玩被禁止的玩具，即使是在「數週」之後。而大部分受到嚴重威脅的孩童，只要有機會

便會去玩被禁止的玩具（Freedman, 1965）（見**圖6.4**）。

　　總歸而言，巨大的酬賞或嚴厲的處罰，為行動提供了強大的外部理由。它們可使人順從，但無法真正改變態度。因此，如果你只要求一次，要某個人（例如你的小孩）做或不做某事，最好的方法可能是給予大量的酬賞，或施以嚴厲的處罰。但是，如果你想要對方將態度深植於心，則使用愈少的酬勞或處罰（只要剛好能暫時使對方順從），最後態度的改變會愈大，而且效果愈持久（見**表6.1**）。

偽善範式

　　瞭解自我辯護，便可以幫助我們解釋令人好奇的偽善現象，其中有些很有趣，有些則可作為警惕。例如：某位有名的首相大力抨擊同性戀，但自己卻有位男同志情人；某名政治家花大筆預算掃蕩色情業，自己卻被逮到召僱高價妓女；某名女子因為情人出軌而提出分手，卻未想過自己也同樣劈腿。

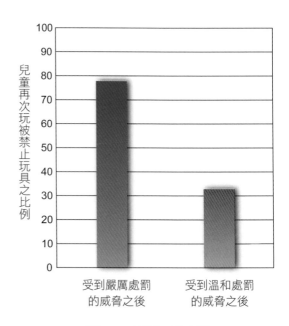

圖6.4　禁制玩具實驗

受到輕度處罰威脅的兒童（橙色線段），比受到嚴厲處罰威脅的兒童（藍色線段），較不會再去玩被禁止的玩具。受輕度威脅的兒童會降低玩具的吸引力（「我就是不想玩它」），作為自己的理由。這種自我說服的結果，可以持續數週（整理自Freedman, 1965）。

　　一系列研究針對所謂「龜笑鱉無尾」的問題進行研究。研究人員想知道，人們一面譴責他人，一面卻犯下同樣的道德錯誤時，會如何減輕失調。你現在可以猜到了吧？偽善者比未犯同樣道德錯誤者，更加嚴以待人，而且他們認為自己比其他人更加善良有品德。也就是說，他們通常會做出兩極判斷，認為他人較邪惡，而自己較善良（Barkan et al., 2012）。

　　我們可以進一步討論。瞭解偽善的運作方式是相當重要的，因為人

表6.1　違反態度的行為與避免誘惑之內部理由與外部理由

酬賞或威脅的幅度	違反態度的行為 （人們收到酬賞而去做他們不想做的事）	避免誘惑 （人們受到威脅而不去做他們想做的事）
小（內部理由）	失調導致內心長期改變（我現在真的喜歡）	失調導致內心長期改變（我真的很不喜歡）
大（外部理由）	無失調（其實我根本不想做，只是為了錢而做）	無失調（其實我很想做，只是因為懲罰太強才沒做）

們的行為常常違反自己的信念以及自身的最佳利益。舉例而言，雖然大學生們瞭解性病會造成嚴重問題，但只有少部分學生在性行為時使用保險套。這並不意外，保險套既不方便、又不浪漫，並且讓人聯想到性病——在激情時刻不會希望想到這些。難怪人們在從事性行為時，常伴隨著否認的想法：「對啊！性病會造成問題，但那不會發生在我身上。」

你要如何打破這道否認之牆？1990年代中期。Elliot Aronson及他的學生發展出一種他們稱為誘導偽善（hypocrisy induction）的研究設計（Aronson, Fried, & Stone, 1991; Cooper, 2010; Stone et al., 1994）。他們要求兩群大學生撰寫演講稿，描述愛滋病與其他性病的危險，並宣導每次的性行為都要戴上保險套。其中一組人只是寫下論點；另一組於寫好講稿之後，還要在攝影機前錄影朗讀，並被告知這些錄影帶將放映給高中生看。此外，每一組當中的一半學生被要求將他們未使用保險套的情況列出，包括認為保險套十分笨拙、難以使用或無法使用的情況。

換言之，其中一組參與者將講稿製作成錄影帶，並認為會提供給高中生看，隨後又將自己未使用保險套的情形列出，這些參與者將經驗到高度失調。為什麼會失調呢？因為他們察覺到自己的偽善：他們知道自己正在教導正確的行為給高中生，但同時也瞭解自己從未奉行。為了除去偽善並保持自尊，他們必須開始落實自己所傳播的正確行為。這項結果正是研究者所發現的：他們讓每位學生都有機會購買很便宜的保險套，結果在偽善情況下的學生購買的人數比例，超過其他情況下的學生。不只如此，實驗結束幾個月後，研究人員進行了後續的電話訪談，發現效果依然存在：實驗中被分到偽善組的參與者（感受到最強認知失調者），比控制組參與者表示更常使用保險套。

誘導偽善使人們察覺自己的作為與對他人勸說之間的失調，這已應用於各式問題，包括：使人戒菸、使用遮陽板預防皮膚癌、停止無規律的飲食，以及其他各種健康事務（Cooper, 2012; Freijy & Kothe, 2013; Peterson, Haynes, & Olson, 2008）。誘導偽善還可以幫助駕駛人免於駕車憤怒。駕車憤怒的問題每年造成數千件事故與傷亡。憤怒的駕駛通常會想「看那個可惡的傢伙竟然超我車！自私鬼！他要倒大楣了！」Seiji Takaku（2006）應用誘導偽善做法解決此問題。他以影片模擬高速公路的超車行為，平時這狀況常會引起憤怒。實驗情境中，參與者先意外地對另一輛車

誘導偽善

使人們陳述與行為相反的敘述，然後提醒他們，其行為與所鼓吹的內容不一致，引發其失調。這樣做的目的是為了使人們為自己的行為更負責任

認識失調可能幫助我們提升人們做出有益健康之選擇。

超車，然後被提醒，這是我們每個人都可能犯下的失誤。Takaku發現，當人們被提醒他們自己的過失，相較未受提醒者，能夠較快地從憤怒轉為原諒。此一提醒降低了他們的報復念頭。

下次你在開車時感到氣憤，可以想想Takaku的方法。順便想想，當你看到有人邊開車邊用手機傳簡訊，你會感到多麼生氣。

不同文化中的失調

失調效應幾乎存在於世界上的各個角落。但是，它的形式不見得完全相同，而且產生失調的認知「內容」也可能因文化而異（例如：Beauvois & Joule, 1996; Kitayama, Tompson, & Chua, 2014; Sakai, 1999）。在「集體主義」社會中，團體的需求比（「個人主義」社會所重視的）特定個體需求更重要，減輕失調的行為可能較不普遍，至少就表面而言（Kokkoris & Kühnen, 2013; Triandis, 1995）。在這樣的社會中，我們較常看到維持團體和諧的行為，而較不常看到人們為自己錯誤的行為辯護——但卻常看到人們因為對自己行為感到羞恥，或使「他人」感到失望時，經驗到失調。

日本的社會心理學家Haruki Sakai（1999）結合他對失調現象的興趣，以及對日本社群導向之認識。他發現在日本，人們對他們熟識且喜歡的人會感受到替代失調。當朋友在減輕失調時，觀察者的態度也會隨之改變，成為與朋友相符。此外，後續實驗中，日本參與者知道他人正在觀察自己的選擇時，會為自己的選擇找理由，但之後則不會；美國人剛好相反（Imada & Kitayama, 2010）。對於選擇的知覺隱密性或公開可見性，會與文化產生交互作用，決定了是否產生失調，以及是否需要找理由。

當然，某些失調因素顯然是普世相同，而且世代皆然。例如在多元文化的美國，移民父母親常和下一代年輕子女發生文化衝突：孩童希望像同儕，但父母希望他們像上一代。這種衝突經常使孩童產生巨大失調，因為他們愛自己的父母，但無法全盤接受其價值觀。針對美國的越南和柬埔寨青少年之長期追蹤研究顯示，經驗到最大認知失調的青少年，最可能出問題、課業較差，並較常和父母爭吵（Choi, He, & Harachi, 2008）。

複習題

1. 以下何種技巧涉及「決策後失調」，可供服飾店用來提升顧客滿意度？
   a. 打對折。
   b. 請客戶錄製廣播宣傳說出本店有多棒。
   c. 收取本店的會員費。
   d. 成交後概不退換。

2. 為了幫社團籌款，你必須賣出一千元的紀念書刊。你可以如何運用低飛球技巧，來提升銷售量？
   a. 從兩千元開始賣，然後假裝和買家講價，將「成交價」設在一千元。
   b. 從八百五十元開始賣，當買家準備結帳時，告訴他價錢算錯，少算了一百五十元。
   c. 提供額外誘因促銷（例如購買就送餅乾）。
   d. 從一千兩百元開始賣，但告訴買家，三週內會收到兩百元退款。

3. 假設某次考試前，老師告訴Jake，如果抓到他考試作弊，他就會被退學。假設該老師告訴Amanda，如果抓到她作弊，唯一的懲罰是要寫一篇短文，說明何以作弊是錯的。如果兩名同學都沒作弊，以下哪一項是失調理論的預測？
   a. Amanda會比Jake更覺得自己誠實。
   b. Jake會比小曼更覺得自己誠實。
   c. Amanda和Jake都覺得自己同樣誠實。
   d. Amanda和Jake都不覺得自己誠實，因為他們都受到威脅。

4. Abby和Brian花了兩年時間，終於將一棟舊房子親手整修完成。現在他們更加認為購買那棟房子的決定是正確的。這例子顯示了：
   a. 違反態度的行為。
   b. 不充足的懲罰。

   c. 富蘭克林效應。
   d. 為付出的努力辯護。

5. Briana正接受藥物戒斷治療。下列哪一項方式，最能使Briana在離開診所之後遠離藥物？
   a. 強迫就診（她是聽令接受治療）並給予艱苦的考驗。
   b. 強迫就診（她是聽令接受治療）並給予輕鬆的體驗。
   c. 自主就診（她自己選擇接受治療）並給予輕鬆的體驗。
   d. 自主就診（她自己選擇接受治療）並給予艱苦的考驗。

6. 你的朋友Amy剛買了新鞋，並詢問你的意見。你私底下覺得，那真是你見過最醜的鞋子。但你告訴她，你很喜歡那雙鞋。Amy以前總是重視你的真誠意見，而且她其實不太在意那雙鞋，那雙鞋並不貴。因為你說法的外部理由_____，你很可能會_____。
   a. 高，認為你喜歡那雙鞋
   b. 高，仍認為那雙鞋很醜
   c. 低，確定你喜歡那雙鞋
   d. 低，仍認為那雙鞋很醜

7. 根據「富蘭克林效應」，以下何種情況會使你最喜歡Tony？
   a. Tony借你五百元。
   b. 你借Tony五百元。
   c. Tony將之前借的五百元還你。
   d. Tony找到五百元。

8. Amanda的父母跟她說，如果她開車時傳簡訊，便會沒收她的車子一年。Erin的父母告訴她，如果她開車時傳簡訊，便會沒收她的車子一週。Amanda和Erin都決定開車時不傳簡訊。根據認知失調理論，可預期的是：

a.當她們上大學離開父母之後，Erin比Amanda更可能開車時傳簡訊。

b.當她們上大學離開父母之後，Amanda比Erin更可能開車時傳簡訊。

c.Amanda與Erin都將認為開車傳簡訊沒什麼關係，她們只是怕被懲罰才不做。

d.Amanda與Erin都將認為開車傳簡訊是不對的。

9.針對文化與認知失調的敘述，以下何者正確？

a.日本人很少經驗到認知失調。

b.失調是普世的，但文化會影響人們的失調感受。

c.認知失調是純屬美國人的現象。

d.集體主義文化比個人主義文化更容易出現認知失調。

認知失調理論的進階與延伸

學習目標6.2　描述認知失調理論的後續進階與延伸

在這章中，我們一再指出，人類有一種需求，就是認為自己是聰明、理性且行為高尚的人。社會心理學家對這項保護自尊的基本需求持續進行更深入、更廣泛的探討，他們有什麼新發現？

自我肯定理論

稍早我們提到減輕失調的三種方式：改變行為，使行為與失調的認知一致；改變一項原本不一致的認知，使行為與認知一致；增加新的認知，來辯護我們的行為。回想因吸菸而處於失調狀態的人的例子：他們可以停止吸菸（改變行為）；或說服自己吸菸對他們無害（改變他們的認知以與行為一致）；或斷定吸菸所帶來的快樂值得他們甘冒疾病風險，畢竟誰想活到九十歲？（增加新的認知）。然而有些時候，這三種方法都難以減輕認知失調。抽菸的人都知道，菸癮太難戒了。要讓我們自己相信抽菸對健康毫無害處，或說服自己說根本不想活到那麼老，也相當不容易。在這樣的情況下，遭受失調困擾的可憐人怎麼辦？老菸槍就該永受失調之苦嗎？

幸而並非如此。根據**自我肯定理論**（self-affirmation theory），人們也能將專注在他們於某個和失調威脅不相關的領域上的能力，並予以肯定，來減輕失調（Aronson, Cohen, & Nail, 1999; Steele, 1988）。「是的，

自我肯定理論

此理論認為人們可以藉由專注與肯定自己與威脅無關的能力，來減輕失調

我抽菸，」抽菸者可能會這麼說，「但我廚藝一流。」（或網球高手、絕佳友伴、前途無量的科學家等等，看是哪項能力對他來說最重要）。這些辯護在非吸菸者聽來可能很傻，但那些試著減輕認知失調的人們是認真的。請記得，失調源於對自尊的威脅，如果我們無法直接減輕此威脅（例如戒菸），還可以專注於自己在生活中另一個完全不同的領域內表現得有多優異。

在一系列巧妙的實驗中，Claude Steele及其同僚已經證明，在失調產生以前，如果你提供自我肯定的機會給人們，他們就會抓住不放。例如，研究者重新複製了Jack Brehm（1956）對於決定後的減輕失調所做的經典實驗（Steele, Hoppe, & Gonzales, 1986）。他們要求學生為十張專輯評分，假裝是市場調查的一部分，隨後告知學生們可以拿走他們排在第五及第六的專輯作為酬賞。在學生做完選擇十分鐘之後，他們被要求重新將專輯評分。你應該還記得在Brehm的實驗中，參與者在選定一件廚房用具作為禮物之後，重新對廚房用具排名次時，給予他們所選的用具的分數會高於所放棄的用具。這樣，他們便說服自己他們的決定是明智的。在這個實驗中的學生們也這麼做了。

不過，Steele及其同僚在實驗中還添加另一些條件。實驗參與者有半數的學生主修科學，半數主修商學。在實驗中，兩種身分的學生當中各有一半被要求穿上白色實驗服去參與實驗。為什麼穿實驗服呢？就如你所知，實驗服帶有科學的色彩。Steele及其同僚懷疑，實驗服可能將對主修科學的學生提供「自我肯定的功能」，但對主修商學的學生則無效。研究結果支持他們的預測，不管是否穿上實驗服，商學生減輕失調的方式就如Brehm的實驗一樣：在選完之後，他們提高對他們所選專輯的評價，降低對另一張他們所拒絕的專輯的評價。同樣，在未穿上實驗服的條件下，主修科學的學生會以同樣的方式來減輕失調。然而，當主修科學的學生穿上實驗服時，他們會抗拒扭曲看法的誘惑，實驗服提醒這些學生，他們是有前途的科學家，因此在藉著改變對專輯的態度以減輕失調的過程會發生短路。事實上，他們會說：「我可能在選擇專輯時做了一個笨決定，但我可以帶著這個決定活下去，因為我還有其他事情等著我，至少我仍然是個有前途的科學家。」

在日常生活中，我們要如何運用這一點來減緩對自尊的威脅呢？後

續研究展示了所謂「價值肯定寫作練習」的威力，這是這樣做的：人們要從一份價值觀列表中，挑出一項自認為最重要，然後寫下為什麼該價值觀如此重要。聽起來很容易，但此價值肯定練習已被證明在人們日常生活中，具有廣泛的長期正向效果。特別當人們在某領域的自尊遭到威脅時（例如學業表現差），透過提醒自己在生活其他層面仍有重要事物（例如家庭；Cohen & Sherman, 2014），便可減緩該威脅。

　　例如，一些美籍非裔兒童認為自己不是讀書的料，加上認為若學業差便會證明「黑人智力不佳」這種負面刻板印象（Steele, 2010）。如此一來，他們便很難專心學習。為幫助他們，一群社會心理學家讓美籍非裔兒童在教室完成數次價值肯定寫作練習。方法是給予他們一份無關學業的價值列表，然後讓他們寫下對他們而言最重要的一項（Cohen et al., 2009）。控制組兒童並未做此寫作練習。相較之下，進行練習的兒童學業焦慮較低，且學習表現較佳。提升表現的效果會一直持續，做過價值肯定練習的兒童，連續數年的表現都較佳。很明顯地，他們比控制組兒童更可能進入大學，只因為透過簡單的寫作練習，減緩了他們的自尊威脅（Goyer et al., 2017; Harackiewicz et al., 2014; Miyake et al., 2010; Sherman et al., 2013）。【試試看！】可以讓你快速地知道價值肯定寫作練習是如何進行。

試 試 看 ！

價值肯定寫作練習

以下是一些特徵或價值觀的列表。請依照你認為的重要程度排序，從最不重要排到最重要。

_____擅長藝術

_____創造力

_____與家人和朋友的關係

_____政府或政治

_____學習與獲得知識

_____運動能力

_____歸屬於某社群（例如你的社區、族人或學校社團）

_____音樂

_____靈性或宗教價值

_____幽默感

現在請從表中選出一項價值觀，並寫下為什麼你覺得它重要。你可以自由選擇。請花幾分鐘的時間寫下你對該價值觀的看法，包括對你的重要性（請寫至少一頁）。請勿在意錯字或標點符號（整理自 Silverman, Logel, & Cohen, 2013）。

親密關係中的失調：自我評價維護理論

大部分的失調理論是在探討，我們的行為會如何威脅到我們的自我形象，例如做出與我們態度相反的行為，或做出一個困難的決定。Abraham Tesser及其同僚則探討了人際關係造成的失調，亦即我們常會將自己的成就與親近者（例如朋友或兄弟姊妹）做比較（Beach et al., 1996; Tesser, 1988）。

假設你認為自己吉他彈得很好，其實你勝過你的所有朋友與樂團團員。接著你搬到另一城鎮，發現你要好的新朋友彈吉他彈得像是超級大師。你對此會有什麼感覺？當你的朋友在你的專長領域超越你時，你感覺相當不舒服對吧。

現在再假想你的新朋友是個天才藝術家，而不是吉他大師。你會感覺不舒服嗎？當然不會。事實上，你可能會對朋友的成功感到高興。你可能告訴其他朋友：「蘇菲的畫在紐約的著名畫廊賣出了！」這兩種情況的差異是，第一種情況中，你的朋友在你非常重視的領域中超過你，這個領域甚至可能是你定位自己的核心。不管我們最珍視的能力是什麼，一旦碰到有人在該領域比我們更傑出時，就可能會出問題——失調的問題。

根據Tesser（1988）的**自我評價維護理論**（self-evaluation maintenance theory），在人際關係中，若滿足以下三項條件，人們便會產生失調：我們與某人感覺親近、他在特定領域勝過我們，以及該領域是我們自尊的核心。所以，如果親近的朋友在我們認為不重要的領域超過我們，這不會有問題。事實上，我們甚至會感覺與有榮焉。只有當親近的朋友在我們所重視的領域勝過我們時，才會出現失調。

我們可以試著改變產生失調的三個要素中的任一個。第一，我們可以疏遠這個勝過我們的朋友，認定對方畢竟不是自己的親密好友。一項實驗讓大學生跟另一位學生（其實是實驗助理）比賽回答一般知識問題（Pleban & Tesser, 1981）。在實驗特意安排下，比賽的題目跟參與者的自我評價極為相關，並且讓那位實驗助理大幅獲勝。就如預測，這種情況使實驗助理遭到排擠。參與者都表示不願意再跟他一起合作（Kamide & Daibo, 2009; Wegner, 1986）。

第二種降低自尊威脅的方式是，改變自尊與某項表現之間的關聯。如果我們的新朋友在彈吉他上強過我們許多，我們可能對吉他失去興

自我評價維護理論

此理論認為當我們與某人感覺親近、他在特定領域勝過我們，以及該領域是我們自尊的核心時，我們會感到失調。為了減輕此失調，可以透過：疏遠對方、在該領域勝過對方，或認為該領域對自己不太重要

趣，改為重視跑步。為了驗證這項預測，一項研究讓參與者得知他們自己
與另一位學生在某項能力測驗上的成績。當他們知道另一位學生和他們
背景相似，並且成績比他們好時，他們非常可能會說，這項能力對他們
而言不是非常重要，這符合理論所預測（Crawford, 2007; Tesser & Paulus,
1983）。

最後，人們也可以改變第三項要素，也就是自己相對於對方的表
現。假設你認為廚藝很重要，而且你的朋友是個超級廚師。你可以經由努
力使自己的廚藝更好，以減輕失調。但你無論怎麼努力，都無法超越對
方。此時你可能會採取較陰險的手段：試圖減損朋友的廚藝，讓他比不上
你。如果朋友向你要食譜，你可能會故意遺漏其中一項重要材料，使對方
做的菜怎麼也比不上你。

人們真的會卑劣到暗中去破壞朋友的表現嗎？當然不必然如此。但
是，如果牽涉到我們的自尊，我們便可能不如自己所以為的那麼樂於幫助
朋友。一項實驗讓學生們一起玩猜字遊戲，而且是同時跟朋友及陌生人一
起玩。參與者可以選擇提供他人不同線索，使
對方更容易或更不易猜對。研究人員故意安排
讓參與者自己先猜，並且成績很差。然後再讓
參與者有機會藉由提供簡單或困難的線索幫助
他人。問題是，他們會給陌生人還是朋友較多
幫助？

此時，你可能已經知道自我評價維護理
論所預測的結果。如果任務和自我無關，人們
應該會希望朋友有好的表現。實驗結果確實如
此，當研究者表示這只是個遊戲，使任務顯得
不重要時，參與者給予朋友（相對於陌生人）
較多簡單的線索（見**圖**6.5左側）。當研究者表
示，此遊戲成績與智力和領導能力非常有關，
亦即使此任務與自我高度相關時，參與者給予
朋友（相對於陌生人）較多困難的線索（見**圖**
6.5右側）。顯然地，此時若朋友表現優於自
己，人們會感到自尊受威脅，因此便不讓朋友

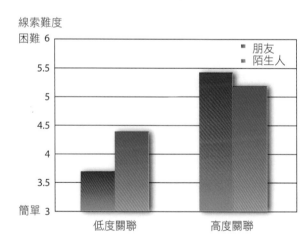

圖6.5　自我評價維護理論的作用

學生在進行猜字遊戲時，可以給予同伴（朋友或陌
生人）簡單或困難的線索。當任務被描述為「只是
個遊戲」，亦即與自尊較無關時，人們給予朋友
（相較於陌生人）較簡單的線索（見圖左半部）。
然而，當任務被描述為與智力和領導力有關，亦即
與個人自尊高度關聯時，人們給予朋友（相較於陌
生人）較困難的線索。如此可以避免因為看到朋友
表現得比自己好，而感到失調（見圖右半部）（整
理自Tesser & Smith, 1980）。

表現好（Tesser & Smith, 1980）。

綜言之，自我評價維護理論的研究指出，自尊遭威脅對我們的人際關係有著令人訝異的涵義。雖然許多研究是在實驗室情境中進行，並由大學生參加，但是田野研究與檔案研究的結果也都支持此一理論。例如，Tesser（1980）發現，手足間最大量的摩擦是發生在手足年齡相近，且其中一位在一項重要屬性上明顯較強，例如人緣或智商等。當成就與自我形象的相關程度極高時，要避免家中成員的衝突就會比較困難（Tesser, 1980）。試思考一下小說家Norman Maclean（1983）在《大河戀》（*A River Runs Through It*）故事中描述他們兄弟間的關係：「兄弟間最想知道的一件事是，彼此之間的差異是什麼……無疑的，如果我們不是如此親的家人，那麼我們的差異就不會如此之大。」（p. 83）

複習題

1. Juan是個醫科學生，他已有長期交往的女友，但某次卻對他人調情。他感覺到失調，因為他一向認為自己是貼心且負責的人。他覺得做出調情行為不符合他的自我知覺。根據失調理論，他可以藉由_____減輕失調；而根據自我肯定理論，他可以藉由_____減輕失調。
   a. 說服自己調情是無害的／對於自己是醫科學生感到驕傲
   b. 對於自己是醫科學生感到驕傲／說服自己調情是無害的
   c. 說服自己調情是無害的／與女友分手
   d. 與女友分手／說服自己調情是無害的

2. Kristin是電腦課中少數的女生，而且在第一次考試時考差了。根據自我肯定理論，以下何者可能可以增進其成績？
   a. 進行價值肯定寫作練習。
   b. 課堂中一對一學習。
   c. 向教授索取學習小技巧。
   d. 參加班上其他同學的讀書會。

3. 想像你和你最好的朋友都念心理系，而且都想上心理學研究所。你的朋友也是優秀運動員，你則不太重視運動。某日你得知你的朋友在校內投籃比賽獲勝，根據自我評價維護理論，以下何者「最可能」發生：
   a. 你會和朋友疏遠。
   b. 你感覺與有榮焉，而且向朋友祝賀。
   c. 你會努力用功，在心理學成績上勝過朋友。
   d. 你會對心理學失去興趣。

4. 想像你和你妹妹都念心理系，而且你們很要好。假設你妹妹的心理學GPA成績高出你許多，根據自我評價維護理論，以下何者「最不可能」發生：
   a. 你會對心理學失去興趣。
   b. 你會和妹妹疏遠。
   c. 你感覺與有榮焉，而且向妹妹祝賀GPA成績高。
   d. 你會努力用功，在下次心理學考試成績上勝過妹妹。

關於失調與自尊的最後想法

學習目標6.3　總結克服失調的方式以及具有高自尊的優缺點

本章開頭，對於那些天門教教徒，我們提出了一個重要的問題：這些聰明人怎麼會受到引導，毫無道理地集體自殺了呢？當然，實際狀況很複雜，牽涉許多因素，包括：這些領導者都極具個人魅力、團體的看法得到團體內其他成員的社會支持，而且這些團體都難以聽到不同意見，形成封閉系統──像是住在一個充滿鏡子的房間。除了上述因素以外，我們相信，這幾個團體當中還存在了一個極為有力的因素：每個參與者的心中都存在著高度認知失調。你已知道，當某人做出了重大決定，並且在這個決定上做了許多投資時（例如時間、努力、犧牲和承諾），最後會有個強

＃趨勢

政治與認知失調

當平凡人陷入自我辯護的惡性循環，已經夠糟了。而當政治領導者陷入此種循環，可能造成更大惡果。基本上，所有領導者都會遇到違背原本立場的事情，或者做出結果糟糕的決策。為了減輕失調，領導者通常不會就此認錯，反而更加堅信自己是對的──畢竟他們也是凡人（Tavris & Aronson, 2007）。

2003年，美國前總統布希（George W. Bush）認為伊拉克領導人海珊（Saddam Hussein）擁有核武和化學毒氣等大規模毀滅武器，對美國與歐洲造成了威脅。入侵伊拉克之後，數個月過去，仍未發現大規模毀滅武器。最後，官方只好承認根本沒有那些武器。接下來怎麼辦？布希總統及其幕僚們一方面相信「一定有大規模毀滅武器，可作為戰爭的辯解」，另一方面又承認「我們搞錯了」，他們要如何減輕失調呢？他們的說法是：美國的任務是將伊拉克從殘暴的獨裁者手上解放，給予該國人民美好的民主制度。

當然，我們不能完全確定布希究竟在想什麼。但是，基於六十多年來的認知失調研究，布希總統及其幕僚可能並未刻意欺瞞美國人。比較可能的情況是，如同天門教徒一樣，他們欺騙了自己，無視於他們可能犯的錯誤。當然，布希總統不是唯一一個涉及這種自我辯護行為的領導人。從一些受爭議之美國總統的回憶錄中（無論何黨派），可以看到許多這類自利式自我辯護的論調，這些論調可以總結如下：「如果我有機會重新來過，我也不會有什麼改變。事實上，我什麼都不會變，而我的對手是以不公平的方式對待我。」（Johnson, 1971; Nixon, 1990）。歐巴馬（Barack Obama）與川普（Donald Trump）會如何為自己的重要決策辯護，目前還未確定，我們拭目以待。

天門教的成員包括各種族、生活和背景，但是他們全都因為投入與信仰該宗教而自殺。認知失調機制我們都經驗過，這事件是此機制的極端結果。

烈的需求：必須為這些行為和這些投資辯護。而且，放棄得愈多、努力得愈多，則說服自己觀點正確無誤的需求就愈強烈。天門教的教徒們，為他們的信仰做了許多犧牲：他們放棄自己的朋友、親人、職業，捨棄了金錢和財產，搬遷住處，為自己的特殊信仰投注了許多心血和時間——這一切都更加深了他們的信仰。

瞭解了認知失調，你便可理解何以天門教教徒買了一架望遠鏡，沒有看到太空船的蹤影，便認定這架望遠鏡壞了。這些人如果反過來想「根本就沒有什麼太空船」，他們將產生難以負荷的失調。他們接下來捨棄自己的「皮囊」，認為自己會以更高的存有狀態復生，這也不是完全無法理解了。我們一而再地看到同樣的歷程，這個事件只是個極端的例子。大部分時候，減輕失調的行為是有用的，因為這能夠維持自尊。不過我們如果耗費所有時間和精力保護自我形象，我們便永遠無法從我們的失誤、不良決定和錯誤信念中學到教訓。相反地，我們可能忽略它們、為它們辯護，或甚至將它們視為美德。我們將被侷限在自己的狹小心胸之中，無法成長與改變。在極端情況下，我們還可能會為自己的小小天門教——亦即可能傷害自己或他人的錯誤——進行辯護。

克服失調

重要的是，我們要如何避免在失敗和錯誤時蒙蔽自己，以致無法從中學到教訓。有沒有改正的希望呢？我們認為有。雖然自我辯護歷程是下意識的，但是一旦知道我們傾向為自己的行為辯護，我們便能夠監督自己的思考，以做到「知錯能改」。如果我們能冷靜地審視反省自己的行

為，就有機會打破行為與自我辯護的惡性循環。

　　誠然，認錯負責說起來簡單，做起來卻很難。假設你是一名檢察官，努力工作多年，將「壞蛋」繩之以法。你是個好人。但是，少數你逮到的壞蛋經過DNA檢驗顯示，卻發現他們是無辜的。當你知道這項失調訊息時，會有什麼反應？你會公正地敞開心胸，接受這項新證據？或是拒絕承認此證據，因為這代表你搞錯了？很不幸地（但對於瞭解認知失調理論的人而言並不意外），美國許多檢察官的選擇是後者：他們設法抗拒或阻止被定罪的犯人重啟調查，以進行DNA檢驗。他們用來減輕失調的理由像是如此：「好

經過DNA檢驗，David Lee Wiggins在2012年終於洗清了被控強暴罪的犯行，但是他已經為此服刑二十三年。提出錯誤指控的檢察官常常很難接受被告其實是無罪的，這如何從失調來解釋？

吧！就算他在『這件』案子上無罪，他一定還犯了別的罪。因為他是壞人啊！」

　　不過，至少有一名檢察官選擇了較有勇氣的方式解決認知失調。檢察官Thomas Vanes見過許多重刑案的被告遭判死刑或無期徒刑。一名叫作Larry Mayes的男子，因為一樁強暴案入獄服刑二十多年，後來經過DNA檢驗，發現他是清白的。Vanes知道DNA檢驗會還Mayes清白。Vanes寫道：「他是對的，我是錯的。明確的事實勝於個人觀點和信念，理所當然。這真是當頭棒喝的教訓，任何輕率的藉口（我只是照章行事、是法官判的刑、他經過再審定讞）都無法完全免除我的責任——即便沒有法律責任，也有道德責任——使一名無辜者遭到判刑。」（引自Tavris & Aronson, 2007）。 我們所有人，終此一生，都會在家庭、工作、專業和公民領域中面對一些證據，顯示我們在某些重要事情上犯了錯，包括我們做過的事或相信的信念。當你從金字塔頂端往下走，會朝向為錯誤辯護的方向嗎？……或是你會盡力矯正錯誤呢？

自戀與高自尊的危險

　　有一群人特別難認清自己的失調以及承認自己的錯誤，也就是自戀人格者。自戀人格（narcissism）是結合高度自戀與缺乏對他人的同理心（Furnham, Richards, & Paulhus, 2013; Grubbs & Exline, 2016; Schriber &

自戀人格

結合高度自尊與缺乏對他人的同理心

Robins, 2012; Twenge & Campbell, 2009）。自戀人格者極度自我中心，較關心自己而不關心他人。你可以用【試試看！】的題目測量你的自戀人格分數。

試試看！

測量你的自戀程度

以下每題有兩道敘述，請在兩者中選擇一個符合你的感覺或想法的敘述，並在前面打勾。你可能會覺得某題兩道敘述都不太像你，此時請選一個較符合的。請完成全部題目。

1. ____ 我非常喜歡成為大家關注的焦點
   ____ 成為大家關注的焦點令我感覺不舒服

2. ____ 我和其他人沒有什麼差別
   ____ 我認為自己很特別

3. ____ 每個人都喜歡聽我的故事
   ____ 有時我講有趣的故事

4. ____ 我通常會得到我應得的尊重
   ____ 我堅持要得到我應有的尊重

5. ____ 我不在意遵從命令
   ____ 我喜歡擁有高於他人的權威

6. ____ 我將成為一個偉大的人
   ____ 我希望自己能夠成功

7. ____ 人們有時相信我告訴他們的事
   ____ 我能使任何人相信我想讓他們相信的任何事

8. ____ 我對其他人有很多的期待
   ____ 我喜歡為他人做事情

9. ____ 我喜歡成為大家關注的焦點
   ____ 我較喜歡混在人群中

10. ____ 我和其他人差不多
    ____ 我是一個非常獨特的人

11. ____ 我總是清楚自己在做什麼
    ____ 有時候我不確定自己在做什麼

12. ____ 當我發現自己在操弄他人時，會感到不適
    ____ 我覺得操弄他人很容易

13. ____ 成為權威對我來說並不太重要
    ____ 人們總是認可我的權威

14. ____ 我知道自己很好，因為每個人都這麼跟我說
    ____ 當別人誇我時，我有時會感覺尷尬

15. ____ 我盡量不炫耀
    ____ 一有機會我就喜歡炫耀自己

16. ____ 我比其他人更有能力
    ____ 我能從其他人身上學到很多

（根據Ames, Rose, & Anderson, 2006; Raskin & Terry, 1988）

計分方式：針對題目1、3、6、8、9、11、14和16，如果你勾了「上方」選項，則每題計1分。針對題目2、4、5、7、10、12、13和15，如果你勾了「下方」選項，則每題計1分。然後將分數加總。Ames等人（2006）發現男性的平均分數是6.4，女性是5.3。

自戀有什麼問題嗎？難道我們不應該盡可能地提升正向自我觀念嗎？好吧，我們的確應該儘量避免自尊太低，因為低自尊與憂鬱有關，也會使我們覺得無法掌理生活（Baumeister et al., 2003）。而且，高自尊可以使我們免於想到人生無常。這正是恐慌管理理論（terror management theory）的主張。此理論認為，自尊像是個緩衝器，使人們不致因死亡念頭而感到恐慌（Greenberg, Solomon, & Pyszczynski, 1997; Juhl & Routledge, 2016; Pyszczynski & Taylor, 2016）。也就是說，為了不讓自己因為想到自身的死亡而感到焦慮，人們會汲取文化中的世界觀，這可使他們覺得自己是在具有意義和目的的世界中有效地行動。因此，高自尊的人比低自尊者，更不會因為想到自身的死亡而感到焦慮（Schmeichel et al., 2009）。

但是如果我們太過溺愛自己，到達自戀的程度，就會產生問題。自戀人格者在學業上表現得較差、事業較不成功、更具暴力與攻擊性，而且讓人討厭，尤其是認識他們的人（Bushman & Baumeister, 2002; Twenge & Campbell, 2009）。而且，自戀人格者難以看清自己的真實面貌。還記得我們說過如何從錯誤中學習嗎？這需要反省自己的行為，並且承認錯誤。好吧，自戀人格者對此非常不擅長，反而非常善於減輕失調，以持續認為自己實在是個優秀的人（Jordan et al., 2003）。

如果你是在1980年之後出生，你可能不想知道以下的事。近年來，自戀人格者在大學生中的比例逐漸攀升。Jean Twenge與其同僚（Twenge et al., 2008; Twenge, Miller, & Campbell, 2014）追蹤了美國大學生從1982年至2008年「自戀人格量表」的施測結果。如**圖 6.6**所示，從1980年代中期開始，分數便逐漸爬升。另有一些證據顯示，美國的自戀人格比其他文化更為普及（Campbell, Miller, & Buffardi, 2010; Foster, Campbell, & Twenge, 2003）。

為什麼自戀人格會增加？沒人知道答案，雖然Twenge及其同僚（2008）猜測是美國整體文化愈來愈以自我為焦點。為了呈現這一點，研究人員分析了1980年至2007年的年度前十名流行歌曲的歌詞。他們計算第一人稱代名詞（亦即"I"和"me"）的出現數量，結果發現逐年穩定增加（見

恐慌管理理論
此理論認為，自尊像是個緩衝器，使人們不致因死亡念頭而感到恐慌

希臘神話中的納西瑟斯（Narcissus）愛上自己水中的倒影。因為極度著迷自己的形象，捨不得離開而死亡。今日，所謂「自戀人格」是結合了高度自尊與缺乏對他人的同理心。

社會心理學
Social Psychology

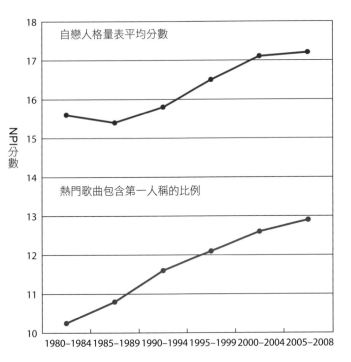

圖6.6　人們愈來愈自戀嗎？

上方（紅色）線段表示1980年至2008年間，大學生在自戀人格量表（Narcissitic Personality Inventory，簡稱NPI，一種測量自戀人格的常用測驗）的平均分數。下方（藍色）線段表示1980年至2007年間，十大熱門歌曲歌詞包含第一人稱（例如I、me、mine）的比例。你可以看到，這兩項數值都逐漸攀升，顯示自戀人格傾向可能提升（整理自Twenge & Foster, 2010）。

圖6.6; DeWall et al., 2011）。確實，披頭四（the Beatles）合唱團在1970年發行的第一首歌就叫作「I、Me、Mine」，但是這種自我關注情況愈來愈普遍，例如小賈斯汀（Justin Bieber）的「Love Yourself」或Silentó的「Watch Me」。這潮流也引發了許多惡搞作品，例如老菸槍雙人組（Chainsmokers）的歌「Selfie」中，歌手不斷打斷自己的獨白以便自拍。MadTV電視台也諧擬了酷玩樂團（Coldplay）的音樂影片「自戀狂」（The Narcissist）。這種自我關注的情況也出現在書籍出版。研究人員查詢「Google Books ngram資料庫」從1960年至2008年的書籍出版資料，發現第一人稱代名詞（"I"和"me"）數量在此期間增加了42%（Twenge, Campbell, & Gentile, 2013）。雖然原因仍不很清楚，但美國人似乎愈來愈聚焦於自己（也許我們應該暫停一下，以便自拍）。

當然，許多年輕人並非如此聚焦自我，而且投入無數時間自願幫助他人。諷刺的是，如此一來，他們反倒變得比走向自戀人格之路還要快樂。想像你參加了Dunn、Aknin與Norton（2008）的研究。某個早上，你正走在校園中，一名研究者靠近你，交給你一個裝有二十美元的袋子。她請你將這些錢都花在自己身上，並且要在當天下午五點之前用完，例如你可以用來為自己買個禮物或付帳單。聽起來不錯吧？現在想像你被隨機選到另一項情境。你一樣有二十美元，但研究者請你在五點之前，將這筆錢用於其他人身上，例如請朋友吃頓午餐或捐給慈善機構。這樣你感覺如何？研究者於當天下午詢問參與者，他們感到多快樂。結果，「花錢於他人」組比花錢於自己的人，感到更為快樂。稍微不那麼關注自己，而稍加關心他人，確實能使我們更快樂。

　　總結而言，抱持高自尊通常是不錯，多少能使人們對自己的未來感到樂觀，並且為生活更加打拚。然而，自尊過高也可能出現問題，亦即形成自戀人格。如之前所言，這是綜合了高度的自我關注以及缺少對他人的同理心。最好的組合是：不但感覺自己不錯，也能關懷照顧他人。

複習題

1. 以下哪個人最可能會承認犯下大錯？
   a. 檢察官，因為他被訓練成不計代價追求正義。
   b. 政治領導者，因為他要避免落選下台。
   c. 宗教團體成員，因為他隨時可以離開。
   d. 以上所有人都很難承認錯誤。

2. 關於「自尊」以下何者正確？
   a. 低自尊是好事，因為這樣可以促使人改進。
   b. 一般而言，女性的自尊低於男性。
   c. 樂觀進取的人面對失敗較不會放棄，並且設定比其他人高的目標。
   d. 一個人的自尊愈高愈好。

3. 恐慌管理理論的基本信念是：
   a. 人們愈來愈自戀。
   b. 政府必須保護人民免於遭恐怖攻擊。
   c. 有宗教信仰者較不恐懼死亡。
   d. 自尊可以使人不致因死亡念頭而感到恐慌。

4. 關於自戀人格，以下何者正確？
   a. 整體而言，大學生愈來愈不自戀。
   b. 特徵是高度自戀與缺乏對他人的同理心。
   c. 高自戀者的學業表現優於低自戀者。
   d. 高自戀者的朋友數量與社交生活都優於低自戀者。

摘要

學習目標6.1　解釋何為認知失調理論以及人如何避免失調以維護正向自我形象

■ **認知失調理論：保護我們的自尊**　自我的一項重要功能就是維持自尊，也就是指人們對自我價值的評價，以及看待自己是好的、有能力的或高尚的程度。當人們的行為方式威脅到自尊時，便會產生認知失調。此時人們會想要減輕失調感，方法包括：改變行為、改變不一致的認知，或增加新的認知，來為行為辯護。

• **決定、決定、決定**　任何決策都要在不同選項間做選擇，因此會產生失調感。認為自己可能做了錯誤的決定而導致的不舒服感受，稱為決策後失調。這種感受會威脅我們的自我形象，因為我們認為自己是個會做正確決定的人。做了決定之後，為了減輕失調，我們會在心理上贊同所選事物或所做之行為。愈持久或不可反悔的決定，減輕失調的需求就愈強。低飛球策略是一種不老實的推銷方式，推銷員使某個決定看似不可反悔，方法是先誘使顧客答應以低價購買產品，然後宣稱搞錯價格，通常客戶會同意提高後的售價。

• **為付出的努力辯護**　對於努力追求來的事物，人們傾向於提高自己對它的喜歡程度，即使該事物他們原本沒那麼喜歡。這可以說明，何以經過不愉快的加入經驗，反而可以強化社團或軍隊新生的忠誠度。

• **違反態度的行為**　這是指人們做出與自身態度或意見相反的行為。如果此時有明顯的外部理由（例如龐大酬賞），人們便不會出現失調，也不會改變態度或信念。然而，如果酬賞並未大到足以為行為辯解，我們便會訴諸內部理由，藉由改變自身（自己的態度或意見）來減輕失調。內部理由會對個人的長期價值觀和行為造成強大影響，比具有清楚外部理由時還強。違反態度的行為可以用來改變人們許多方面的態度，包括歧視、自我挫敗信念，以及類似心因性暴食症的傷害行為。另一個例子是，為了讓他人喜歡你，可以請對方幫你忙。這是因為對方需要內部理由來說明何以對你好。反過來亦同。如果你傷害了某個人，為了減輕因做出壞事而對自我形象的威脅，你可能會為自己的行為提出辯解，貶抑受害者：他是活該的，反正他不屬於「我們這邊」。戰爭衝突是極端的狀況，許多人在此狀況下會深信，受害者或敵人的一切都是自作自受，因為他們是次等動物。

• **避免誘惑**　另外一種改變人們的方式，是使用輕度的威脅，禁止其從事想做的事。也就是並非藉由嚴厲懲罰，而是不充分的處罰。當人們拒絕原本想做或想要的事物，但缺少外部理由時，便會引發失調，正如禁制玩

具實驗所顯示的結果。使用愈少的酬勞或處罰，人們順從的外部理由就愈弱。此時造成的內部理由效果比為了逃避懲罰而短暫服從的效果還更持久。

- **偽善範式**　誘導偽善是故意使人們發現自己言行不一的方法。這是應用了人類試圖減輕失調的傾向，而促進有利社會的行為。在 AIDS 防範實驗中，參與者在鏡頭前演說使用保險套之重要性，但也察覺自己實際上未使用。為了減輕失調，他們改變了行為，亦即購買了保險套。

- **不同文化中的失調**　雖然認知失調現象似乎在東、西文化中皆然，但人們對於造成失調的事物、減緩失調的歷程與強度，會隨文化而異，這反映了文化規範的差異。

學習目標6.2　描述認知失調理論的後續進階與延伸

■ **認知失調理論的進階與延伸**

- **自我肯定理論**　此理論認為人們可以藉由專注與肯定自己與威脅無關的能力，來減輕失調。方法之一是完成價值肯定寫作練習，亦即讓人們寫下自認某項價值之所以重要的原因。此練習已被證明在人們日常生活中，具有廣泛的長期正向效果。

- **親密關係中的失調：自我評價維護理論**　此理論認為在人際關係中，若滿足以下三項條件，人們便會產生失調：我們與某人感覺親近、他在特定領域勝過我們，以及該領域是我們自尊的核心。改變其中任一項因素便可減輕此失調：與對方疏遠、在該領域勝過對方，或降低該領域與我們自尊的關聯。

學習目標6.3　總結克服失調的方式以及具有高自尊的優缺點

■ **關於失調與自尊的最後想法**　大部分時候，減輕認知失調的行為是有用的，因為這能維持我們的自尊。但是如果我們一直花時間和精力保護自我，我們便無法從過錯、不良決定和錯誤信念中學習。

- **克服失調**　減輕失調會帶來副作用，因為它會鞏固負面價值觀和行為，而這在小型宗教群體成員到國家領導人身上都會發生。知道人類善於減輕失調，可使我們更能察覺此歷程。下次當我們因為行為與價值觀不一致而感到失調時，我們便能有意識地暫停自我辯護歷程，反省自己的行為。

- **自戀與高自尊的危險**　我們大都抱持高自尊，這可以避免憂鬱，並幫助我們不畏失敗而堅持。此外，根據恐慌管理理論，高自尊還可以保護我們，不致因死亡念頭而感到恐慌。然而，有一種高自尊形式會造成問題，也就是自戀人格。自戀人格結合了極高自我中心與缺乏對他人的同理心。最好的組合則是不但感覺自己不錯，也能關懷照顧他人。

沉醉式互動

> **分享寫作　你有什麼想法？**
>
> 如何從「為付出的努力辯護」來解釋何以許多類型的團體都常使用令人難堪的入會儀式？

測　驗

1. 你知道自己吃了太多垃圾食物，這對你的健康和精神都不好。以下何者無法使你減輕失調？
   - a. 減少你的午後甜食。
   - b. 認為所有健康警告都很愚蠢且誇大。
   - c. 承認自己吃太多甜食，但是認為它們可以提升你讀書的精神。
   - d. 乾脆承認你的態度和行為相衝突。

2. 你讀到某人的網頁，他的觀點使你相當生氣。在他的說法中，你最可能注意且記得以下何者？
   - a. 他最蠢的論點，因為他是蠢人。
   - b. 他最蠢的論點，因為這符合你認為他是蠢人的看法。
   - c. 他最聰明的論點，如此你才可以回應反駁。
   - d. 他最聰明的論點，因為這不像是出自於蠢人。

3. Rachel同時被兩所大學錄取。她很難做決定，因為她知道兩所學校的優缺點。根據失調理論，下列何者為真？
   - a. 她在做出決定前，失調感會最強，因為這是困難的選擇。
   - b. 她在剛做出決定之後，失調感會最強。

   - c. 不論選擇哪所學校，她都會後悔。
   - d. 因為選擇實在太困難，所以她入學之後不會認真學習。

4. 何時會「說出導致相信」？
   - a. 當你主張一項意見，它與你真正信念不同且無強烈理由。
   - b. 當你說出你真正的信念。
   - c. 當有人強迫你說出你不相信的話。
   - d. 當你為了拿大錢而說謊。

5. 何為實驗研究中的「偽善範式」？
   - a. 挑選偽善者作為參與者以便研究他們如何合理化。
   - b. 請參與者寫文章批評偽善者。
   - c. 使參與者瞭解所有人都偽善。
   - d. 使參與者察覺自己言行不一的偽善。

6. 根據認知失調理論，「我們」（我方）經常將「他們」（敵方）去人性化為禽獸、野獸或怪物，主要原因為何？
   - a. 敵人很殘暴，所以他們罪有應得。
   - b. 敵人先開啟戰端。
   - c. 我方施加暴力於敵方，需要為這些行為辯護。
   - d. 我方比敵方更有道德和人性。

7. 你最好的朋友加入稱為「感應協會」的宗教團體。他花了一個月通過一連串愈

發嚴峻的入會儀式,包括繳交兩萬五千元的入會費、旁觀資深會員騷擾和欺負遊民,然後自己也以同樣方式對這些「無用廢物」動手。你的朋友很喜歡這團體,也勸你加入。你朋友可能經歷何種認知失調的原理?

　a.為付出的努力辯護。

　b.低自尊。

　c.決策後失調。

　d.誘導偽善。

　e.不充足的懲罰。

8.Harold已有長期交往的女友,但某次卻對他人調情。他感覺到失調,因為他一向認為自己是貼心且負責的人。他覺得做出調情行為不符合他的自我知覺。根據自我肯定理論,他可能如何減輕失調?

　a.他可能說:「好吧,至少我是個很優秀的義工,會善待遊民。」(假設他認為身為優秀義工很重要)

　b.他向女友坦白所作所為。

　c.他可能對自己說:「我真笨,下次不應再犯了。」

　d.他可能對自己說:「我想我不是個很負責的人。」

9.Rachel和Eleanor是很要好的朋友,而且都參加學校合唱團。她們都認為自己歌唱很好,而且歌唱對她們都很重要。她們都想成為合唱團的主唱,最後Eleanor獲選。根據自我評價維護理論,Rachel「最不可能」做出以下何者?

　a.Rachel為Eleanor感到十分高興,而且向所有朋友告知Eleanor獲選。

　b.Rachel認為歌唱對自己不像以前覺得那麼重要。

　c.Rachel更努力練習,以便在下次主場徵選時勝過Eleanor。

　d.Rachel較不親近Eleanor這朋友。

10.針對自尊和自戀人格,以下何者正確?

　a.專注於自我和自己的需求,是快樂的最佳方法。

　b.自戀人格者不受他人喜愛,但在學業和事業上勝過他人。

　c.樂觀的人(但非自戀人格)面對失敗較不會放棄,並且設定比其他人高的目標。

　d.近三十年來,美國大學生的自戀人格程度逐漸下降。

CHAPTER 7

態度和態度的改變：影響想法和感覺

綱要與學習目標

態度的本質與根源

學習目標7.1　描述態度的類型以及基礎
態度從何而來？
外顯與內隱態度

態度何時能預測行為？

學習目標7.2　分析在什麼狀況下態度可預測行為
預測即時行為
預測深思行為

態度如何改變？

學習目標7.3　解釋外部和內部因素如何導致態度改變
藉由改變行為來改變態度：重返認知失調理論
說服性溝通和態度的改變

情緒與態度改變
態度改變與身體

廣告的威力

學習目標7.4　描述廣告如何改變人們的態度
廣告如何發揮效果
閾下訊息廣告：控制心理的方式？
廣告和文化

抵抗說服性訊息

學習目標7.5　指出可以抵抗說服性訊息的策略
態度免疫
留意置入性行銷
抵抗同儕壓力
當說服發生反彈：抗拒理論

●●●●●●●● 你認為如何？

調查：你認為如何？	
調查	**結果**
沉醉式互動 請回想你是否曾經因為他人告訴你應該要怎麼做，你反而做出完全相反的決定或事情？ □是 □否	

　　廣告似乎無所不在。廣告出現於你的電腦和手機、職業運動比賽球衣、公共廁所、加油站的螢幕，甚至出現在飛機的嘔吐袋上（Story, 2007）。不過，美國佛羅里達州傑克遜維爾市三十四歲的Jason Sadler也許可以獲得廣告創意獎。2009年，他成立了IWearYourShirt.com網站。他在網站上為許多客戶公司提供廣告，方法是穿上貼有各公司商標和名稱的T恤，拍攝吸引人的趣味照片或影片，然後放上網站。幾年後，他拍賣自己的姓氏。他以四萬五千五百美金賣出姓氏十二個月。法律上，他的全名變成Jason Headsets.com。很荒謬嗎？也許。但是Headsets.com的總裁認為，此投資使得公司獲得媒體注意與知名度，獲利超過六百萬美金（Horgan, 2013）。之後一年，某個旅遊搜尋應用程式公司也決定僱用Jason——那段時間他就成了SurfrApp先生。

　　對於此類廣告方式，我們大可視為無稽之舉，只不過想影響我們的態度和行為罷了。但我們要記得，廣告具有強大的效力。想想香菸廣告的歷史。19世紀時，大部分消費產品都只在當地製造販售，包括菸草產品。但工業革命使得許多消費產品大量生產，廠商尋求更大的市場。廣告應運而生。1880年代，香菸首次大量生產。菸草大亨如James Buchanan Duke等人開始強力推銷他們的品牌。Duke在報紙上打廣告、租用數千個看板、僱用知名女明星，而且贈送禮物給經銷商。其他菸商很快也跟進（Kluger, 1996）。

　　這些效果非常成功，美國的香菸銷售量扶搖直上，但是還有一片未開發的市場，也就是婦女。直到20世紀早期，香菸客戶有99%是男性，當時美國社會仍不接受女性吸菸。吸菸的女性會被認為品德有問題。這

狀況直到中產階級女性運動與爭取投票權運動才逐漸改變。諷刺地，吸菸成了女性解放的象徵（Kluger, 1996）。菸商對於能以婦女為廣告促銷對象，感到非常高興。但因為大眾仍不接受婦女於公開場所吸菸，早期菸商廣告都不會出現女性吸菸畫面。取而代之的是將吸菸與優雅美麗作連結，或主張吸菸可以控制體重（「品嚐Lucky而非甜食」）。到了1960年代，菸商直接將吸菸與女性解放相連結，並且以新品牌（Virginia淡菸）達到此特殊目的（「你努力了很久，寶貝」）。女性開始於開車時抽菸。1955年，美國有52%的男性以及34%的女性吸菸（Centers for Disease Control and Prevention, n.d.）。還好，整體吸菸率一直下降。但是女性與男性吸菸人數比例差距縮小。2015年，美國有21%的成年男性以及14%的成年女性吸菸（Centers for Disease Control and Prevention, 2017）。

為了彌補美國國內市場的萎縮，菸商現在已在其他國家強力推銷。世界衛生組織統計，光在亞洲每天有五萬名青少年開始吸菸，而且吸菸可能最終導致亞洲目前四分之一的年輕人死亡（Teves, 2002）。廣告要為此公共健康危機負責嗎？廣告會如何改變人們的態度和行為？究竟什麼是態度？態度又是如何轉變？這些都是社會心理學的老議題，也是本章的主題。

這世界似乎到處都是廣告。公司企業努力攫取注意，並且影響（即使只是增加一些）人們對其產品的熟悉感和態度。這名美國猶他州女子以一萬美金的酬勞，在自己額頭放上Golden Palace賭場的廣告。

態度的本質與根源

學習目標7.1　描述態度的類型以及基礎

每個人都會對周遭世界做出評價。我們會對身邊任何事物產生喜歡或厭惡的感覺。的確，若某人說「我對鯷魚、巧克力、五月天樂團和現任總統的感覺都是完全中立」，聽起來便相當奇怪。對大部分的人而言，上述對象中至少有一項會引發強烈態度，不是嗎？簡言之，態度（attitudes）是指：對特定人物、事物或理念的評價（Banaji & Heiphetz, 2010; Bohner & Dickel, 2011; Eagly & Chaiken, 2007; Petty & Krosnick,

態度

對特定人物、事物或理念的評價

2014）。重要的是，態度通常會決定我們的作為——無論是吃或不吃鯤魚或巧克力、下載五月天樂團的歌或聽到就轉台，或者是選舉日投給誰。

態度從何而來？

關於態度從何而來這個問題，有個答案頗有爭議：我們的態度，至少部分和基因有關（Cai et al., 2016; Lewis, Kandler, & Riemann, 2014; Schwab, 2014）。此論點的證據是：同卵雙胞胎之間比異卵雙胞胎之間在態度上更為相似，即使成長於不同的家庭且從未謀面的同卵雙胞胎也是如此。舉例來說，一項研究發現，同卵雙胞胎對運動、成為注意焦點、玩雲霄飛車和宗教組織等事物之態度，比異卵雙胞胎更為近似（Olson et al., 2001）。不過，這項證據我們應該謹慎地加以解釋。沒有人宣稱，我們的態度是由哪些特定的基因所掌管的，例如，若說有個「雲霄飛車」的基因會影響你對主題樂園的偏好，可能性實在很低。不過，某些態度可能間接受到基因組成所影響。態度和我們的氣質（temperament）及人格（personality）等心理特質有關，而氣質和人格又與我們的基因直接相關。人們可能從父母身上遺傳了某種特定的氣質和人格，使他們容易喜歡上雲霄飛車，而非摩天輪。

即使基因因素真的存在，我們的社會經驗對於態度的塑造仍扮演了很重要的角色。社會心理學家關注的是這些經驗，以及這些經驗如何造成不同類型的態度。研究者區分出態度的三項成分：「認知成分」（cognitive component）是指人們對態度對象形成的想法和信念；「情感成分」（affective component）是指人們對態度對象的情緒反應；「行為成分」（behavioral component）是指人們對態度對象的行動方式。重要的是，任何態度都可能基於上述一或多種成分（Aquino et al., 2016; Zanna & Rempel, 1988）。

以認知為基礎的態度

有時候，我們的態度主要是根據我們對相關事實的認知。例如，我們對一部車的客觀評價可能包括：它一公升汽油可以跑幾公里？它有多安全？某一評估若主要是根據對於態度對象性質之信念，我們可以說這是以認知為基礎的態度（cognitively based attitude）。這種態度可使我們區辨事物的優缺點，並使我們能迅速判斷是否可以運用它（De Houwer,

以認知為基礎的態度
此態度主要是基於人們對態度對象之性質的信念

Gawronski, & Barnes-Holmes, 2013; DeMarree et al., 2017）。思考一下你對一項實用物品（例如吸塵器）的態度。你的態度可能基於你對各種廠牌之客觀信念（例如它的吸塵能力和價錢），而不是以情感為考量（例如它可以使你顯得多性感）。

以情感為基礎的態度

根據情緒和價值觀（而非優缺點之客觀評價）所形成的態度，稱為以情感為基礎的態度（affectively based attitude）（Breckler & Wiggins, 1989; Bülbül & Menon, 2010）。有時候，我們就是喜歡某種廠牌的車，不管它一公升汽油能跑幾公里。有時候我們甚至會喜歡某些事或某個人，雖然我們對他的評價不佳（例如知道某人會帶來「負面影響」）。

要知道哪些態度比較可能以情感為基礎，不妨想想禮節手冊上建議人們別在晚宴上討論的話題：政治、性和宗教。說到投票，人們依據的似乎是他們的心情而不是他們的心智。人們比較在乎對候選人的感覺，而不是對候選人之特定政策的看法（Abelson et al., 1982; Westen, 2007）。事實上，有些選民根本不瞭解特定政治人物，然而卻對他們抱持強烈情緒（Ahler et al., 2017; Redlawsk, 2002）。例如，2016年美國統大選時，超過三分之一的選民不知道「歐巴馬醫保」（Obamacare）其實就是「平價醫療法案」（Affordable Care Act）（Dropp & Nyhan, 2017）。這結果解釋了許多選民因為反對「歐巴馬醫保」而投給川普，結果發現川普的政策竟讓他們的醫療保費更貴。

如果以情感為基礎的態度不是來自對事實的查驗，那麼它們是從哪裡來的？來源有很多。它們可能源自人們的價值觀，例如基本的宗教和道德信念。人們對於墮胎、死刑和婚前性行為等問題的感覺，時常是根據他們的價值觀，而非對事實作冷靜的考量。這種態度的功能並不在於精確地描繪這個世界，而是在表達和確認個人的基本價值系統（Maio et al., 2001; Smith, Bruner, & White, 1956; Snyder & DeBono, 1989）。其他以情感

**以情感為
基礎的態度**

此態度較基於人們的情緒和價值觀，而非對態度對象性質的信念

有些態度較基於情緒和價值，而非事實和思考。對於同性婚姻的態度可能是個例子。

社會心理學
Social Psychology

為基礎的態度可能是源自感官反應（例如喜歡特定食物的味道）或是美感反應（例如讚嘆某幅畫或某輛車的顏色與線條）。還有些態度可能是「制約」的結果（Hofmann et al., 2010）。

古典制約（classical conditioning）的運作方式如下：「會引起情緒反應的刺激」與「不會引起情緒反應的中性刺激」不斷伴隨出現，直到只靠該中性刺激也會引發情緒反應為止。例如，假設當你還是個孩子時，每當你去祖母家玩，你都會產生溫暖和愛的感受。再假設祖母的屋子總是瀰漫著樟腦丸的氣味。最後，只要聞到這些氣味，就會引發你在祖母家時感受到的情緒。這就是古典制約的歷程（De Houwer, 2011; Walther & Langer, 2010）。

操作制約（operant conditioning）則是指：某行為之後的獎賞（正向強化）或懲罰，會提升或降低我們自由選擇該行為之頻率。這要如何運用到態度上？假想一個四歲的白人女孩和父親到遊樂場，而且正要和一位非裔女孩一起玩。她的父親卻加以責備，告訴她說：「我們不和那種孩子玩。」很快地，這孩子便會將「與非裔小孩玩」和「責備」相連結，承襲了父親的種族偏見態度。態度可以經由古典或操作制約而受到正面或負面的影響，如**圖7.1**所示（Cacioppo et al., 1992; Sweldens, Corneille, &

古典制約

某個會引發情緒反應的刺激（例如你的祖母），與不會引發情緒反應的中性刺激（例如樟腦丸的氣味），不斷配對出現，直到中性刺激獲得第一個刺激的情緒特性

操作制約

個人自由選擇的行為會隨著行為之後的獎賞或懲罰，而使行為頻率有所增減

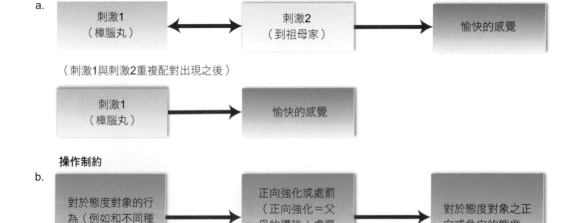

圖7.1 態度的古典制約與操作制約
以情感為基礎的態度會受到古典制約與操作制約的影響

Yzerbyt, 2014）。

　　雖然以情感為基礎的態度具有不同的來源，不過我們可以將它們歸為同一類，因為它們都具有一些共同特性：(1)它們不是源自對議題的理性查驗；(2)它們不是由邏輯支配；(3)它們經常和人們的價值觀有關，因此若試圖改變此類態度，便是質疑那些價值觀（Katz, 1960; Kertzer et al., 2014）。如何知道某態度較傾向以情感為基礎，還是以認知為基礎呢？【試試看！】是一種測量人們態度基礎的方法。

試 試 看 ！

態度的情感與認知基礎

指導語：以下題目可以使你瞭解心理學家如何測量人們態度的情感和認知成分。

1.請在以下各量表中，圈選最能描述你對於「蛇」的感覺

憎恨	-3	-2	-1	0	1	2	3	喜愛
悲傷	-3	-2	-1	0	1	2	3	愉悅
惱怒	-3	-2	-1	0	1	2	3	快樂
緊張	-3	-2	-1	0	1	2	3	冷靜
無聊	-3	-2	-1	0	1	2	3	刺激
生氣	-3	-2	-1	0	1	2	3	放鬆
厭惡	-3	-2	-1	0	1	2	3	接納
難過	-3	-2	-1	0	1	2	3	歡喜

2.請在以下各量表中，圈選最能描述「蛇」的特質或特徵

無用	-3	-2	-1	0	1	2	3	有用
愚笨	-3	-2	-1	0	1	2	3	聰明
不安全	-3	-2	-1	0	1	2	3	安全
有害	-3	-2	-1	0	1	2	3	有益
無價值	-3	-2	-1	0	1	2	3	有價值
不完美	-3	-2	-1	0	1	2	3	完美
不健全	-3	-2	-1	0	1	2	3	健全

　　將第1題你所圈選的數字加總，然後將第2題分數也加總。第1題測量的是你對「蛇」的情感成分，而第2題則是測量認知成分。大部分人對於蛇的態度較基於情感，而非認知。若你也如此，那麼你在第1題的總分與第2題總分比起來，應該離零點較遠（大多數人是偏負）。

　　現在請回到題目，將「蛇」換成「吸塵器」，並且填好量表。大多數人對於吸塵器等日用品的態度較基於認知，而非情感。若你也如此，此時你在第2題的總分與第1題的總分比起來，應該離零點較遠。

社會心理學
Social Psychology

以行為為基礎的態度

此態度是根據個人對態度對象所表現出來的行為而定

外顯態度

我們能夠意識到，而且可以說出的態度

內隱態度

非自主、不可控制而且有時是下意識的態度

以行為為基礎的態度

　　以行為為基礎的態度（behaviorally based attitude）是根據個人對態度對象所表現出來的行為而定。這可能有些奇怪，畢竟如果人們不知道自己的感覺，那麼要如何去表現行為？根據Daryl Bem（1972）的「自我知覺理論」（self-perception theory），在某些情境下，一個人要等到看見自己的行為之後，才知道自己的感覺為何。舉例來說，假設你問一位朋友他喜不喜歡運動，如果他說「嗯，我想我喜歡運動，因為我常常跑步，並到健身房鍛鍊身體」，我們可以說他的態度是以行為為基礎，亦即他的態度較建立在對自己行為的觀察，而非建立在他的認知或情感。

　　如第五章所言，人們只有在某些條件下，才會從自己的行為推論態度。首先，他們的起始態度必須是微弱或曖昧不明。假如你的朋友對運動的態度已經很明顯，那麼他不必藉著觀察自己的行為來確定他對運動的態度。其次，只有當他們的行為沒有其他合理的解釋時，他們才會從自己的行為去判斷自己的態度。如果你的朋友認為運動是為了減肥或因為醫生要她做運動，那麼她就不太可能假裝跑步與運動是因為自己喜歡。

外顯與內隱態度

人們可能對相同對象同時抱持外顯和內隱態度。社會心理學家特別感興趣的是，人們對其他種族成員的外顯和內隱態度。例如，許多人在評鑑求職者時會說自己對於種族無偏見。但研究顯示，當履歷表上的名字看起來像是白人的姓名（例如Emily或Greg），會比聽起來像是非裔的姓名（例如Lakisha或Jamal）收到更多回電（Bertrand & Mullainathan, 2004）。你認為這是內隱偏見造成的嗎？

　　態度形成之後，會存在於兩個層次。外顯態度（explicit attitudes）是我們能夠意識到，而且可以輕易說出的態度。例如，當某人問你：「你對於平權政策有何看法？」此時你能想到的都是外顯態度。另一方面，內隱態度（implicit attitudes）則是指非自主、不可控制，而且有時是下意識的評價（Gawronski & Bodenhausen, 2012; Greenwald & Banaji, 1995; Hahn et al., 2014; Wilson, Lindsey, & Schooler, 2000）。

　　設想Robert是個中產階級白人大學生，他認為所有種族一律平等，而且痛恨種族偏見。這是Robert的外顯態度，因為他是有意識地評價其他種族的人士，而且這會影響他的行為選擇。例如Robert最近在學校連署了一項平權政策，這與他

的外顯態度一致。然而，Robert成長的文化中卻充滿了許多對於少數族群的負面刻板印象，這些負面想法可能多少滲入他的心中，但他卻不自知（Devine, 1989; Xu, Nosek, & Greenwald, 2014）。例如，當他被非裔美國人包圍時，也許某些負面感受會被自動地引發。若真如此，他便是對非裔美國人抱持著負向內隱態度，這可能會影響他不經意的行為，例如他是否會友善地眼神接觸，或感受到緊張（Dovidio, Kawakami, & Gaertner, 2002; Greenwald et al., 2009）。

　　人們幾乎可以對任何事情抱持外顯態度和內隱態度，不只是對其他種族群體。例如，學生可能對數學抱持外顯的厭惡感，但在內隱層次卻抱持正向的態度。此時他們仍會喜歡解答特定形式的問題——無論他們如何宣稱（Galdi, Arcuri, & Gawronski, 2008; Ranganath & Nosek, 2008; Steele & Ambady, 2006）。我們怎麼知道？目前已有許多技術可以測量內隱態度，最常用的技術之一是內隱連結測驗（Implicit Association Test, IAT），這將在第十三章中討論。現在我們先探討內隱態度從何而來。

　　Laurie Rudman、Julie Phelan和Jessica Heppen（2007）發現，內隱態度較根源於人們的兒時經驗，而外顯態度較基於人們最近的經驗。一項研究中，研究者測量大學生對於體重過重者的外顯態度和內隱態度。並且請這些學生報告目前的體重，以及小時候的體重。參與者幼時的體重（而非目前的體重）可以預測他們對於過重者的內隱態度；而他們目前的體重（而非幼時體重）可以預測外顯態度。此研究的另一項發現是，若某人的母親過胖且與母親親近，則他對過重者會抱持正向的內隱態度，即使他表現出負向的外顯態度。簡言之，人們可能常對相同事物抱持不同態度，一方面較根基於幼時經驗，另一方面則較基於成年的經驗。

　　綜合而言，內隱態度的研究只是剛起步，社會心理學家亟欲瞭解此類態度的性質、測量方式、與外顯態度的異同之處、持續的程度，以及對行為的預測力（Briñol & Petty, 2012; Fazio & Olson, 2003; Kurdi & Banaji, 2017; Payne, Burkley, & Stokes, 2008）。第十三章將進一步討論內隱態度在刻板印象和偏見上的應用。本章接下來將專注於外顯態度與行為的關聯，以及外顯態度的改變歷程。

複習題

1. 關於態度遺傳性的說明，以下何者最符合研究結果？
   a. 我們的態度是由環境所塑造，似乎完全不具遺傳的成分。
   b. 我們的態度是直接被遺傳所決定，很少環境影響因素。
   c. 我們的氣質或人格通常會遺傳，使我們與血親發展出相似的態度。
   d. 異卵雙胞胎之間和同卵雙胞胎一樣會享有相同態度。

2. 人們對特定目標的情緒反應，可稱為是態度的_____成分。
   a. 情感
   b. 行為
   c. 認知
   d. 操作

3. 態度的哪種成分最可能涉及事實檢驗以及衡量對象的客觀優點？
   a. 情感。
   b. 行為。
   c. 認知。
   d. 操作。

4. 成年人聽到冰淇淋車的音樂聲便感到快樂且思念家鄉，以下何者最能解釋這些態度之間的關係？
   a. 古典制約。
   b. 操作制約。
   c. 自我知覺。
   d. 價值觀。

5. Newman現在有點過重，但他小時候很瘦。他現在對過重的外顯態度可能較_____；而他現在對過重的內隱態度可能較_____。
   a. 基於行為；基於認知
   b. 基於認知；基於行為
   c. 負向；正向
   d. 正向；負向

態度何時能預測行為？

學習目標7.2　分析在什麼狀況下態度可預測行為

　　還記得香菸廣告的討論嗎？企業和其他團體之所以願意花大錢作宣傳，理由很簡單：一旦人們改變態度（例如女性也可以抽菸），那麼行為也會跟著改變（例如女性開始吸菸）。然而現實中，態度和行為之間的關係並非如此簡單，一項著名（且令人困惑）的研究顯示了這點。1930年代初，Richard LaPiere和一對年輕的中國夫婦一起在美國觀光旅遊。當時，美國人對亞洲人的種族偏見仍然十分普遍。每當他們住進旅館、參加野營集會或到餐廳用餐時，LaPiere很擔心這對夫婦會被拒絕服務。然而，令他驚訝的是，在他們所遊訪的二百五十一個地點中，只有一個地方拒絕服

務他們（LaPiere, 1934）。

　　LaPiere對此感到訝異，他決定以不同的方式探索美國人對亞洲人的態度。旅遊結束之後，他寫信到所有他們遊訪的停留處，詢問是否願意服務中國旅客。眾多回函中只有「一個」回答願意，90%以上都明確地回答不願意，其餘的則說法不明確。為什麼人們的信中表達的態度和他們實際的行為相反？

　　當然，LaPiere的研究並不是一個控制實驗。就他所知，有幾個理由可以說明為何他所得到的結果，並不能完全證明人們的態度和行為的不一致。例如，他無法得知回函者是否和當時服務他們的人是同樣的人。即使是同樣的人，從他們服務那對中國夫婦之後，一直到接到那封信的幾個月當中，他們的態度可能有所改變。雖然如此，人們的態度和實際行為之間明顯缺乏一致性，這令人相當訝異，所以我們必須對之前以為「行為來自態度」的觀點存疑。事實上，更多當代研究已發現，人們的態度不太能夠預測其行為（Ajzen & Sheikh, 2013; Fishbein & Ajzen, 2010; Wicker, 1969）。其中包括一項研究顯示了與LaPiere相似的結果，該研究探討的是民宿老闆對於租房給一對男同性戀者度蜜月的意願（Howerton, Meltzer, & Olson, 2012）。

　　怎麼會這樣？某人對特定種族、政治家或香菸的態度，真的無法幫助我們判斷他們的實際行為嗎？我們知道許多行為常常和態度一致，但如何理解LaPiere以及其他類似的研究發現呢？其實，態度確實能預測行為，但必須在特定條件之下（DeBono & Snyder, 1995; Friese et al., 2016; Glasman & Albarracín, 2006）。一個關鍵因素是，必須先知道我們想預測的行為是即時發生或是有所計畫（Fazio, 1990）。

預測即時行為

　　我們的行為有時並未經過深思熟慮，便隨興地表現出來。當LaPiere和中國友人進入飯店時，飯店經理並沒有太多時間去反應到底要不要接待他們。當時，他必須很快地下決定。類似地，當某人在街上攔住我們，要求我們連署時，我們通常不會停下來思考五分鐘才決定——我們馬上就決定是否連署。

　　當人們的態度可提取性高時，才能夠預測即時行為（Fazio, 2007;

社會心理學
Social Psychology

有些行為是未經思考的瞬間反應，而有些行為則是經過審慎思考利益得失的結果。計畫行為理論使我們瞭解態度與慎思行為之間的關聯。

態度可提取性

「某事物」和「你對這件事物的態度」兩者之間相互聯繫的強度。測量方式通常是根據人們多快說出他們對某事物或議題之感覺

計畫行為理論

根據此理論，最能預測人們深思行為的是人們的意圖；而最能預測其意圖的是他們對特定行為的態度、主觀規範，以及自認對行為的控制程度

Petty & Krosnick, 2014）。**態度可提取性**（attitude accessibility）是指「某事物」和「你對這件事物的態度」兩者之間相互聯繫的強度，測量方式通常是根據人們多快說出他們對某事物或議題之感覺（Fazio, Ledbetter, & Towles-Schwen, 2000; Young & Fazio, 2013）。若可提取性高，每當你看到或想到該事物，你的態度就會浮上心頭；若可提取性低，你的態度會較慢浮現。如此一來，態度的可提取性愈高，便愈可能預測即時行為，因為此時人們在行動前比較可能顧及到他們的態度。但態度可提取性是如何形成？重要因素之一是人們之前對該態度對象有多少行為經驗。有些態度是基於親身經驗，例如：在遊民之家擔任志工之後對於遊民的態度。其他態度則僅由稀少經驗所形成，例如：閱讀遊民新聞而對遊民產生的態度。人們對於態度對象的直接經驗愈多，態度可提取性便愈高，進而使即時行為與態度更趨一致（Descheemaeker et al., 2016; Glasman & Albarracín, 2006）。

預測深思行為

然而，有些決定和行為不是即時發生。例如，我們可能會仔細思考要上哪所大學、要修哪門課，或是否接受某項工作。在這些情況下，我們的態度可提取性並不是那麼重要。只要有足夠時間和動機思考，甚至可以喚起無法提取的態度，並影響我們的決定。只有當我們必須快速做決定，沒有時間思考時，可提取性才是關鍵（Eagly & Chaiken, 1993; Fazio, 1990）。

要瞭解態度何時與如何預測行為，最著名的理論是**計畫行為理論**（theory of planned behavior）（Ajzen & Fishbein, 1980; Ajzen & Sheikh, 2013; Fishbein & Ajzen, 2010）。根據這個理論，當人們有時間思考他們將進行的事情時，最能預測其行為的是他們的意圖，而意圖又是由三個因素決定：(1)當事人對特定行為的態度；(2)主觀規範；(3)當事人自認對行為的控制程度（見**圖7.2**）。讓我們一一考量這三個因素。

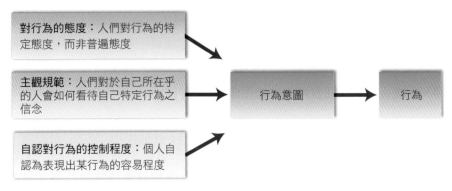

圖7.2　計畫行為理論

根據此理論，最能預測人們深思行為的是人們的意圖。而最能預測其意圖的是他們對特定行為的態度、主觀規範，以及自認對行為的控制程度（整理自Ajzen, 1985）。

特定的態度

　　根據「計畫行為理論」，對行為的態度愈具體明確，則愈可以預測行為。一項研究中，研究者詢問一群已婚婦女對於避孕藥的態度，調查範圍從對避孕的普遍態度，到她們對未來兩年內服用避孕藥的明確態度（見**表7.1**）。兩年後，研究者再次詢問這群婦女，自從上次調查之後，是否曾服用避孕藥。**表7.1**顯示，婦女對避孕的普遍態度完全不能預測她們是否服用避孕藥。因為這種普遍態度，並沒有顧及影響她們決定的其他因素，例如擔憂長期服用避孕藥的後果，也未考慮她們對其他避孕方法的態度。針對服用避孕藥，問的問題愈明確，則其態度愈能預測實際行為（Davidson & Jaccard, 1979）。

　　這或許是LaPiere（1934）在他的研究中，發現人們的態度和行為之

表7.1　特定的態度較能預測行為

詢問不同婦女對於避孕的態度。問題問得愈明確，其態度就愈能預測她們未來兩年對避孕採取的行為。

態度的測量	態度與行為之間的相關
對避孕的態度	0.08
對避孕藥的態度	0.32
對使用避孕藥的態度	0.53
對未來兩年內使用避孕藥的態度	0.57

請留意：若相關數值接近0，表示兩個變項之間沒有關聯。若數值愈接近1，表示態度與行為間的關係愈強（整理自Davidson & Jaccard, 1979）。

間不一致的原因。他詢問負責人的問題是：是否肯為「中國人」服務。這是非常普遍而不明確的問法。假如他的問題能更明確，例如：是否肯接待一對受過教育、穿著體面，且由一位美國大學教授陪同的有錢中國夫婦。那麼，得到的回答可能較能預測其實際行為。

主觀規範

除了測量態度與行為的關係之外，我們還必須測量人們的「主觀規範」，這是指人們認為他們所在乎的他人會如何看待特定行為（見圖7.2）。要預測某人的意圖，不但要知道他的特定態度，還要知道他的主觀規範信念（Hood & Shook, 2014; Park & Smith, 2007）。譬如，假設我們想預測小狄是否打算去聽某個小提琴演奏會，而我們知道她不喜歡古典樂，我們可能會預測她不會去。但假設我們也知道，她最好的朋友阿凱將在演奏會中演出。而且還知道，小狄認為自己若不去，阿凱一定會很難過且感到受打擊。由於知道這個主觀規範（小狄認為好友對她行為的看法），我們可能會預測她會出席。

自認對行為的控制程度

最後，如圖7.2所示，人們的意圖會受到自認對行為的控制程度所影響。所謂「自認對行為的控制程度」是指：個人自認為能夠做到某行為的難易程度。如果某人自認為某行為很難做到（例如記得在做愛時戴保險套），則他不會形成強烈的行為意圖。相對地，如果某人認為某行為容易做到（例如記得在回家的路上買牛奶），則他的行為意圖便較強。

相當多研究顯示，詢問上述三項決定行為意圖的因素——明確特定的態度、主觀規範、自認對行為的控制程度——能夠增加我們預測某人行為的能力。具體而言，這些因素幫助我們預測深思熟慮的行為，例如：決定接受什麼工作、要不要繫安全帶、投票給誰，以及做愛時是否使用保險套等（Albarracín et al., 2001; Hood & Shook, 2014; Rise, Sheeran, & Hukkelberg, 2010; Manning, 2009）。

 #趨勢

預測對環境友善的行為

人們對於環境的態度與行為之間的關聯，是相當重要的議題。雖然我們大多抱持對環境友善的信念，卻未將大部分的可回收物品加以回收，只有極少人使用省電燈泡，而且美國人大都獨自駕車上班。怎麼會如此？我們如何能更好地從個人態度預測對環境的實際行為？

Kate Ratliff、Jennifer Howell與Liz Redford（2017）最近一系列研究顯示，人們對於典型環保人士的態度，可以作為預測友善環境行為的良好指標。也就是說，當詢問某人想像一般的環保人士時，他心中浮現的形象可以良好地預測他會怎麼做。

在一項研究中，參與者要評價許多虛構的人物，包括教授、自行車騎士、共和黨員、政治說客，當然還有環保人士。參與者可不限時間針對以下面向評量這些人物：吸引力、帥氣、趣味、聰明以及可能受到公評的程度。這份評量是用來衡量參與者對環保人士的外顯態度。

接著參與者要回答另外一些問題，這時候有時間限制。他們會先看到一項類別（例如環保

人士），然後在不到一秒時間內，針對上述五個面向之一指出他們的評量。緊接著，螢幕上會出現另一項類別以及另一個面向，因此需要快速反應。如此連續測試。參與者在這項速度測驗中，幾乎沒有時間思考或控制自己的反應。此方法是在衡量參與者對環保人士的內隱態度。

最後詢問參與者從事各種友善環境行為的頻率，包括：出門時關空調、購物時帶環保袋，以及縮短淋浴時間以省水。研究者的主要問題是：參與者對於一般環保人士的態度可以預測其友善環境行為嗎？若答案是肯定，那麼是何種態度：外顯或內隱？

Ratliff等人（2017）發現，人們對於環保人士的態度愈正面，則顯著地愈可能從事友善環境的行為。無論在外顯態度（參與者明顯覺察的信念）或內隱（下意識）態度上，都是如此。此研究的意涵很有趣，若你想知道誰會拒用寶特瓶或使用可回收容器，與其問他們是否自認為環保人士，不如問他們對於一般環保人士的看法為何。

複習題

1. LaPiere（1934）的經典研究針對偏見和旅館主人之態度和行為，主要結果發現：
   a. 人們的偏見比他們自我報告出來的還強。
   b. 人們的態度不必然能預測他們的行為。
   c. 愈難提取的態度，愈可能影響行為。
   d. 針對種族偏見，人們的態度非常能夠預測其

   行為。
2. 何種狀況下，「態度可提取性」最能預測行為：
   a. 該行為是即時出現的。
   b. 該行為是經過深思的。
   c. 該態度是普遍的。

d.該態度是罕見的。

3.以下何者最能作為深思行為的例子？

　a.購買結帳隊伍旁邊架上的巧克力。

　b.告訴電話中的推銷員，你對他的產品沒興趣。

　c.最後一刻決定翹課，因為你的朋友剛告訴你要去看一部你喜歡的電影。

　d.決定下個假期要去哪裡旅行。

4.Wendy參加校內某個政治社團，她想知道有多少同學下次總統大選時會去投票。根據計畫行為理論，下列哪一道態度問題最能使Wendy預測某個同學是否在下次總統大選時去投票？

　a.「你對本國政治的態度為何？」

　b.「你對投票的態度為何？」

　c.「你對下次總統大選時去投票的態度為何？」

　d.「你對前任總統的態度為何？」

5.為了預測深思行為，我們需要考慮哪三點？

　a.以認知為基礎的態度、以情感為基礎的態度、以行為為基礎的態度。

　b.特定態度、主觀規範、自認對行為的控制程度。

　c.古典制約、條件制約、自我知覺理論。

　d.態度可提取性、外顯態度、內隱態度。

態度如何改變？

學習目標7.3　解釋外部和內部因素如何導致態度改變

　　到目前為止，我們已界定了不同類型的態度，並探討了態度預測行為的條件。但是關於態度，還有一個重點引發我們關切，那就是：態度並非恆久穩定，而是經常改變。例如在美國，總統的聲望經常驟起驟落。2009年1月，歐巴馬總統剛上任，67%的美國人肯定他的作為。2010年11月，美國經濟復甦遲緩，他的支持度掉到47%。接著，2011年5月時，美軍特種部隊突襲擊斃賓拉登，他的支持度回升到60%。2012年11月停在57%，當時他競選連任。到了2014年，掉到40%左右。而2016年，他任期將結束時回升到50%（AP-GfK Poll, 2016）。

　　態度通常是受到社會影響而改變。我們對各種事物的態度，從對總統候選人到某品牌洗衣粉，都可能受到他人言行所影響。這也是為什麼社會心理學家對態度這個主題如此感興趣的原因——即使像態度這種個人內在的東西也是明顯的社會現象，亦即會受到他人真實或想像之行為所影響。例如，打廣告就是預設你對消費產品的態度會被廣告所影響。還記得Jason Sadler——嗯，或是Jason Headsets.com嗎？買下他姓氏權的公司聲稱因名聲而獲利數百萬。但是這種外在因素並非改變我們態度的唯一力

量。現在，讓我們來看看態度在哪些情況下最可能發生改變。

藉由改變行為來改變態度：重返認知失調理論

我們曾經討論過，在一種情況下態度會改變，那就是當人們的行為和想法不一致，並且無法對自己的行為找出外部理由時，他們會改變態度。這就是我們曾討論過的認知失調理論。正如第六章所言，當人們做出某些行為威脅到他們和善、仁慈或誠實的自我形象時，他們就會感到失調，尤其是如果他們無法將這些行為歸到外部情境因素時。

假如你想改變你的朋友對某些不良行為的態度，例如抽菸、使用日曬機，或駕車時傳簡訊，那麼你可以請他們以拒絕該行為作為題目進行演講，來改變他們的態度。以拒菸演講為例，你要使你的朋友對演講找不到外部理由，你要避免他們為行為辯解「我這樣做是為了幫我的朋友」，或「我這樣做可以賺錢」。也就是如第六章所說，你的目的是使你的朋友對於演講產生「內部理由」，如此一來，他們為了減輕失調，只能相信他們演講所說的話。但是，若你的目的是改變大眾的態度呢？假設你是美國癌症協會的員工，要進行一項全國性的活動，反對本章一開始提及的那類香菸廣告。運用失調技巧固然有力，但是要在大眾身上執行仍有困難（例如，不可能使所有吸菸的國民在缺乏外部正當理由的情況下，進行拒菸宣導演說）。因此，為了盡力改變多數人的態度，你可能必須訴諸其他態度改變的技巧，例如設計某種說服性溝通（persuasive communication）──即在某議題上主張特定立場的溝通，如演講或電視廣告。然而，你要如何設計你的訊息來改變人們的態度呢？

說服性溝通
在某議題上主張特定立場的溝通（如演講或電視廣告）

說服性溝通和態度的改變

假設美國癌症協會現在提供你預算，推廣拒菸宣傳活動。請問，你會以事實和圖表輔以公眾事務的宣傳，或者動之以情，包括使用慘不忍睹的肺部受菸害圖片？你會聘請著名的影星或諾貝爾醫學獎得主來傳遞你的訊息？你會以友善而諒解的語氣表示戒菸很難，或者強硬地用標語要吸菸者戒菸？你可以瞭解到：如何做出有效的說服性溝通，並不是件容易的事。

有時候態度會在短時間內劇烈改變。如果前任美國總統的施政可作為借鏡，美國民眾在川普任內對他的評價便是起起伏伏。

很慶幸的，社會心理學家過去數年來，從 Carl Hovland 和他的同僚開始（Hovland, Janis, & Kelley, 1953），研究過許多有效的說服性溝通方式。根據他們早期在第二次世界大戰期間，為美軍研究如何鼓舞軍人士氣的經驗（Stouffer et al., 1949），Hovland 和他的同僚進行了許多實驗，研究人們在何種情況下最可能被說服性溝通所影響。簡言之，他們研究的是「誰對誰說了什麼」，亦即探討：溝通的來源（例如演講者的專業或吸引力）、溝通訊息本身（例如訊息的品質、演講者是否提供問題的兩面觀點），以及聽眾的特性（例如聽眾對於某觀點帶有敵意或是友善）。由於這些學者來自耶魯大學，他們的研究因此被稱為**耶魯的態度改變研究取向**（Yale Attitude Change Approach）。

耶魯的態度改變研究取向

研究人們在何種情況下最可能被說服性訊息改變態度，影響因素包括：溝通的來源、溝通的訊息本身，以及聽眾的特性

這個研究取向累積了許多成果，說明人們如何受到說服性溝通影響而改變態度，**圖7.3**是一些成果摘要。然而，這些研究彰顯出一個問題：說服性溝通有許多重要的層面，但是哪個比較重要呢——我們並不清楚，何時某個因素比另一個因素更重要。

例如，讓我們再回到美國癌症協會交給你的任務。行銷主管下個月要看你設計的廣告。如果你讀了許多耶魯態度改變的研究報告，那麼你會找到許多有用的資訊，知道誰應該對誰說什麼，才能建構有說服力的溝通。然而，你可能也會自問：「喔，這麼多資料，我不知道該強調什麼。我該專心想想找誰拍廣告呢？還是該多想想訊息本身？」

說服性溝通的中央途徑與邊緣途徑

較晚近的態度研究學者也提出類似質疑：什麼時候該強調溝通的中心因素（例如有力的論證）？什麼時候又該強調論證邏輯外的周邊因素（例如演講者的聲望和外在吸引力）？（Chaiken, 1980; Petty & Wegener, 2014）。例如，說服的**慎思可能性模式**（elaboration likelihood model）（Petty, Barden, & Wheeler, 2009; Petty & Cacioppo, 1986）專門探討人們何時會受論點內容所影響（即論點的邏輯），何時會被比較表面的特性所影響（例如講者是誰及講詞的長度）。

慎思可能性模式

此模式主張，說服性溝通可以採取兩種途徑：其一是中央途徑，即人們有能力和動機專心聆聽溝通的論證；其二是邊緣途徑，即人們不注意論證的內容，而受到表面特性所影響

耶魯的態度改變研究取向

說服性溝通的有效性決定於「誰對誰說些什麼」。

■誰說的：溝通來源

- 有公信力的人（例如明顯具備某些專長的人）比沒有公信力的人更具有說服力（Hovland & Weiss, 1951; Schwarz, Newman, & Leach, 2016）。
- 有吸引力的人（不論是因為外表或個性上的特徵）比沒有吸引力的人更具說服力（Eagly & Chaiken, 1975; Khan & Sutcliffe, 2014）。
- 人們對於訊息的記憶有時長於對訊息來源的記憶。所以，低公信力來源的訊息經過長時間之後，有時會變得更有說服力。這現象稱為睡眠者效應（sleeper effect）（Kumkale & Albarracín, 2004; Albarracín, Kumkale, & Poyner-Del Vento, 2017）。

■說什麼：溝通的特質

- 表面上看來不像是用來影響他人的訊息會比較有說服力（Petty & Cacioppo, 1986; Walster & Festinger, 1962）。
- 雙面溝通（同時呈現支持及反對你立場的論點）通常比單面溝通（只呈現有利於你立場的論點）效果還要好，尤其是你確定自己可以駁斥相反論點時（Cornelis, Cauberghe, & De Pelesmacker, 2014; Igou & Bless, 2003）。
- 關於演說順序，如果是連續演說，而且聽眾在做出決定前有一段延遲時間，則最好先提。因為此時可能有「初始效應」（primacy effect），先提者對聽眾較具說服力。但是如果在第一場演說之後，聽眾經過一段時間才聽第二場，而且聽完之後馬上要做決定。此時可能有「新近效應」（recency effect），所以最好是後上場（Haugtvedt & Wegener, 1994; Miller & Campbell, 1959）。

■對誰說：聽眾的性質

- 在溝通過程中分心的聽眾，比未分心的聽眾更容易被說服（Albarracin & Wyer, 2001; Festinger & Maccoby, 1964）。
- 具有某些個別特質者較容易被說服，包括較低智能、自尊程度中等（相較於自尊高或低），以及介於十八至二十五歲的人（Krosnick & Alwin, 1989; Rhodes & Wood, 1992; Sears, 1981）。
- 研究顯示，論述形式與說服力的關係也有文化差異。對於美國人或其他「西方人」而言，個人喜好通常是有效訊息的核心，例如在廣告中強調「我喜歡它是因為它讓我感覺舒服」。某些文化重視行為的情境合宜性，此時在廣告訊息中強調這點可能會更有效，例如「我喜歡它是因為我關心的人喜歡它」（Riemer et al., 2014）。

圖7.3　耶魯的態度改變研究取向
耶魯大學研究者探討說服性溝通的效果，重點在於「誰對誰說了什麼」。

此理論認為，人們在某些狀況下會想注意演講內容提到的事實，若這些事實在邏輯上愈可信，人們就愈可能會被說服。換言之，有時候人們會對他們所聽到的內容詳細推敲且謹慎思考。Petty和Cacioppo（1986）將此稱為說服的中央途徑（central route to persuasion）。然而，在其他狀況下，人們無意去注意訊息中的事實，卻注意到訊息表面的特質，包括講詞的長短、講者是誰等等。此時，人們不受論證之邏輯所影響，因為他們並沒有注意到講者說什麼。取而代之，人們此時會被訊息的表面特徵所說服，例如訊息較長、講者具專業知識或吸引力等因素。Petty和Cacioppo（1986）將此稱為說服的邊緣途徑（peripheral route to persuasion），因為人們被訊息以外的事物所吸引。舉例而言，假如你剛好看到實況電視秀明星Khloe Kardashian的推特（Twitter）文章，你可能會看到關於許多特定產品的推文，例如某篇文表示某品牌的牛仔褲「可以讓你的臀部看起來極為漂亮」。我們可以說這種訊息是將事實證據罩上光環。如果這說服了某人去買該品牌的牛仔褲，很可能是透過邊緣途徑。目前一些公司的確據報僱用名人推廣產品，每篇推文的酬勞可超過一萬美金（Rexrode, 2011）。

究竟人們為什麼會採取中央途徑或邊緣途徑呢？關鍵在於，人們是否同時有動機和能力去注意事實。當人們對議題真的感興趣而想要專注於論證內容，同時也有能力專注（例如沒有事物令他們分心時），比較有可能採取中央途徑（見圖7.4）。

專心於論證的動機

人們會不會主動注意溝通內容，關鍵之一是議題對個人而言是否重要，亦即該議題是否攸關個人利益？例如，針對削減某項社會安全福利的議題，這件事與你個人有多切身？如果你是個七十二歲的女性，唯一的收入來自於社會安全福利，那麼這件事很顯然對你非常重要；但假使你是個二十歲，來自富裕家庭的年輕人，這件事對你便無關緊要。

議題愈切身，人們就愈會專心去注意演講的論證，因此就愈可能採取說服的中央途徑。一項研究要求大學

有時態度是因邊緣途徑而改變。例如，有時我們是因為相信說服者，而非訊息內容，就像人們會因為名人貼文推薦而購買特定商品。

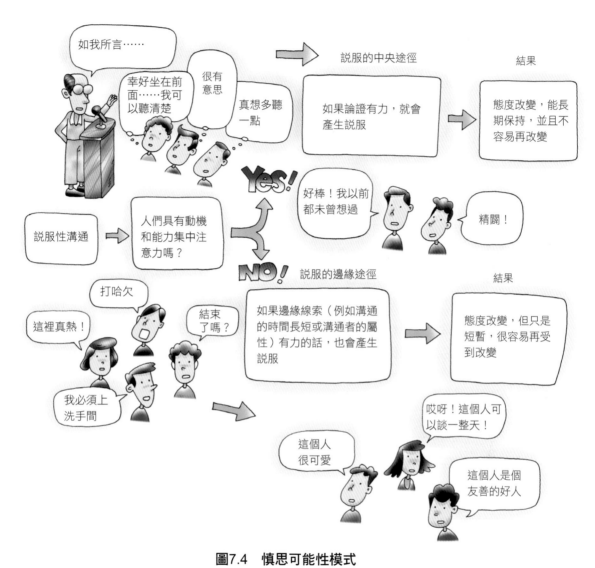

圖7.4　慎思可能性模式
慎思可能性模式描述當人們聽到說服性溝通時如何改變其態度（黃建中繪製）。

生聽演講，內容是有關大學畢業之前是否必須通過主修課程的綜合考試
（Petty, Cacioppo, & Goldman, 1981）。其中有半數的參與者被告知，他們
的大學目前正在認真考慮施予學生綜合考試，因此，對這些學生而言，這
是與個人有關的事件。但對另一半學生而言，這議題是個「遙遠」的事情
——這些學生被告知，他們的大學十年後才可能舉行綜合考試。

　　研究者導入了兩個不同的變項，這些都可能影響人們是否同意演講
的內容。第一個變項是論點的強度，半數的學生聽到了強而有力且具說服

性的論證（例如大學教學的品質因為該考試而有所改進）。另外半數的學生聽的是較不具說服力的辯詞（例如多數學生願意冒著考試失敗的危險迎戰）。第二個變項則是邊緣途徑——訊息來源的權威性：半數學生被告知講者是普林斯頓大學的著名教授；另一半的學生被告知講者是位高中生。

　　參與聽演講的學生可以根據上述的資訊，決定他們是否同意演說者的立場。他們當中可能有些學生十分專心聽講演內容，然後仔細地推敲其中的說服點，或可能只聽到講者是誰以及資訊來源的權威性。結果，正如慎思可能性模式所預測的，學生被說服的方式，取決於該議題和學生的切身程度。**圖7.5**左邊的部分顯示當事件對聽者切身時的情況。這些學生受到演講品質所影響（通過中央途徑達到說服的目的）：聽到強力論點的學生比聽到薄弱論點的學生，更同意演說者的立場，他們也不會受到講演者身分（普林斯頓教授或高中生）所影響。好的論證就是好，即便講者毫無名氣也一樣。換言之，說服取決於中央途徑。

　　當講題和人們的關係不大時，結果會如何？**圖7.5**右半部所標示的結

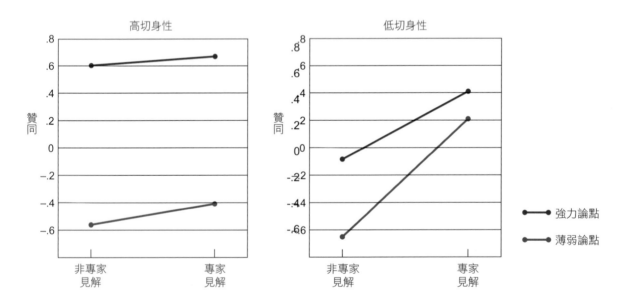

圖7.5　個人切身性對態度改變類型之影響

數值愈高，表示愈多人同意此一說服性溝通。左圖表示：當議題具有高度個人切身性時，論點的品質比演說者是否為專家，更能說服人們，這是說服的中央途徑。右圖表示：當議題的切身性低時，人們比較會受到對方是否為專家所影響，而較不重視論點的品質，這是說服的邊緣途徑（整理自 Petty, Cacioppo, & Goldman, 1981）。

果顯示：針對綜合考試議題，此時論證有力與否並非關鍵，講者才是重點。那些聽到強力論點而同意講者立場的人，只比那些聽到薄弱論點的人多一點。但是，聽到普林斯頓教授演講的人，比那些聽到高中生演講的人更容易被說服。此時，說服取決於邊緣途徑。

專注於論證的能力

有時候，我們雖然想要專心聽說服性溝通，卻很難辦到。或許我們坐在又熱又擠的教室而感到疲憊，或許演講的主題太過複雜，以至於難以評估。當人們無法專注於論證本身，便比較容易被邊緣線索影響（Petty & Brock, 1981; Petty et al., 2009）。舉例而言，試想陪審團面對牽涉複雜科學證據的麻煩案子。假設某人因為相信他的工作場所存在有毒物質使他生病，所以提出告訴。然而陪審團員大多不是科學家，他們不具專業知識，無法仔細權衡論證，即使想做也做不到。

事實上，Cooper及其同僚（1996）的研究就在探討類似情況。該研究讓假扮的陪審團觀看影片，內容是關於某產品責任案件的審理過程。其中一名關鍵證人是一位生物學專家，是由原告請來說服陪審團相信該產品導致原告患病。研究者操弄了該專家看似專業的程度：一些陪審團員被告知，該專家在具同儕審查的期刊發表了四十五篇論文，而且擁有多所知名大學的學位；另一些陪審團員則被告知該專家發表了遠少於上述篇數的論文，並且畢業於罕為人知的學校。當這名專家的證詞相當簡單且易懂時，參與者便不太注意其身分，反而會專注於他的論點有多合理。換言之，當他們有能力瞭解說服論證時，便會採中央途徑。但是當這名專家的科學證詞內容複雜且充滿術語，只有分子生物學家才能聽懂時，那些假扮的陪審團員就會根據其身分，來斷定他的證詞。換言之，當他們無能力仔細瞭解說服性溝通時，便會受邊緣途徑所影響（Cooper, Bennett, & Sukel, 1996）。

簡言之，你的專長和個人傾向會影響你專注於說服論證的能力。另一個例子是，「早起者」在晨間比較可能採納說服的中央途徑；但是「夜貓子」較可能在晚上採中央途徑（Martin & Martin, 2013）。

如何達到持久的態度改變

我們現在知道，具說服力的演講可以經由兩條路線來改變人們的態

度——中央途徑和邊緣途徑。你或許會想知道，Petty和同僚（1981）所做的綜合考試論證研究中，同學都改變了他們的態度，那麼究竟是因為論證的邏輯，或是因為資訊來源的權威性而改變，又有什麼關係呢？既然他們都改變了態度，我們何必在意目的是如何達成的？

如果我們想要讓態度改變可以持久，那麼我們就應該審慎一些。人們態度的改變若是根據他們對論證內容的仔細分析，則這些人的態度會比那些因邊緣暗示而改變態度的人，維持得更久、更能表現出態度的一致性，並且更能抗拒對立的言論（Mackie, 1987; Petty & Briñol, 2012; Petty & Wegener, 1999）。例如，在一項實驗中，參與者藉由分析論證的邏輯或是因為邊緣暗示，分別改變了態度。十天後，研究者打電話詢問他們的態度。結果顯示，曾分析論點之邏輯的參與者，較傾向維持新態度。也就是說，經由中央途徑而改變的態度會維持得比較久（Chaiken, 1980）。

我們在本章不斷探討公共健康資訊如何改變人們的態度和行為，但是在廣告、影片、書籍和各種努力影響之下，改變能維持多久呢？Julia Hormes和同僚（2013）的一項研究就是檢驗態度改變可維持的時間。研究對象是大一新生，他們都閱讀了《雜食者的兩難》（*The Omnivore's Dilemma*）這本校內規定讀物。這是由Michael Pollan所著的暢銷書，內容探討現代食品生產的政治因素。研究者讓學生在剛讀完此書以及讀完一年後，回答一些問題。剛讀完此書的學生對於食品生產議題的態度，迥異於未讀過此書的控制組。一年後，其中許多態度發生變化，但是仍有一些態度依然留存：讀過該書者仍然關注現代食品生產的品質問題，並且仍反對政府補助玉米生產業（Hormes et al., 2013）。簡言之，態度改變的效果會隨時間消逝，但某些態度確實可以長存。

情緒與態度改變

現在你知道要如何設計防癌協會的廣告了吧？嗯，還差一點。在人們思考你的論點之前，你必須先掌握他們的注意力。你如何保證廣告跳出來的時候，人們會看它？掌握人們注意力的方式之一是操控他們的情緒。

激起恐懼的溝通

使人們注意的方式之一是嚇他們——例如展示罹患重症的肺部照片，

以及呈現吸菸與肺癌關聯的警告數據。這種試圖引發恐懼以使人們改變態度的說服訊息，稱為激起恐懼的溝通（fear-arousing communication）。公益廣告常以驚嚇人們的方式，說服大眾採取安全性行為、減少碳排放、綁安全帶及抗拒吸毒。例如，2001年1月起，加拿大的香菸包裝必須以至少一半的面積，呈現罹患重症的牙齦與其他身體部位之圖片。多年前，美國食品與藥物管制局規定，香菸包裝盒上也必須包含類似圖片，但因香菸製造商上訴法院，此規定已取消（Felberbaum, 2013）。

　　激起恐懼的溝通有效嗎？這要看恐懼是否能使人注意及處理訊息中的論證。如果激發人們中度的恐懼，而人們又相信聆聽該訊息能夠教導他們如何減輕這樣的恐懼，他們就有動機去仔細分析該訊息，並透過中央途徑來改變他們的態度（Emery et al., 2014; Petty, 1995）。

　　一項研究讓一群吸菸者觀看一部描繪肺癌的影片，然後閱讀一本小冊子，教導他們如何戒菸（Leventhal, Watts, & Pagano, 1967）。如圖7.6最下方的那條線，這組成員的戒菸成功率明顯高於只看了影片，或只收

激起恐懼的溝通

試圖引發恐懼而使人們改變態度的說服性訊息

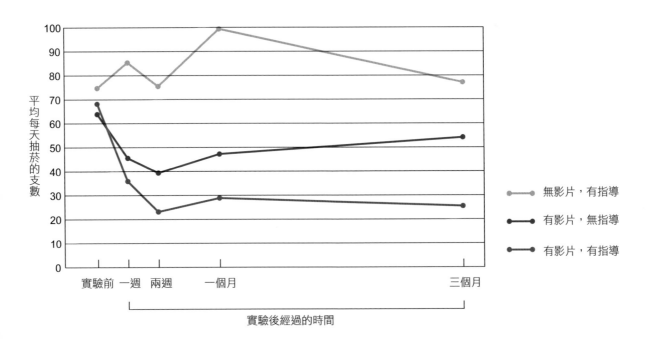

圖7.6　恐懼訴求對改變態度的影響

人們分別在三種情況下參與實驗：看恐懼訴求的影片、接受指導如何戒菸，以及兩者均用。結果顯示，既看影片又接受指導的參與者在實驗之後，抽菸行為減少最多（整理自Leventhal, Watts, & Pagano, 1967）。

PERINGATAN

MEROKOK SEBABKAN KANKER MULUT

FILTER CIGARETTES

Marlboro

美國食品與藥物管制局規定，在美國販售的香菸包裝盒上，必須包含警告抽菸危害的圖片，如此處所示。你認為這圖片會使人嚇得不敢抽菸嗎？

到小冊子的參與者。為什麼？因為，看了影片會讓人害怕，而拿到小冊子可以讓他們知道，有辦法可以消除這種恐懼——就是遵行小冊子上面的戒菸指導。相對地，光看小冊子並不是很有效，因為人們未因恐懼而仔細閱讀指導手冊。同樣地，光看影片也不是非常有效，因為人們會忽略那些只引發恐懼，卻未教導如何消除恐懼的訊息。這或許可以解釋，某些試圖以嚇阻的方式使人們改變態度和行為的努力為何無法成功。因為，這些做法只是引起了恐懼，卻未提出任何可供遵循的具體建議，以幫助人們消除這樣的恐懼（Aronson, 2008; Hoog, Stroebe, & de Wit, 2005; Ruiter, Abraham, & Kok, 2001）。

如果引發非常強烈的恐懼，也會造成說服失敗。人們如果被嚇得半死，便會採取防衛心態，否認該威脅的重要性，無法對該議題進行理性思考（Feinberg & Willer, 2011; Janis & Feshbach, 1953; Kessels et al., 2014）。因此，如果你決定要為美國癌症協會設計觸發恐懼的廣告，請記住下列兩點：第一，製造出足夠的恐懼，讓人注意你的論證，但要避免製造太強烈的恐懼，以免使人忽視或扭曲你的訊息；第二，放進一些關於戒菸的明確建議，告訴人們只要仔細注意你的論證，便可以消除他們的恐懼。

以情緒為捷思

以情緒改變態度的另一種方式是，將自己對某事物之感覺視為訊號。根據捷思—系統化說服模式（heuristic-systematic model of persuasion）（Chaiken & Stangor, 1987），當人們採取說服的邊緣途徑時，他們經常會運用心智捷徑。我們在第三章中將捷思定義為：人們為迅速且有效率地做出判斷，所採取的心理法則。在此處，捷思是指不需要花費太多時間分析事物的細節，就可以決定態度的簡單法則。此種捷思的例子包括：「專家總是對的」、「說話快的人一定熟悉自己說的話」。

有趣的是，我們的情緒也可以作為我們判斷自己態度之捷思。當我

**捷思—系統化
說服模式**

此模式認為，說服性溝通引發態度改變的途徑有兩種：其一是系統化地處理論證的優點；其二是使用心理捷徑或捷思

們想瞭解自己對某事物的態度時，我們經常依靠的捷思是：「它給我的感覺是什麼？」（Forgas, 2013; Kim, Park, & Schwarz, 2010; Storbeck & Clore, 2008）。如果我們感覺不錯，我們的態度應該就是正面的；如果我們感覺糟，這個東西就不好。這是個經驗法則，看起來頗好用。就像大多數的捷思一樣，它確實好用——大部分的時候。假設你在家具行想買個躺椅。你看到一張躺椅，價格適中，你正考慮是否要購買。假如你使用「它給我的感覺是什麼」這個捷思，你會很快地檢查自己的感覺和情緒。要是你覺得坐在那張躺椅上的感覺很棒，你可能會買下它。

　　唯一的問題是，有時候我們很難知道自己的感覺從何而來。你之所以覺得很棒，真的是因為躺椅的關係嗎？還是某個和躺椅完全無關的因素呢？或許你心情本來就很好；或許你在前往家具行的路上，在電台聽到了你最喜歡的歌。「我對它的感覺是什麼」這個捷思的問題是：對於自己心情的起因，我們可能會判斷錯誤，將真正的原因（聽到最愛的歌）歸到另一個原因（躺椅）（Claypool et al., 2008）。此時，你便可能做出不良的決定。你將躺椅買回家之後，可能會覺得坐在上面沒那麼舒服了。如此便可理解，賣店何以盡可能在呈現商品時，創造出愉悅的感受。銷售商會播放優美的音樂，或在展場牆上放藝術品；房地產商在布置房子前，會先在廚房烤餅乾。他們希望消費者至少把當下部分感受，歸因於銷售的產品上。

　　更廣泛而言，情緒也能影響人們對於說服性訊息的看法（Petty & Briñol, 2015）。例如，當我們心情好的時候會比較放鬆，安心地認為世界很安全，如此將使我們採納邊緣途徑，包括訊息來源的專業程度。然而，壞心情通常使人警醒，促使我們保持懷疑，如此將使我們更注意論證的品質。我們高興時，可能會因為訊息來源吸引人，而被薄弱的訊息所說服；而當我們難過時，通常需要強力的訊息才能說服我們（Schwarz, Bless, & Bohner, 1991）。

情緒和不同類型的態度

　　各種改變態度的技巧是否能成功，還取決於我們設法改變的態度類型。正如我們在先前所看到的，

「既然我們還在等法官，可以請各位陪審員嚐嚐我客戶致贈的巧克力糖嗎？」
Henry Martin/ The New Yorker Collecton/ www.cartoonbank.com

態度的基礎並非完全相同。有些態度較基於對態度對象的信念（以認知為基礎的態度）；有些態度則較基於情緒和價值觀（以情感為基礎的態度）。有若干研究已經顯示，「以毒攻毒」是最好的辦法：對於以認知為基礎的態度，你最好用理性的論證來加以改變；對於以情感為基礎的態度，則透過情感加以改變（Conner et al., 2011; Fabrigar & Petty, 1999; Haddock et al., 2008）。

一項研究探討不同類型廣告之有效性（Shavitt, 1990）。有些廣告強調產品的優點，例如某些冷氣機或吸塵器廣告會討論產品的價格、效率和可靠性；有些廣告則強調情感和價值觀，例如某些香水廣告或名牌牛仔褲廣告會企圖將其品牌和性、美貌與青春扯上關係，關於產品的客觀特性卻隻字不提。哪一種廣告比較有效呢？為了找出答案，參與者看了不同類消費產品之不同類型的廣告。有些產品屬於「實用產品」，如冷氣機和咖啡。人們對這類產品的態度通常較基於產品之功能性而定，因此是以認知為基礎。另一類產品屬於「社會認同產品」，如香水和賀卡。人們對此類產品的態度較基於它們給人的印象，因此較屬於以情感為基礎。最能引發受試者喜好反應的，是符合其態度類型的廣告。若人們的態度是以認知為基礎，則強調產品之實用特性的廣告（例如強調冷氣機的省電效能）最能成功改變態度。若人們的態度較以情感為基礎，則強調價值觀或社會認同關注的廣告效果最好。

態度改變與身體

雖然你現在相當瞭解如何為防癌中心設計說服性訊息，但還有一件事要留意：你的聽眾聆聽時正在做什麼？他們正舒服地躺在客廳沙發上？還是被召集至擁擠的學校禮堂？我們所處的物理環境或甚至身體姿勢，對於態度改變歷程有著驚人的影響（Briñol & Petty, 2009, 2012）。例如，在一項研究中，Briñol和Petty（2003）要求參與者測試一些新型耳機的耐用程度。一些參與者要戴著耳機左右搖頭，另一些參與者則是上下點頭。當參與者如此做時，耳機播放的是一段爭論的錄音檔，內容是關於學生在校內是否應該攜帶身分證件。最後一項操弄是，一半的參與者聽到的是有力的說服論證（例如：身分證可使校內學生更安全），另一半聽到的是薄弱的論證（例如：學生帶著身分證，警衛就有更多時間吃午餐）。

你看得出來，這實驗其實不是要測試耳機，而是要看左右搖頭或上下點頭是否會影響溝通的說服力。實驗想法是，雖然頭部動作與錄音內容無關，但可能影響人們對於聽到的論證之信心。上下點頭就像是表示「同意」，而左右搖頭就像是表示「否定」，所以點頭可能使人們感到較相信。有趣的是，結果正是如此。當錄音呈現有力論證時，點頭者比搖頭者更同意，因為點頭者對於錄音內容更為相信（見**圖7.7**左半）。但是當論證薄弱時，點頭的效果相反。點頭使人們更有信心認為錄音論證其實薄弱無力，因此點頭者比搖頭者「更不」同意（見**圖7.7**右半）。

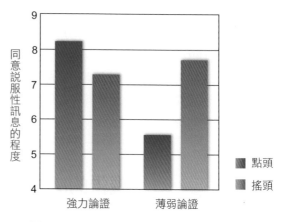

圖7.7　個人對於說服想法的信心效果

點頭者相較於搖頭者，對訊息的看法較有信心（例如論證有力時會想「哇！這的確有道理」，而論證薄弱時則想「哼！這真是胡說」）（圖表摘自 Briñol & Petty, 2003）。

複習題

1. 改變某人態度的方法之一是，請他站在他所反對的觀點做演講。此做法可能形成認知失調而使其態度改變，但前提是要有：
   a. 說服的邊緣線索。
   b. 感到議題切身而有動機的聽眾。
   c. 正反雙方的論點。
   d. 不充分的演講理由。

2. 以下何者「並非」耶魯的態度改變研究取向所考慮的三項因素？
   a. 聽眾的性質。
   b. 訊息來源。
   c. 恐懼。
   d. 溝通本身的性質。

3. 市政府舉辦辯論，討論是否要提高房地產稅，以興建新的公立學校建築。以下哪個人最可能在聆聽辯論時，採取邊緣途徑？
   a. Gob：他沒有在學的孩子，也沒有房地產。

   b. Lindsay：他的小孩還有三年才會從公立學校畢業。
   c. Michael：他從事房地產生意，會受地方稅率影響。
   d. Buster：他是本地教師，目前使用暫借的教室，因為學校教室太小，只能容納有限的學生。

4. 說服性溝通來源者的外表吸引力最可被視為是？
   a. 系統性線索。
   b. 中央線索。
   c. 邊緣線索。
   d. 理性線索。

5. 激起恐懼的說服性溝通最可能生效的情況是：
   a. 激起極高的恐懼。
   b. 激起極低的恐懼。
   c. 提供了降低恐懼的方案。

d.溝通的事物具有效益或實用功能。

6.Briñol和Petty（2003）讓實驗參與者戴耳機聆
　聽說服訊息。半數參與者邊聽邊左右搖頭；半
　數邊聽邊點頭。哪一組參與者在研究後最同意
　訊息中的說法？

a.搖頭且聽到薄弱論證訊息者。

b.搖頭且聽到有力論證訊息者。

c.點頭且聽到薄弱論證訊息者。

d.點頭且聽到有力論證訊息者。

廣告的威力

學習目標7.4　描述廣告如何改變人們的態度

　　本章不斷暗示，思考廣告的影響力，就可以想到許多例子，說明我們的態度何時、為何以及如何改變。從許多方面來看，廣告其實是社會心理學的直接應用。廣告專致於改變消費者對於特定產品的想法與行動。例如，也許是最知名（但為虛構）的廣告大師Don Draper，也就是電視影集《廣告狂人》（*Mad Men*）主角對於人性的洞察：「人們急切地想知道要做什麼，他們誰的話都會聽。」這說法很誇張嗎？的確誇張了——你從前面的段落已知道，人們是否聆聽，取決於許多因素，包括資訊來源和溝通形式本身。但是這說法有個核心真相：廣告「確實」很有威力，人們非常容易受其影響。

　　有件事十分有趣，那就是大多數人以為廣告只對別人有效，對自己無效（Wilson & Brekke, 1994）。其實，人們受到廣告影響的程度，比他們自認為的還要大（Capella, Webster, & Kinard, 2011; Courbet et al., 2014; Wilson, Houston, & Meyers, 1998）。廣告可改變態度（與行為）的證據，來自於公共健康宣導。如我們已討論的，廣告、置入性行銷和當紅人物的行為，可強烈影響人們的行為，包括吸菸和飲酒（Pechmann & Knight, 2002; Saffer, 2002）。一項後設分析研究檢視了媒體訊息（透過電視、廣播、電子和平面媒體）對於年輕人藥物使用的效果，結果令人振奮（Derzon & Lipsey, 2002）。經過宣導之後，孩童較不會使用該藥物。電視和廣播的效果大於平面媒體（Ibrahim & Glantz, 2007）。

廣告如何發揮效果

　　廣告是如何發揮作用？哪一種廣告最有效呢？答案該追溯到我們稍

早討論過的態度改變。假如廣告商企圖改變情感型的態度，那麼最好的方法便是動之以情。許多商業廣告採取情感訴求策略。例如不同廠牌的汽水成分其實並無太大不同，而且也談不上什麼營養價值，所以許多人並非以各廠牌的客觀品質來決定購買何種汽水。這使得汽水廣告都不強調事實和數據。有個廣告商說了一句話：「汽水廣告的內容中其實沒什麼內容。」（"Battle for Your Brain", 1991）。汽水廣告不提供事實，反而是訴諸人們的情緒，將其品牌與刺激、年輕、活力和外表吸引力等感覺結合。

除了廣告之外，還有眾多行銷手法可以向潛在客戶傳達產品或服務的價值。例如，滿懷希望的創業家在電視節目《創智贏家》（*Shark Tank*）中，向潛在投資者（也就是「鯊魚」）提出點子以籌募資金。他們必須向鯊魚推銷產品，並且說服鯊魚他們也能向客戶推銷產品。成功的創業者可以運用社會心理學中態度改變的原理，將各種產品包裝成有吸引力、具切身性、實用性，甚至成為必需品。

　　當然，如果你的產品不會引發人們情緒，也與人們日常生活沒有直接關聯，那要打廣告就比較難了。有個技巧是，讓你的產品產生切身關聯。讓我們看看Gerald Lambert的案例。他生於20世紀初，繼承了一家專門製造外科用防腐劑的公司，這項產品是用來治療喉部感染，稱為「李施德霖」（Listerine）。

　　Lambert為了擴展產品的用途，決定將它宣傳為漱口水。唯一的問題是，當時沒有人使用漱口水，甚至不知道它的用途。所以，Lambert不但發明了治療劑，也發明了病源。李施德霖的廣告連續數年出現在無數雜誌上，包括一則今日我們可能會覺得輕視女性的廣告，上面的文字寫著「多次當伴娘，從未當新娘」。這句廣告詞成為廣告史上最有名的廣告之一，成功地引發人們對於社會排擠的恐懼。透過精選過的巧妙字詞，成功地創造出一件與百萬人切身的問題：口臭。《創智贏家》（*Shark Tank*）中的「鯊魚」（以及Donald Draper）會因此感到驕傲。

閾下訊息廣告：控制心理的方式？

　　有效的廣告告訴消費者他們想要什麼，有時候是在消費者知道自己要什麼之前。但是如果我們根本沒察覺有人正嘗試說服呢？這問題涉及所謂閾下訊息的廣告。例如，2000年9月，小布希和高爾的美國總統大選正值高峰。西雅圖一名男子看著電視競選廣告。一開始，這廣告像是平

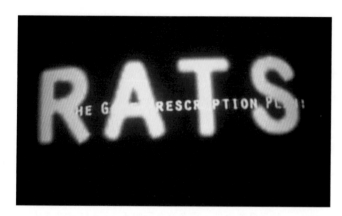

2000年美國總統大選期間，布希播送一支有關反毒計畫的廣告。廣告中，RATS（鼠輩）這個詞以不到一秒的速度閃過螢幕。這類閾下訊息能夠改變人們的態度嗎？

閾下訊息

某些無法為意識所察覺，卻可能影響人們的判斷、態度與行為之文字或圖案

凡的競選廣告，廣告台詞稱讚小布希對抗毒品的計畫，並批評高爾的計畫。但這名觀眾感到有些奇怪。接下來他錄下這支廣告，倒帶放慢觀看，然後他找到奇怪之處：當字幕顯示「高爾的計畫就是：官僚決定……」（The Gore prescription plan: Bureaucrats decide...）時，句中RATS（鼠類）四個字母（這是 "bureaucrats" 單字的後四個字母）快速閃過螢幕——正常速度下大約只有三十分之一秒。這名觀眾連忙聯絡高爾服務處，後者則聯絡媒體。很快地，全美國都斥責小布希陣營使用閾下訊息，製造高爾的負面印象。小布希陣營則否認故意使用RATS字眼，認為這「純粹是意外」（Berke, 2000）。

RATS事件並不是使用閾下訊息（subliminal messages）的首件爭議。所謂「閾下訊息」是指：某些無法為意識所察覺，卻可能影響人們的判斷、態度與行為之文字或圖案。1950年代末期，James Vicary故意在電影廣告中閃過訊息「喝可口可樂」和「吃爆米花」，並宣稱戲院販賣部銷售量因此提升（根據某些報導，Vicary捏造銷售數據；Weir, 1984）。Wilson Bryan Key（1973, 1989）寫了好幾本關於隱藏式說服技巧的暢銷書，他指出廣告商不斷地將有關性的訊息登在廣告中，例如將sex這個字印在琴酒廣告的玻璃杯上，以及在某個蛋糕攪拌器廣告中的奶油切片器與糖霜，影射了男女性生殖器。Key（1973）認為，消費者往往意識不到這些訊息，但是這些廣告會給人好心情，並且使人對此類廣告更加注意。最近，加拿大賭場移除某個牌子的銅板賭機，後來才知道這種賭機每次旋轉都會閃過贏錢符號，速度之快令玩家意識無法察覺（Benedetti, 2007）。

閾下訊息不只是視覺的形式而已，也有依靠聽覺。市場上充斥許多包含閾下訊息的錄音帶，宣稱可以幫助人們減肥、戒菸、增加自信，甚至提升高爾夫分數。但是，閾下訊息真的有效嗎？真的可以促使我們去購買某種產品？或真的可以幫助我們減肥或戒菸嗎？許多人相信閾下訊息可以改造他們的態度與行為（Zanot, Pincus, & Lamp, 1983）。但是，他們是對

的嗎？

駁斥閾下訊息廣告的成效

　　宣稱閾下訊息廣告有效者，很少以控制良好的研究來支持自己的論點。幸好，已有許多研究探討閾下訊息的效果，可幫助我們評估某些誇張的宣稱。直接地說，並沒有任何證據指出，日常生活接觸到的閾下訊息會影響人們的行為。隱藏的指令不能使我們更願意排隊買爆米花，含有隱藏指令的自助錄音帶也不能（真不幸！）幫助我們戒菸或減肥（Brannon & Brock, 1994; Nelson, 2008; Trappey, 1996）。例如，一項研究隨機分派人們聆聽含有閾下訊息的自助音訊，觀察參與者的記憶或自尊是否增強（Greenwald et al., 1991）。不論是何種音訊，對於人們的記憶力或自尊事實上都沒有幫助。然而，參與者卻以為音訊對他們有效。這說明了為什麼現在還可以在網上或書店買到閾下訊息音訊產品。

閾下訊息影響力的實驗室證據

　　你可能注意到，我們是說「日常生活中」使用閾下訊息沒有效果。然而，在控制嚴格的實驗室情境，人們確實會受到閾下訊息所影響（Dijksterhuis, Aarts, & Smith, 2005; Verwijmeren et al., 2011）。例如，一項研究中，荷蘭大學生觀看快速閃過的閾下訊息"Lipton Ice"（立頓牌冰茶），或以相同字母拼成的無意義字（Karremans, Stroebe, & Claus, 2006）。接著問所有學生，現在有立頓冰茶和另一種品牌的荷蘭礦泉水，他們想喝哪一種。如果學生當時不口渴，閾下訊息對於他們的選擇沒有效果。但若學生感到口渴，看到快速閃過「立頓冰茶」閾下訊息的學生，比其他人更傾向選擇該飲料。許多其他實驗研究也發現類似結果（例如：Bargh & Pietromonaco, 1982; Bermeitinger et al., 2009; Snodgrass, Shevrin, & Abelson, 2014）。

　　這表示日常廣告也可以如法炮製閾下訊息嗎？有可能，但目前還未發生。要使閾下訊息有效果，研究者必須確定屋內光線充足、參與者距離螢幕的距離恰當，以

PEOPLE HAVE BEEN TRYING TO FIND THE BREASTS IN THESE ICE CUBES SINCE 1957.

The advertising industry is sometimes charged with sneaking seductive little pictures into ads.
　Supposedly, these pictures can get you to buy a product without your even seeing them.
　Consider the photograph above. According to some people, there's a pair of female breasts

hidden in the patterns of light refracted by the ice cubes.
　Well, if you really searched you probably could see the breasts. For that matter, you could also see Millard Fillmore, a stuffed pork chop and a 1946 Dodge.
　The point is that so-called "subliminal advertising" simply

doesn't exist. Overactive imaginations, however, most certainly do.
　So if anyone claims to see breasts in that drink up there, they aren't in the ice cubes.
　They're in the eye of the beholder.

ADVERTISING
ANOTHER WORD FOR FREEDOM OF CHOICE.
American Association of Advertising Agencies

並無科學證據顯示，在廣告中放入性暗示可以提高產品的銷售量。事實上，廣告很少使用閾下訊息，而且此類訊息在許多國家是違法的。儘管如此，消費大眾還是非常留意這種閾下訊息的技巧，以至於有些廣告商開始在他們的廣告中揶揄閾下訊息。

及閃過閾下刺激時，參與者並未因為其他事而分心。最近研究顯示，事先提醒參與者，有人將使用閾下訊息說服他們，可降低閾下訊息對於參與者後續評價產品的影響力（Verwijmeren et al., 2013）。而且，即使在實驗室內，也沒有證據指出閾下訊息會使人們做出違反其意願、價值觀或人格的行為（Neuberg, 1988）。所以，小布希陣營的RATS廣告，不太可能使高爾支持者轉而成為小布希支持者。想知道更多關於自動式思考和消費者態度的關聯，可以做【試試看！】練習。

試試看！

消費品牌態度

這裡有兩道練習，測試自動式思考在消費態度上扮演的角色。你可以自己做這些練習，但是第一題用來測試朋友會比較容易。

A.我們先測試基礎記憶力。以下有四對單字，對你朋友（或你自己）大聲唸出，請對方仔細聽並記住——對，等下要測驗！

  i. Blue-duck
  ii. Ocean-moon
  iii. Window-hammer
  iv. Ski-climb

好了，當你朋友正在複述且嘗試記住這四組單字時，你唸出以下問題，並且請要求憑直覺快速回答：

  1.說出第一個想到的汽車品牌。
  2.說出第一個想到的清潔劑品牌。
  3.說出第一個想到的飲料品牌。

你朋友是不是回答Tide洗潔劑？飲料是不是Mountain Dew？這其實不是記憶力測驗。我們想測的是，這些單字組是否會促發特定的品牌名稱。也許ocean-moon使你的朋友容易想起

Tide，因為在語意上有關聯。可能ski-climb使你朋友容易想到山脈，所以想起Mountain Dew。不需要靠閾下訊息，就可以引發我們想起特定產品，以及想起的頻率。如第三章所言，促發效果可以引發特定思考和概念，也可以使態度更易提取，包括與商品有關的態度。

B.以下八家公司中，請猜猜2016年《財星》（Fortune）報導之總營業額（非營業利益）最高的三家是哪些：

  • Berkshire Hathaway
  • McKesson
  • Cardinal Health
  • Boeing
  • Microsoft
  • Target
  • Coca-Cola
  • American Express
  • Starbucks

  猜好了嗎？請繼續看答案……
  上述列表順序就是答案。所以總營業額最高的三家由高至低依序是：Berkshire Hathaway、

McKesson、Cardinal Health。我們猜測你的答案與這不同。我們本來也不是猜這答案！你可能從未聽過列表中前幾家公司名稱，所以你沒猜它們。還記得第三章說過的可得性捷思嗎？Microsoft、Target、American Express、Starbucks……都是熟悉的品牌。愈容易想起的品牌名稱，我們就以為它們愈紅、愈成功，甚至愈賣力。當然，影響公司成敗的經濟因素非常龐雜，這不是此處的重點。這裡的重點是，這例子告訴我們，為什麼廣告可能有長期效益：我們傾向把熟悉的事物看得較美好。

廣告和文化

諷刺的是，閾下訊息造成大眾不安，卻使人忽略了廣告的一項明顯事實，也就是：能夠被意識察覺的廣告，效果其實更顯著。重要的是，廣告不僅影響我們的消費態度，還經由媒體間接地塑造或反映文化態度。我們對男女性、不同種族或年紀等族群所形成的態度，都會連結到這些族群在廣告、電視節目、電影和網路上呈現的形象。第十三章將進一步探討媒體如何影響刻板印象。

關於文化的一項議題是，不同文化下的人對產品抱有不同類型的態度，這可能反映了我們在第五章討論過的自我概念差異。我們已討論過，西方文化通常較強調獨立與個人主義，許多亞洲文化則強調相依與集體主義。也許這樣的差異會影響人們的態度類型，進而影響改變態度的方式（Aaker, 2000; de Mooij, 2014）。

在一系列研究中，研究者為同樣的產品設計了強調獨立性的廣告（例如某則鞋子廣告是：「穿對鞋子才舒服」）和強調相依性的廣告（例如「適合你家人的鞋子」），然後都讓美國人和韓國人觀看（Han & Shavitt, 1994）。結果，強調獨立的廣告最能夠說服美國人，強調相依的廣告則最能夠說服韓國人。此外，研究者還分析了實際出現在美國和韓國雜誌上的廣告，發現這些廣告確實有所不同：美國的廣告傾向於強調個體特性、改善自我，以及產品對個別消費者所帶來的好處；韓國的廣告則傾向於強調家庭、對他人的關心，以及對個人所屬社會團體所帶來的好處。由此可見，一般而言，廣告和其他說服溝通一樣，最好能針對所欲改變之態度類型，以及目標群體的期望與思考風格加以設計（Markus & Kitayama, 2010）。

跨文化研究顯示廣告具有許多差異，例如美國廣告較強調個人性，韓國廣告則較強調相依和群體。有趣的是，廣告中名人出現的頻率和性質也有文化差異。韓國廣告過半都出現名人，遠超過美國廣告。韓國廣告中的名人無論是本人或代言，也常會扮演某種角色（見右圖）（譯註：右圖應為中國電視劇宣傳照），美國廣告則否（見左圖）。Sejung Choi、Wei-Na Lee和Hee-Jung Kim（2005）認為，此現象反映出韓國社會重視社會階級，強調的是要與名人購買一樣的產品。

複習題

1. 針對鼓吹健康行為的公益廣告研究顯示，這些做法：
   a. 幾乎全都失敗。
   b. 較能改變男性（而非女性）的態度。
   c. 若對象是年輕人，電視比印刷廣告有效。
   d. 使用閾下訊息最有效。

2. 若要設計廣告改變以情感為基礎的態度，最好以　　　　　　　為訴求。
   a. 認知
   b. 行為
   c. 情感
   d. 事實

3. Serafina是名廣告主管，她想要以最佳方式推銷某產品。該產品不會引發人們的強烈情緒或個人感覺。她最好的行銷策略是專注於：
   a. 具邏輯且基於事實的論述。
   b. 創造情緒連結。
   c. 避免行為參照。
   d. 閾下訊息。

4. 關於閾下訊息廣告的研究顯示，閾下訊息的溝通：
   a. 效果比人們所以為的還差。
   b. 效果比人們所以為的還好。
   c. 在個人主義文化中的效果好於集體主義文化。
   d. 在集體主義文化中的效果好於個人主義文化。

5. 關於廣告的跨文化比較，以下何者正確？
   a. 韓國廣告比美國廣告更專注於實用產品，例如鞋子。
   b. 韓國廣告比美國廣告出現更多全裸或半裸的男性和女性。
   c. 韓國廣告比美國廣告更專注於家庭和關懷他人。
   d. 韓國雜誌中的廣告比美國雜誌少。

抵抗說服性訊息

學習目標7.5　指出可以抵抗說服性訊息的策略

現在，你必然愈來愈緊張（不只是因為這一章還未結束）。竟然有如此多聰明的方法可以改變你的態度，你是否可以安全地不受說服性溝通所影響？確實可以，或者說有可能做得到，如果你運用一些策略的話。以下的方法可以使你避免被大量說服性訊息影響而不斷改變觀點。

態度免疫

你可以在某人試圖扭轉你的立場前，先思考與你立場相反的觀點。此技巧稱為**態度免疫**（attitude inoculation）（Banas & Miller, 2013; Compton, Jackson, & Dimmock, 2016; McGuire, 1964），亦即人們事前對於論證的正反觀點思考愈多，則愈能夠以邏輯論證防禦自己的立場。這過程有點像是醫學上的免疫接種，也就是將弱化的病毒施予人們，如此他們便可生成抗體，對實際的病毒免疫。以下是防範態度改變的方式：先思考「小劑量」的對立觀點，之後就能對更強的對立觀點免疫，防止態度改變。換言之，事先將論證內容思考一番，對之後的溝通就會具備相當的免疫力。相反地，如果人們事先並未仔細思考某項議題（也就是透過邊緣途徑形成態度），他們的態度就非常容易被邏輯所駁倒。

態度免疫
人們先面對較弱的對立論點，可使他們之後較不易改變態度

舉例而言，William McGuire（1964）在一項研究中為人們「免疫接種」。他事先讓人們閱讀一篇反對「大眾廣為接受之信念」（例如每餐之後應該要刷牙）的簡短論證。兩天之後，參與者再回來看一篇對此信念更強烈的抨擊。其中一篇內容是一連串的論證，說明為何經常刷牙其實並不好。這些人和那些沒有事先受到免疫接種，而直接閱讀強烈論點的人比起來，較不會改變原來的態度。為什麼？事先閱讀薄弱論點的人經過免疫接種，有時間思考這些論證的問題，這使他們在兩天後較能夠抵抗更強的抨擊。控制

事先思考各種可能的反對的理由，可以使你較不易被人說服改變態度。

組的人從未思考過為什麼人們應該常刷牙，則較容易受到強烈反對之訊息所影響。

留意置入性行銷

電視出現廣告時，人們常常按下遙控器的靜音按鈕，如果是看錄影節目則可以快轉。上網時，我們也知道如何忽略彈出式廣告或其他嘗試說服我們的手法。為了反制避開廣告的行為，廣告商乾脆將產品直接置入節目中。許多公司付錢給電視節目或電影製作人，將它們的產品放入劇情（Kang, 2008）。例如，如果你曾看過《美國超偶》（*American Idol*），你大概會注意到每位評審前面都擺了可口可樂的杯子。也許每位上過節目的評審都愛喝可口可樂，但這更可能是因為可口可樂公司付費，讓其產品持續出現在節目中。這些不是個案，根據許多估計，類似的置入性行銷每年花費超過三十億美金。啤酒商海尼根（Heineken）曾在一部電影中就花了四千五百萬美金。這可以讓詹姆士龐德（James Bond）在2012年的電影《空降危機》（*Skyfall*）裡放棄他愛喝的馬丁尼，改喝這款荷蘭啤酒（Olmstead, 2012; Van Reijmersdal, Neijens, & Smit, 2009）。

置入性行銷之所以有效的原因之一是：人們不知道有人正試圖改變他們的態度和行為，我們降低了戒心。當我們看到像詹姆士龐德這種角色喝著特定品牌的啤酒，我們常只注意看電影情節，卻沒有想到有人正試圖改變我們的態度。結果，我們便不會去思考反駁（Burkley, 2008; Levitan & Visser, 2008; Wheeler, Briñol, & Hermann, 2007）。兒童特別容易受影響，例如一項研究發現，五至八年級的兒童愈常看到電影中的成人吸菸，他們對於吸菸的態度就愈正向（Heatherton & Sargent, 2009; Wakfield, Flay, & Nichter, 2003）。

這引發一個問題：如果事先告知人們，有人嘗試改變他們的態度，是否可以抵抗置入性行銷或一般說服的效果？答案是可以的。一些研究發現，事先提醒人們，有人將要改變他們的態度，可以使人不易被說服。當

大部分影視觀眾都很熟悉置入性行銷。現在的影片常模糊（若未完全去除）廣告和娛樂的界線。例如《樂高玩電影》（*The Lego Movie*）中，什麼時候是影片，什麼時候是置入性行銷？

人們事先收到告知，那麼便會更小心地分析所見所聞，因此較可能避免態度改變。若無事先警告，那麼人們不太會注意到他人正嘗試說服，而較易於輕易地接受（Sagarin & Wood, 2007; Wood & Quinn, 2003）。所以，讓小孩看電視或電影之前，最好提醒他們，很可能會遇到許多事物試圖改變他們的態度。

抵抗同儕壓力

我們已經看到許多事物是訴諸情緒，而試圖改變我們的態度。有沒有什麼辦法可以抵擋這種訴求，正如我們抵擋訴諸邏輯的效果？這是個很重要的問題，因為我們許多重要的態度與行為之所以改變，並非是因為邏輯，而是基於情感。想想看為什麼許多青少年開始抽菸、喝酒或服用藥品。他們這麼做通常都是為了回應來自同伴的壓力。當他們達到某個年齡，便特別容易受到同伴壓力的影響。例如一項研究發現，預測某個年輕人是否會抽大麻的最好指標是，看看他有沒有抽大麻的朋友（Allen, Donohue, & Griffin, 2003; Haas & Schaefer, 2014）。

想想看為何如此。這並不是因為同伴們提出了一套邏輯論述：「喂，阿傑，你知不知道最近有項研究報告說，適量飲酒對健康有好處。」而是因為同儕壓力常連結到人們的情緒和價值觀，人們深恐被同伴排斥，也渴望自由與自主。在青少年期，同儕往往是社會認同的主要來源──或許是最重要的來源。對於特定態度或行為表現，同儕也是相當強的獎勵來源。其中有些可能是正向的，但有些也可能有問題，例如吸毒或不安全性行為。因此，青少年需要些技巧，以抵抗來自同儕的壓力，避免從事危險行為。

可能的一種做法是將McGuire的免疫理論，擴展到以情感為基礎的說服技巧，例如同儕壓力。除了為他們注射邏輯論證的疫苗之外，我們也可以使他們對以情感為基礎的說服溝通免疫。假設阿傑是個十三歲的男孩，他和一些同學混在一起。他們當中有許多人會抽菸。由於阿傑不會抽菸，他們便開始嘲弄他。有個同學甚至在阿傑面前點燃一支菸，向他挑釁，要他吸一口。面對這樣的壓力，大部分的十三歲青少年是會屈服的。但是，假設我們對阿傑注射疫苗，先讓他處於比較溫和的類似狀況，並告訴他要如何反擊這種壓力。我們可以讓他情境扮演，當朋友因

許多防止青少年吸菸的廣告成效不錯。許多明星願意提供他們的名字和圖像作為協助，例如演員成龍擔任台灣的反菸毒代言人。

為他不吸菸而嘲笑他是膽小鬼時，教導他回答說：「如果我抽菸只是為了要討好你，那麼我才真的是個膽小鬼。」這樣是否有助於他抵抗來自同儕的壓力呢？

有些課程便是為了防範青少年吸菸而設。這些課程顯示，這樣的做法是有幫助的。例如在一項課程中，心理學家對國一學生使用角色扮演的技巧，做法和上面所描述的非常類似（McAlister et al., 1980）。研究結果發現，這些學生和另一些沒有參與免疫課程的學生比起來，三年內抽菸人數顯著較低。這個結果令人鼓舞。其他針對降低吸菸與吸毒的類似課程，也得到相同的結果（Botvin & Griffin, 2004; Chou et al., 1998）。

當說服發生反彈：抗拒理論

假設你為了要確保你的孩子永遠不吸菸，你可能會想「使用強力的手段也許不錯」，於是你做了嚴格禁令，連菸盒都不准他看。「這有什麼不好？」你可能會這麼認為：「至少這麼做可使我的孩子瞭解這件事的嚴重性。」

事實上，嚴格的禁令的確有壞處：禁令愈嚴，就愈可能導致反彈，反而使人們對於被禁之事產生更高興趣。根據抗拒理論（reactance theory）（Brehm, 1966），人們不喜歡他們的思想和行動自由受到威脅。假如人們感到自由被威脅，便會感到不滿，進而從事被禁制之行為，以反抗這種威脅（例如吸菸，或和父母不喜歡的對象約會）。你是否曾在餐廳聽到服務生對你說：「小心，那盤子很燙。」但是你還是去碰它？或是去做一些事，只因為你的老師或其他權威人士嚴禁你做？對，那就是抗拒。

舉例而言，在一項研究中，研究者在大學廁所內放置兩種標示，嘗試阻止人們在牆上塗鴉（Pennebaker & Sanders, 1976）。其中一個標示寫：「絕對禁止在牆上塗寫」；另一個標示比較溫和：「請勿在牆上寫字」。兩個星期之後，研究者回到校園觀察這些標語的效果如何。結果符合研究者預期，「絕對禁止……」的標示處，人們的塗鴉多於「請勿……」標示之處。同樣地，強烈禁止吸菸或吸毒，會使人們更可能從事這些行為，這是因為人們想恢復其自由與選擇的感覺（Erceg, Hurn &

抗拒理論
當人們感覺自由選擇權遭受威脅時，便會感到不愉快而產生抗拒，此時反而會從事被禁止之行為

Steed, 2011; Miller et al., 2007）。最近研究顯示，服務員工如果特別要求消費者在售後滿意問卷上給正面評價，反而會得到較低評價（Jones, Taylor, & Reynolds, 2014）。抗拒再次出現！

　　這裡要說的是，儘管本章提出了一大串可以使人改變態度的策略，但說服不必然有效。面對想要改變我們想法和行為的人，我們並非任其擺布。所以下次你看電視時，出現某個品牌的止痛藥廣告（或是在電影看到置入性行銷），你可以思考採取什麼方法抵抗廣告的影響。當然，這是假設你不想被廣告公司擺布——你也可能不想費力抵禦止痛藥的廣告。但如果是希望你投票給某候選人，或是希望你對香菸形成正面態度呢？請記得，儘管有眾多研究展示了許多可改變我們態度的因素，但我們並非機器人，只會盲目聽命於任何試圖影響我們想法的人。有時候，我們需要主動問自己，有多希望受到說服性溝通所影響，然後採取特定方法避免其影響。

複習題

1. 根據態度免疫的概念，我們先經歷什麼樣的說法之後，較能防範態度改變：
   a. 支持我們既有態度的說法。
   b. 之後可能會聽到之說法的弱化版。
   c. 提前防止我們思考其他觀點的說法。
   d. 使我們更注意邊緣線索的說法。

2. 以下何者最能解釋為什麼置入性行銷可以改變我們的態度？
   a. 它是透過說服的中央途徑。
   b. 觀眾通常不會察覺有人正在試圖改變他們的態度。
   c. 通常會導致抗拒反應。
   d. 以認知為基礎的說服效果較長久。

3. 同儕壓力效果最可能與何種類型的態度有關聯？
   a. 以認知為基礎的態度。
   b. 以情感為基礎的態度。

c. 免疫的態度。
d. 負向的態度。

4. 研究顯示，對特定態度或行為的警告愈強，有時反而愈難禁止人們為之。以下哪個概念與此有關？
   a. 態度免疫。
   b. 同儕壓力。
   c. 內隱態度。
   d. 抗拒理論。

5. Cameron和Mitchell想要說服他們的女兒，不要把玩具到處亂丟在地上。所以他們在她的玩具箱上貼了一張標示。根據抗拒理論，以下哪個標示可能最有效？
   a. 「請記得玩完之後把玩具收好。」
   b. 「所有玩具『一定要』物歸原位。」
   c. 「不准把玩具丟在地上！」
   d. 「妳必須清理自己的東西。」

社會心理學
Social Psychology

摘　要

學習目標7.1　描述態度的類型以及基礎

■ **態度的本質與根源**　態度是指對特定人物、事物或理念的評價。

- **態度從何而來？**　雖然某些態度可能與基因有關，但態度主要是源自於我們的經驗。以認知為基礎的態度是基於人們對態度對象之性質的信念；以情感為基礎的態度是基於人們的情緒和價值觀，這可透過古典制約和操作制約而形成；以行為為基礎的態度是基於人們對態度對象的行為。

- **外顯與內隱態度**　態度一旦形成，可能存在於兩種層次。外顯態度是我們能夠意識到，而且容易說出的態度；內隱態度是在意識之外運作。

學習目標7.2　分析在什麼狀況下態度可預測行為

■ **態度何時能預測行為？**　在什麼情況下，人們的態度會決定實際行為？

- **預測即時行為**　在態度的可提取性高時，才能夠預測即時行為。態度可提取性是指某事物和對該事物之評價間的聯繫強度。

- **預測深思行為**　根據計畫行為理論，深思行為（非即時行為）取決於人們對特定行為的態度、主觀規範（人們認為他人如何看待特定行為之信念），以及自認對行為的控制程度。

學習目標7.3　解釋外部和內部因素如何導致態度改變

■ **態度如何改變？**　內部和外部因素都會影響我們的態度。

- **藉由改變行為來改變態度：重返認知失調理論**　當人們做出違反態度的行為且無法找到外部理由時，態度便會改變。此時，人們會為自己的行為找內部理由，使其態度與行為一致。

- **說服性溝通和態度的改變**　態度也會因為說服性溝通而改變。根據耶魯的態度改變研究取向，有效的說服性溝通取決於溝通者或訊息來源、溝通訊息本身（例如訊息的內容），以及聽眾的特性。慎思可能性模式指出人們何時較會受到溝通論點之強度所影響，以及何時會較受表面的特性所影響。當人們既有動機也有能力注意訊息時，便會採取說服的中央途徑，此時他們會注意到論點的強度。當人們的動機和能力低落時，便會採取說服的邊緣途徑，此時會依賴表面特徵，例如演說者的吸引力。

- **情緒與態度改變**　情緒會以多種方式影響態度。如果激發人們中度的恐懼，而人們又相信聆聽該訊息能夠教導他們如何減輕這樣的恐懼，那麼激起恐懼的溝通便能長期地改變態度。情緒也可以作為判斷自己態度之捷思。如果人們面對某件事物時感覺不錯，那麼他們就常會推論自己喜歡

它，即使不錯的感覺是因為其他原因造成的。最後，溝通說服是否有效，也取決於人們所抱持的態度類型。如果態度是基於情緒與社會認同，那麼從情緒和社會認同下手便最有效。

- 態度改變與身體　人們對態度對象之想法具有多大信心，會影響溝通說服的效果。人們在聽取訊息的同時做出點頭或搖頭等動作，都可能影響其信心。

學習目標7.4　描述廣告如何改變人們的態度

- **廣告的威力**　廣告能相當有效地改變人們的態度，包括成功的公共健康宣導活動。

  - 廣告如何發揮效果　廣告若要生效，便要對基於情緒的態度動之以情，而對基於認知的態度提供事實，並且使產品連結到個人。

  - 閾下訊息廣告：控制心理的方式？沒有證據顯示閾下訊息廣告能夠影響人們的行為。然而在嚴格控制的實驗室中，閾下訊息會產生影響。

  - 廣告和文化　除了改變人們對商品的

態度之外，廣告也常傳遞社會刻板印象，例如對男女性的性別刻板印信和期望。文化和廣告的分析也顯示有趣的差異，結果如同其他針對社會和自我知覺的跨文化研究。

學習目標7.5　指出可以抵抗說服性訊息的策略

- **抵抗說服性訊息**　研究發現有許多方法可以避免受到說服訊息所影響。

  - 態度免疫　人們先面對較弱的對立論點，可使他們之後更能抗拒說服性訊息。

  - 留意置入性行銷　愈來愈多廣告商將產品明顯地放入電視節目和電影之中。事先告知人們，有人想要改變他們的態度（例如使用置入性行銷），他們的態度便較不易被改變。

  - 抵抗同儕壓力　教導孩童如何抗拒同儕壓力，可以使其較堅定。

  - 當說服發生反彈：抗拒理論　根據抗拒理論，當人們感覺自由選擇權遭受威脅時，會感到不愉快而產生抗拒。嘗試改變人們態度時，若使其感到選擇受限，可能導致反效果。

分享寫作　你有什麼想法？

沉醉式互動

　　根據本章內容，若要更有效地以溝通說服他人（或者更有效地抗拒他人的說服），你學到最特別的一課是什麼？

測　驗

1. 以下有關態度的敘述，何者為非：
   a. 態度牽涉我們的性情和人格。
   c. 態度不太隨時間改變。
   d. 態度會因說服性溝通而改變。
   e. 在正確條件下，態度可以預測人的行為。

2. Paige想要買隻小狗。她研究了許久，決定買一隻英國可卡犬，而不買大丹狗，因為可卡犬體型較小、活潑，而且可以和小孩玩。她的決定受到何種態度所影響？
   a. 以情感為基礎的態度。
   b. 以行為為基礎的態度。
   c. 以外顯為基礎的態度。
   d. 以認知為基礎的態度。

3. 某次訪談中，Marquel說他同意繫上安全帶。根據計畫行為理論，以下何者也可預測Marquel於當天會繫安全帶？
   a. 他大致同意行車安全很重要。
   b. 他最好的朋友Trevor也在車上，而且Trevor總是鼓吹要繫上安全帶。
   c. 他不太能提取對安全帶的態度。
   d. Marquel知道自己常忘記繫上安全帶。

4. 哪一種戒菸廣告最可能改變人們對吸菸的態度？
   a. 使用極端的圖片展示吸菸對身體的傷害，並且警告吸菸的風險。
   b. 給予有關吸菸風險的閾下訊息，以及如何戒菸的建議。
   c. 使用圖片展示吸菸對身體的傷害，並

提供如何戒菸的特定建議。
   d. 使用成功戒菸者的故事。

5. 以下何種情況，最能使Emilia在學校集會上專注於有關愛滋病的危險事實？
   a. 演講者強調全球愛滋病的統計資訊。
   b. 演講者強調愛滋病在Emilia所處社區的擴散情形，而且沒有事物使Emilia分心。
   c. 演講者強調愛滋病在Emilia所處社區的擴散情形，但此時Emilia的朋友正低聲告訴她，週末有個大型宴會。
   d. 演講者是全國知名的愛滋病專家。

6. 你要將一款新型電動牙刷推銷給機場中忙碌穿梭的旅客。以下何種方法最「不可能」成功賣出產品？
   a. 製作傳單，說明此電動牙刷的優點。
   b. 製作一幅大標示，寫著：「九成牙醫師推薦此牙刷！」
   c. 擺設一幅大照片，上面是一位長得很帥的你的朋友，拿著此牙刷。
   d. 攔下人們說：「你知道嗎？好萊塢明星幾乎都使用此牙刷。」

7. 以下何種狀況中，人們最可能投票給某位候選人？
   a. 他們喜歡該候選人的政見，但對他本人沒有好感。
   b. 他們不太清楚該候選人的政見，但對他本人有好感。
   c. 他們在電視上看到該候選人的閾下訊息宣傳廣告。
   d. 他們看到電視上播出該候選人的宣傳

廣告，但同時因為小孩吵鬧而分心。

8. 假設你正在看電影，螢幕上閃過字幕「喝可口可樂」，但速度很快，你的意識無法察覺。根據閾下知覺的研究，以下何者最可能為真？

a. 你會起來買可口可樂，但必須有其他人先如此做。

b. 你會起來買可口可樂，但必須是你比較喜歡可口可樂，而非百事可樂。

c. 你更不會起來買可口可樂。

d. 閃過閾下訊息，不致使你更會去買可口可樂。

9. 以下何者「並非」抗拒說服的方法？

a. 讓人們先接觸少量反對他們立場的論點，使其免疫於意見改變。

b. 提醒人們留意廣告技巧，例如置入性行銷。

c. 禁止人們購買某產品。

d. 使用類似現實但較溫和的社會壓力，進行角色扮演。

10. 根據抗拒理論，以下哪條公益廣告敘述，最「不可能」使人綁上安全帶？

a. 「駕駛時，請綁安全帶。」

b. 「綁安全帶，保護生命安全。」

c. 「法律規定：你一定要綁安全帶。」

d. 「為你的小孩綁上安全帶，你可能救他們一命。」

CHAPTER 8

從眾與服從：影響行為

綱要與學習目標

從眾：發生的時機與理由

學習目標8.1 定義從眾與解釋從眾為何出現

訊息式社會影響：知道何為「正確」的需求

學習目標8.2 解釋訊息式社會影響如何使得人們從眾
準確的重要性
當訊息式從眾導致反效果
人們何時會順從訊息式社會影響？

規範式社會影響：被接納的需求

學習目標8.3 解釋規範式社會影響如何使得人們從眾
從眾和社會贊同：Asch的線段判斷研究
再探準確的重要性
抗拒規範式社會影響的後果
人們何時會順從規範式社會影響？

少數人的影響：當少數人影響多數人

從眾的策略

學習目標8.4 描述人們如何運用社會影響的知識去影響他人
強制式與描述式規範的角色
使用規範改變行為：小心「反彈效應」
其他社會影響策略

服從權威

學習目標8.5 綜述有關人們自願服從權威人士的研究
Milgram的研究
規範式社會影響的作用
訊息式社會影響的作用
服從的其他原因
過去與現在的服從研究

●●●●●●●● 你認為如何？

調查：你認為如何？	
調查	**結果**
你是否參加過社群媒體的流行活動，例如「冰桶挑戰」？ □是 □否	

沉醉式互動

　　Pete Frates出生於美國麻薩諸塞州的比佛利市。他在高中成績優異，而且是三項運動校隊隊員。他後來就讀波士頓學院，雙主修傳播和歷史，加入棒球校隊。他在大四時，身高一百八十公分，體重一百公斤，是名左投外野手，而且被選為隊長。夏季時，他在康乃狄克州、馬里蘭州和夏威夷打球。畢業之後，他去德國成為職業選手，並且擔任年輕人的體育教練。

　　如果你對Pete Frates這名字有印象，應該不是因為他大學時棒球表現優秀。2012年是他畢業後第五年，他在一場地方聯賽中突然發現揮棒困難。他的平均打擊率從.400驟降到.250。某次比賽時，他的手腕被球擊中，而且傷勢一直不見好轉，因此四處就醫。最後，經一名神經學家診斷，二十七歲的Frates罹患的是肌萎縮性脊髓側索硬化症（amyotrophic lateral sclerosis，簡稱ALS），也稱為盧賈里格症。兩年後，Frates的推特與貼文啟發了「冰桶挑戰」活動，此活動在社群媒體上快速蔓延。

　　你還記得冰桶挑戰吧？此活動發展出許多變化，在2014年達到高峰。許多人在自己身上倒冰水，將過程影片貼在臉書上，並挑戰特定朋友做同樣的事。其中一種挑戰是，被指名者如果在二十四小時內公開做同樣的事，就捐款給ALS協會十元美金；如果沒做到，就要捐一百美金。到了2014年8月，到處都在冰桶挑戰，包括名人LeBron James、Bill Gates、Kerry Washington、Lady Gaga和George W. Bush都參加了。美國前總統歐巴馬收到挑戰，但沒往自己身上倒水，選擇捐一百美金。Justin Bieber接受挑戰，不過卻倒了兩次，因為第一次被批評不夠到位……他沒放冰塊。

Pete Frates是ALS冰桶挑戰的引發者。

　　根據ALS協會網頁，當年夏天超過一千七百萬人上傳倒冰水影片，

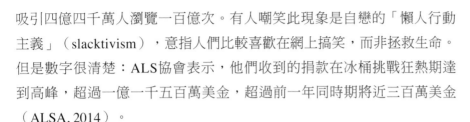

吸引四億四千萬人瀏覽一百億次。有人嘲笑此現象是自戀的「懶人行動主義」（slacktivism），意指人們比較喜歡在網上搞笑，而非拯救生命。但是數字很清楚：ALS協會表示，他們收到的捐款在冰桶挑戰狂熱期達到高峰，超過一億一千五百萬美金，超過前一年同時期將近三百萬美金（ALSA, 2014）。

　　究竟是什麼因素吸引成千上萬人（根據我們的開放調查，包括閱讀本書的許多人）將冰水倒到身上，或觀看他人倒冰水的影片呢？其中必然有合理原因，而且合理原因還不只一個。冰桶挑戰似乎有某種傳染力。觀看別人倒冰水似乎會讓人也想如此做，在他人面前做出從眾行為。本章稍後我們會回到冰桶挑戰，探討究竟是什麼特別原因使這活動到處傳染，引發從眾行為。

　　普遍而言，我們每天都要決定是否要跟從他人行為，或是勇於特立獨行。人們常常試圖要我們聽話，順從他們。有些是直接要求，有些是透過較細膩的手法。較細膩的社會影響形式是以間接的方式指引我們如何做才適當，而且我們會覺得順從或照著做才對我們自己最有利，例如判斷現在流行什麼衣著、髮型或用語。較強力或直接的社會影響形式是要求服從，此時有權威者下令，使我們感到聽從的壓力。本章我們將針對這些社會影響歷程，探討潛在的正面與負面效果。我們將從較細膩的從眾開始談起，然後討論服從權威。

從眾：發生的時機與理由

學習目標8.1　定義從眾與解釋從眾為何出現

　　美國文化經常強調「不順從」的重要性（Cohen & Varnum, 2016; Kim & Markus, 1999; Kitayama et al., 2009, 2010）。美國人認為自己活在「澈底個人主義者」（rugged individualist）的國家：為自己著想、替弱者挺身而出、為自認正確之事而抵禦逆潮。這種文化自我形象源自於許多因素，包括：美國的建國方式、政府體制，以及

2014年8月，「冰桶挑戰」在社群媒體上爆發，此一從眾活動意想不到地募集了大筆資金協助對抗ALS。此圖中，數百萬人之一的參與者接受挑戰，旁邊的朋友兼攝影者還多幫了一手。

美國社會開拓西部（或「馴服」蠻荒西部）的歷史經驗（Kitayama et al., 2006; Turner, 1932）。

美國式神話使用許多方式來讚揚澈底的個人主義者。例如，美國歷史上有個歷久不衰且相當成功的冠軍廣告：「萬寶路男子漢」（Marlboro Man）。這廣告始於1955年，照片上的典型形象是一名牛仔單獨站在草原上。此廣告促銷了大量香菸。它清楚地道出美國人心中想對自己說的話：我們要自己下決定、我們不是軟骨頭，也不是柔弱的應聲蟲（Cialdini, 2009; Pronin, Berger, & Molouki, 2007）。更近的例子是蘋果電腦（Apple Computer），這是全世界價值最高的上市公司之一（Gaffen, 2016）。許多年來，蘋果廣告使用類似的感性口號"Think different"（不同凡響）強調不要從眾。

然而，我們真的不是乖孩子嗎？我們所做的每件事及每一項決定都是根據自己的想法嗎？或者，我們有時候是否會利用別人的行為來幫助自己做決定呢？雖然蘋果公司的廣告告訴消費者要「不同凡響」，你可以在下次上課時數數看，教室裡有多少同學的筆記型電腦閃著同樣的蘋果標誌。不從眾的電腦現在四處遍布。

更令人難過的例子是第六章提到的天門教集體自殺事件，這個事件顯示人們有時候會以極端且驚人的方式做出從眾行為，即使這個行為是涉及生死存亡的重大決定。不過，你可能會反駁說，這是個不尋常的案例，大多數人當然不會從眾到這種地步。也許Marshall Applewhite的追隨者有些精神異常，因此比較容易聽從一個極具群眾魅力之領導人的指示。但是，事情有另一種可能，這較使人擔憂：如果我們和天門教徒一樣，長期處於相同的強大從眾壓力下，我們之中大多數人或許也會做出同樣的行為。

上述說法若屬實，我們應該能夠找到其他類似的情境，一群看似普通的人在強大的社會壓力下，也做出驚人的從眾行為。例如，1961年，美國民權運動者在反種族隔離運動中，依循甘地非暴力抗爭的原則，訓練出「自由乘客」（Freedom Riders，此名稱源自他們搭乘巴士時不遵守「黑人坐後排」的搭車規則），並忍受暴力對待。數千名美國南方的非裔美國人以及少部分北方白人（許多來自大學校園），抗議南方的種族隔離法令。在一次又一次的抗爭中，民權運動者依循他人教導，以非暴力方式忍

受南方警力的毆打、拘禁、施暴、鞭笞，甚至殺害（Nelson, 2010; Powledge, 1991）。新進者仿效前人非暴力的反應，不斷投入非暴力的抗爭，終於促成了美國追求種族平等的新時代。

不過隔了幾年之後，社會壓力卻導致了悲劇，而非英雄事蹟。1968年3月16日早晨，時值越戰期間，一群美國士兵搭乘直升機進入越南美萊村（My Lai）。一名直升機駕駛以無線電報告看到下面有敵方士兵。於是美國士兵們跳下直升機，槍枝上膛，但他們立刻發現根本沒有敵人。相反地，美軍只發現一些老弱婦孺村民，正生火準備早餐。意外地，此部隊的

在美國民權運動期間，資訊式社會影響被用來訓練人們如何採用非暴力方式抵抗。有經驗的抗爭者為新進抗爭者示範，當遇到菸燻、恐嚇、種族歧視辱罵和實際暴力等騷擾時，要如何保持冷靜。

排長下令一名士兵對村民開火，其他士兵也開始射擊，接著便是一陣掃射。最後殺死了大約五百名越南村民（Hersh, 1970）。類似的社會影響歷程多次發生於近年的軍事暴行，包括：始於2003年的阿布格拉比（Abu Ghraib）監獄伊拉克戰俘虐待事件（Hersh, 2004），以及2011年美國士兵在塔利班戰士遺體上灑尿的事件（Martinez, 2012）。類似此類社會壓力也使人聯想關心青少年的「集體自殺事件」，也就是短時間內在學校或社區中發生多起自殺的事件（Rosin, 2015）。

以上種種例子顯示，人們會陷入社會影響之網。為了做出回應，他們會改變自己的行為，順從他人的預期（O'Gorman, Wilson, & Miller, 2008）。對社會心理學家而言，這正是從眾（conformity）的本質：由於真實或想像之他人的影響，而改變個人的行為（Aarts & Dijksterhuis, 2003; Kiesler & Kiesler, 1969; Sorrentino & Hancock, 2014）。如這些例子所示，從眾的結果非常廣泛，可能是高尚助人，也可能是瘋狂悲劇。但這些人為什麼從眾？部分人是因為在困惑或異常的環境中，他們不知道該怎麼做。周遭人們的行為對他而言是有用

從眾

由於真實或想像之他人的影響，而改變個人的行為

處在強大的社會壓力之下，個人將順應團體的行為，即使是從事違反道德的行為。2004年，美國士兵凌虐關在Abu Ghraib監獄的伊拉克人，引爆國際醜聞，也引發美國人民深切反思。為什麼士兵會羞辱囚犯？讀過本章之後，你將瞭解從眾的社會影響壓力如何導致正直的人做出不道德的行為。

複習題

1.以下何者是社會影響最直接且強力的範例？
 a.順從某位朋友溫和的請求。
 b.跟從某個群體。
 c.服從某個權威者的命令。
 d.以情感為基礎的態度。
2.以下何者最能描述文化信念和從眾的關係？
 a.不同文化中人們對從眾的想法差異很小。
 b.相較於許多文化，美國人傾向對從眾抱持負面態度。

c.相較於許多文化，美國人傾向對從眾抱持正面態度。
 d.美國人對從眾的信念逐年變差。
3.從眾必然包含：
 a.符合道德的正向行為。
 b.不符合道德的負向行為。
 c.來自他人真實或想像的影響。
 d.權威人士。

的資訊，因此他們決定採取同樣的行為。另外一些人的從眾原因是不願意因為與別人不同而被嘲笑或懲罰。因此，他們選擇了他人期望的行為，免得被團體成員譏笑或排擠。讓我們來看看使從眾發生的這些理由是如何運作的。

訊息式社會影響：知道何為「正確」的需求

學習目標8.2　解釋訊息式社會影響如何使得人們從眾

　　生活中充滿模稜兩可的模糊情境。你如何稱呼你的心理學教授？Aronson博士、Aronson教授、Aronson先生或直呼其名？你吃壽司時，是一口吞下還是分成幾塊吃？你聽到外面的尖叫聲時，覺得是某人和朋友開玩笑，還是有人遇到危險？遇到類似上述情境時，我們會感到不太確定要如何思考或如何行動。我們所知道的不足以使我們做出最好、最正確的選擇。但幸運地，我們很容易從別人的行為當中，得到既有力又有用的資訊。

　　有時候，我們會直接詢問別人該怎麼做。但許多時候，我們看著其他人，觀察他人的行為有助於我們更清楚地認識情境（Kelly, 1955; Thomas, 1928）。當我們跟隨別人而行動，我們就是在從眾，但這並不表示我們是軟弱無自信的人。相反的，我們之所以依循他人而行動，是因為

我們將他人視為引導我們行為的資訊來源。我們之所以從眾，是因為認為他人對某個曖昧情境的詮釋比我們的詮釋還要正確，因此可以幫助我們選擇適當的應對方式。這就是所謂訊息式社會影響（informational social influence）（Cialdini & Goldstein, 2004; Deutsch & Gerard, 1955; Smith & Mackie, 2016）。

為了說明別人如何成為訊息來源，想像一下你參與了Muzafer Sherif（1936）的實驗。實驗第一階段，你單獨坐在一間暗房裡，研究人員要求你集中注意力看著十五英尺遠的一個光點，然後估計光點移動的距離。於是你很認真地盯著燈光，沒錯，燈光移動了一點，你說「大約二英寸吧」，雖然實際上並不容易辨識。然後燈光消失，不久又出現。研究人員再度問你燈光移動的距離。這時燈光似乎移動得遠些，於是你說「四英寸」。幾次測試之後，燈光每次移動的距離似乎都在二英寸到四英寸之間。

這個測試有趣的地方是，事實上燈光並沒有移動。它看起來像在移動，是一種視覺上的錯覺，稱為「自動效應」（autokinetic effect），亦即當你在黑暗的環境盯著亮光看（例如黑夜裡的星光），亮光感覺上似乎會前後晃動。這是因為你沒有穩定的參考點來固定光的位置。在Sherif的實驗中，每位參與者在第一階段都達到穩定的估計值，但每個人的估計都不相同。有些人認為亮光大約只移動了一英寸，有些人則認為亮光移動了十英寸。

Sherif選擇自動效應做實驗的原因是，他要製造一種曖昧不明的狀況。在這種狀況下，參與者不清楚正確的情境為何。幾天之後，進入實驗的第二階段。參與者和另外兩個經歷過第一階段的人配成一組。現在，這是一個真正的社會情境了，因為三個人必須大聲地說出他們對燈光移動的判斷結果。現在自動效應的感覺因人而異，有些人覺得光點移動很遠，有些人只感到些微移動。當此實驗參與者聽到同伴們

訊息式社會影響
當我們將他人視為引導我們行為的資訊來源而跟隨其行為，即為訊息式社會影響。此時從眾的原因是因為我們相信他人對於模糊情境的詮釋比我們還正確，並以為他們可以幫我們選擇適當的做法

八千個南瓜遇上艾菲爾鐵塔。萬聖節（Halloween）是美國的重要節日。近年來，商人不斷「炒作」這個節日，因為這能提升產品銷售量，而傳統上10月這段時間是銷售淡季。萬聖節是源自古英國和愛爾蘭的「萬聖節前夕」傳統，但現在我們所知的萬聖節，都是美國文化現象。直到1997年10月，「萬聖節」才被法國商人引介給法國大眾。因為法國經濟衰退，商人必須想出點子促銷（R. Cohen, 1997）。資訊式社會影響使法國人大致瞭解何謂萬聖節。1997年的萬聖節之前，他們根本不知道何謂「不給糖就搗蛋」。然而，2000年的萬聖節，許多法國商店用黑色和橘色的南瓜作裝飾，夜店還舉辦扮裝比賽（Associated Press, 2002）。

對燈光移動的判斷不同於自己的判斷時，他們會有何反應？ 經過幾次測試，人們會達成一致的估計，團體中每個成員都傾向順從此估計。此結果顯示，每個人都會以他人作為訊息的來源，並相信團體的意見是正確的（見**圖8.1**）。訊息式社會影響的一項重要特性是，它導致個人的私下接納（private acceptance），也就是因為真正相信他人言行的正確性，而順應他人的行為。

私下接納
因為真正相信他人言行的正確性，而跟隨他人的行為

另一種似乎同樣合理的情況是：某人雖然公開順從團體的意見，私底下卻相信燈光只移動了一點點。譬如，也許有人私底下認為燈光移動了十英寸，但為了避免同組的人認為自己是傻瓜或笨蛋，與團體一致地公開宣稱它只移動了三英寸。這是所謂公開順從（public compliance）：亦即某人雖然在公開情境從眾，私底下卻不見得相信團體所為。然而，Sherif懷疑這種解釋。他請參與者經過團體實驗後，再次獨自判斷燈光移動的距離。結果發現，即使參與者不必再擔心團體成員看待他們的眼光，他們的答案還是依照先前團體所給的回答。有一項研究甚至發現，實驗之後一年，參與者單獨測試時仍順從團體的估計（Rohrer, Baron, Hoffman, & Swander, 1954）。這些結果顯示，人們會彼此依賴以判斷現實情境，而且

公開順從
在公開場合順應他人的行為，但私底下不一定相信他人的言行

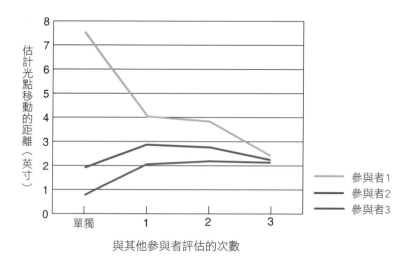

圖8.1 Sherif（1936）自動效應實驗中團體判斷的情形
當人們分別單獨在房間中，估計一個光點移動多少距離時，每個人的答案會有很大的出入。但是一旦有其他人加入，並報出他們的估計時，人們會跟從團體對光點移動的估計，根據團體成員提供的訊息，調整個人的私下信念（整理自Sherif, 1936）。

會私下接納團體所做的估計。

　　訊息式社會影響會導致私下接納，這種現象會展現於許多生活層面，包括節約能源。Jessica Nolan和同僚（2008）在一項研究中，將一些訊息給予一群加州居民，促使他們節約家中電源。訊息共有四種版本，每位居民收到其中一種。有三種版本的訊息呈現了基本的節約理由，分別是：保護環境、有益社會或省錢。第四種則刻意設計包含了訊息式社會影響：參與者被告知他們的鄰居大部分都節能省電。然後研究者根據電表，實際測量每戶人家的用電量。結果發現，包含鄰居行為的第四種訊息，比其他三種訊息更顯著地使人們減少用電量（Nolan et al., 2008）。相似地，Goldstein、Cialdini和Griskevicius（2008）嘗試鼓勵旅店住客順從「重複使用浴巾」的請求，過去常用的旅店管理技巧都不太管用。研究者發現，在浴室放置訊息說明大部分本房間住客都重複使用浴巾，比過去旅店常用的「拯救環境」呼籲都更加有效。

準確的重要性

　　後續研究以有趣的方式，擴展了Sherif關於訊息式社會影響的經典實驗（Baron, Vandello, & Brunsman, 1996; Levine, Higgins, & Choi, 2000; Muchnik, Aral, & Taylor, 2013）。此研究採用的判斷作業，比自動效應還貼近日常生活，而且也顯示了影響訊息式社會影響的另一個因素：作業準確度的重要性。

　　例如，一項研究中，參與者要從事一件必須專注的模糊作業：指認嫌犯（Baron, et al., 1996）。如同真實犯罪的證人一樣，參與者被要求從一排人中指認「嫌疑犯」。在十三次測試中，參與者都會先看到一張投影片，上面是一名男性「嫌疑犯」；接下來，他們會看到「一排」共四名男子的投影片，其中一名是剛才的嫌疑犯（嫌疑犯有時會穿著與之前不同的服裝）。參與者的工作就是指認出嫌疑犯。投影片故意放得很快，所以這作業十分困難（而且模糊）。每張投影片參與者只能看半秒鐘。參與者是在團體中指認嫌疑犯，每個團體包括一名參與者與三名實驗同謀。四個人在看完兩張投影片後，都要大聲報出判斷。七次關鍵測試中，實驗者會測量訊息式社會影響，此時三名實驗同謀會比參與者先報答案，而且所有同謀都給相同的錯誤答案。

即使是極為重要的判斷（例如目擊證人指認嫌犯），資訊式社會影響也會影響我們的知覺。

實驗還操弄了準確性對參與者的重要程度。高度重要情境中，參與者被告知他們做的是有關指認能力的真實測驗，而且是即將被警局和法院用來區辨證人指認能力好壞的測驗。參與者的分數將成為測驗標準，以用來判斷未來證人的表現。此外，準確率最高者可以從實驗者獲得美金二十元。相對地，低度重要情境中，參與者被告知本測試是第一次用來區辨證人的能力，而且這項投影技術還在發展中。因此，當實驗開始時，兩組參與者抱持完全不同的心態。一半的參與者認為他們的表現非常重要，將成為法律機關的標準。他們想表現得好；另外一半參與者則認為這只不過是常見的一般普通研究，他們的表現對實驗者而言似乎不很重要。

高度重要情境模擬了日常生活的事件——你的判斷決策帶有後果，你會想要「做得正確」。這會使你更順從訊息式社會影響嗎？研究發現，這使你「更加」受影響。低度重要情境中，參與者在關鍵測試中，順應實驗同謀之錯誤判斷的比例是35%。而在高度重要情境中，參與者在關鍵測試中，順應實驗同謀之判斷的比例是51%。

不過，以他人作為訊息來源是一種帶有風險的策略。在另一項目擊者研究中，兩名目擊者分別觀看影片，但他們以為影片的事件相同（Gabbert, Memon, & Allan, 2003）。參與者不知道的是，他們兩人看到的影片內容有些許差異。一部分參與者看完影片後可以彼此討論，然後分別做回憶測驗，結果這些參與者有71%錯誤地回憶起只有他們的夥伴才看到的影片內容。此實驗顯示出，以周遭他人作為你的訊息來源是有風險的。如果其他人弄錯了怎麼辦？的確，這也是為什麼大部分的警務程序中要求，如果某案件的證人不只一人，證人必須分別問訊並且獨立地指認嫌疑犯。法庭上並不樂見證人之間出現訊息式社會影響（Levett, 2013）。

當訊息式從眾導致反效果

　　另一種極端的訊息式社會影響是發生在危機時刻，也就是面臨令人感到害怕且具有潛在危險的狀況，卻又不具備應對能力的時刻（Killian, 1964）。此時個體或許根本不知道究竟發生了什麼事或該怎麼辦。如果這牽涉到他的生命安全，他會非常想獲得資訊，而別人的行為就是他的資訊來源。1938年的萬聖節夜晚，就發生了這樣一件事。當夜，天才演員兼導演Orson Welles在水星劇院電台播放一齣廣播劇，那是根據H. G. Wells的科幻小說《世界大戰》（*War of the Worlds*）所改編。當時還沒有電視，收音機是大眾娛興節目的來源，也是唯一的即時新聞訊息來源。當晚，Welles和他的演員們在電台播出外星人入侵地球的劇情。由於演出非常逼真，震驚了無數美國聽眾，人們紛紛報警。許多聽眾以為外星人真的來襲而逃出車外（Cantril, 1940）。

　　為什麼美國人相信他們所聽到的是真實的外星人入侵新聞報導？Hadley Cantril（1940）研究了這件真實世界的「危機」，指出兩項理由：一項理由是，該劇非常成功地模仿實際新聞報導方式，而且有許多聽眾錯過了該劇的開頭（開頭已說明這只是齣戲），因為他們本來都在收聽另一個電台。然而，另一個罪魁禍首，就是訊息式社會影響。當時許多民眾是和親朋好友一起收聽廣播。當《世界大戰》愈來愈恐怖，他們自然會彼此互看，不確定自己是否該相信他們所聽到的事。他們看到親人臉部憂心掛慮的表情，感覺更加恐慌。有一名聽眾說：「我們互相吻別，感覺大難臨頭了」（Cantril, 1940, p. 95）。

　　當然，這已經是幾十年前的事了。當時的人們對於現實和虛構的區辨還不十分精明——現在的人對於訊息式社會影響很少出現這樣大規模的散布風潮了，對吧？嗯，可能不太對……我們大都看過朋友或家人在網路貼文、留言或用e-mail轉寄故事，內容正確性相當令人存疑。都市傳說和毫無根據的陰謀論在社交媒體上大肆流傳。2016年美國總統大選期間出現了數量破紀錄的「假新聞」，如野火般蔓延，內容包括對於希拉蕊（Hillary Clinton）涉及嚴重犯罪行為的無證據傳言，以及指控民主黨要在佛羅里達州引入伊斯蘭法，還有教宗支持川普的傳言。以上故事皆偏離事實，但人們仍然不斷轉貼分享，在在顯示訊息式社會影響仍然盛行。Orson Welles若有知，可能會感到驕傲（或者有些驚恐）。

資訊式社會影響肇事

Orson Welles是知名演員兼導演。他在1938年的廣播劇《世界大戰》因為資訊式社會影響,引發了大規模群眾恐慌。聽眾還來不及搞清楚攻擊是否為真,周遭人們的驚恐反應使大家更加害怕。

1949年在厄瓜多的基多市,電台製作人播放了改編版的《世界大戰》廣播劇,結果再次出事。許多聽眾以為外星人即將入侵。當發現只是虛驚一場之後,憤怒的聽眾湧進電台縱火,這場暴動最終導致六人死亡。

當代社會中,假消息很容易就可透過社群媒體和電子郵件在人際之間傳布。資訊式社會影響的範例包括:網路惡作劇、經過更新竄改的消息、電子郵件寄送的都市傳說等,在在都使我們更加遠離事情的真相。

現在的政治人物為了駁斥誇大不實的媒體消息,常會說「那是假新聞」,即使是經過調查、有憑有據的報導。不可諱言的是,2016年美國總統大選期間充斥許多不實消息(有些是蓄意捏造)。這類假新聞對於投票態度和行為的影響很難評估。

人們何時會順從訊息式社會影響？

讓我們回顧一下，在哪些情境下，人們最可能因訊息式社會影響而產生從眾行為。

當情境曖昧不明

模糊性是最主要的因素，它可以決定人們是否會以別人作為訊息的來源。當你不知道該怎麼判斷適當的行為反應或想法時，你最容易受到別人的影響。你愈感到不確定，愈會依賴別人的判斷（Huber, Klucharev, & Rieskamp, 2014; Tesser, Campbell, & Mickler, 1983; Walther et al., 2002）。前面討論過的軍事暴行便是處於模糊的情境，此時訊息式社會影響極易發生作用。大部分涉案士兵都很年輕，且欠缺經驗。當他們看到其他士兵對村民開火或羞辱囚犯，他們大都以為這就是該做的事，於是便加入了。

當處於危機情境時

危機情境也會促使人們以他人作為訊息的來源，而且通常這同時也是模糊的情境。在危急情境中，我們通常沒有時間停下來好好想想應該怎麼做。此時，我們必須有所行動，而且立刻就得行動。假如我們感到恐慌，並且不確定該如何做，很自然就會觀察別人的反應，然後照著做。不幸地，我們所效仿的人可能和我們同樣感到害怕惶恐，而且他們的行為也不見得合乎理性。例如，士兵在出任務過程中，必然會感到害怕緊張。而且在許多戰爭中，敵友難以區辨。在越戰時期，人人都知道，同情越共的越南人民會在美軍必經路上埋設地雷、開槍偷襲、投擲或設置炸彈。類似地，在伊拉克或阿富汗，仍然很難區辨對方到底是平民或是武裝人員，究竟是敵是友。因此，這些士兵常常以周遭其他人的行為作為指引，這其實不是太令人驚訝的事。假如那些士兵並非處於危急情境，而有更多的時間思考他們的行動，或許悲劇與醜聞就可以避免。

想像某名乘客看到飛機翼冒煙，或氧氣罩突然掉下來，他想知道是否發生緊急事故。基於資訊式社會影響，他會先觀察空服人員（而非其他乘客）的反應，因為他們經驗較豐富。

當他人是專家時

通常，某人的專業或知識愈豐富，他的指引在模糊情境中就會愈有價值（Cialdini & Trost, 1998; Williamson, Weber, & Robertson, 2013）。例如，假如你正在某個外國城市，在路邊看到一個不熟悉的標示，你可能會觀察當地人的反應，而非觀察你的旅遊同伴。然而，專家並非永遠是可信賴的資訊來源。有位年輕人聽到《世界大戰》廣播劇而感到害怕，他打電話給地方警局請求澄清真相，然後發現警方竟然也認為收音機裡所描述的劇情是真實事件，可以想像他有多麼恐慌（Cantril, 1940）！

複習題

1. 資訊式社會影響發生於：
   a. 當我們相信他人的反應可以幫助我們正確解讀情境時。
   b. 公開而非私下順從。
   c. 只在危機時。
   d. 自動式。

2. 關於Sherif（1936）的自動效應知覺研究，以下何者正確？
   a. 參與者公開而非私下順從。
   b. 參與者雖然順從，但是效果短暫。一離開團體，就回到先前個別的反應。
   c. 參與者從眾是因為團體中有朋友，他們只是想融入團體。
   d. 參與者從眾是因為相信其他人的反應是準確的。

3. 人們愈需要做出準確決定，
   a. 便愈不會順從資訊式社會影響。
   b. 便愈會順從資訊式社會影響。
   c. 便愈會自己做出決定，不管周圍的人怎麼說。
   d. 便愈傾向公開而非私下順從。

4. 以下何者最能描述「資訊式社會影響」和「法庭證人表現」的關係？
   a. 因為審判罪犯很重要，證人不會受資訊式社會影響而從眾。
   b. 證人作證時被鼓勵使用資訊式社會影響。
   c. 法律制度通常會防範證人之間受資訊式社會影響而從眾。
   d. 資訊式社會影響必然可使證人更準確。

5. 資訊式社會影響最可能發生於：
   a. 情境模糊，且並非危機時。
   b. 周圍人士並非專家，且並非危機時。
   c. 周圍人士是專家，且情境模糊。
   d. 情境不模糊，且是危機時。

規範式社會影響：被接納的需求

學習目標8.3　解釋規範式社會影響如何使得人們從眾

　　「極地跳水」（polar plunges）原本是為了慈善募款而舉辦的活動。此活動中，人們為了吸引捐款或公益目的，短暫地在結冰的冷水中游泳。特殊奧運會（Special Olympics）等組織小心地籌備此活動，限制人們在低溫中的時間，並有醫護人員在旁，以防意外。但在幾年前，新英格蘭（以及其他寒帶地區）的一些學區開始以電子郵件通知家長，提醒他們注意青少年透過社群媒體，邀集同伴進行極地跳水（Wilson, 2014）。青少年互相挑戰，跳進冰水，沒穿救生衣、沒有成人監督，而且常常在夜晚——溫度和能見度更低。許多人大膽跳水，還將他們的行為拍成影片，放到網路上。但是有些人沒那麼幸運。根據新罕布夏州（New Hampshire）的報導，已有多人受傷而且至少一人死亡，該州融雪會增加水深與暗流速度（Phillip, 2014）。

　　人們為什麼要從事這樣的冒險行為呢？既然這些行為欠缺理智而且可能致命，為什麼還會有人順從團體呢？我們認為，加入極地跳水者不會是因為訊息式從眾。不太可能有高中生在冬天望著充滿冰塊和殘骸物的流水說：「糟糕，我不知道要怎麼辦。我想跳下去應該很合理。」這個例子告訴我們，除了對資訊的需求外，還有另外一個令我們從眾的原因：我們希望得到別人的喜歡和接納（Maxwell, 2002）。我們會順從團體的社會規範（social norms），也就是關於可接受之行為、價值觀和信念的規則，這些規則可能是隱而未宣，也可能是明白的規定（Deutsch & Gerard, 1955; Kelley, 1955; Miller & Prentice, 1996; Sanfey, Stallen, & Chang, 2014）。團體對成員的行為有某些期望，好的團體成員必須遵守這些規矩。不守規矩的團員會被認為是不合群、難相處，甚至是異類。在社群網路的時代，這些規範傳遞得比過去更快。

　　當然，順從社會規範並不總是危險，甚至還不壞。正如前文討論過的冰桶挑戰，籌到許多金錢用來幫助甚至拯救生命。這樣的挑戰為什麼可以如此迅速且廣泛地傳布呢？研究顯示，造成「蔓延」的關鍵指標是，我們最可能分享會引發我們情緒的內容（Berger, 2011）。觀看他人往身上倒冰水會引發許多情緒，包括驚訝和歡樂，這使我們非常想分享這樣的影

社會規範

團體可接受之行為、價值觀和信念的規則，這些規則可能是隱而未宣，也可能是明白的規定

片。此外，這項挑戰也使人有機會用影片證明自己在「做善事」。而且這項挑戰最關鍵的一點是要人們具名指定特定朋友，單挑出來造成他們回應的壓力（算是一種趣味的壓力）。顯然地，拒絕一般的求助很容易，但面對這樣具名（且公開）的叫陣，要置若罔聞就難多了。

從眾肇事

沉醉式互動

「竄紅」可以用來形容某個影片、圖片、故事或想法突然出奇地廣為人知。幾乎每天都會冒出新事物，引發許多人爭相告知、轉貼、推文或分享。什麼因素可以預測某事物會「紅」起來？要回答此問題，就要瞭解社會影響和傳染等議題，以及本章專注的主題：從眾。

造成「竄紅」的一項潛在因素是情緒反應。例如，Rosanna Guadagno及其同僚（2013）發現，學生自陳最可能分享的影片是引發他們開心或驚訝的影片——當你第一次看到一群人站著不動的影片，也就是曾經流行的「假人挑戰」（mannequin challenge），你可能也會感到開心與驚訝。

並非所有可使想法竄紅的情緒都是正面的。有時我們會因為憤怒或激動而分享故事或究責（Berger, 2011）。這群頭戴粉紅扁帽的人士，在2016年美國大選日前快速聚集起來，抗議川普在年初以低俗的話談論女性。

簡言之，許多心理因素可以幫助我們瞭解想法何以「竄紅」。影片或圖片的走紅往往使人感到意外。你可以想到任何理由解釋何以前幾年「擲水瓶」影片會在年輕人之間走紅嗎？

更普遍地說，為什麼類似極地跳水或冰桶挑戰這種規範式順從風潮如此有威力？主要理由是我們非常希望獲得他人接納。請記得，人類天性就是群居動物。很少人能夠快樂地離群索居，不與別人見面或說話。他人對我們的幸福感而言，是超乎尋常地重要。從個案研究中發現，當一個人和人群隔離了一段長久的時間之後，這個人會變得很緊張、感到創傷，而且心理痛苦（Baumeister & Leary, 1995; Schachter, 1959; Williams & Nida, 2011）。我們會避免被孤立或任何可能導致遭群體排擠的事情。

顯然地，團體中的異類（即反潮流者）常會遭到團體中其他成員嘲笑、懲罰，甚至排擠（Abrams et al., 2014; James & Olson, 2000; Miller & Anderson, 1979）。舉例來說，在日本，一名學生可能會因為他在某方面與眾不同，而遭到全校同學排擠。他可能被同學騷擾或冷落，結果可能釀成悲劇。日本的另一個社會現象是「繭居族」（hikikomori），也就是某些青少年（大多是男性）完全退縮，不與人互動。他們大多時間都獨處於父母家中自己的房間，某些人超過十年。日本心理學家認為，許多繭居族在退縮之前，遭到了嚴重霸凌（M. Jones, 2006）。最近，不同國家的研究者開始研究中學生的「網路霸凌」（cyberbullying）現象。此類霸凌是透過手機和網路，且逐漸增加。根據美國、英國、加拿大和澳洲各國調查顯示，網路霸凌影響了10%至35%的學生（Kowalski et al., 2014; Wilton & Campbell, 2011）。

既然擁有同伴是人類的基本需求，我們經常會為了獲得別人的接納而從眾，這並不令人意外。群體規範之所以導致從眾行為，並非因為我們需要以他人作為資訊來源，而是因為我們不願被他人取笑、作弄或排擠。因此，所謂規範式社會影響（normative social influence）就是指我們為了獲得他人的喜愛和接納而從眾。此類從眾會導致個人公開順從團體的信念和行為，但不必然私下接納團體的信念和行為（Cialdini, Kallgren, & Reno, 1991; Deutsch & Gerard, 1955; Huang, Kendrick, & Yu, 2014）。

人們有時候會為了獲得他人的喜愛和接納而從眾，或許不會令你感到太驚訝。你可能會想，這有什麼關係？畢竟如果某個團體對我們很重要，那麼穿著團體認為適當的衣服或使用類似口頭禪，又有何不可呢？但如果牽涉到嚴重的行為，例如傷害別人，我們一定可以抗拒這種從眾壓力。尤其當我們確定什麼是正確的行為，並且當壓力來自我們並不十分在

規範式社會影響

我們為了獲得他人的喜愛和接納而從眾。此類從眾會導致個人公開順從團體的信念和行為，但不必然私下接納團體的信念和行為

乎的團體時，我們就不會從眾。但是真的如此嗎？

從眾和社會贊同：Asch的線段判斷研究

Solomon Asch（1951, 1956）進行了一系列著名研究，探索規範式社會影響的力量。Asch的研究前提是，他相信從眾行為的範圍是有極限的。他認為，前述Sherif實驗的參與者之所以從眾，是因為情境非常模糊——即猜測亮光移動了幾吋。換句話說，Asch預測，當情境非常清楚時，人們會理性客觀地解決問題。他認為當團體的言行明顯違反真相時，人們肯定會拒絕社會規範的壓力，而自己決定該如何做。

為了測驗這一假設，Asch進行了以下實驗。假設你是參與者，實驗者會告訴你，這是個知覺判斷實驗，你將和其他參與者一起做這個實驗。現場的情境是這樣：實驗者展示兩張圖片給每個人看，一張圖片上面有一條線，另一張圖片上面有三條線，分別標明編號。實驗者要求你們每個人，判斷第二張圖片上的三條線中，哪一條線的長度和第一張圖片上的線一樣長，然後大聲說出答案（見**圖8.2**）。

正確答案極為清楚是第二條線。想當然耳，每個參與者都說是「第二條線」。你是倒數第二個回答的，你當然也說「第二條線」，最後一個參與者也附和這答案。實驗者接著拿出另一組新圖片，要求大家再度判斷，然後大聲宣布答案。再次地，答案和前一次同樣明顯，每個人都說出了正確的答案。此時，你可能暗地裡想：「真是浪費時間。我明天還有報告要交，真想馬上離開。」

當你開始漫不經心時，令人驚訝的事發生了。實驗者拿出了第三組圖片，答案仍然非常明顯：第三條線顯然和目標線段長度最接近。但是，第一位參與者卻宣布答案是第一條線！「哦，這傢伙一定是無聊得打瞌睡了。」你心裡這麼想著。接著第二個人宣布說，他也認

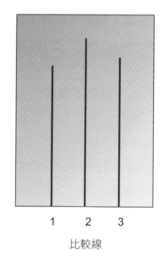

標準線　　　　　　　　比較線

圖8.2　Asch的線條判斷作業

在一系列規範式社會影響的研究中，參與者被要求判斷右圖三條線中哪一條線的長度與左圖最接近。正確答案非常明顯（如圖中所示）。不過，團體成員（其實是實驗助理）有時會大聲說出錯誤的答案。因此，實驗參與者面臨了一個困境：他應該和整個團體作對，說出正確的答案？還是附和團體的行為，報出明顯錯誤的答案呢？（整理自Asch, 1956）

為正確答案是第一條線。接著第三、第四、第五和第六個人都一致地附和這個答案。然後，輪到你了。這時，你呆住了。你可能仔細地盯著線條，看看是否搞錯了什麼。但是沒錯啊！第三條線很明顯是正確答案。接下來你會如何做？你會勇敢地喊出「第三條線」，或者你會附和其他人，報出明顯錯誤的答案：「第一條線」？

Asch線段實驗中的參與者。中間那位是真正的參與者，他被實驗助理包圍，這些助理剛對線段作出錯誤判斷。

　　如你所見，Asch創造了一種情境，他想知道即使正確答案已經明顯擺在眼前，人們是否還會去附和別人錯誤的答案。其他參與者事實上都是實驗同謀，他們遵照指示，在十八次測試中，有十二次會給出錯誤的答案。結果如何？與Asch預期的相反，大部分的人都會從眾：76%的參與者至少從眾一次。平均而言，人們在十二次錯誤答案測試中，差不多有三分之一的時候會從眾（見**圖8.3**）。

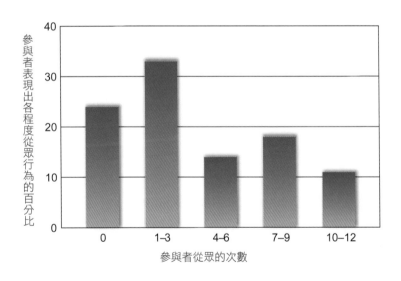

圖8.3　Asch線段判斷研究的結果

在團體明顯判斷錯誤的狀況下，這項研究的參與者仍表現了高度驚人的從眾行為。76%的受測者至少有一次會出現從眾行為，只有24%的參與者未做出任何從眾行為（見標示為0的長條）。團體給出錯誤答案的十二次測試中，大多數參與者的從眾次數為一至三次。不過，仍有相當比例的參與者在每次團體給出錯誤答案時幾乎都附和團體的反應（見最右邊兩個長條）（整理自Asch, 1957）。

人們為何如此頻繁地從眾？和Sherif研究不同的是，此實驗參與者不需要他人協助決定，因為情境並不模糊。正確答案非常明顯，控制組參與者獨自回答時，正確率達98%。其實，發生作用的是規範壓力。即使其他參與者都是陌生人，人們也會因為強烈擔憂自己成為單獨異議者而從眾，至少是偶爾從眾。有個參與者說明他從眾的原因：「這是一個團體，大家意見一致，只有我意見不同，別人可能不滿……我太過突出了……我不想把自己變成傻瓜……我知道我才是對的……但是他們可能會認為我太特別。」（Asch, 1956）。

以下是規範式從眾行為的典型理由：人們照著做，為的是不讓人感到特別或被人看成傻瓜。這理由指出規範壓力的一個重要面向：和訊息式社會影響不同，規範壓力通常導致「個人公開順從，但不會私下接納」，即使他們認為那是錯的，或不相信自己所為。

在Asch的實驗結果中，令人特別訝異的是，人們即使在完全陌生的他人面前，也會在意自己是否被當成傻瓜。此時，人們並不會感到被自己所重視的團體所排擠。然而，幾十年來的類似研究顯示，我們僅因為不願冒險遭到社會排擠，便可能出現規範式從眾行為，即便壓力來自從未謀面的陌生人（Bond & Smith, 1996; Chen, Wu, et al., 2012; Cialdini & Goldstein, 2004）。

Asch（1957）將實驗做了些修改，顯示社會排擠的力量如何強力地塑造行為。如同前面的實驗，實驗同謀在十八次測驗中，有十二次報出錯誤的答案。但只有真實參與者不用大聲喊出答案，只要寫在紙上。如此一來，參與者不需擔心其他成員對他的看法，因為其他人永遠不知道他的答案是什麼。結果，從眾行為大幅減少。十二次測試當中，平均只有一點五次從眾答案（Insko et al., 1985; Nail, 1986）。正如心理學家Serge Moscovici（1985）所評論，Asch的研究「精彩地展現了從眾現象，顯示人們會盲目附和團體，儘管他們明白自己的作為其實罔顧真相和事實」（p. 349）。

近來Gregory Berns和同僚的研究提供神經層面的證據，顯示抗拒規範式從眾會導致不愉快（Berns et al., 2005）。Berns研究團隊使用功能性核磁共振造影（fMRI）檢驗參與者的腦部活動變化。參與者有時規範地順從團體判斷，有時維持個人意見，而否定團體。

此實驗並非使用線段判斷作業，而是心理旋轉作業。參與者接受fMRI掃描的同時，會看到一幅三度空間的影像，然後必須判斷下一個影像（以不同方向旋轉）是否與前一個相同。參與者需按按鈕作答。這項作業比Asch的實驗作業稍難。當參與者獨自進行時，基準錯誤率是13.8%，而Asch（1951, 1956）的作業錯誤率是2%。

進入fMRI掃描之前，參與者會先遇到另外四名參與者，其實他們都是實驗同謀。這四名同謀也會進行心理旋轉作業，但只有真正的參與者接受fMRI掃描腦部活動。實驗中，有三分之一的測試，參與者不知道其他人的答案；另外三分之二的測試中，參與者會在螢幕上看到其他四人的答案。其中一半時候，其他人都選擇一致的錯誤答案；另外一半時候，其他人都選擇正確答案。

參與者會怎麼做？更重要的是，參與者腦部有哪些區域會活躍？首先，參與者的確有時會順從其他人的錯誤答案，平均而言占測試的41%，這接近Asch的實驗結果。在基準測試時，參與者單獨回答，fMRI顯示腦部活躍區域是負責視覺知覺的枕葉。當參與者順從團體錯誤答案時，活躍的也是相同區域。然而，當參與者選擇正確答案，卻與團體的錯誤回答不同時，視覺知覺區並不活躍。取而代之的是腦部其他區域，特別是杏仁核（amygdala）。杏仁核的功能包括連結負面情緒以及調節社會行為（Berns et al., 2005）。最近的研究持續探索Asch六十年前首次檢驗的議題，並且提供證據支持以下看法：之所以發生規範式社會影響，是因為人們對團體提出異議時會產生情緒，例如不適和緊張（Gaither et al., 2017; Hatcher et al., 2016; Shestakova et al., 2013）。

再探準確的重要性

現在，你可能會想：「好吧，我們的確會因為規範式社會影響而從眾。不過呢，只有對小事才會這樣。就算是線段判斷錯誤又有什麼關係？那不過是件無所謂的小事情啊！如果是重要的大事，我才不會跟隨團體犯錯呢！」這是很好的批評。還記得我們討論過，訊息式社會影響涉及事情的重要性。我們發現，在模糊情境中，若某人認為選擇或決策愈重要，則愈會因為訊息理由而從眾。在非模糊情境下會如何？也許決策愈重要，人愈不會因規範而從眾。當事情對你很重要，你是否能夠堅強抵抗團

體壓力，獨排眾議呢？

我們之前討論過指認嫌犯的第一項實驗，參與者看了兩張投影片，一張是只有嫌疑犯的照片，另一張是嫌疑犯站在一排人中（Baron et al., 1996）。研究訊息式社會影響時，實驗者故意將作業設計得非常困難（投影片只播放半秒）。為了研究規範式從眾，實驗者將作業設計得很簡單：每張投影片播放五秒，而且為了讓作業更容易，每組投影片都播放兩次。如此一來，就很像Asch的線段判斷實驗了。基本上，只要你是清醒的，就知道正確答案。當控制組單獨觀看投影片時，正確率確實高達97%。

Baron和同僚再次操弄參與者保持準確的重要性，方法如之前所述。半數參與者認為，給予正確答案很重要；另一半實驗者則認為結果無關緊要。此時，當實驗同謀都一致給予錯誤答案，參與者會如何呢？他們會如Asch實驗所顯示那樣偶爾從眾嗎？或者，當參與者想要表現好時，會堅持己見，忽略團體給的錯誤答案和規範壓力，而總是給予正確答案？

結果顯示，低重要情境中，參與者在關鍵測試上有33%會從眾（這非常接近Asch的實驗結果）。高重要情境呢？參與者並非完全堅持己見，而有時仍會跟從他人。他們的確較不順從團體的錯誤答案，只有16%的關鍵測試會依從團體的錯誤答案。但此時人們仍偶爾會從眾！此實驗顯示規範式從眾的力量：即使團體是錯的、正確答案非常明顯，而且有很強的誘因做出正確判斷，有些人仍不願遭社會排擠，即使是陌生人（Baron et al., 1996; Hornsey et al., 2003）。

規範式社會影響最能反映我們前述對於從眾的刻板印象，亦即認為因規範而從眾的人就是軟弱無骨氣。諷刺的是，雖然這種社會壓力有時難以抗拒，人們卻常常快速否認他們被規範理由所影響。還記得前面提過Nolan及同僚（2008）進行的節省能源實驗吧！該研究中，研究者將各種宣導節約電源的論點提供給加州居民，以測試各種論點的效果。最有效的說服訊息是告訴他們，其鄰居正在節能省電。但是參與者卻認為，此訊息對他們沒什麼作用，反而是收到環保或省錢訊息的參與者自認為比較有效。正如Nolan及其同僚所言，我們常常低估了規範式社會影響的效力。

但是即使你否認規範壓力對你的影響，你也無法阻止其他人繼續施加此類壓力。否則，為什麼有些電視製作人要僱用職業暗樁在觀眾席發

出笑聲，使台上的喜劇演員看起來更有趣呢
（Warner, 2011）？為什麼體育球隊要在主場
僱用異常熱心的球迷，帶動其他觀眾的情緒
（Sommers, 2011）？很明顯，希望順應群體
且受到接納，是人性的一部分，不論我們是
否願意承認這一點。想想日常生活中我們決
定穿什麼衣服。每當我們注意到特定團體的
穿著打扮相似，就是規範式社會影響在發揮
作用。這也解釋了，為什麼不論現在流行什
麼穿著，數年後都會過時，直到時尚產業再
次掀起復古風潮。

潮流商品也是規範式社會影響的常見例子。2007年，布希鞋（Crocs）四處風行，到處可見兒童（與家長）穿著這種帶有起司洞洞的塑膠鞋。幾年後，評論十分兩極：非常快地，臉書和推特上的「反布希鞋」網頁支持者已超過百萬名。

抗拒規範式社會影響的後果

有個方法可用來觀察規範式社會影響的威力，就是看看人們有意抗
拒它的時候，會發生什麼事。其實，整個電視帝國都建造在這主題上，也
就是違反規範的後果，以及這些後果可能帶來的娛樂——至少是他人在受
苦，而不是發生在你身上。《人生如戲》（Curb Your Enthusiasm）、《大
城小妞》（Broad City）、《路易》（Louie）、《艾米舒默的內心世界》
（Inside Amy Schumer）等節目都是顛覆規範式社會影響的情境喜劇，博
得觀眾的歡笑與擁護，成為小眾（有時甚至是主流）的經典節目。

在你的生活中，如果某個人拒絕依照團體的意思去做，破壞了規
範，那會如何？想想看你的朋友團體中具有哪些規範。有些朋友團體在做
決策的時候，會有平等主義的規範。例如，在選擇看哪一部電影時，一定
要大家都提出一部自己喜歡看的電影，經過討論後，再去看大家都同意的
某部電影。試想，具有這種規範的團體，在討論的時候，如果你擺明只想
看《養子不教誰之過》（Rebel Without a Cause），其他選擇都不接受，
那麼會發生什麼事？你的朋友可能會對你的行為感到訝異，甚至感到懊惱
或對你發怒。如果你持續不顧這種友誼團體規範，不表現從眾行為，很可
能發生兩件事：第一，你的朋友會試著拉你「歸隊」，與你加強溝通。他
們可能開你玩笑並且不斷討論此事，以猜測你行為怪異的原因，並設法使
你順應他們的期望。如果這些策略都失敗，之後他們很可能批評你、說

Amy Schumer是美國喜劇演員。他在脫口秀和知名電視劇《艾米舒默的內心世界》中，經常觸及一般人難以啟齒的禁忌話題。她故意違反規範並探索後果，製造了許多笑料。

你壞話，然後不再與你往來（Festinger & Thibaut, 1951; Packer, 2008b）。此時，你其實已經被他們排斥了（Abrams et al., 2000; Jetten & Hornsey, 2014）。

Stanley Schachter（1951）的研究顯示出，團體如何對待無視於規範式影響的個人。他首先要求一群大學生閱讀一件歷史個案，那是一名叫做「強尼洛可」（Johnny Rocco）的青少年罪犯案，然後一起討論。大部分學生對這個案子的意見採取中間路線，他們認為洛可應該服刑，同時接受關懷和訓練。參與者不知道的是，討論中安插了一名實驗助理，故意反對其他成員的意見。不管其他成員如何與他爭論，這名助理始終唱反調，認為洛可應該接受最嚴厲的懲罰。

這名異議份子的下場如何呢？整場討論中，他受到最多意見和質問，一直到討論快結束時，對他的溝通才驟然停止。其他成員一開始會設法說服他，但說服無效之後，他們就集體忽視他。此外，參與者還會懲罰這名異議者。經過討論後，所有參與者須填寫一份關於未來進一步討論的問卷調查表。調查中要求參與者指出，如果該團體在未來的討論會議中必須減少人數的話，要除名哪一位成員。他們提名這位異議分子。調查表中還請參與者針對未來討論會議，分配各種不同的任務。他們指派不重要或無聊的工作給這位異議分子，例如做記錄等。社會團體有各種方法可以拉異議分子歸隊。難怪我們常常屈服於規範壓力！你可以從【試試看！】練習體驗到抗拒規範式社會影響的後果。

試 試 看 ！

藉由違反規則來揭露規範式社會影響

每天你會和許多人說話，包括朋友、老師、同事和陌生人。當你對話時（無論長短），都會遵從你所處文化的互動「規則」。這些規則包括被他人視為「正常」與「禮貌」的非語言行為模式。你可以故意違反這些規則，來看看這些規則多麼強，並且留意他人如何反應；他們的反應也是規範式社會影響。

例如，對話時，我們會與對方維持一定距離——不太遠也不太近。在美國文化中，通常大約是半公尺到一公尺。此外，傾聽對方說話時，我

們會適當地看著對方眼睛。相對地，當我們說話時，我們不會一直盯著對方。

若你違反這些規則會發生什麼事？例如，和朋友對話時故意站得很近或很遠（例如三十公分或兩公尺）。即使對話時只是距離和平常不同，情況也會不一樣。留意你朋友的反應。如果你靠太近，你的朋友可能會遠離。如果你繼續逼近，他可能會不太自在，甚至很快與你終止談話。如果你距離太遠，你的朋友可能會靠近。如果你繼續遠離，他可能會以為你心情不好。無論情況為何，你的朋友都可能會看著你，面帶奇怪表情、表現不自在或疑惑，或者說的話比平時還少或終止對話。

你不按照規範行事，對方會先試圖理解發生什麼事，然後會設法阻止你不要再作怪。從這短暫嘗試中，你可以知道當你舉止怪異時，會發生什麼事——人們會嘗試要你改變，然後可能會開始避開或忽略你。

當你完成後，請對你的朋友做簡短解釋。告訴他這只是個練習，使對方瞭解你何以這麼做。當你解釋自己為什麼行事如此怪異時，你會感到大大鬆口氣，這一點亦展現出規範壓力之強，使人難以違抗。

人們何時會順從規範式社會影響？

雖然從眾很常見，但人們不會永遠屈服於同儕壓力。畢竟，我們當然不會對所有議題（例如墮胎、保護弱勢政策和同性婚姻等）都和別人抱持相同看法。而且如果Asch線段判斷實驗有75%參與者在過程中從眾，就表示有25%的人從不從眾——事實上，有95%的參與者至少不從眾一次。究竟在什麼情況下，人們最可能順從規範式壓力呢？Bibb Latané（1981）的社會衝擊理論（social impact theory）提供了一些答案。根據這個理論，你對於社會影響的反應可能性，取決於三個因素：

社會衝擊理論

此理論認為，順從社會影響的因素包括：團體的重要程度、接近度和團體的人數

1. 強度（strength）：該團體對你有多重要？根據社會衝擊理論，當某個團體對我們愈重要，我們就愈可能順從它的規範壓力。

2. 接近度（immediacy）：該團體於意圖影響你的期間，與你在時空上有多接近？當某個團體與我們在現實中愈接近，我們就愈可能從眾。

3. 人數（number）：該團體有多少人？當團體增大時，雖然會展現規範壓力，但每增加一人所提升的影響效果遞減。例如由三人增為四人所提升的影響力，大於由五十三人增為五十四人所提升的影響力。簡言之，形成規範式社會影響不需要極大的團體，但團體愈大，造成的社會壓力就愈強（**圖8.4**描述了Asch從眾實驗在此點上的結果）。

社會心理學
Social Psychology

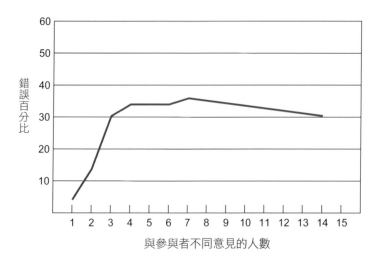

圖8.4　團體大小對從眾的影響

Asch操弄意見一致的多數群體人數，結果發現多數群體的人數達四人之後，再增加人數，對於從眾行為的影響不大（整理自Asch, 1955）。

Latané建立了一套數學模型，納入強度、接近度和人數這些假設效應，並將公式應用在許多從眾研究之結果（Bourgeois & Bowen, 2001; Latané & Bourgeois, 2001; Wolf, 2014）。舉例來說，居住在積極參與愛滋防治活動之社區的男同性戀者（強度較強、接近度較高，且人數也較多），比未居住於此類社區的男同性戀者，表示感受到更大社會壓力，使他們避免從事危險性行為，而且他們避免此類行為的意願也較強（Fishbein et al., 1993）。類似地，最近一項針對異性戀伴侶（通常具有高強度與接近度）的研究結果顯示，個人的酗酒傾向可以根據其伴侶對酗酒傾向的規範標準加以預測（Mushquash et al., 2011）。

我們可更仔細探討社會衝擊理論，分析各項使人們順從規範式社會影響的因素。

當團體重要時

團體的強度（也就是團體對你的重要性）會造成影響。當規範壓力來自我們的朋友、情人以及我們所珍惜的對象時，力量就較強。因為對我們而言，失去所愛與所珍惜者將是重大的損失（Abrams et al., 1990; Guimond, 1999; Nowak, Szamrej, & Latané, 1990）。此現象的後果之一是，高凝聚力團體所做的決策可能有危險，因為他們比較在乎內部和諧且避免衝突，而難以做成合理健全的決定。關於這個現象，我們將在第九章裡討論幾個案例。

然而必須說明的是，如果你「大多時候」都順從重要團體的規範，則你可以偶爾脫離正常的模式，不致產生嚴重後果。這項有趣的觀察是由 Edwin Hollander（1960, 1985）所提出：你順從團體規範一段時間之後，會使你獲得特立獨行籌碼（idiosyncrasy credits），就像把錢存入銀行供未

特立獨行籌碼

個人因長期順從團體規範所取得的籌碼。個人如果累積足夠的特立獨行籌碼，便能偶爾偏離團體，而不會遭到團體報復

來使用。如果你過去順從團體，你便可以於未來某一時刻暫時脫離團體規範（像是「提款」一樣），而不致面對太多麻煩。例如，假如你的朋友們一致同意要一起去中式餐廳吃晚餐，但你當天想吃墨西哥菜。你不想跟隨團體行動，而想要貫徹己見前往墨西哥餐廳。如果你過去在其他事情上一向順從朋友們的決定，你的朋友便可能比較不會對你這次不從眾而感到不滿。因為你已掙得權利，可以暫時偏離他們的規範（Hornsey et al., 2007; Jetten & Hornsey, 2014）。

當團體中沒有盟友時

團體中每個人都說相同的話或相信同樣事情時，規範式社會影響就最有力量。例如，當你的朋友都相信《魔戒》（*The Lord of the Rings*）是有史以來最偉大的電影三部曲時，抗拒這種全體無異議的社會影響非常困難，除非你有一個和你立場相同的同伴。如果另有一人不贊同團體的意見——例如他認為《星際大戰》（*Star Wars*）才是有史以來最棒的電影三部曲——他這種行為便能幫助你抵禦眾人意見。

為了探討盟友的重要性，Asch（1955）做了另一項從眾實驗。他讓七個同謀中的六人在每次的測試中都給錯誤答案，另外一個則給予正確答案。參與者並不是單獨一個人。雖然參與者意見仍與大多數人不同，但卻有個同伴協助抗拒規範壓力。結果，此時平均只有6%的人順從團體的意見，相較於所有同謀者都給錯誤答案時，有32%的人順從團體的意見。其他研究也發現：看到別人抗拒規範式社會影響，可使人起而效法（Allen & Levine, 1969; Morris & Miller, 1975; Nemeth & Chiles, 1988）。

在美國最高法院，也可見到獨排眾議有多麼困難。法官們聽完案件之後，首先要非正式地決定他們是意見一致或分歧。然後一些法官會寫下初稿，其他人則決定他們要簽署哪一份初稿。期間的影響都是非正式的，最終每個人都會做出決定。一項研究針對1953年至2001年的最高法院決議進行內容分析（總共牽涉二十九名不同法官，共四千一百七十八項判決），結果顯示最常見的決議是九比零，亦即無異議通過（占總數的35%）。最罕見的決議是什麼？就是只有一人不同意其他所有人，也就是八比一的決議。四十八年來，只有10%的決議是如此（Granberg & Bartels, 2005）。

當團體屬於集體主義文化

「在美國，發出聲音的輪子才能得到潤滑油；但是在日本，突出的釘子卻會被打扁」（Markus & Kitayama, 1991; p. 224）。確實，個人成長的文化環境可能會影響他順服規範式社會影響的程度（Milgram, 1961）。一項跨文化的規範式社會影響研究發現：巴西、香港和黎巴嫩人的從眾程度一樣（兩兩比較，以及和美國樣本比較），而辛巴威的班圖（Bantu）部落參與者從眾性程度最高（Whittaker & Meade, 1967）。研究者指出，從眾行為在班圖文化中具有非常高的社會價值。

儘管日本文化在很多方面都比美國文化更從眾，但兩項依循Asch的研究卻發現，當團體一致地給出錯誤答案時，日本學生卻普遍比北美學生還不從眾（Frager, 1970; Williams & Sogon, 1984）。在日本，合作與忠貞的對象是個人所屬的團體，而非順從陌生人的行為，尤其是在心理學實驗室這種人為情境中。相似地，在英國，當參與者認為團體其他成員也和參與者一樣是主修心理學時，會比以為他們主修藝術史時，來得更從眾（Abrams et al., 1990）。相似地，在一項類似Asch的實驗中，德國參與者也展現了較北美人為低的從眾性（Timaeus, 1968）。在德國，人們重視的順從對象是一些界定明確的團體，而非陌生人（Moghaddam, Taylor, & Wright, 1993）。

一項研究更有系統地檢驗了文化對於從眾的影響，該研究針對一百三十三個在十七個國家所做的Asch線段判斷研究，進行了後設分析（Bond & Smith, 1996）。結果發現，相較於個人主義文化中的人，集體主義文化的參與者在實驗作業中表現較高比例的從眾行為。從眾特質在集體主義文化受到讚賞，在美國卻受到負面看待。在集體主義文化中，「同意他人」並非示弱或懦弱的行為，而是機靈和敏銳的舉止（Hodges & Geyer, 2006; Smith & Bond, 1999）。由於集體主義文化重視的是團體而非個人，這些文化中的人比較重視規範式社會影響，因為這可以促進團體內和諧和強化彼此關係（Kim et al., 1994; Markus et al., 1996; Zhang et al., 2007）。

不同文化對於從眾的看法也不一樣。2008年，全世界觀眾透過電視轉播北京奧運會開幕典禮，印象深刻地目睹2008名鼓手整齊劃一的表演。

#趨勢

社會規範與仇恨

根據美國聯邦調查局資料，2014年至2015年美國的仇恨犯罪增加將近7%。雖然大部分的仇恨犯罪是針對種族（過半的犯罪目標是黑人或非裔美國人），近來對於穆斯林的攻擊也上升了。2016年美國總統大選之後幾週內，仇恨犯罪和對種族或宗教的各種騷擾案件達到巔峰。我們可能還需要幾年才能獲得2016年和2017年的精確資料，而且使得公開仇恨行為大幅提升的原因也複雜多元。不過一些社會心理學家認為，相關因素之一是規範式社會影響。

Keith Payne是北卡羅萊納大學的社會心理學家，他認為當人們（尤其是居高位有權力的人）不譴責偏見事件，便會使得這些偏見變成更為人接受的社會規範。例如，在一項研究中，測量參與者（皆非黑人）的下意識或內隱種族偏見（第十三章將更仔細說明此議題；Payne, Burkley, & Stokes, 2008）。該研究的實驗者告知一些參與者，每個人都會帶有些微偏見，而我們克服的方式就是要對偏見保持警覺。另一些參與者被告知，他們應在本研究中盡情表達心中的態度，即使是「政治不正確」的態度。

Payne及其同僚發現，在後續作業中，被告知不用擔心政治正確與否的參與者（相較於其他參與者），對於非裔美國人的臉孔表現出更負面的感覺。換言之，當實驗者說他們的偏見可以被接受時，參與者就感覺可以自由表達出來。製造出容忍的規範或甚至鼓勵仇恨，似乎便容許仇恨散布，正如社會影響的研究所預料。

這使我們想起2016年的美國總統大選，競選期間與之後發生許多偏見事件。川普在競選時表示，墨西哥移民是美國社會經濟的亂源。他也承諾要禁止穆斯林入境，而且在上任後幾週便簽署一項爭議法案，禁止許多穆斯林國家的人民入境。2017年8月，許多人批評川普總統未公開斥責新納粹和白人至上主義者，在維吉尼亞州夏洛特鎮以群體暴力反示威。如同上述研究所示，當居高位者放任（或不批評）抱持偏見想法的特定團體，便會鼓動他人表達出類似的偏見言行。這種滴漏效應最後將使仇恨和分裂變成常態（即成為規範）。正如選前川普陣營的活動，以及十個月後夏洛特鎮上未戴面具且持火把的遊行者一樣，都可感到受3K黨的氛圍所鼓動。

如同Payne所言：「維持對抗偏見的社會規範，意味要有意識地抗拒我們自己的內隱偏見。也就是要說出來。不論你投誰，都要大聲且清楚地在個人對話和社群媒體上反對偏見，且不容許仇恨言行。反對偏見並不是（也不應該是）政黨議題。」社會規範會影響日常生活許多事物，包括仇恨與偏見。

少數人的影響：當少數人影響多數人

雖然討論了這麼多規範式社會影響的力量，但我們不應以為只有團體影響個人的可能，而個人永遠無法影響團體。正如Serge Moscovici（1985, 1994; Moscovici, Mucchi-Faina, & Maass, 1994）所言，假如團體真

的能夠有效地壓抑不順從的人、排擠脫序者，並且說服每個人都附和多數人的觀點，那麼體制怎麼可能改變呢？若是如此，我們每個人就都會像小機械人一樣，踏著單調的步伐，跟隨眾人前進，永遠無法適應變化的外在現實。很明顯，事情並非如此（Imhoff & Erb, 2009）。

反之，個人或團體的少數還是可以影響多數人的行為或信念（Horcajo, Briñol, & Petty, 2014; Mucchi-Faina & Pagliaro, 2008; Sinaceur et al., 2010），這稱為少數人的影響（minority influence）。關鍵在於持續一致：懷著少數看法的人必須持續表達同樣的看法，而這些人必須同意彼此看法。假如少數人當中有人在兩種不同的看法中搖擺不定，或者有兩人表達出兩種不同的看法，那麼大多數人會認為他們的意見特異且無根據，因而忽視他們。然而，假如少數人持續一致地表達相同意見，那麼很可能會得到大多數人的注意，甚至可能因而採取他們的意見（Moscovici & Nemeth, 1974）。例如，在1970年代，少數科學家開始提出人為造成的氣候變遷議題。今天，儘管仍有些異議，大多數人都注意到這個現象，而且全球各工業國家的政治領導人齊聚一堂，討論如何解決此問題。

少數人的影響
團體中的少數人影響多數人的行為或信念

一項針對將近一百份研究所進行的後設分析中，Wendy Wood和同僚描述了少數人影響如何運作（Wood et al., 1994）。團體中占多數的一方，可以透過規範式影響促使團體其他成員順從。如Asch的實驗所示，此類從眾行為只是公開順從而非私下接納。然而少數的一方，不太可能藉由規範手段來影響他人。多數方的人可能不願公開同意少數方的看法，他們不希望任何人以為他們同意少數人奇特怪異的觀點。因此，少數方要影響團體，主要的手段通常是靠訊息式社會影響。少數方可以將新的、預期之外的資訊介紹給團體眾人，使多數的一方更仔細地審視問題。透過審慎的檢視，多數的一方可能會理解，少數人的意見也有其價值，進而採納他們的部分或全部觀點。總之，多數的一方通常是透過規範式社會影響來促成公開順從，而少數的一方在說服時，通常是透過訊息式社會影響來促成私下接納（De Dreu & De Vries, 2001; Levine, Moreland, & Choi, 2001; Wood et al., 1996）。

複習題

1.社會規則所接受的行為，稱為：
　　a.從眾。
　　b.社會規範。
　　c.少數人的影響。
　　d.聚集。

2. Asch的線段判斷研究顯示：
　　a.參與者會公開順從，但不會私下接受。
　　b.每名參與者至少都從眾一次。
　　c.參與者寫下回答時，比公開喊出時還要從眾。
　　d.只有當工作對個人重要時，才會展現從眾。

3.相較於資訊式社會影響，規範式社會影響
　　a.導致更內在的個人態度改變。
　　b.更具跨文化一致性。
　　c.較不考慮準確，而較顧慮可否融入群體。
　　d.是大部分美國人傾向抱持的正向態度。

4.十二人的陪審團正在仔細審判一樁謀殺案。十一個人投票認為被告有罪；只有一人投無罪。獨排眾議的人叫做亨利，他堅持己見，不改變心意。根據研究，其他成員對於不從眾的

亨利最可能會如何？
　　a.他們最後會忽略他，而且會對他表示不滿以懲罰他。
　　b.他們會讚許他堅守原則站在不同立場。
　　c.他們會以特立獨行信用嘗試改變他的態度。
　　d.他們會以少數影響嘗試改變他的想法。

5.以下何者符合社會衝擊理論的預測？
　　a.從眾較可能發生在陌生人團體，而非對我們重要的既有團體。
　　b.社會影響會隨人數提升而直線式增加。也就是說，團體中每增加一名成員，都會增加等量的社會影響力。
　　c.團體愈接近，社會影響力愈大。
　　d.集體主義文化比個人主義文化更不會出現從眾。

6.少數影響的關鍵是：
　　a.規範式社會壓力。
　　b.接近性。
　　c.創意。
　　d.一致性。

從眾的策略

學習目標8.4　描述人們如何運用社會影響的知識去影響他人

　　我們已看到訊息式和規範式社會影響如何發生。即使在美國這種高度個人主義文化中，這兩類從眾也司空見慣。我們是否有方法，積極正面地運用人們的從眾傾向呢？我們是否可利用從眾改善公益行為呢？答案顯然是可以的。

　　2010年美國國會選舉時，一項「六千一百萬人」的實驗透過臉書進行（Bond et al., 2012）。在投票日，研究者讓數百萬臉書使用者一部分收

社會心理學
Social Psychology

我們可以運用從眾傾向促進公益行為，就像利用社群媒體的訊息促使民眾投票。

到關於投票的資訊式訊息，一部分則收到社會式訊息（控制組未收到任何訊息）。資訊式訊息會顯示在他們的「動態消息」上方，提供最近投票所的連結，以及一個「我投票了」按鈕，讓使用者可以向朋友更新他們的投票動態。社會式訊息也有同樣資訊，但多了一點：告知使用者有多少臉書朋友已經投票，並隨機展示六名已投票朋友的照片。相較於控制組，資訊式訊息對使用者自身的投票行為影響不大；但是收到社會式訊息的臉書使用者顯著地有較多人投票：他們按下「我投票了」的數量以及實際投票紀錄都較高（Bond et al., 2012）。這些發現顯示，「知曉他人的行為」可能產生多大的影響力——事實上，Bond等人（2012）發現，即使只是看到貼在朋友動態消息上的社會式資訊（不是你朋友貼的，而是你朋友認識的某人所貼），也對臉書使用者的投票行為有間接影響。

強制式與描述式規範的角色

Robert Cialdini、Raymond Reno及Carl Kallgren認為社會規範可以特別細膩地引導人們順從表現出社會讚許的正向行為（Cialdini, Kallgren, & Reno, 1991; Jacobson, Mortensen, & Cialdini, 2011; Kallgren, Reno, & Cialdini, 2000）。例如，我們都知道亂丟垃圾是不對的。但是當我們在海灘或停車場享用完餅乾之後，什麼因素使我們將垃圾丟在地上，或使我們把垃圾帶著，丟到垃圾桶？如果我們想使人不亂丟垃圾，或想提升投票率，抑或鼓勵民眾捐血，我們該怎麼做？

Cialdini和同僚（1991）認為，我們應先注意情境中究竟是哪種規範發生效果。文化中的社會規範有兩種類型。強制式規範（injunctive norms）是指我們認為其他人贊同或否定哪些行為。強制式規範透過對正規行為（或非正規行為）給予獎勵（或懲罰），以促使特定行為。例如，我們文化中的強制式規範之一，就是認為亂丟垃圾是錯的，而捐血是對的。換言之，強制式規範涉及人們認為在特定情境中「應該」要怎麼做。

強制式規範
人們認為其他人對行為贊同與否的知覺

描述式規範（descriptive norms）則是指我們對他人在特定情境之實際行為的認知，不論該行為是否受到他人贊同。描述式規範使人們得知什麼是有效或適當的行為，這促使了特定行為。例如，雖然我們知道亂丟垃圾是錯的（強制式規範），我們也知道有時候人們很可能如此做（描述式規範）——例如在棒球比賽丟花生殼，或看完電影在座位留下垃圾。描述式規範也告訴我們只有少數人會去捐血，以及選舉時會去投票的人數比例相當低。描述式規範涉及在特定情境中人們實際上怎麼做（Crane & Platow, 2010; Kallgren et al., 2000; White et al., 2009）。

Cialdini和同僚透過一系列研究，探討強制式和描述式規範如何影響人們丟垃圾的可能性。例如，在一項實地實驗中，當人們回停車場去開車時，一位實驗人員會接近他們（Reno, Cialdini, & Kallgren, 1993）。第一種情境是控制組，實驗人員只是走過，沒有說或做任何事。第二種是描述式規範組，實驗人員經過參與者面前，將手上一個速食店空袋丟到地上。這種行為是在暗示「人們在此情境會做的事」。第三種是強制式規範組，實驗人員沒有拿東西，但卻在經過參與者前，撿起地上一個速食店袋子。這個行為是在暗示「亂丟垃圾是錯的」。這三組皆發生在以下兩種環境其中之一：一個是滿地垃圾的停車場（實驗者故意事先放置許多紙杯、糖果紙等垃圾），另一個是乾淨無垃圾的停車場（實驗者事先清理過）。

至此，針對兩類有關丟垃圾的規範形式，參與者可能面對其中之一（或是無規範的控制組），而且分別出現在充滿垃圾或是乾淨的環境。他們會亂丟垃圾嗎？當他們走到車子旁，會看到駕駛前方的擋風玻璃上塞了一張大傳單（實驗者塞的）。參與者此時有兩種選擇：把傳單丟到地上（亂丟垃圾），或把傳單帶上車，等一下再丟到垃圾桶。

控制組顯示，有略超過三分之一的人會將傳單丟在地上，不論環境乾淨與否（見**圖8.5**）。描述式規範組中，實驗人員丟垃圾之

> **描述式規範**
>
> 人們對他人在特定情境之實際行為的知覺，不論該行為是否受到贊同

購物節目在深夜播放漫長廣告，販賣各式奇特的新產品，過去最後會說「線上服務中，請馬上來電」。現在還可能會告訴觀眾「如果佔線，請再撥一次」。這種新說法，確實可提升新客戶來電。你可以運用描述式規範的概念來解釋為什麼這種新說詞如此有效嗎？

社會心理學
Social Psychology

動作所傳遞的訊息，視停車場環境而定：在充滿垃圾的停車場，實驗人員的行為提醒參與者的是「大部分的人都在這裡丟垃圾」——實驗人員的行為就是直接造成該場地髒亂的明顯案例。在乾淨停車場中，實驗人員的行為則展現不同意義。此時，亂丟垃圾是罕見行為——它提醒參與者「大部分的人不會在此這樣做」。因此，我們可預期，實驗人員亂丟垃圾的行為會提醒參與者一項描述式規範：大部分的人沒亂丟垃圾。這正是研究結果（見**圖8.5**）。最後，強制式規範效果如何？這種規範的效果較不受環境所影響，研究結果顯示：不論在乾淨或骯髒的環境，只要看到實驗人員撿起別人丟的垃圾，就會引發強制式規範（亂丟垃圾是錯的），讓亂丟垃圾的行為降到最低（Reno et al., 1993）。

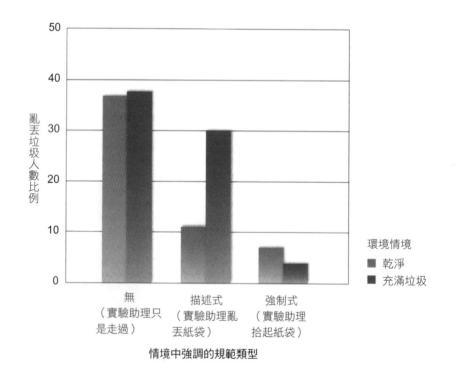

圖8.5 強制式和描述式規範對亂丟垃圾的效果

控制組（圖左）的結果顯示，37%到38%的人會將擋風玻璃上的傳單亂丟，無論環境（停車場）是乾淨或骯髒。當對他們強調描述式規範時，只有在乾淨環境下才顯著減少亂丟垃圾比例（圖中）。當強調強制式規範時，無論何種環境，亂丟垃圾的比例都顯著減少。這顯示強制式規範較能改變行為（整理自Reno, Cialdini, & Kallgren, 1993）。

根據後續其他研究，研究者的結論認為，強制式規範比描述式規範更能引發受讚許的行為（Kallgren et al., 2000）。這並不令人意外，因為強制式規範正符合規範式從眾。我們之所以從眾（例如不亂丟垃圾），是因為他人的行為提醒了我們：社會大眾會指責亂丟垃圾。如果我們亂丟垃圾，看起來就像是自私的爛人。如果有人看到我們這樣做，我們會感到難堪。雖然大小規範無時不在（我們知道亂丟垃圾是錯的），但卻並非總是彰顯於眼前（Jonas et al., 2008; Kallgren

運用人們對社會規範的順從，也可以解決類似亂丟垃圾的社會問題。

et al., 2000）。為了促進利社會的行為，情境中需要有一些事情提醒我們注意到相關規範。因此，為了促使行為正向改變，必須強調帶有強制式規範的訊息（Bodimeade et al., 2014）。強制式規範的來源也有影響，來自親近者（例如家人或好友）對行為的贊成或反對，相較於關係較疏遠者（例如一般人），更能預測個體的行為（Napper, Kenney, & LaBrie, 2015; Pederson et al., 2017）。

使用規範改變行為：小心「反彈效應」

然而，藉由規範改變行為也有不良效果。例如近年來，美國的大學嘗試使用新的技巧，解決校園內的酗酒問題。重點在於，學生常高估其他同學的每週飲酒量（Lewis et al., 2007; Perkins, 2007）。因此，告訴他們「你學校的同學，平均每週只喝 X 罐酒」，便應可藉由訊息式從眾，降低學生的飲酒量至特定程度。然而，研究發現此方法有一項重要問題：有時候這會「反彈」。也就是說，某些學生本來喝得很少（或根本不喝酒），卻發現原來他們校園「平均飲酒量」那麼高，結果反而使其增加飲酒量，喝得跟其他人一樣多！換言之，公益訊息本來是為了降低飲酒量，卻反而可能導致反效果（Perkins, Haines, & Rice, 2005）。此方法要奏效，必須記得接收訊息的人有兩類。針對這種社會不讚許的行為，一類人表現超過平均量（所以你想說服他們降低）；另一類人則已經表現低於平均量（你希望他們繼續保持，而不是「反彈」做出更多社會不讚許的行

為）。

　　為了檢驗此想法，P. Wesley Shultz和同僚針對社會讚許行為做研究，也就是本章前面討論的節能省電（Shultz et al., 2007）。加州許多互為鄰居的家庭答應參加此研究。首先測量各家庭的基本用電量，將所有家庭分成兩類：一類家庭的用電量高於鄰居平均，另一類低於平均。接著將所有家庭隨機分為兩組，兩組住戶都收到數週前的家庭用電量報告，但附帶不同的資訊。「描述式規範組」的住戶被告知該週他們的用電量、鄰居平均用電量，以及如何省電的建議。另一組是「描述式規範加上強制式規範組」，這些住戶收到跟上述一樣的內容，外加一項細微但重要的資訊：如果他們的用電量低於鄰居平均，研究者便在旁邊畫一個「笑臉」；如果他們的用電量高於鄰居平均，研究者就畫一個「哭臉」。笑臉和哭臉傳遞了關於資訊的「強制式」規範——參與者可知道他們的用電量是否受到讚許。

　　數週後，研究者再次測量用電量。這些資訊可促使人們省電嗎？那些用電低於平均的住戶，會「反彈」而跟他們的鄰居一樣浪費嗎？首先，研究發現描述式規範資訊對於用電高於平均者具有正面效果，使他們節能省電。然而，描述式規範資訊對於用電量低於平均者卻具有反彈效果。當他們知道鄰居所做的事（瘋狂用電），他們也增加用電量！

　　另一方面，「描述式規範加上強制式規範」資訊完全成功。用電量高於平均者收到此種資訊後，降低了用電量。更重要的是，原本用電量低於平均者並不會反彈。他們維持低用電量，與研究開始時他們的用電量一

＊Therms: Standard unit of measuring heat energy

　　笑臉不只是用在網路聊天。本例中，一家能源公司使用笑臉作為強制式規範，說服消費者減少能源使用量。

樣。他們收到的笑臉提醒他們做了正確的事，使他們繼續維持（Schultz et al., 2007）。此研究對於美國的節能策略，具有重大影響。目前美國與英國等地已有許多大都會區的能源公司，在用電量描述式規範資訊中，附上笑臉和哭臉作為強制式規範回饋（National Energy Study, 2014）。

其他社會影響策略

若有人要精明地操作社會影響，他口袋裡不會只有一把刷子。運用規範只是改變人們行為的方法之一。其實，只是是買過車、加入健身房，或是遇過任何店面推銷、上門推銷或電話推銷人員，就知道人們有許多方法可以設法讓你做出他們希望你做的事。

確實，心理學家區辨出許多能改變人們行為的優秀技術，都是觀察自社會影響的實踐大師——成功的推銷員、行銷者和談判專家。研究者發現一項重要因素是，要求的順序也可能影響效果。試想以下情景：某人向你表示他是「促進安全駕駛」團體的成員。他希望你能支持他們的推廣計畫，也就是在你房子的前院插一個看板一週。然後他給你觀看該看板的照片。真是非常大！照片中，它擋住大部分的房子外觀，而且完全掩蓋正門。坦白說，它並不是特別漂亮的看板。「小心駕駛」的字體看起來還有點扭曲。啊，更別說它可能會在你的草坪上留下一個大坑。

我們猜想你不會很想在你家放這麼一個看板，即使只是暫時。的確，Jonathan Freedman與Scott Fraser（1966）對加州帕羅奧圖市的屋主做了類似請求，結果只有17%的屋主同意在草坪上插看板。但是研究者也發現有個辦法可以更使人同意，也就是先使人們順從較小的請求。更具體地說，在另一項情境中，研究者先問參與者是否願意在他們的窗上，放一個三吋的小看板，上面寫著「小心開車」。兩週後，再詢問同樣參與者，是否願意在草坪插上那個較大（且難看）的看板，結果高達76%的人同意（Freedman & Fraser, 1966）。這種先用較小的要求，提升人們順從的手法，稱為得寸進尺法（foot-in-the-door technique）——這英文名稱是源自逐戶推銷員慣用的策略，他們會把一隻腳踩進門內，這樣你便無法把他關在門外。

為什麼這會有效？試想當你使人同意請求時（即使是微小的請求），會發生什麼事。他們開始將自己視為是和氣的人。他們感覺自己

得寸進尺法

這種社會影響策略先讓人們答應較小的要求，以使他們更可能同意後續的較大要求

你會同意將大看板放在庭院，擋住你家正面嗎？得寸進尺技巧的研究顯示，你是否曾先同意較小的請求，將影響你的回答。

漫天要價法

這種社會影響策略先向人們提出較大的要求，以使他們更可能同意後續的較小要求

政治宣傳

使用細緻且有系統的方式來操弄大眾的態度和行為，通常透過誤導或充滿情緒的資訊

投身於助人行動之中。若拒絕後續要求（即使來自不同的人），可能會引發認知不一致的不舒服感受（Cantatero, Gamian-Wilk, & Doli ski, 2017; Cialdini, 2009; Pascual et al., 2013）。

有趣的是，相反的手法也有效。也就是說，另一種使人同意要求的方法是，先要求他們答應較大的承諾，大到你知道他們會拒絕。這方法稱為漫天要價法（door-in-the-face technique）。Cialdini與其同事（1975）在一項研究中，詢問大學生是否願意花兩小時時間，陪伴情緒障礙兒童參觀動物園。只有17%的學生同意。但另一項實驗情境是，先詢問參與者是否願意每週擔任青少年拘留所的志工，持續至少兩年。每一個參與者都拒絕這項請求，但是當接著提出兩小時動物園陪伴的要求時，有50%的參與者同意。

簡言之，當你一開始用較大的要求迫使人們拒絕之後，他們較可能同意你真的希望他們答應的請求。原因之一是，先給予較大的請求，會使後續「要求」比起來不那麼令人反感。另一個原因則與互惠感受有關（Chan & Au, 2011）。畢竟，你（請求者）看起來做了些讓步，從巨大要求退到較可行的請求。作為你的請求對象，他們會覺得也可做些協商，折衷答應你的較小請求。當然，他們不知道的是，其實後面較小的請求才是你真正關心的事。

你會將這些社會影響的方法用在生活中嗎？或者你對於蓄意操弄他人的這些手段覺得很反感？至少，你現在可能比較能留意他人是否對你使用這些手法。這些策略的道德性很值得討論。但是，較無爭議的結論是，社會影響「可以」用來促成違法、非道德和冷酷的目的。政治宣傳（propaganda）就是極端的例子，1930年代的納粹政權尤為擅長。政治宣傳的定義是「使用細緻、有系統的方式來塑造知覺、操弄認知與指導行為，以做出偏向宣傳者所希望的反應」（Jowett & O'Donnell, 1999, p. 6）。

希特勒非常清楚政治宣傳的威力，可作為國家的工具。1933年，納粹宣傳部門甫成立，希特勒指定戈貝爾（Joseph Goebbles）作為部長。這是一個效能極高的部門，涉入德國人生活的各個層面，控制了各種

媒體，包括報紙、電影和廣播。納粹藉由大
量文宣和大型集會（以華麗活動集合廣大群
眾，激發忠貞愛國的情緒），宣揚其意識型態
（Jowett & O'Donnell, 1999）。納粹政治宣傳
進入校園，進而促成納粹青年團。政治宣傳總
是呈現相同的教條訊息：德國人民必須採取行
動，保護種族純淨，透過征服來增加「生活空
間」（Lebensraum）（Staub, 1989）。

　　為了追求「生活空間」而導致第二次世界
大戰；為了種族純淨，導致種族大屠殺。德國
人怎麼能同意毀滅歐裔猶太人呢？主要原因之
一是偏見（第十三章將進一步討論這一點）。
反猶太主義自古已有，在德國與其他歐洲國
家，已經存在數百年。有效的政治宣傳就是建
立在人們已有的信念上。因此，戈貝爾的宣傳

1930年至1940年間，納粹的政治宣傳深入德國人生活的
各個層面。這是1934年在紐倫堡舉行的大型群眾造勢集
會。希特勒和戈貝爾運用這種大型集會，提升人民對納
粹黨的忠誠與順從。

部很容易就強化擴張了德國人的反猶太主義。在納粹宣傳中，猶太人被
視為汙染雅利安人種族純淨的禍首，威脅德國人的生存。他們是「螻蟻、
寄生蟲、吸血鬼」（Staub, 1989, p .103），被比擬為「必須撲滅的鼠疫」
（Jowett & O'Donnell, 1999, p. 242）。然而，反猶太主義本身並非充分的
理由。1930年代時，德國鄰近國家（以及美國）當時也一樣歧視猶太人。
其他國家都沒有採取德國所做的「最終方案」（Tindale et al., 2002）。

　　造成大屠殺的可能原因之一是政治宣傳。作為說服訊息，政治宣傳可
導致態度改變。不過政治宣傳還牽涉社會影響歷程。政治宣傳透過資訊式
從眾，說服許多德國人。他們學到許多關於猶太人的「新知」（其實都是謊
言），也學到如何解決納粹所謂「猶太問題」的新方法。政治宣傳成功地說
服德國人，使他們認為猶太人很危險。如我們之前所見，面臨危機時（當時
德國面臨通貨膨脹和經濟崩潰），人們較可能順從他人給予的資訊。

　　不過，你當然會想，一定有些德國人不同意納粹的宣傳。是的，但
想想這些人的處境。納粹意識型態深入生活，連小孩和希特勒青年團的青
少年都被鼓勵監視他們的父母，並回報蓋世太保他們是否是「好的」納
粹（Staub, 1989）。鄰居、同事、店員通通可能因為你說或做了某些事，

而指認你不忠貞愛國。這情境造成規範式從眾，公開順從但並非私下接納。排斥、驅逐甚至被蓋世太保處死等下場，都強烈促進規範式從眾，使許多德國人順從納粹政治宣傳。不論人們是因資訊式或規範式從眾，他們的順從使得大屠殺發生。

複習題

1. _____規範涉及對社會讚許行為的知覺；_____規範涉及對人們實際行為的知覺。
   a.公開；私下
   b.私下；公開
   c.描述式；強制式
   d.強制式；描述式

2. _____規範對於改變人們行為的效力最強。
   a.資訊式
   b.規範式
   c.強制式
   d.描述式

3. 以下何者顯示出，使用規範改變行為的方式可能導致反效果，造成「反彈效應」？
   a.Jerry發現他住的大樓中，每戶都裝設省水蓮蓬頭。所以他決定他不需要省水，甚至花更久的時間洗澡。
   b.Elaine注意到辦公室新來的帥哥自備環保杯，取代瓶裝水。所以每當他接近，她就故意拿出自己的免洗杯，試圖博得對方好感。
   c.Kramer發現自己的用電量高於鄰居，所以他出門時，都會關掉電腦、電燈和熱水爐，以節省用電。
   d.George發現鄰居們偷接有線電視，所以他決定也要違法偷接線路。

4. 得寸進尺技巧
   a.由同一人做出第二次請求才有效。
   b.利用了人們希望維持自我一致的心理。
   c.是一種政治宣傳手法。
   d.由權威者做出請求才有效。

5. 漫天要價技巧
   a.是一種資訊式社會影響。
   b.顯示人們求取準確的重要性。
   c.部分依賴互惠規範。
   d.在危急時刻較有效。

服從權威

學習目標8.5　綜述有關人們自願服從權威人士的研究

2004年4月9日，一名男子打電話到美國肯德基州華盛頓山（Mount Washington, Kentucky）一間麥當勞分店。男子自稱是警察，並告知該店的女副店長，店內有服務生偷了東西。他聲稱已經聯絡公司高層以及該店

店長，並且正確說出店長姓名。該警察向副理做了大致描述：涉嫌店員是名青少女。副店長認為店內一名服務生符合描述（為保護當事人，以下將此名服務生代稱為Susan）。該名警察告訴副店長，她必須立刻搜查Susan，否則便必須逮捕Susan，帶到監獄搜查（Wolfson, 2005）。

你現在可能覺得事有蹊蹺，副店長事後宣稱當時有點疑惑，但來電者說話非常權威，而且呈現資訊的方式非常肯定。畢竟對方是警察——我們本來就應該服從警察。從電話的背景聲音中，副店長覺得聽到警用無線電的聲音。所以她將Susan叫到一個小房間，鎖上房門。該警察在電話中告訴副店長該如何進行檢查。遵循電話中的指示，副店長命令Susan脫下衣服，一次一件，直到完全赤裸。副店長將脫下的衣服放在袋子裡，並將袋子拿到門外。Susan不斷哭泣，既害怕被當作竊賊，又對脫衣搜身感到羞恥。

Susan不是第一個因類似事件受害的速食店員。多年來，全美各地就發生多起類似案件，以電話指使店長騷擾店員。執法機關花了一些時間，才拼湊出全局。涉嫌者使用電話卡，使電話難以追蹤。類似的電話指使手法共發生七十起，遍布三十二州與十數間不同速食連鎖店（Barrouquere, 2006; Gray, 2004; Wolfson, 2005）。你大概已經猜到，打電話者根本不是警察，這是惡作劇騷擾。Susan在上鎖的小房間中裸身站了一個小時後，「警察」要副店長另外找個人監視Susan。副店長找了自己的未婚夫。他應約前往餐廳，並將小房間反鎖，房中只有他和更加驚恐且裸體的青少女。此後事情變得更糟。這名男子也相信來電者是警察，而且接下來三小時，指令不斷惡化。「警察」要他強迫Susan順從許多性騷擾要求，並且也直接與Susan通話，威脅她如果不服從會發生什麼事。她事後表示：「我當時非常害怕，因為他們是權威人士。我害怕失去安全，因為我以為我犯了法。」（Wolfson, 2005, p. 3）

經過跨州調查，佛羅里達州一名三十八歲的男子遭到逮捕，並被控為此一電話騷擾案的嫌犯。副店長和她的（前）未婚夫被控多項罪名。Susan飽受驚恐、焦慮與憂鬱所苦，控告麥當勞公司未在第一起惡作劇發生時，警告所有分店。肯德基州法院判決她獲賠610萬美金（Barrouquere, 2006; Wolfson, 2005）。

究竟是什麼原因，使得看似正常的人聽從陌生人的指示，對無辜的

社會心理學
Social Psychology

青少女進行羞辱虐待？我們已在本章探討了許多社會影響的形式，從團體規範的內化壓力到直接請求。但若要瞭解速食店惡作劇，我們還需考量最強的社會影響形式：對權威服從（obedience）。事實上，我們從小便被教導要服從合法的權威人士（Blass, 2000; Staub, 1989）。我們內化了社會規範，即使權威人士不在場，我們也經常遵守法律和規則——即使街角沒有警察，你看到紅燈也會停下。但是，你已於本章知道，服從也可能導致悲劇後果。

服從

個人由於權威者的直接影響而改變自己的行為

Milgram的研究

正如過去許多時代，層出不窮的暴行與屠殺，已成了上個世紀的標記之一。德國與歐洲其他地區、亞美尼亞、烏克蘭、盧安達、柬埔寨、波士尼亞和蘇丹等地都發生過類似事件。所以，全世界人類須面對一項最重大的問題就是：服從與個人責任之間的界線在哪裡？哲學家Hannah Arendt（1965）特別想瞭解造成大屠殺的原因。希特勒的德國納粹政權怎麼會基於宗教、種族、性取向、生理障礙和政治信念，屠殺了數百萬人？Arendt指出，大屠殺的參與者大多並非喜愛濫殺的虐待狂或精神病患，而是受制於複雜、強大之社會壓力的平凡人民。例如，Adolf Eichmann是一名負責運送猶太人到死囚集中營的納粹官員，Arendt對他的評論是，他並不是許多人心目中所想的殺人魔，他不過是一名普通的官僚人員，像任何其他官僚人員一樣，毫不質疑地照章行事而已（A. G. Miller, 1995）。

這裡的討論重點，不是替Eichmann（或美萊村的士兵、柬埔寨的高棉盜匪、波士尼亞的東正教派）找尋藉口，而是我們可能會很輕易地就把他們的行為解釋為瘋子的行徑。然而比較有意義——但也比較駭人的觀點是，他們的行為其實是平常人面對異常社會影響所產生的行為。我們怎麼知道這些暴行不純粹是出自喪心病狂的惡人，而也是因為加諸於這些人的強大社會影響呢？為了找出答案，必須在控制良好的情境下，對社會壓力進行實徵研究。我們可以用一般人作為研究樣本，將他們置於各種不同的社會影響情境中，看看他們服從的程度如何。實驗者能不能影響正常人表現出不道德的行為（例如嚴重傷害無辜的旁觀者）？為了找出答案，Stanley Milgram（1963, 1974, 1976）進行了社會心理學中最著名的系列研究。

想像一下你是Milgram研究的一名參與者。你在報紙上看到一則廣告，一項有關記憶與學習的研究正在徵求參與者，你回應表示願意參加。當你到達實驗室時，你遇到另一位參與者，他是個四十七歲、微胖、神情愉悅的人。實驗者穿著白色的實驗衣，對你們解釋說，你們兩人要抽籤，一人擔任老師的角色，另一人則擔任學生的角色。你從籤桶裡抽出一張紙條，結果你是擔任老師。你的工作是對擔任學生的參與者讀出一串詞彙列表（例如「藍一箱」、「晴一天」），然後要按照列表考他。實驗者指示你，當學生答錯的時候，要對他施予電擊，以測試懲罰對學習的影響。

全球政治、經濟、文化和心理等多重因素導致二戰時納粹大屠殺。許多結果相當駭人，如同這幅1945年Bergen-Belsen集中營照片。然而，如果沒人服從權威，就不可能有大屠殺。正是納粹士兵和一般市民遵從且協助了政權的作為，使得數百萬人被驅離、拘禁和處決。

你看著另一名參與者（即學生）坐進隔壁房間的椅子，手臂綁上電擊裝置。你座位前面有一台電擊器，它有三十個開關，分別輸送不同程度的電擊，每升一級，電壓就增強15伏特。換言之，電壓強度從15伏特開始，一直提升到450伏特。開關上面標示著「輕微電擊」、「危險：嚴重電擊」，最大電壓旁則標示恐怖的「XXX」（見插圖）。實驗者告訴你，學生首次答錯時，你只需給予15伏特的電擊，如果再答錯，則增加15伏特，依序增強。實驗者先讓你嘗試體驗一下45伏特的電擊，使你知道被電擊的疼痛感覺。

你將列表上的詞彙唸給學生記，然後開始考他。你大聲唸出第一組詞彙，並給他四個可能的答案。學生在四個按鈕中按下答案，你面前的燈

左圖：Milgram實驗中所使用的電擊器。右圖：學生（實驗助理）被綁在椅子上，手臂接上電極（摘自Milgram, 1974）。

號會顯示他的回答。剛開始進行得很順利，學生的回答都正確，然後他開始犯錯了。於是你依照指示，施予電擊。此時你可能開始擔心學生是否能承受電擊。當你給予的電擊強度達到75伏特時，你從對講機聽到學生發出痛苦的叫聲：「啊！」此時，你或許會停下來，然後問實驗者該怎麼辦。他回答說：「請繼續。」學生仍繼續犯錯，你給他更強的電擊，學生開始大叫抗議：「哇！夠了，讓我出去！」你凝重地看著實驗者，而他則說：「你務必繼續下去！」（見圖8.6）。

這時你會怎麼做？你認為有多少參與者會繼續服從實驗者的指示，增加電擊強度，一直按到450伏特的最高電壓呢？

當耶魯大學主修心理學的學生被問到上面這個問題時，他們估計只有1%的人會這麼做。對中產階級成人和心理醫師所做的抽樣調查，也得到同樣的預測。然而，經過我們對從眾行為的討論，你可能不會這麼樂觀。事實上，大部分Milgram實驗的參與者都屈服在權威的壓力之下。平均最大的電擊量是360伏特，而且有62.5%的參與者一直服從到底，最後施予450伏特的電擊。有80%的參與者即使聽到之前自稱有心臟病的學生大叫：「讓我出去！讓我出去！我的心臟不行了，讓我走！……我要離開！我受夠了。我不做這實驗了！」仍然繼續施予電擊（Milgram, 1974, p. 56）。

必須說明的是，那位學生其實是配合實驗的同謀，他並沒有受到任何電擊。還有一點也必須注意，這個研究做得非常逼真，因此人們相信他們真的在對學生施予電擊。以下是Milgram描述一名參與者擔任教師角色的反應：

> 我看到一名成熟而稱頭的商人，面帶微笑、滿懷自信地走進實驗室。但是接下來二十分鐘，他卻面容扭曲、失魂落魄，幾乎快要精神崩潰。他不斷地拔掉他的耳機，扭動他的手臂。有時，他用拳頭推擠額頭，喃喃自語：「噢，天啊！停止吧。」儘管如此，他還是繼續聽從實驗者所說的每一句話，服從到最後（Milgram, 1963, p. 377）。

本研究參與者年齡從二十歲到五十歲，含括許多職業。雖然1963年的實驗參與者全是男性，Milgram後續一項實驗發現女性服從程度和男性

學生的抗拒

75伏特：啊！

90伏特：啊！

105伏特：啊！（更大聲）

120伏特：啊！喂，這真的會痛。

135伏特：啊！

150伏特：啊！實驗人員，夠了！我要離開這裡。我告訴你，我有心臟病，我現在心臟有點痛了。讓我離開這裡，拜託。我的心臟開始痛了。我不想做了，讓我出去！

165伏特：啊！讓我出去！（大叫）

180伏特：啊！我痛得受不了。讓我出去！（大叫）

195伏特：啊！讓我出去！讓我出去！我的心臟很痛。讓我出去！你不能把我關在這裡！讓我出去！我要出去！讓我出去！我要出去！我心臟很痛。讓我出去！讓我出去！

210伏特：啊！實驗人員！讓我出去。夠了，我不想再做實驗了。

225伏特：啊！

240伏特：啊！

255伏特：啊！讓我出去！

270伏特：啊！（痛苦地尖叫）讓我出去。讓我出去。讓我出去。讓我出去。聽到沒有？我要出去。

285伏特：啊！（痛苦尖叫）

300伏特：啊！（痛苦尖叫）我絕不再回答了。讓我出去。你不能關我。讓我出去。我要出去。

315伏特：啊！（更淒厲的痛苦尖叫）我告訴你，我拒絕回答。我不做了。

330伏特：啊！（更淒厲且延長的痛苦尖叫）讓我出去。我要出去。我心臟痛。讓我出去。我告訴你（歇斯底里）。讓我出去。讓我出去。你不能關我。讓我出去！讓我出去！我要出去！讓我出去！

實驗人員用來造成服從的指示

指令1：請繼續（或請繼續下去）。

指令2：這個實驗需要你繼續。

指令3：你絕對有必要繼續。

指令4：你沒有選擇，你必須繼續下去。

上述指令總是按先後順序下達：只有在指令1無效時，再使用指令2。如果下達指令4之後，參與者抗拒服從，則實驗中止。實驗人員的聲調一直維持堅定，但並非不客氣。每次遇到參與者拒絕或不願遵從的情況，都按照這個順序進行。

特殊指令：如果參與者詢問學生是否會受到永久身體傷害，實驗人員則回應：雖然電擊有點痛，但不會造成身體永久傷害，所以請繼續下去（必要時，接著使用指令2、3、4）。

如果參與者表示學生並不想繼續，實驗人員則回應：不管他喜不喜歡，你必須繼續下去，一直到他學習單字全部正確為止（必要時，接著使用指令2、3、4）。

圖8.6　Milgram實驗的口白和指令

在Milgram的服從實驗中，學生的抗拒口白以及實驗人員迫使參與者繼續給予電擊的指令（整理自Milgram, 1963, 1974）。

差不多。為什麼這麼多人會服從實驗者，將明知可能致死的電擊施加於他人？為什麼大學生、中產階級人士和心理醫師對人類行為的預測都錯得離譜？Milgram的實驗危險地結合了幾項因素，導致參與者服從命令——正如二戰大屠殺時的許多德國人，以及最近在伊拉克和阿富汗的士兵所為一樣。我們再仔細檢視Milgram的實驗。

規範式社會影響的作用

　　首先，Milgram實驗中的規範壓力使人難以抗拒執行任務。我們前面已經提過，假如有人非常希望我們做某件事，我們便可能難以拒絕，尤其當此人居於權威位置。Milgram的參與者可能認為，假如他們拒絕做下去的話，實驗者可能會失望、受挫或甚至生氣——這些迫使他們繼續做下去。重要的是，與Asch的研究不同，此研究刻意由實驗者主動給予命令，要求參與者服從，例如「你務必繼續下去」。當一名權威人士堅持要我們遵行命令，我們很難拒絕（Blass, 2000, 2003; Doli ski & Grzyb, 2016; Meeus & Raaijmakers, 1995）。

　　根據Milgram所做的另一項類似研究，可以清楚看到實驗中確實存在規範壓力。此一實驗中有三名教師，其中兩名其實是實驗助理，一位依指示讀出詞彙表，另一位則告訴學生他的答案是否正確，（真正的）參與者的工作是給予電擊。如同原來的實驗，學生每次犯錯，就要增加電擊強度。一直到150伏特時，學生開始猛烈抗議。此時，第一位同謀拒絕繼續做下去，不管實驗者怎麼命令都拒絕。到了210伏特時，第二位同謀者也拒絕繼續做下去。結果呢？當參與者看到同伴們不服從命令，便較容易也抗拒服從。在這個版本的實驗中，只有10%的參與者施予最高強度的電擊（見圖8.7）。這個結果和Asch的發現類似：只要有一個同伴開始反抗多數人的意見，人們就幾乎不會順從。

訊息式社會影響的作用

　　無論規範壓力在Milgram的研究中威力如何，這不是讓人們服從的唯一原因。實驗者的確非常具有權威性，並且很堅持，但他並沒有拿槍指著參與者說：「服從我，否則你就死。」如果參與者願意的話，可以自由地放棄繼續實驗，隨時可以離開現場。更何況實驗者與他們素未謀面，未來可能再也遇不到。而為什麼他們沒有離開呢？

　　如我們之前所見，當人們處於混亂的情境，不確定自己應該怎麼做的時候，便會依靠別人來釐清情況。當情境模糊、事態緊急，而且現場有其他人具備專業知識時，訊息式社會影響就特別有力。Milgram的參與者所面對的情境，同時具備上述三項特徵。實驗者一開始的解釋（這是一項關於懲罰與學習的研究）似乎沒什麼問題，但後來卻很快變樣。雖然學生

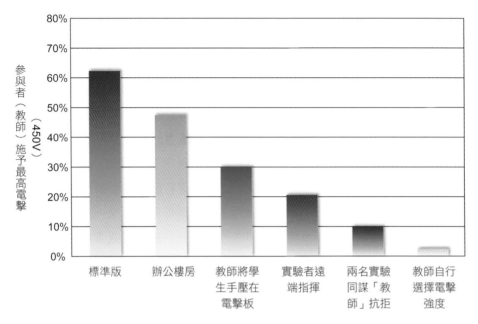

圖8.7　各種版本的Milgram實驗結果

Milgram標準版實驗中，從眾比例62.5%。當實驗場所從耶魯大學心理系移到老舊辦公樓房，服從率下降。當教師必須將學生的手按在電擊板、實驗者從遠端指揮，或兩名其他「教師」（實驗助理）拒絕服從時，服從率更加下降。最後，當實驗者讓參與者自行決定電擊強度時，幾乎沒有人按下最大電擊。此結果顯示各種情境因素對於服從權威的影響（整理自Milgram, 1974）。

痛苦地大叫，實驗人員卻告訴參與者，電擊雖然痛苦，但不會造成永久傷害。參與者不願傷害任何人，但是已經同意參與研究，且遵照指示行事。當參與者處在這種矛盾的情境，很自然地，他們會依靠專家——亦即穿著白袍像是科學家的實驗者——來幫助他們決定怎麼做才對（Krakow & Blass, 1995; A. G. Miller, 1986; Miller, Collins, & Brief, 1995）。

　　Milgram的另一項類似實驗，支持了訊息式社會影響的作用。此實驗中，除了三個重要改變之外，其餘都和原實驗相同：首先，實驗員並未提示要給予何種強度的電擊，他把這個決定權交給教師（真正的參與者）。其次，實驗開始之前，實驗人員接到一通電話，然後離開了現場，他告訴參與者繼續做下去，不必等他。第三，有一名助理扮演另一名教師，負責記錄學生回答問題的時間。當實驗人員離開現場之後，另外這位「教師」說，他剛剛想到一個很好的方法：每當學生答錯，就增強一級的電擊。他堅持要真正的參與者依照這個做法進行實驗。

請留意，在這個情境中，下達命令的不是專家，只不過是個普通人，不比真正的參與者懂得更多。因為他欠缺專業身分，人們比較不可能將他視為指引實驗程序的資訊來源。在圖8.7中，我們可以看到，此版本之實驗只有20%的參與者一直按到最大電擊按鈕（仍有20%的事實意味著，有些人實在不確定自己該怎麼做，以至於依賴非專家的意見作為指引）。

Milgram所做的另一項實驗，則凸顯了權威者的專家身分的確導致服從行為。在該實驗中，有兩個實驗者對真正的參與者下命令。當電擊達到150伏特時，學生首度發出叫聲喊停，此時這兩名實驗者開始爭論是否應該繼續實驗。看到這種情形，所有參與者的反應都是停下來。請注意，此時遭電擊者並沒有做什麼事情使參與者停下來。只是當權威者也無法清楚界定情境時，參與者便不再繼續服從。

服從的其他原因

在Milgram的實驗中，規範式和訊息式社會影響的作用都十分強大。然而，這些因素仍然未能完整地解釋為何人們的行為會變得如此毫無人性。上述兩項因素可以解釋何以人們一開始會服從實驗者的指示，但是當他們逐漸瞭解他們對學生的作為之後，為何不能察覺正在做可怕的錯事而停止呢？正如速食店店長聽到電話中「警察」的命令從有點古怪轉到明顯違法之後，仍持續虐待員工，許多Milgram的參與者，不管他人叫得多痛苦，仍一次又一次地按下電擊開關。

堅持錯誤的規範

為了瞭解這種持續的順服現象，我們需要考慮到情境的其他面向。我們並不是說Milgram實驗中的參與者都是粗心大意，或不知道自己在做什麼。錄影紀錄清楚顯示，他們都非常關心受難者的可憐處境。但問題是，他們被矛盾的規範纏住，難以決定遵行哪個規範。實驗一開始，「服從專家與合法權威」這個規範是很合理的。正如Alexander Haslam及其同僚所言，Milgram實驗參與者不只是服從權威指示，他們還相信自己正在參與有價值的科學研究（Haslam, Reicher, & Birney, 2016）。畢竟，教師事實上代表了研究團隊的一員，這使參與者認為自己是個研究人員，並且正以科學的名義做好事。簡言之，既然實驗者充滿自信而且知識豐富，這個實驗也像是在測試有趣的假說，何不配合一下，照他的話做呢？

　　但是，逐漸地，這個遊戲的規則改變了，「服從權威」以及「以科學之名」的規範漸漸不再適用。這名實驗者先前是那麼講理，但現在他卻要求對另一名參與者施加強烈的痛苦。然而，一旦人們遵從了某項規範之後，就很難中途轉向、察覺該規範已不再適用，或應該遵行另一項規範，例如：「勿對他人施加不必要的傷害」。舉例而言，假設實驗者一開始就說，希望參與者對其他人施予可能致死的電擊，那麼會有多少人同意如此做？我們認為人數必定很少。因為傷害別人明顯違反了重要的社會和個人規範。然而，實驗者採取的是「先誘導再轉變」的手法，也就是先讓「服從權威」的規範看起來很恰當，然後在情境中運用他的權威逐漸展現其計畫（Collins & Brief, 1995）。

　　在Milgram的實驗中，人們之所以一開始很難抗拒「服從權威」的規範，是因為實驗進行得很快，人們很難停下來反省他們究竟在做什麼。他們忙於記錄學生的答案、記住要考學生哪些語彙，同時還要判斷學生答對或答錯。他們必須小心地顧慮這些細節，並且快速進行，因此，他們很難瞭解到，他們一開始依循的行為規範後來已經不再恰當了（Conway & Schaller, 2005; Modigliani & Rochat, 1995）。假如Milgram實驗的參與者可以中途休息，或獨自待在房間裡一段時間，我們猜測必定有許多人可以想清楚整個情況，然後拒絕繼續做下去。

自我辯護

　　Milgram實驗情境的另一個重要因素是，實驗者要求人們每次增加非常微量的電擊強度。參與者並不是從輕量電擊直接跳到可能致死的強烈電壓。反之，他們每次得決定是否要增加15伏特的電壓。我們在第六章已經討論過，每當人們要做一項重要或困難的決定時，就會產生失調的感覺，同時會想要消除此失調感受。若要消除由於困難決定所產生之失調，有效方式之一就是認為這項決定完全正確。不過，由於消除失調會為先前的行為提供辯解，這使人難以從自我辯解的惡化行為中脫離。

　　因此，在Milgram研究中，參與者一旦同意執行第一次電擊，就會產生壓力迫使他們繼續執行下去。他們每一次施行電擊，都必須在心中為自己的行為辯護。為某個特定電擊強度辯護之後，他們就很難再找到可以停止的點。事實上，他們如何能夠解釋說：「好吧！我最多只給他200伏特，但不給他215伏特──絕對不按215伏特！」每次為電擊強度辯護

自我辯護也可以用來說明何以人們有時會順應不斷加強的羞辱，甚至為了加入特定團體而接受具危險後果的胡鬧活動。新成員可能告訴自己，既然都已經做了前一件難堪尷尬的事，再做下一件又有何妨？如此一來，加強了他們對於團體的忠誠。

都為下一個電擊強度奠下基礎，如果停止，就會產生失調感：215伏特其實和200伏特並無太大不同，而230伏特和215伏特也相差不大。那些中止實驗的人，其實是要對抗內心使他們繼續的巨大壓力（Darley, 1992; Gilbert, 1981; Miller et al., 1995）。Milgram觀察到，逐漸增強電擊的做法是提升服從的關鍵。這很像前面討論過的得寸進尺的手法，即逐漸提高要求的程度。

喪失個人責任感

有時候，當你是研究參與者（或雇員），另一方是合法的權威人士（實驗者、老闆、軍隊長官、警察），你就成了「傀儡」，他們是操縱繩索的人。他們決定你應該做什麼，而他們要為結果負責——畢竟這是他們的主意，你只是「聽令行事」。Milgram（1974）強調，喪失個人責任感，是造成此研究服從行為的關鍵因素。

當必須從事不愉快或不妥當的行動時，如果你能將個人責任推到另一個人身上，就會輕鬆許多。監獄中負責執行死刑的警衛，是特別令人苦惱的差事。他們如何能聽令，殺死另一個人呢？明顯地，他們必須減輕認知失調。殺人是罪大惡極的事，所以他們經常需要為此行為自我辯護。Michael Osofsky、Albert Bandura和Philip Zimbardo（2005）研究三個美國南方州立監獄的死刑執行警衛，將他們與其他非死刑警衛做比較。所有警衛都匿名填寫問卷，詢問他們有多麼同意特定敘述，這些敘述包括「基於謀殺犯的犯罪性質，他們沒有權利繼續活下去」以及「依法執行死刑的人是遵循社會期望，不應受批評」。

研究顯示，兩群警衛的態度差異極為顯著。死刑警衛比其他警衛對工作展現較強的「道德疏離」。死刑警衛對於執行死刑，全都認為個人不須負責。他們強烈認為，自己只是聽令行事，也就是聽從法官和陪審團。他們也為其他事情提出強烈辯護。相較於一般監獄警衛，他們更會差辱囚犯，將囚犯視為次等人類。他們較認為囚犯是社會的威脅，因此必須被處決。這些都使死刑警衛較不會對他們的工作產生道德自責。正如一名警衛

說：「我有工作必須做，我就照做。我們的工作是處決這個人，而且我們要以專業的方式完成。」（Osofsky, Bandura, & Zimbardo, 2005, p. 386）

過去與現在的服從研究

Stanley Milgram的服從研究被公認為是心理學的重要貢獻之一（Benjamin & Simpson, 2009）。他是在1960年代早期進行研究，後來在十一個國家重複研究，總共大約有三千名參與者（Blass, 2000）。然而，Milgram的研究涉及研究倫理議題，也在學界引發極大的爭議與反省。

Milgram的研究被批評違反幾項研究倫理，嚴重程度不等。首先，其研究涉及「欺瞞」（deception）。例如，參與者被告知這是一個記憶與學習的實驗，當然這不是真的。第二，參與者並未真的「知情同意」（informed consent）進行實驗。雖然他們同意進行實驗，但他們並未被告知實驗的真正性質，因此他們並非同意參與實際經歷的實驗。第三，他們擔任教師的角色，造成他們「心理不適」（psychological distress），許多參與者感到非常不舒服。第四，參與者未被告知「有權退出實驗」（right to withdraw）。事實上，實驗者說了相反的話，例如告訴他們「必須繼續」，使他們失去自由。第五，參與者感到「內心受創」（inflicted insight）。當實驗結束，一些參與者認識到，原來自己竟會做出之前不同意的事（Baumrind, 1964, 1985; A. G. Miller, 2009）。最近一些批評提出令人不安的指責：Milgram在發表論文中並未如實呈現他事後說明的方式，許多研究參與者離開時其實不知道學生是助理，也不知道電擊是假的（Nicholson, 2011; Perry, 2013）。

雖然Milgram實驗環繞許多倫理議題，但美國於1966年為研究參與者所設立的倫理準則，卻不是因為此實驗而設（很多人以為是如此）。新準則原本是為了保護醫學研究的參與者，但也使得服從研究更難進行（Benjamin & Simpson, 2009）。事實上，數十年來已經沒有人依照Milgram的程序進行服從研究了（Blass, 2009）。上過心理學的許多學生都學到，這類研究已不准再做。然而，當Jerry M. Burger（2009）於美國進行數十年來第一次類似Milgram的服從實驗，改變了一切。

為了使實驗符合當代實驗倫理準則，Burger（2009）更改了一些程序。首先，為了減低參與者的心理不適感，實驗只做到150伏特，然後

便停止，這是實驗中學生第一次發出叫聲，拒絕繼續實驗的時刻。針對Milgram八個實驗的分析指出，拒絕服從最常發生於實驗的這個時刻。先前實驗中通過150伏特門檻的參與者，大部分都會一直按到底（Packer, 2008a）。第二，參與者在實驗前先經過臨床心理學家檢視，只要發現有些微可能會出現負面反應者，便不予進行實驗。最後，Burger清楚且重複地告訴參與者，他們可以隨時退出實驗，學生也一樣。

Burger（2009）實驗的其他部分都與原始版本相同。他的實驗者使用與Milgram相同的四步「指令」（例如「你務必繼續下去」）。當參與者開始不同意繼續實驗時，便用這些指令使他們繼續進行。Burger的參與者如同Milgram原始實驗一樣都是成年男女，而且也是從報紙廣告和傳單徵求而來。年齡從二十歲到八十一歲，範圍比Milgram實驗還廣，但平均年齡大約四十三歲，這和Milgram原實驗差不多。此實驗參與者的種族分布比Milgram的參與者還多元，教育程度也較高。最後，因為Milgram的實驗相當聞名，Burger排除了修過兩門以上大學心理學課程的參與者。

Burger的實驗結果如何？今日的參與者比Milgram當時的參與者更不服從嗎？結果並非如此。Burger發現，他的實驗參與者之服從比例，與Milgram實驗比起來，沒有顯著差異。Burger實驗中，按下150伏特（而且學生發出叫聲）之後，有70%的參與者仍然服從，準備繼續做下去。數年後，Dariusz Doli ski及其同僚（2017）使用Burger改編的程序在波蘭進行實驗，結果發現90%的參與者服從地按下150伏特。在統計上，美國與波蘭當今樣本的服從比例與Milgram實驗（82.5%的參與者按下150伏特按鈕）並沒有顯著差異。

請留意，Burger為了符合研究倫理的要求，改變了實驗方法，因此也難以與Milgram實驗直接比較（A. G. Miller, 2009; Twenge, 2009）。在150伏特之後便停止實驗，雖然可更符合研究倫理，但也使我們無法知道今日有多少參與者會一直進行到450伏特的電擊。Milgram服從實驗的主要特殊力量在於，參與者從150伏特的選擇之後，一小步一小步地提升，直到按下最強電擊按鈕。這是此實驗中，參與者最感衝突和焦慮的階段。此時展現出他們對於道德衝突壓力的反應（Miller, 2009）。當代的複製實驗無法提供這些資訊。從這也可看出，科學研究具有兩項目標，有時彼此互斥：一項是發現新知；另一項是避免傷害。

複習題

1. Milgram服從研究的目的為何？
   a.指出變態人格與虐待行為的關聯。
   b.為涉及大屠殺與非人道之行為作辯護與開脫。
   c.更加瞭解導致毀滅和不道德行為的社會力量。
   d.指出攻擊的文化差異。

2. 以下何者顯示規範式社會對Milgram參與者的服從有所影響？
   a.當其他「老師」（其實是實驗助理）拒絕繼續實驗，參與者的服從率大幅下降。
   b.男女性在研究中服從程度相似。
   c.「學生」（其實是實驗助理）在實驗前先表示自己有心臟病。
   d.許多參與者在實驗過程中發出神經質的笑聲。

3. 以下何者「不是」Milgram研究中實驗者使用的指示？
   a.「實驗需要你繼續。」

   b.「請繼續。」
   c.「你務必繼續下去。」
   d.「如果你不繼續，你就領不到參加實驗的酬勞。」

4. Milgram的研究引發倫理上的常見疑慮為何？
   a.參與者的補償很少。
   b.在未事先同意的情況下，參與者被強迫習得自己不良的一面。
   c.未給予參與者擔任學習者角色的機會。
   d.參與者在實驗開始前，要先接受75伏特的電擊示範。

5. Burger（2009）在數十年後複製Milgram的研究，做了什麼改變？
   a.他只收女性參與者。
   b.一旦參與者按到一150伏特，實驗就中止。
   c.他告訴參與者，實驗部分目的是瞭解懲罰對學習的效果。
   d.他付錢給參與者作為酬勞。

摘　要

學習目標8.1　定義從眾與解釋從眾為何出現

■ 從眾：發生的時機與理由　由於真實（或想像）之他人的影響，而改變個人的行為，即為從眾。人們由於兩種原因而從眾：訊息式和規範式社會影響。

學習目標8.2　解釋訊息式社會影響如何使得人們從眾

■ 訊息式社會影響：知道何為「正確」的需求　當人們不知道怎麼做或說才正確（或最好），便會出現訊息式社會影響。他們將他人視為引導行為的重要資訊來源，並且幫助自己選擇適當的行為。訊息式社會影響通常會導致私下接納，也就是真的相信他人所做所言。

• 準確的重要性　在重視行為準確性的情境中，人們依賴訊息式社會影響的傾向會增加。

• 當訊息式從眾導致反效果　當他人搞錯狀況時，以他人作為訊息來源可能會導致反效果。

• 人們何時會順從訊息式社會影響？當情境模糊、危急或專家在場時，人們較傾向順從訊息式社會影響。

學習目標8.3　解釋規範式社會影響如何使得人們從眾

■ 規範式社會影響：被接納的需求　當我們為了繼續作為團體成員或獲得團體身分，而改變我們的行為以符合他人，即出現規範式社會影響。我們會順從團體的社會規範，也就是順從可接受之行為、價值觀和信念的規則，這些規則可能是隱而未宣，也可能是明白的規定。規範式社會影響常導致公開順從，但並非私下接納團體的信念和行為。

• 從眾和社會贊同：Asch的線段判斷研究　Solomon Asch以一系列著名研究，顯示人們會對團體明顯錯誤的答案從眾，至少有時候如此。

• 再探準確的重要性　在重視行為準確性的情境中，人們較可能會抗拒規範式社會影響，反對團體，而給出正確答案。但仍可能出現共開順從。

• 抗拒規範式社會影響的後果　抗拒規範式社會影響，可能會被團體嘲笑、排擠或拒絕。

• 人們何時會順從規範式社會影響？社會衝擊理論明確指出，規範式社會影響涉及強度、接近度和團體人數。當團體對我們很重要、團體成員對於他們的意見和行為看法一致、團體人數超過三人，而且我們屬於集體主義文化時，我們便較可能從眾。過去的從眾行為可以給予人們特立獨行籌碼，使他們偏離團體而不致遭到嚴重後果。

• 少數人的影響：當少數人影響多數人特定情況下，個人（或少數人）可以影響多數人。關鍵在於少數人要持續呈現其觀點。

學習目標8.4　描述人們如何運用社會影響的知識去影響他人

■ 從眾的策略　瞭解社會影響技術，便可以用來改變他人的行為。

- 強制式與描述式規範的角色　強制式規範是對社會讚許行為的預期，描述式規範則是對人們實際行為的預期。傳遞強制性規範比描述式規範可更有效地造成改變。

- 使用規範改變行為：小心「反彈效應」　必須留意避免描述式規範產生「反彈效果」，這會使人更傾向做出不良的行為。

- 其他社會影響策略　其他透過直接要求而改變人們行為的方法包括：得寸進尺法（請求者先提出較小的要求，然後再提出較大的要求）、漫天要價法（請求者先提出必定會被拒絕的大要求，然後才提出較小的要求），以及納粹使用過的政治宣傳。

學習目標8.5　綜述有關人們自願服從權威人士的研究

■ 服從權威　Stanley Milgram進行了社會心理學中最著名的系列研究，主題是服從，亦即人們對權威人士的行為反應。他發現人們的服從程度很駭人，大多數參與者甚至將明知可能致死的電擊施加於他人。

- Milgram的研究

- 規範式社會影響的作用　規範壓力使人難以抗拒服從權威人士。他們希望把事情做好，以討好權威者。

- 訊息式社會影響的作用　服從實驗的情境令參與者混淆，要求的事情模糊且衝突。由於不清楚究竟發生什麼事，他們便遵循專家的指示。

- 服從的其他原因　參與者順從了錯誤規範：他們持續遵守「服從權威」以及「以科學之名」的規範，即使規範已不適當。他們很難放棄一開始的規範，因為實驗步調快、電擊強度小量地增強，而且他們喪失個人責任感。

- 過去與現在的服從研究　Milgram實驗被批評違反研究倫理，其中涉及欺瞞、未能知情同意、造成心理不適、未告知有權退出，以及造成內心受創。最近在美國的複製實驗顯示，本世紀初期人們的從眾程度，與1960年代的研究結果沒有顯著差異。

分享寫作　你有什麼想法？

沉醉式互動

　　你認為從眾因素如何引發數百萬人參加冰桶挑戰？讀了本章之後，你認為還可能有哪些因素影響此活動？

測　驗

1. 以下何者「並非」訊息式社會影響的例子？
   a. 你正參加賽跑，但因為你不熟悉路線，所以你在岔路前停下來看其他人跑哪條路。
   b. 你就任新工作正要開始上工，突然警鈴響起，你看著周遭同事，想知道該怎麼做。
   c. 你換了新打扮上學，你認為這樣穿更「適合」，也就是會讓大家更喜歡你。
   d. 你詢問導師，下學期你該修什麼課。

2. 根據社會衝擊理論，以下何者較正確？
   a. 人們較會跟從物理距離較近的他人，而非物理距離較遠的人。
   b. 人們較會跟從對自己較重要的人。
   c. 人們較會跟從三人以上的群體，而非一、兩人的群體。
   d. 以上皆是。

3. 在Asch線段實驗中，參與者獨自判斷時，有98%給予正確答案。然而當與實驗助理一起判斷，且實驗助理有時給予明顯錯誤答案時，76%參與者至少給予一次錯誤答案。Asch的實驗顯示了：
   a. 公開順從與私下接納。
   b. 公開順從但非私下接納。
   c. 訊息式影響。
   d. 私下順從。

4. 關於訊息式社會影響，以下何者最正確？
   a. 當決定是否要從眾時，人們應該詢問他人是否比自己更瞭解狀況。
   b. 人們應該總是抗拒訊息式社會影響。
   c. 當他人跟自己具有一樣的專業知識時，人們最會跟從他人。
   d. 通常人們對於此類社會影響會公開從眾，但不會私下接納。

5. Brandon知道社會大眾認為未成年飲酒是錯的。但是他也知道，在他的大學，許多他的朋友在週末都這樣做。他對於大眾反對未成年飲酒的信念是屬於_____，而他知道許多青少年在特定環境會飲酒，是屬於_____。
   a. 強制式規範；描述式規範
   b. 描述式規範；強制式規範
   c. 描述式規範；從眾
   d. 強制式規範；從眾

6. Tom剛上大學。開學第一週，他注意到班上某個同學搭乘巴士。Tom決定跟隨他，結果發現這班巴士直達他的上課系館。這是何種形式的跟從？
   a. 服從權威。
   b. 訊息式社會影響。
   c. 公開順從。
   d. 規範式社會影響。

7. 以下何者最能作為規範式社會影響的例子？
   a. Carrie和一群朋友一起唸書。對照練習題的答案時，她發現大家的答案都與她不同。她並未告訴大家她的看法，反而同意大家的答案，因為她認為其他人一定是對的。

b.Samantha打算帶瓶紅酒赴宴會，但她自己不喝紅酒，她想請店員建議買哪一種酒。

c.Miranda與老闆和同事共進午餐。她的老闆說了一個笑話，嘲笑特定種族，大家都笑了。Miranda並不覺得好笑，但還是跟著一起笑。

d.Charlotte第一次搭乘飛機。她聽到引擎發出怪聲，感到很擔心。但她看到服務員都若無其事，便感到安心了。

8.美國神話和文化常強調以下何者的重要性：

a.不從眾。

b.跟隨權威。

c.設定描述式規範。

d.規範式社會影響。

9.以下何種社會影響策略創造出類似Milgram實驗情境的經驗，依靠的手法是逐步提出更強的要求？

a.感染。

b.得寸進尺技巧。

c.漫天要價技巧。

d.描述式規範。

10.以下何者最不可能影響Milgram研究中的參與者持續按下電擊？

a.失去個人責任感。

b.自我辯護。

c.訊息式社會影響。

d.參與者的攻擊性。

CHAPTER 9

團體歷程：社會團體的影響

綱要與學習目標

什麼是團體？

學習目標9.1　什麼是團體？人們為何加入團體？
人們為何參加團體？
團體的組成與功能

團體中的個人行為

學習目標9.2　別人在場會如何改變人們的行為？
社會助長作用：當其他人在場激勵了我們
社會性懈怠：別人的存在使我們鬆懈
社會性懈怠的性別與文化差異：誰最偷懶？
去個人化：迷失在人群中

團體決策：三個臭皮匠，真的勝過一個諸葛亮？

學習目標9.3　比較個人與團體決策的差異，以及解釋領導對團體成果的影響
歷程損耗：團體互動何時會妨礙問題解決？
團體極化作用：走向極端
團體領導力

衝突與合作

學習目標9.4　個人與團體衝突升高或化解的決定性因素
社會困境
用威脅來化解衝突
協商與談判

●●●●●●● 你認為如何？

調查：你認為如何？	
調查	結果
你曾在網路上匿名發表你對某人不敢說或不敢做的事情嗎？ □是 □否	

2016年11月8日晚間到9日清晨，美國總統大選陸續開票結果越來越清楚爆了冷門：川普擊敗希拉蕊成為第45任美國總統。幾乎同一時間，學者和政治觀察者紛紛開始解釋為何這麼意外。有些人把矛頭指向聯邦調查局長柯米，他在距離大選不到兩週前，寫信向國會說要重啟調查希拉蕊的電郵爭議事件；有些人認為川普的支持者不想在選前民調中表態，讓民調結果失真，才以為希拉蕊會勝選。

希拉蕊的敗選可能包含許多她無法控制的原因，例如柯米的行為、大眾還不能接受女性擔任總統，甚至俄羅斯也在偷偷影響大選。然而，希拉蕊和她專業老練的競選團隊本身確實犯了一些致命的錯誤。例如大選前一個多星期，工會組織（希拉蕊堅實的選票基礎）因為擔心密西根州支持者的族裔越來越窄化，想把更多競選志工送到該州第一大城底特律，希望鞏固民主黨該贏的州。工會領袖於是請希拉蕊幕僚高層幫忙傳達這項計畫。

「回來回來！」這是希拉蕊在紐約的幕僚所下的指令。他們認為不需要把資源投入密西根州，因為照估算那邊已經贏了5個百分點（Dovere, 2016）。

在其他民主黨大本營也發生類似的事。威斯康辛州的競選工作人員想增加資金以呼喚更多支持者出門投票，卻被希拉蕊競選總部拒絕（Stein, 2016）；當希拉蕊在賓夕凡尼亞州做最後選前造勢時，有人批評她那幾天還排了亞利桑那州和猶他州的行程，這兩個州都是共和黨大本營，後來也發現這樣的行程沒有成效。

若當時希拉蕊贏了密西根、威斯康辛、賓夕凡尼亞等三州就能勝選，最後她卻在這三州共輸了近七萬票，可見她的團隊把這些州列入安全

名單是致命的錯誤。當時如果在這邊多派一點志工、多點造勢、多投入一些競選經費是否可翻轉結果？或許吧，但這已經無從得知了（譯註：2016美國總統大選與台灣基本上無牽連，2020大選則與台灣有牽連，而且極其複雜）。

　　研究「團體」的社會心理學家會提出不同但相關的問題：一個經驗豐富、博學，且成功過的競選團隊怎麼會犯這樣的錯誤？一群專家所做的決定不是比個人做的決定好嗎？總統競選團隊聚集了一大群聰明的專家，好像理應做出最佳決定，但是團體運作的結果並非總是如此。本章將聚焦在社會心理學最古老的課題之一：團體的特性和團體如何影響人類行為（Forsyth & Burnette, 2010; Kerr & Tindale, 2004; Wittenbaum & Moreland, 2008; Yuki & Brewer, 2014）。

什麼是團體？

學習目標9.1　什麼是團體？人們為何加入團體？

　　圖書館裡六個學生圍著一張桌子各讀各的書並不是一個團體，但如果他們碰面是為了一起準備心理學期末考，那他們就是一個團體。團體（group）是由彼此互動的兩人以上所組成，基於需求與目標，彼此互相影響與互相依賴（Cartwright & Zander, 1968; Lewin, 1948; J. C. Turner, 1982）。然而，通常是超過兩人才被稱為團體，有時兩個人會另被稱為「一對」（Moreland, 2010）。團體就像總統幕僚一起工作以達成外交政策決定，市民一起開會解決社區問題，或人們聚集舞會狂歡。團體是人們為了某些共同目標而聚集在一起。

> **團體**
> 團體是由彼此互動的兩人以上組成，基於需求與目標，彼此互相影響與互相依賴

　　先讓我們停下來想想你歸屬於幾個團體。別忘記包括你的家庭、學校團體（像是社團或政治組織）、社區團體、運動隊伍，還有其他暫時性團體（像是小型研討會中的同學們）。所有這些都是社會團體，因為你會與其他團體成員互動，而且你們也相互依賴，也就是你們會彼此影響。

人們為何參加團體？

　　和他人聚集的力量讓我們可以達成個體較難以達成的目標。曾經試過靠自己搬家到新的宿舍或公寓嗎？如果找到其他人幫忙會更快更輕

團體有諸多好處。團體中的其他人是我們的認同之重要來源，幫助我們定位自己，是重要的訊息來源，也是社會規範的重要來源，外在或內隱的規則，規範什麼是可被接受的行為。團體也幫助我們達成自己無法完成的目標。

鬆。建立與他人的關係，滿足人類的基本需求——事實上，說不定人類有加入團體的天生需求。一些研究者指出，在不斷演進的世紀裡，與他人建立關係具有實質的生存優勢（Baumeister & Leary, 1995; DeWall & Richman, 2011; Reitz, Motti-Stefanidi, & Asendorpf, 2016）。這個優勢就是群聚在一起的人，能一起為食物打獵、耕種、建立家庭、扶養後代，因此專家提出，這種群聚的概念是天生的，而且展現在各個時代。與這個看法一致，各個文化的人，也有一股驅力使他們彼此建立關係、監控他們在團體中的地位，也隨時注意可能被團體拒絕的跡象（Blackhart et al., 2009; Gardner, Pickett, & Brewer, 2000; Kerr & Levine, 2008）。

人們不只有歸屬於社會團體的強烈需求，而且希望與非同團體中的人有所區隔。如果你就讀一所大型大學，你可能會有歸屬感，但是身為大群體中的一員，並不會覺得自己與眾不同。但較小的團體中，卻能兩種功能兼具：讓我們有歸屬感，而且也覺得自己與眾不同。這也解釋了為什麼人們會想參與大學校園裡的小型團體，不管是兄弟會或姊妹會、社團組織、劇團或其他表演團體（Brewer, 2007）。

團體的另一個重要功能是，人們在團體中定位自己。如同在第八章中所談到的，團體中的他人是非常重要的訊息來源，協助人們解決社會世界的模糊本質（Darley, 2004）。團體提供了一個見解，我們透過這個見解的放大鏡瞭解世界以及我們在這個世界中的定位（Baumeister, Ainsworth, & Vohs, 2016; Hogg, Hohman, & Rivera, 2008）。因此，團體成為個人身分辨識的重要指標，看那些穿著制服印上所屬團體記號的人就知道了，例如運動團隊、大專院校、任何校園組織等。團體也是所謂社會規範的重要來源，外在或內隱的規則，規範什麼是可被接受的行為。

團體的組成與功能

你所歸屬的團體可能在人數上有所不同，可能從幾個乃至數十個都

有。不過，大多數的社會團體大約為三到六個成員（Desportes & Lemaine, 1988; Levine & Moreland, 1998）。這有一部分得歸因於我們的定義，即社會團體需要團體成員間存在著互動。假如團體變得很大，你可能沒辦法跟所有成員互動；譬如，你現在就讀的學院或大學本身並不算是一個團體，因為你沒辦法跟學院或大學裡的每個學生互動或擁有相互依賴的共同目標。接下來我們要說明一些影響成員行為和團體運作方式的因素。

社會規範

所有的社會都有規範說明哪些行為是可接受的；在這些可接受的行為中，有些已被社會所有成員接受並遵守（例如在圖書館應該要安靜），有些則在不同團體間有不同看法（例如婚禮及喪禮的服裝規定）。假如你住在一間宿舍，你可能會想到在你團體中的社會規範，像是在聚會中能不能喝酒、對常被拿來比較的其他宿舍又該作何感受等。這些規範被你所歸屬的其他團體，像是你的合唱團或劇團採納的可能性就比較小。社會規範是我們行為的強大決定因素，這一點從違反社會規範者所面臨的後果就可看出：他們被其他團體成員排斥，而且在較極端的例子中可看到，他們甚至受到施壓而離開團體（Jetten & Hornsey, 2014; Marques, Abrams, & Serodio, 2001; Schachter, 1951）。

社會角色

大多數的團體都有清楚定義的社會角色（social roles），這是一個團體之所有成員共同期望某些特定成員應有的行為舉止（Ellemers & Jetten, 2013; Hare, 2003）。規範指出所有團體成員的行為舉止，角色則釐清團體內占有某地位的成員應有的舉止反應。在一家公司裡，老闆和員工有不同的角色，也被期望表現出不同的行為。如同社會規範一樣，角色可以幫助我們知道能對他人期望什麼。當團體成員依循一組清楚定義的角色時，他們較容易滿足且有較好的表現（Barley & Bechky, 1994; Bettencourt & Sheldon, 2001）。

然而，人們可能過度投注於角色，而喪失了他們自己的個人認知和人格。為了檢驗這個說法，Philip Zimbardo 和他的同事們執行一個極不尋常（且高度爭議）的研究。他們在史丹佛大學心理系地下室建立一個模擬監獄，並且付錢請學生扮演看守員或囚犯的角色（Haney, Banks, &

社會角色
團體中關於特定個人應如何表現其行為的共同期望

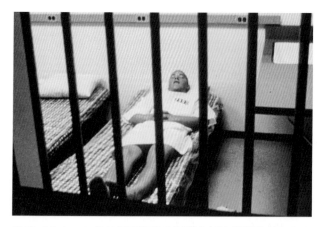

Philip Zimbardo與其同事隨機分配學生扮演模擬監獄中囚犯或看守員的角色,學生們都過度投入他們被賦予的角色。

Zimbardo, 1973; Zimbardo, 2007)。扮演哪個角色由擲銅板決定。看守員穿上土黃色襯衫和長褲,帶上哨子、警棍和反射的太陽眼鏡;而囚犯則穿上印有指認號碼的鬆垮垮罩衫、塑膠涼鞋、尼龍布料製成的帽子並戴上腳鐐。

研究者原先計劃觀察學生兩個星期,看看他們是不是開始表現得像實際的看守員或囚犯。結果學生不僅很快地進入他們的角色——研究者還得在六天後提前結束研究。因為許多看守員變得很具虐待性,想出很多有創意的方式對囚犯進行口頭的恐嚇和羞辱;囚犯則變得被動、無助且畏縮。事實上有些囚犯變得非常焦慮且憂鬱,而必須提早離開實驗。記得喔!每個人都知道他們是在一個心理實驗中,而且那個監獄也只是假的。但是看守員和囚犯的角色是那麼強而有力,使得這個簡單的事實被忽略了。人們如此投入他們被賦予的角色而喪失原有的個人認知,以及原有的正直感也不知在何時消失了。事實上,除了對受試者造成明顯問題而遭受研究倫理的批評之外,Zimbardo在方法學上遭受的重大批評就是學生們很快就搞清楚研究的目的,也知道研究者怎麼期待他們的角色表現(Banuazizi & Movahedi, 1975; Kulig, Pratt, & Cullen, 2017)。

但是,研究中很清楚沒有強迫或用錢誘導,也沒有重複訓練這些「看守員」和「囚犯」讓他們輕易進入角色狀況,一些學生看守員的行為就在這種情況下明顯而快速地失控。這些聽起來都很熟悉吧?正如第八章所提,2004年美軍在伊拉克阿布格萊布(Abu Ghraib)監獄虐待戰俘(Hersh, 2004)。美國大眾對於當中一張美國士兵站在那些赤裸的伊拉克戰俘面前的照片感到十分震驚,就好像站在旅遊景點前擺pose給家人看一樣。這件事只是湊巧有一群監管戰俘的害群之馬嗎?根據Zimbardo

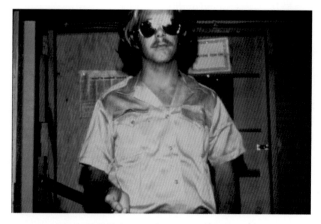

Zimbardo在史丹佛進行囚犯實驗時的一位看守員。

（2007）的實驗並不是如此，他認為「在模擬監獄的學生看守員跟在伊拉克的看守者一樣，起初都是好的，但之後整個團體惡化而跟著自甘墮落。因此，這是監獄內整體邪惡文化的問題——包括那些暗中進行的醜陋行徑以及缺乏責任機制——讓人恣意妄為，甚至過度越線」（引述自O'Brien, 2004）。

這並不是說這些士兵的行為應該被完全原諒。阿布格萊布監獄二十四歲預備役士Joe Darby將整個事件曝光，而Zimbardo的研究中指出，在監獄裡有些士兵是善待俘虜的，因此並不是所有人都無法抵抗，而陷入這個社會角色陷阱。我們試著去想想，如果自己是他們當中的一員，從Zimbardo的研究——和Milgram的服從理論一樣——就算不是大部分，我們仍有很多人在這樣強勢的環境下，無法抵抗這樣的社會影響，或許我們僅能表現得很無力。

團體凝聚

團體的另一個重要觀點就是如何凝聚團體。把所屬成員連結在一起並促進彼此喜愛，這種團體性質稱之為團體凝聚（group cohesiveness）（Dion, 2000; Holtz, 2004; Rosh, Offermann, & Van Diest, 2012）。如果一個團體的首要目的是為了社交，好比一群朋友喜歡在週末一起去看電影，那麼這個團體的凝聚力就會愈好。你會寧可把時間花在一群彼此緊密結合的人身上，還是把時間花在一群彼此互不關心的人身上？你猜得沒錯：一個團體愈凝聚，它的成員愈喜歡留在團體裡參與各項活動，並且會試著去吸收有相同意念的新成員（Levine & Moreland,1998; Pickett, Silver, & Brewer, 2002; Spink et al., 2014）。

然而，如果一個團體的職責是為了一起工作或解決問題，正如一個公司裡的銷售團隊或軍方的部隊，那麼事情就不那麼單純了。在任務上做得好就能使團體變得更加凝聚（Mullen & Cooper, 1994; Picazo et al., 2014），反面也是正確的嗎？凝聚力真能使團體表現得更好嗎？假設這項任務要求團體成員彼此之間要密切合作，正如足球隊進行一場困難的比賽或軍方部隊執行一次複雜的軍事演習（Casey-Campbell & Martens, 2009; Gully, Devine, & Whitney, 1995）；然而，假設在團體成員之間，維持良好的關係比找到一個解決問題的好方法顯得更重要時，是否可能凝聚力反

團體凝聚
把所屬成員連結在一起並促進彼此喜愛

倒妨礙了最佳的表現呢？舉例來說，希拉蕊及其競選團隊的凝聚力和自信，有幫他們清楚想出最佳策略嗎？本章稍後討論團體決策時，再回來討論這個問題。

團體異質性

凝聚力關乎團體組成中的異質性。團體成員常常在年齡、性別、信念、意見上都傾向一致（Apfelbaum, Phillips, & Richeson, 2014; Levine & Moreland, 1998）。團體同質性的形成至少有兩個理由：第一，很多團體吸引了在加入之前就比較相似的人（Alter & Darley, 2009; Feld, 1982）。正如我們將在第十章看到，擁有相同態度的人會相互吸引，因此團體喜歡招收跟他們比較相似的成員。第二，團體常會鼓勵成員表現出相似性，這在第八章討論過了。

簡言之，人們傾向參與跟自己相似者組成的團體，而且這種相似性特別能預測團體凝聚。McLeod、Lobel以及Cox（1996）做過一項研究，將大學生分派至三到五人的腦力激盪團體，其中一半的團體完全由白人組成，也就是說這些團體內部在種族上毫無差異，是種族上的同質團體。另一半的團體有種族異質性，內部有白人也有亞裔美國人、非裔美國人或拉丁裔學生。兩組所有團體都要執行同樣的作業：花十五分鐘腦力激盪，想辦法為美國吸引更多遊客。在每個階段結束前，受試者會被問及他們有多喜歡其他團體內的成員。由於先前提過同質團體常有較高的凝聚力，你可能會預期白人團體比異質團體的成員更喜歡他們的夥伴成員。

但是記住：一個團體有凝聚力不代表它有最佳表現。McLeod和同事們（1996）分析每個團體吸引遊客的構想時，發現異質團體帶出了更多有效可行的方案。受試者可能待在一個與自己相似度高的團體較愉快，但是他們在異質團體中卻有最佳表現。這些發現和很多地方的結論一致，各種形式的異質性（不一定是種族）有時會損耗團體凝聚力和士氣，但異質的成員背景或觀點卻常常可改善團體表現，包括團體的創造力、資訊分享，以及彈性的問題解決能力（Phillips et al., 2004; Savitsky et al., 2016; Sommers, 2006）。

異質性如何影響團體？這個問題沒有簡單的答案（Apfelbaum et al., 2014; Mannix & Neale, 2005; Van Knippenberg, van Ginkel, & Homan,

2013）。我們只能說有太多因素可以界定團體異質性了，除了種族與其他社會背景，當然還有經驗、教育、態度，以及其他種種向度。儘管如此，提高組織內的成員變化似乎有機會帶來異質性潛在的正面力量。這是為何像大學、軍隊和前五百大企業等機構現在投入資源精力去提高異質性，正因為相信這可以改善表現，無論是學習環境或企業基本獲利能力。**圖9.1**指出這至少在相關研究上通常是正確的。最近模擬股票市場的實驗也發現，經過隨機分派，相較於單一國族市場的交易者，進入高國族異質性市場的交易者對股票會做出更好、更正確的估價，支持了異質性的摩擦會減少從眾並改善決策（Levine et al., 2015）。

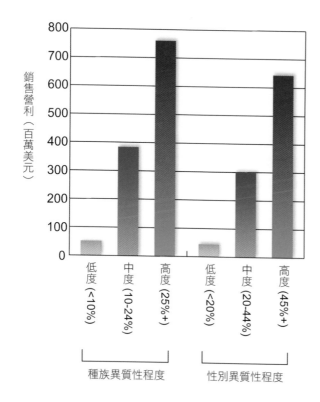

圖9.1　種族／性別異質性與商業表現

為了探討商業表現和種族、性別異質性的關係，Herring（2009）在超過一千個美國工作場所做了一項相關研究，發現兩種型態的異質性和以下兩件事之間有正向關聯：(a)銷售營利，以及(b)顧客數量。這些結果似乎指出異質性和企業基本獲利能力之間存在正向關聯。但是因為這些數據只來自相關研究，我們無法斷言這當中有因果關。

＃趨勢

美國最高法院不時就會接到案件，控告大學招生中為了族群平等而採行的優惠性差別待遇。最近在2016年，法院宣告Fisher對德州大學的訴訟案。Fisher是一名白人學生，主張大學在招生政策中還要考慮種族是違憲的，就像考慮區域背景、學術背景等無關入學成績的因素一樣。法院判決支持德州大學的政策，Fisher因此敗訴，但是完全沒有停息這類事情在法律上的爭議。

當然，大學提出很多主張去支持種族優惠的招生方式，其主張多半是要糾正歷史錯誤，以及克服當前的障礙以平均招收各種群體。反對者有時主張這種政策不公平，應該只能用諸如考試分數或GPA的客觀標準來招生。但是優惠性差別待遇的癥結點牽涉一項社會心理學的重要問題：學生的異質性對社會和學業會造成什麼影響？

Gaither與Sommers（2013）在一項研究中，讓大學宿舍管理室將新生隨機配對成同種族或不同種族的室友，並追蹤他們在大學第一年的

狀況。結果一個學期後，比起和白人共居的白人學生，異種族共居的學生結交了更多樣化的朋友。接續的研究則發現：和非白人一起住的白人學生，在實驗室與非白人的陌生人的交談時，呈現較低的焦慮、較多的溫暖，代表異質共居的生活也影響了學生在新情境下更普遍的社會傾向。

校園的異質性對學生究竟產生什麼效應？在另一項隨機配對的室友研究中，Shook與Clay（2012）發現跨種族共居的少數族群學生在經過一個學期後，會提高他們對校園的歸屬感。而且，他們第一年結束時會有較高的GPA學業成績，這很大部分是因為前述歸屬感增加的原因。

優惠性差別待遇確實是個複雜的議題。正如本章前文，團體異質性對成員表現的影響也是複雜的。但如果從對大學室友做的研究來看，確有一些實徵證據支持大學對招生政策的看法：校內學生間的異質性越高，越有各種社會和學業好處。

複習題

1.下列哪一項不算團體？
a.一起讀書準備考試的六名學生。
b.音樂劇的十二名演出陣容。
c.透過網路討論，為工作案共同合作的四人工作小隊。
d.在公車站一起等車但沒交談的七名通勤者。

2.人們加入團體的理由可以是為了：
a.避免要面對規範性的社會影響
b.達成自己單獨難以或不可能達成的目標。
c.降低團體的凝聚力。

d.避免得到社會給予的個人角色。

3.團體凝聚何時對團體特別重要？
a.當團體主要為了社會性的理由而形成。
b.當團體的主要目標是為瞭解決問題。
c.當團體有性別上的異質性卻沒有種族上的異質性。
d.涉及金錢上的決策時。

4.從演化觀點來說，團體
a.有兩名或三名成員時，比更大的團體更有生產力。

b.有助於滿足親和與歸屬於他人的基本人類需求。

c.時常導致不道德的行為，例如囚犯看守員的霸凌。

d.比個體更能避免社會規範的影響。

5.由於重劃學區，Taylor教練下一季的橄欖球隊比往年的異質性更大，學童的背景很不同，包括社經地位、種族、家庭地位、性傾向，甚至是橄欖球經歷。學術研究對此可以提供什麼想法？

a.他的球隊一定會比異質性小的球隊贏得更多比賽。

b.比起異質性小的球隊，他的球隊可能會在表現、創造力、問題解決等方面產生更多缺失。

c.他的球隊可能會經歷到士氣與凝聚感的威脅，但這些問題可能在經過一季之後得到舒緩。

d.他的球隊將不會想要有什麼清楚的社會角色。

團體中的個人行為

學習目標9.2　別人在場會如何改變人們的行為？

目前為止，我們討論了人們為何加入團體以及團體如何運作，但我們要問另一個問題：進入一個團體會對個人表現造成什麼影響？你的舉止會因別人在場而不同嗎？我們在什麼狀況會因為人們觀看的壓力而「卡住」？他人在場在什麼情況下會讓我們表現得比平常更好？他人單純的在場就可以對行為產生各種有趣影響。讓我們先來看看在一項你所熟悉的任務裡，也就是考試，團體如何影響你的表現。

社會助長作用：當其他人在場激勵了我們

現在是你心理學的期末考，你已經花了數個鐘頭K書，也覺得準備充分。到達考場時，你發現那是一間狹小而擁擠的教室，你擠到一個空位，和其他同學摩肩接踵。教授抵達後宣布，如果有人覺得太擠而不舒服，可以到走廊另一端的小教室裡獨自應考。你會怎麼做呢？

這個問題牽涉他人在場會如何影響你的表現（Guerin, 1993; Monfardini et al., 2016; Zajonc, 1965）。他人在場可能是下列兩種情形之一：(a)和其他人同時做一件事；(b)在他人的觀察下獨自進行一件事，其他人只是你的觀眾。重點是，在這些情況，你和其他人之間並沒有互動，大家只是出現在同一個房間，組成一個非社會團體。此時他們的存在

會造成影響嗎？

　　要回答這個問題之前，我們必須談談昆蟲——蟑螂。相信嗎？一個以蟑螂為研究對象的古典研究，為我們回答最好以何種方式參加你的心理學考試。Robert Zajonc和同事（Zajonc, Heingartner, & Herman, 1969）設計了一個裝置，以觀察蟑螂的行為如何受同類存在的影響。研究員在走道的一端放置一個耀眼的燈光（蟑螂不喜歡），然後測量蟑螂要花多久時間逃到走道另一端所連接的暗箱，以躲避燈光（參見**圖9.2**左半部）。問題是，蟑螂獨自進行這個簡單任務，會比在其他蟑螂面前進行時更快速嗎？

　　你也許正懷疑，研究員如何說服其他蟑螂當觀眾？他們將其他蟑螂放在走道旁邊一個透明塑膠盒裡。也就是牠們在露天看台裡，觀察一隻孤獨的蟑螂執行作業（見**圖9.2**）。結果牠在其他蟑螂面前的速度比獨自進行時更快；其他同類在場助長了牠的表現。

　　我們不會只根據一項蟑螂研究，就建議你應該如何應考。但是這個故事還沒有結束，已經有好幾打研究探討他者在場的影響，這裡包括人

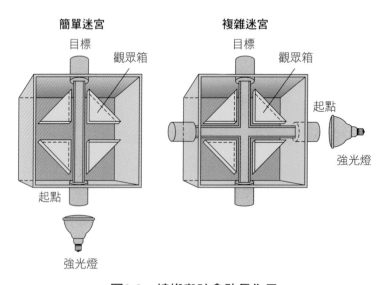

圖9.2　蟑螂與社會助長作用

蟑螂在左圖迷宮中進行簡單的作業：蟑螂須從起點爬進通道，最後抵達暗箱。當有其他蟑螂在旁邊觀看時，牠完成作業的速度會比獨自進行來得快。右圖，蟑螂則進行較困難的作業。當有其他蟑螂在旁邊觀看時，牠完成作業的速度會比獨自進行時來得慢（摘自Zajonc, Heingartner, & Herman, 1969）。

類和其他生物，譬如螞蟻和鳥（Demolliens et al., 2017; Krasheninnikova & Schneider, 2014; Sharma et al., 2010）。這些研究一致發現：如果參與者所做的是相對簡單、熟悉的工作（譬如蟑螂躲避燈光），只要有他者在場就會助長表現。

有關社會助長的研究發現，人們與其他人在一起比獨自一人時有更好的學習成效；假設學生已認真學習，並熟讀所學的內容，那麼他們和許多人在一間教室裡，一起考試時會考得比較好。

簡單工作與複雜工作

在決定你應該待在擁擠的教室應考前，我們必須考慮另一組不同的發現。記得我們說過，他人在場會提高簡單、熟悉工作的表現，就像逃離燈光對一隻蟑螂來說是老把戲一樣。給人們一個比較複雜的工作，並且讓他們在其他人面前執行，情況又如何呢？為了找出答案，Zajonc和同事（1969）在蟑螂實驗裡進行另一種情況，這一次蟑螂必須解出有好幾條走道的迷路，其中只有一條通向暗箱（見圖9.2右半部）。這項比較複雜的作業產生了相反的效果：其他蟑螂的存在，使蟑螂所花的時間，比獨自進行更久。許多其他的研究也發現，人們和動物進行困難的工作時，他者在場會使他們表現得較差（Aiello & Douthitt, 2001; Augustinova & Ferrand, 2012; Geen, 1989）。

振奮激發狀態與主要反應

在一篇極具影響力的文章中，Zajonc（1965）提出了一個精巧的理論，說明他人的存在如何助長主要反應（dominant response）的表現（例如我們熟練的事），卻抑制了比較陌生或新的反應表現。他的主張有兩個階段：首先，他人的存在增加生理的激發（也就是我們的身體變得比較激動）；其次，此種振奮狀態助長了簡單的工作，但對複雜的工作或新的學習則變得較為困難。舉個例子來說，對你而言，某件事容易得像第二本能，譬如騎腳踏車或簽名，其他人在場看著你所引起的振奮狀態，會使執行這些熟悉行為更為容易。但是，如果說你所做的事比較複雜，譬如學習一項新的運動或解答一道困難的數學題，此時的振奮狀態將使你感到慌亂，並且比你單獨進行時做得較差（Schmitt et al., 1986）。這種現象就是社會助長作用（social facilitation），即指他人在場，使人在簡單工作上表現較佳，而在複雜且受到評估的工作上表現較差的傾向。

社會助長作用

當他人在場，且個人表現可以受到評估時，人們對簡單作業表現較好，而對複雜作業表現較差的傾向

為何他人在場會引起生理激發狀態

　　為什麼他人在場會引起我們的生理激發狀態？研究者已經發展了三個理論，以解釋生理激發狀態在社會助長作用中扮演的角色：其他人的出現會讓我們變得特別警覺與警惕、會使我們因正受到評估而感到憂慮，以及會讓我們分心。

　　第一個解釋說明了他人的在場使我們更有警覺性。當我們獨自閱讀，我們唯一要注意的是書本；不必擔心檯燈會突然問我們問題；然而當別人也在場，我們必須留意他可能做某件事，而我們必須有所回應。因為人可不像檯燈那麼可預測，他人的在場使我們處於較高的警覺狀態，此種警覺或警惕會引起輕微的生理激發狀態。這個解釋的優點是它同時解釋了動物和人類的研究結果，一隻單獨的蟑螂不需要擔心隔壁房間的蟑螂在做什麼，然而當其他蟑螂在場時牠就必須警覺，對人類來說也是如此。

　　第二個解釋著眼於人們並不是蟑螂，而且對他人的存在經常有其他考量的事實。這些考量包括別人對我們的看法。當其他人能夠看到你在做什麼時，就有風險了：你覺得其他人正在評量你的表現，做不好就會很尷尬，做得好就會很開心。「評估焦慮」意指當你知道某人正在評論你的表現時，你所感到的擔心與緊張（也就是受到激發）。根據這個解釋，引起激發狀態的並非只是別人的在場，而是他們在場並且正對我們品頭論足（Blascovich et al., 1999; Muller & Butera, 2007）。

　　他人在場造成激發的第三個解釋，與我們的分心程度有關（Feinberg & Aiello, 2006; Muller, Atzeni, & Fabrizio, 2004），此點與Zajonc（1980）所主張與別人在一起會產生警覺性的觀點類似，只不過在這裡強調的是造成分心的來源——他人的出現或公寓樓上正在舉行派對製造的噪音——將使我們處於一種衝突的狀態，因為我們無法專心做手邊的事情。試圖同時注意兩件事會引起生理的激發狀態，譬如任何大學生都知道，當室友在一旁大聲聽音樂、講電話，都讓人難以專注工作。和此一解釋一致的是，Baron（1986）發現非社會性的分心來源（例如閃爍燈光），會引起有如他人在場般相同的社會助長作用。

　　圖9.3上半部是社會助長作用研究的摘要（我們很快就會討論下半部），此圖說明了他人在場引起激發的原因不只一個，不過激發的結果是一樣的：如果你身旁有別人，你對簡單而熟悉的工作會表現得更好，但是

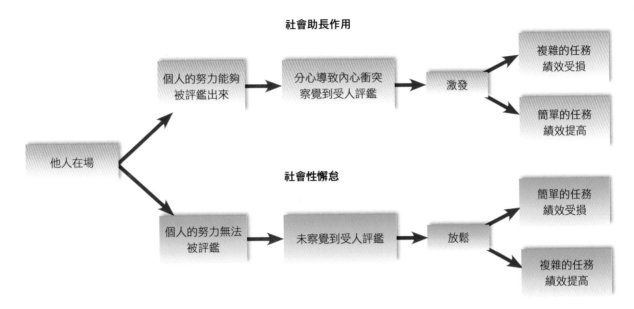

圖9.3　社會助長作用與社會性懈怠

他人在場可能導致社會助長作用或社會性懈怠的現象。這當中區隔兩者的重要變項，包括個人的努力是否受到評鑑、激發狀態以及作業的複雜程度。

對複雜而且必須學習的工作則表現較差。那麼，你應該在哪進行心理學考試？假使你熟悉考試內容，那麼你應該待在原教室，這會讓你更容易回憶答案；然而，當你為考試K書，也就是當你學習新的內容時，你最好獨自進行，別和其他人在一起。

社會性懈怠：別人的存在使我們鬆懈

參加心理學考試時，你個人的努力將被評鑑（也就是說你的考試結果會被評分）。這是典型的社會助長研究：人們在單獨或有別人在場的情況下進行一項工作，而他們個人的努力很容易被觀察或被評鑑。然而，當我們和別人在一起時，常常發生的現象是你的努力並不能和他人的努力區隔開來，譬如，當你在演唱會結束後拍手鼓掌（沒有人知道你個人的鼓掌有多大聲），或者當你在遊行樂隊中演奏一種樂器時（你的樂器聲和其他樂器聲混在一起了）。

這些情境和我們討論過的社會助長作用的情境正好相反。在社會助長作用中，他人的存在讓你處於探照燈下，引起你的振奮狀態；但是如果和別人在一起意謂著可以隱身在人群裡，變得比獨處時更不引人注意，那

麼我們會變得比較鬆懈，因為沒有人知道我們表現得好不好，我們感受到較少的評估焦慮。那麼這樣會發生什麼呢？隱身在人群使我們變得比較鬆懈是否會有更好或更壞的表現？再一次地，答案取決於我們所做的工作是簡單還是複雜。

和他人一起做簡單的工作對表現會有什麼影響？最早的研究起於1880年代的一位法國農業工程師Max Ringelmann（1913）。他發現當一群人一起拉繩子，每個人所出的力量，比起獨自拉繩時來得更少。換言之，八個人拉繩子並不會比一個人拉八次繩子出的力量總和還多。一百年後，社會心理學者Bibb Latané、Kipling Williams和Stephen Harkins（2006）稱這種現象為社會性懈怠（social loafing），即指他人在場而可以隱藏自己時，在簡單不在乎的工作上會表現得較差，而在複雜重要的工作上會表現得較好之傾向。社會懈怠作用已在各種簡單的工作裡被發現，譬如鼓掌、大聲歡呼或是想一個物品可能的各類功用等等（Karau & Williams, 2001; Lount & Wilk, 2014; Shepperd & Taylor, 1999）。

什麼是複雜的工作？我們說過，在團體裡的表現無法辨識時，我們變得比較鬆懈，本章先前也討論到激發狀態對表現的影響：激發狀態能提高簡單工作的表現，卻降低複雜工作的表現。基於同樣的道理，如同我們已經暸解的那樣，變得鬆懈應該會降低簡單工作的表現，但卻提高在複雜工作上的表現。因為當人們不擔心被評鑑時，他們變得比較鬆懈，因而比較不會對複雜工作退縮，而能表現得較好（Jackson & Williams, 1985）。此過程請見**圖9.3**。

此過程請見**圖9.3**。

社會性懈怠
當人們處於他人在場的情況而個人表現無法被評估時，在簡單或不重要的作業會表現較差，但在複雜或重要的作業會表現較好

社會性懈怠的性別與文化差異：誰最偷懶？

凱特與威廉正與一群同學合力做一件課堂作業，沒有人知道他們個別的貢獻如何。誰最可能偷懶讓其他人做最多的工作，凱特還是威廉？假如你說威廉，你可能是正確的。回顧超過一百五十份關於社會性懈怠的研究發現，男性在這方面的傾向較女性嚴重（Karau & Williams,

有時身在他人之中會讓我們放鬆（或偷懶），可見他人在場影響個人表現的方式並沒有唯一解答。

1993），女性比男性較高度傾向於「關係相依」，亦即傾向於專注他人的親密關係。也許正是如此，女性在團體中較少有社會懈怠的現象（Gabriel & Gardner, 1999）。

　　研究也發現西方文化中的懈怠傾向比在亞洲文化強，這可能是因為兩種文化間不同的自我定義（Karau & Williams, 1993）。亞洲人有較強的相互依賴觀，亦即透過自己與他人的關係來定義自己（見第五章）。這種對自己的定義，可能減弱團體中的社會性懈怠。然而，我們不應該誇大性別與文化差異，女性和亞洲文化成員在團體中也真的會有社會性懈怠，只是相對於男性或西方文化成員較輕微（Chang & Chen, 1995; Hong, Wyer, & Fong, 2008）。此外團體的組成也很重要，研究指出人們在跟不同文化背景的團隊成員一起做事時，更容易懈怠（Meyer, Schermuly, & Kauffeld, 2016），這似乎是因為我們跟相似的人比較容易發展出連結和責任感，跟不相似的人就比較難預期合作。

　　總之，你要預估他人的出現到底會提升或妨害你的表現時必須知道兩件事：你的個人努力是否能被評估，以及你所從事的工作是簡單或困難。假如你的表現可以被評估，他人的出現將使你產生警覺並引起振奮激發狀態；這將造成社會助長作用，也就是在從事簡單工作時表現會較好，但在從事困難工作時表現卻較差（見圖9.3上半部）。如果有別人在場，但是你的努力無法被評量（譬如你只是機器裡的小螺絲釘），你可能變得比較鬆懈，導致社會懈怠作用，也就是對不在乎的簡單工作做得較差，但是對複雜工作則做得較好（見圖9.3下半部）。這些發現對於團體應如何組成的方式有無數的涵義。一方面，如果你是個經理人，當你要求你的部屬解決一個相對來說較簡單的問題時，產生一些評估焦慮並非壞事——它可能非常有助於提高表現，此時你不該讓部屬處於個人表現無法評鑑的團體中，因為可能產生社會懈怠。另一方面，如果你要部屬進行一個困難、複雜的工作，那麼應降低他們的評估焦慮，也就是讓他們處於個人表現無法受評鑑的團體中，可能會造成較好的表現。

去個人化：迷失在人群中

　　然而，匿名的後果可以比團體中的懈怠嚴重許多。和其他人在一起也會引起去個人化（deindividuation），這是人們在人群中會放鬆對行為

去個人化

當人們無法被辨認時（如在人群中時），會失去對行為的規範限制

的規範限制（Lea, Spears, & de Groot, 2001）。換句話說，隱身於人群中會導致行為的解放，進行一些我們單獨時從未想過要進行的行為。歷史上許多可怕的行為案例，幾乎都是集體進行的，沒有人會獨自進行這一類行為，像是軍事暴行、洗劫、縱火和暴力。搖滾演唱會歇斯底里的樂迷彼此踐踏致死，有的例子則直指所謂「暴民心態」的結果。

美國有一項特別讓人不舒服的案例是白人的羞恥歷史，那時白人覆蓋頭巾身穿長袍隱藏身分對非裔美國人進行私刑處死。Brian Mullen（1986）曾就美國1899至1946年間報紙上的六十件私刑報導進行內容分析，發現暴徒人數愈多，他們殺害罹難者的方式就愈殘忍與邪惡。同樣的，Robert Watson（1973）分析二十四種文化後有相似的發現，那些在上戰場前改變容貌的戰士——譬如在臉上和身體繪圖，和上戰場不隱藏身分的戰士相比，前者更有可能屠殺、折磨，或使被俘虜的犯人殘廢。

去個人化使人更不負責任

為何「去個人化」會導致衝動（通常是暴力）行為？其中一個原因是因為人們知道個體被挑出來責難的可能性降低了，這讓人覺得較不須為自己的行為負責（Diener, 1980; Postmes & Spears, 1998; Zimbardo, 1970）。在Harper Lee的小說*To Kill a Mockingbird*（譯註：中譯為《殺死知更鳥》或《梅崗城故事》，1963年改編為電影並獲奧斯卡金像獎）中，一群美國南方白人錯誤地指控黑人Tom Robinson犯下強姦罪，並打算以私刑處死，就是一個典型去個人化的案例。事情發生在晚上，人們的穿著看起來那麼相似，實在很難分辨出誰是誰，但主角Atticus的八歲女兒Scout認出其中一位農民，並叫出他的名字，就這樣她在無意的情況下，讓社會心理學巧妙地介入這個事件，增加暴民對個體毫無道理行為的意識，讓暴民就地解散，而且拯救了一位種族歧視下的犧牲者。

去個人化提高對團體規範的服從

研究人員在一項超過六十個研究的整合分析（meta-analysis）中發現，去個人化提高了人們對於團體規範的服從程度（Postmes & Spears, 1998）。有時候，一些特定團體的規範甚至和其他團體或社會全體的規範衝突。當團體成員在一起並且有去個人化的情況時，他們通常會比較遵守該團體的規範，勝過遵守其他團體的規範。因此去個人化不只降低個人在

團體中可能被挑出來指責的可能性，同時也加強對於所屬團體規範的認同度（Reicher et al., 2016）。

　　總之，去個人化並非總是會導致挑釁或反社會的行為，這取決於該團體規範的內容。想像你正身處在一個喧鬧的大學舞會場所，在那裡每個人都沉浸於振耳欲聾的音樂聲中瘋狂熱舞，而在某種程度上，你已有去個人化的現象——當時燈光昏暗，你的穿著和其他人很相像——你會更加融入這個團體，並讓自己完全在舞池解放，跟燈光明亮且沒有其他人在跳舞時不一樣。因此一個特定的團體規範將決定去個人化是導向正面或負面的行為（Hirsh, Galinsky, & Zhong, 2011; Johnson & Downing, 1979）。假設一個團體充滿忿怒，而且團體的規範傾向暴力，那麼在去個人化的影響下，人們就會出現侵略行為；假設我們在一個大吃大喝的舞會中，那麼在去個人化的影響下，就會讓我們更加融入團體，於是跟著大吃，甚至把一整碗酪梨沙拉醬都吃光光。

三K黨斗蓬的長袍和頭罩產生匿名性。他們的暴力行為與去個人化的研究一致。

網路的去個人化

　　去個人化不需要面對面接觸，間接互動一樣可以造成影響。任何人讀過網路新聞、部落格或YouTube影片下方的評論，就能目睹去個人化的現象。因為匿名，人們對自己所寫的內容就更不受約束。就很多方面來說，網路是去個人化的溫床（Coles & West, 2016; Lee, 2004）。正因為網路中的辱罵、猥褻語言惡化之快，眾多網頁不再允許匿名貼文，而要求使用者在貼文之前先登入臉書或其他可識別身分的帳號資訊。在網路還未如此普遍之前，憤怒的讀者只能寫信給編輯，或是向他們的同事宣洩情感作為情緒的冷卻器。在這些情況下，他們的論述會比較客氣些，而在網路部落格上的評論，人們使用隨心所欲的不敬言語的情況就增加許多，大致是因為這些環境沒有匿名。網路匿名讓人更能自由開放地討論平時不易討論的議題，但付出的代價是一般應有的禮貌就明顯降低了，主要的原因之一就是去個人化。

2014年起，幾名女性的電玩開發者與記者，包括照片中的媒體評論家Anita Sarkeesian，都遭受邪惡的網路攻擊與不當指控，很快演變成所謂的「玩家門」（Gamergate）事件。性別歧視與常見的暴力騷擾通常都由匿名者犯下，再次證明網路興起是一種去個人化的現代案例。

這是好消息嗎？或許理解去個人化效應能幫我們對抗網路惡習，至少讓網路稍微更文明些。在Kathleen Van Royen及其同仁（2017）近年的研究中，他們試圖對社群軟體中的青少年找到可能的介入方式。青少年受試者在研究裡閱讀一則偽造的情節，裡頭包含一名網路用戶說有個女孩「偷了」她的男朋友。研究者特別想知道，當受試者看到其他用戶在回應中用一些像「蕩婦」或「妓女」等冒犯的字眼稱呼那個女孩時，會作何反應？

研究中分別對三群受試者做了三種介入：第一種是提醒父母會看到他們用這種語言；第二種是告訴受試者很多人不喜歡這種評論用語；第三種是提醒這種評論用語會傷害那個女孩。三種警告都會讓受試者表示他們較不會隨這些性歧視起舞，但是第一種介入的效果最強。為什麼呢？因為它強調了另一種有影響力的規範：家庭規範。也有可能它提醒受試者有自己獨特的個人認同。

複習題

1. 社會助長效果的概念告訴我們當他人在場造成生理喚起時，
   a. 生理喚起會促進較佳表現。
   b. 生理喚起會促進熟習的優勢反應。
   c. 困難作業會被促進，但是簡單作業會被妨礙。
   d. 會促使去個人化。

2. 以下哪一項不是他人在場造成生理喚起的原因？
   a. 他人在場會分心並產生內在衝突，使個體需要決定他要專注在哪一件事。
   b. 當他人在場造成生理喚起，個體必須警覺預測接下來可能發生的事。
   c. 當他人在場造成生理喚起，個體會在意別人的評價。
   d. 身處於他人之中會使個體對自己的行為較沒有責任感。

3. 你的社會心理學教授把你叫到教室前面，要你大聲回答課堂問題。儘管在全班眾目睽睽下，你發現問題很簡單。根據_____，你應該表現得比沒有觀眾時還要_____。
   a. 社會助長效果；差
   b. 社會助長效果；好
   c. 社會性懈怠；差

d.社會性懈怠；好

4.下列哪一個人最可能產生社會性懈怠？

a.一名美國女性。

b.一名中國女性。

c.一名英國男性。

d.一名日本男性。

5.當個體經歷去個人化時，

a.對自己的行為更有責任感。

b.更遵守所屬團體規範。

c.較不會進行破壞性或不道德的行為。

d.不太可能在上網時有這種感受，因為在實體環境很少發生去個人化。

團體決策：三個臭皮匠，真的勝過一個諸葛亮？

學習目標9.3　比較個人與團體決策的差異，以及解釋領導對團體成果的影響

　　我們剛看過其他人如何透過許多有趣的方式對個人的行為產生影響。現在我們要把注意力轉向團體的主要功能：做決定。許多重要的決定都是由團體決策所定，因為團體做的決定被認為比個人做的決定要來得好些。在美國的司法制度中，許多判決是由團體成員（陪審團）所決定，而不是由個體決定。美國最高法院由九位大法官組成，而非由一位明智的大法官來決定。同樣地，政府與企業的政策通常是一群人開會討論後的結果；美國總統也有內閣與國家安全會議提供意見。

　　三個臭皮匠真的勝過一個諸葛亮嗎？我們當中大部分的人都會假設答案是肯定的。單獨一個人可能有很多奇想或偏差，許多人在一起則能交換想法達到較佳的決定。我們多半會參酌團體的意見，聆聽別人的想法並對自己說：「嗯，這真是個不錯的觀點——我怎麼從來都沒有想過。」一般而言，如果可以自由地提出各種個別觀點，或是人們被要求找出對團體而非對個人最好的答案，又或是依賴專家鑑定所做的決定時，團體的確會比個人好（De Dreu, Nijstad, & van Knippenberg, 2008; Surowiecki, 2004）。但有時兩個或更多的頭腦並沒有比一個，或至少沒有比兩個頭腦獨立運作來得好（Kerr & Tindale, 2004），因為許多因素會造成多人比一人所做的決定差。

歷程損耗：團體互動何時會妨礙問題解決？

　　這裡潛藏的問題是：團體要能運作得好，只有在最具專業或最聰明

的人能夠說服其他人，同意他是對的時。但這一點並不容易，因為要一個人承認自己是錯的，可以比喻是一隻固執到不行的騾子，非常困難。無疑的，你必定知道這種滋味：試著說服一群人採取你的意見，接著面對他們的反對與質疑，並眼睜睜看著他們做出錯誤的決定，這個現象稱為歷程損耗（process loss）：抑制良好解決方案的團體互動（Steiner, 1972; Tidikis & Ash, 2013）。歷程損耗可能產生在團體不想嘗試找出誰是最有能力的成員，而依靠一個搞不清楚狀況的成員。或許最有能力的成員很難有勇氣去提出和所有人不一樣的意見。其他的歷程損耗涉及團體內部的溝通問題，例如團體中某些人沒有彼此傾聽，或由某人主導討論，而其他人加以附和（Sorkin, Hays, & West, 2001; Watson et al., 1998）。

歷程損耗

任何團體互動方面抑制了良好的問題解決方案

未能分享獨特資訊

在任何團體裡，成員分享共同的訊息，但未分享獨特資訊。舉例來說，你正和其他三個成員一起開會，是否要支持學生會主席的某位候選人，你們分享一些關於候選人的共同訊息，例如她是二年級班代，主修經濟學。但你們每個人都有自己獨特的資訊，或許你是唯一知道她在一年級住宿時，曾經因未成年飲酒而受罰；或只有另一成員知道她每週都在遊民收留所擔任志工。顯然如果你們四人充分分享這個候選人的資料，你們將可以做出最好的決定。

但有趣的是，團體傾向於花時間去討論所有團體成員都知道的資訊，較少討論個別獨有的資訊（McLeod, 2013; Toma & Butera, 2009; Lu, Yuan, & McLeod, 2012）。譬如在一個研究中，參與者四人一組，一起討論哪個學生會候選人最有實力（Stasser & Titus, 1985）。在共享資訊的情境中，每個參與者拿到相同的資料袋，裡面的資訊都說指出A候選人是最佳選擇。不意外的，當團體成員聚在一起討論候選人時，幾乎每個人都會選A。在獨特資訊的情境中，每個參與者收到不同的資料袋，每個人都知道A候選人有相同的四個負面缺點，但也各自知道兩個獨特的正面優點——這和他人的資料不同。因此，如果參與者彼此分享他們袋中的資訊，他們會發現A候選人總共有八個正面優點和四個負面缺點，和共向資訊的情境一樣。然而獨特資訊情境下的大部分團體都沒察覺A候選人的正面優點超過負面缺點，結果就是只有少數成員會選他。

後來的研究集中在幫助團體注意獨特訊息（Scholten et al., 2007; Toma & Butera, 2015）。獨特訊息就像在決策之後才提到的訊息，因此研究建議團體進行決策時，應該等到每個參與者都充分瞭解所有訊息之後，再做決定（Fraidin, 2004; Larson et al., 1998）。如此也能幫助團體不要在討論的一開始就分享自己偏愛何者；如果分享了，就不會注重獨特且未分享的訊息了（Mojzisch & Schulz-Hardt, 2010）。另一種方式是將團體中的成員分配到需要專業鑑定的特定領域中，以此讓他們知道需要獨自負責提供該項目的相關訊息（Stasser, Vaughn, & Stewart, 2000; Stewart & Stasser, 1995）。

最近的研究發現，許多夫妻藉著彼此分工來記得不同的訊息，夫妻中一人負責記得社交活動的次數，另一人則負責記得該付帳款的時間。兩人相加的記憶要比其中一人的記憶來得有效率，這就是所謂的交換記憶（transactive memory）（Peltokorpi, 2008; Rajaram & Pereira-Pasarin, 2010; Wegner, 1995）。夫妻間知道自己應該關注的訊息，並知道另一方會負責的部分，上述模式，對於重要訊息的記憶通常可以做得較好。這個方式在團體中，如果發展成一個系統，讓不同的人分別負責記憶不同的任務，也同樣可行（Ellis, Porter, & Wolverton, 2008; Lewis et al., 2007; Mell, van Knippenberg, & van Ginkel, 2014）。總之，如果人們知道誰該對什麼樣的資訊負責，並且花時間來討論這些未分享的資料，那麼就能克服團體因未能分享重要獨特的訊息而導致失敗的問題（Stasser, 2000）。

交換記憶
即是兩人相加的記憶要比其中一人的記憶來得有效率

團體迷思：多「頭」，一「腦」

先前我們提到團體凝聚力可能干擾清楚的思慮，而阻礙了好的決定。Irving Janis（1972, 1982）使用現實世界發生的事件，發展出具有影響力的團體決策理論，他稱之為團體迷思（groupthink）。團體迷思定義為一種思考方式，在這種思考過程中，維護團體的凝聚力，比務實地考慮事實更為重要。根據Janis的理論，當符合特定的先決條件時，譬如該團體的凝聚力很高、隔絕不同意見、有個命令型領導者時，團體迷思最有可能發生。

許多總統的決策錯誤被認為導因於團體迷思。Janis（1982）舉過一個經典的不幸案例，當中甘迺迪（John F. Kennedy）總統和他的幕僚試

團體迷思
著重維繫團體凝聚力與團結更甚於務實地考量事實的一種思考方式

並非如此！

你一定是在開玩笑！

再想了！

老天啊！但願這事不發生。

不，不，千萬不要！

「他們都愛說『是』，雖然心裡另有異見或意見。」
Henry Martin The New Yorker Collection / The Cartoonbank Bank

圖在1961年的豬玀灣事件中，推翻古巴的卡斯楚政權。有些人認為小布希（George W. Bush）總統於2003年入侵伊拉克的決定也是團體迷思的後果。近年，如本章前文提到希拉蕊競選總統的意外失敗，也潛藏著團體迷思。她和幕僚似乎一開始就以為勝選是囊中之物，有時讓聲音（與資料）背離真實。

這些案例起因都無法簡化成單一解釋，但它們當時似乎全都符合產生團體迷思的環境條件：一個緊密度強、同質性高的團體、領導者很有自信並清楚表達最佳策略的路線是什麼。小布希總統前新聞祕書McClelland曾記錄說，一旦布希總統有所決定，就「很少被質疑」，因為「這正是布希所希望的，而且他也這麼告訴他的高級幕僚」（McClellan, 2008, p. 128）。圖9.4左邊描述了團體迷思的先決條件。起初學者相信這些條件都必須同時符合才會引發團體迷思，然而今天的學者認為團體迷思只要符合幾個條件就會發生（Baron, 2005; Henningsen et al., 2006; Mok & Morris, 2010）。

當團體迷思有足夠的先決條件，會出現數個特徵（參見圖9-4中間的概述）。團體開始覺得他們是無敵的，而且不可能犯錯。團體成員檢視自己的狀況，不提出相反的觀點，因為他們害怕降低團體高昂的士氣或者害怕受成員批評；如果真的有人提出相反意見，也會有人立刻批評他，強迫他順從多數人的觀點。凡此種種都產生一種無異議的錯覺，看起來彷彿每個人都同意了，甚至他們私下不同意也一樣。

團體迷思造成較差的決策過程（Packer, 2009; Tetlock et al., 1992; Turner et al., 2006）。圖9.4右欄描述這些特徵：團體沒有通盤考慮可行方案、沒有提出突發事件的應變計畫，或沒有充分考慮其偏好方案的風險。你能夠想到其他受害於團體迷思的總統決定或你身邊的決定嗎？

團體迷思的前因	團體迷思的症狀	團體迷思的後果
高凝聚力——團體具有高價值及吸引力，人們都非常想加入。 受到隔離——在保護下，聽不到不同的聲音。 指導型的領導者——領導者控制討論，並表明他的期望。 高度壓力——成員知覺到團體受到威脅。 決策程序拙劣——並無一套標準的方式來思考各項不同的觀點。	無懈可擊的錯覺——認為團體是無敵的，不可能做錯。 道德正確性——「上帝站在我們這邊。」 對外團體的刻板看法——以單純而刻板的方式看待敵對團體。 自我檢討——成員們決定自己不應提出反對意見，以避免「擾亂」事情順利進行。 從眾壓力——如果成員提出相反看法，其他人會施予壓力。 無異議的錯覺——創造出全員均已同意的假象，例如，未能諮詢異議分子的看法。 禁衛軍現象——團體成員保護領導者不會聽到相反的看法。	未完全蒐集可行方案——團體未考慮所有其他可能的觀點與結果。 未檢視偏好方案之風險——討論著重在預期發生的好事，而不討論可能的壞事。 資訊蒐集不良——團體選擇性地依賴支持其觀點的資訊。 疏於發展應變計畫——對決策過度自信，團體沒去思考替代方案。

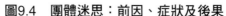

圖9.4   團體迷思：前因、症狀及後果

在某些情況下，維護團體的凝聚力比務實地考量事實來得重要（見「前因」）。此時，出現團體迷思的症狀，例如無懈可擊的錯覺（見「症狀」）。這些症狀導致決策有瑕疵（摘自Janis & Mann, 1977）。

研究已經證明，團體和他們的領導者可採取數個步驟來降低團體迷思的發生機會（McCauley, 1989; Pratkanis & Turner, 2013; Zimbardo & Andersen, 1993）：

1. 保持中立：領導者不應該採取指揮者的角色，而應該保持中立。
2. 尋求外界的意見：領導者應邀請不屬於該團體的圈外人來表示意見，因為這些人較不關心該團體凝聚力的維護。
3. 創造次團體：領導者可以將團體劃分為次團體，讓各個次團體各自集會討論，然後各團體再一起討論他們的不同提議。
4. 尋求匿名的意見：領導者也應採取不記名投票，或是要求團體成員匿名寫下他們的意見，以確保人們提供真正的意見，而不必害怕遭受團體的譴責。

大眾已經廣泛知道團體迷思的概念，作者和自詡學者的人就開始怪罪很多壞決策。例如紐約《時代雜誌》的一篇文章宣稱聯邦儲存銀行的專家應該預料得到2007年的次貸危機，但就是因為團體迷思而沒有人提出來（Shiller, 2008）。

團體極化作用：走向極端

所以團體有時候會做出較差的決策，這好像是說團體決策通常較個人做出的決策來得保守。個人可能更敢冒險押注，但如果有其他人幫忙做決定，他們會加入自己的理由，並做某種修正。真的是這樣嗎？目前已有很多研究檢視這個問題：究竟是團體或個人會做出較冒險的決定？令人驚訝地，一開始的研究發現團體較個人容易做出更冒險的決定。

譬如在一項實驗裡，受試者要想像這樣的情境：在一場全國性的西洋棋巡迴賽中，一位排名很低的參賽者在前幾場比賽就必須與一位被普遍看好的棋手對決。這位參賽者可以選擇採取冒險的策略，如果策略成功，可能很快取得勝利，但是如果失敗，無疑地一定會輸棋。當獨自決定時，受試者表示如果至少有30%的成功機會，棋手應該採取冒險的策略，但是在團體討論後，他們表示只要有10%的成功機會，棋手就該勇往直前（Wallach, Kogan, & Bem, 1962）。類似以上的研究發現，我們稱之為「風險偏移」（risky shift）。然而，隨著漸增的研究顯示，風險偏移並非故事的全貌。事實是，團體傾向做出與成員們原先的傾向相同的決定，如果成員本來就傾向冒險，團體討論通常會擴大冒險傾向，但是如果人們原本傾向保守，團體會傾向做出比個人原先更保守的決定。

試著考慮下面這個問題：秀敏是個年輕有兩個孩子的已婚女性，有個穩定但是低酬勞的工作，沒有存款，有人告訴她某家公司的新產品如果成功的話，它的股票價值將會漲三倍，但如果新產品失敗的話，該股票將會暴跌。秀敏應該賣掉她的人壽保險單而去投資這間公司嗎？許多人會建議採取安全的做法：只有在新產品很確定會成功時，秀敏才應該買股票。當他們集體討論後，他們變得更為保守，認為新產品必須有接近百分之百的成功機會，他們才會建議秀敏買該公司的股票。團體傾向於做出與個人原先傾向相同但更為極端的決定之現象，我們稱為**團體極化現象**（group polarization）。這種現象係指團體加強成員原先的傾向，而使他們的決定趨於極端。如果人們原本傾向冒險，團體極化作用使他們更冒險，如果人們原本傾向謹慎，團體極化作用使他們更謹慎（Brown, 1965; Keating, van Boven, & Judd, 2016; Palmer & Loveland, 2008）。

團體極化現象
團體加強成員原先的傾向，而使他們的決定趨於極端

團體極化現象的存在有兩個主要理由。根據說服性論證（persuasive arguments）的說法，所有個體都會在團體中提出一些說詞，其中有些是團體中其他人沒有考慮到，且支持他們原先的看法。例如，某個人可能強調，若將人壽保險單兌成現金，對秀敏的孩子而言是不公平的冒險，因為秀敏有可能英年早逝，其他人可能會接受這個可能性，因此變得更保守。有一系列研究，支持團體極化作用的說服性論證詮釋，即每個成員會提出其他人沒有考慮到的論點（Burnstein & Vinokur, 1977; El-Shinnawy & Vinze, 1998）。

根據社會比較（social comparison）的說法，當人們在團體中談論到某個議題，他們會先去瞭解其他人的感覺，什麼是團體的價值——冒險或謹慎？因為想要努力融入和被人喜愛，許多人就會抱持與其他人差不多但極端一點的看法。以這種方式，個人既可以支持團體的價值，又可透過一種正向的方式表達自己——我是個「好」成員。例如大學新生對飲酒的態度就是如此。一開始態度傾向飲酒的新生很快就會跟相似態度的人聚在一起，為了融入群體，飲酒態度也變得更為正向；對酒精謹慎者則會結交志同道合的朋友，隨著群體的價值觀明確浮現，他們也發展出更謹慎的飲酒態度。

以說服性論證或社會比較來解釋團體極化現象都獲得研究支持（Boos et al., 2013; Brauer, Judd, & Gilner, 1995），值得一提的是，人常常低估團體極化現象發生的機率（Keating et al., 2016）。我們通常沒有察覺團體極化影響了自己的態度，不知道我們的信念已經存在持續的偏誤。**圖9.5**就描述出美國過去二十年在政治上發生的極化現象。

團體領導力

另一個團體決策的關鍵問題是領導者的角色。造就一位偉大的領導者這個問題吸引心理學者、歷史學家及政治科學家很長一段時間（Fiedler, 1967; Haslam, Reicher, & Platow, 2013; Lord et al., 2017）。其中一個最為人知的答案是偉人理論（great person theory）。該理論認為，優秀的領導者是某些關鍵的人格特質造就而成的，無論他所面臨的情況之性質為何。

如果偉人理論正確的話，那麼我們應該可以抽離出一些造就有效領

偉人理論

該理論認為，優秀的領導者是某些關鍵的人格特質造就而成的，無論他面臨的情況之性質為何

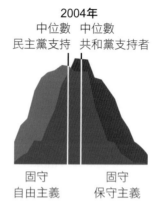
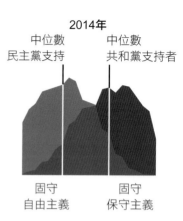

1994年	2004年	2014年
中位數 中位數 民主黨支持 共和黨支持者	中位數 中位數 民主黨支持 共和黨支持者	中位數 中位數 民主黨支持 共和黨支持者
固守 固守 自由主義 保守主義	固守 固守 自由主義 保守主義	固守 固守 自由主義 保守主義

圖9.5　美國兩極化中的黨派意識

透過團體極化現象，加入團體可能使個人態度變得更極端。雖然這並非無可避免，美國可能正在演變成更政治激化的國家。社群媒體是造就此現象的一個原因。社群媒體根據用戶的偏好分別提供龐大差異的資訊。對紐約時報、全國公共廣播電台、美國計劃生育聯盟按「讚」者，可能比對福斯新聞、Ann Coulter、美國全國步槍協會按「讚」者，看到的激進／自由主義貼文會多很多。於是兩種一開始有不同態度的人，意識形態可能會因極化歷程而差得更遠。圖中用人們在10題政治價值觀問卷的調查結果，證明這二十來的變化確實如此（摘自Pew, 2014）。

導者的重要人格特質。那是智慧、魅力和勇氣的結合嗎？是內向好或外向好呢？我們是否應該如馬基維利（Niccolò Machiavelli）在1513年出版的關於領導的名著《王子》（*The Prince*）中所說那般，在前述的特質中再加入冷面無情這個特質？或者道德崇高的人就能成為最佳領導者嗎？

領導力與人格特質

各種人格特質的人都可以成為成功的領導者。領導者只有比非領導者多一點點的聰明、外向、具魅力、對新經驗開放、自信與果斷（Ames & Flynn, 2007; Judge et al., 2002; Van Vugt, 2006）。令人驚訝地，很少人格因素和領導效能之間有關聯性，即便有關係也是相當微弱（Avolio, Walumbwa, & Weber, 2009; von Wittich & Antonakis, 2011）。例如，Dean Simonton（1987, 2001）蒐集了美國歷任總統近一百項的個人特質，諸如他們的家庭背景、教育經驗、職業及人格等變項。他只發現身高較高、來自小型家庭、任職前有較多著作的人，較可能被歷史學者評定為更有效能的領導者。至於其餘的九十七個變項，包括人格特質，與總統的領導能力都無關。

領導風格

　　雖然偉大的領袖不一定都有特定的人格特質，但他們確實會採用一些特定的領導風格。交易型領袖（transactional leaders）設定清楚且短期的目標，並獎勵那些達成目標的人。變革型領袖（transformational leaders）激發追隨者專注在共同的長期目標上（Bass, 1998; Haslam et al., 2013）。交易型領袖在確認組織的需求上表現得很好，且運作順暢。然而變革型領袖卻是打破框架，重新定義重要的長期目標，並且激發他們的追隨者致力於達成遠大目標。

　　有趣的是，這些領導風格與人格特質並不太相關，似乎不能說誰「天生」就是這一類或另一類的領袖（Judge, Colbert, & Ilies, 2004; Nielsen & Cleal, 2011）。此外，這兩種領導風格不是互斥，事實上，最有力的領袖是兩者風格兼具（Judge & Piccolo, 2004）。假設在一個組織裡，沒有人在乎日復一日的工作，及人們達成短期目標卻未被獎賞，那麼這個組織就會有問題。同樣地，在組織裡要有一位魅力十足並能激發人們思考長期目標的領袖也很重要。

「對的人」在「對的情境」

　　你已經知道社會心理學最重要的信條之一，是要瞭解人們的社會行為，只考慮人格特質是不夠的——我們同時需要將社會情境一併納入解釋。譬如說，一個企業領導者在某些情境可能非常成功，在其他情境卻不是如此。想想史蒂夫‧賈伯斯（Steve Jobs）的例子，他在二十一歲時和史蒂芬‧沃茲尼克（Stephen Wozniak）創立蘋果電腦公司。當時賈伯斯絕不是傳統穿西裝打領帶的企業領袖。在投入電腦工作之前，他會嘗試迷幻藥LSD、前往印度旅行，並且跟一群人住進公共果園中自食其力、與世隔絕。在沒有個人電腦的那個時代裡，賈伯斯的非傳統風格正好非常適合開展新企業。果然在五年之間，他已經是一家身價十億美元公司的領導者。

　　然而，賈伯斯的非正統風格要在競爭市場中管理一家大公司，卻極不恰當。因此當蘋果公司開始有競爭對手之後，經營開始惡化，到了1985年，賈伯斯被迫離開蘋果公司。但賈伯斯並未就此受困，他於1986年創辦了第一家製作電腦動畫的皮克斯公司（Pixar），並在2006年以七十四億美元的高價賣給迪士尼公司。1990年代，蘋果公司正面臨某些和剛創立時

交易型領袖

交易型領袖會設定清楚且短期的目標，並獎勵那些達成的人

變革型領袖

變革型領袖會激勵追隨者專注在共同的長期目標上

相同的技術難題，必須更新麥金塔電腦作業系統，並且重獲市場占有率，他們會請誰帶領公司迎接新挑戰呢？當然是史蒂夫・賈伯斯。在公司需要新的方向時，他的創造性思考和激勵員工迎接挑戰的能力，讓他成為及時的正確人選。

許多關於領導力的理論都著眼於領導者的特質、領導者的追隨者及情境因素。這類理論中最為人知的莫過於權變領導理論（contingency theory of leadership），主張領導效能同時取決於領導者的任務導向或關係導向，以及領導者擁有的控制權及其對團體的影響力（Fiedler, 1967; Yukl, 2011）。該理論認為有兩類領導者，一類是任務導向，另一類是關係導向。任務導向的領導者（task-oriented leaders）較關心任務完成與否，而非部屬的感覺或跟他們的關係；而關係導向的領導者（relationship-oriented leaders）基本上則較關心部屬的感覺及他與部屬之間的關係。

任務導向的領導者在「高度控制的情境」表現很好，部屬感受到強有力的領導，團體所須完成的工作具結構性而且定義得非常清楚（例如可考核員工表現並決定加薪的企業經理）。任務導向的領導者在「低度控制的情境」也表現得很好，部屬感受不到強有力的領導，團體所須完成的工作沒有清楚的定義（例如剛成立的志工團隊主管）。至於關係導向的領導者，則在「中度控制的情境」下績效最好。在這些情境下，一切運轉得尚稱平順，但仍須注意到那些因關係齟齬而使團體績效受損的狀況，能安撫這些感覺的領導者將比較能夠成功，如圖9.6。權變領導理論已經在很多團體的領導者身上測試過，包括企業經理人員、大學院校的行政主管、軍方將領等。這些研究普遍支持且同意圖9.6的關係型態（Ayman, 2002; Chemers, 2000; Lord et al., 2017）。

性別與領導

美國今日的工作職務有接近半數是女性。但是女性是否比男人更容易在商業、政治和其他機構嶄露頭角成為領袖？其實還沒有，但這正在改變。例如2016年希拉蕊・柯林頓（Hillary Clinton）歷史性的女性參選總統，可見阻止女人前進的障礙正在被破除之中。可惜的是這種障礙並未完

什麼因素決定如馬丁路德（Martin Luther King, Jr.）成為一個偉大領袖？是特定一些耀眼的人格特質，還是一個對的人出現在對的情境與對的時間？

權變領導理論
領導者的效能不僅取決於該團體究竟有一位任務導向的領導者或關係導向的領導者，還取決於對該團體，此位領導者握有多大的控制權

任務導向的領導者
較關心任務完成與否，而非部屬的感覺或跟他們的關係之領導者

關係導向的領導者
較關心部屬的感覺及與部屬之關係的領導者

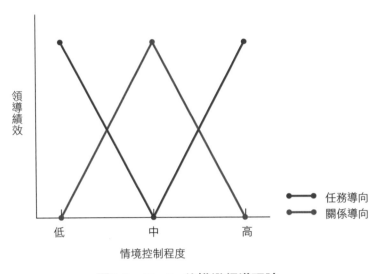

圖9.6　Fiedler的權變領導理論

根據Fiedler的說法，在情境控制較高或較低的情形下，任務導向的領導者表現最好；
而在情境控制適中的情形下，關係導向的領導者表現最好。

全移除，在2016年，前五百大企業的執行長中只有二十一位女性，美國企業中的高階主管僅有15%為女性（Catalyst, 2017）。其他國家也沒太大差別，其實美國已經是比率最高的國家之一，比率更高的少數幾個國家分別是挪威（47%）、瑞典（34%）、法國（34%）以及澳洲（23%）。台灣（5%）、南韓（4%）、日本（4%）則在這項調查中敬陪末座。女性較難取得領導地位的原因之一，是很多人認為好的領導者需要具有強勢的特質（agentic traits），諸如有主見、控制慾、支配慾、獨立、自信，這樣的特質傳統上讓人聯想到男性。相較之下，女性則刻板地被期待為熱心公益、溫暖、愛幫助人、慈愛、感情豐沛的形象。因此，如果她們在領袖的位置上表現得如一個領袖，亦即比較強勢的作風，她們就會被批評沒有「一個女人該有的樣子」（Brescoll, Dawson, & Uhlmann, 2010; Eagly & Karau, 2002; Koenig et al., 2011）。

　　還有一個女性領袖面對的危機：因為女性

研究顯示婦女在領導角色上有雙重的困境，如果她們符合溫和且擅於溝通的社會期望，她們往往被視為領導潛能低落。但如果她們表現該有的果斷與強制作風，她們通常又被負面看待。

被視為具有溫和的特質，能夠處理危機，特別是人與人之間的衝突。信任女性可以解決問題看起來似乎是好事，但也因此女性常被放在一個陷入危機、高風險又容易失敗的位置。Michelle Ryan和她的同事認定她們自己是在一個「玻璃懸崖」邊（Ryan et al., 2008, 2011）。就算她們突破難如登天的「玻璃天花板」（glass ceiling），相較男人之下，通常她們也被丟在一個陷入危機容易失敗的單位裡。Ryan跟她的同事在現實企業研究與實驗室研究都發現，聘僱新職員時，女性被丟在充滿危機的單位領導，男性被放在平順的單位領導，這似乎表明女性領袖容易遇到失敗。

　　好消息是：對女性領導者的偏見因著時間遞減中。在1953年的蓋洛普民意調查中，66%的人說他們寧願選擇男性當他們的老闆，而只有5%的人選擇女性當他們的老闆（25%的人沒意見）。同樣的民意調查內容在2011年時，已經變成32%選擇男性老闆，22%選擇女性老闆，而46%的人沒意見。一些證據顯示，人們越來越能接受女性的行事風格像個刻板印象

2012年，Yahoo因為在社群媒體、行動app、Google興起的時代瞬間落後，僱用了梅爾（Marissa Mayer，左）擔任新的執行長，冀望她可以扭轉入口網站一直萎縮的收益。兩年後的2014年，巴拉（Mary Barra，右）擔任全球主要車廠的第一位女性執行長，她必須在短短數月內拯救GM（通用汽車），因為爆發通用隱瞞有缺陷的汽車設計將近十年，她須召回1,100萬輛以上汽車。梅爾與巴拉都是女性突破「玻璃天花板」成為執行長，卻又面臨「玻璃懸崖」危機的例子。梅爾最近因Yahoo仍處艱困而剛下台，即使公司股價在她任內上漲。巴拉則在多數指標都顯示其非常成功的狀態下，繼續領導GM。

中的男性（Twenge, 1997）。而且越來越多人認同有效的領導是兼具溫和作風（communal）和強勢作風（agentic）（Eagly & Karau, 2002; Koenig et al., 2011）。

文化與領導力

　　大部分的研究都是在西方國家進行，那麼問題出現了，有多少領導力的研究結果能應用於其他國家的文化？因此，研究人員開始將目光轉移到不同文化中，人們重視的領導特質和領導風格（Aktas, Gelfand, & Hanges, 2016; Aycan et al., 2013; Eagly & Chin, 2010）。一項雄心勃勃的研究，調查六十二個國家的不同領導方式和態度。研究人員在這些國家中找了九百五十一個機構，共一萬七千位管理者進行問卷調查、廣泛的訪談、召開小組討論並分析各國的媒體內容。不意外的，不同文化重視不同的領導特質。例如歐洲國家比拉丁美洲國家重視自主型領導，其定義為部屬不依賴上司，且領導者大多時間獨自工作。但是也有普遍認同的兩個領導特質：領導魅力和團隊導向（House et al., 2004）。有關於不同文化的領導風格，其中的問題受到越來越多的重視，因為全球經濟合作趨於多樣化，不同文化的管理者之間，互動也越趨頻繁。

複習題

1.下列哪一項不是歷程損耗的例子？
　a.交換記憶。
　b.團體極化作用。
　c.無法分享個人獨有資訊。
　d.團體迷思。

2.降低團體迷思的步驟之一是：
　a.託付給一位強力領導。
　b.用公開投票，而不是匿名投票。
　c.創造次團體，讓各個次團體先各自討論，然後各團體再一起討論他們的不同提議。
　d.強調團體一致的重要。

3.Walt、Jesse、Mike以及Gus是企業夥伴，正在考慮他們是否投資一個有風險的新計畫。

Jesse覺得其他夥伴傾向冒險。為了讓夥伴覺得自己是一個有價值的好成員，Jesse大聲附和冒險的選項，後來他讓討論結果比原本應該的結論更大膽。Jesse的個人舉動說明了團體極化作用的＿＿＿＿＿＿解釋。
　a.社會比較
　b.相反態度
　c.說服性論證
　d.社會助長作用

4.人格特質型態與領導的研究指出：
　a.偉人理論最能解釋成功的領導。
　b.各種人格特質型態都能成為成功的領導者。
　c.最成功的美國總統（由歷史學家評定）具有

共同的主要人格特質，像是外向、對新經驗
的開放性，以及同理心。

d.最成功的領導者具有強勢特質，沒有溫和特
質。

5._____的領導者設定清楚的短期目標並

用獎勵讓人們達成。

a.權變型

b.變革型

c.溫和型

d.交易型

衝突與合作

學習目標9.4　個人與團體衝突升高或化解的決定性因素

　　我們已經討論過團體成員如何一起解決問題；在這些情況下，團體
成員擁有共同的目的。然而，人們的目的經常相互矛盾，使彼此置於衝突
中。這種現象在兩個人的關係中就可觀察到，譬如情人們爭論誰該清理
廚房；在兩個團體之間也可看到，譬如工會和管理層爭論薪資與工作條
件；或是兩個國家之間也是如此。只要兩個或兩個以上的人互動，人際衝
突就有可能。佛洛伊德（1930）甚至主張，衝突是文明社會不可避免的副
產品，因為個人的目標與欲求經常與別人的目標與欲求相牴觸。衝突的
本質及衝突該如何解決等問題，一向是許多社會心理學研究探討的主題
（Cohen & Insko, 2008; De Dreu, 2014; Thibaut & Kelley, 1959）。

　　許多衝突可以在極小的仇恨下和平解決。夫妻能夠找出雙方都能接
受的方式解決差異；勞資爭議有時能握手言
和。然而更多時候，衝突爆發為公開的敵意，
例如美國持續的高離婚率；人們有時會訴諸暴
力解決爭議，國際間的爭端也常以戰爭的方式
解決。因此，找出和平解決衝突的方法就顯得
格外重要。

社會困境

　　我們一開始就產生衝突的理由之一就是，
對個人最好的，常常對團體而言卻不一定最
好。以最近美國的「潘娜拉（Panera）連鎖餐

有時人們和平地解決衝突，例如夫妻以溫和的方式離
婚。但其他時候衝突常是逐步擴大成了仇恨和暴力。社
會心理學家進行了各樣實驗來測試可能解決衝突的方
法。

飲」的冒險經營模式來說，他們幾年前開設社區關懷餐廳，看起來似乎和其他潘娜拉的分店無異，但關懷餐廳不向顧客要求應付的帳單餐費；他們提出每樣餐點的建議價格，但顧客可以自由付費。連鎖餐飲的創辦人兼首席執行長Ronald Shaich讓有真正需要的人可以吃得好，但僅付出可負擔的錢。他預期收支可以抵銷，由一些顧客願意支付多於建議價格的金額。

　　潘娜拉餐飲設計出了一個典型的社會困境（social dilemma）。這一類的衝突是如果多數人選用對個人最有利的行動，那麼將對所有人有害（Van Lange et al., 2013; Wang et al., 2017; Weber, Kopelman, & Messick, 2004）。別人付費而自己可以免費吃喝，在金錢上是對個人最有利。但如果很多人採取了這樣的做法，則大家都成了受害者，因為餐廳將不堪負荷而關掉。

　　潘娜拉關懷餐廳在第一年的嘗試中，大約有五分之三的客人按照建議價格支付，五分之一的客人付低於建議價格，五分之一的客人則付高於建議價格。還是有人會利用這個機制來占便宜，例如三個大學生付三美元卻點了四十美元的餐點，只是因為他們想要這樣。當然，潘娜拉希望有夠多的人願意付出比建議價格更多的錢以抵銷付出較低者。潘娜拉關懷餐廳的結局因地而異：剛開始開的五家店有三家關門，波士頓和聖路易斯的兩家店則持續營運。是什麼讓人們在此類的社會困境有自私或無私的反應？社會心理學家試圖研究這些衝突，並在實驗中找出並測試其前因後果。

　　關於社會困境的研究方法最常見的一種方式稱為「囚犯困境」（prisoner's dilemma）。這個古怪的名稱源自於一則故事，其中兩名嫌犯被警察抓了之後分開審問。兩人——姑且稱之為Piper和Alex——都被提供同樣的交易機會：背叛共犯並坦承犯案就可以減刑。嫌犯確切的刑期都會依照另一名嫌犯的選擇而定。如果兩人都決定閉嘴忠於對方，警方僅有的證據只能關他們一小段時間。如果他們都背叛對方，刑期就會稍長一點。簡單的選擇，不是嗎？看來他們都該閉嘴不說，但話別說那麼快……要是Piper閉嘴但Alex認罪呢？Alex就可以無罪釋放但Piper將面對最重的刑期。要是Piper認罪但Alex閉嘴呢？那麼Piper會被釋放而Alex要被關很久。

　　幸好心理學家對囚犯困境做了實驗的變形，參與者就不用冒上坐牢的風險。研究中兩個人要在不知對方會選擇哪一張牌的情況下，從兩個選

社會困境
指當大多數人都採取對自己最有利的舉動時，每個人反而會蒙受不利的影響

項中選擇自己的牌，所得的分數取決於兩人所選擇的牌。假設你正和朋友在玩這個遊戲，正如下頁「試試看」練習題所示，你必須決定選擇X選項或Y選項。你的酬勞也就是你會贏或輸的金額，就像Piper和Alex的狀況，端視你和你朋友的選擇而決定。舉例來說，如果你和你的朋友都選了X選項，那麼你們兩人都可以得到三塊錢；然而如果你選了Y選項，而你的朋友選了X選項，那麼你可以贏得六塊錢，而你的朋友則輸掉六塊錢。在結束才可知道對方作何選擇的情況下，你會選擇哪個選項？

Y通常可說是這個遊戲最安全的選擇（Rapoport & Chammah, 1965）。這個困境就是雙方都可能這麼想，因而確定了雙方都會輸掉一些原本該有的酬勞。人們在這些遊戲中的做法似乎反映了許多日常生活的衝突。為了找出對雙方都有利的解決辦法，人們必須彼此信任，但是他們通常沒有，因而導致了一連串的競爭舉動，導致最後沒人能贏（Insko & Schopler, 1998; Kelley & Thibaut, 1978, Lount et al., 2008）。兩個陷於武力競爭的國家可能覺得無法承擔裁減武器的後果，因為害怕對方會從他們的弱點取得優勢，結果雙方都猛烈地擴充武器存量，導致沒有一方能夠取得優勢，也沒有一方能運用原本可用來解決內政問題的經費（Deutsch, 1973）。這種衝突的升高也經常發生在離婚夫妻身上，有時候他們的目的似乎在於傷害對方甚於追求個人的需求（或是子女的需求）。最後，雙方都受害，因為他們都太常選擇Y了。

增進「囚犯困境」的合作反應

此類升高的衝突雖然普遍，卻不是無法避免。許多研究已經發現，當人們玩囚犯困境遊戲時，在特定情況下他們會做出較合作的反應（選擇X），以確保雙方最後都有正面的收穫。並不意外的是，假如受試者是和他們的朋友一起玩這個遊戲，或是，他們預期和他們的同伴在未來還有互動的可能，這些受試者最可能採取合作策略，以期他們和同伴每人能夠獲取最大的利益（Cohen & Insko, 2008; Grueneisen & Tomasello, 2017）。

巧妙地改變人們對行為規範的期待，可以在合作上產生極大的效果。有個研究發現，單單只要在遊戲的名稱上從「華爾街遊戲」改為「社區遊戲」，就可以增加合作的百分比，從33%提高到71%（Liberman et al., 2004）。另外，在香港中文大學學生的研究中發現，比賽前向參加

囚犯困境遊戲

| | 你的選擇 | |
朋友的選擇	選擇X	選擇Y
選擇X	你贏三塊錢 朋友贏三塊錢	你贏六塊錢 朋友輸六塊錢
選擇Y	你輸六塊錢 朋友贏六塊錢	你輸一塊錢 朋友輸一塊錢

　　找個朋友一起玩這個囚犯困境遊戲。首先，給你的朋友看上面那張表，並解釋遊戲規則：每一回合，你跟朋友在不知道對方選擇為何的情況下，自行選擇X或Y。你們必須在一張紙上各自寫下你們的選擇，再將紙摺起來，然後同時打開。表中的數字代表你們在每一回合可能贏或輸的想像金額。例如，假如你在第一回合選擇X，而你的朋友選擇Y，則你會輸掉六塊錢，而你的朋友會贏得六塊錢。假如你們同時都選擇Y，你們會各自輸掉一塊錢。試著玩十回合，每回合都記錄下你們各自的輸贏。你和你的朋友較常選擇合作策略（選擇X）還是競爭策略（選擇Y）？為什麼？在遊戲過程中，是不是會培養出信任或不信任感？

遊戲者展示華人文化象徵（如中華龍），將使人更為合作。反之，向參加遊戲者展示美國文化象徵（如美國國旗），則提高了彼此的競爭（Wong & Hong, 2005）。

　　另一種策略是採取以牙還牙策略（tit-for-tat strategy）：開始做出合作反應（選擇X），然後在下一回合見機反應合作或競爭。這個策略傳達了合作的意願，同時也表達如果對方自私，你也不願任由剝削。以牙還牙策略通常能夠成功地使他人採取信任的反應（Klapwijk & Van Lange, 2009; Leite, 2011; Wubben, De Cremer, & van Dijk, 2009）。這一點可以解釋在武器競爭中，不只要回應不友善國家的武器競賽，同時也要回應和解的訊息，譬如停止核子測試。

　　另一個更經證實的策略是允許個人做決定，而不是由團體做決定。在「囚犯困境」遊戲裡，兩個人會比兩個團體更可能合作（Schopler & Insko, 1999）。第八章提過在團體中會有去個人化現象，你現在也知道團體會產生更極端的態度。這些現象造成當兩個競爭團體相互不信任時，單獨的團體代表間有時更能化解鴻溝，並有助於溝通協商。簡言之，社會困境已經是心理學研究的重要主題，但值得注意的是這類研究並非都聚焦在囚犯困境，下頁照片舉出公共資源管理上的社會困境。

以牙還牙策略

促進合作的一種策略：先做出合作的反應，再根據對手於前一回合的反應（合作或競爭）做出反應

用威脅來化解衝突

當陷入衝突時，許多人嘗試使用威脅讓對方屈服於我們的意願。許多人似乎贊成「溫口在言，大棒在手」的策略，例如父母經常以威脅手段來約束子女的行為，老師通常以記過或帶到訓導處報到來威脅學生，國際間也廣泛使用威脅，以優先維護本國的利益（Turner & Horvitz, 2001）。

Morton Deutsch和Robert Krauss（1960, 1962）一系列古典研究指出，威脅並非減少衝突最有效的方式。研究人員研發一項遊戲，其中兩名參與者想像自己是「頂點」（Acme）和「閃電」（Blot）貨運公司的老闆，每家公司的目標是儘速將商品送達目的地，參與者每趟「行程」可得六十分錢，但行程中所花的每秒鐘都要扣一分錢。兩家公司最直接的路線是一條只容一輛貨車通過的單行道，這將導致兩家公司置於直接衝突中，如**圖9.7**所示。如果頂點和閃電都要走這條單行道，沒有一輛車通得過，並且兩方都會損失錢；另外，每家公司都可走另一條路，但路途較長，會讓他們每一趟至少被扣十分錢。一會兒之後，大部分的參與者都找出瞭解決方法，讓雙方都能獲得適當的金錢，他們輪流等待另一方通過這條單行道。

這個研究的另一版本是，研究者給頂點公司一道可以架設在單行道上的門，以阻擋閃電公司使用這條路。你也許認為使用強制力量

囚犯困境並非社會困境的唯一形式。公共資源困境涉及有限資源的分享，它就像囚犯困境，當個人選擇從自私得益但太少人合作時，每個人都將面臨後果。	想一想那則公有地的悲劇寓言故事。村民共享一片草原，允許每人帶特定數量的牛在那吃草。當然，偷偷多帶一兩頭牛去可以讓自己獲益，養出更多和更肥的牛。但如果每個人都這麼做草原會消耗殆盡，導致牛將餓死（或者村民最終也一樣）。	個人太快使用過多資源是公共資源困境的一種形式，但還有另一種形式是太少人去貢獻可補充的資源。如果太少人捐血，意外發生時就不會有足夠的血液存量；如果太少人納稅，基礎設施會崩壞而到處都要受苦。	本章提到的許多策略有助於提升公共資源困境中的合作。但還有另一個可行方式是建立一個有權威的管理機構，去約束危害社會和合作的人。例如美國國家環境保護局可以對違反國家環境標準的公司處以重罰。

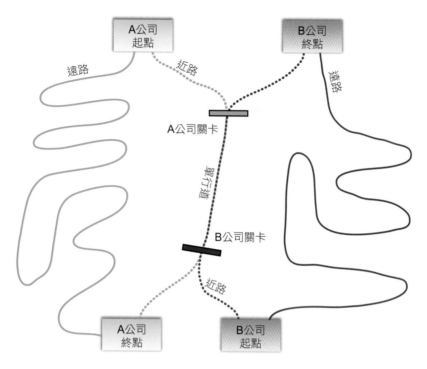

圖9.7　Deutsch與Krauss的貨運賽局

Deutsch與Krauss（1962）用貨運賽局研究合作或不合作現象，受試者在賽局中為了賺錢，要儘快從起點開車到終點。如上圖顯示，最短的路徑是一條單行道，但是兩家公司的貨車不能同時行駛在這條路上。當受試者可以控制單行道的關卡，而阻撓另一名受試者開到單行道上時，兩家公司賺的錢都會減少。

（門），將增加頂點公司的利潤，因為他們唯一要做的是威脅閃電公司，告訴對方「離這條路遠一點」。事實正好相反，當一方有門時，兩個參與者的損失比雙方都沒有門時更多。閃電公司不喜歡被威脅，而且常會採取報復手段，將貨車停在單行道上，阻止頂點公司貨車通過，造成時間溜逝，雙方都損失錢財。如果情況比較公平，雙方都有門，情況會如何？他們就會學到合作，瞭解到如果雙方都使用門可能造成僵局，是這樣嗎？相反的，在雙方均展現威脅的情況下，雙方所損失的錢超過其他情況下的損失。兩家貨車公司的老闆彼此都高頻率地使用門來威脅對方。

溝通的效果

　　貨運遊戲在一個重點上悖離真實生活：不允許雙方溝通。如果敵對雙方能夠談一談，他們能解決彼此的歧見嗎？為了找出答案，Deutsch和

Krauss要求參與者每趟行程都要用對講機溝通。唉！要求人們溝通並沒有明顯增加利益。為什麼呢？貨運研究的溝通問題在於沒有培養出信任感，事實上人們反而使用對講機來傳達威脅。Deutsch和Krauss在另一個版本的研究中，明確指示人們如何溝通，並告訴人們找出對雙方都公平的解決方法——如果彼此能為對方著想，雙方將都樂於接受。在這些情境下，口語溝通會增加雙方所賺的錢，因為溝通能培養出信任感，而不是火上澆油的競爭（Deutsch, 1973; Deutsch, Coleman, & Marcus, 2011; Krauss & Deutsch, 1966）。

協商與談判

到目前為止，我們討論的實驗遊戲裡，人們的意見受到限制。他們必須在囚犯困境中選擇X或Y；卡車到達目的地的方法只有少數幾種。在日常生活中，人們通常有更廣泛的選擇。想想有兩個人正為一輛車議價，買賣雙方可能同意另一方的所有要求、部分要求，或是全不同意；任何一方也可能隨時取消協議。由於人們解決衝突的方法非常廣泛，彼此之間的溝通更為重要。人們可以藉由交談、討價還價及協商而達到滿意的解決。協商（negotiation）定義為一種衝突對立雙方的溝通形式，雙方提出要求和讓步，並且在雙方同意下達成某種解決方式（Menon, Sheldon, & Galinsky, 2014; Thompson, Wang, & Gunia, 2010）。人們可以成功協商出對雙方都有利的解決方法嗎？

成功的協商有個限制，就是人們常常假設自己處於一個零和的衝突，即只有單方能得到好處。如同我們對衝突所回顧的，他們沒有瞭解到，其實也有對雙方有利的解決辦法。例如一對要離婚的夫婦，在瞭解彼此有不同的訴求之前，可能會起爭執且發現很難達成協議。也許對一個人而言重要的是留著傢俱和棒球賽的季票，但另一個人想要的是黑膠唱片。這種妥協稱為整合式解決辦法（integrative solution）：衝突的雙方，根據彼此不同的利益，達成利益交換；每一方都在對他不重要但就對方很重要的議題上讓步。

看起來這種整合式解決辦法似乎很容易達到。畢竟，雙方只要坐下來搞清楚哪些議題對彼此最重要就好了。然而人們發現，要找出整合式解決辦法通常有很多障礙（Moran & Ritov, 2007; Thompson, 1997）。例如，

協商

對立雙方在衝突中的一種溝通形式：雙方既提出要求，也有所退讓，解決方案只有在雙方同意的情況下方能達成

整合式解決辦法

解決衝突的一種方式：雙方根據彼此不同的利益，造成利益交換，每一方都在對自己不重要但對對方很重要的議題上讓步

人們如果在協商中掌握愈多籌碼，對於對方的知覺偏差會愈多。他們傾向不相信對方的提議，且忽視他們共有的利益（Kong, Dirks, & Ferrin, 2014; O'Connor & Carnevale, 1997）。這就是為什麼人們通常透過中立調解員解決勞工爭議、法律案件及離婚訴訟。調解人員通常處於較佳的位置，能看清雙方都可能接受的解決方式（Kressel & Pruitt, 1989; Ross & LaCroix, 1996; Wall & Dunne, 2012）。

　　溝通的樣態對於協商中的信任發展也很關鍵（Rosette et al., 2012）。早期舊式面對面的協商方式，似乎比現今電子媒體溝通像是電子郵件、簡訊或視訊會議容易建立起信任。當然這些科技產品有很多優勢，但缺點是比較難認識人和信任人。一項整合數份研究的整合分析研究發現，經由電子媒體進行的談判比較具有敵意，並且與面對面的方式比較，協商的結果受益較低（Stuhlmacher & Citera, 2005）。

　　協商的基礎是什麼呢？當你與某人協商時，切記，整合式的解決方式是經常存在的。試著獲得對方的信任，且以開放的姿態讓對方瞭解你的利益與興趣所在，並試著聽取對方的觀點（Trötschel et al., 2011）。記住你解讀情境的方式不見得和對方相同。你也許就會發現，對方會以較自由的方式溝通他的利益與興趣所在，以及增加你發現對雙方都有利之解決方式的可能性。

中立的調停者通常可以幫助解決勞資糾紛、合法爭鬥和離婚事件。調停者通常在一個較好的位置上，可以看清衝突中雙方都能接受的解決之道。

複習題

1. 關於社會困境：
   a. 採取合作策略的人比自私的人更能獲利。
   b. 如果大部分的人選擇對自己有利的行動，最後對所有人都不會有好結果。
   c. 總會有一贏一輸。
   d. 實驗室研究無法用來理解團體衝突的持續和惡化。

2. 在囚犯困境實驗中，你會得到對自己最糟的結果假如
   a. 你和對方都合作。
   b. 你合作，對方自私。
   c. 你和對方都自私。
   d. 你自私，對方合作。

3. 兩家漁業公司Hufflepuff和Ravenclaw在同一個水域捕魚，雙方都想造水壩阻斷水流並防止對方撈捕。團體衝突的研究指出如果這兩家公司都造了水壩而有能力阻礙對方，
   a. 衝突會減少，因為兩邊有同等能力威脅對方。

   b. 衝突會增加，因為兩邊有同等能力威脅對方。
   c. 衝突會略為增加，但不嚴重，除非只有單方面建築水壩。
   d. 衝突會增加，但只有在雙方不溝通的情況才會如此。

4. _____解決辦法是一種協商的結果，每一方都在對自己不重要但對對方很重要的議題上讓步。
   a. 以牙還牙
   b. 交易式
   c. 整合式
   d. 共享式

5. 根據Sigmund Freud的說法，_____是文明無可避免的副產品。
   a. 協商
   b. 合作
   c. 衝突
   d. 心理學

摘 要

學習目標9.1　什麼是團體？人們為何加入團體？

■ **什麼是團體？**　一個由互相交流和相互依存的兩人（含）以上（通常更多人）所組成的群體稱為團體。

- 人們為何參加團體？　「歸屬於團體的需求」可能是天生的。團體讓我們達成困難的目標，也可作為社會世界的訊息來源，並且是我們社會認同中很重要的一部分。人們對被團體排拒很敏感，而且會盡其所能以避免被團體排拒。

- 團體的組成與功能　團體多由同質成員組成，部分原因是因為團體有著人們被預期要遵守的共同「社會規範」。團體也明確界定社會角色，以及對人們的行為舉止有共同的期望。人們甚至可能過分沉湎於社會角色中，使得他們失去了個人的人格認同與人格特質。團體凝聚力，這種將成員凝聚一起，以及促進成員彼此相似度的特質，則是另一個影響團體表現的重要特性。因此團體組成中的異質性有時與士氣有負向關聯，但是和一系列的團體表現有正向關聯。

學習目標9.2　別人在場會如何改變人們的行為？

■ **團體中的個人行為**　研究對個人獨自的行為表現與個人在群體中的表現做了對照比較。

- 社會助長作用：當其他人在場激勵了我們　當個人在任務中的努力可以被評估時，有他人在場會導致社會助長作用：人們在簡單任務上的表現增強了，但在複雜任務上的表現卻變差了。

- 社會性懈怠：別人的存在使我們鬆懈　當個人在任務中的努力無法被評估時，有他人在場會導致社會性懈怠：人們在簡單任務上的表現變差，但在複雜任務上的表現卻增強。

- 社會性懈怠的性別與文化差異：誰最偷懶？　社會性懈怠的情況男性比女性普遍，西方文化比亞洲文化普遍。

- 去個人化：迷失在人群中　他人在場也可能導致個性弱化，也就是在人群中時人們放鬆對行為的一般約束。

學習目標9.3　比較個人與團體決策的差異，以及解釋領導對團體成果的影響

■ **團體決策：三個臭皮匠，真的勝過一個諸葛亮？**　研究對個人自己與在群體中如何做決策做了對照比較。

- 歷程損耗：團體互動何時會妨礙問題解決？　當成員善於匯集意見與聽取團體成員中的專家意見時，團體較個人能做出更好的決策。然而，歷程損失常會發生，也就是團體交互作用的各個面向抑制了良好的決策。舉例來說，團體往往側重已獲共識的資訊，而疏於分享獨特的訊息。在保持團體凝聚力和團結力比以實事求是的態度考量各種因素還要重要時，緊密有凝

聚力的團體更容易產生團體迷思。

- **團體極化作用：走向極端** 團體極化現象導致個人在團體討論前持有更極端的態度，團體做出朝向團體成員最初傾向的極端決定，這些群體決策可能會更冒險或更謹慎，取決於個別成員的原本傾向。

- **團體領導力** 認為好的領導能力是有正確人格特質的偉人理論並未獲得太多支持。領導者有各自的領導風格，例如交易型領導者或變革型領導者。領導效能，是關乎何種領導人，同時也關乎工作局面成熟度的一種功能。雖然已有了長足的進步，婦女擔任領導職務的任職人數仍然不足。女性領導人經常面臨「玻璃懸崖」，亦即她們會被交付失敗風險很高的危機處理。此外，女性領袖更面臨雙重困境：如果她們符合溫和且擅長溝通的社會期望，她們往往被視為領導潛能低落；而如果她們成功得到領導地位並表現出領導人被預期的——具原動力有魄力的領導方式——她們通常又被負面地冠上沒有「一個女人該有的樣子」的形容。

學習目標9.4 個人與團體衝突升高或化解的決定性因素

■ **衝突與合作** 研究對人們有不兼容的目標時如何解決衝突做了檢驗。

- **社會困境** 當每個人基於個人意願採取最有利自己的行動，而大多數人都選擇如此行動卻產生了對每個人都有害的影響時，稱為社會困境。有個普遍被研究的社會困境是「囚犯困境」，同室的兩個囚犯必須決定要尋求只符合其自身的利益，或者尋求也符合夥伴利益的解決方式。解決這種衝突，建立信任是至關重要的，多種情境因素可使個人更可能合作。

- **用威脅來化解衝突** 研究顯示，使用威脅手段會升高衝突，而非解決衝突，當雙方有同等威脅能力的時候甚至更為嚴重。

- **協商與談判** 當雙方談判協調時，尋找一個整合式解決方案非常重要，亦即雙方都承認對一方無關緊要的問題，對另一方卻是至關重要的。

分享寫作 你有什麼想法？

沉醉式互動

為何去個人化特別可能發生在網路情境？如何在網路上預防？

測　驗

1.為什麼團體會有同質性（在年齡、性別、信仰和意見上相像）？
　　a.原本彼此就相似的人會加入團體。
　　b.演化的壓力致使有相似基因的人加入團體，有不相似基因人會互相避開。
　　c.團體內有同質性時會較有生產力。
　　d.社會性懈怠阻礙我們尋找新的成員和新經驗。

2.團體凝聚的最好解釋是：
　　a.對團體成員行為規範的共同期許。
　　b.將成員凝聚一起，以及促進成員彼此相似度的特性。
　　c.對男女角色與行為規範的期許。
　　d.在他人面前簡單容易的工作讓人表現得更好，複雜困難的工作表現得更差的傾向。

3.您正試圖在眾人包圍的大廳還是一人獨處的房間舉行一個測驗。假設你已對這測驗做足功課，也充分瞭解相關題材，你應該在＿＿＿進行測驗？因為它會導致＿＿＿結果？
　　a.房間；社會性懈怠
　　b.房間；社會助長作用
　　c.大廳；社會性懈怠
　　d.大廳；社會助長作用

4.通常社會性懈怠，＿＿＿比＿＿＿強，另＿＿＿比＿＿＿強。
　　a.男性，女性；亞洲文化，西方文化
　　b.女性，男性；亞洲文化，西方文化
　　c.男性，女性；西方文化，亞洲文化
　　d.女性，男性；西方文化，亞洲文化

5.在回教室的路上，Sanjeev遇上一群正衝向餐廳要求改善食物品質的狂暴學生。Sanjeev喜歡目前餐廳的食物，想要阻止這群暴怒的學生，最有效的解決方式會是？
　　a.邀請整群暴怒的同學到他家茶聚以增進團體凝聚力。
　　b.發給每個人一件藍色襯衫。
　　c.藉由團體中最專業的人得到最大的影響力以減低歷程損耗。
　　d.在這群暴怒的學生中找出一位朋友，叫喚她的名字，並大聲跟她在眾人面前交談。

6.當決定哪些資訊該包含在專題研究中時，一起進行專題研究的四名心理學系學生正設法如何避免團體迷思。以下哪些方法最沒有幫助？
　　a.在開始進行專題研究前先一起去看場電影來聯繫團體情感。
　　b.分配各組成員負責教科書中不同的章節，以便涵蓋所有的細節。
　　c.找一位不同組的同學來檢視專題研究。
　　d.指定一個領導者以管理該專題研討，但領導人是非指揮性的，並且鼓勵大家提供真誠的反饋。

7.已婚夫婦Jim與Pam打算要買房子，他們已將選擇縮小到兩棟房子。Jim記得其中一棟房子有美麗的廚房；Pam卻記得那棟房子的壁櫥有蟑螂。透過共享這些信息，Pam與Jim是運用＿＿＿以避免＿＿＿。

a.心靈守望；團體迷思

b.社會性角色；去個人化

c.交換記憶；歷程損耗

d.次團體；團體極化

8.下列何者最可能導致一個委員會產生歷程損耗？

a.所有委員仔細聆聽相互的意見。

b.委員們是認識多年的好友。

c.成員分享其他人缺乏的資訊。

d.最能幹的成員可以自由隨意發表意見。

9.下列哪個是常見的困境案例？

a.對每個漁民來說，最好是捕愈多魚愈好；但如果每個漁民都這樣做，魚源會枯竭，所有漁民都將受到影響。

b.人們可以在音樂會結束掌聲響起前快速離場，但如果每個人都這樣做，就不會有誰比較快了。

c.個人最好不要納稅，因為即使他們不付稅，他們仍然可以享受其他納稅人的稅金所建設的公園和高速公路。

d.如果晚餐帳單要大家平分，團體中每個人都會覺得點愈貴的餐點愈好。但每個人都這樣做的話，最後每個人都得付更多的錢。

10.當解決衝突時，什麼時候溝通最有效率？

a.當人們透過電子方式溝通（例如電子郵件）。

b.當被要求進行溝通時。

c.當衝突雙方有高度的利害關係且都有能力威脅對方時。

d.當調解員被請來調解時。

CHAPTER 10

吸引力和關係：從最初印象到長期親密

綱要與學習目標

如何預測吸引力？

學習目標10.1 描述人們如何決定喜歡而且想要更進一步認識的對象

住在隔壁的人：接近性效應

相似性

相互喜歡

外表吸引力

演化與擇偶

數位世界的人際連結

學習目標10.2 解釋新科技如何塑造吸引力和社會連結

吸引力2.0：線上世代的擇偶偏好

線上結識的前景和陷阱

愛情與親密關係

學習目標10.3 解釋跟不同類型愛情有關的文化、性格和生物因素

愛情的定義：友伴和熱情

文化與愛情

親密關係裡的依附風格

你的身體和腦在戀愛

評估關係：滿意度和分手

學習目標10.4 分析各種測量關係滿意度的理論以及有關親密關係分手的研究

關係滿意度的理論

分手歷程和經驗

●●●●●●●● **你認為如何？**

調查：你認為如何？	
調查	**結果**
你曾經跟網路或手機應用程式上認識的人約會、交往或建立關係嗎？ □是 □否	

　　Janie Egan和Chris George都是籃球迷。很自然地，認識這對年輕情侶的朋友都知道，他們第一次約會就是去鹽湖城觀看NCAA第二輪比賽。Janie從朋友那裡得到入場券，當她跟Chris用貼圖傳送訊息時，她相信他會改變原先計畫，跟她去看籃球賽。事實上，它並非那麼有說服力。兩天後他們重返體育館，觀看第三輪比賽。他們在七個月之內訂婚。

　　然而，這段有如旋風般的羅曼史曾有阻礙。Chris第一次拜見Janie的父親，就對未來的岳父說謊。其實，Janie強迫他這樣做。因為Janie要求Chris不計一切代價要隱瞞她的父母某件事。她認為父親無法接受Chris的難言之隱。究竟Janie要求Chris隱瞞她家人的秘密是什麼？這對情侶是藉由交友軟體Tinder認識的。

　　Tinder是一款「幫使用者搭橋」的手機應用程式。Tinder使用者可以看到其他使用者的照片。如果看到你感興趣的對象，只要將螢幕向右滑；如果不感興趣則向左滑。在此同時，其他使用者也會看見你的照片，如果你所感興趣的對象也對你感興趣，應用程式就會通知雙方配對成功。是否要更進一步交往則由雙方決定。

　　Chris和Janie並非唯一在Tinder上結識的情侶。這款應用程式的網站顯示，到2017年初為止，每天配對成功的次數超過2,600萬次——來自每天滑動16億次的結果，總共在190多個國家配對成功200億次以上。不過，Janie仍不願意讓父母得知此事。並非他們不瞭解Tinder。恰好相反，他們太熟悉這款應用程式。他們知道她花費多少時間，而且並不在意她使用應用程式認識一些男性。的確，當Chris首次拜訪她家時，Janie的父親歡迎他：「你該不會是其中一位Tinder男孩吧？」Chris聽從未來老婆的警告，

因此對岳父開口說的第一句話就是謊言：「不，先生。」Janie和Chris後來向Egan先生招認。事實上，他們在名叫「向右滑：Tinder終極成功故事」的部落格裡昭告天下。

從這對情侶的幕後故事可以看出，吸引力有多重形式，而且發生在許多地方：大學宿舍或宴會、當地酒吧的快樂時光、圖書館、健身房、工作會議、雜貨店……還有，近來最有趣的是發生在網路上，無論是約會網站（像是OkCupid、Match.com或eHarmony），或者手機應用程式（像是Tinder、Grindr、Hinge、PlentyOfFish等等）。顯然地，人際吸引經常出現在我們腦海（以及平板電腦和手機）裡。它也跟大多數人類本性一樣，可以藉由科學方法來探討。

這是一件好事，因為我們對戀愛的許多假設都錯了。其中一個例子就是「異性相吸」：研究結論明顯支持相似性是預測吸引力的有力指標（Heine, Foster, & Spina, 2009; West et al., 2014）。有關女性選擇伴侶比男性更挑剔的想法通常正確，然而其原因並非你所認為的生物基礎（Finkel & Eastwick, 2009）。在本章當中，我們將探討朋友或愛人彼此吸引的基礎，以及如何建立和發展面對和線上關係。

如何預測吸引力？

學習目標10.1　描述人們如何決定喜歡而且想要更進一步認識的對象

社會心理學家Ellen Berscheid詢問不同年齡層的人，什麼事情會讓他們感到快樂，排名較前面的項目是交友以及建立正向、溫暖的關係（Berscheid, 1985; Berscheid & Reis, 1998）。欠缺有意義的人際關係讓人感到寂寞、沒有價值、欠缺希望以及無力（Baumeister & Leary, 1995; Cacioppo & Patrick, 2008; Hartup & Stevens, 1997）。其實，社會心理學家Arthur Aron說，人類的核心動機是「自我擴展」（self-expansion），意指渴望與他人有所重疊或相互交融，藉此接觸對方的知識、想法和經驗，因而擴展及深化自身的生活經驗（Aron, Aron, & Norman, 2004; Fivecoat et al., 2014）。我們首先將探討吸引力的前置條件，包括初次見面的互相喜歡，到建立在親密關係中的愛情。

親近朋友通常在大學時結交，部分原因是長期接近性。

住在隔壁的人：接近性效應

影響人際關係的最簡單因素之一就是接近性（propinquity，也稱為proximity）。你最常看見且互動的人最有可能成為你的朋友和情人（Berscheid & Reis, 1998）。這一點現在看來顯而易見。但是狹義來說，有關接近性和吸引力的正向關係，或者接近性效應（propinquity effect）其實非常驚人。我們以麻省理工學院（MIT）已婚學生宿舍的經典研究為例。Leon Festinger、Stanley Schachter和Kurt Back（1950）追溯各種建築物裡的友誼形成。在某一區宿舍裡，共有十七棟兩層樓建築，每棟樓房包含十間公寓。學生以隨機方式入住，起初彼此幾乎完全陌生。研究者要求住宿者說出宿舍裡三位最親近的朋友，其結果符合親近性效應的預測，65%參與者都指名住在同一棟建築的人，儘管其他建築相距不遠。

更令人驚訝的是同一棟建築物之內的友誼型態。每一棟建築的房間相隔只有19英尺，最遠相距89英尺。研究者發現，41%的人表示隔壁鄰居為好朋友，住在相隔兩個房間的人則是22%，住在走廊兩端的人只有10%結為好友。

接近性效應
我們愈常看見及互動的人，愈可能成為朋友

Festinger等人（1950）證實，吸引力和接近性的關係不僅限於實際的物理距離，還有「功能距離」（functional distance）。功能距離意指，影響人們最常往來之通道的建築設計。例如，住在樓梯或郵筒旁邊的人有較多機會見到樓上鄰居，因此他們比其他一樓住戶結交更多住在二樓的朋友。

單純曝光效應
我們接觸某個刺激愈多，愈傾向於喜歡它

接近性效應的基礎在於熟悉性，或單純曝光效應（mere exposure effect）：我們接觸某個刺激愈多，愈傾向於喜歡它（Kawakami & Yoshida, 2014; Moreland & Topolinski, 2010; Zajonc, 1968）。實際上，熟悉性未必滋生輕視；通常它反而產生喜歡。我們通常對熟悉事物產生正向感受，像是家常食物、兒時歌曲，甚至某些企業商標。同樣的道理也適用於我們所遇見的人。我們愈常看見某些人，對他們愈是熟悉，就愈可能滋生友誼。然而，這項原則也有例外：如果這個人令人討厭，當然你跟他接觸愈多，就愈不喜歡他

單純曝光效應和喜歡

沉醉式互動

證實單純曝光效應的早期知名研究由Robert Zajonc（1968）所進行，他要求美國參與者猜測一系列中文字的意義。參與者看見某個字的次數愈頻繁，則猜測其意義愈正向，證實了單純曝光效應可以預測正向態度。

廣告也運用單純曝光效應。從產品配置的有效性，到廣告口號的吸引力，其構想在於：消費者看見或聽見產品次數愈多，就會愈喜歡它，也愈願意花錢購買它。

Moreland和Beach（1992）證實單純曝光能夠塑造我們對他人的感受。在他們的研究裡，未選修某一門課程的女學生在學期當中坐在教室裡5、10或15次，然而並未跟其他人互動。當班上學生後來評定一系列臉孔的吸引力時，這些女生出現在教室的次數愈多，得到的評分愈高。

單純曝光效應不只跟外表吸引力和浪漫關係有關。它也促使偏見降低。在一項近期研究裡，參與者閱讀變性者的文章，並且看到其臉孔以後，表達較少偏見（Flores et al., 2017）。單純曝光似乎能夠填補人與人之間的鴻溝。

（Norton, Frost, & Ariely, 2007）。然而若沒有這些負面特質，熟悉性傾向於產生吸引力和喜歡（Bornstein, 1989; Montoya et al., 2017; Reis et al., 2011）。

相似性

接近性提高熟悉性，因此導致喜歡，但是要讓友誼或浪漫關係加速

進展，還需要其他條件（否則所有室友都會成為好朋友！）。通常加速進展的「燃料」就是相似性（similarity），也就是彼此興趣、態度、價值觀背景或性格特質的符合性。俗話說：「物以類聚」，恰好說明此一想法。然而，另一句俗諺卻說「異性相吸」〔互補性（complementarity）的概念〕。所幸，我們不需要被這些彼此矛盾的建議所迷惑。研究證據壓倒性地支持相似性帶來吸引力，而非互補性（Heine et al., 2009; McPherson, Smith-Lovin, & Cook, 2001; Montoya & Horton, 2013）。

意見與性格

許多研究顯示，他人意見與你愈相似，你愈喜歡對方（Byrne & Nelson, 1965; Lutz-Zois et al., 2006; Tidwell, Eastwick, & Finkel, 2013）。例如，在一項經典研究裡，Theodore Newcomb（1961）於學年度開始的時候，隨機分派密西根大學男學生成為室友。相似性是否能夠預測友誼形成？答案是肯定的：人口變項相近（例如同樣來自鄉村），以及態度和價值觀相似（例如主修工程學或者政治觀點相似）的人成為朋友。重要的不僅是態度或人口變項，相似的性格特徵也能促進吸引力和喜歡。舉例來說，在男同性戀關係的研究裡，在刻板印象之男性化特質上得到高分的人，最偏好伴侶具有邏輯性——刻板印象的男性化特質；在刻板印象之女性化特質上得到高分的男同性戀者最希望伴侶具有表達性——刻板印象的女性化特質（Boyden, Carroll, & Maier, 1984）。相似的性格特徵對於異性戀伴侶和朋友也同樣重要（Gonzaga, Campos, & Bradbury, 2007; Smith et al., 2014; Weaver & Bosson, 2011）。

興趣與經驗

你選擇參與某些情境的理由通常與他人類似。你坐在社會心理學的課堂上，周圍都是這學期一起選課的同學。你報名參加騷沙舞課程，來上課的其他人也想要學拉丁舞。因此，我們選擇加入的社會情境裡常會出現相似的他人。例如，有一項研究想要瞭解學生的友誼型態，其重點在於學業「分軌」（tracking）（學校根據學業能力來分班）的效應。研究者發現，學生選擇的朋友大多在自己的軌道之內（Kubitschek & Hallinan, 1998; Whyte & Torgler, 2017）。顯然地，接近性和最初的相似性跟這類友誼有關。然而，研究者還加入另一個因素：隨著時間過去，在相同學業軌道上

的學生共享許多不同於走進其他軌道者的經驗。
因此，他們創造、發現了新的相似成分，讓友誼
更進一步發展。簡單來說，共享經驗能夠促進吸
引力（Pinel et al., 2006; Pinel & Long, 2012）。

「我不在乎她是膠帶台。我愛她。」
Sam Gross/The New Yorker Collection/The Cartoon Bank

外　表

　　最後，相似性也運作於最表淺層次的因素。
Sean Mackinnon、Christian Jordan和Anne Wilson
（2011）進行一系列研究，探討外表相似性與座
位選擇的關係。在其中一項研究裡，他們多次觀
察大學生在圖書館電腦室的座位安排。其結果顯示，戴眼鏡的學生坐在其
他戴眼鏡學生旁邊的機率遠高於隨機預測；第二項研究發現，頭髮顏色也
出現類似型態。

　　在第三項研究裡，參與者來到心理學實驗室，被介紹給另一位夥伴
認識。他們分別搬了一張椅子坐下來。研究團隊偷偷測量兩張椅子的距
離。另一組研究者針對兩人的照片來評分。平均而言，外表特徵愈相似的
夥伴，就坐時距離愈接近。儘管自己並未察覺，其實我們常會跟長相與自
己相似的人在一起，而且人們甚至喜歡跟自己外表吸引力相似的人約會
（Taylor et al., 2011; Walster et al., 1966）。

基　因

　　人們也傾向於跟基因相似者在一起。也就是說，朋友之間的DNA相
似性高於陌生人。Nicholas Christakis和James Fowler（2014）得到這項令
人驚訝的結論。他們的研究包含二千位參與者，有些人是朋友，有些則是
陌生人，研究者分析了基因變異的一百五十萬個標記。Christakis和Fowler
（2014）發現，參與者跟朋友共享的DNA多於陌生人，其相似程度接近於
自己跟相隔五代的天祖父母（譯註：高祖父母的父母）。當然，這些資料
無法證明基因導致友誼形成，或者基因驅使人們接近某些人。如前所述，
人們傾向於跟住在附近的人結交朋友，或許相似基因者較可能選擇住在鄰
近的地理區域。或者某些基因傾向（例如運動員體格和肺功能良好）讓人
們更可能選擇特定活動或場所，像是參加跑步社團，這表示基因相似的人
通常在同一時間和地點從事相同活動。這些可能性有助於解釋Christakis和

通常我們在尋求長期關係或一夜情的時候，會優先考慮親密伴侶的不同特徵。你可以舉出具體實例嗎？

Fowler的有趣發現，顯示基因和社會傾向之間的有趣交互作用。

有關相似性的最後結語

　　有關相似性將補充兩點說明，第一，儘管相似性在親密關係裡非常重要，「真實」（或實際）相似性和「知覺」相似性（亦即個人主觀相信對方與自己相似的程度）的區別更是至關重要（Morry, 2007; Tidwell et al., 2013）。在近期的後設分析裡，R. Matthew Montoya等人發現：在長期關係裡，個人對於彼此相似性的「信念」對喜歡和吸引力的預測效果優於「真實」相似性。因此，「感覺」與對方相似才是重要的——甚至當相似性不存在時，我們有時仍會創造自己與重要他人彼此相信的信念（Montoya, Horton, & Kirchner, 2008）。

　　第二，當我們期待認真、彼此承諾的關係時，而不是「放縱自己」時，相似性變得格外重要（Amodio & Showers, 2005）。的確，在低承諾關係（例如「一夜情」或「勾搭」）裡，我們可能刻意選擇跟自己截然不同的人。這類關係只不過是場冒險；我們將在本章稍後討論，以差異性為基礎的關係可能難以維持。

相互喜歡

　　我們喜歡被人喜愛。事實上，知道某人喜歡自己可以激發我們對此人的吸引力。喜歡的力量甚至可以彌補相似性的不足。例如，在某一項實驗裡，當一位年輕女士以維持視線接觸、傾身向前和專注聆聽來表達對研究參與者的興趣時，儘管他們得知雙方在重要議題上意見不同，研究參與者仍然表達出對她的喜愛（Gold, Ryckman, & Mosley, 1984）。無論其線索來自非語文或語文訊息，影響我們是否喜歡對方的關鍵因素是我們認定對方喜歡自己的程度（Berscheid & Walster, 1978; Luo & Zhang, 2009; Montoya & Insko, 2008）。

KEEP CALM AND PLAY HARD TO GET

我們喜歡那些喜歡我們的人，這表示運用「難追」策略有時可能帶來反效果，近期研究顯示，這種策略傾向於降低他人喜歡你的程度，然而可能提高對方想要跟你在一起的程度（Dai, Dong, & Jia, 2014）。就當這是個警告吧！

#趨勢

「勾搭文化」和今日青年

在現今美國社會，青少年和年輕人前所未有地跟一群新伴侶陷入隨意、快速、無承諾的性行為。

聽起來很熟悉嗎？你是否曾聽過新近在校園等地年輕人之間崛起的「勾搭文化」？通常它意指現代社會的性行為版圖截然不同於傳統的交往、約會和承諾關係。

這是令人注目的陳述，但是是否正確呢？近期研究主張，「勾搭文化」或許只是迷思，而非事實。第一，「勾搭」這個詞的真實意義是什麼？許多人似乎相信，這個詞暗指性交，但是最近的女大學生調查顯示，只有大約半數人描述它跟性器官接觸有關，接近四分之一認為這是指實際性交（Fielder & Carey, 2010）。再者，這些女生報告，將近半數「勾搭」對象是熟悉、重複的伴侶。即使大學生討論「勾搭」的人數增加，只有小部分符合跟首次見面伴侶的首次性行為。

但是隨興性行為更加普遍又怎麼說？美國全國社會普查（U.S. General Social Survey）的資料顯示，在1988年到1996年之間，49％年輕人自述在十八歲以後只有不到兩位性伴侶。2004年到2012年是線上約會應用程式Tinder發行後的時代，顯示性規範更加寬鬆，然而上述數字基本上仍維持在51％（Monto & Carey, 2014）。更晚近的樣本並未指出年輕人比二、三十年前的性行為更多，其性伴侶總數也未增加。

這些發現使得研究者質疑，年輕人的隨興性行為或「勾搭」是否爆炸性增加。的確，現代年輕人的性生活有許多層面不同於以往世代，至少在性伴侶和結識者的人數上。當然，現今年輕人有許多方法可以輕易地認識新伴侶，從社群媒體、手機應用程式到約會網站——但是中年人和老年人也是如此！「勾搭」文化的想法似乎只是證實，有關人類性行為的期望和常識並非總是符合科學資料和真實行為。

只不過，相互喜歡的力量有多大呢？它足以抵消偏好注意有吸引力臉孔的基本傾向。Nicolas Koranyi和Klaus Rothermund（2012）使用電腦程式，向德國的研究參與者呈現一系列異性臉孔。當照片出現之後，緊接著呈現幾何圖形，要求參與者儘快辨認幾何圖形是圓形或正方形。實驗程序也讓研究者可以測量哪些臉孔最容易引起參與者的視覺注意，其結果顯示：我們傾向於流連、注視好看臉孔。

但是並非所有參與者都顯示出持續注視有吸引力臉孔的偏誤。誰能打破漂亮臉孔的魔咒呢？當參與者先前被要求想像，他們喜歡的對象對自己也有相同感受。這種感受干擾了對外表吸引力的預設注意。請仔細想想：如果我們的注意力不斷被路過的好看臉孔所綁架，就永遠沒有機會將最初

的互動轉變為更有意義的持久浪漫關係。沉浸在受人喜歡的光輝裡已足以讓游移的眼神停駐，至少暫時可以說服你：那山不會比這山高。

外表吸引力

漂亮臉孔、接近性、相似性和相互喜歡並不是使我們喜歡他人的唯一預測因素。外表吸引力對於第一印象有多重要？在一項探討真實行為（而非人們的「口頭報告」）的實地實驗裡，人們一面倒地偏好外表吸引力。Elaine Walster Hatfield等人在一項經典研究（Walster et al., 1966）裡，藉由新生輔導週舞會的盲目約會活動，隨機配對明尼蘇達大學的七百五十二位新生。儘管學生曾經接受一系列性格和性向測驗，研究者卻以完全隨機的方式將他們配對。在舞會上，學生一起跳舞、閒聊好幾個小時。然後他們對自己的舞伴評分，並且表達自己希望再見到對方的熱切程度。許多特徵可能影響他們彼此喜歡的程度，像是對方的智力、獨立、敏感或真誠，然而外表吸引力卻凌駕於一切之上。

除此之外，男女學生的結果並沒有重大差別。確實，有些研究發現男女同樣重視他人的外表吸引力（Eastwick et al., 2011; Lynn & Shurgot, 1984），但也有些研究指出，男性比女性更重視它（Buss, 1989; Meltzer et al., 2014）。後設分析發現，儘管男女都重視外表吸引力，男性似乎略勝一籌（Feingold, 1990）；不過，態度的性別差異大於實際行為。因此，男性比女性更可能「說」他們認為外表吸引力很重要，然而在實際行為上，男女對於外表吸引力的反應相當類似。確實，好幾項研究發現，無論男女都挑選外表吸引力作為勾起性慾的單一最重要因素（Graziano et al., 1993; Regan & Berscheid, 1997），而且異性戀和同性戀男女都是如此（Ha et al., 2012; Sergios & Cody, 1985）。

何謂外表吸引力？

好的，讓人意外的是──外表吸引力很重要？然而外表吸引力的基礎是什麼？外表吸引力只是「情人眼裡出西施」，還是說我們對美麗或英俊都有相同的想法？我們暫時

長期以來，人們的視線總是被身邊俊男美女所吸引，由此可以看出外表對於吸引力的重要性。

以美國文化為主，稍後再討論可能出現的跨文化差異。早在兒童時期，媒體就灌輸我們何謂美麗，而且將美麗跟好的特質連在一起。舉例來說，傳統的兒童讀物以及迪士尼電影都教導我們：女主角（以及追求他們的王子）都長得很像。她們都擁有固定特徵：小巧的鼻子、大大的眼睛、豐滿的嘴唇、無瑕的皮膚，以及纖細的身軀——看來酷似芭比娃娃。

攝影模特兒代表男女的美麗臉孔標準。

我們不斷被媒體描繪的美麗形象所洗腦，難怪對於美麗的定義有所共識（Fink & Penton-Voak, 2002; Yan & Bissell; 2014）。Michael Cunningham（1986）設計一項極具創意的研究，探討美麗的標準。他要求男大學生評定五十張女性照片的吸引力。這些照片取自大學的紀念冊和國際美容展。Cunningham詳細測量每張照片當中臉孔特徵的相對比例。他發現，女性臉孔的吸引力評分與大眼睛、小鼻子、小下巴、突出顴骨、高眉毛和咧嘴而笑有關。研究者也用相同方式檢驗女性對男性外貌的評分（Cunningham, Barbee, & Pike, 1990）。他們發現有著大眼睛、突出顴骨、寬下巴、咧嘴而笑的男性臉孔得到較高的吸引力評分。

美麗的文化標準

人對於美麗的知覺是否在所有文化當中都很相似？令人意外的是，答案竟是肯定的（Coetzee et al., 2014; Rhodes et al., 2001; Zebrowitz et al., 2012）。即使不同種族和族群者在臉孔特徵上確實有所差異，然而來自多元文化的人們卻對人類臉孔的吸引力有所共識。例如，文獻回顧比較來自各個國家、族群、種族的參與者對於外表照片之吸引力的評分，發現：參與者評分的相關顯示強烈關聯，由0.66到0.93（Langlois & Roggman, 1990）。Judith Langlois等人（2000）也得到構成美麗臉孔的標準具有跨文化一致性的研究證據。簡單來說，跨越不同文化背景的知覺者都認為某些臉孔看來比其他臉孔更好看。

我們如何解釋上述結果？研究者指出，在演化過程中，人類發現臉孔的某些向度具有吸引力（Langlois & Roggman, 1990; Langlois, Roggman

& Musselman, 1994）。例如，我們知道嬰兒偏好的照片跟成人相同（Langlois et al., 1991）。究竟何種臉部特徵讓人們，包括嬰兒在內，都覺得有吸引力？男女都偏好的美麗向度之一是對稱，也就是臉孔某一側的大小、形狀和特徵位置與另一側相符（Langlois et al., 2000; Little et al., 2008; Rhodes, 2006）。演化心理學家認為，我們被對稱特徵所吸引的原因在於，它們代表健康良好和繁殖適配性——也就是說，臉孔對稱是「良好基因」的指標（Jones et al., 2001; Nedelec & Beaver, 2014）。

有一系列探討對稱偏好的研究以臉孔照片的組合為素材。研究者將臉孔特徵數位化，並且計算多個臉孔之特徵的算術平均數，藉此創造合成臉孔；最終將三十二張臉孔組合成單一的合成臉孔。參與者觀看照片後，判斷合成臉孔比任何一張原始臉孔更具吸引力；而且男性和女性照片都得到相同結果（Langlois & Roggman, 1990; Langlois et al., 1994）。「平均」的合成臉孔之所以更有吸引力，是因為它消除了個別臉孔的非典型或不對稱特徵。

這表示我們認為「平均」臉孔最有吸引力嗎？顯然不是，人們喜愛電影明星和模特兒是因為他們的長相「優於」大多數人的平均值。所以「平均」的意思並不是「長相平庸」，而是臉部特徵的大小和尺寸接近平均值。David Perrett等人在下列研究當中清楚地闡述此一觀點（Perrett, May, & Yoshikawa, 1994）。他們以兩種方式創造合成臉孔：選取六十張中等吸引力照片，以及六十張具高度吸引力者的照片。研究者採用白種人以及日本人的男女照片來創造合成臉孔。英國和日本參與者評定所有合成臉孔的吸引力。高吸引力臉孔的合成比平均吸引力臉孔的合成得到更高評分。日本和英國參與者的評分模式類似，表示臉孔吸引力的知覺可以跨越不同文化（Perrett et al., 1994）。當然，值得注意的是，這項研究只涵蓋兩個文化，因此無從得知來自婆羅洲、埃及或薩爾瓦多的人是否有相同反應。

合成臉孔的外表吸引力。Langlois和Roggman（1990）使用電腦製造合成臉孔。下圖展示組合過程的第一個步驟：最右方的照片是融合其他兩張女性照片的「組合者」。組合者的臉部特徵是原先兩位女性臉部特徵的算術平均數。研究結果顯示，人們通常認為合成臉孔比原本的個別臉孔更有吸引力。

熟悉性的力量

最後，解釋人際吸引力的關鍵變項實際上可能是熟悉性。我們已知，將多張臉孔「平均」而產生的合成臉孔看來較典型、熟悉，並且具有外表吸引力（見Halberstadt & Rhodes, 2000）。研究者也發現更驚人的熟悉性效果：當研究參與者評定臉孔相似性時，他們最偏好類似於自己的臉孔！研究者未告知參與者，偷偷地將他們的臉孔特徵數位化，製造一張異性的臉孔。當參與者看見自己的異性「翻版」後，給予最高的吸引力評分（Little & Perrett, 2002）。熟悉性也潛藏在我們曾討論的其他概念當中：接近性（我們經常看見的人會經由單純曝光而變得更熟悉）、相似性（與自己相似的人同時比較熟悉）以及相互喜歡（彼此喜歡的人互相結識，因此變得更熟悉）。所有吸引力的相關變項都可以解釋為，對於熟悉及安全事物的偏好超越不熟悉及可能有危險的事物。

有關具吸引力者的假設

認清美麗「確實有影響」是非常重要的——即使它不該如此。我們都會受到美麗事物所吸引，因此造成日常生活的不公平。尤其令人寒心的是美麗所帶來的不公平利益。Lina Badr和Bahia Abdallah（2001）在黎巴嫩貝魯特的醫院裡評定早產兒的臉部吸引力和身體健康。他們發現，外表吸引力能顯著地預測嬰兒的健康狀況，而且預測力超過醫療條件等因素。嬰兒愈具有吸引力，他或她就可以愈快增加體重，而且愈早離開醫院。原因為何？照顧新生兒的護士對「比較漂亮」的嬰兒有較多反應，給他們較好的照顧。

外表吸引力也帶來各式各樣的利益。外表吸引力高於平均的人通常比低於平均者多賺得10～15%的薪資（Judge, Hurst, & Simon, 2009; Mobius & Rosenblat, 2006）。吸引力甚至有助於贏得選舉。Niclas Berggren等人（2010）向其他國家研究參與者（他們事前完全不認識這些候選人）展示芬蘭政治候選人的照片，要求他們評定這些政治家的各種屬性，包括吸引力。研究者發現，吸引力評分是每位候選人在真實選舉當中得票數的最佳預測指標。美麗評分較高可以提高女性候選人2.5～2.8%的選票，男性候選人則是1.5～2.1%，足以在激烈選戰中擊敗對手（Berggren, Jordahl, & Poutvaara, 2010）。

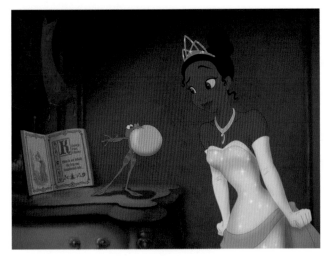

在兒童電影裡，英雄總是英俊瀟灑，惡棍總是面貌醜陋，這點絕非巧合。除了喜歡看到具有外表吸引力的人之外，我們也假定「美就是好」。

月暈效應

一種認知偏誤，假定擁有某一正向特徵的人也擁有其他（甚至無關）的正向特徵

許多研究發現，外表吸引力影響人們對他人的歸因（反之亦然）。這種傾向是心理學家提出之月暈效應（halo effect）的一個特例（Forgas, 2011; Thorndike, 1920）。月暈效應是一種認知偏誤，知覺到個人擁有某一項正向特徵使我們更相信他也擁有其他（甚至無關）的正向特徵。具體而言，我們傾向於認定長相好看的人具有跟外表無關的正向特質，上述現象稱為「美就是好」刻板印象（"what is beautiful is good" stereotype）（Dion et al., 1972; Lemay, Clark, & Greenberg, 2010; Zebrowitz & Franklin, 2014）。後設分析也顯示，外表吸引力對於社交能力之歸因產生最大效果：美麗的人被認為較喜愛社交、外向、有主見、性感、受人歡迎（Eagly et al., 1991; Feingold, 1992b）。長相好看產生的「月暈效應」也延伸到線上領域：有一項約會網站的研究發現，張貼較有吸引力照片的使用者，其個人簡介也被評定為較有吸引力（Brand et al., 2012）。

有關美麗的刻板印象是否跨越文化？答案似乎是肯定的（Anderson, Adams, & Plaut, 2008; Chen, Shaffer, & Wu, 1997）。例如，南韓大學生根據紀念冊照片對他人評分（Wheeler & Kim, 1997）。男性和女性參與者都認為，外表吸引力較高者社交技巧較好、較友善、適應較良好——美國參與者也認為這些特質與外表吸引力有關（請參閱**表10.1**）。但是韓國和北美參與者確實賦予美麗者不同特質，突顯出各文化所重視的內容（Markus et al., 1996; Triandis, 1995）。對於美國和加拿大學生（生活在個人主義文化，強調獨立、個別性和自立）而言，「美麗」刻板印象包含個人優點的特質。但是這些特質並未包含在韓國「美麗」刻板印象當中。相反地，韓國學生生活在集體主義文化當中，重視和諧的團體關係，因此「美麗」刻板印象包含正直及關心他人（請參閱**表10.1**）。

有趣的是，美麗者擁有絕佳社交技巧的刻板印象得到實徵研究支持。也就是說，高吸引力的人確實發展良好的社會互動技巧，而且與他

表10.1　文化及「美就是好」刻板印象

研究者在個人主義文化（例如北美）和集體主義文化（例如亞洲）探討「美就是好」刻板印象。美國、加拿大和南韓的男女參與者評定外表吸引力高低不等的人是否具有下列特質。其答案顯示，構成刻板印象的部分特質跨越文化，然而其他特質則分別屬於兩種不同文化。在兩種文化裡，外表吸引力較可能與該文化所重視的特質相連。

韓國、美國和加拿大刻板印象共有的特質		
喜歡社交	外向	可愛
愉快	受人歡迎	適應良好
友善	成熟	泰然自若
性感熱情／容易感動		
美國和加拿大刻板印象的其他特質		
堅強	有主見	支配
韓國刻板印象的其他特質		
敏感	有同理心	慷慨
誠實	值得信賴	

（整理自Eagly et al., 1991; Feingold, 1992b; Wheeler & Kim, 1997）

人的互動滿意度較高（Feingold, 1992b; Langlois et al., 2000; Meier et al., 2010）。為何刻板印象竟然衍生出「一絲真實性」？主要解釋在於，長相美麗者從小得到他人注意，因此發展出良好的社交技巧。你或許可以看出，這又是自我應驗預言：我們對待他人的方式影響他們的行為。如果他人期待你的社交技巧熟練（基於你的外表吸引力或其他原因），而且依據此一期待來對待你，你很有可能真的發展出優越的社交技巧。

　　「普通人」也可以經由自我應驗預言成為「美麗者」嗎？研究者提供大學男生有關另一位女性的照片和個人資料，並且告知他將會跟她進行電話交談（Snyder, Tanke, & Berscheid, 1977）。但是照片出自研究者刻意安排；這些男生隨機地得到高吸引力或低吸引力的女性照片（吸引力評分來自另一群獨立評分者），而且照片「並非」來自實際與他們談話的女性。照片可以喚起「美就是好」的刻板印象，進而檢驗男性參與者是否認為跟自己交談的有吸引力女性比較可愛、泰然自若、有趣，而男性對外表的信念是否會改變這位女性的實際行為。

　　研究者是否發現以吸引力為基礎的自我應驗預言呢？簡單來說，是的！認為自己跟有吸引力女性交談的男性以比較溫暖、和藹可親的方式進行談話。而且男性的行為事實上影響女性的反應。當獨立觀察者聆聽女性

的談話錄音帶（而且她並不知道男性曾經看過哪一種照片），被男性認定為具有外表吸引力的女性表現得較有自信、熱烈和溫暖。換言之，由於男性同伴認為對方具有吸引力，他的交談方式引導她表現出最佳特質。後續研究發現，當性別角色對換時，仍然得到相同結果（Andersen & Bem, 1981），因此外表吸引力並非只會影響男性對女性的知覺而已；男性和女性都會因為外表吸引力而得到不同待遇（Eagly et al., 1991; Langlois et al., 2000; Zhang et al., 2014）。

演化與擇偶

詩人Robert Browning曾經問：「我如何愛你？讓我細數其途徑。」對心理學家來說，問題在於「『為何』我愛你？」，有些研究者相信答案在於擇偶的演化取向。演化生物學的基本原則是，動物的「適配性」以繁衍成功為指標（也就是將基因傳遞給下一代的能力）。繁衍成功並非只是遊戲的一部分，它是遊戲本身的「目的」。心理學家將上述生物學概念運用於社會行為，形成演化心理學，根據天擇原理，用基因演化來解釋社會行為。例如，前一節曾經談到，對稱臉孔較具吸引力是因為對稱表示健康和「良好基因」。

演化及性別差異

演化心理學也提出有關擇偶之性別差異的有趣（且充滿爭議）預測。具體來說，演化心理學家主張：男女擇偶的條件相當不同，其原因是他們繁衍（和撫育）後代的角色有所差別。對女性來說，繁衍後代需負擔大量的時間、能量和努力：她們必須忍受懷孕的不適、生產的風險，而且承擔照顧嬰兒的主要責任。由於女性將繁衍視為重大事務，因此會慎選對象。相較之下，繁衍對男性卻是低成本的短期投資。擇偶的演化取向指出，兩性繁衍成功的行為模式極為不同。在動物世界當中，雄性的繁衍成功在於後代「數量」。他們接連地與不同雌性進行交配，以盡量增加存活的後代數量。相對地，雌性的繁衍成功在於將每位後代拉拔到成年。她們較少交配，而且慎選對象，因為撫養每位後代的成本非常高（Griffith, Pryke, & Buettemer, 2011; Symons, 1979）。

現在，這些究竟跟人們如何陷入戀愛有何關聯？David Buss等人主

張，演化取向解釋了男女在浪漫關係當中的不同策略和傾向（Buss, 1985, 1988a; Buss & Schmitt, 1993）。Buss（1988b）認為，尋找（和留住）伴侶時必須展示資源——讓未來伴侶覺得有吸引力的層面。他主張，數百萬年以來，人類經由天擇演化，對異性的某些外在線索有所反應。女性需面對高度繁衍風險，因此尋找可以提供撫育子女所需資源和支持的男性。男性會尋求能夠成功繁衍的女性。更具體地說，男性注重女性的外貌，因為年齡和健康表示繁衍適配性，而女性注重男性的經濟和職業成就，因為這些變項代表她們和子女所需的資源（Buss, 1988b）。

研究將吸引力知覺與繁衍關注焦點連在一起。例如，當接近排卵期時，女性認為擁有男性化臉孔和體型的男子更有吸引力（Gildersleeve et al., 2014）。

　　許多研究支持上述預測。例如，Buss等人（Buss, 1989; Buss et al., 1990）詢問三十七個國家數千位成人，他們渴望結婚的伴侶所需具備的特徵。整體而言，女性重視伴侶的企圖心、勤奮和賺錢能力。男性比女性更重視伴侶的外表吸引力。值得注意的是，男女最重視的特徵相同：誠實、值得信賴和令人喜歡的性格（Hatfield & Sprecher, 1995; Regan & Berscheid, 1997; Sprecher, Sullivan, & Hatfield, 1994）。近期另一項研究檢驗女性月經週期、對潛在伴侶的知覺，以及潛在伴侶對女性之評價的關係，更進一步證實繁衍考量在人類吸引力當中的重要性。Kelly Gildersleeve等人（2014）以後設分析檢驗五十項研究之後，發現支持下列假說的可靠證據：當女性接近排卵期和受孕高峰時，她們偏好的對象是展示繁衍適配性之外在徵兆的男性，像是臉孔對稱、男性化臉孔（例如有稜有角、深邃下顎）以及男性化體型（Gildersleeve, Haselton, & Fales, 2014）。

有關性別差異的其他觀點

　　以演化取向解釋吸引力和愛情引發許多爭議。例如，多重伴侶的演化優勢並非男性所獨有，也應當適用於女性。女性可以藉由多重伴侶獲得更多撫養子女所需的資源，以及增進基因多樣化。女性也可以選擇帶有「良好基因」的帥哥進行交配，但是選擇另一位男性共同撫養後代（Campbell, 2002; Gangestad & Simpson, 2000）。或許男性重視伴侶外表

吸引力的原因與演化傾向無關，只是社會教導的結果——他們長達數十年受到廣告、媒體和其他文化訊息所制約，優先強調女性的美麗，對性行為的態度也比較輕率（Hatfield & Rapson, 1993; Lefkowitz et al., 2014）。同樣地，研究發現：在某些情況下，女性就跟男性一樣重視外表吸引力——特別是當她們選擇性伴侶而非結婚對象時（Regan & Berscheid, 1997; Simpson & Gangestad, 1992）。

其他研究者主張，無須依靠演化原則，也可以用其他觀點解釋擇偶偏好的差異：在全世界上，女性通常擁有較少權力、地位、財富和其他資源。因此，許多國家的女性需要依賴男性才能獲得經濟安全。為了檢驗上述假說，Steven Gangestad（1993）計算幾個國家的女性可接觸金錢資源以及重視伴侶外表吸引力這兩個變項的相關性。他發現，女性在某一文化裡的經濟能力愈好，愈會將男性外表吸引力列為優先順序。

如前所述，在討論人類的擇偶偏好因素時，我們通常難以釐清先天（與生俱來的偏好）以及後天（文化規範和性別角色）。當我們知道性別差異跟擇偶和吸引力有關，很自然地會先尋求生物或演化的解釋（Conley et al., 2011）。然而進一步檢視這個問題，卻發現許多差異也可歸諸情境因素。例如，女性擇偶比男性更挑剔。無論是線上約會、快速約會或傳統的面對面邀約，女性確實比男性更挑剔對象（Clark & Hatfield, 1989; Hitsch, Hortaçsu, & Ariely, 2010; Schützwohl et al., 2009）。從演化觀點來看，這非常合理。女性「必須」挑剔，因為她們禁不起錯誤選擇；她們的生育期比男性更短，而且每次繁衍決定都需要投入較多時間和資源。

但是我們來看看Eli Finkel和Paul Eastwick（2009）最近所進行的快速約會研究。參與研究的大學生與數十位異性短暫交談。在快速約會期間，女性維持在原來座位，男性圍成圓圈，花費四分鐘跟可能的約會對象交談，然後男性移到下一個座位。每位參與者跟十二位異性交談後，完成問卷，評定這些有潛力的伴侶對他們的吸引力。女性確實比男性更挑剔，因為她們對浪漫關係的渴望較低，而且想要更進一步認識的對象較少。

但是當研究者稍微扭轉快速約會的情境後，發生了有趣的現象。他們將男女的角色對調：男性停留在座位上，女性轉換座位——這個簡單的變化改寫了一般的約會腳本。原本女性坐著不動，男性追求者依次行進，現在變成男性維持靜止，而女性主動接近他們。「約會」程序本身仍

然相同：四分鐘交談之後詢問雙方對彼此的印象。從情境的觀點來看，這是將傳統約會的角色主客易位（Conley et al., 2011）。在這個約會世界裡，當女性主動出擊時，她們並未比男性更挑剔。女性參與者自述與同伴更加來電，而且挑選出更多希望繼續見面的可能伴侶。Finkel和Eastwick（2009）的結果顯示，擇偶的性別差異不僅出於演化或生物學，也可歸因於大多數社會既定的約會典範，也就是男性追求、女性接受。被追求者能夠掌控約會，無論其生理性別或心理性別為何；被追求也表示受歡迎和有所選擇。因此，就像人類本性的許多層面一樣，我們同時需要考慮「先天」和「後天」，才能完整地理解吸引力和擇偶。

複習題

1. 下列哪一個例子最適合說明功能性距離在接近性效應當中的角色？
   a. Bart不喜歡住在隔壁的鄰居，主要原因是他喜歡大聲播放音樂，讓人難以入眠。
   b. Marge的小臥室剛好位於廚房和電梯中間，因此她是整個辦公室最受歡迎的人之一。
   c. Homer偏好走樓梯而不是搭電梯，因為走樓梯較不可能撞見令人討厭的人。
   d. Lisa住在二年級宿舍時比一年級宿舍時認識更多朋友。

2. _____主張，我們遇見某個人或某件事物的次數愈多，則愈可能喜歡他（它）。
   a. 演化觀點
   b. 月暈效應
   c. 單純曝光效應
   d. 回報喜歡效應

3. 下列哪一個向度的相似性可以預測吸引力提高？
   a. 態度。
   b. 外表吸引力程度。
   c. 基因。

   d. 以上皆是。

4. 下列有關外表吸引力知覺的陳述，何者正確？
   a. 不對稱臉孔通常比較有吸引力，因為它們如此獨特。
   b. 有關人類臉孔的外表吸引力有很大的文化差異。
   c. 某個人長相跟我們愈相似，我們通常認為他的吸引力愈低。
   d. 知覺者傾向於認為，具有吸引力的人也擁有其他（無關的）正向特徵。

5. 下列何者並非長期浪漫關係之吸引力的主要預測因素？
   a. 相似性。
   b. 回報性。
   c. 互補性。
   d. 接近性。

6. 研究結果顯示，臉孔對稱性是預測吸引力的可靠指標。演化心理學對上述發現的解釋是：
   a. 對稱臉孔提醒我們想到自己，因此引發正向感受。
   b. 對稱性是健康的徵兆，表示潛在伴侶擁有良

好基因。

c.「西方」文化比「東方」文化更強調外表吸引力。

d.以上皆是。

7.你和朋友決定在校內舉辦異性戀「快速約會」。活動內容如下：男生坐在圓桌邊，跟每位女生談話三分鐘。三分鐘時間結束後，女生以順時鐘方向換位置，坐在另一位男學生面

前。當這些學生事後被問到參與「約會」的經驗時，研究結果顯示：

a.男生對於是否想跟女生再見面比較挑剔。

b.女生對於是否想跟男生再見面比較挑剔。

c.男生評估約會對象的吸引力時較不重視臉孔對稱性。

d.女生評估約會對象的吸引力時較不重視臉孔對稱性。

數位世界的人際連結

學習目標10.2　解釋新科技如何塑造吸引力和社會連結

像智慧型手機這類神奇的行動設備也可能損害我們跟他人在面對面接觸期間的社會連結感。

來自二十年前的時空旅行者幾乎無法認出，現代的社會互動究竟在傳遞什麼。在我們的手機年代，常常可以看見外出用餐的一群人埋首（動動拇指）於電子設備，或者還可以同時跟同桌的人交談，以及為餐點拍照並且貼文於社交媒體。這些驚人的手持科技設備提供了豐富機會，然而被科技所束縛是否要付出社會代價？研究結果是肯定的。在近期的實地實驗裡，研究者在華盛頓特區的咖啡店裡，觀察一百對顧客的真實生活互動，並且詢問他們有關對話內容的問題。如果兩人當中至少有一個人在對話時使用行動裝置（例如手機、筆記型電腦、平板電腦），另一個人的連結感和同理心的評分顯著低於兩人都未使用行動裝置時（Misra et al., 2016）。

然而，這是相關研究的結果。或許你對自己這樣說：「我才不像那樣；即使我帶著手機，還是跟周圍的人進行互動。」或許如此，但是實驗也證實行動裝置跟社會連結降低之間的因果關係。Andrew Pryzbylski和Netta Weinstein（2013）在實驗裡要求兩位陌生人交談十分鐘。半數人對坐在桌前交談時，桌上放著行動電話或平板電腦；另外半數人交談時則沒

有電話。研究者發現，只是將行動裝置放在現場就能夠降低參與者對交談夥伴的信任、親近和同理心。當兩人討論具有個人意義的主題時，上述效果特別明顯，這個場景也正是陌生人第一次會面時，期望促進親近感的場合（Pryzbylski & Weinstein, 2013）。

　　這些發現值得深思。如果手機只是出現在現場就可能損害社會互動，試想當我們分心使用這些設備，甚至當鈴聲並未響起、發出聲響或者震動時，情況又會如何？（Brown, Manago, & Tribble, 2016）。這些科技產品已經問世，而且毫無疑問地整體而言有所幫助。但是社會心理學研究支持日漸盛行的暫時不插電運動，強迫自己讓科技設備定期休息（Huffington, 2014）。

吸引力2.0：線上世代的擇偶偏好

　　想要探討快速發展的科技世界如何影響愛的心理學，方式之一就是重新檢視先前的研究發現，看看接近性、相似性和熟悉性如何影響網路時代的人際吸引力。例如，當物理距離的意義不同於以往，網際網路讓我們得以認識位居地球另一端的人，我們確實有必要重新檢視接近性如何運作（Chan & Cheng, 2004; Dodds, Muhamad, & Watts, 2003; Leskovec & Horvitz, 2007）。有一項研究以實徵方式證實許多人認為理所當然的事情：在現代世界裡，陌生人之間的遙遠程度不像過去那麼大，重新詮釋我們先前討論的接近性和吸引力的關係。

　　相似性效果也持續出現在科技主導的關係裡。我們曾討論外表相似的人互相吸引，也就是你會受到外表吸引力跟自己相似的人所吸引。近期研究顯示，跟「同一國」的人交往的傾向同樣適用於網路關係。Lindsay Taylor等人（2011）評量約會網站三千多位異性戀使用者的人氣，所檢驗的假說是：個人簡介在吸引力程度相似的使用者之間擁有最高人氣。他們對人氣的定義是收到異性主動傳遞特定個人簡介的人數。為了提高測量指標的效度，研究者並未計算使用者主動發送訊息所得到的回應（或者已經進行溝通所發送的後續訊息），這表示使用者不可能在張貼個人簡介之後提升自己的人氣。

　　Taylor等人（2011）發現，高人氣使用者與他人接觸的比例高於隨機——這一點或許你並不感到意外。畢竟，誰不想接近高人氣的潛在伴侶

圍繞著吸引力的問題是，世代演化而來的擇偶偏好傾向在充滿了網路約會和應用程式，快速約會和社交媒體的時代究竟如何展現。

呢？較不受歡迎的網站使用者才是重點。研究者也發現，低人氣使用者較常與其他低人氣使用者接觸。以一百萬名以上使用者為對象的追蹤研究指出相似結果：人們傾向於選擇受歡迎程度跟自己相似的伴侶（而且被對方選擇），這種「適配」傾向男女皆然。研究者的結論是，「相似者成為伴侶的理由之一在於，配對從約會的最早階段就開始運作」（Taylor et al., 2011, p. 952）。

熟悉性效果又如何？你可能回想起，研究者證實熟悉性通常促進吸引力，即使單純接觸某一物體或某個人都可以增進喜歡。但是你也記得，如果重複接觸透露對方的負面特徵，則單純曝光效應會產生相反結果。當然，任何類型的約會都有風險，但是網路約會尤其如此，當人們有時知悉（以不精確之約會網站個人簡介為基礎的）第一印象並不正確。事實上，跟對方實際會面通常可以獲得額外訊息，就明白自己跟對方其實並不適配、也不相似，因此不太可能建立成功關係（Norton et al., 2007; see Finkel et al., 2015）。

線上結識的前景和陷阱

瀏覽約會網站和應用程式的人數達到歷史新高，對網路約會的態度前所未有地正向。這些進展都是可理解的，尤其是基於約會網站宣稱的三種主要服務：(1)瀏覽大量個人簡介；(2)跟未來伴侶進行溝通；(3)根據適合度分析進行配對（Finkel et al., 2012）。顯然，線上約會服務可以為尋找愛情的人提供許多服務（Blackhart, Fitzpatrick, & Williamson, 2014），而且社會心理學家逐漸將注意力轉向約會網站和應用程式的研究（Sevi, Aral, & Eskenazi, 2017; Timmermans & De Caluwé, 2017）。

但是，有些研究很快指出，線上結識人們並非像它們宣稱的那樣成功。例如，Eli Finkel等人（2012）回顧線上約會的資料，然後下結論說：儘管這類實務比以往更受歡迎，但網站和應用程式設定的許多前提並未達成。具體來說，數學演算法可以為使用者找出理想適配伴侶的構想並未得到實徵證據的支持。顯然，更多美國人在線上配對，但是這種方式促成約會的成功率並未高於傳統途徑，像是朋友搓合、經由共同活動而結識

（Finkel et al., 2012）。

　　Finkel等人指出，基於多重原因，線上約會服務的適合度分析並未達到他們所承諾的條件。第一，如同第五章的內容，有時我們並不清楚自己的所作所為或感到快樂的原因。基於相同理由，我們也未必能夠正確預測，在令人滿意的關係裡，伴侶具有哪些特徵。第二，大多數線上約會演算法主要依據性格特質或其他穩定特徵幫人們配對。然而關係滿意度的許多最佳預測變項，像是溝通風格和性的適合度，直到人們實際結識以後才能夠評估（Finkel et al., 2012）。

　　另一項潛在缺點先前曾略微提及，線上個人簡介未必完全正確（Ellison, Hancock, & Toma, 2012）！例如，Catalina Toma和Jeffrey Hancock檢驗線上自我描述的性別差異。在某一項研究裡，他們與八十四位線上約會者進行晤談，提供他們自己的約會簡介，並且請參與者評定身高、體重和年齡的正確性（Toma, Hancock, & Ellison, 2008）。當然，研究者將自我評估的正確性跟參與者的實際身高、體重和年齡互相對照。81%參與者在個人簡介當中至少有一項個人特徵不符合實際數字，謊報體重者最多，其次是年齡，最少說謊的特徵是身高。有趣的是，其結果並沒有性別差異：男女同樣可能吹牛。參與者自我評估的正確性可以預測實際正確性，表示他們並非毫無意識地高估自己，反而有意偽造事實。

　　研究者分析約會簡介的照片，得到略微不同的模式。Hancock和Toma（2009）發現，扭曲現實通常並非刻意，尤其是女性。研究者遵循先前的類似程序，跟網路約會者進行晤談，請他們評量約會簡介的正確性。然後研究者請另一群大學生檢視兩張照片：(1)參與者提供約會簡介的照片；(2)參與者接受晤談時拍攝的照片。大學生根據參與者目前的外貌，評估簡介照片描述的正確性。整體而言，32%照片被判定為欺騙或誤導，女性照片的正確性較低。常見的不正確訊息包括：約會者在照片裡看來較苗條、頭髮較多，或者採用曾進行修飾或噴霧處理的照片。與文字敘述的差異在於，網路使用者自我評估的正確性無法預測照片的實際正確性（由大學生所評定），尤其是女性約會者。

　　既然存在這些有意或無意的錯誤訊息，網路約會者該怎麼做？所幸，揭露不正確自我描述的相同研究技術也可用於確認最誠實（以及最不誠實）的潛在網路伴侶（Toma, 2017）。具體來說，Hancock和Toma

「在網路上，沒有人知道你是隻狗。」

Peter Steiner/ The New Yorker Coolection/
The Cartoon Bank

（2012）主張，當你檢視線上的個人簡介時，可能有三個地方洩露真相：第一，有所欺瞞的簡介通常較少使用第一人稱代名詞。研究者解釋，說謊或誇大其詞者藉此在心理上疏遠真假摻雜的訊息。第二，有所欺瞞的簡介較常使用否定句或負向陳述（如使用「不會衝動判定的」而非「心胸開放的」；「不排斥冒險」而非「樂於冒險」）。第三，有所欺瞞的簡介字數較少。誇大事實相當辛苦，需要消耗認知能量；你愈少在個人簡介裡放入不正確訊息，日後與他人會面時愈不需要記住自己偽造的事實。簡單來說，網路約會提供使用者更多選擇伴侶的空間，避免傳統方法的物理空間和其他實際限制。在此同時，約會網站和應用程式在許多重要層面無法達到對使用者承諾的條件。

複習題

1. 有關手機對社會互動之影響的研究結果顯示：
   a. 跟批評者的想法相反，手機的出現對於社會參與並沒有負面影響。
   b. 男性比女性更容易在談話時因為手機在場而分心。
   c. 即使在談話時間並沒有使用手機，仍然會導致分心而減損社會參與。
   d. 雖然筆記型電腦和平板電腦可能在面對面互動時讓人分心，手機卻不會如此。
2. 有關約會網站和應用程式有效性的研究結果顯示：
   a. 運用數學算式計算相容性、幫情侶配對的網站和應用程式比起靠朋友安排相親的傳統方式更為成功。
   b. 人們向吸引力和人氣跟自己相似的網站使用

者發送訊息。
   c. 這些網站和應用程式在同性戀者之間非常受歡迎，但是異性戀者則否。
   d. 你對於網路上認識的對象瞭解愈多，愈傾向於喜歡對方。
3. 下列有關人們如何在線上約會個人簡介裡呈現自己的陳述，何者正確？
   a. 線上個人簡介的表達同時包含刻意和無心的錯誤。
   b. 欺瞞的網站個人簡介比正確個人簡介更長、更詳細。
   c. 男性和女性的線上自我呈現並沒有性別差異。
   d. 絕大多數人在線上個人簡介裡張貼不正確或誤導的個人照片。

愛情與親密關係

學習目標10.3　解釋跟不同類型愛情有關的文化、性格和生物因素

　　至此為止，我們已經瞭解日後如何建立良好的第一印象。假定你希望Sophia喜歡你。你可能會在她身旁徘徊，讓她更熟悉你；強調你跟她的相似性，而且讓她知道你樂於與她為伴。但是如果你希望的不只是製造良好的印象呢？如果你希望建立親近的友誼或浪漫關係呢？

　　直到最近，社會心理學家所能提供的答案仍寥寥無幾——有關吸引力的研究幾乎完全集中在第一印象。為什麼？主要的原因在於，長期關係比第一印象更難以用科學方法來探究。你已經瞭解，隨機分派是實驗法的註冊商標。在研究第一印象時，研究者可以隨機分派你跟相似或不相似者認識。然而研究者無法隨機分派相似或不相似的「情人」，然後要求你跟他們建立關係！此外，親近關係的感受和親密性可能難以測量。分析愛情和熱情這樣複雜的感受，對於心理學家來說是一項艱困的任務。

愛情的定義：友伴和熱情

　　儘管探討親近關係原本就有困難，社會心理學家對於愛情的本質、發展和如何開花結果已經得到有趣的發現。首先或許可從最困難的問題開始：究竟什麼是愛情？早期學者嘗試區分喜歡和愛情，其研究結果可能如你所預期：愛情並非「許多喜歡」，而且也不只是性慾而已（Aumer, 2016; Sternberg, 1987）。

　　對於莎士比亞筆下的羅密歐和茱莉葉來說，愛情是熱情、洶湧，充滿了渴望。或許你的祖父母已經結婚許久，他們代表比較冷靜、平靜的愛情。我們以「愛」這個字描述上述所有關係，儘管它們可能分屬不同類型（Berscheid & Meyers, 1997; Fehr, 2013; Vohs & Baumeister, 2004）。

　　社會心理學家承認，對愛情的定義必須包含浪漫愛的熱情、暈眩感受，以及已婚伴侶、終生朋友或手足的深刻、長期奉獻。因此，在定義愛情時，我們通常區分友伴愛和熱情愛（Hatfield & Rapson, 1993; Hatfield & Walster, 1978）。友伴愛（companionate love）包含對他人的親密和感情，然而並未伴隨熱情或生理激動狀態。人們可以在非性的親近關係或浪漫關係中體驗友伴愛，也可能在性關係當中體會親密感，只不過不像以往

友伴愛
對他人產生親密和情感，然而並未伴隨熱情或生理激動狀態

充滿熱力和激情。

熱情愛（passionate love）意指強烈渴望某個人，其特徵是生理激動狀態——對方出現時感到喘不過氣和心跳加快（Fisher, 2004; Ratelle et al., 2013; Regan & Berscheid, 1999）。如果事情順利進行（對方也愛上我們），我們會感受到充實和狂喜；如果事情不順利（我們的愛無法得到回報），就會讓人感到難過和絕望。Elaine Hatfield和Susan Sprecher（1986）發展出測量熱情愛的量表，評量強烈、無法控制的想法，強烈感受以及對喜歡對象的外顯行動。請嘗試填寫以下【試試看！】練習的問卷，測量你目前（或曾有）的熱情愛。

電影《分歧者》裡Tris和Four的關係代表熱情愛的初期階段。

或許你對於用科學方法來定義和分類愛情這種神秘經驗感到有點生氣。我們真的能夠在理論模型裡捕捉不同的「愛情類型」？或許你的反應完全相反：某些關係不是同時具備友伴愛和熱情愛的特徵嗎？兩種愛情足以捕捉這樣的複雜感受和互動嗎？如果你發現你自己所詢問的是第二個問題，那麼，我們剛好可以提供這樣的理論！Robert Sternberg（1986）的三角形理論指出，愛情有三個主要成分：第一個成分是親密，其定義是親近、連結的感受；第二個成分是熱情，跟外表吸引力和發生性關係的驅力有關；第三個成分則是長期承諾。

Sternberg主張，這三個成分的出現（或缺乏）形成各種組合，每一種組合可以轉換為不同類型的愛情（請參見圖10.1）。親密加上熱情？根據Sternberg的模型，那就是浪漫愛。只有承諾，沒有親密或熱情呢？根據這個理論，它是空虛的愛。當你檢視左圖時，你有何想法？Stenberg的模型遺漏了任何類型的愛情嗎？

文化與愛情

如前所述，找到浪漫伴侶的過程隨著不同文化而異。例如，在尼泊爾的村莊裡，約會受到禁止，年輕男女即使偶然碰面也不恰當。傳統上，父母選擇未來配偶，他們強調配偶的社會地位；家庭、種姓和經濟資

試試看！

熱情愛量表

這些題目要求你描述當你陷入熱情愛的感受。請思考你目前最熱烈愛戀的對象。如果你現在並未談戀愛，可以想像最近的一位熱情愛對象。如果你從未戀愛，請設想一位最接近熱情愛的對象。請根據你回憶當中最強烈的感受來作答。

針對下列15道題目，請由1到9的數字裡選擇最能夠描述你感受的答案。答案由1（完全不正確）到9（完全正確）。請將數字寫在題目旁。

1 2 3 4 5 6 7 8 9

↑　　　　↑　　　　↑

完全不正確　普通正確　完全正確

1. 如果 _____ 離開我，我會感到深深地絕望。
2. 有時我覺得無法控制自己的想法；我發瘋地想著 _____ 。
3. 當我做的事情讓 _____ 快樂時，我也覺得快樂。
4. 我寧願跟 _____ ，也不要跟其他人在一起。
5. 如果我認為 _____ 跟其他人談戀愛，我會感到嫉妒。
6. 我渴望知道 _____ 所有的一切。
7. 我想要得到 _____ 無論是身體、情感或心理。
8. 我無止盡地渴求 _____ 的情感。
9. 對我而言， _____ 是完美的浪漫伴侶。
10. 當 _____ 碰觸我，我可以感知自己的身體反應。
11. _____ 似乎總是在我腦海裡。
12. 我希望 _____ 瞭解我——我的想法、恐懼和希望。
13. 我熱切地尋找 _____ 渴望得到我的徵兆。
14. 我感受到 _____ 的強大吸引力。
15. 當我跟 _____ 不順利，我變得極端沮喪。

計分：將這15道題目的分數加總。總分最低為15分，最高為135分。你的分數愈高則表示你對那個人的感受愈符合熱情愛；你給予高分的題目反映出感受最強烈的熱情愛成分（改編自 Hatfield & Rapson, 1990, p.146）。

源。在這些由他人安排的婚姻裡，新郎新娘通常在婚禮當天才首次交談（Goode, 1999）。許多婚姻的結合非常成功，尤其對照於美國婚姻未經安排卻有高離婚率。或許在婚姻不幸福時尋求離婚的自由也隨著文化而有差異。

除了習俗和典禮的差異之外，文化差異也出現於人們對於愛情的想法、定義和經驗。在本書當中我們曾經討論，西方與東方文化對於個人和團體需求的概念並不相同（Kim & Markus, 1999; Markus, Kitayama, &

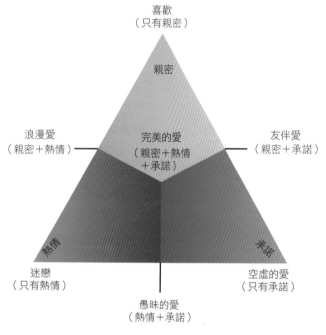

圖10.1　Sternberg的愛情三角形理論

儘管全世界各地的人都有愛情的經驗，愛情的定義卻隨著文化而改變。

Heiman, 1996; Triandis, 1995）。社會心理學家也指出，在個人主義文化裡，浪漫愛是婚姻的重要、關鍵基礎，然而在集體主義文化中較不受到重視。在個人主義社會裡，人們只想跟新伴侶共處，幾乎暫時忽略朋友和家人。有關交往或結婚的決定大多數出自個人選擇。相對地，在集體主義文化裡，談戀愛的人必須考慮家庭和其他團體成員的期望，有時包含同意他人安排的婚姻（Dion & Dion, 1993; Kamble et al., 2014; Levine et al., 1995）。有趣的是，最近數十年以來，西方人尋找伴侶的方式開始滲入了集體主義文化（Hatfield & Rapson, 2002）。例如，在尼泊爾，準新娘和新郎現在可以彼此通信，在婚禮前稍微認識對方（Goode, 1999）。

　　跨文化研究指出，美國夫妻比華人夫妻更強調熱情愛，華人夫妻比美國夫妻更強調友伴愛（Gao, 1993; Jankowiak, 1995; Ting-Toomey & Chung, 1996）。相對地，西非肯亞Taita族認為兩者同等重要；他們將浪漫愛視為友伴愛和熱情愛的組合。Taita族認為這是最好的一種愛，是社會期望達到的主要目標（Bell, 1995）。William Jankowiak和Edward Fischer（1992）回顧一百六十六個社會的人類學研究，發現其中一百四十七個社會出現熱情愛，請參閱表10.2。

　　這些研究結果顯示，我們都會談戀愛（Dion & Dion, 1996; Hatfield & Rapson, 2002; Li et al., 2010），但是方式未必相同——至少對它的描述未必相同（Landis & O'Shea, 2000）。例如，日本人以「甘え」（amae）來形容極端的正向情緒狀態，個人完全被動地接受浪漫伴侶的照顧，類似於母子關係。

表10.2　166個社會之人類學研究的熱情愛跨文化證據

文化地區	有熱情愛	無熱情愛
地中海沿岸	22（95.7%）	1（4.3%）
撒哈拉以南的非洲地區	20（76.9%）	6（23.1%）
歐亞地區	32（97.0%）	1（3.0%）
太平洋島國	27（93.1%）	2（6.9%）
北美洲	24（82.8%）	5（17.2%）
中南美洲	22（84.6%）	4（15.4%）

資料來源：Jankowiak & Fischer (1992).

在英文或其他西方語言裡無法找到對應的詞彙；最接近的說法是依賴（dependency），這種情緒狀態在西方文化的成人關係裡並不健康（Dion & Dion, 1993; Doi, 1988; Farrer, Tsuchiya, & Bagrowicz, 2008）。

同樣地，華人的「感情」概念不同於西方的浪漫愛情。感情的建立在於彼此幫助；例如，「浪漫」舉動可能是幫對方修理腳踏車或者學習新素材（Gao, 1996）。在韓國，jung的概念代表某一種特殊關係，它比愛更豐富，可以將兩個人繫在一起。初建立關係的伴侶可能對彼此有強烈的愛，但是未必發展出強烈的jung——它需要時間和共同經驗。有趣的是，負面關係也可以發展出jung——例如彼此討厭的商業對手之間。jung可能不知不覺在兩人之間滋長，讓人覺得彼此有種奇特的連結（Kline, Horton, & Zhang, 2008; Lim & Choi, 1996）。

因此，浪漫愛幾乎是人類的普遍經驗，但是文化規則可能影響這種情緒狀態的體驗、表達和記憶（Higgins et al., 2002; Jackson et al., 2006）。在最後這個例子裡，Shuangyue Zhang和Susan Kline（2009）發現，美國和中國大陸情侶之結婚決定有兩大差異。中國大陸學生描述結婚決定時，強調集體主義文化的兩個重要概念：孝和關係；而美國學生重視得到支持、照顧和「過更好的生活」。Robert Moore（1998）摘要說明他在中國大陸的研究結果：「年輕華人確實會陷入深刻戀愛，而且體驗到浪漫愛情的喜悅和憂傷，正如西方年輕人一樣。但是他們也遵從要求……個人為家庭犧牲利益的標準……這表示避免短暫的迷戀、隨性的性關係，和不顧家人關切的約會情境」（p. 280）。

社會心理學
Social Psychology

親密關係裡的依附風格

我們所生長的文化塑造有關愛情的想法和經驗，早期與雙親或照顧者的互動也是如此。具體來說，檢視成人親密關係的取向之一強調依附風格（attachment styles），其基礎在於John Bowlby（1969, 1973, 1980）和Mary Ainsworth（Ainsworth et al., 1978）對於嬰兒和主要照顧者（通常是母親或父親）之間連結的成果。

Ainsworth等人（1978）找出嬰兒和照顧者之間的三種關係。他們讓照顧者暫時離開，將嬰兒留在不熟悉的房間裡，跟陌生人在一起。研究者觀察嬰兒跟雙親分離和重聚的反應。安全依附風格（secure attachment style）嬰兒在父母離開時哭泣、難過，當他或她返回時相當高興。這些嬰兒信任照顧者，在互動時表達正向情緒，不擔心被遺棄，也認為自己是有價值和受人喜愛的。逃避依附風格（avoidant attachment style）嬰兒並不在意照顧者的離開或返回。他們渴望親近照顧者，卻必須壓抑此一需求，因為他們知道自己會遭到拒絕，有時是因為照顧者冷酷、疏遠或忙碌。焦慮／矛盾依附風格（anxious/ambivalent attachment style）嬰兒在父母離開房間前就顯得難過，甚至當父母返回後也難以安撫，他們的反應通常混合了憤怒和無動於衷。這些嬰兒格外焦慮，有時因為他們無法預測照顧者何時或如何回應他們的需求。

依附理論的關鍵假設是，嬰兒期特定依附風格成為關係的運作模式或基模。這些早期關係基模通常終生持續，而且類推到成年的所有關係（Fraley & Shaver, 2000; Konrath et al., 2014; Mikulincer et al., 2009）。因此，童年時跟父母或照顧者建立安全關係的人，在成年時更可能發展成熟、持久的關係；跟父母建立逃避關係的人較不容易相信他人，而且難以建立親近、親密的關係；與父母建立焦慮／矛盾關係的人希望親近成年期的伴侶，然而經常擔憂伴侶無法回應他們的感情（Collins & Feeney, 2000; Rholes, Simpson, & Friedman, 2006; Simpson et al., 2007）。例如，研究者要求成人根據在浪漫關係裡的感受，在**表10.3**的三個陳述句當中選擇其一（Hazan & Shaver, 1987）。每個陳述句分別描述三種依附風格的其中之一。研究者也詢問有關目前關係的問題。

當研究者以成人依附風格反應跟目前關係所得到的答案計算相關

表10.3　測量依附風格

		這項愛情態度調查在報紙上公開，人們要選出最符合自己浪漫關係的陳述。每一種依附風格的陳述和人數百分比如下表所示。
安全風格	56%	「我發現自己很容易跟別人親近，而且依賴他人和受人依賴時很自在。我不擔心被遺棄或者跟某人太過親近。」
逃避風格	25%	「我跟別人太過親近會感到有點不自在；我發現自己很難完全相信他們。我跟某人過於親近時很緊張，而且通常伴侶渴望的親近程度高於我覺得自在的程度。」
焦慮風格	19%	「我發現他人不希望像我這樣親近。我經常擔心伴侶並非真正愛我或不想跟我在一起。我想要完全跟另一個人結為一體，這種渴望有時會嚇退別人。」

（摘自Hazen & Shaver, 1987）

時，所得結果符合依附理論觀點（Feeney, Cassidy, & Ramos-Marcuse, 2008; Feeney, Noller, & Roberts, 2000; Hazan & Shaver, 1994）。例如，安全依附者擁有最持久的浪漫關係。他們的關係承諾感和滿意度最高。焦慮／矛盾依附風格者的浪漫關係最短命。他們最快進入關係，通常此時仍不瞭解其伴侶。例如，有一項在婚姻登記處進行的研究發現，焦慮的男性在結婚前交往的時間比安全或逃避的男性更短（Senchak & Leonard, 1992）。當愛情無法得到回應時，他們也是最難過和憤怒的一群。第三類的逃避者最不可能進入關係，也最可能表示從未戀愛。他們維持情緒距離，而且關係承諾感最低（Campbell et al., 2005; Collins et al., 2006; Keelan, Dion, & Dion, 1994）。

　　值得注意的是，依附理論並不認為：擁有不快樂關係的人將會跟所有對象重複建立相同的不快樂關係（Simms, 2002）。有些研究者在原本研究結束後幾個月或幾年，重新拜訪參與者，要求他們再度填寫依附風格量表。他們發現，25～30%參與者改變其依附風格（Feeney & Noller, 1996; Kirkpatrick & Hazan, 1994）。人們能夠也

依附理論預測，我們仍是嬰兒和年幼兒童時學會的依附風格終生相隨，而且類推到所有人際關係裡。

確實會改變；他們在關係裡的經驗有助於學習更嶄新、健康的人際互動方式。除此之外，其他研究者也指出，在任何時刻，人們表現的依附風格同時受到伴侶行為以及關係類型所影響。因此，人們的反應可能出於關係

裡的情境變項，在不同的關係裡分別展現安全依附風格或焦慮依附風格（Fraley, 2002; Hadden et al., 2014; Simpson et al., 2003）。

你的身體和腦在戀愛

墜入愛河是絕妙的感受，不同文化、童年初期經驗的人都曾體驗過。你覺得頭暈目眩、心滿意足。見到你的愛人時，你的心跳加快、呼吸急促，身體變得警覺、充滿活力。的確，我們大多數人認為這些生理變化是愛的症狀。它們可能是，但是也可能這些生理變化使我們更容易愛上他人。也就是說，有時候生理激發是受到他人吸引的原因，而不是結果（Laird & Lacasse, 2014）。

例如，我們在第五章討論Dutton和Aron（1974）的吊橋研究，男性走過引發生理激動狀態的吊橋，心跳仍在加快，此時受到接近身邊的女研究者所吸引。近期研究也證實，生理激動狀態轉變為浪漫感受的傾向。Cindy Meston和Penny Frohlich（2003）在遊樂園裡接近男性和女性，在他們搭乘摩天輪以前或以後進行調查。剛搭乘過摩天輪的參與者比正要搭乘的人覺得坐在身邊的陌生人更有吸引力。這些發現再度證實，生理激動狀態和愛的雙向關係。他們也指出，你在體育館或登山時遇見下一個心怡對象的可能性高於在圖書館或雜貨店。

心理學家也探討戀愛時腦所產生的反應。有一組研究者招募最近「熱戀」的大紐約地區大學生參加研究（Aron et al., 2005）。他們要求研究參與者攜帶兩張照片：其中一張是情人的照片，另一張則是與情人相同年齡和性別的熟人。在填寫問卷（包括先前的熱情愛量表）之後，參與者做好準備，進行功能性核磁共振顯影，記錄腦部血流的增減。這些血流反應的變化顯示出腦部各部位的神經活動。當參與者進入掃描器之後，實驗者將兩張照片輪流投射在螢幕上，兩者之間插入數學減法作業。

研究者發現，當參與者注視浪漫伴侶的照片時，腦的深處有兩個區域被活化，但是在注視熟人照片或進行數學作業時則不會被活化。更進一步來說，自我陳述浪漫愛程度較高的參與者，在注視自己情人的照片時，這些區域的活化程度比浪漫愛程度較低的參與者更高（Aron et al., 2005）。這兩個腦區域是腹側被蓋區（ventral tegmental area, VTA）和尾核（caudate nucleus），兩者互相溝通，形成迴路。

先前研究已經發現，當人們攝取古柯鹼的時候，VTA高度活化。古柯鹼引發愉悅、滿足、不安、警覺和食慾降低的感受（這些感受類似於陷入愛情）。VTA含有豐富的神經傳導素多巴胺，當人們吃巧克力的時候它也會放電。簡單來說，VTA和尾核構成腦部主要的「酬賞」和「動機」中樞。例如，賭徒的腦部功能性核磁共振顯影研究發現，當他們贏錢時腦部富含多巴胺的區域活動大幅度增加，這對他們來說是獎勵（和動機）事件（Aron et al., 2005）。因此，當人們說，墜入情網「像是嗑藥」或「像是贏得樂透」，他們是正確的。這些經驗都會活化腦部相同區域：富含多巴胺的愉悅、酬賞和動機中樞（Bartels & Zeki, 2004; Fisher, 2004; Scheele et al., 2013）。

複習題

1.＿＿＿的特徵是親密和情感，而＿＿＿則包含強烈渴望和生理興奮狀態。
　a.柏拉圖式的愛；浪漫愛
　b.冷靜愛；性愛
　c.友伴愛；熱情愛
　d.空虛的愛；好色的愛

2.下列何者並非Sternberg愛情三角形理論的主要成分？
　a.親密。
　b.熱情。
　c.回報。
　d.承諾。

3.下列何者並非本章有關愛和關係的跨文化研究發現？
　a.美國已婚伴侶傳統上住在一起，然而西非許多地區的已婚伴侶分開居住，優先考慮跟延伸家庭的連結，而不是配偶。
　b.就像「緣」的概念一樣，華人比美國人更相信關係結果由命運所決定。

　c.浪漫愛似乎在人類之間普遍存在，即使文化塑造這種情緒狀態的體驗和表達。
　d.受他人安排婚姻的離婚率比個人自行決定配偶的婚姻更高。

4.下列何種依附風格最符合以下描述：「接近他人讓我感到不舒服，我發現自己難以完全信任別人。當某人靠近時，我感到不安，通常我的伴侶希望我更親近，但是卻讓我感到不舒服。」
　a.安全依附風格。
　b.逃避依附風格。
　c.焦慮／矛盾依附風格。
　d.交換依附風格。

5.當某人產生浪漫愛的感受，腦部活化的區域跟下列何者所活化的區域相同？
　a.睡眠。
　b.吸食古柯鹼。
　c.哭泣。
　d.因成為注意中心而焦慮。

評估關係：滿意度和分手

學習目標10.4　分析各種測量關係滿意度的理論以及有關親密關係分手的研究

到目前為止，我們已經探討吸引力，以及愛情的定義和經驗。但是實際上個人如何評估他們現有的關係？哪些因素決定你和目前伴侶在一起是否快樂，或者整體「愛情生活」是否令人滿意？哪些因素決定人們對目前關係持續維持承諾，或者開始思考其他選擇？如果他們決定要結束關係，分手會帶來哪些心理結果？我們將要討論關係滿意度和分手的理論，對這些最親密的問題提供具有實徵證據的答案。

關係滿意度的理論

關係不同於股票市場或總統支持度評分。我們很少每天精確記錄跟目前伴侶在一起有多麼快樂，然後繪製成圖（這似乎是件好事！）。也就是說，大多數人偶爾整體評估目前的關係，或許在重大週年日，或者因為某人直接詢問。也或者是因為跟伴侶發生爭吵或被激怒，讓我們停下仔細思考，我們在一起究竟是否令人滿意。以下我們回顧關係滿意度的兩個重要理論：社會交換理論和公平理論。

社會交換理論

以上所討論的吸引力前置變項都可能成為社會酬賞。自己的態度得到認可令人愉悅；因此，對方態度與自己愈相似，共同相處就得到更多報償。同樣地，被喜歡自己的人所圍繞也是酬賞，尤其是具有外表吸引力的對象。換言之，個人提供的社會酬賞愈多（成本愈小），我們就愈喜歡他。方程式的另一面則是，如果關係的成本（例如情緒波動）遠超過收穫（認可態度），它愈不可能持久。

以成本和利益的經濟學模式解釋人際關係運作的簡單構想，被研究者發展為複雜的社會交換理論（Cook et al., 2013; Kelley

根據社會交換理論，這對伴侶的關係滿意度取決於兩個人對酬賞和成本的知覺，以及他們對於關係應該得到多少酬賞的整體期待。

& Thibaut, 1978; Thibaut & Kelley, 1959）。社會交換理論（social exchange theory）主張，人們對於關係的感受取決於他們對酬賞的知覺、對成本的知覺，以及他們自認應當擁有的關係（以及他們可能找到其他更好關係的可能性）。基本上，我們根據檯面上所有選項，「購買」可能得到的最佳關係──給予最高情緒價值的人。社會交換理論的基本概念是酬賞、成本、結果和比較基準。

酬賞是關係當中令人滿足的層面，它讓關係變得有價值、帶來增強。它包括伴侶的特徵和行為，以及藉由認識對方所獲得的外在資源（例如取得金錢、地位、活動或認識其他有趣的人）（Lott & Lott, 1974）。舉例來說，在巴西，友誼具有公開的交換價值。巴西人承認他們需要有力的後台，表示他們期待他人在必要時運用社會連結提供協助（Rector & Neiva, 1996）。顯然，就事情的另一面來說，友誼和浪漫關係都附帶有成本，像是忍受對方的壞習慣和缺點。關係的結果是酬賞和成本的直接比較；你可以用數學公式來計算：結果等於酬賞減去成本。如果得到負值，就表示關係品質不佳。

除了酬賞和成本之外，你對關係的滿意度與另一個變項有關：你的比較基準（comparison level），又或者是根據酬賞和成本，你期待在關係當中得到的結果（Kelley & Thibaut, 1978; Thibaut & Kelley, 1959）。隨著時間過去，你累積長期與他人維持關係的歷史，這段歷史讓你產生對目前和未來關係的期待。有些人的比較基準較高，表示期待從關係當中得到許多酬賞和付出少量成本。如果特定關係未達到預期的比較基準，他們迅速地變得不快樂、不滿意。相對地，低比較基準的人在相同關係裡仍會感到快樂，因為他們預期的關係是艱難、代價昂貴的。

最後，你的關係滿意度也可能跟追求更好關係的知覺有關──也就是你的替代比較基準（comparison level for alternatives）。就像俗話所說的，天涯何處無芳草。跟另一個人建立關係能夠帶給你更好的結果嗎？高替代比較基準者可能相信世界上到處都是渴望認識他們的人，或者知道某個人渴望認識自己，他們較可能突然跳入市場，結交新朋友或新情人。低替代比較基準者可能維持高成本的關係，因為在他們心裡，即使目前擁有的不多，總好過對於其他關係的期待（Etcheverry, Le, & Hoffman, 2013; Lehmiller & Agnew, 2006; Simpson, 1987）。

社會交換理論

人們對於關係的感受取決於他們對酬賞和成本的知覺，他們自認應當擁有的關係，以及他們可能找到其他更好關係的可能性

比較基準

人們在特定關係當中可能得到的酬賞和懲罰高低的期待

替代比較基準

人們在其他關係當中獲得酬賞和成本高低的期待

交換理論得到大量實徵證據所支持。朋友和情侶確實會注意關係裡的酬賞和成本，而且會影響人們對於關係狀態的感受（Bui, Peplau, & Hill, 1996; Cook et al., 2013; Rusbult, 1983）。上述發現也出現在臺灣和荷蘭的親密關係裡（Le & Agnew, 2003; Van Lange et al., 1997）。整體而言，當關係可以提供大量酬賞時，人們感到快樂和滿意。

然而，許多人不願意離開讓人不滿意的伴侶，即使其他選擇看來更吸引人。研究結果指出，我們至少還需要考慮另一個因素：個人在關係裡的投資程度（Carter et al., 2013; Rusbult et al., 2001; Goodfriend & Agnew, 2008）。在親密關係的投資模式（investment model）裡，Caryl Rusbult（1983）定義「投資」（investment）為——在關係裡所付出、然而離開時將失去的事物，其實例包括有形的物品，像是財務資源、財產和房屋，以及無形的事物，像是孩子的情緒幸福、建立關係時付出的時間和情緒能量，以及離婚所失去的個人整合感。根據**圖10.2**，個人在關係裡投資愈多，愈不可能離開，即使滿意度低，而且可能與他人建立更好的關係。簡單來說，如果要預測人們是否維持親密關係，我們需要知道：(1)

投資模式

該理論主張，人們對關係的承諾不僅取決於他們的關係滿意度，還有他們在關係當中已經付出、離開時卻無法取回的投資

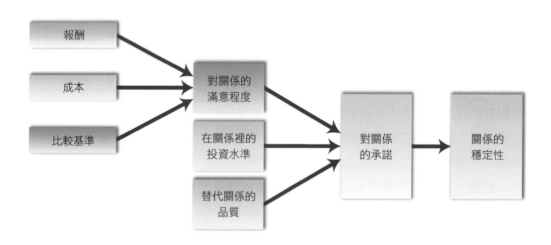

圖10.2 承諾的投資模式

人們對關係的承諾取決於幾個變項。首先，他們的關係滿意度基礎在於比較酬賞及成本，確定結果是否高出對關係的整體期待（或比較基準）。其次，他們對關係的承諾取決於三個變項：滿意度、在關係裡的投資，以及是否有好的替代關係。這些承諾變項接著預測關係的穩定性。例如，某一位婦女感覺其關係成本的高昂和酬賞的低落超出她可以接受的程度，而且另一位有吸引力的人邀請她約會，此時她的承諾程度很低。最終結果就是低穩定性；她很可能跟目前的伴侶分手（改編自Rusbult, 1983）。

他們對關係的滿意度；(2)他們對建立其他關係的想法；以及(3)他們在關係當中的投資程度。

　　為了檢驗此一模式，Rusbult（1983）要求正在約會的異性戀大學生填寫問卷長達七個月。人們每隔三個星期回答有關投資模式裡各成分的問題（請參見**圖10.2**）。Rusbult也追蹤學生是否維持關係或者分手。根據**圖10.3**，滿意度、替代關係和投資都可以預測人們願意維持關係的承諾以及關係存續的狀態（量表分數愈高，表示每個因素對承諾和關係持續期間的預測力愈強）。後續研究也發現類似於**圖10.3**的結果適用於不同年齡的已婚伴侶、同性戀伴侶、非性的友誼，以及美國和臺灣居民（Kurdek, 1992; Lin & Rusbult, 1995; Rusbult & Buunk, 1993）。

　　同樣模式是否可以解釋破壞性關係？Rusbult等人為了驗證這一點，與遭受家暴、尋求庇護所的受害者進行晤談（Rusbult & Martz, 1995）。為何這些婦女繼續留在關係裡，甚至某些人回到施暴的伴侶身邊？根據理論預測，在施暴關係裡，替代關係的社經地位較低或者高投資的婦女有較高承諾感。因此，在長期關係裡，承諾感不僅反映出伴侶帶來的酬賞和成本，還有人們對於關係的投資、滿意度和替代選擇。

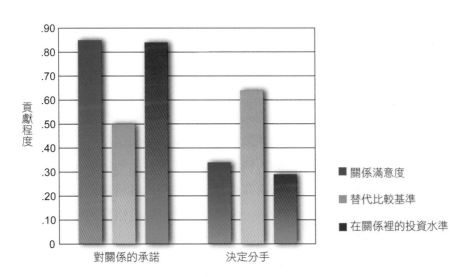

圖10.3　投資模式的驗證

這項研究驗證大學生對關係的滿意度、替代比較基準以及對關係的投資如何預測對關係的承諾以及分手的決定。分數愈高表示每個變項對承諾和分手的預測力愈高，而且與另外兩個變項無關。這三個變項都可以預測承諾和分手決定（整理自Rusbult, 1983）。

社會心理學
Social Psychology

公平理論

有些研究者批評社會交換理論忽略關係的關鍵因素——公平感受或公平性。公平理論（equity theory）的支持者主張，人們涉入關係的方式跟下棋不同，並非為了最後得到最大酬賞。該理論主張，我們不只要用最小成本得到最大酬賞，也關注公平性，或者說我們所感受的酬賞和成本（以及對關係的貢獻）大約與伴侶相當（Bowles, 2016; Kalmijn & Monden, 2012; Walster, Walster, & Berscheid, 1978）。的確，這些理論家描述公平關係讓人最快樂，也最穩定；不公平的關係導致某一方感到獲利過多（獲得太多酬賞、負擔太少成本、對關係付出太少時間和精力），另一方則感到獲利不足（獲得太少酬賞、負擔太多成本、對關係付出太多時間和精力）。

根據公平理論，獲利過多或不足的伴侶都對關係狀態感到不自在，雙方都想要恢復公平性。對於獲利不足的人來說確實合理——畢竟，誰希望感到悲慘、不被感激呢？但是從社會交換理論來看，酬賞豐厚、成本低廉且付出不多，可以說是穩賺不賠的交易，為何獲利過多者要放棄呢？公平理論主張，公平是強而有力的社會規範，如果人們在關係裡所得超出應得，終究會產生不安和罪惡感。然而，獲利過多總是比獲利不足要好一些，研究證據顯示：獲利不足者較可能認為不公平是個問題（Buunk & Schaufeli, 1999; Guerrero, La Valley, & Farinelli, 2008; Sprecher, 2016）。

當然，公平的整體概念暗指：維持關係的伴侶持續記錄誰有獲利，誰在占別人便宜，以及獲利和付出的程度。有些人或許認為，處於快樂關係的人不需要花太多時間這樣做。的確，當我們愈熟識對方，愈不願意相信自己只是在回報對方的人情，或期待每次付出都得到報償。當然，在親密關係裡，我們交換各種資源，即使想要維持公平，如何計算公平性也相當困難。帶你的重要他人晚上吃大餐是否可抵消前兩天晚上加班？換言之，長期親密關係的交換或許更寬鬆，而非遵循嚴格的一報還一報策略（Kollack, Blumstein, & Schwartz, 1994; Laursen & Hartup, 2002; Vaananen et al., 2005）。

親密關係可能帶有交換或共享性質；家人關係通常屬於共享關係。

根據Margaret Clark和Judson Mills（1993）的觀點，初識者的互動受到公平所支配，稱為**交換關係**（exchange relationships）。根據**圖10.4**，在交換關係當中，人們隨時記錄彼此的貢獻，如果付出多於獲得就會感到被對方占便宜。相對地，在親密朋友、家人和浪漫伴侶之間的長期互動較少遵循公平規範，主要是基於對方有需要時提供幫助。在這種共享關係（communal relationships）裡，人們回應對方的需求，無論是否得到回報（Abele & Brack, 2013; Mills & Clark, 2011; Vaananen et al., 2005）。就這一點來看，共享互動是長期親密關係的標誌。過去研究曾經比較異性戀和

交換關係

受到公平需求（追求酬賞和成本的比例相等）所掌控的關係

共享關係

人們主要關心回應對方需求的關係

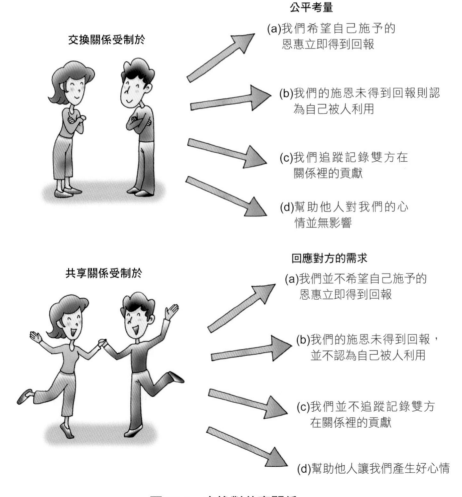

公平考量
(a)我們希望自己施予的恩惠立即得到回報
(b)我們的施恩未得到回報則認為自己被人利用
(c)我們追蹤記錄雙方在關係裡的貢獻
(d)幫助他人對我們的心情並無影響

交換關係受制於

回應對方的需求
(a)我們並不希望自己施予的恩惠立即得到回報
(b)我們的施恩未得到回報，並不認為自己被人利用
(c)我們並不追蹤記錄雙方在關係裡的貢獻
(d)幫助他人讓我們產生好心情

共享關係受制於

圖10.4　交換對共享關係

（黃建中繪製）

同性戀伴侶，發現他們在關係當中的承諾和共享程度相同；如果確實有所差異，那就是同性戀者自述契合度更高、衝突更少（Balsam et al., 2008; Roisman et al., 2008）。

處於共享關係的人完全不在意公平嗎？未必如此。如前所述，人們會因為親密關係裡的不公平而感到煩惱（Canary & Stafford, 2001; Walster et al., 1978）；然而，共享關係裡的公平在形式上不同於其他較不親密的關係。在共享關係裡，伴侶對於任何時刻構成公平的基礎較為寬鬆，相信事情終究會達成平衡，長期來說大致可以達到公平（Lemay & Clark, 2008; Lemay, Clark, & Feeney, 2007）。如果事與願違——他們持續感受到不平等——關係最終仍可能結束。

分手歷程和經驗

最近數十年以來，美國的離婚率將近50%（Kennedy & Ruggles, 2014; National Center for Health Statistics, 2005）。聯合國人口年鑑（Demographic Yearbook of the United Nations）的數據顯示，在五十八個國家當中，分居和離婚大多發生在婚後第三或四年（Fisher, 2004）。當然，每天都有許多未婚的浪漫關係告吹。浪漫關係的結束是人生最痛苦的經驗之一。研究者持續檢驗導致伴侶分手的原因，以及人們脫離關係的策略（Frazier & Cook, 1993; Rusbult & Zembrodt, 1983; Sprecher, Zimmerman, & Fehr, 2014）。

例如，Steve Duck（1982）提醒我們，關係終止並非單一事件，而是多重步驟的歷程（請參見圖10.5）。Duck推論，關係崩解共有四個階段，從個人內在階段（個人想到對關係的諸多不滿意）到雙人階段（個人跟伴侶討論分手），再到社會階段（向其他人宣布分手），最後回到個人內在階段（個人從分手當中復原，對分手歷程和原因形成內在解釋）。針對最後一個階段，John Harvey等人（Harvey, 1995; Harvey, Flanary, & Morgan, 1986）發現，我們對親近朋友透露的「分手原因」真實版，或許跟告訴同事或鄰居的官方版本大不相同。

關係結束的原因可以從不同角度來探討（Bui et al., 1996; Drigotas & Rusbult, 1992）。Caryl Rusbult找出紛擾關係裡的四種行為（Rusbult, 1987; Rusbult & Zembrodt, 1983）。前兩種類型屬於破壞性行為：主動傷害關係

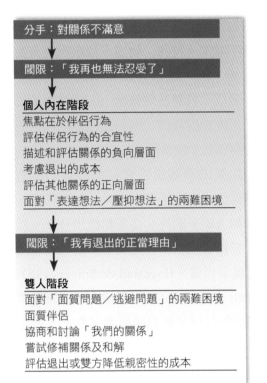

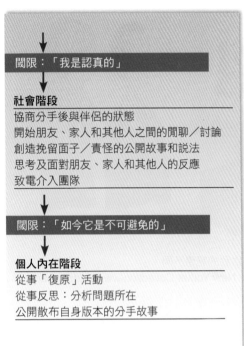

圖10.5　親密關係崩解的步驟

（摘自根據Duck, 1982）

（例如虐待伴侶、威脅分手、主動離開）以及消極讓關係惡化（例如拒絕
處理問題、忽視伴侶、減少相處時間、未曾投入精力）。另外兩種反應是
正向的建設性行為：主動設法改善關係（例如討論問題、嘗試改變、與治
療師會面）以及被動維持忠誠（例如等候並且希望情況改善、支持而非反
抗、保持樂觀）。Rusbult等人發現，破壞性行為對關係的傷害性尤甚於
建設性行為帶來的幫助。當某一方做出破壞性舉動時，另一方如果給予建
設性反應，想要挽回（常見模式），關係仍可能繼續。然而，當雙方都
採取破壞性舉動，通常關係就會結束（Rusbult, Johnson, & Morrow, 1986;
Rusbult, Yovetich, & Verette, 1996）。

　　探討分手原因的另一種取向著重於雙方最初吸引對方的特質。例
如，有一項研究要求大學男生和女生回想已經結束的浪漫關係，列出對
方最初吸引他們的特質，以及最終他們最討厭對方的特質（Femlee, 1995,
1998）。30%曾經分手的人陷入「致命的吸引力」，當初覺得有吸引力的

「不知怎麼的，這跟我的記憶不同。」
Steve Duenes/The New Yorker Collection/www.cartoonbank.com.

地方也正是關係結束的原因。例如，「他如此不尋常、特殊」變成「他跟我沒有共同之處」。「她讓人感到刺激、無法捉摸」變成「我無法信賴她」。這種類型的分手再度提醒我們，伴侶之間相似性對於成功關係有多麼重要。

如果浪漫關係岌岌可危，我們能夠預測誰先提出分手嗎？在異性戀關係裡，大多數人似乎期待女性主動提出分手。然而，根據研究結果，男女主動結束浪漫關係的機率相當（Hagestad & Smyer, 1982; Rusbult et al., 1986）。更適合預測關係是否結束的指標是情侶如何處理衝突。所有關係都會經歷衝突，但是未必所有情侶的處理方式都相同。John Gottman 等人以新婚者為對象進行研究，發現在討論關係衝突的議題時，情侶溝通顯示出輕視、挖苦和批評則比較可能分手（或較快分手）（Gottman, 2014; Gottman & Levenson, 2002）。禁得起衝突風暴的情侶會等到彼此冷靜之後，才嘗試消除歧見，而且他們在聆聽時不會自動地產生防衛。

其他研究探討分手經驗，嘗試預測人們面臨關係結束的不同行為和感受（Connoly & McIsaac, 2009; Helgeson, 1994; Lloyd & Cate, 1985）。有些研究者指出，投資也影響分手後互動，在關係持續期間擁有較高滿意度及較多投資的情侶，分手後較可能維持友誼（Tan et al., 2014）。雖然跟前任情人維持友誼對以往的親密關係來說可能是正向結果，但有些研究指出，想要跟前任情人維持接觸，甚至監視他們的新發展，像是藉由社群媒體持續追蹤對方的活動，這些做法可能讓人沮喪，甚至讓分手調適更加艱難（Belu, Lee, & O'Sullivan, 2016）。

確實，從情緒觀點來說，研究結果顯示，分手相當艱難並不令人意外。例如，Kimberly Balsam, Sharon Rostosky和Ellen Riggle（2017）跟最近結束同性戀關係的女性進行晤談。其結果顯示，這些女性對分手的情緒反應可以歸納出三個主題：羞恥／罪惡感；失敗感；孤立和寂寞感。其他研究指出，男女在分手後的沮喪程度相近，即使主動提出分手帶來壓

力，被動分手似乎產生更嚴重的負向情緒反應（Sprecher, 1994）。

　　簡言之，親密關係的社會心理學文獻橫跨與他人親密連結的所有範圍，從最初吸引和擇偶，到性行為、關係滿意度，以及分手的心碎……在大多數例子當中，至少再一次重新開始上述軌跡的某一部分。

複習題

1.雖然Courtney的女朋友待她不錯，總是優先考慮她的需求，而且她不需要為關係付出太多努力，但是她仍覺得對關係不滿意，因為她腦海裡有個小小的聲音不斷對她說，一定有個更好的對象在等她。Courtney似乎有：
　a.高比較基準。
　b.低比較基準。
　c.低替代比較基準。
　d.高投資。

2.公平理論主張，如果關係不公平，則：
　a.獲利過多的人仍然感到滿意。
　b.獲利不足和獲利過多的人都感到滿意。
　c.獲利不足和獲利過多的人都感到不滿意。

　d.他們會從共享關係轉換為交換關係。

3.下列何者屬於關係崩解的個人內在階段？
　a.向他人宣告分手。
　b.伴侶其中一人對關係感到不滿意。
　c.伴侶其中一人跟對方討論分手。
　d.伴侶決定重修舊好。

4.下列有關分手的發現，何者正確？
　a.主動分手者比被動分手者更難過。
　b.當同性戀關係結束時，負向情緒反應的類型和數量跟異性戀關係結束時不同。
　c.跟前任情人維持接觸以及追蹤其新發展對於分手者同時產生正向和負向結果。
　d.平均來説，分手時男性不像女性那麼難過。

摘　要

學習目標10.1　描述人們如何決定喜歡而且想要更進一步認識的對象

■ 如何預測吸引力？

- **住在隔壁的人：接近性效應**　儘管有些人的性格讓他們更樂於助人，性格因素並非預測人們在各種社會情境當中是否助人的有力指標。其中一個變項是物理接近性，或接近性效應：你最常接觸的人最有可能成為你的朋友和情人。其原因是單純曝光效應：接觸任何刺激導致喜歡。

- **相似性**　人們彼此的相似性也是構成吸引力和喜歡的有力原因，無論是態度、價值觀、人口學特質或外表。相似性對吸引力的預測力高於互補性，也就是異性相吸的想法。

- **相互喜歡**　一般而言，我們喜歡那些表露喜歡自己的人。

- **外表吸引力**　外表吸引力也是喜歡的重要因素。不同文化的人對臉部吸引力的知覺十分相近。「美就是好」刻板印象可能是「月暈效應」的例子，也就是人們相信擁有某一個正向特徵的人也擁有其他無關的正向特質。具體而言，人們假定外表吸引力與其他受到讚許的特質相連，有時候導致自我應驗預言。

- **演化與擇偶**　演化心理學試圖根據天擇原理，以長期演化之基因影響來解釋社會行為。根據此一觀點，男女受到不同特徵所吸引，因為能夠儘量提

高繁衍成功率，然而這種想法也遭受批評。

學習目標10.2　解釋新科技如何塑造吸引力和社會連結

■ 數位世界的人際連結　新科技產品提供社會心理學家有關吸引力和關係的新問題，包括手機和其他行動裝置是否減少社會連結。

- **吸引力2.0：線上世代的擇偶偏好**　接近性、相似性和熟悉性等吸引力基本決定因素，在簡訊、網路和社交媒體所構成的年代以不同方式展現。

- **線上結識的前景和陷阱**　以網路和手機應用程式為基礎的約會可以擴展你的潛在伴侶範疇，但是也帶有風險；包括無法證實的相容性，以及有所隱瞞的個人簡介描述和照片。

學習目標10.3　解釋跟不同類型愛情有關的文化、性格和生物因素

■ 愛情與親密關係

- **愛情的定義：友伴和熱情**　愛情的定義之一在於區分友伴愛（並未伴隨熱情或生理激動狀態的親密感受）和熱情愛（伴隨強烈渴望和生理激動狀態的親密感受）。

- **文化與愛情**　儘管愛情是普遍的情緒，愛情的實務和定義仍有文化差異。集體主義文化和個人主義文化強調愛情的重點略微不同。

- **親密關係裡的依附風格**　人們過去與

照顧者的關係是決定成年親密關係品質的重要因素。依附關係可分為三種類型：安全、逃避和焦慮／矛盾。

- 你的身體和腦在戀愛 戀愛經驗也可以從腦的層次來檢驗。功能性核磁共振顯影研究指出，想到你所喜愛的人導致某些腦區域的活化，這些區域也受到其他令人喜歡的酬賞所活化。

學習目標10.4 分析各種測量關係滿意度的理論以及有關親密關係分手的研究

■評估關係：滿意度和分手

- 關係滿意度的理論 社會交換理論指出，人們對關係的感受取決於酬賞和成本的知覺。為了確定人們是否會停留在關係裡，我們需要知道其比較基準（關係的預期結果）、替代比較基準（在其他關係裡預期的快樂程度），以及在關係裡的投資。公平理論主張，關係滿意度的最重要決定因素是雙方在關係裡的相對酬賞。人們在共享關係裡比在交換關係裡更少追蹤酬賞和成本的公平性。

- 分手歷程和經驗 因應浪漫關係之問題的策略包括建設性和破壞性行為。分手歷程由不同階段所組成。許多不同因素可以預測個人在分手後的行動和感受，但是持續與前任情人接觸同時產生正向和負向結果。

分享寫作 你有什麼想法？

沉醉式互動

本章的發現如何促使約會網站和應用程式更有效？

測 驗

1. Sam特別注意Julie，希望她會喜歡他。根據社會心理學研究，下列何種做法最「不可能」發揮效果？

    a. 強調他們的態度很相似。

    b. 安排跟她一起合作課堂作業，以便多花一點時間跟她在一起。

    c. 強調他們具有互補的性格；畢竟，「異性相吸」。

    d. 讓自己盡可能看起來具有外表吸引力。

2. 下列何者是網路約會的優點？

    a. 能夠接近各式各樣的人。

    b. 數學算式可以有效地得到高相容性的配對。

    c. 人們在線上比較誠實地表達自己。

    d. 在線上約會時，潛在伴侶不會覺得「跟你不同國」。

3. 下列何者不正確？

    a. 在共享關係中，人們傾向於記錄雙方對於關係的貢獻。

b.人們發現「平均」臉孔比不尋常臉孔更具有吸引力。

c.人們喜歡那些喜歡他們的人。

d.我們愈常與他人見面和互動，就愈是喜歡他們。

4.Katie和Madeline是一對情侶。根據「親密關係的投資模式」，下列何者會影響他們對關係的承諾感？

a.他們對關係的滿意度。

b.他們在關係當中的投資水準。

c.其他伴侶的可及性和品質。

d.以上皆是。

5._____與強烈渴望另一個人有關，伴隨著生理衝動。

a.熱情愛

b.友伴愛

c.交換愛

d.共享愛

6.下列有關依附風格的敘述，何者正確？

a.很少有人成年後改變其依附風格。

b.大多數成人表現出逃避依附風格。

c.成人展現的依附風格受到伴侶行為以及雙方創造的關係類型所塑造。

d.你在嬰兒期的依附風格與成年關係的依附風格通常無關。

7.Marquel跟Eric從進入學校時就成為朋友。根據公平理論，何時他們的友誼會走下坡？

a.Eric常會幫助Marquel，但是Marquel較少幫助Eric。

b.Eric經過「美容」，突然變得比Marquel更有吸引力。

c.Eric和Marquel不再擁有相同興趣。

d.Eric和Marquel對同一人產生浪漫感受。

8.Elliot擔心他的女朋友並不是真心愛他，對她過度注意，讓她感到窒息。根據社會心理學研究，Elliot可能屬於_____依附型態，因為當他還是嬰兒時，他的照顧者_____。

a.逃避；冷漠和疏遠

b.安全；回應他的需求

c.共享；讓人窒息卻非常開放

d.焦慮／矛盾；不一致和專橫

9.你正在評估自己是否要跟認識一個月的重要他人分手。雖然這段關係帶給你很多酬賞、很少成本，但你最近遇到另一個人，你預期可以從對方身上獲得更多的酬賞、更少成本。你所面臨的兩難來自於你有_____和_____。

a.低滿意度；高替代比較基準

b.高滿意度；高替代比較基準

c.低比較基準；低替代比較基準

d.高比較基準；低公平性

10.在分手以後，下列哪一種伴侶最可能繼續維持友誼？

a.對於實際關係擁有高滿意度和高投資的伴侶。

b.對於實際關係擁有低滿意度和低投資的伴侶。

c.最初在線上認識的伴侶。

d.其中一方獲利過多、另一方獲利不足的情侶。

CHAPTER 11

利社會行為的基本動機：人們為何助人？

綱要與學習目標

利社會行為的基本動機：人們為何助人？

個人特質與利社會行為：為何有些人更常助人？

利社會行為的情境因素：何時人們會助人？

如何增加助人行為？

●●●●●●● 你認為如何？

調查：你認為如何？	
調查	**結果**
你曾經在緊急事件裡直接幫助他人嗎（像是拯救遭遇危險的人或撥打119報警）？ □是 □否	

（左側直排：沉醉式互動）

2001年9月11日是美國歷史上最醜惡的一天，世貿中心、五角大廈以及聯合航空93號班機墜落的賓夕法尼亞州田野死傷慘重。這也是充滿無比勇氣和犧牲的一天，許多人毫不猶豫地協助同胞。許多人因為助人而失去生命，包括四百零三位紐約市消防隊員和警官，當時他們正要拯救世貿中心裡的人。

許多911事件的英雄只是身處在不平凡狀況之下的平凡公民。想像世貿中心高塔被飛機衝撞時，你正好在此工作，你強烈地想要逃走、維護自身安全。但是，William Wik在南塔九十二樓遭到撞擊後不久，打電話回家給他的妻子時，他是這樣回答她的：「不！我不能這樣做，還有人在這裡。」（R. W. Lee, 2001, p. 28）。當南塔倒塌時，Wik的屍體在廢墟裡被發現；當時他戴著工作手套、拿著手電筒。

Abe Zelmanowitz在南塔二十七樓工作，當飛機撞毀高樓時，他原本很容易就可以從安全梯下樓逃生，然而他卻陪伴半癱的朋友Ed Beyea等候救援，最後兩人都死於南塔倒塌。

Rick Rescorla是摩根史坦利（Morgan Stanley）證券公司的安全主管。當第一架飛機撞上北塔時，Rescorla和南塔的其他同事接到指示，繼續留在原地工作。Rescorla多年來研究高塔的安全問題，跟同事反覆進行緊急事件演習——找個同伴、避開電梯、疏散離開建築物。他立即啟動計畫，當飛機撞擊南塔時，他正在四十四樓督導疏散，用擴音器高聲指導人群。當證券公司大部分員工離開建築物之後，Rescorla決定清查辦公室，確保沒有人被遺漏，因此南塔倒塌時他也罹難。Rescorla拯救了三千七百位員工（Stewart, 2002）。

還有聯合航空93號班機的乘客。根據飛機被劫持後的通話內容，幾位乘客（包括Todd Beamer、Jeremy Glick和Thomas Burnett，他們都有年幼子女）衝進駕駛艙對抗恐怖分子。他們無法阻止飛機墜毀或拯救飛機上的人，然而他們卻阻止了更大的悲劇。這架飛機預備飛往華盛頓特區，可能的攻擊目標是白宮或國會山莊。

利社會行為的基本動機：人們為何助人？

學習目標11.1　描述影響人們助人的基本動機

當人們也可能毫無愛心、自私自利時，我們該如何解釋這些偉大的自我犧牲與英雄事蹟？在本章裡，我們將探討利社會行為（prosocial behavior）——目的在於讓他人獲益的行為——的重要原因（Batson, 2012; Penner et al., 2005）。我們尤其關切利社會行為的動機是否在於利他（altruism），也就是在助人者需要付出成本的情況下幫助他人。有人可能出於自我利益而做出利社會行為，因為他希望得到回報。利他行為純粹是為了讓他人獲益，對自身並無利益（而且通常要付出代價）；911事件裡的英雄犧牲自己的生命來幫助陌生人，就是一個明確的利他例證。

我們首先探討利社會行為和利他行為的基本起源：助人意願是根植於基因的基本衝動？或者它必須在童年時接受教導和培育？純粹的助人動機是否存在？又或者人們通常只是為了利益而助人？我們將檢視心理學家如何探討這些長久以來的問題（Crocker, Canevello, & Brown, 2017; Keltner et al., 2014; Piliavin, 2009; Tomasello & Vaish, 2013）。

演化心理學：本能與基因

根據達爾文（Darwin, 1859）的演化論，天擇偏好能夠促進個人生存的基因（請參閱第十章）。有助於生存、提高繁衍後代機率的任何基因都可能世代傳遞。降低生存機會（像是導致致命疾病的基因）、減少繁衍後代機率的基因則較不可能傳遞給下一代。演化心理學家嘗試以天擇原理來解釋影響社會行為的長期演化基因因素（Buss, 2014; Neuberg, Kenrick, & Schaller, 2010; Tooby & Cosmides, 2005）。在第十章，我們曾討論演化心理學如何解釋愛與吸引力；本章我們則討論有關利社會行為的解釋

利社會行為
目的在於讓他人獲益的行為

利他
在助人者需要付出成本的情況下幫助他人的渴望

（Arnocky et al., 2017; Hare, 2017; Simpson & Beckes, 2010）。

達爾文很早就體認到演化論的問題所在：該如何說明利他行為？如果人們凌駕一切的目標是確保自身的存活，那又為何要犧牲自己來幫助別人？利他行為似乎不該出現在人類的演化歷程裡，因為這種做法會讓自己身處險境，比自私自利的人更不容易繁衍後代。助長自私行為的基因應該更容易傳遞下去——但，真的是這樣嗎？

近親選擇

演化心理學家解答上述困境的方式之一是訴諸近親選擇（kin selection）的概念，也就是天擇（自然選擇理論）促進對血緣親屬有利的行為（Carazo et al., 2014; Hamilton, 1964; Vasey & VanderLaan, 2010）。人們若想提高自己的基因被傳承的機率，不僅可以選擇自己生養孩子，也可以藉由親屬產生後代獲得保證。由於人們的血親與自己共享部分基因，確保親屬得以生存，則個體的基因愈可能在未來世代裡蓬勃繁衍。因此，「天擇」應可促進針對血緣親屬所做的利他行為。

例如，在某一項研究裡，人們自述他們遭遇生死攸關情境（像是房屋失火）時，幫助血親的機率大於非親屬。當情境並未造成生命威脅時，幫助親屬的機率未必較高，這一論點支持：人們幫助他人主要是為了確保自身基因的存續。有趣的是，無論何種性別或文化，只要是在威脅生命的情境裡，個人都會遵循近親選擇原則（Burnstein, Crandall, & Kitayama, 1994）。

當然，這項研究的參與者只是陳述自己的做法；並不能證實他們遭遇火災時，拯救兄弟姊妹的機率高於拯救姪甥輩。然而，真實意外事件的軼聞證據卻支持上述說法。某一處度假村火災生還者表示，當他們察覺到火災時，在逃離建築物之前比較可能搜尋家庭成員的下落，而非朋友（Sime, 1983）。

演化心理學家並不認為人們有意識地衡量其行為的生物重要性，然後決定是否提供協助。然而，根據演化論，近親選擇可能已經深植在人類的行為裡，因此幫助親人者的基因比較可能存活（Archer, 2013; Vasey & VanderLaan, 2010）。

根據演化心理學，利社會行為的部分原因在於近親選擇。

回報規範

　　為瞭解釋利他行為，演化心理學家也提出回報規範（norm of reciprocity），也就是期待幫助他人可以提高未來對方幫助自己的機率。當人類演化時，如果有一群完全自私的人，只居住在自己的洞穴裡，則他們會比互相合作的團體更不容易生存。當然，如果人們太主動合作，也可能會被永遠不會回報的對手所利用。因此，最可能生存的人能夠與鄰居建立有關回報的共識：「如果我現在幫助你，當我需要幫助時，你會回報這份恩情。」回報規範具有生存價值，因此可能根植於基因（Gray, Ward, & Norton, 2014; Krockow, Colman, & Pulford, 2016; Trivers, 1971）。有些研究者主張，感激（gratitude）情緒（接受他人幫助所產生的正向情緒）的演化是為了調節回報（Algoe, 2012; Algoe, Fredrickson, & Gable, 2013; Eibach, Wilmot, & Libby, 2015）。換言之，如果某人幫助我們，我們覺得感激，因此未來會回報對方。下面的【試試看！】專欄描述如何運用經濟學遊戲探討回報規範。

> **回報規範**
>
> 期待幫助他人可以提高未來對方幫助自己的機率

試試看！

獨裁者遊戲

　　請想像你參加下列研究：實驗者給你10元美金紙鈔，告訴你：你可以保留所有錢或者捐給下一位參與者，你永遠不會遇見的對象。實驗者留下你獨自一人，指示你將給予下一位參與者的金錢放進信封裡密封，然後就可以離開。你會捐出多少錢呢？

　　上述程序稱為獨裁者遊戲（Dictator Game），曾被運用於數十項探討人類慷慨行為的研究。雖然人們基於自我利益會保留所有錢，大多數人仍然捐獻給永遠不會見面的匿名陌生人──平均金額大約2.8美元（Engel, 2010）。換言之，人們在此情境裡做出利他行為，幫助另一個人，卻給自己帶來損失。現在請想像這個遊戲略微改變：當你抵達時，實驗者給你一個信封，裡面裝了隔壁房間的參與者在獨裁者遊戲當中給你的錢。亦即，另一個人得到10美元，而且被告知他可以全數保留或給你部分金錢，他所捐獻的金額（假定是4美元）就在你手中。

　　現在實驗者另外給你10美元，詢問你是否要全數保留或者給隔壁房間的同一位參與者。順帶一提，你永遠不會遇見那個人，實驗者也不會知道你給予的金額──你做出決定後就會離開，不會見到那位參與者。你會從10美元當中給予另一位參與者多少錢？

　　如果你的答案是4美元──正好等於另一位參與者給你的金額──你的答案類似於實際參

與研究的大多數人。在那項研究裡，幾乎所有參與者給予隔壁房間參與者的錢等於他們從對方那裡獲得的金額，或者接近該金額（Ben-Ner, Putterman, Kong, & Magan, 2004）。因此，如果那個人給你4美元，你可能回報對方4美元；若是他給你1美元，你可能回報相同金額。這項研究說明，人們對於回報規範相當敏感；我們幫助他人的程度等於對方幫助我們的程度。

團體選擇

傳統的演化論主張，天擇運作於個體：當人們擁有對生存有益的特質時，較可能將這些特質傳遞給後代。有些研究者認為，天擇也會運作於團體層次。舉例來說，想像有兩個鄰近的村落，彼此常發生戰爭。A村完全由自私者組成，村民拒絕犧牲自己來幫助村落。相反地，B村居民無私地擔任警戒工作，只要有人入侵就提出警示，但是自己可能遭遇危險。哪一個團體較可能贏得戰爭，將基因傳遞給下一代呢？當然是由無私者（利他者）所組成的團體。儘管B村部分居民有可能遭遇被俘虜和被殺害的危險，但他們的無私行為卻能夠提高該團體生存的機率——也就是，重視利他行為的團體。雖然團體選擇的概念仍有爭議，並未得到所有生物學家的支持，但仍有些知名研究者表達支持（Rand & Nowak, 2013; Wilson, Van Vugt, & O'Gorman, 2008; Wilson & Wilson, 2007）。

整體而言，演化心理學家相信，人們幫助他人的原因深植於基因。根據第十章的內容，以演化心理學來解釋利社會行為雖然充滿挑戰與創意，但也免不了遭受批評（Batson, 2011; LaFrance & Eagly, 2017; Panksepp & Panksepp, 2000; Wood & Eagly, 2002）。例如，演化論如何解釋為何陌生人也會彼此幫助，他們甚至沒有理由相信彼此有共同基因，或是相信對方在未來能夠回報？如果說911事件的英雄犧牲自己性命來拯救他人，其實是計算他跟對方的基因相似性才提供協助，這實在太過荒謬。更進一步來說，人們在火災裡願意幫助家人勝於陌生人，未必只是因為基因預設要協助血親；有可能是他們無法忍受失去摯愛的人，因此較不可能幫助未曾謀面的人。以下將討論與基因無關的其他利社會行為的動機。

社會交換：助人的代價與酬賞

儘管有些社會心理學家並不同意利社會行為的演化取向，他們卻接受：利他行為的基礎可能是自我利益。事實上，社會交換理論（見第十

章）主張，我們的行為大多來自擴大酬賞和縮小成本的考量（Cook & Rice, 2003; Homans, 1961; Thibaut & Kelley, 1959）。它跟演化取向的差異在於，社會交換理論並不會回溯演化根源，也並未假設其動機具有基因基礎。社會交換理論假定，就像人們在經濟市場上追求最大的獲益與損失的比例，他們在人際關係當中也會儘量提高社會酬賞對社會成本的比值。

助人可能帶來多種酬賞，就像回報規範一樣，它可以提高未來得到他人幫助的機率。基於社會交換，幫助他人就是投資未來，某一天我們需要時也會得到他人協助。助人也能夠減輕旁觀者的苦惱；許多證據指出，當人們目睹他人受苦時會產生情緒困擾，助人至少可以減輕一些自己的苦惱（Dovidio, 1984; Dovidio et al., 1991; Eisenberg & Fabes, 1991）。幫助他人的酬賞尚包含獲得社會讚許，以及提高自我價值感。

當然，從反面來看，助人也可能帶有成本。當代價很高時（像是讓自己身處危險、導致疼痛或尷尬，或者耗費太多時間等），助人行為就會減少（Dovidio et al., 1991; Piliavin et al., 1981; Piliavin, Piliavin, & Rodin, 1975）。或許在世貿中心陪伴朋友的Abe Zelmanowitz發現，丟下Ed Beyea等死令人感到痛苦。基本上，社會交換理論認為，真正的利他行為並不存在，也就是人們不會付出龐大代價來助人。只有當酬賞多於成本時，人們才會助人。

你可能跟大多數學生一樣，認為這種看法過度憤世嫉俗，蔑視人性。純粹的利他行為果真只是迷思嗎？所有利社會行為（像是富翁捐獻的慈善禮物）全都出於自我利益嗎？社會交換理論者可能這樣答覆，人們運用許多方式得到感激，我們應當感到欣慰，因為助人也是其中的方式之一。畢竟，有錢人找樂子的方法很多，包括奢華度假、購買名車，或者在夢幻餐廳用餐。當他們捐錢給弱勢者，我們應該給予掌聲，儘管最終這只是為了提高自我價值。利社會行為可以帶來加倍酬賞，因為它同時幫助助人者和受助者。因

Study: Cavemen helped disabled

United Press International
NEW YORK—The skeleton of a dwarf who died about 12,000 years ago indicates that cave people cared for physically disabled members of their communities, a researcher said yesterday.

The skeleton of the 3-foot-high youth was initially discovered in 1963 in a cave in southern Italy but was lost to anthropologists until American researcher David W. Frayer reexamined the remains and reported his findings in the British journal Nature.

Frayer, a professor of anthropology at the University of Kansas at Lawrence, said in a telephone interview that the youth "couldn't have taken part in normal hunting of food or gathering activities so

he was obviously cared for by others."

Archaeologists have found the remains of other handicapped individuals who lived during the same time period, but their disabilities occurred when they were adults, Frayer said.

"This is the first time we've found someone who was disabled since birth . . . .", Frayer said. He said there was no indication that the dwarf, who was about 17 at the time of his death, had suffered from malnutrition or neglect.

He was one of six individuals buried in the floor of a cave and was found in a dual grave in the arms of a woman, about 40 years old.

這個令人感動的故事描述古代人類祖先的利社會行為，以各種利社會行為理論來解釋十分有趣。演化心理學家可能主張，照顧者幫助侏儒的原因是，他是親戚，而且人們生來就有幫助共享基因者的傾向（近親選擇）。社會交換理論可能指出，侏儒的照顧者可能因其行動獲得足夠的酬賞，超出照顧他的成本。同理心——利他假說則認為，照顧者出於同理心和同情才幫助他——文章的最後一段支持這種說法。

此，人人都應當推動和讚美這種舉動。

　　然而，許多人對於所有助人行為都基於自我利益的說法並不滿意。我們如何解釋，人們為他人放棄自己生命，就像911事件當中的許多英雄？有些社會心理學家認為，某些人確實有善良的心，有時單純只是為了助人而助人。

同理心與利他：純粹的助人動機

同理心

設身處地為他人著想，體驗對方之經驗和情緒（例如快樂和難過）的能力

同理心—利他假說

當我們感受到對他人的同理心，就會出於單純利他的理由去助人，無論自己是否有所獲益

　　C. Daniel Batson（1991）強烈支持：人們通常純粹出於善心而助人。Batson認為，人們有時基於自私的理由幫助他人，像是減輕自己看見他人受苦的煩惱。然而他也主張，有時人們的動機只有利他，他們唯一的目標是協助對方，即使自己付出代價。他指出，當我們感受到同理心（empathy），也就是設身處地為他人著想，體驗對方的經驗，並且產生相同感受時，就會做出純粹的利他行為（Batson, 2011; Batson, Ahmad, & Stocks, 2011）。

助人行為幾乎在所有動物身上都很普遍，有時甚至跨越不同物種的界限。1996年8月，一位三歲男孩摔進伊利諾州Brookfield動物園裡的大猩猩獸欄。七歲的大猩猩Binti立刻抱起男孩。她伸出手臂環抱男孩，然後把他放在靠近飼養員的門邊。為何她會提供協助？演化心理學家認為，利社會行為經過天擇，成為許多物種之基因組成。社會交換理論認為，Binti過去的助人得到酬賞。事實上，因為她被母親所拒絕，曾經接受飼養員的親職技巧訓練，因此照顧玩偶可以得到酬賞（20 Years Ago Today, 2016）。

　　假定當你正在購買食物的時候，你看見一位男士抱著嬰孩，手挽著裝滿尿片、玩具和波浪鼓的袋子。當他伸手要拿麥片時，袋子掉落，東西灑滿地上。你會幫他撿拾物品嗎？如果你會這樣做，無論會得到什麼回報，你都會助人。你的目標是減輕他人的煩惱，而不是自己的收穫。這就是Batson的同理心—利他假說（empathy-altruism hypothesis）的關鍵：當我們感受到對他人的同理心，就會出於單純利他的理由去助人，無論自己是否有所收穫。

　　如果你沒有感受到同理心，Batson認為，此時社會交換考量就會發揮作用。你會怎麼做呢？如果你可以得到酬賞，像是得到對方或旁觀者的讚許，你就會幫他撿拾物品。如果你無法從助人中獲益，就會自顧自地走開。Batson的同理心—利他假說摘要說明於**圖11.1**。

　　Batson等人首先認識到，想要從複雜的社

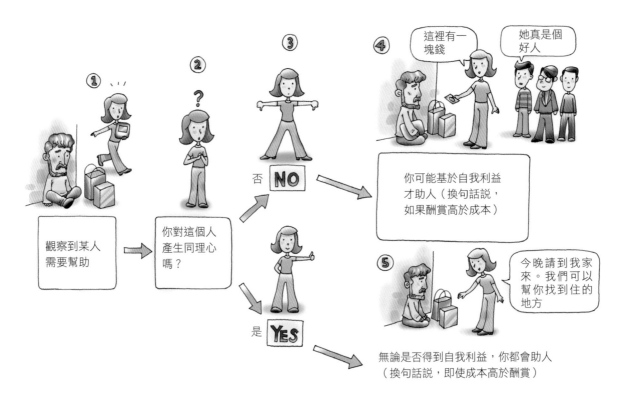

圖11.1　同理心─利他理論

（黃建中繪製）

會行為當中抽離出確實動機非常困難。如果你看見某人幫助男士撿拾物品，究竟該如何分辨，這是出於同理心考量，或者是為了得到某種酬賞，像是減輕自己的苦惱？以林肯總統的著名故事為例。某一天他搭乘馬車，正跟同車的乘客爭議先前所討論的問題：助人是否純粹出於利他？林肯認為，助人永遠基於自我利益，對方則認為真正的利他行為確實存在。突然，林肯聽到母豬為了拯救即將墜河的小豬，而發出淒厲的叫聲。林肯命令馬車停下來，跳出車外，跑到河邊，把小豬安全地送回岸上。當他回到馬車上，他的朋友說：「這段插曲當中有任何自私的成分嗎？」「老天爺！Edward」，林肯回答：「這完全是出於自私。如果我就這樣走掉，扔下母豬擔憂小豬，我整天都無法得到內心的平靜。我這樣做是為了自己內心安寧，你不知道嗎？」（Sharp, 1928, p. 75）。

　　就像這個例子一樣，表面看來像是利他的行為可能含有自利動機。我們究竟該如何區分兩者？Batson等人設計一系列巧妙實驗，揭露人們的

動機（Batson, Ahmad, & Stocks, 2004; Batson & Powell, 2003）。想像你是參與研究的某一位普通心理學課程學生（Toi & Batson, 1982），你被要求評估校園廣播電台新節目的錄音帶，其中一個節目是《個人新聞台》（*News from the Personal Side*）。你被告知該節目有許多人投稿，每捲錄音帶只會分配給一個人試聽。你所聽到的是Carol Marcy的訪談。她描述自己遭遇嚴重車禍，雙腳骨折，而且說自己因為這場意外，擔心功課跟不上，尤其她還坐著輪椅。Carol說她特別擔心普通心理學這門課程進度會落後，除非有人能告訴她這段缺課期間的上課內容，否則她只好放棄這門課。

當你聽完故事之後，實驗者交給你一個信封，上面寫著「給聽到Carol Marcy投稿的學生」。實驗者說，她不知道裡面是什麼，這是由督導研究的教授轉交的。你打開信封，發現教授的紙條，他說他想知道：聽見Carol故事的學生是否願意幫助她擺脫普通心理學的難題。Carol不願開口求助，但是她的進度落後全班一大截，所以寫紙條給聽投稿錄音帶的人。在紙條上，她詢問你是否願意跟她見面，將你的普通心理學筆記借給她。

你可能猜想，研究重點在於檢視人們同意幫助Carol的條件，讓兩種動機互相對立：自我利益和同理心。研究者操弄人們對Carol的同理心，其程序是要求參與者以不同觀點來聆聽她的故事。在高同理心組，人們被告知要想像Carol遭遇車禍之後的感受，還有這件事如何改變她的生活；在低同理心組，人們被告知設法保持客觀，不要過度注重Carol的感受。一如預期，高同理心組比低同理心組更加同情Carol。

研究者也操弄不幫助Carol的代價，以檢視自我利益。在其中一組，參與者知道她下星期即將重返校園，而且跟自己一起上課；因此，他們每次去上課都會被提醒她需要協助。這一組稱為高代價組，因為拒絕幫助Carol，加上每週都要看見她，讓他們感到不愉快。在低代價組，人們認為Carol將在家自習，無法到校上課；因此，他們不必面對坐著輪椅的她，以及沒有提供協助的罪惡感。

根據同理心─利他假說，人們若純粹基於利他動機，則不會考慮助人的代價──當他們處於高同理心的時候（請參閱圖11.1）。根據圖11.2的右半部，上述預測得到證實：在高同理心組，無論Carol是否返校上

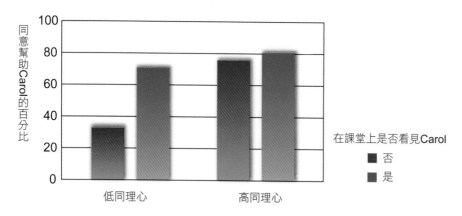

圖11.2　利他對自我利益

何時人們願意幫助因車禍而錯過普通心理學課程的Carol？在高同理心時，無論成本和酬賞（無論他們是否會在課堂上遇見她），人們都會幫助她。在低同理心時，人們較關心自己的酬賞與成本──當他們將在心理學課程遇到Carol，可能因未提供協助而有罪惡感時，更可能幫助她（整理自Toi & Batson, 1982）。

課，幫助她的人數差不多。這表示人們將Carol的利益放在心裡，而非考量自身利益。然而，在低同理心組，得知Carol將重返校園上課的參與者比得知她不會回來上課的人更可能同意助人（請參見**圖11.2**的左半部）。這表示在低同理心的條件下，社會交換考量產生作用，人們決策的基礎在於助人的成本和利益。如果助人對自己有益時（像是避免看見Carol坐輪椅來上課時有罪惡感），他們就會幫助對方；但是對自己沒有利益時（像是他們認為自己永遠不會再遇見她），則不會助人。

這個結論解決了助人是否純粹為了利他的爭論嗎？就像Carol實驗所述，人們有時出於關懷他人而助人，自己並未得到有形利益。但是我們難以證明，實驗中「高同理心」組的人完全沒有獲得利益。的確，有些理論家主張，最終促使人們幫助他人的動機是助人帶來的好感受，即使這麼做有其代價。與上述觀點一致，近期研究也顯示，當人們助人時，腦部活化的區域正是接收到食物、水和性等有形酬賞時活化的相同區域（Buchanan & Preston, 2016; Zaki & Mitchell, 2016）。

終究，這場爭論的核心是我們如何界定「自我利益」。如果它意指立即、有形、對自我有利，像是得到他人稱讚或者工作升職，顯然這樣的籌賞並非人們幫助他人的唯一原因。Batson的研究成果說明，當人們對他人產生同理心，甚至沒有立即的自我利益，他們也會助人。但是，如果我

們採取廣義的「自我利益」，將人們幫助他人時體驗到的熱烈感受，當他們抒解另一個人的苦難時感受的如釋重負都包含在內，那麼答案是肯定的，這類利他行為也是「自私」的（Crocker et al., 2017; Marsh, 2016）。然而，即使助人要付出代價，人類仍然願意這樣做，這不是太美妙了嗎？有時人們會付出巨大代價，就像在世貿中心的救難人員為了助人而犧牲生命，或者在軍事行動裡為國犧牲的人，我們難以將這些英勇舉動視為自私。

我們統整出利社會行為的三種動機，每一種動機各有支持者和反對者：

1. 助人是能夠促進基因相似者之福祉的本能反應（演化心理學）。
2. 助人的酬賞通常高於代價，因此助人出於自我利益（社會交換理論）。
3. 在某些條件下，同理心的強烈感受，以及對受害者的同情促成了無私的付出（同理心—利他假說）。

上述的每一項解釋都得到支持，也都遭受批評。

複習題

1. 以下何者是利他行為的最佳範例？
   a. Julie在教會捐款箱裡投入1元美金，因為其他人都捐獻。
   b. Robert在他兒子的學校擔任校外教學的志工。
   c. Jawal匿名捐款100元美金給街友庇護所。
   d. Mary幫助丈夫洗碗，希望他更常煮晚餐。

2. 演化心理學最難以解釋下列何種事件？
   a. 當Usha在建築物裡遭遇火災時，她禮讓每個人優先逃離，即使她並不認識他們。
   b. Clint冒著生命危險拯救溺水的姪子。
   c. Natasha擋在汽車前避免女兒被撞倒。
   d. 當Julio不幸面臨表弟或兒子同時遭遇船難，他選擇拯救兒子。

3. 根據社會交換理論，以下何人最可能捐錢給無家可歸的人？
   a. Jade，他對無家可歸的人產生同理心。
   b. Bill，他想要幫助無家可歸的人，讓他的約會對象留下深刻印象。
   c. Jack，他跟無家可歸的人是親戚。
   d. Emma，她擁有助人的基因傾向。

4. 根據Batson的同理心—利他理論，以下何人最可能捐錢給無家可歸的人？
   a. Jade，他對無家可歸的人產生同理心。
   b. Bill，他想要幫助無家可歸的人，讓他的約會對象留下深刻印象。
   c. Jack，他跟無家可歸的人是親戚。
   d. Jade和Bill都會捐錢。

個人特質與利社會行為：為何有些人更常助人？

學習目標11.2　描述影響特定個人助人的個人特質

如果基本動機能夠充分解釋利社會行為，為何有些人比其他人更熱心助人？顯然，我們需要考量能區分熱心助人者和自私自利者的個人特質。

有些人擁有更高的利他性格。例如，泰勒絲和碧昂絲都因為協助提高慈善捐款，而在「最慷慨名人」排行榜上名列前茅。然而，性格並非全部；社會情境的性質也影響人們是否助人。

個別差異：利他性格

如前所述，在人類歷史上，常有人挺身而出，做出令人難以置信的利他行動，像是有人在第二次世界大戰時提供庇護所給猶太人，將他們救出集中營，通常助人者自身要冒著極大危險（Oliner & Oliner, 1988）。911事件裡的英雄人物也是活生生的例子——他們都是無私、充滿愛心的人，捨命拯救他人。我們很自然地假定，他們具有利他性格（altruistic personality），也就是個人在各種情境下會協助他人的特質（Eisenberg, Spinrad, & Sadovsky, 2006; Habashi, Graziano, & Hoover, 2016; Hubbard et al., 2016; Zhao, Ferguson, & Smillie, 2016）。

顯然某些人擁有較高的利他性格，心理學家也發展出測量這項特質的工具。請填寫「試試看！」練習裡的同理心關懷問卷，看看你的分數落

利他性格

導致個人在各種情境當中協助他人的特質

試 試 看！

同理心關懷

指導語：下列陳述想要詢問你在各種情境的想法和感受。請針對每道題目，圈選旁邊的適當數字，代表它能夠描述你的程度。請詳細閱讀每道題目後再作答。請你盡量誠實回答。

	非常不符合				非常符合
1.我常對於比自己更不幸的人產生體貼、關懷的感受。	1	2	3	4	5
2.有時我並不為遭遇問題的人感到難過。	1	2	3	4	5
3.當我看到有人被占便宜的時候，我覺得想要保護他們。	1	2	3	4	5

4.他人的不幸通常並不會造成我的困擾。	1	2	3	4	5
5.當我看見某人受到不公平對待，我有時並不憐憫他們。	1	2	3	4	5
6.我常因為看見的事情而感動。	1	2	3	4	5
7.我認為自己是個相當心軟的人。	1	2	3	4	5

計分：某些問題得到高分反映出低同情心，所以首先必須這將這些問題的答案進行「反向計分」。第一，將第2、4和5題的答案反轉。也就是說，如果答案是1得5分，答案是2得4分，答案是3得分相同，答案是4得2分，答案是5得1分。現在請將所有答案的得分加總，然後除以7，得到平均分數。

解釋：這些問題來自Davis（1983）的量表，是同理心關懷（你對需要幫助的同情心感受）的指標。你的分數愈高，表示同理心關懷愈高。

同理心和年齡：研究結果顯示，你的分數可能跟年齡有關。請回想第五章的內容，我們曾討論，過去數十年以來，大學生的自戀程度有所提高。不幸的是，在同一時期，人們的同理心關懷有所降低（Konrath, O'Brien, & Hsing, 2011）。為何同理心降低？沒有人能夠確定，儘管作者推測：或許跟人們花費在個人科技產品和媒體的時間增加有關，它減少人們跟他人從事有意義的面對面互動。實際上，電視節目增加也可能有所影響，因為它們描述主要在意自己的自戀者。

男性較可能表現出俠義、英勇的行動，而女性比較可能在更高承諾的長期關係當中助人。

在此一向度的何處。

即使你在這個指標上得到高分，研究結果顯示：如果想要預測人們實際的助人行為，只考慮性格還不夠（Eisenberg et al., 2014; Graziano & Habashi, 2015; Hertz & Krettenauer, 2016）。我們需要考慮其他關鍵因素，像是影響人們的情境壓力、性別、他們成長所處的文化、信仰虔誠的程度，甚至當時的心情等等（Graziano et al., 2007）。

利社會行為的性別差異

請考慮下列兩種場景：其一，某人展現出戲劇化的英勇行為，像是衝進聯航93號班機的駕駛艙與恐怖分子搏鬥；其二，某人長期參與助人，像是協助身體殘障的鄰居處理家務。在每一個情境裡，男性或女性何者較可能助人？

答案是男性較可能在第一個情境裡助人，女性則是第二個情境（Eagly, 2009; Eagly & Koenig, 2006; Einolf, 2011）。幾乎在所有文化當中，男性和女性都被賦予不

同特質和行為，而且在成長過程中會逐漸習得性別角色的差異。在西方文化中，男性的性別角色包括有俠義心腸、英勇；對女性的期待則是有愛心、照顧他人，並注重長期關係（Rand et al., 2016）。的確，曾有七千人因為冒險拯救陌生人性命而獲得卡內基英雄基金委員會（Carnegie Hero Fund Commission）頒發金牌，其中91%是男性；相反地，女性比男性更可能提供朋友社會支持，以及參與志工活動（Eagly & Koenig, 2006; Monin, Clark, & Lemay, 2008; Volunteering in the United States, 2013）。跨文化研究證據也顯示相同模式。一項以七個國家青少年為對象的調查發現，女孩比男孩更積極參與社區志工服務（Flanagan et al., 1998）。

利社會行為的文化差異

假定你發現學校裡有一位同學需要幫助，她的公寓發生火災，因此她失去所有財物。她沒有保險，而且手頭拮据，所以同學發起募款，想要幫助她購買衣服和必需品。你會捐錢嗎？我們把這個例子再推遠一些：假定這位學生與你非常相似；她跟你屬於同一種族，彼此有相似背景。然後請想像她與你分屬不同的文化團體。或許你在美國長大，但她卻是國際學生，或者你們倆角色互換。你的助人意願是否因此而有所差別？

一方面，許多研究證據指出，人們通常偏好自己的內團體（in-groups），也就是自己所認同的團體，而且歧視外團體（out-groups），也就是自己不認同的團體（P. B. Smith, 2015）。的確，對抗外團體成員的歧視與偏見由來已久，包括與自己屬於不同種族、文化、性別以及性取向的人；但是另一方面，人們經常會特地幫助外團體成員。人們捐款給處境不佳的陌生人，幫助他人脫離困境，即使彼此分屬不同團體。

近期研究解答了上述難題。人們通常都會幫助內團體和外團體成員，但是理由不同。我們較可能對內團體成員產生同理心。因此，如果因公寓失火而損失財物的學生是內團體成員，你可能感受到同理心，因此願意幫助對方。我們幫助外團體成員則是基於不同理由——我們這樣做的原因很明顯就是對自己有利，例如對自己產生好評價或在他人心中留下好印象。聽起來很耳熟？請回想Batson的同理心—利他理論主張的兩種助人途徑：當我們感受到同理心，則會不計代價幫助對方；但是當我們並未感到同理心，只會在對自己有利時幫助他人（見**圖11.1**）。有關團體間助人的

內團體

自己所認同的團體

外團體

自己不認同的團體

研究指出，我們幫助內團體成員時較可能遵循第一條途徑，而幫助外團體成員時則較可能遵循第二條途徑（van Leeuwen & Täuber, 2010; Stürmer & Snyder, 2010）。

更廣泛地說，文化價值的差異是否讓某些文化的人更熱心助人？例如同情（simpatía）的價值觀。說西班牙語系的國家裡，simaptía意指多種社會和情緒特質，包括友善、有禮、善良、和藹可親及熱心助人（有趣的是，它很難直接翻譯成英文）。有一項研究探討：重視同情的文化是否比其他文化有更高的助人比例（Levine, 2003; Levine, Norenzayan, & Philbrick, 2001; Ramírez-Esparza et al., 2012）。研究者在二十三個國家的大城市布置意外事件，觀察人們的反應。例如，研究者假扮失明者，駐足在車水馬龍的十字路口，觀察行人是否願意協助他穿越馬路。

如果你檢視**表11.1**，可以看出：重視同情的文化有較高的助人比例（83%對66%）。研究者強調，上述結果並非定論，因為這五個拉丁美洲國家和西班牙跟其他國家仍有其他分歧。有些國家雖然並未強調同情，其助人比例卻很高。儘管如此，如果某一文化極力強調友善和利社會行為，人們可能較樂於幫助城市街頭的陌生人（Janoff-Bulman & Leggatt, 2002）。

宗教信仰與利社會行為

許多宗教宣示黃金定律（Golden Rule），鼓勵我們對待他人就如同他人對待自己一般。有宗教信仰的人較可能遵循這樣的教義嗎？換言之，有宗教信仰的人較常助人嗎？

毫無疑問地，人們相信這些問題的答案是肯定的。宗教的重要特徵是將人們連在一起，創造有力的社會連結──因此，有宗教信仰的人較可能助人，如果對方跟他們擁有相同宗教信仰（Galen, 2012; Graham & Haidt, 2010）。的確，有些人主張，宗教是人口在一萬兩千年前大幅增長的部分原因。在那個時間點以前，人類居住在多數人彼此熟識的小規模社會裡。後來，大規模社會開始繁榮，陌生人共同居住在城鎮和都市裡。為數眾多的陌生人如何安寧地共同生活呢？根據Ara Norenzayan等人（2016）的解釋，這些社會成員共享宗教信念，強調志趣相投的人可以共同合作，即使他們是陌生人。

舉例來說，有一項研究檢驗19世紀美國的二百個烏托邦社區。共享

表11.1　二十三個城市的助人行為

研究者在全世界二十三個城市觀察有多少人在下列三種情境中幫助別人：幫助腿上有支架的人撿拾掉落的一疊雜誌，幫助某人撿起掉落的筆，還有幫助視障者穿越忙碌的十字路口。表中的百分比表示三種情境的平均值。粗體字的城市表示該國擁有同情的文化價值，強調友善、禮貌和幫助他人。

城市	助人比例（%）
里約熱內盧，巴西	93
聖荷西，哥斯大黎加	91
里朗威，馬拉威	86
加爾各答，印度	83
維也納，奧地利	81
馬德里，西班牙	79
哥本哈根，丹麥	78
上海，中國	77
墨西哥市，墨西哥	76
聖薩爾瓦多，薩爾瓦多	75
布拉格，捷克	75
斯德哥爾摩，瑞典	72
布達佩斯，匈牙利	71
布加勒斯特，羅馬尼亞	69
特拉維夫，以色列	68
羅馬，義大利	63
曼谷，泰國	61
臺北，臺灣	59
索非亞，保加利亞	57
阿姆斯特丹，荷蘭	54
新加坡	48
紐約，美國	45
吉隆坡，馬來西亞	40

（摘自Levine, Norenzayan, & Philbrick, 2001）

宗教信仰或者非宗教社區何者持續較久呢？如**圖**11.3所示，宗教社區持續較久，或許因為宗教價值觀提高社區成員互相合作的可能性（Solis, 2000）。

　　值得注意的是，上述研究證據指出，有宗教信仰的人樂於幫助其內團體成員，也就是擁有相同宗教價值觀的人。有宗教信仰的人是否更可能幫助外團體成員，也就是並未共享其價值觀的人呢？答案是否定的。例如，若是談到幫助陌生人的行為，像是捐血或者付給服務生小費，有宗教信

社會心理學
Social Psychology

圖11.3　19世紀宗教和非宗教社區的持續時間

19世紀時，共享宗教信念的社區比非宗教社區持續更久（引自Solis, 2000）。

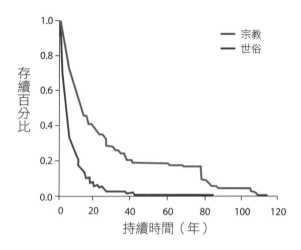

圖例：
宗教
世俗

縱軸：存續百分比
橫軸：持續時間（年）

▶▶▶ ＃趨勢 ▶▶▶▶

協助政治對立者

前面曾經討論，人們較可能幫助內團體成員，勝過外團體成員。在第十三章當中，我們將指出，人類傾向於將人們區分為內團體和外團體，導致對「不像我們」的人產生刻板印象和偏見。然而，在本章裡，我們也瞭解，人們會跨越團體界限幫助陌生人，只要他們對於這個人產生同理心。這就是2017年1月23日星期一發生在華盛頓特區一間餐廳的狀況。

Jason White是來自德州西部的白人牙醫師，當時在川普舉行就職典禮的小鎮。他原本是川普的支持者，和兩個朋友歡度週末來慶祝川普當選總統。星期一早餐時，Rosalynd Harris是服務生。她是一位二十五歲非裔美國舞者，因為入不敷出而在餐廳工作。Harris小姐跟這三位顧客不同，她並不支持川普。其實，她正因為總統就職後在華盛頓特區舉行的婦女遊行而感到振奮。

請仔細思考這個場合非常可能出岔：基於美國的政黨支持分裂，你可以想像不同種族的人站在政治光譜兩端，可能彼此猜疑，甚至抱持敵意。然而，他們卻溫暖友善地交談。他們開

玩笑，開心地聊天，彼此互相瞭解。「你自然地假定，如果某人支持川普，就會對你有某些想法，」她（Harris小姐）說，「但是（這些顧客）甚至比我的自由派朋友更寬容接納，我們的交流非常真誠」（Itkowitz, 2017）。

當White用餐完畢離開時，Harris注意到他在收據上寫了一些話：「我們可能來自不同文化，可能對某些議題的意見不一，」她讀著，「但是如果任何人能夠分享如同妳美麗微笑那樣的善意，我們的國家將會團結一致。不是種族，不是性別。只是美國人」（Itkowitz, 2017）。他還留下450美元的支票當成小費。

根據你在本章學習的內容，你認為White為何如此慷慨地對待跟自己差異如此大的陌生人？根據Batson的同理心—利他假說，其原因是他對她產生同理心，理解她可能需要用錢。這並不表示他毫無所穫，如同我們先前的討論，他或許體會到幫助別人的滿足和成長。但是這個例子顯示出，在正確的條件下，人們會伸出援手幫助不屬於自己內團體的人。

仰的人並不會更樂於助人（Batson, Schoenrade, & Ventis, 1993; Galen, 2012; Preston, Ritter, & Hernandez, 2010）。有些研究證據顯示，宗教信仰提高對信念不同之外團體成員的敵意（Hobson & Inzlicht, 2016）。宗教信仰這可能是內團體偏私的另一個實例，我們在前一節討論助人的文化差異時也談到，人們對於內團體成員的同理心高於外團體成員。因此，或許不是宗教信仰本身導致人們更容易助人，而是人們較樂於幫助屬於相同團體的人。

心情對利社會行為的影響

心情也是個重要因素。人們心情好、心情壞或者處於中性心情對於他們的助人行為產生令人驚訝的影響。

正向心情的效果：心情好，做好事

研究者在一項經典研究裡，檢視心情如何影響真實世界裡購物者幫助陌生人的機率（Isen & Levin, 1972）。他們在購物中心布置助人機會，讓某位男子「意外地」在陌生人附近掉落紙夾。研究者觀察陌生人是否會停下來幫助這位男子撿拾紙夾。但是他們如何操弄陌生人的心情呢？他們運用巧妙的方法，在購物中心公共電話的退幣口留下美金一角硬幣，然後等待某人發現它（請注意本研究的年份；當時並沒有行動電話，因此人們需要依靠付費電話。此外，當時的美金一角相當於今天的五角）。半數情況下，研究助理在陌生人剛發現硬幣時，也就是心情暫時提升時掉落紙夾；另外半數情況下，陌生人並未撿到硬幣。或許找到一角硬幣對人們的心情並沒有多大影響，也不會影響他們幫助陌生人的意願，但其實結果十分驚人：未發現硬幣的人只有4%提供協助，而撿到一角硬幣的人卻有84%停下來幫忙。

上述「心情好，做好事」的效果曾經在許多研究中重複驗證，包含以不同方式來提升心情（測驗表現良好、得到禮物、聆聽讓人愉快的音樂；North, Tarrant, & Hargreaves, 2004），以及不同類型的助人行為（例如幫人找隱形眼鏡、教導另一位學生、捐血、幫助共同工作的夥伴；Carlson, Charlin, & Miller, 1988; Isen, 1999; Kayser et al., 2010）。

心情差，做好事

你是否避免要求心情差的人去助人？既然快樂讓人更容易助人，似

乎心情差可能降低助人機率。然而，令人驚訝的是，難過也能提高助人機率，因為當人們心情差的時候，他們想要從事讓自己心情好的活動。由於助人能夠獲得酬賞，因此可以幫他們脫離消沉心情。當他人心情不好（相對於中性心情）的時候，或許你有幸可以邀請他們加入社區服務計畫（Cialdini & Fultz, 1990; Wegener & Petty, 1994; Yue, Wang, & Groth, 2016）。

另一種壞心情也能夠增加助人行為：罪惡感（Ahn, Kim, & Aggarwal, 2014; Xu, Bègue, & Bushman, 2012）。人們通常認為善行可以抵消惡行，而當他們做錯事、產生罪惡感，幫助他人則可以抵消錯誤，減輕罪惡感。例如，某一項研究發現，天主教徒在告解之前捐款多於告解之後，可能是因為向神父告解足以減輕其罪惡感（Harris, Benson, & Hall, 1975）。

複習題

1. 以下何者正確？
   a. 利他測驗高分者並未比低分者更可能幫助別人。
   b. 利他測驗高分者比低分者更可能幫助別人。
   c. 擁有利他性格的人較可能克服阻礙助人的情境障礙。
   d. 演化心理學家已經確認利他性格的基因。

2. ＿＿最可能跳進池塘拯救溺水的兒童，＿＿最可能每星期幫年長鄰居做事。
   a. 女性；男性
   b. 男性；女性
   c. 東亞居民；西方居民
   d. 西方居民；東亞居民

3. 以下哪個城市的人民最可能協助視障者穿越馬路？
   a. 紐約，美國。
   b. 阿姆斯特丹，荷蘭。
   c. 布達佩斯，匈牙利。
   d. 里約熱內盧，巴西。

4. 以下何人最不可能協助視障者穿越馬路？
   a. Marco，當天一切正常且處於中性心情。
   b. Silvi，報告得到A，因此處於好心情。
   c. Olvia，報告得到D，因此感覺很糟。
   d. Brandon，剛欺騙女朋友，因此產生罪惡感。

利社會行為的情境因素：何時人們會助人？

學習目標11.3　描述人們在哪些情境裡較可能或較不可能幫助他人

性格、性別、文化、宗教信仰和心情都會影響人們助人，然而卻不夠完整。為了更充分地瞭解助人的理由，我們也需要考慮人們所處的社會情境。

大都市居民比小鎮居民更不樂於助人，其原因並非價值觀差異，而是都市生活的壓力讓他們只能注意自己。

環境：鄉村vs.都會

請考慮另一個助人場景。假定你某一天走在路上，看見一個人突然摔倒，因疼痛而哭喊。他捲起長褲，流血不止。你會怎麼做？如果這件事發生在小鎮上，大約半數人會停下來協助那個人。在大城市裡，只有15%的路過者會停下提供協助（Amato, 1983）。其他研究也發現，小鎮裡的人比較願意幫助他人尋找走失的兒童、指引方向，以及寄回遺失信件。在許多國家都發現小鎮居民較可能助人（Hedge & Yousif, 1992; Oishi, 2014; Steblay, 1987）。

為何住在小鎮的人較可能助人？其中一個理由可能是，在小鎮長大的人較可能內化助人的價值觀。如果這個理由屬實，生長在小鎮的人即使到大城市去，也比較可能助人。另一種說法是，當時的周遭環境才是關鍵，而非人們已內化的價值觀。舉例來說，Stanley Milgram（1970）認為，住在城市裡的人不斷被各種刺激所轟炸，所以與人不相往來，以避免被淹沒。根據都市過度負荷假說（urban overload hypothesis），如果你將城市居民放在較冷靜、刺激較少的環境裡，他們也會跟其他人一樣，張開雙手接觸別人。都市過度負荷假說不僅是要證明，住在城市的人確實較少做出利他行為，也為了預測人們是否提供協助，更重要的是知道他們目前住在鄉村或都會地區，而不是他們成長在何處（Levine et al., 1994; Steblay, 1987）。

都市過度負荷假說
該理論認為，生活在都市裡的人不斷受到刺激所轟炸，因此他們不與人往來，以避免被淹沒

居住流動性

在世界上許多地區，人們搬到離家鄉很遠的地方居住是常見的現象

（Hochstadt, 1999）。以2000年為例，幾乎五分之一（18%）美國人的住所與1995年不同（Migration and Geographic Mobility, 2003），在許多都市地區，只有不到一半的居民仍住在1995年的相同地點（Oishi et al., 2007）。

因此，長時間居住在相同地點的人較可能從事有利於社區的利社會行為。住在相同地方導致對社區的依附，與鄰居互相依賴，而且更加關切個人在社區當中的名聲（O'Brien, Gallup, & Wilson, 2012; Oishi, 2014; Oishi et al., 2015）。基於上述理由，長期居民更可能參與利社會行為。例如，Shigehiro Oishi等人（2007）發現，長時間住在明尼蘇達州聖保羅地區的美國人，比剛搬來的人更可能購買「重要棲息地」的證照名牌（這些證照名牌每年花費三十美元，所有收入作為購置和管理自然棲息地的基金）。

或許人們多年住在相同地點，當然會更願意支持其社區。Oishi等人（2007）也發現，只要待在實驗情境一小時，就可以快速提高助人行為。想像你參與一項研究，跟其他四位學生進行無關緊要的競賽，勝利者可以得到十美元的禮券。實驗者提到，團體成員可以彼此幫助，但會降低自己贏得獎金的機率。當遊戲持續進行，某一位成員不斷嘆息，說他根本不知道答案。你會出手相助，或者讓他繼續掙扎？

答案取決於你跟對方共同待在團體的時間。Oishi等人的研究總共進行四項作業，最後一項是無關緊要的競賽。半數參與者自始至終與相同成員一起工作，另外一半的人則是每項作業結束就加入新團體。因此，在前一種狀況下，人們有較多機會彼此熟悉，並且形成社群感，而後面的團體則類似於遷移到不同社區的人們。一如研究者所預測，「穩定社群」組的參與者比「短暫社群」組更可能協助陷入困難的同伴。大城市的人較不願提供協助的另一個理由是居住流動性較高。人們可能因為剛搬到城市，因而較不願意協助社區。

旁觀者人數：旁觀者效應

2011年3月11日，在馬里蘭州貝賽斯達（Bethesda），Jayna Murray在工作的服飾店裡遭到同事殘酷謀殺。隔壁蘋果商店的兩位員工聽到牆那邊發生謀殺案，包括Murray的呼救，然而他們並未伸出援手（Johnson, 2011）。在2011年10月，中國大陸南方有一位兩歲女孩先後遭到兩輛貨車碾過，躺在街上等死。沒有任何一輛車子停下來，許多人走路或騎車經

過，卻完全沒有理會她（Branigan, 2011）。2013年9月，一位費城交通警察欲逮捕一位男子時遭到毆打，數十位旁觀者在場，卻無人介入或打電話報警（Ubinas, 2013）。

為何旁觀者未能協助同為人類、亟需幫助的人？我們曾討論其中一種可能性，即旁觀者因為都市刺激而過度負荷（大城市裡許多事件同時發生）。或許這只是部分原因，卻不限於大城市。例如，維吉尼亞州Fredericksburg是居民二萬八千人的小鎮，當地某一間便利商店店員在顧客面前遭到毆打，然而旁觀者並未出手相救，甚至當攻擊者已經逃離，而店員倒在地上流血不止之後亦然（Hsu, 1995）。

或許答案在於，人們只是過於害怕或膽小而不敢採取行動。這正是電影《特攻聯盟》（*Kick-Ass*）所設定的前提，主角是一位只會唸書的高中生，在遭到霸凌之後決定成為超級英雄，幫助其他有需要者。他並不像漫畫裡的其他超級英雄那樣擁有神奇力量，但是換穿戲服、假裝自己有另一個身分讓他有勇氣對抗霸凌和壞人。然而這部電影只著重娛樂，卻忽略關鍵的社會心理學要點：通常，許多人在緊急事件裡無法提供協助並非因為自己的身分，而是社會情境的性質。

Bibb Latané和John Darley（1970）首先提出旁觀者效應的概念，並且付諸驗證。他們認為關鍵因素在於情境變項，可能是目睹緊急事件的旁觀者人數。矛盾的是，當緊急事件裡的旁觀者人數愈多，其中任何一人提供協助的機率反而愈少。在上述的三件殘忍意外當中，數名旁觀者目睹緊急事件，這或許是無人介入的關鍵。

Latané和Darley（1970）在一系列經典研究裡發現支持該假設的證據。請回想我們在第二章曾經討論的突然發病實驗。在那項研究裡，人們分別坐在小房間裡，與其他大學生參與大學生活的團體討論（經由對講機系統）。其中一位學生突然發病，求救、哽咽窒息，然後陷入安靜。實際上本研究只有一位參與者。其他「參與者」（包括發病者）的聲音只是預先錄製。本研究的重點在於，真正參與者是否會協助發病的受害者，像是尋找他或召喚實驗者，還是如同Kitty Genovese的鄰居那樣，只是呆坐在那裡。

一如Latané和Darley的預測，答案取決於參與者認為目睹緊急事件的人數。當人們相信自己是唯一聽到那位學生發病的人，大多數人（85%）

會在六十秒之內提供協助，到兩分半鐘為止，所有人都出手相助（見**圖11.4**）。相對地，當研究參與者相信另一位學生也聽見此事，助人比例降低——在六十秒鐘之內提供協助的只有62%。根據**圖11.4**所顯示，如果有兩位旁觀者在場，在六分鐘（實驗結束）時，助人比例仍未達到100%。最後，當參與者認為：除了自己之外，還有其他四位學生在場聆聽時，助人百分比甚至更是大幅度下滑。只有31%的人在前六十秒鐘提供協助，在六分鐘之內助人比例只有62%。其他數十項實驗室及實地實驗都發現相同結果：目睹緊急事件的旁觀者人數愈多，任何一人幫助受害者的機率會愈低——這種現象稱為*旁觀者效應*（bystander effect）（Fischer et al., 2011）。

旁觀者效應
目睹緊急事件的旁觀者人數愈多，任何一人幫助受害者的機率愈低

為何人們在其他人在場時較不願意提供協助？Latané和Darley（1970）以五階段模式來描述人們在緊急事件時介入的決策歷程（見**圖11.5**）。部分內容解釋了，旁觀者人數為何有所影響。但是我們先從第一

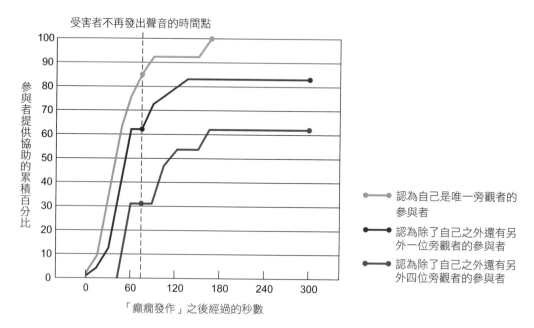

圖11.4　旁觀者介入：旁觀者在場導致助人減少
當人們相信他們是唯一目擊學生發病的人，也就是唯一的旁觀者，大多數人立即幫助他。在幾分鐘之內，所有人都提供協助。當他們相信其他人也聽見此事，因此共有兩位旁觀者，他們較少提供協助，而且速度較緩慢。當他們相信另外四人都聽見此事，也就是共有五位旁觀者，他們更不可能提供協助（Darley & Latané, 1968）。

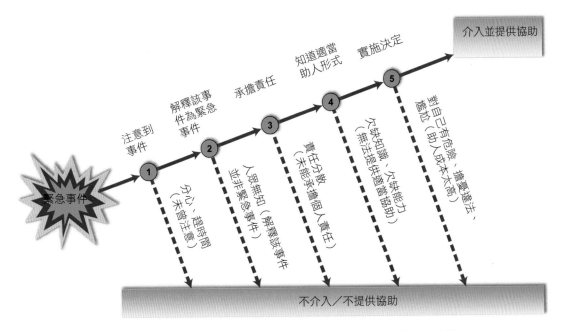

圖11.5　旁觀者介入決策樹：緊急事件當中助人的五個步驟

Latané和Darley（1970）指出，人們經過五個決策步驟才決定是否在緊急事件當中助人。如果旁觀者未採取任何一個步驟，就不會助人。上圖概述每個步驟的內容，以及人們決定不介入的可能原因（摘自Latané & Darley, 1968）。

個步驟開始——人們是否注意到某人需要協助。

注意到事件

　　如果你正忙著穿越車水馬龍的街道，或許不會察覺到某人倒在路邊。顯然，如果人們並未注意到緊急事件的存在，就不會介入、助人。人們是否察覺到緊急事件的影響因素為何？John Darley和Daniel Batson（1973）具體說明了，像是人們是否匆忙、趕時間這樣的小事或許比性格的影響力更大。這些研究者進行了一項類似於「好心的撒馬利亞人」〔譯註：「好心的撒馬利亞人」（The Good Samaritan）是一則來自聖經上的寓言故事〕的寓言研究，有人躺在路邊失去意識，路過者卻未停下來幫忙。研究的參與者被認為是極端利他的一群人——準備獻身於神職的神學院學生。這些學生被要求走到另一棟大樓，錄製一段簡短演說。有些人被告知，他們已經遲到，需要盡快趕去赴約。有些人被告知不需要那麼匆忙，因為助理在另一棟大樓，可能會延遲幾分鐘。當他們走到另一棟大樓

的途中，有個人倒在路邊。每位學生經過時，他（實驗者助手）都會咳嗽、呻吟。這些神學院學生會停下來幫助他嗎？如果他們不趕時間，大多數人（63%）會提供協助。如果他們趕著赴約，只有10%的人會停下來助人。許多匆忙趕路的學生甚至不曾注意到該實驗人員。

當然，如果人們有虔誠的宗教信仰，應該不會受到趕時間與否的小事所影響。令人驚訝的是，Darley和Batson（1973）發現，神學院學生或許信仰最為虔誠，然而助人程度並未高於其他人。如果他們正在想著需要幫助的人，情況會有所不同嗎？研究者也操弄學生演講的主題。有些人討論神學院學生偏好的工作類型；有些人則是討論好心撒馬利亞人的寓言。你或許認為，神學院學生想著好心撒馬利亞人的寓言，應該更可能停下來幫助倒在路邊的人，因為這件意外跟寓言內容十分相似，只是要幫助的對象不同。然而，當學生急忙趕路時，即使他們信仰虔誠，正要發表好心撒馬利亞人的演說，仍然很少注意到有人需要協助。

解釋該事件為緊急事件

即使人們注意到有人倒在路邊，卻未必停下來幫助他。決定旁觀者是否助人的下一個影響因素是，他是否將該事件解釋為緊急事件——也就是人們是否需要協助（見圖11.5）。當然，有時毫無疑問地發生了緊急事件，像是當我們目擊車禍，看見人們身受重傷。在這種情況下，旁觀者人數並不重要，因為人們知道他人需要幫助（Fischer et al., 2011）。然而，大多數情況下，情境較為模糊不清。

倒在門口的這個人究竟是喝醉了，還是生重病？我們剛才聽見的尖叫聲來自某個熱鬧的宴會，或者有人遭到攻擊？如果人們假定他們並未目擊緊急事件發生，就不會助人。

在上述模糊不清的情境裡，旁觀者人數造成令人費解的差別：目睹緊急事件的人數愈多，確認這是緊急事件的機率愈低。為了瞭解其原因，請回想第八章有關訊息性社會影響的討論。這種社會影響發生在我們藉由他人來定義現實的時候。例如，假定你某天坐在教室裡，注意到空調出口冒出白色的蒸汽或煙霧。由於你並不確定這是什麼原因造成的，你和所有人都很自然地會這樣做——你環顧四周，看看其他人有何反應。你注意到，坐在左邊的那個人也在注視出風口，然而並不擔憂，因此你的結論是：沒有什麼好擔心的。你想，「或許只是空調系統的水汽」。正

如第八章的討論，以他人作為訊息來源確實是不錯的策略。然而其危險之處在於，有時每個人都不確定發生什麼事情，而且錯誤假定其他人知情。例如，坐在左邊的人或許是因為看見你一點也不驚慌，所以毫不在乎。因為緊急事件通常突然發生，且令人困惑，旁觀者在設法弄清楚狀況時，常常是呆若木雞、面無表情（Van den Bos & Lind, 2013）。當他們彼此觀望，卻看見其他人似乎也毫不在意。結果導致人眾無知（pluralistic ignorance），也就是人們認為其他人對該情境有特定解釋，其實卻不然。

人眾無知

人們認為其他人對該情境有特定的解釋，事實上卻不然

　　冒煙場景來自Latané和Darley（1970）的另一項經典實驗，它說明人眾無知的危險。同樣地，想像你正參與一項有關都市生活問題的態度研究，而且準時抵達實驗室。在你等候實驗開始前必須填寫問卷，因此你坐下來開始寫問卷。然而你留意到一件奇怪的事情：白煙從牆上的小孔不斷灌入房間。經過一段時間，整個房間都充滿煙霧，你甚至看不清楚問卷。此時你會怎麼做？

　　事實上，參與者並沒有遭遇危機——實驗者將煙霧灌入房間，以觀察人們對此潛在緊急事件的反應。一如預期，當人們獨自在場時，大多數人會採取行動。在兩分鐘之內，50%的參與者離開房間，找到人在大廳的實驗者，向他報告建築物可能失火；在六分鐘之內，75%的參與者離開房間、警告實驗者。

　　但是如果人們並非獨自一人，事情又會如何？既然75%的參與者報告有煙霧，當團體愈大，有人報告的機率理當更高。事實上，根據數學運算：如果任何一人報告火災的機率是75%，則三人團體當中，至少有一人報告的機率應該是98%。

　　為了瞭解人數愈多是否愈安全，Latané和Darley（1970）加入了一個條件，就是每次有三位參與者同時在場，其他實驗程序與參與者單獨在場時完全相同。令人驚訝的是，只有12%的三人團體在兩分鐘之內報告可能有火災，而且在六分鐘之內只有38%的團體提出警告。其他團體的參與者繼續填寫問卷，

緊急事件情境可能讓人迷惑。這個人需要幫助嗎？旁觀者未曾注意他，或者他人行為導致每位旁觀者解釋該情境並非緊急事件——這是人眾無知的實例嗎？

甚至當煙霧瀰漫，必須揮手推開煙霧才能看清楚答案。究竟是怎麼了？

由於參與者並不確知煙霧出現是否代表緊急事件發生，因此他們運用彼此的反應當作訊息來源。如果你身邊的人看看煙霧，然後繼續填寫問卷，你會覺得安心；然而，他們為何會毫不關心呢？問題在於，他們也正注視著你，假設你並不在意，他們也會覺得安心。簡單來說，每一位團體成員都覺得安心，因為他們假定其他人更清楚目前的狀況。當事件的意義模糊不清時（像是通風口湧出煙霧），處在團體裡的人會彼此說服對方，事情並無不妥，可能導致人眾無知的悲劇（Clark & Word, 1972; Solomon, Solomon, & Stone, 1978）。

承擔責任

有時緊急事件顯而易見，就像費城的旁觀者目擊邊境官員在逮捕一位男士時遭到攻擊。事實上他們袖手旁觀顯示了，即使我們解釋目前發生意外事件，還需要決定自己是否有責任介入。此時旁觀者人數仍是重要關鍵。

我們回頭思考Latané和Darley（1968）的發病實驗，參與者相信只有他們自己聽到學生發病，責任全部在他們自己身上。因此，這組參與者大多立刻提供協助，而且在幾分鐘之內，所有參與者都介入助人。

責任分散

每位旁觀者的助人責任感隨著目擊者人數增加而減少

但是當多位目擊者在場時會如何？此時會發生責任分散（diffusion of responsibility）：每位旁觀者的助人責任感隨著目擊者人數增加而減少。由於其他人在場，任何一位旁觀者並不會產生強烈的個人責任感。請回想我們先前曾經討論，助人通常附帶成本：我們可能讓自己陷入危險，或者因過度反應而顯得愚蠢，又或者助人的方法不當。既然有其他人在場，為何我們要承擔這些風險呢？有一項研究發現，責任分散甚至出現在五歲兒童身上。當實驗者「意外地」打翻一杯水，單獨目睹此意外事件的兒童有95％協助清理。但是如果另外兩位在場兒童不提供協助（他們是實驗者助手，因接受指示而不介入），只有55％兒童會幫忙（Plötner et al., 2015）。

責任分散特別容易發生在人們無法確認其他人是否已經介入的時候。在發病實驗裡，參與者認為其他學生也目擊事件，其實他們並不確知別人是否提供協助，因為對講機裡只傳來發病者的聲音。每位學生都假定自己不需要插手，因為別人一定早就提供協助。許多真實生活的緊急事件也是如此；例如，當我們在高速公路上駕車看到車禍發生，我們假定一定有別人已經打電話報警。

知道如何協助

即使人們已經通過助人程序的前三階段，他們仍須符合另一項條件（見**圖**11.5的步驟四）：他們必須決定提供何種協助才恰當。假定你在炎炎夏日，看見某位女士昏倒在街上。其他人似乎都無意幫忙，所以你決定要介入。但是你該怎麼做？這位女士心臟病發作嗎？或者她因為天熱中暑？你應該打電話召喚救護車，幫她做心肺復甦術，或者將她搬離陽光下？如果人們不知道該提供何種形式的協助，顯然他們並不會介入。

決定實施助人

最後，即使你明確地知道如何助人才恰當，你仍有可能決定不要介入。比方說，你可能並不具備實施協助的資格。比方說，即使這位女士抱怨胸痛，暗示她可能心臟病發作，你卻不知道如何實施心肺復甦術。或者你害怕出糗、做錯事，反而愈幫愈忙，甚至因為助人讓自己遭遇危險。在1982年，三位電視台技工在紐約市停車場，看見一位男性毆打另一位女性。他們嘗試要介入，結果被攻擊者槍殺。即使我們知道對方需要協助，也必須衡量助人的代價。

網路世界的責任分散

人們在社群媒體和聊天室裡的互動越來越多，有時也會遇到求助的要求。當聊天室人數增加時，人們會如同Latané和Darley的理論模式預測的那樣，較不願意提供協助嗎？某一項研究的研究者登入由兩人到十九人組成的雅虎聊天室，他們正在討論各式各樣的主題（Markey, 2000）。研究者扮演男性或女性參與者，鍵入以下的請求：「有人能夠告訴我，如何才能看見別人的簡介嗎？」（p. 185）。訊息被傳送給全體，或者聊天室裡隨機選中的某一個人。然後研究者計算對方回應求助的時間。

當請求被傳給全體時，其結果類似於Latané和Darley的研究：聊天室人數愈多，則特定個人回應求助的時間愈長。但是當求助訊息傳遞給特定對象時，對方的回應非常迅速，不受團體人數所影響。因此，責任分散確實產生效果。如果向全體對象提出求助要求，大團體會降低人們的責任感。然而，如果指名求助，對方的責任感會較高，即使其他人在場亦然（van Bommel et al., 2012）。

社會心理學
Social Psychology

媒體效應：電玩遊戲及歌詞

當我們考慮媒體對行為的影響時，通常集中在負面影響上，像是電視暴力或暴力電玩遊戲讓人更有攻擊性。儘管負面效應確實存在（將在第十二章討論），相反的情況也會發生，像是看見人們的利社會行為或者玩利社會電玩遊戲，也讓人們變得更合作。近期研究支持確實如此。

Tobias Greitemeyer等人以相同程序進行多項研究。首先，參與者來到實驗室，玩十分鐘電玩遊戲。半數參與者經過隨機分派之後，玩的遊戲與利社會行為有關，像是旅鼠（Lemmings），其目標是照顧小動物，並且幫助牠們找到出口。另外一半參與者則玩中性遊戲，像是俄羅斯方塊，其目標是旋轉幾何圖形，以填滿螢幕底部。然後參與者參與另一項似乎無關的研究，此時他們有機會幫助他人。助人機會包括簡單行動（幫助實驗者撿拾無意間掉落的筆），或者耗費較多時間的承諾（志願參與未來研究但沒有補償），以及可能有危險的舉動（幫助女實驗者，因為前男友進入房間開始騷擾她）。根據**圖11.6**，玩利他電玩遊戲的人比玩中性電玩遊戲者，在上述三種情況之下都更可能助人（Greitemeyer & Osswald, 2010; Prot et al., 2014）。

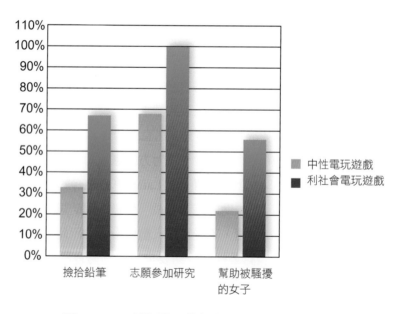

圖11.5　玩利他電玩遊戲對助人機率的影響

（摘自Greitemeyer & Osswald, 2010）

不僅利社會電玩遊戲可以提高助人意願——聽利社會歌詞的樂曲也是如此。過去的研究發現，人們聽麥可‧傑克森（Michael Jackson）的〈拯救世界〉（Heal the World）或披頭四的〈救命〉（Help!），比起聽中性歌詞之歌曲〔披頭四的〈章魚花園〉（Octopus's Garden）〕更樂於助人（Greitemeyer , 2009, 2011; North et al., 2004）。

為何玩利社會電玩遊戲，或者聽利社會歌詞的樂曲讓人們更樂於助人？至少有兩種可能效果：增加人們對需要幫助者的同理心，以及提高助人想法的可觸接性（Greitemeyer, Osswald, & Brauer, 2010）。因此，如果你發現自己需要幫助，並且看見某個走近的人戴著耳機，最好祈禱他正在聽利社會歌詞的曲子！

複習題

1. 以下何人最可能同意幫忙清理大城市的公園？
   a. Brian，剛搬到那個城市。
   b. Rachel，生長在小鎮。
   c. Jiaying，一輩子都住在那個城市。
   d. David，剛剛玩過暴力電玩遊戲。

2. 以下何者並非「旁觀者介入決策樹」的一部分？
   a. 擁有利他性格。
   b. 解釋事件為緊急事件。
   c. 承擔責任。
   d. 瞭解適當的協助形式。

3. 假定Jinyi在推特上要求某人幫助她搬移公寓裡的躺椅。在以下何種條件時，她的追隨者最可能同意協助？
   a. Jinyi有許多追隨者。
   b. Jinyi剛開始加入推特，只有少數追隨者。
   c. Jinyi住在非常大的城市。
   d. Jinyi生長在美國。

4. 以下何人最不可能幫助上課途中掉落一疊紙的人？
   a. Julia，她剛剛聽了Michael Jackson的歌曲〈拯救世界〉（Heal the World）。
   b. Owen，他剛剛玩了電玩遊戲旅鼠。
   c. Chanel，她剛剛聽過披頭四的歌曲〈救命〉（Help!）。
   d. Ben，他剛剛玩了電玩遊戲俄羅斯方塊。

如何增加助人行為？

學習目標11.4 解釋如何促進利社會行為

我們如何促使人們幫助有需要的人？在討論這個問題之前，我們應當指出：人們並非總是想要得到幫助。想像你坐在咖啡廳裡，想要將手機裡的影片上傳至社交媒體。你不知該如何是好，此時你認識的一個人充滿自信地走過你身邊，越過你的肩膀看了幾分鐘。「你要學的東西還很多，」他說：「我來告訴你如何操作它。」你會有何反應？你可能覺得感激，但也許感到有點埋怨。他所提供的協助隱約暗示你：「你太笨了，所以無法搞定它。」由於接受幫助可能讓人感到不適任和依賴，因此接受幫助者未必都有正向反應。人們並不希望看起來沒有能力，因此他們通常沉默地承受痛苦，即使這樣會降低完成作業的機率（Alvarez & Van Leeuwen, 2011; Halabi, Nadler, & Dovidio, 2013）。

儘管如此，如果更多人幫助有需要者，這個世界會變得更好。我們如何增加日常生活的善意舉動，像是探望年長的鄰居或者志願為當地小學生說故事？答案就在利社會行為的原因裡。例如，我們知道某些個人特徵很重要，培養這些特徵能夠提高人們助人的機率（Clary et al., 1994; Snyder, 1993）。但是，友善、利他的人在某些情境限制之下並不會助人，像是住在都會地區，或者目睹緊急事件時有許多旁觀者在場。

提高旁觀者介入機率

研究證據指出，覺察到緊急事件之中阻礙助人的因素，有助於克服障礙。數年前在康乃爾大學，幾位學生阻止另一位同學自殺。就像大多數緊急事件一樣，當時情境令人困惑，起初旁觀者並不確定發生什麼事情或者應該採取何種行動。帶領大家介入的學生表示，她回想起在普通心理學課程裡聽過有關旁觀者介入的內容，她知道自己若不採取行動，其他人也不會介入（Savitsky, 1998）。另一個是不久前發生在Vassar學院的例子，當時學生目睹有人被劫匪攻擊。遇到這樣的意外事件，大多數旁觀者袖手旁觀，或許因為認定其他人已經報警。然而，某一位學生立刻通知校警，因為她立刻想起：此情此景類似於她在社會心理學課程當中讀過的旁觀者介入研究——即使這堂課已經過了一年之久（Coats, 1998）。

當然，這些例子都不是受控制的實驗，以致於我們無法確定這些熱心助人者受到心理學課程所激勵。幸運的是，這個問題曾經過實驗法的檢驗（Beaman et al., 1978）。研究者隨機分派學生聽Latané和Darley（1970）的旁觀者介入研究，或者無關主題的研究。兩星期之後，所有學生參與另一項看來無關的社會學研究，期間他們看見一位學生躺在地板上。他是否需要幫助呢？他是摔倒後受傷，或者只是熬夜之後呼呼大睡呢？根據先前的討論，在這樣的模糊情境裡，人們會檢視他人的反應。由於實驗助理（假扮成參與者）刻意表現得漠不關心，其他人很自然地假定沒有什麼問題。如果他們不曾聽過旁觀者介入研究，這就是大多數人的反應，這組參與者只有25%停下來幫助他人；然而聽過旁觀者介入課程的學生則有43%會助人。因此，瞭解自己被他人不當干擾有助於克服這類社會影響，促使我們更容易介入緊急事件。

訓練人們更普遍地「不要袖手旁觀」，在需要時幫助他人，是否有效呢？舉例來說，現今社會裡暴力問題十分普遍，包含性暴力、霸凌、跟蹤在內。許多人或許都曾經看見某人身處上述暴力的風險，然而卻未介入，因為我們並不確定要做什麼，或者認為其他人可以提供協助。假定你在大學舞會裡看見一個男人抓住一位女子的手臂，拉著她走出房間。她似乎並不願意離開，還是她出於自願呢？你想，或許沒事。畢竟，其他人都沒有介入。這個男人或許是她的朋友，因為她喝醉了，正要帶她回家。

但是現在你已經瞭解，其他旁觀者處於和你相同的情境，因為沒有看見其他人回應警訊而袖手旁觀（包括你在內！）。你已經瞭解旁觀者效應和責任分散，我們希望你更願意投入，問問那個女子是否沒事。

確實，旁觀者訓練計畫〔像是綠點（Green Dot）〕隱含的前提就是，人們接受訓練後能夠理解在上述情境裡助人的困難，因此成為更好的旁觀者。許多大學實施這類計畫，雖然時間不長，已有初步證據證實其成效。例如，在一項研究裡，研究者追蹤26間高中的性暴力發生率，隨機指派半數學校實施綠點旁觀者介入訓練，另外半數學校未接受訓練，擔任控制組。經過五年以後，實施訓練的學校裡性暴力顯著減少（Coker et al., 2017）。

另一種取向就是要提醒自己，擺脫拘束、做正確的事情。當人們發現自己處於令人驚訝、難以理解的情境時——顯然發生緊急事件時正是如此——他們自然地「呆住」，想要瞭解身旁發生什麼事情（van den Bos &

社會心理學
Social Psychology

為何這個人會助人,而目睹相同緊急事件的其他旁觀者卻袖手旁觀?或許這個人在社會心理學課堂上學會旁觀者介入的阻礙因素。

Lind, 2013)。尤其是當人們處於公眾場合,擔心在他人面前「做錯事」的時候。

或許擔心在公開場合裡做錯事的人想到,自己過去曾經克服裹足不前的拘束,更可能提供協助。為了驗證此一假說,Kees van den Bos等人(2009)要求人們填寫兩種問卷版本其中之一。在解禁組裡,人們寫下自己不顧他人想法,自由採取行動的時刻。控制組的人寫下他們在平常日子裡的行為。其次,研究者設計助人情境,檢視哪一組參與者較可能協助需要幫助的人。一如他們所預期,解禁組較可能助人。舉例來說,在一項研究裡,填寫解禁問卷者有53%幫助一位趕火車而掉落鋼筆的人撿拾筆,相對於控制組只有7%這樣做。在這種情境裡,退縮不前、袖手旁觀是很自然的反應,提醒自己過去曾經克服這種拘束的時刻讓我們更可能助人(van den Bos & Lind, 2013)。

促進志願工作

除了介入緊急事件之外,許多重要的利社會行為在於志願工作與社區服務。社會心理學家也曾經探討這類長期幫助陌生人的助人行為(Johnson & Post, 2017; Mannino, Snyder, & Omoto, 2011; Penner, 2004; Piliavin, 2010)。

西歐和北美國家的調查發現,許多人參與志願工作,其中以美國人比例最高(47%; Ting & Piliavin, 2000)。志願工作是許多社會成員的支持來源,包括兒童、遊民、移民等等。它也是從事志願工作者的重要支持來源(Layous et al., 2017)。從事志工的年長者健康較佳、較少憂鬱,甚至壽命較長(Anderson et al., 2014)。如此豐富的益處使得醫療專業人士主張,醫生應該對所有病患開立每星期2小時志工行為的處方(Johnson & Post, 2017)。跟先前討論的同理心和助人相同,志願工作對助人者和受助者雙方都有助益。

因此,有些機構要求其成員提供社區服務。例如,有些高中、大學和企業要求學生或員工參與志工。這些計畫的益處在於增加幫助社區機構(像是遊民庇護所、醫療診所、日間托兒中心)的志工庫。但是這種

「強制志工」對於助人者的動機造成何種影響
卻令人起疑。這些機構大多假定，他們提高成
員未來從事志工的意願，即使在離開機構之後
亦然。換句話說，強迫人們參與志工可以教導
其利益，因而促進志願工作的意願。

許多學校和企業要求人們從事社區服務。如果人們認為
他們基於外在要求而助人，這些計畫反而會降低對志願
工作的興趣。鼓勵人們從事志願工作，同時保留自願選
擇的感受，可能提高人們未來再度從事志工的意圖。

　　然而，我們在第五章的討論卻顯示，提供
人們從事某項活動的強烈外在動機可能減低其
內在動機。這種現象稱為過度辯護效應：人們
認為其行為起因於難以抗拒的外在理由（例如
被要求參與志願工作），使他們低估內在理由
引發該行為的影響力（例如他們喜歡參與志願
工作）。同樣地，人們愈是覺得自己從事志工
出於外在要求，他們未來愈不可能自願參與志工（Bringle, 2005; Kunda &
Schwartz, 1983; Stukas, Snyder, & Clary, 1999）。上述結果的寓意在於，
機構應當鼓勵其成員從事志工，但是保留自願參與的感受。在這樣的
條件之下，志願工作可能提高人們的幸福感，以及未來參與志工的意願
（Piliavin, 2008; Stukas et al., 1999）。

複習題

1. 以下何者正確？
   a. 人們總是感激提供協助的人。
   b. 因為你學過利社會行為的社會心理學，未來
      較可能幫助有需要的人。
   c. 如果某人不想要幫助他人，我們無法改變
      他。
   d. 聽過有關利社會行為和旁觀者介入的講課不
      太可能改變人們在真實緊急事件當中的行
      為。

2. 某一間公司正在考慮提供員工社區服務的機
   會。根據社會心理學研究，你可能提供以下何
   種建議？
   a. 強制規定參與社區服務。

   b. 提供社區服務的誘因，像是額外休假日。
   c. 讓人們覺得自願參與社區服務。
   d. 指派人們到不同社區機構。

3. 以下何人是同儕最欽佩的對象？
   a. Victoria 到醫院擔任志工，因為她認為這樣做
      可能在大學入學申請時獲得好評。
   b. Kevin 每週在分送食物給窮人的餐廳工作，
      因為這是工作附帶的強制社區服務。
   c. Jun 未能在緊急事件時提供協助，因為他認
      為其他人已經撥電話報警。
   d. Shamika 志願在無家可歸家庭的庇護所擔任
      志工，因為她真心喜歡幫助兒童。

摘 要

學習目標11.1 描述影響人們助人的基本動機

■ **利社會行為的基本動機：人們為何助人？** 本章探討利社會行為的原因，也就是目的在於讓他人獲益的行為。利社會行為的基本起源是什麼？

- **演化心理學：本能與基因** 演化論對利社會行為提供三種解釋。第一是近親選擇，也就是天擇偏好幫助有血緣關係之親屬。第二是回報規範，也就是期待幫助他人可以提高未來對方幫助自己的機率。第三是團體選擇，擁有利他成員的社會團體與其他團體競爭時較可能生存。

- **社會交換：助人的代價與酬賞** 社會交換理論主張，利社會行為未必根植於基因；相反地，人們幫助他人是為了儘量擴大酬賞和縮小成本。

- **同理心與利他：純粹的助人動機** 人們可能擁有利他的動機，也就是即使助人者需要付出成本也樂於幫助他人的期望。根據同理心—利他假說，當我們感受到對另一個人的同理心（體驗對方之經驗和情緒），就會出於單純利他的理由去助人。

學習目標11.2 描述影響特定個人助人的個人特質

■ **個人特質與利社會行為：為何有些人更常助人？** 基本動機並非利社會行為的全貌——個人特質也同樣重要。

- **個別差異：利他性格** 儘管有些人的性格讓他們更樂於助人，性格因素並非預測人們在各種社會情境當中是否助人的有力指標。

- **利社會行為的性別差異** 在許多文化當中，男性角色包含英勇俠義的助人方式，女性角色包含親近之長期關係的助人。

- **利社會行為的文化差異** 人們願意幫助內團體和外團體成員，但是理由不同。人們較可能對需要幫助的內團體成員產生同理心，而且同理心愈高，他們愈是願意助人；人們幫助外團體成員的理由則不同：他們會這樣做是因為期待有收穫，像是對自己的感覺良好，或者希望在他人面前製造好形象。

- **宗教信仰與利社會行為** 普遍的刻板印象認為，有宗教信仰的人比沒有宗教信仰的人更遵循道德，也更常從事助人行為。然而由實際行為來看，確實有宗教信仰的人比其他人更可能幫助有共同信仰的人，然而他們並不會更常幫助陌生人。這是內團體偏私的例子。因此，宗教信仰本身並不會導致人們更容易助人，而是人們傾向於幫助屬於相同團體的人。

- **心情對利社會行為的影響** 人們心情好的時候較可能助人，但是心情不好也可能更容易助人。

學習目標11.3　描述人們在哪些情境裡較可能或較不可能幫助他人

■ 利社會行為的情境因素：何時人們會助人？ 為了瞭解人們助人的原因，我們也需要考慮社會情境的性質。

- 環境：鄉村vs.都會　住在擁擠、都會地區的人較不可能助人，其原因是都市過度負荷假說——生活在都市裡的人不斷受到刺激所轟炸，因此他們不與人往來，以避免被淹沒。

- 居住流動性　長期住在某一地點的人比最近剛搬來的人更可能從事利社會行為。

- 旁觀者人數：旁觀者效應　為了在緊急事件裡助人，人們必須符合五項條件：他們必須注意到事件、解釋該事件為緊急事件、承擔責任、知道如何協助、決定實施助人。當目睹緊急事件的旁觀者人數增加，其中兩項條件愈難以達成——解釋該事件為緊急事件和承擔責任。這就是所謂的旁觀者效應：目睹緊急事件的旁觀者人數愈多，任何一人幫助受害者的機率愈低。

- 網路世界的責任分散　在線上聊天室裡也可以觀察到旁觀者效應。當聊天室裡人數愈多，使用者求助得到某人回應的時間愈長。

- 媒體效應：電玩遊戲及歌詞　玩利社會電玩遊戲或聆聽包含利社會歌詞的歌曲，讓人們更可能做出各種助人行為。

學習目標11.4　解釋如何促進利社會行為

■ 如何增加助人行為？ 許多種方法可以增加利社會行為。

- 提高旁觀者介入機率　研究結果顯示，教導人們有關旁觀者介入的障礙，能夠增加他們在緊急事件時助人的可能性。

- 促進志願工作　鼓勵員工從事志願工作的組織應該注意，如果人們覺得他們擔任志工的原因是必須如此，未來較不可能參與志願工作。鼓勵人們擔任志工，同時保留他們自願選擇的感受能夠提高人們的幸福感，以及未來再度從事志工的意圖。

分享寫作　你有什麼想法？

沉醉式互動

　　請設想你以往曾經處在能夠幫助他人的位置，無論是否在危機狀況。你為何幫助或不幫助那個人？

測　驗

1.下列何者不是演化論對於利社會行為的解釋？

　a.社會交換。

　b.近親選擇。

　c.回報規範。

　d.團體選擇。

2.Amy穿越校園，看見某個人趴在地上，尋找從手指上滑落的戒指。根據同理心—利他假說，下列何種狀況之下，Amy最不可能幫助那個人尋找戒指？

　a.對於對方產生同理心，而且認為停下來助人，可以得到路過行人的稱讚。

　b.對於對方產生同理心，但是她並不認為助人對自己有利，所以她決定不要幫助這個人找戒指。

　c.不會對於對方產生同理心，但是認出對方是英文課的助教。Amy想在英文課得到好成績，所以她會停下來幫助教找戒指。

　d.不會對於對方產生同理心，也不認為助人對自己有利，所以她決定不幫助對方尋找戒指。

3.利社會行為的研究發現，有宗教信仰的人：

　a.幾乎在所有情況下都比沒有宗教信仰的人更可能助人。

　b.比沒有宗教信仰的人對於需要幫助的陌生人更充滿熱情。

　c.較可能幫助有共同信仰的人，但是幫助陌生人的可能性並未提高。

　d.實際上比沒有宗教信仰的人更少助人。

4.Frank最近從大學畢業，從紐約市搬回他出生的康乃狄克州小鎮。現在他發現自己更容易參與利社會行為。最可能導致他改變的原因是什麼？

　a.生長在小鎮上使他內化利他價值觀。

　b.周圍環境的變化使他助人的機率改變。

　c.大學生較不願意助人，因為他們比較容易產生旁觀者效應。

　d.Frank在小鎮上較可能消除負面狀態。

5.Luke在歷史課聽到的內容令他非常困惑，但是下課前教授詢問學生是否有任何地方不瞭解，Luke並未舉手。由於其他學生都沒有舉手，Luke假設其他學生都瞭解，只是他不夠專心。事實上，許多學生都不瞭解，他們也處在跟Luke相同的情境。這個例子說明了：

　a.同理心—利他假說。

　b.回報規範。

　c.社會交換。

　d.人眾無知。

6.以下何者不是好心情增加利社會行為的原因？

　a.好心情讓我們更正向地看待情境，因此更可能做出有利於人們的解釋。

　b.助人延長好心情。

　c.好心情讓我們更加注意助人的可能酬賞。

　d.好心情提高我們對自己的注意力，讓我們更可能採取行動。

7.以下何者正確？

　a.聽利社會歌詞的流行歌曲讓人們更樂
　　於助人。

　b.如果我們希望他人同意邀約，讓他聽
　　浪漫的流行歌曲並無效果。

　c.玩利社會電玩遊戲不會影響人們的助
　　人行為。

　d.玩暴力電玩遊戲讓人們更樂於助人。

8.Meghan住在大學宿舍的小房間裡。有
　一天晚上，她聽到房間外傳來尖叫聲。
　她相當確定這個人需要幫助，因為對方
　大叫：「幫幫我！我想我跌斷了腿！」
　Meghan繼續睡覺，直到第二天才發現
　對方躺在地上四十五分鐘之後才得到救
　助。下列何者可以解釋為何Meghan沒有
　提供協助？

　a.訊息性影響。

　b.責任分散。

　c.她不認為這是緊急事件。

　d.人眾無知。

9.下列有關利社會行為的敘述，何者為

真？

　a.人們是否經常搬到不同地方會影響其
　　助人意願。

　b.性格對利社會行為毫無影響。

　c.壞心情會減少利社會行為。

　d.只有非西方社會的人較可能幫助自己
　　的內團體成員。

10.摩托車辦公室非常忙碌，許多人正在
　等候。當某個男子人起身要離開時，
　意外地掉落他帶來的文件夾，紙張散
　落一地。以下何人最不可能幫他撿拾
　紙張？

　a.Meghan，她正好想起過去無拘無束
　　地採取行動的時刻。

　b.Joe，他正在上社會心理學課程，本
　　週曾經聽到一場有關Latané和Darley
　　之決策樹的講課。

　c.Michael，他覺得自己應該在家幫忙
　　室友清理公寓，因此產生罪惡感。

　d.Maggie，她有虔誠的宗教信仰，但
　　是並不認識掉落紙張的那個男子。

CHAPTER 12

攻擊：為何我們會傷害別人？能防範嗎？

綱要與學習目標

●●●●○●● **你認為如何？**

　　科羅拉多州利特爾頓市的哥倫拜（Columbine）高中曾發生集體謀殺案，顯露出美國文化長久以來的陰影。1999年，Eric Harris和Dylan Klebold到校園狂亂掃射，殺死一名教師和十二位學生，隨後開槍自盡。恐怖的是，傷亡人數原本可能更多。兩名殺手在屠殺前留下錄影，聲稱他們準備了九十五個爆炸裝置（所幸因技術問題引爆失敗）。罪犯們在錄影中興奮地預期那天可以奪走兩百五十條人命。

　　從那時起，陸續有數十名青少年明顯仿照哥倫拜高中事件，來報復羞辱、霸凌或排擠他們的同學，學者甚至稱之為「哥倫拜效應」。例如2012年，Adam Lanza在康乃迪克州紐敦市的桑迪胡克小學做出類似的集體屠殺，警方事後調查發現Lanza很迷哥倫拜屠殺案。

　　每次發生集體槍擊案之後，一定都會尋找究責的對象。是父母的錯嗎？國內槍枝過於氾濫了嗎？媒體是否充斥太多暴力？槍手都瘋了嗎？任何犯下集體謀殺案的人情緒都不穩定，但是心理疾病並不能有效解釋這些悲劇的發生，畢竟大部分的患者都不是集體謀殺犯。

　　人類有多種傷害他人的暴力行為：戰爭、集體槍擊、打架、謀殺、強暴，以及家庭暴力等等。本章要瞭解攻擊的多種成因。人類的攻擊是天生的嗎？女性很少有槍枝暴力，這是否代表男性天生比女性更有攻擊性？在觀看電影中的暴力角色或玩暴力電玩之後，健康的人會被誘發暴力嗎？社會、學校或父母可以做些什麼來防範攻擊？如果可以，具體的做法是什麼？

　　社會心理學者當然不會有全部的答案，但是讀完這章之後，我們希望你能獲得一些啟發，理解人類為何會傷害他人。

攻擊是天生的？學習來的？可選擇的？

學習目標12.1　演化、文化和學習觀點對攻擊的解釋

　　社會心理學家將攻擊（aggression）定義為造成他人身體或心理痛苦的有意行為。傷害意圖是這項定義中的必要成分，也區分出攻擊與進取奮戰（assertiveness）的差別。當某人為自己的權利奮戰、爭取運動競賽勝利、在商場上展現雄心，稱為assertive而非aggressive〔譯註：aggressive常被翻譯為有野心的，中文語意傾向負面，但aggressive在英文並沒有那麼強的負面意義，有時比較接近「自信積極assertive」的正面意義。本章討論的是傷害他人的aggression，不是自信肯定的assertiveness〕。攻擊行為可能是身體或語言上的，目的可能成功或失敗。因此，如果有人將啤酒瓶往你頭上砸，你閃開了，仍是攻擊行為，關鍵點是意圖。同樣地，如果一個酒醉駕駛，在你過街時無意把你撞倒了，這並不是攻擊行動，雖然它造成的傷害可能遠超過那個沒擊中你的酒瓶。「暴力」是攻擊的極端形式，像是戰爭、謀殺與毆打。

　　其次，區分**敵對性攻擊**（hostile aggression）與**工具性攻擊**（instrumental aggression）也是有助益的（Berkowitz, 1993）。敵對性攻擊是一種源自憤怒情緒的行為，意圖將痛苦或傷害加諸於人。工具性攻擊是為了達成非傷害性的目的，而把攻擊當作手段。想想你從樓梯往下走去地鐵月台的同時，看到班車剛好停下開門，你需要趕上車不然會錯過你跟醫生的約診。問題是所有下車的旅客都從樓梯往上走，擋住了你的去路。剎那間你決定必須立馬衝上前趕上車，所以你用肩膀手臂推開擋路的人，即使你也知道可能讓造成其他人的擦撞傷甚至摔倒。如果你的攻擊行為單純只為了趕上車，那就是工具性攻擊。但倘若你對上樓的旅客沒靠邊走而生氣，想造成一些小傷害，那同樣的行為（下樓時推開擋路的人）就是敵對性攻擊。

　　社會心理學家和其他科學家，研究導致攻擊的各種因素，無論是生理的、社會的、文化的和情境的層面，都有很大的進展。研究發現攻擊有很多複雜成因，而且從直接暴力到間接的殘酷行為有各種形式，但重點是這些行為並非無可避免，我們有能力減低它們發生的機率和嚴重性。

攻擊
以引起他人身體或心理痛苦為目的之故意行為

敵對性攻擊
一種源於憤怒感，旨在將痛苦加諸於他人的攻擊行為

工具性攻擊
以攻擊為手段來達成某種目的，而非以造成傷害為目的

演化論觀點

從明顯的事實談起，男人比女人更具攻擊性。男人犯下超過90%的集體謀殺（在同一地點殺害至少四人）（Hillshafer, 2013）。男人比女人更容易跟陌生人沒來由地打一架、加入幫派破壞掠奪，以及做出暴力犯罪（謀殺、重傷害、強暴）。但是這不代表女性是害羞、靦腆、和平的性別。

演化論者主張肢體衝突的基因內建在男人體內，如此可使他們捍衛自己的族群並延續基因。世界各地的文化中——正如美國、瑞士、衣索比亞間差異之大——男性的攻擊性都起於童年：男孩比女孩有更多「認真」的推、撞和打擊（Deaux & La France, 1998; Maccoby & Jacklin, 1974）。男性含有攻擊基因，理由有二：首先，為了建立比其他男性更優勢與穩固可能的最高地位；第二，男性的攻擊具有「嫉妒性」，以確保伴侶不會紅杏出牆（Buss, 2004, 2005; Kaighobadi, Shackelford, & Goetz, 2009）。根據演化論觀點，雌性的攻擊通常是為了保護後代，所以你千萬不要阻礙母熊的天職，就算母鳥也一樣。

一般相信讓男人具攻擊性的原因是睪固酮激素，雖然男女體內都有，但是男性體內的含量較高。實驗中，將睪固酮從動物身上移除會減少攻擊性，反之將睪固酮激素注射進動物體內，會出現更多攻擊行為（Moyer, 1983; Sapolsky, 1998）。人類實驗也發現，因暴力入獄的受刑人，其體內的睪固酮含量比非暴力入獄的受刑人還要高（Dabbs, 2000; Dabbs et al., 1995）。睪固酮可能是透過降低我們控制衝動的能力而導致攻擊，它與降低眶額皮質（orbitofrontal cortex）的活動有關，這是大腦關於自我調控與衝動控制的關鍵區域。在資源分配的遊戲中，眶額皮質的活動量可預測差別待遇後的攻擊反應（Mehta & Beer, 2010）。

然而，睪固酮與攻擊的連結受到社會情境的高度影響。挑戰假說（Challenge Hypothesis）主張睪固酮與攻擊的相關只發生在有高度繁殖機會的情況（Buss, 2002）。

挑戰假說
睪固酮含量只在有繁殖機會時，才會與攻擊有關

在世界各地，男孩比女孩更愛打架，這是「攻擊」的佐證或只是體育活動？

雙激素假說（Dual-Hormone Hypothesis）有類似的主張，認為睪固酮與支配行為的相關只發生在壓力激素皮質醇（cortisol）低的時候（Mehta & Josephs, 2010）。雙激素假說的研究顯示：在有壓力或危險的時刻（也就是皮質醇上升時），睪固酮與攻擊與尋求支配的行為較沒有清楚關聯。換句話說，當有機會從攻擊中獲益時，睪固酮才能預測攻擊行為，這代表睪固酮與工具性攻擊有關。挑戰假說與雙激素假說都支持演化論的說法：攻擊是鞏固支配與配偶的手段。

雙激素假說

只有在壓力激素皮質醇維持低量時，睪固酮含量和尋求支配的行為才有關聯

這結果很容易讓我們誤以為男人承受「睪固酮毒害」，其實這些大部分是相關研究，因果關係可以是雙向的。換句話說，雖然睪固酮本身會稍微提高攻擊性，但是身處在攻擊性、競爭性或煽情的情境也會分泌更多睪固酮（Mazur, Booth, & Dabbs, 1992; Trumble et al., 2012）。此外，睪固酮也是雌二醇（estradiol）這種主要性激素的化學前驅物質，該性激素在女性體內較高。雌二醇和睪固酮都跟類似的心理變項有關，例如攻擊與性慾。事實上，無論性別，管理雌二醇的神經元也管理攻擊行為（Unger et al., 2015），但雌二醇在女性體內含量較高。睪固酮、雌二醇都與攻擊有關，研究兩者微妙的差異正是一門活躍的領域，它可理解攻擊之性別差異背後的生理機制。

低等動物的攻擊

為了確認攻擊是天生還是後天的，科學家開始對動物進行實驗。一般人認定「貓捕殺老鼠是貓的天性」，但半個世紀以前，生物學家郭任遠（Zing Yang Kuo, 1961）〔譯註：郭任遠是著名的華人心理學家，1920年發表〈取消心理學中的「本能」說〉，1923年發表〈反對本能運動的經過和我最近的主張〉，均引起美國學界熱烈討論。1949年避居香港，1970年逝世，美國《比較生理心理學》期刊特發表專文〈郭任遠：激進的科學哲學家和革新的實驗家〉紀念〕設計了一個實驗，試圖說明這是一項迷思。他把一隻剛出生的小貓和一隻老鼠養在同一個籠子裡。結果如何呢？那隻小貓不僅沒有攻擊老鼠，兩者還變成了親密夥伴。此外，小貓有機會捕殺其他老鼠時，牠也拒絕了。因此，牠的友善行為並未局限在夥伴上，更普及到從未謀面的老鼠。

郭任遠的實驗非常引人入勝，不過仍無法證明攻擊行為不是天性，

只能說明攻擊行為能被幼年的經驗抑制。那麼如果一個生物在成長過程中從未和其他個體相處，情形會如何呢？他會不會表現出一般的攻擊傾向呢？艾伯斯菲特（Eibl-Eibesfeldt, 1963）證明了，隔離撫養的老鼠（例如不曾和其他老鼠打鬥）在另一隻老鼠被誘入籠中時會展開攻擊；此外，這隻被隔離撫養的老鼠會使用與那些有打鬥經驗的老鼠一模一樣的威脅、攻擊模式。因此，雖然經驗可以修正攻擊行為（如郭任遠的實驗），但攻擊顯然不需要學習。

觀察與人類基因最相似的動物行為，可以洞察甚多。與人類基因最近的兩種靈長類動物是黑猩猩（chimpanzees）和巴諾布猿（bonobos），其DNA與人類98%相同，而且黑猩猩、巴諾布猿和人類都直接演化於同一種祖先（Prüfer et al, 2012）。儘管如此，彼此之間的攻擊差異很大。雄性黑猩猩的攻擊行為非常有名，雌性也可以非常殘酷（Miller et al., 2014），是唯一非人類的物種，其雄性團體成員會聯合獵殺其他同種成員。Wrangham、Wilson和Muller（2006）發現黑猩猩彼此殘殺的速度，與人類在古代狩獵社會時彼此殘殺的速度相同。根據對黑猩猩的研究，也許我們可以得出結論，人類尤其是男性，其基因編碼具有攻擊行為。

然而，生活在河對面的巴諾布猿，一樣是人類基因的親戚，他們的特性卻不具攻擊行為。事實上，巴諾布猿的特性是「要做愛，不要戰爭」（make love, not war）。從事可能會導致衝突的活動前，巴諾布猿先「做愛」。這種性活動的功能可以化解潛在的衝突（De Waal, 1995）。例如，巴諾布猿團體抵達覓食地點時，先從事性遊戲，然後開始和平進食。相反的，黑猩猩抵達覓食地點時，就激烈爭奪食物。此外，不像黑猩猩，巴諾布猿是雌性為主的社會，和雄性保持關係而且對於彼此的需求非常敏感（Parish & de Waal, 2000）。

巴諾布猿是罕見的例外。因為普遍可見的攻擊行為，強烈指出攻擊行為可能是演化而來，因為其具有使物種生存的價值（Buss, 2004; Lore & Schultz, 1993）。但幾乎所有的生物體，似乎也同時演化出一種強烈的抑制攻擊行為之機制，當抑制攻擊對他們有利時，攻擊是一種可選擇的策略，根據生物體先前的社會

當人們說攻擊是「天生的」，往往指的是人類的靈長類親戚。黑猩猩（上）確實相當好戰與殘暴，但巴諾布猿（下）寧願做愛也不要戰爭。

經驗與特定的社會情境，來決定是否表現攻擊行為。

文化與攻擊

大部分的社會心理學者普遍同意攻擊是一種「可選擇的」策略：人類或許生來就帶有攻擊行為的能力，但是在何種原因、時間、地點會表現出來，是透過學習並取決於環境和文化背景（Berkowitz, 1993）。所有男性與女性都有睪固酮，但全世界人類的攻擊和暴力傾向卻有很大差異。人類在遇到挑釁時，似乎天生傾向將來犯者三振出局，但攻擊行為是否真正表現出來，則根據複雜的因素互動而定，包括內在的天生傾向、各種學習到的抑制經驗，以及社會情境的真正狀況。例如你可能會因為超速被警察攔下來而生氣，但是你還是會控制你的脾氣和行為。

因此，誠然從昆蟲到猿類，許多動物通常都會攻擊入侵地盤的其他動物，但我們不能就認定人類為了保衛地盤，天生本能會對刺激採取攻擊反應。有三方主要的證據支持這項更複雜的觀點：跨時間的文化研究、跨文化研究、實驗室研究。

時間與文化造成攻擊行為的變化

在特定文化中，社會情境的改變，會導致攻擊行為的劇烈改變。例如，數百年以來，北美洲的易洛魁人（Iroquois）曾是生活在安和中的狩獵民族，不會對其他部落進行攻擊。但17世紀時，新來的歐洲移民開始與他們以物易物，造成他們與鄰居休倫人（Hurons）在毛皮方面的直接競爭，毛皮能夠交換商品，具有高價值。因而他們與休倫人發生一連串小衝突後，在短時間內變成了殘暴的戰士。若要說是攻擊本能，使易洛魁人變成可怕戰士，似乎太牽強；毋寧說因為社會情境的改變，造成競爭才導致攻擊（Hunt, 1940）。

心理學者Steven Pinker（2011）蒐集證據證明，雖然戰爭、犯罪、酷刑和謀殺等攻擊行為仍遍及世界，但這個世紀已經穩定減少（見**圖12.1**）。像猶太人大屠殺和大型滅族戰爭已消失，家庭、鄰里和國家間的暴力都已減少。Pinker主張我們生存的時代比任何人類歷史更少暴力、殘酷，且更為和平。如果你覺得現在好像還是充斥暴力，想像一下三千年前的樣子！我們跟當時的人是同一物種，所以先天的攻擊傾向是一樣的。改

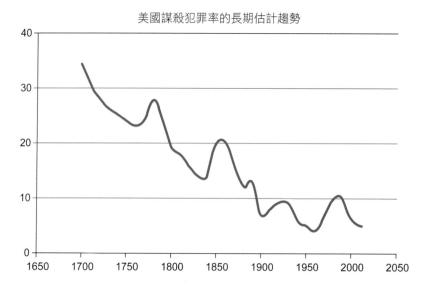

美國謀殺犯罪率的長期估計趨勢

圖12.1 謀殺犯罪率在美國過去三百年來穩定降低

（Claude Fischer繪製）

變的是，社區與國家的文明歷程提高了人權信念、同理心和理性。許多曾是好戰的社會——像是北歐或葡萄牙——已成為世上最和平的地方。作為娛樂的暴力現在也只出現在電影螢幕，撕裂活人以取悅觀眾的競技場已不復再現。

各個社會之間的好戰程度並不相同，具有合作與集體主義價值的文化，其攻擊性低於歐洲社會（Bergeron & Schneider, 2005）。某些「原始」部落，譬如錫金（Sikkim）的雷布查人（Lepchas）、中非洲的匹克米族（Pygmies），以及新幾內亞的阿拉佩什族（Arapesh），他們生活於明顯的和平與和諧中，攻擊行動極其稀少（Baron & Richardson, 1994）。在一些相近的文化中，族群間靠合作求生存，憤怒和攻擊被視為危險和破壞因子，侵犯者會被排斥或懲罰。但難道部落裡的男性體內不含睪固酮嗎？當然有，但是當男性所生存的文化中並無內憂外患威脅到生存（當然並不是多數的文化都如此蒙福），他們在沒有攻擊性的環境中長大，性別差異極小，並且鼓勵合作（Gilmore, 1990; Kimmel, 2012）。

菲律賓雨林的Teduray族，設立專門機制和規範，防止團體內部的暴力。他們的社會，期許人們特別注意他人的感覺。當類似姦淫強暴這種重大事情發生時，由於蘊含憤怒導致暴力的重大風險，Teduray族派出特

定成員，安撫受到傷害的成員。Teduray族相信人類天生具有攻擊性，但會盡力降低團體內部的攻擊表現。若是暴力侵略來自團體外部，Teduray族則以暴制暴，保衛鄉土（Schlegel, 1998）。總之，如果人認為攻擊是對眼前挑釁刺激的可靠反應，那麼所有文化的人都會有同樣強度的攻擊表現。

尊嚴文化

或許反對男人天生因為睪固酮而具攻擊性的最強證據，是實驗顯示深植人心的文化規範和期望，使男性在相似的挑釁下卻有不同表現。

例如在美國社會，攻擊行為具有重大的區域差異，例如南方白人男性的殺人率，比北方白人男性還要高，尤其是鄉村地區。Richard Nisbett（1993）認為，這與特定的經濟、職業環境有關，較高攻擊率的文化是以放牧為主，而較低的則是以農業為主。為何如此？或許是因為人們要保護賴以維生的經濟來源。尤其是放牧社會的人們處於弱勢，因為牲畜可能隨時會被偷走，為了防範牲畜遭竊，Nisbett推論，牧人會隨時保持武力警戒，面對一切外來威脅。這也是為什麼在早期的大西部，偷牛竊馬是死罪，也是為什麼地中海和中東地區的放牧文化，給予男性的攻擊很高評價。Nisbett也的確發現同樣在南方，丘陵與平地的放牧區域，其殺人比率比農耕區域高二倍。

菲律賓的Teduray族文化發展出減輕攻擊的規範與生活方式

放牧地區看重攻擊和防禦，卻也造就一種「尊嚴文化」（culture of honor），即使小小的紛爭也能使人聲名大噪，迫使他們要以暴力回應，進而樹立自己的雄風（Cohen, 1998）。雖然畜牧業在美國南方和西方已逐漸式微，「尊嚴文化」仍然承襲至今。這些地區仍然較容易因受到侮辱或基於保衛家庭，而犯罪率相對較高。來自「尊嚴文化」區的學生們相較其他州區學生，攜帶武器到校並使用武器的比例也高出許多，校園槍擊案也多出二倍（Brown, Osterman, & Barnes, 2009）。然而，Pinker（2011）發現暴力在民主社會會減少，政府在其中得以維持正義並適當地處罰罪犯

社會心理學
Social Psychology

早期美國南部和西部的經濟形塑了一種「尊嚴文化」。如果他們認為另一名男子會抹黑他們的聲譽或偷竊他們的牛隻，男子將很快地拔槍扣下扳機。

——從而避免個別公民的報復行為——尊嚴文化中的男人較不信任政府，而相信他們自己是該執行報復手段的人，有時就會產生個人暴力。

性別與攻擊

假如女人比較少拳打腳踢、暴亂，或為了家族名聲開槍打人，是否意味著她們天生比男人較少攻擊性？公開場合的性別差異很明顯，但在家庭和人際關係的私下場合就未必。

肢體衝突

大部分家庭中的極端暴力是由男人做出的，十名謀殺家人的人有八名是男人，而且下手比女人重。根據美國疾病控制局對伴侶暴力的全國性調查，女人在身體上被親密伴侶嚴重暴力對待的比率（24.3%）顯著比男人高（13.8%）（Breiding, Chen, & Black, 2014；見**圖12.2**），但男人當中的比率也沒社會想像的

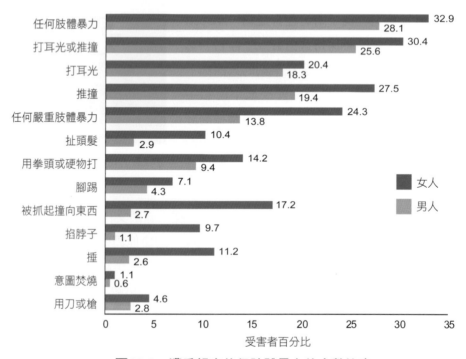

圖12.2　遭受親密伴侶肢體暴力的人數比率

（摘自U.S. Women and Men, NISVS 2010）

低。如果是小推撞、打耳光、丟東西、撞擊，我們敢說女人也是刺激不得。一項研究調查了近五百名美國大學新生，發現當女人被男友暴力對待的時候，大部分都是互相攻擊（Testa, Hoffman, & Leonard, 2011）。幾年前一份回顧超過兩百篇社區研究的報告發現，男女在伴侶之間經歷過肢體衝突的比例並沒有性別差異（Straus, 2011）。兩性的攻擊原因都一樣，包括吃醋、生氣、獲得伴侶注意、感到情緒虐待後的報復，以及自我防衛（Langhinrichsen-Rohling et al., 2012）。

當攻擊被界定為意圖傷害他人，男性和女性同樣具攻擊性。但女性較傾向於人際關係攻擊，藉由關係的操弄，然後透過背後閒話、排擠、散播謠言等對付目標者。

　　男女的攻擊行為常沒什麼差別。有些研究曾比較年輕男孩和女孩的肢體衝突，發現大多數男孩和女孩的攻擊性都差不多低（Archer, 2004）。當成人覺得被挑釁且有權報復的時候，想進行肢體傷害的性別差異就消失了（Matlin, 2012）。平均而言，成年的女性與男性並無差異，她們會吆喝、破口大罵、侮辱處罰孩子及類似攻擊的行為（Archer, 2004）。在一個崇尚肢體暴力的社區，無論男女都仰賴暴力解決問題。在一個國際研究中，澳洲和紐西蘭女性就比瑞典和韓國男性更具攻擊性（Archer & McDaniel, 1995）。一份研究自1981年起的全世界女性自殺炸彈客，發現「女性自殺炸彈客的主要動機和環境驅使因素，其實和男性相似」——對國家或信仰盡忠、對異國軍隊占領國土的不滿、或報復心愛的人被敵人所殺等原因（O'Rourke, 2008）。

人際關係暴力

　　如果不看肢體衝突，性別之間就真的有些差異：女孩和女人比男性更容易做出人際關係暴力（relational aggression）——藉由關係的操弄，透過背後說壞話、散播謠言或排擠等行為傷害另一人（Archer, 2004; McFadyen-Ketchum et al., 1996; Richardson, 2014）。雖然人際關係暴力好像比肢體衝突溫和，但可以造成一樣嚴重的後果。美國麻州愛爾蘭裔十五歲少女菲比（Phoebe Prince），因為和一個萬人迷男孩談過一段短暫戀愛，就被一群公認刻薄的女孩鎖定為欺凌目標。七女二男對她毫不留情

A NETFLIX ORIGINAL SERIES

BASED ON THE BEST SELLING MYSTERY

13 REASONS WHY ▶

IF YOU'RE LISTENING,
YOU'RE TOO LATE.

MARCH 31 | NETFLIX

正如《漢娜的遺言》（*13 Reasons Why*）描述的一樣，人際關係暴力有時會有毀滅性與悲劇性的後果。

的言語侮辱（包括在臉書和社群網站叫她「愛爾蘭蕩婦」、「妓女」），並且恐嚇威脅，最後菲比不堪其擾而自殺身亡。

人際關係暴力從很早開始就有性別差異。一項研究把三至五歲的孩子分成三組玩遊戲，孩子們被告知可以用蠟筆在一張白紙上著色。並準備三支蠟筆供他們選擇，其中只有一支是橘色蠟筆，另二支是白色的。很自然的，孩子們都要搶那支橘色蠟筆。男孩子們用肢體攻擊、打架、推撞那個拿橘色蠟筆的孩子，以達到目的；女孩子們則以關係攻擊，散播謠言攻擊拿橘色蠟筆的孩子或孤立她，使她哭泣（Ostrov et al., 2004）。

人際關係暴力有一種特別的形式是網路霸凌。肢體霸凌是較強壯的人意圖羞辱或在肢體上欺侮較弱的一方，在校園存在已久，而網路霸凌把這衝動轉進新的技術介面（Rivers, Chesney, & Coyne, 2011）。網路霸凌從輕（惡作劇電話和即時通訊的差辱）到重（在網路散布不堪的或性愛的照片；散布羞恥、齷齪的文字訊息、惡毒謠言等等）都有。根據美國政府對兒童安全與網路技術的調查報告，青少年最大的網路風險並不是情色圖片或誘拐性侵，而是來自同儕的霸凌和騷擾（Palfrey, Boyd, & Sacco, 2010）。

關於在肢體暴力和人際關係暴力，你自己有什麼性別差異的經驗？請見「試試看」單元！

試試看！

女人和男人的攻擊經驗有不同嗎？

訪問你的幾個男性朋友，請他們回想童年和青春期的打架或被挑釁的經驗。讓他們去思考打架的危險性和冷靜下來的困難，請他們描述自己的經驗。然後再訪問幾個女性朋友，是否曾和同性或異性打架的經驗？在關係攻擊上她們又有何經驗，例如：離棄、散播八卦、排擠？她是否曾對同性的友人做出這些攻擊？如果你有不同種族的男性和女性朋友，或是來自全國各地不同的區域，也可以問他們同樣的問題。

學習攻擊行為

大多數人從別人那裡獲得訊息和模仿的線索。如果我們想知道發動攻擊行為是否沒問題？我們會看看別人在做什麼？或其他人怎麼說？──或是他們是否可以逃過一劫或被懲罰？我們幾乎是下意識地學到文化規範及其中的性別規範。這些規範可以形塑、指引、鼓勵或壓抑個人意願，使人們做出攻擊或平和的舉動。

沉醉式互動	調查：所有攻擊都是一樣的嗎？	
	調查	**結果**
	哪一種攻擊比較有傷害力？ □ 肢體攻擊 □ 人際關係攻擊	

社會─認知學習理論（social-cognitive learning theory）主張我們從觀察和模仿學到大部分的社會行為，像是攻擊或助人。這個歷程被稱為觀察學習。但是如果不考慮學習者的思維歷程和知覺，就無法完全理解人類的觀察學習，這也就是社會─認知學習理論中「認知」的意義（Mischel & Shoda, 1995），也是為何你和朋友一起看完吸血鬼電影以後，一人會覺得愚蠢而另一人會覺得有趣。

孩子特別容易觀察學習。在一系列的實驗中，Bandura和他的助理示範社會學習對於孩子暴力行為的影響（Bandura, Ross, & Ross, 1961, 1963）。實驗的基本過程是，讓孩童觀看一名成人擊打一個塑膠製的充氣玩偶「波波」（這是個不倒翁玩具）。這名成人用手掌拍打、用棍子敲、腳踢和辱罵玩偶，然後讓孩子們玩這個玩偶。在實驗中，孩子們模仿了攻擊行為，並且以非常暴力的方式對待玩偶，見**圖12.3**。在另一個控制情境中，沒有看到成人暴力舉動的孩童，幾乎都不會對玩偶做出任何攻擊行為。此外，目睹成人攻擊的孩童，會使用與該成人一樣的行為和辱罵字眼；甚至有許多孩童不只模仿，還做出自創的攻擊行為。此研究提供了強力佐證，展示了攻擊行為經常是經由模仿或觀察他人而習得。

一般來說，越受推崇的人物或機構，越容易產生角色模範的影響。

社會─認知學習理論
本理論主張，我們透過觀察和模仿他人，同時藉由像計畫、期望、信念等認知歷程，來學習大部分的社會行為（如攻擊或助人）

圖12.3　波波玩偶實驗

兒童經由模仿來學習攻擊行為。在這個經典研究中，實驗者以暴力方式對待玩偶——
孩子們也完全模仿。

Brad Bushman和他的同事（2007）探討了暴力和攻擊制裁的宗教故事之影
響。他們發現當讀者認為聖經蘊含暴力故事，而且故事裡的上帝制裁了暴
力，讀者事後更會表現出攻擊行為。這個效果同時出現在無宗教信仰與有
宗教信仰之參與者身上。運動是另一個崇尚攻擊的地方，愈具攻擊性的球
員愈有名且薪水愈高，愈具攻擊性的隊伍贏面愈大。這些運動通常不鼓勵
溫和有禮的球員。

　　同樣地，孩子會觀看父母或崇拜的成人，學習到大聲喝叱、踢打和
其他暴力行為。女性是否在母親會打父親的家庭中成長，可以有效預測她
們是否會肢體攻擊男性伴侶（Testa et al., 2011）。

　　如果反過來，我們讓孩子接觸非攻擊的模範，像被挑釁後仍自制、
有理性、有笑容，那會怎樣？幾項實驗檢驗過這個問題（Baron, 1972;
Donnerstein & Donnerstein, 1976; Vidyasagar & Mishra, 1993），讓小孩先
看到被激怒後還保持和善的大孩子，再激怒這些小孩，結果他們會比沒看
過非攻擊模範的小孩有更少攻擊反應。

生理因素對攻擊的影響

人們喝醉、天氣熱或處於苦痛中，可能比在涼爽春天啜飲著檸檬水，更容易出口罵人、打架或爭吵，這已不是新聞。那麼為什麼這些攻擊，受到生理的影響？這是不變的道理嗎？

酒精的影響

對於社會不容許行為的自制力，往往因喝酒而降低，這是許多社交活躍的大學生都知道的事情（Desmond, 1987; Taylor & Leonard, 1983）。前文提過，睪固酮濃度與攻擊有正向關聯時，部分是因為睪固酮降低了眶額皮質的活動，而該部位掌管衝動控制（Mehta & Beer, 2010）。酒精也像睪固酮一樣會降低人的抑制力。研究經常證實喝酒與攻擊行為的關係，即便是沒有挑釁或清醒時很少會攻擊的人，一旦喝酒就可能產生攻擊行為（Bailey & Taylor, 1991; Bushman & Cooper, 1990; Graham et al., 2006）。這可以解釋為何打架通常發生在酒吧或夜店，而家庭暴力經常與喝酒過量有關。事實上，酒後四小時內犯下肢體衝突的機率是3.6倍，犯下人際關係暴力的機率則是1.36倍（Testa & Derrick, 2014）。

酒精是怎麼增加攻擊行為的呢？酒精降低我們的社會自制力，使我們不如平常那麼審慎（MacDonald, Zanna, & Fong, 1996）。但不只是如此，酒精會減弱大腦規劃與控制行為的能力，擾亂我們平常處理信息的方式（Bushman, 1997; Bushman & Cooper, 1990; Hanson et al., 2011）。這意謂著酒醉的人往往錯過細節，只看到社會情境的顯著面。例如，你清醒時，有人踩到你的腳趾，你會發現這個人並不是故意的。但如果你喝醉了，你可能錯過微妙細節，認為他故意踩你的腳，如果你和對方都是男人，你可能揍他。這是典型的模糊情境，男性可能解釋為挑釁，尤其是喝酒過量時（Pedersen et al., 2014）。

還有一種說法是酒精會為攻擊行為開路，這是源自於一種「借酒裝瘋」效應（"think-drink" effect）。喝酒的人期望酒精能發揮某種效用，結果就會如此（Marlatt & Rohsenow, 1980）。人們希望酒精能「釋放」攻擊衝動，他們就會具攻擊性，即使他們喝的是不含酒精的飲料。在一百一十六位年齡十八至四十五歲的男性研究中，告知三分之一的男性給非酒精飲料，告知另三分之一的男性給適度酒精濃度飲料，告知剩下的

三分之一男性給高濃度酒精飲料。然後研究人員將受試者預期所獲得的酒精濃度飲料掉包，記錄他們對一個佯裝攻擊的研究同謀之反應。有趣的是，實際喝進的酒精含量，和攻擊行為較沒關聯，比較有關聯的是他們以為喝進的酒精含量。相信自己喝進的酒精含量越多的人，對研究夥伴就越有攻擊傾向（Bègue et al., 2009）。

當然，酒精對認知和行為具有生理效應，但這些效應是否產生攻擊行為（或我們後面會討論到的性暴力），和人們對酒精的期待與藉口有關係（Davis & Loftus, 2004）。

痛苦與炎熱的影響

如果一隻動物感受到痛苦卻又無法逃離現場，牠幾乎一定會攻擊；不管是大老鼠、小老鼠、大頰鼠、狐狸、猴子、龍蝦、蛇、浣熊、鱷魚，或許多其他動物皆是如此（Azrin, 1967; Hutchinson, 1983）。這些動物會攻擊同種與不同種的動物，或是任何出現在眼前的東西，包括布娃娃和網球。你認為對人類來說也是如此嗎？你可能會說是。大部分的人在遭受強烈、出乎意料的痛苦時（譬如踢到腳趾），都會變得煩燥，並且因而容易斥責最接近的可責罵目標。在一連串的實驗中證明，那些因為雙手浸在冰冷水中而感到痛苦的學生，他們攻擊其他學生的可能性明顯增加（Berkowitz, 1983）。

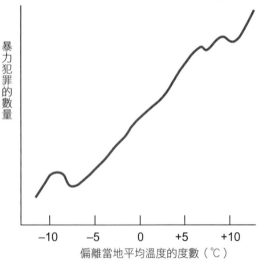

圖12.4　漫長酷暑現象

溫度的提高會增加暴力犯罪及其他攻擊行為出現的可能性（摘自Hsiang et al., 2013）。

其他形式的身體不適，譬如悶熱、潮濕、空氣汙染和討厭的氣味，都可能降低攻擊行為的門檻（Stoff & Cairns, 1997）。在美國幾個主要城市，從德州的休士頓（Houston, Texas）到愛荷華州首府德梅因（Des Moines, Iowa），天氣愈熱，暴力犯罪發生的可能性就愈高（Anderson, 2012; Anderson et al., 2000; Rotton & Cohn, 2004）。**圖12.4**顯示當日氣溫與平均溫度的正負偏差值，與暴力犯罪的數量的關係。天氣熱時就連輕微的犯罪率也會增加，在亞利桑納州的沙漠城市鳳凰城，未裝置冷氣的車輛其駕駛比裝有冷氣的車輛駕駛，更容易在塞車時按喇叭（Kenrick & MacFarlane, 1986）。即使在棒球場上，炎熱氣溫和敵意也有關聯。職棒大聯盟球賽

中，只要溫度超過華氏90度，打者被球投中的機率就增多。如果自己隊友遭對方投手擊中，則上場的投手蓄意暴投擊中對方打者的次數也會增多（Larrick et al., 2011）。在全國橄欖球聯賽中，若在越熱的天氣進行比賽，收到的暴力犯規罰款就越多（Craig et al., 2016）。

我們知道，要解釋自然環境所發生的事件必須謹慎。你「內在的科學家」可能會問，攻擊的增加是由於溫度本身，或者只是因為許多人在熱天時比在寒冷或雨天時更容易來到戶外。所以我們如何決定是溫度本身引起攻擊，或因為接觸機會較多所引起的呢？我們可以把這個現象帶入實驗室中。舉個例子，在一個實驗中，要學生們參加考試，其中有些人在常溫教室裡作答，另一些人則在一個溫度上升至華氏90度的教室作答（Griffitt & Veitch, 1971）。在熱房中的學生不僅報告說他們的攻擊感受更強，而且當他們被要求評論一個陌生人時，他們也表達出更多的敵意。許多研究者也曾提出類似的報告（Anderson, 2012; Anderson et al., 2000; Rule, Taylor, & Dobbs, 1987）。

複習題

1. 根據社會心理學觀點，演化理論對攻擊的解釋有問題，是因為沒考慮到
   a. 人類身上不同程度的睪固酮。
   b. 各種文化有不同的攻擊比率。
   c. 基因對行為的影響。
   d. 巴諾布猿和黑猩猩的不同。

2. 下列誰最可能攻擊冒犯他的人？
   a. 在明尼蘇達州長大的Ray。
   b. 在麻薩諸塞州長大的Randy。
   c. 在路易斯安那州長大的Richard。
   d. 在緬因州長大的Ricky。

3. 關於攻擊的性別差異，下列哪一項是正確的？
   a. 在家庭中，幾乎所有的肢體暴力都來自男人。
   b. 女孩比男孩更容易用間接方式展現攻擊，例如冷漠迴避或造謠。
   c. 當男人和女人被羞辱時，肢體暴力的性別差異會擴大。
   d. 因為女人的暴力很少見，所以女性自殺炸彈客比男性自殺炸彈客更瘋狂。

4. 在看到哥哥毆打同學然後和朋友得意地離開之後，一個小男孩跑去打遊樂場的另一個男孩。他是透過什麼歷程得到這個行為？
   a. 認知學習。
   b. 父母支持。
   c. 玩暴力電玩。
   d. 觀察學習。

5. 什麼是「借酒裝瘋」效應？
   a. 如果你認為自己想喝酒，就會去喝一杯。
   b. 如果你認為酒精會釋放你的怒意，就會成真。
   c. 如果你認為酒精有害身體，你就不會喝酒。
   d. 如果你認為酒精很健康，你會喝很多。

社會情境與攻擊

學習目標12.2　導致攻擊的情境與社會因素

　　想像你的朋友凱文正開車載你到機場，讓你能夠搭機回家過聖誕節。凱文出發的時間比你希望的晚了一點，但是當你提起這件事時，他要你別太緊張。他向你保證，他對路線很熟，你們將會提前三十分抵達機場。半路上，你們遇到塞車，車子無法動彈。你看一眼手錶，凱文再一次保證還有很多時間，但是這次他的語氣似乎沒有先前堅定。十分鐘後，你發現自己手心冒汗，並且開始扭絞雙手。又過了幾分鐘，你到車外查看前方路況：放眼所及只有車陣。你回到車內，將門用力關上，然後瞪著你的朋友。凱文無力地微笑說：「我怎麼知道會有這麼多車？」他應該準備閃躲你的攻擊嗎？

挫折與攻擊

　　如上述情節所示，挫折是造成攻擊的重要原因。當人們在達成預定目標途中受阻時，挫折感會油然而生。我們所有人都不時經歷挫折——一週至少三、四次——或甚至一天三、四次！根據挫折—攻擊理論（frustration-aggression theory），當一個人意識到自己受到阻礙，無法達致目標，他做出攻擊反應的可能性將會提高（Dollard et al., 1939），尤其當挫折被認為是令人不愉快、令人厭惡且無法控制時。

挫折—攻擊理論
本理論主張，挫折——認為自己在追求目標上受到阻礙的感覺——會提高一個人做出攻擊反應的可能性

如果是笨駕駛擋路引起的挫折造成「道路的怒火」，那麼，為何不是每個駕駛都像這個女人那樣生氣？

　　有數種因素會加重挫折，並且因此提高產生某些攻擊行為的可能性。其中一項因素是，你和你所渴望的目標或事物有多接近。愈接近目標，則獲得目標的預期愈高；預期愈高，受到阻礙時便愈可能表現攻擊，在一項田野實驗中，實驗同謀在好幾個地方插隊，譬如電影售票口、大排長龍的餐廳或超級市場結帳處。在某些場合，實驗同謀插在隊伍的第二個人前面，在另一些場合中，則插在隊伍的第十二人前面。結果非常清

楚：當實驗同謀插在隊伍的第二位時，站在他身後的那個人更具攻擊性（Harris, 1974）。

然而，挫折並非總是導致攻擊。倒不如說，如果環境中有其他事情助長攻擊行為，挫折會造成憤怒或苦惱，使人準備展現攻擊行為（Berkowitz, 1989, 1993; Gustafson, 1989）。有什麼其他事情可助長攻擊？明顯的因素之一是，使你產生挫折感的人有多高或多壯，還有他的報復能力。顯然地，對一個在千里之外而且不知道你是誰的電話客服人員摔電話相當簡單。但是如果挫折來源是芝加哥黑熊隊後衛，並且面對面瞪著你，你大概不太會對他發脾氣。同樣地，如果挫折是可以理解、合理的，並且是無意的，就比較不會導致攻擊。

必須強調的是，挫折和剝奪（deprivation）不同。舉例而言，沒有玩具玩的小孩並不比有玩具的孩子更會攻擊。前述蠟筆實驗裡，挫折與攻擊之所以會發生，是

日常生活有許多挫折——這些挫折可以導致攻擊。

因為實驗先讓拿到白蠟筆的小孩以為他們可以著色。當他們發現在白紙畫不出任何記號，期待就受到了阻撓，於是對拿到橘色蠟筆的小孩產生攻擊。挫折是關於目標達成的問題，但剝奪是關於資源的問題。

一個全國規模的期望挫敗，結合沮喪會引發暴動和革命。社會學家發現，憤怒和攻擊往往不絕對是因貧困而起的，而是相對剝奪（relative deprivation），亦即人們發現實際擁有的和期望有落差（Moore, 1978）。相對剝奪理論可以解釋為何暴動好像常常跟積極的社會運動伴隨發生。社會運動激勵人們對公平對待的期望，所以當這些期望滋生的速度，超過實際生活改善的速度，就會感到挫折。例如，美國1967年和1968年發生的種族暴動是導因於高漲的期望，以及不合理但又不斷增加的社會支出。那個時代最嚴重的暴動不是發生在最貧窮的地區，而是爆發在洛杉磯和底特律。在那些地方，美國黑人的生活處境並不比在美國其他某些區域來得糟。這裡的重點是，相對於他們眼中看到白人的生活狀況，以及許多美國黑人合理期待的正向改變，他們的處境是很糟的。

相似地，政治期望與現實的落差也會驅使人們發動戰爭。敘利亞人活在專制下數十年，但當巴沙爾・阿塞德（Bashar al-Assad）總統接

手政權時,他們開始期待狀況有所改變。在阿塞德沒有做出預期的改革時,社會就開始動盪(Brownlee, Masoud, & Reynolds, 2013)。一項研究指出,關於中東自殺炸彈客,包括911襲擊世貿中心的首腦穆罕默德·阿塔(Mohamed Atta),或用炸彈攻擊波士頓馬拉松的查納耶夫(Tsarnaev)兄弟,通常都不是精神異常者,而且是受過良好教育的富裕門第(Krueger, 2007; Sageman, 2008; Silke, 2003)。但他們因為自己的國家或信仰應有的權利和實際現況有落差時,驅使他們憤怒行事。因此造成攻擊的一個重要原因,就是相對剝奪,也就是你(或自己群體)覺得實際獲得的比期望中的少,或是比跟你同等身分的人少時。

激怒與報復

想像你在一家擁擠的速食店兼差,正站在櫃檯後面翻動漢堡肉片。因為另一位做速食的廚師生病回家,櫃檯擠滿顧客,吵著要他們的漢堡,所以你今天的工作比平常辛苦。你正急著想加快動作時,卻因轉身太快而撞翻了一大罐醃黃瓜,結果整罐醃黃瓜砸碎在地上,此時正好老闆探頭進來。老闆對著你吼:「我要扣你伍佰塊錢薪水!快拿掃帚清一清!低能!」你瞪著他,很想告訴他這真是一份爛工作!

被別人的攻擊行為激怒,進而產生報復欲望,是攻擊行為的一個明顯原因。基督教所謂「當人家打你的左臉時,你就連右臉也讓他打」的主張,雖然是個不錯的建議,但大部分人卻很難做到。無論是在實驗室內外,許多研究都顯示這一點。在一項實驗中,參與者為一個新產品製作一個廣告,然後由一位實驗同謀來評論這些廣告。實驗情境之一是,批評者雖然言詞強烈,但是態度溫和體貼(「我認為還有很多改善的空間」);另一種情境中,批評者的態度帶著侮辱(「我認為你不管怎樣嘗試,都沒有創意」)。最後,當參與者有機會報復時,那些受到侮辱的參與者,比起受到「溫和」對待的與參者,更會採取報復行為(Baron, 1988)。

激怒與攻擊之間有強烈的連結,這點對不同性別都一樣。雖然男性在中性情境下的攻擊性比女性高,兩者在激怒之下都會產生攻擊(Bettencourt & Miller, 1996)。為什麼?因為男性與女性在被激怒時都會憤怒,而憤怒會降低對衝動的控制(Denson et al., 2011)。就像睪固酮和酒精一樣,激怒會因為抑制自我控制力而導致攻擊。

但是若要有效遏止攻擊反應，必須在激怒的當時就察覺情境轉緩。在一項實驗中，學生們被一位實驗助理侮辱，但是其中有一半的人事前被告知，那位助理因為化學考試考壞而煩燥；另一半學生則是在被侮辱後才得知這個消息。所有參與者隨後有個報復的機會，他們可以決定要對那個助理施以何種程度的噪音干擾。那些在受辱前就知道事出有因的學生，他們所選擇的噪音量較低（Johnson & Rule, 1986）。我們如何解釋這個差異？在受到侮辱時，預先被告知的同學認為侮辱並非針對自己，因此沒有強烈的報復需求。參與者的生理反應支持了這樣的解釋：如果受侮辱學生事前知道助理心情不好，則他們在受到侮辱的那一刻，心跳較不會增快。

　　為了確認你自己對激怒的反應，請參考試試看單元！

侮辱與攻擊

想想你最近一次被侮辱的經驗。

1.誰侮辱你？

2.是在什麼情境下？

3.你認為那是特地針對你的嗎？

4.你是怎麼回應的——生氣、耐心、沉默，還是其他方式？

5.你的答案與你剛讀完的內容有什麼關聯？

武器成為攻擊線索

　　某些刺激似乎會迫使我們去行動。所謂攻擊刺激（aggressive stimulus）是指與攻擊反應有關的事物，出現這樣的事物就可能增加攻擊可能性嗎？

　　在Leonard Berkowitz和Anthony Le Page（1967）的一項經典實驗中，大學生被蓄意激怒。其中有些人在一間放有一把槍（表面看來是前一個實驗留下的）的房間被激怒，另一些人則在一間放了中性物（羽球拍）的房間中被激怒。最後參與者有機會對他的同學施予電擊。那些在有槍的房間中被激怒的參與者所施予的電擊，比在有羽球拍房間中被激怒的參與者所施予的電擊更為強烈（見**圖12.5**）。槍似乎會讓人扣下扳機，讓處於挫折或憤怒狀態的人採取攻擊反應（Anderson, Benjamin, & Bartholow, 1998）。

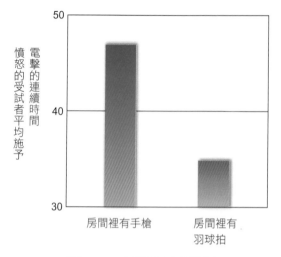

圖12.5 扳機會拉手指頭

攻擊性線索，例如武器，往往會促進攻擊行為（摘自Berkowitz & Le Page, 1967）。

武器效應

單純槍枝或其他武器的出現，就會增加攻擊行為

類似基本發現在美國及歐洲被複製了非常多次，現在被稱為武器效應（weapons effect），意思是槍或其他武器的單純出現，就會增加攻擊行為（Benjamin & Bushman, 2017）。這是生理也是心理的效應：被要求和槍互動十五分鐘的男大學生，體內的睪固酮含量比花同樣時間玩童玩的人還要高（Klinesmith, Kasser, & McAndrew, 2006）。這些發現發人深省，並且駁斥了反對槍械管制者常用的標語「槍不殺人，人殺人」。槍確實會殺人。如同Leonard Berkowitz（1981）所言：「一個憤怒的人如果想施暴的話，他會扣扳機；但是如果他準備要攻擊，並且沒有強烈壓抑這項行為，那麼扳機也會去拉他的手，或誘使他做出攻擊反應。」

性侵害中的綜合因素

特別棘手的攻擊現象就是性侵害，它有多種形式。雖然「強暴」對很多人來說是很刺耳的字眼，我們還是要界定它，好讓大家有共識——也讓法律有所依循。例如，美國法律過去豁免已婚男性，他們可以強迫妻子和自己發生性行為。在2013年，美國司法部門修訂強暴的定義，涵蓋在未經受害者同意下，用身體任何部位或物品侵入受害者身體的任何孔道。性侵害是廣泛的用詞，包含各種行為，但缺乏同意仍是關鍵的判斷標準。我們這裡要看看社會心理學者為了瞭解這個現象，所提出的各種證據。

強暴的動機

有些男人犯強暴罪是出於支配、羞辱或懲罰被害者。這個動機在兩種人身上很明顯：大戰期間強暴女性俘虜後就殺害的士兵（Olujic, 1998），以及通常是由肛門侵入強暴男人的男人（King & Woollett, 1997）。後者這種強暴型態常發生在青年幫派裡，為了要羞辱敵對幫派的成員；或監獄強暴，除了為性慾找一個出口，其動機也是為了征服和打壓受害者。男人也會被女人性侵害和強暴，只是很多男人羞於承認（Stemple & Meyer, 2014）。

大多數的人想到「強暴犯」都會想像是一個暴力的陌生人或連續殺

人犯。某些強暴犯確實如此，他們無法同理女性，會敵視或蔑視女性，覺得自己有權利和他看上的女人發生性關係。這也是為什麼犯下性暴力的人往往是高身分地位的男性，像高中和大學的運動明星、有權的政客或名人，他們可以輕易找到性伴侶。他們以為權柄等同於性，指責是女性挑逗他們，並同意一些強暴的無稽之談（Nunes, Hermann, & Ratcliffe, 2013; Thompson et al., 2011）。

事實上，大約85%的強暴案或強暴未遂發生在熟識的人之間，受害者甚至和加害者有男女關係（Koss, 2011; McMullin & White, 2006）。強暴可能包括直接攻擊（在真正的或威脅性的暴力底下性侵），或使對方失去意識（用迷姦藥迷昏被害人），或與喝醉、吸毒後昏迷的人發生性行為（Breiding, Chen, & Black, 2014）。

性腳本與同意的問題

無論是用暴力威脅或用藥迷姦，每個人都理解強暴婦女的加害人在想什麼，但是為何很多女性會讓自己因酒醉或藥物陷入無行為能力而被性侵？原因之一可能是男女在美國社會中習得的性腳本（sexual scripts）不同（Laumann & Gagnon, 1995）。性腳本是一組基模，內容是關於如何跟潛在的性對象發生性行為。性腳本根據個人文化、性傾向、種族和地理區域而有所不同，並且隨著時間改變。美國年輕異性戀的主要腳本，是女性角色係為了抗拒男性角色的性要求，而男性角色則是堅持追求。例如一項分析二十五個青少年喜愛的黃金時段電視節目，在電影、電視和雜誌中，男性角色常常會有這種傳統男性腳本的行為；而很多女性角色仍然扮演「性交對象」，並因性能力被評論（Hust et al., 2014; Kim et al., 2007）。同性戀者的性腳本較異性戀者彈性，因為伴侶並非傳統性別角色（Kurdek, 2005）。

腳本的存在，支配著性行為模式，可以解釋為什麼在「不要」的這個詞上，在性事上會鬧出這麼多的困惑和憤怒。反性侵團體的口號是：「『不要』這個詞，難道你不懂嗎？」這似乎再明白不過。但是，美國的性腳本卻對這個詞參雜著不同訊息，即使女性想要性，她也不該表現出

性腳本

一套隱含的規則，規定一個人在特定情境中的合宜性行為，會因其性別、年齡、宗教、社會地位與同儕團體而有所不同

A lot of campus rapes start here.

Whenever there's drinking or drugs, things can get out of hand. So it's no surprise that many campus rapes involve alcohol. But you should know that under any circumstances, sex without the other person's consent is considered rape. A felony, punishable by prison. And drinking is no excuse.

That's why, when you party, it's good to know what your limits are. You see, a little sobering thought now can save you from a big problem later.

很想要的樣子，這讓「不要」變得曖昧不明。一項針對中學生的調查報告顯示，儘管將近全部的人都同意，男人應該在女性說「不」的時候，馬上停止性挑逗，但這些學生也有近半數認為，女人在說「不」的時候，不見得是當真的（Monson, Langhinrichsen-Rohling, & Binderup, 2000）。產生的混淆也解釋了為何有些女大學生需要喝醉才能發生性行為（Cole, 2006; Howard, Griffin, & Boekeloo, 2008; Villalobos, Davis, & Leo, 2015）。畢竟，如果她們醉了，沒說「可以」，既然沒明說「可以」，就沒有人可以指責她們淫亂。

更進一步來說，大部分伴侶溝通性的意圖時——也包含不想性交的念頭——使用間接方式，像暗示、肢體語言、眼神接觸以及其他非語言行為。研究發現有時年輕女性試圖不用明說的方式傳達「不要」，像往後退一小步，或假裝沒聽到男方的話。很多男人則會過度解讀成這是想要性行為的暗示，而不是友善無性的朋友互動（La France et al., 2009）。由於非語言行為本質上是曖昧不明的，這最常被使用的溝通方式也最可能造成誤解。

正因為這些錯誤溝通，兩性對一件強暴案是否成立也有不同意見（Hamby & Koss, 2003; Villalobos et al., 2015; Yoffe, 2014）。美國對超過三千名十八歲到五十九歲的人進行全國性調查，有將近四分之一表示，丈夫或男友曾在她們不同意的情況下逼迫性交就範。但只有3%的男人表示曾經逼迫過女性（Laumann et al., 1994）。

複習題

1. 根據挫折—攻擊理論，
   a. 當人們受挫，幾乎都會進行攻擊。
   b. 人們進行攻擊時，都會感到挫折。
   c. 挫折增加了攻擊的可能性。
   d. 剝奪所形成的挫折，會導致攻擊。
2. Noah指望室友George幫忙搬家，但是George

沒有來，Noah很生氣，他要怎麼告訴自己，以減少攻擊或斥責George的欲望？
   a. 「這是他的個性；他總是不體貼。」
   b. 「我是個比他更好的人。」
   c. 「我不需要他的幫助。」
   d. 「George一定是這星期考試壓力太大。」

3.什麼是相對剝奪？

　　a.人們被剝奪建立親密關係機會的感受。

　　b.人們活在貧困之中，而覺得沒有改善的希望。

　　c.人們覺得他們實際擁有和期望擁有之間的落差是不公平的。

　　d.某些人覺得自己做一樣的工作卻賺得比別人少。

4.「武器效應」是指

　　a.很多人看到武器會有情緒反應。

　　b.槍枝的單純出現可以激起攻擊反應。

　　c.槍枝的單純出現使人感到安全。

　　d.某些武器比其他武器更容易激起攻擊。

5.以下哪一項有關強暴的敘述是正確的？

　　a.做出強暴的男人通常都有精神疾病。

　　b.大部分強暴是男人攻擊陌生女性。

　　c.大部分強暴發生於熟人或交往中的關係之間。

　　d.男人不會被強暴。

6.和喝醉或無意識的女人性交

　　a.是違法的。

　　b.可能是不道德但不違法。

　　c.如果女方好像同意就能被接受。

　　d.如果女方同意就能被接受。

7.「性腳本」是指

　　a.愛情戲中導演對演員的指示。

　　b.一套規則，指引出「合宜的」性行為，是人們在學習性別角色的過程得到的。

　　c.一套不變的規則，指引男人和女人的性行為。

　　d.一套規則，指引異性戀者而非同性戀者的性行為。

媒體暴力

學習目標12.3　觀看暴力會增加暴力的原因

　　大多數美國孩童在媒體接觸了各式各樣的暴力影像，從電視、電影到電玩、網路都有。事實上他們不只是接觸而已，根本是泡在裡頭！他們看了無窮的打鬥、爆炸，不但壞人做出殘忍的行為，好人也用一樣殘忍的方式對待壞人。暴力電影從1950年至今多了超過兩倍，PG-13級電影（譯註：指美國電影分級制度中，需限制十三歲以下孩童觀看、十三至十七歲需家長陪同觀看的電影）中的槍枝暴力從1985至今成長了三倍。事實上，PG-13級電影所包含的暴力現在跟限制級一樣多（Bushman et al., 2013）。

　　很多人，無論是心理學家或大眾，都擔心兒童和青少年接觸到傷害刺激；他們指出這一定有嚴重後果，讓人覺得槍枝很酷或很刺激（Bushman & Pollard-Sacks, 2014）。對他們來說，這就跟「波波娃娃」實驗一樣明顯，兒童模仿在電視、電影裡看到的暴力，然後在情緒上受

到影響。如果利社會影片可以增加觀看的兒童的助人行為（見第十一章），當然更普遍的反社會、暴力影片會增加反社會的暴力行為。

但這對很多人來說卻不是問題。他們會問：媒體暴力的影響能有多大？如果PG-13級電影的槍枝暴力成長三倍，為何年輕人在真實世界中的槍枝暴力和整體暴力犯罪紀錄卻降低了？此外，媒體暴力包含卡通故事和影像，「大家都知道」不是真的。這是為何美國最高法院2011年判定電玩遊戲可以賣給未成年人，無論遊戲有多暴力，例如流行的真人快打（Mortal Kombat）和俠盜獵車手（Grand Theft Auto）系列。

因此這項爭議持續地激辯，我們想在下一節釐清雙方的證據，才知道怎麼想是最明智的。

媒體暴力的影響

你要如何研究媒體暴力的可能效應？報紙上有無數個無法忽視的答案。舉例來說，幾年前，有名男子開著卡車破窗衝入德州一家擁擠的餐廳。他從車內走出後，開始朝人群任意掃射。警察抵達時，他已殺死二十二個人，造成美國歷史上最嚴重的槍擊案。最後他舉槍自盡。警察後來在他的口袋中發現一張「奇幻城市」（Fisher King）的電影票根。這部影片正是描寫一個發狂的男人，以霰彈槍向一個擁擠的酒吧掃射，殺死許多人。哥倫拜高中大屠殺的凶手Dylan Klebold與Eric Harris，最愛的就是暴力電玩（Doom），而且受到全美暴力行為的影響（Aronson, 2000）。田納西州的二名青少年，帶著槍狙擊在高速公路上的過往車輛，殺死一名

觀看暴力電影會讓孩子和成人對攻擊變得麻痺嗎？

駕駛，因為他們想要跟最愛的電玩「俠盜獵車手」一樣。還有個例子，一個男人看過一部電影，表示女人在螢幕中跳舞，就是不道德且該死。他被逮捕之前，共犯下四起姦殺命案。這部讓他走上絕路的電影就是《十誡》（*The Ten Commandments*）。

但社會學家知道這些事件，都無法充分回答媒體的暴力效應，因為很容易被挑出問題。因為也可舉例，有孩子玩了「俠盜獵車手」後，就去做功課或上鋼琴課。於是，研究者做

了實驗和田野研究，試著回答這個複雜問題。

實驗研究

實驗室實驗的好處，讓我們可以確認媒體暴力是否對人有影響（見第二章），在實驗中，狀況完全掌控，每個變項都可控制不變，除了暴力變項，然後仔細測量暴力變項，對依變項也就是受測者行為的影響。

大部分研究證明，收看暴力節目會增加攻擊性、怒氣和敵意（Bushman, Gollwitzer, & Cruz, 2015; Greitemeyer & McLatchie, 2011; Huesmann, Dubow, & Yang, 2013）。早期實驗中，讓一群孩子觀看極度暴力的警匪影集，在受控制的條件下和同樣長度的時間內，另一群孩子看的是刺激但沒有暴力內容的電視運動賽事。而且每個孩子都可到另一個房間和另一組的孩子玩。看警匪暴力片的孩子就比看運動賽事的孩子，表現出更高的攻擊性：「波波娃娃效應」（Liebert & Baron, 1972）。這個研究結果並不一致，有兩個對實驗研究的總回顧，認為是非常小或沒有影響（Ferguson, 2009, 2013; Sherry, 2001）。

然而，主動玩暴力電玩似乎有更強的影響：遊戲直接酬賞暴力——例如玩家殺戮之後就過關或給予積分——最有可能增加敵意、攻擊的想法，以及攻擊行為，這對美國和其他國家孩童都有效（Anderson et al., 2010; Carnagey & Anderson, 2005），涵蓋九十八項研究與將近三萬七千名受試者的整合分析發現：暴力和利社會電玩對玩家都有直接影響（Greitemeyer & Mügge, 2014）。

另一個接觸暴力刺激的後果，是人們會對艱難、暴力或不愉快的事件感到麻痺（Thomas, 1982）。重複接受某種刺激可能會讓我們更不激動，稱為習慣化（habituation），也可能變得更激動，稱為敏感化（sensitization）。如果暴露在暴力事件會影響人對下一個暴力事件的反應，那我們就可以從生理上觀察這個歷程究竟是習慣化還是敏感化。在一項早期實驗中，研究者讓數名年輕男子觀看一場殘忍血腥的拳擊賽，然後測量他們的生理反應（Cline, Croft, & Courrier, 1973）。結果支持了對暴力習慣化的假設。那些平時常看電視的人，似乎對場內的拳打腳踢顯得相對冷漠；他們表現出較少激動或焦慮等生理反應，無精打采地觀看暴力。另一方面，那些較少看暴力電視的人，則經歷較大的生理激動，暴力

玩角色扮演的槍戰遊戲會讓人更暴力嗎？還是暴力的人喜歡玩這類遊戲？又或兩者皆是？

畫面確實嚇到他們。過了四十多年後的今天，比起電視劇《權力遊戲》（*Game of Thrones*）或《陰屍路》（*The Walking Dead*），實驗中那場「殘忍血腥拳擊賽」都已相形遜色。這是因為更恐怖和更強烈的暴力才能讓當年的觀眾有感，這是暴力麻痺效應的最佳寫照。

雖然心理麻痺可以保護我們免於痛苦，它也可能使人忽略暴力受害者或其他人的需要。在一項田野實驗中，受試者有機會幫助一名掙扎的婦人拾起枴杖，而剛看完暴力電影的人，比剛看完一般電影或等著看其中一場電影的人，需要更久的時間去行動（Bushman & Anderson, 2009）。

假如需要協助的人不是「我們的一員」，看看會怎樣？你在玩暴力電玩，會幻想自己是英雄，打倒那些邪惡怪獸。雖然很有趣，但有些研究顯示，可能不僅如此而已。一但玩家學到對敵人「去人性化」的習性，當移轉到看待真實人類時，就不是機器人或卡通的節目而已了。英國有兩組實驗，研究人員發現設定玩暴力電玩（Lamers）的男女，相較於玩利社會電玩（Tetris）的學生，比較會傾向對英國移民失去人性，不把他們當人看，並覺得他們應該要感激土生土長的英國人（Greitemeyer & McLatchie, 2011；同樣參見Greitemeyer, 2014）。

接觸媒體暴力，尤其是暴力電玩，會有上述影響的三個原因是：它們提高了生理激動、它們引發了模仿暴力角色的自動反應、它們活化了攻擊的想法以致於更容易表現攻擊行為（Anderson et al., 2003）。電影與電玩會形塑社會「腳本」，當人們受挫、受氣或受傷時就表現出相應的行為。媒體暴力向大眾傳遞出「如何很酷地展現暴力」的標準。

縱貫性研究

總言之，這些實驗顯示在控制條件的情況下，暴力媒體對兒童和青少年有一定的影響。實驗研究可顯示一些顯著的效果，但卻有很大的限制。實驗無法掌握一個每週玩二十到三十小時電玩，並且長年累月觀看動作片或恐怖電影的人，到底有何長期效應。

若要研究其中的效應，我們需要對兒童進行一年甚至更久的長縱貫性研究。研究人員無法有力控制研究的因素，但卻是一個測定孩童真正曝露在何種環境中的較佳方式。此外，不像大多實驗研究，是測量虛擬的攻擊（例如電擊或吵雜聲），縱貫性研究檢視嚴重的暴力行為，例如侮辱。這個方法的缺點就是，人類的生活充滿許多其他因素，可能會提高或降低媒體暴力的影響效應。

縱貫性研究發現，兒童看越多暴力，在青少年或青年期表現出來的暴力行為就越多（Anderson et al., 2003; Eron, 1987, 2001）。一項縱貫性研究中，研究人員針對七百多個家庭追蹤觀察了十七年。他們的發現令人驚訝：「不論父母教育、家庭收入或社區暴力」情況如何，青少年時期所看電視的時間與對別人的暴力行為之間有極大的關係（Johnson et al., 2002）。更近期的一項研究，觀察四百三十位三至五年級的小學生一整個學年。研究者記錄三種攻擊類型：言語、關係和肢體，以及記錄接觸的暴力電視、電影、電玩。一年直接觀察受測者兩次，並記錄他們表現出的攻擊或利社會的行為，並訪問受測學生的朋友和老師。發現在學期初接觸媒體暴力的孩子，學期末時，在言語、關係和肢體攻擊行為中有較高的比率，而利社會行為的比率則較少（Gentile, Coyne, & Walsh, 2011）。

因果關係的問題

縱貫性研究發現觀看大量暴力節目後，有另一種效果：放大危險。電視上看到謀殺和混亂的場面，是否很自然會認為離開屋子安全就堪慮，特別是入夜之後？這也是許多重度電視用戶的想法。青少年和成人每天看電視超過四小時比輕度電視用戶（每天看電視少於二小時），更容易誇大戶外的暴力程度，而且他們更擔心自己受到攻擊（Gerbner et al., 2002）。

看來，觀看暴力可能讓人感到恐懼，但是這些人可能因為覺得街上很危險而待在室內，然後，在家無所事事，又會看很多電視節目。這裡說明了非實驗的縱貫性研究與調查，遇到的最大挑戰就是確認因果關係。通常的假設是觀看暴力內容節目會使人更具攻擊性，但是有攻擊性格的人也沉溺於觀看暴力節目。而且，可能是另一個獨立因素造成上述這兩種情況。有些孩子天生就有精神或情緒的暴力傾向，他們是在幼兒

媒體暴力不會讓所有孩子都變得暴力。原本就較暴力的孩子也更喜歡媒體暴力，這會加重攻擊行為。

期受到父母或手足的虐待，或其他原因培養了攻擊的人格特質。相對的，這種特質或傾向，會表現出他們的攻擊行為、喜歡看暴力節目或暴力電玩遊戲（Bushman, 1995; Ferguson, 2013）。

在一項實驗中，讓年輕人觀賞一部充滿暴力的警匪片或一部非暴力但刺激的單車競賽片。之後再讓年輕人玩一場曲棍球。觀看暴力片提高了曲棍球賽中的攻擊行為次數，但主要是那些原先就被老師評定具高度攻擊傾向的青少年。這些青少年用球棍打其他球員、用手肘推擠，並以言詞辱罵對手。他們做出上述行為的激烈程度，高於那些被評定為不具攻擊性但看了暴力影片的青少年，也高於被評定為具攻擊性但觀看非暴力影片的小孩（Josephson, 1987）。

部分縱貫性研究顯示，已有暴力行為的孩童，和是否暴露於暴力媒體或電玩中，有很強的關聯性（Anderson & Dill, 2000）。因此讓他們收看暴力節目無非是允許他們表達自己的攻擊傾向（Ferguson & Kilburn, 2009）。同樣的結論，適用於色情暴力節目（和非暴力情色節目相比較）的研究。整合研究一再得到結論，接觸色情暴力與男性觀眾對女人的敵意和攻擊有正相關，這項關聯大部分是發生在仇視女人且具有性攻擊傾向的男性身上（Malamuth, Hald, & Koss, 2012）。

綜觀這些研究，結論是媒體暴力，尤其是暴力電玩的形式，確實會影響一般孩童和青少年，但對於已明顯具有暴力傾向的人影響最大。很明顯地，多數人不會因為觀看了什麼就想攻擊或真的去攻擊人。正如社會—認知學習理論的預測，人們對於觀看內容的解讀，他們的人格特質，以及社會背景，都可能影響他們的反應（Feshbach & Tangney, 2008）。兒童和青少年收看很多不同節目和電影，除了他們在媒體上所見的，還有很多角色可以觀摩，包括父母和同儕。但事實上有些人受到暴力娛樂的影響而以悲劇收場，這是不可否認的。

引領媒體暴力的其中一位學者主張，「是時候進一步用更精緻的觀點看待媒體效應了，不用關注太多媒體內容的道德目標，要更關注媒體消費者和他們的動機」（Ferguson, 2014）。如同本節所討論，接觸媒體暴

力之所以會增加攻擊傾向，有五個不同的原因：

1. 規範：「既然他們能做，我也能」。觀看電視人物表現暴力，可能減弱人們原先學到對於暴力行為的抑制力。

2. 觀察學習：「哦，原來應該這麼做」。觀看電視人物表現暴力，會觸發人們模仿，並且讓他們知道如何依樣畫葫蘆。

3. 錯誤歸因：「這種感覺一定就是憤怒，不只是日常壓力而已」。正如第四章所討論，觀看暴力媒體使人們更易怒，也使暴力反應更容易被促發。因此，觀看暴力電視後，人們可能將輕微不悅當作是憤怒，並且更有可能爆發。

4. 習慣化：「嗯，又是毆打，別台演什麼？」。看太多拳打腳踢，似乎會減少我們對暴力的恐懼，以及對罹難者的同情，從而使我們更容易接受暴力，且更容易表現攻擊行為。

5. 自我應驗預言：「在他打倒我之前，我最好先撂倒他！」。如果看太多電視會使人認為世界相當危險，他們便可能更容易敵視街上的陌生人。

最後我們將所有的研究擺放在更大的視野中。媒體的影響若和生理、社會、經濟以及心理因素相比，真的是相形見絀，因為有更多有力的攻擊行為成因推測，例如：兒童與生俱來暴力的基因、自我控制能力低、被同儕社會性拒絕（本章稍後會有進一步討論）、犯罪機會、兒時遭暴力虐待、處在認同或鼓勵暴力的同儕團體中、住在暴力充斥的社區當中（Crescioni & Baumeister, 2009; Ferguson & Kilburn, 2009）。

複習題

1. 以下哪一個敘述是正確的？
   a. 觀看暴力演出可能使大部分的少年模仿。
   b. 觀看暴力演出可能使某些兒童模仿。
   c. 玩暴力電玩對兒童的影響比觀看暴力節目或電影還小。
   d. 觀看暴力電視節目不會影響人對受苦者的反應。

2. 根據社會—認知學習理論，哪一項因素中介了觀看暴力媒體和模仿之間的關係？
   a. 暴力被描繪成宗教故事的一部分。
   b. 暴力被政府認同。
   c. 觀看者對暴力故事的解讀。

d.觀察者的心情好壞。

3.觀看媒體暴力與攻擊行為有正相關，這代表什麼？

　　a.觀看暴力使兒童更具攻擊性。

　　b.有攻擊性的兒童更會去觀看暴力。

　　c.在暴力環境成長使兒童有攻擊性，且更會去觀看暴力。

　　d.以上皆是。

4.媒體暴力的實驗研究發現了什麼？

　　a.觀看暴力電影對攻擊行為影響很小。

　　b.玩暴力電玩比觀看暴力演出的影響大。

　　c.玩暴力電玩使兒童情緒感覺更好且較少憤

怒。

　　d.兒童很快就會習慣媒體暴力，所以影響很小。

5.在解釋媒體暴力效應的縱貫性研究時，遭遇的主要問題是：

　　a.要區分是媒體暴力導致攻擊，還是有攻擊性的人比較會去接觸媒體暴力。

　　b.從暴力電玩的研究中，找出電視暴力的研究。

　　c.確認哪些孩童比較容易受電視暴力影響。

　　d.確認玩暴力電玩的孩童是否也會偏好色情暴力。

如何減少攻擊行為？

學習目標12.4　消減攻擊的方式

　　「不要打弟弟！」「把電視關掉，回你的房間！」為了制止小孩的攻擊行為，大部分父母使用某些形式的懲罰。有些父母取走孩童喜愛的事物、破口大罵、威脅或體罰。他們認為「不打不成器」。懲罰的效果究竟如何？一方面，你可能認為懲罰可以減少不良行為的發生率。另一方面，如果懲罰是以攻擊的形式為之，那麼懲罰者實際上是在對被懲罰者示範攻擊行為，因而誘導自己的孩子模仿他們。

懲罰能減少攻擊行為嗎？

　　懲罰是一件複雜的事，如同我們在第六章所見，數項對學齡前兒童所做的實驗已經顯示，威脅對犯罪行為進行相對較嚴厲的懲罰，不太能減輕犯罪的吸引力。另一方面，溫和懲罰的威脅（強度只足以使小孩暫時停止不合宜行為），卻能夠使兒童合理化自己的行為，結果他們不再喜好不當的舉動（Aronson & Carlsmith, 1963; Freedman, 1965）。

　　採用嚴厲懲罰想減少兒童或成人的攻擊行為，通常適得其反。它可能暫時制止兒童的攻擊行為，但是被體罰的兒童經過時日會變得更具攻

擊性和反社會（Durrant & Ensom, 2012）。嚴厲懲罰而適得其反還有別的理由。人們可能出於沮喪，而無心的破口大罵，用嚴厲的方法來控制小孩的行為。受到責罵和懲罰的人可能會更加焦慮和生氣，而不太會說：「謝謝，我會改掉這些你不喜歡的攻擊行為。」在某些情況中，受到憤怒式的注意，可能正是犯錯者的目的。如果有一位母親對發脾氣的女兒大罵，這種破口大罵的方式，可能正中她的下懷。更嚴重、極端的懲罰，例如打巴掌和體罰，對孩子而言是危險因子，會形成憂鬱症、自尊低落、暴力行為和其他問題（Gershoff, 2002; Gershoff

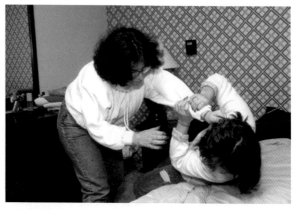

很多疲累、憤怒的父母以不當的行為處罰孩子，像是打罵或抓他們。但這樣反而適得其反，讓孩子憤恨不平，並無助阻止其不良行為。相對的，也等於在教導孩子當他們疲累、憤怒時，也可以這樣打人。

& Grogan-Kaylor, 2016）。懲罰往往以失敗收場，雖然告訴犯錯者不能做什麼，卻無法跟對方溝通應該怎麼做。一個打妹妹的小男孩，你打他巴掌，並不能教他如何跟妹妹和平相處。

　　基於上述的缺點，大多數心理學家認為，嚴厲的懲罰並不能消除攻擊或不適當行為。例如有個惡霸打同學，被短暫禁足，但是，當大人走出房間後，這還是一個制止攻擊行為的好策略嗎？

對暴力成年人的懲罰

　　許多文化中的司法制度，都以嚴刑峻法作為阻止暴力犯罪的手段。嚴厲懲罰所蘊含的威脅，能夠減輕謀殺、屠殺和強暴等犯罪行為嗎？那些正要犯下這些罪行的人是否會對自己說：「我最好不要這樣做，因為如果被逮到了，我將受到嚴厲懲罰？」

　　實驗室實驗結果指出，懲罰只有在兩種情況下具有嚇阻效果：懲罰必須非常(a)迅速且(b)確定（Bower & Hilgard, 1981）。懲罰必須在犯罪舉動之後立即進行，而且逃避懲罰的機會必須非常渺茫。這樣的理想狀況在現實世界幾乎永遠無法達到。在美國許多城市裡，一個人在犯罪之後，被逮捕、起訴、審訊並且被判刑的可能性並不高。此外，法庭審理程序繁複，而且司法制度必須謹慎小心執行，這些使得迅速執行幾乎不太可能——懲罰通常要拖上數月，甚至數年。因為很多因素影響犯罪率——年輕

與老年的人口比例、貧窮程度、毒品政策、歧視性的逮捕模式——監禁率和犯罪率在美國各州的差異很大（Harrington & Gelfand, 2014）。因此，現實世界的刑事司法體系中，嚴厲懲罰無法達到如同實驗室那樣的嚇阻效果。

既然現實狀況如此，嚴厲懲罰似乎不能嚇阻暴力犯罪的事實，應該不會令你感到驚訝才是。譬如，對於謀殺判處死刑之國家的謀殺案比例，並不比那些沒有死刑的國家低（Fajnzylber et al., 2002）。同樣地，正如某些專家預測，美國廢除死刑的州並未增加重案犯罪，死刑一般似乎與謀殺率無關（美國國家科學研究委員會，2012）。對一個爆怒到想殺人的人來說，當下幾乎不會停下來理智思考有沒有死刑。

宣洩可以紓減怒氣嗎？

一般認為，從事一些攻擊活動，是減輕攻擊感的方法之一。許多人會建議「不要憋在心裡」。所以如果你覺得生氣（照上述信念），別試著忽視它。反之，你最好大喊、尖叫、詛咒或將盤子往牆上砸。表達出來，它就不會演變到無法控制。這類信念是過度簡化了精神分析理論的宣洩（catharsis）概念（Dollard et al., 1939; Freud, 1933），並已深入大眾文化。佛洛伊德對攻擊衝動提出一種「水壓」理論。他認為除非人們能以相對較無害的方式表達攻擊性，否則攻擊能量受到阻礙，壓力將會累積，最終這些能量將會尋覓出口，要不是以極端暴力的方式爆發，就是以精神疾病的症狀出現。

宣洩

認為「打開壓力鍋」——藉由攻擊行為或觀賞他人的攻擊行為——能夠減輕積累的攻擊能量，並因此降低進一步攻擊行為之可能性

但不幸的是，他的宣洩理論已降為教條，要讓青少年發洩他們的憤怒。這個建議所蘊含的觀念是，抒發怨氣不僅能使生氣的人覺得好受一點，也使他們之後較不會進行暴力破壞活動。當我們沮喪憤怒，大多數的人會火山爆發：大吼大叫、詛罵人或踢沙發之後稍微好過些。但這些宣洩行動之後，是否能降低我們的攻擊行為？這與研究證據相符嗎？

攻擊行為對進一步攻擊的影響

根據佛洛伊德的說法，很多心理學家相信進行競爭比賽便可無害地發洩怒氣。答案是否定的。事實上，正好相反：競爭比賽通常會使參賽者和觀眾更具有攻擊性。

Patterson（1974）測量中學橄欖球員在球季前一週以及後一週的敵意

程度。如果橄欖球賽中激烈的競爭與攻擊行為，能夠減輕壓抑攻擊所造成的緊張狀態，那麼在球季過後，球員的敵意應該減退。然而，研究結果反而顯示，球季過後，球員的敵意顯著「增加」。

　　觀看競賽的觀眾又會如何？會降低他們的攻擊行為嗎？答案很不幸：不會。對運動迷的研究多半就是聚焦在他們的攻擊行為（Wann et al., 2015）。你可能認為球迷在輸球時會暴動，但贏球的球迷好像才是最躁動的。當瘋狂的棒球迷看棒球賽影片時，若一面用fMRI測量腦部活動，會發現如果處理酬賞的大腦區域因為贏球而更活躍，他們更可能表示想對輸球的球迷丟砸食物飲料（Cikara, Botvinick, Fiske, 2011）。

　　實驗室之外，現實世界也可看到類似的現象：言語攻擊會促成進一步的攻擊。很多人在和別人怒氣相向之後，無論是身體或心理都覺得很糟糕。當心中因憤怒鬱結積怨時，跟別人不停的說自己有多生氣，用敵對的行為表達自己的感覺，血壓會因而上升，這比起讓自己的怒氣消退的做法，他們會感到更生氣，甚至會出現更大的攻擊性（Bushman et al., 2005）。

和宣洩假說相反，運動迷在看了攻擊性的運動比賽之後，並不會變得比較不具攻擊性；事實上，他們比不看之前更具攻擊性。

責怪攻擊受害者

　　重複攻擊是一個惡性循環。當一個人傷害他人時，其認知歷程會將這個殘酷行為合理化。更明確地說，當你傷害某人時，你會經歷到認知失調，因為「我傷害了Darion」與「我是個有修養、有理性的人」兩項認知互不調和。減輕失調的好方法之一，就是說服自己：傷害Darion並非沒有修養、沒有道理的壞事。要達成這個目的，你可以忽視Darion的優點，放大他的缺點；或說服自己，Darion是個罪有應得的壞人。當你的攻擊目標是無辜人士時，這種情況特別容易成立。因此，如同第六章所討論到的實驗（Davis & Jones, 1960; Glass, 1964），當參與者對無冤無仇的無辜者進行心理或生理傷害之後，參與者繼而都貶損受害者，說服自己：受害者不

是好人，因此罪有應得，這樣就能減輕失調，是的——但也為進一步的攻擊預鋪了舞台，因為一旦人們成功地貶損他人，日後要再對其進一步傷害就容易多了。

如果受害者並非全然無辜呢？例如對方做了某些傷害你或打擾你的事，你有理由報復，那會如何？此時情況變得更複雜有趣。攻擊傷害你的人會增加你對那個人的敵意，所以憤怒會比一開始攻擊時更高（Kahn, 1966）。

我們該如何處理憤怒？

如果攻擊會導致自圓其說，並且培養出更多的攻擊，那麼如果我們對某人生氣，我們應該如何處理我們的憤怒情緒？得壓抑它們嗎？隱藏自己的怒氣或悶不吭聲，希望有人能夠瞭解我們，這些都不是好方法，只會讓自己愈來愈生氣，使情況更惡化（Bushman et al., 2005; Rusting & Nolen-Hoeksema, 1998）。但是，如果隱藏情緒或表達自己的怒氣都不好，那我們到底應該怎麼做？

首先，我們控制自己的情緒，積極地化解怒氣。所謂「主動化解」可能是採用簡單的活動，例如在怒氣發作前從一數到十（或一百）、深呼吸，或進行另一項活動來分散你的注意力（玩玩遊戲、騎腳踏車，或甚至是做一件善事），這些都可以主動化解怒氣。這些話聽起來好像是你的祖母曾經對你說過的，因為真的很有效！你的祖母很瞭解她在說什麼，但是接著你會知道，你不只是要控制憤怒而已。

宣洩與自我察覺

消解憤怒不管是對你自己或是對人際關係來說，並非總是好事。如果你的好友或配偶做了一些讓你生氣的事情，你可能會想透過某種方式表達憤怒，來瞭解自己以及與對方的關係。你也可能想透過表達自己，但不激怒對方的方式解決問題。但是，你必須利用平和及非強迫的方式來表達你的不悅。你可以這樣做（在數到10之後！）：藉由明確、平靜的聲明表示你感到憤怒，不下任何判斷，只須說明對方帶給你的感受。這樣的陳述可能可以緩解緊張局勢，使生氣的人覺得較好過。同時，因為你並沒有真正傷害使你憤怒的對象，也並未嘲諷或貶損你的朋友，因此你不會在心中合理化自己的行為。說話的方式不能讓對方反而想豎立防禦或反擊，

這是很重要的要點。此外，你可以邀請對方解決問題（看，我們對家裡的事好像意見不同，我們可以想辦法解決嗎？）。當朋友或伙伴間直接以清楚、公開、非責備的態度表達感受，更能引起相互瞭解，並且強化友誼（Christensen, Doss, & Jacobson, 2014）。

主動驅散怒氣是有可能的

雖然向惹你生氣的朋友表達你的氣憤感受，可能是最好的做法，但有時卻無法見到讓你憤怒的對象，這可能已經經過多年或對方已過世或搬家。當你想減低對往事的憤怒，可以試著用第三人稱觀點來回憶它。研究發現，用第一人稱觀點回憶憤怒經驗的學生，會表示他們感受到強烈情緒、血壓上升，但是從保持距離、第三人稱觀點回憶的學生，情緒較不強烈，血壓也未上升（Ayduk & Kross, 2008）。為了看看這些技巧是否可以幫助你放下憤怒的情緒，請看試試看單元！

研究也發現，在日記寫下你的感覺會有幫助。一項實驗請到經歷各種創傷經驗的人，被引導寫下「最深層的感受及想法」，相較於默默忍受的人，在六個月到一年後感覺較健康而且較少生理疾病。「吐露心事」之所以會有正面效果，不只是因為情緒得到宣洩，主要是因為洞見與自覺常會伴隨自我揭露而來（Pennebaker, 1990, 2002）。例如有一位年輕女性，因為童年時別的孩子對她做的事而懷恨至今，當她看了自己所寫的日記，心想：「天啊，我們當時都好幼稚喔！」

試試看！

控制你的憤怒

你曾經因為個人事件而感到憤怒嗎？試著用第三人稱觀點描述事件。想一下事情發生的地方、你和其他人的位置、所有人的穿著。從外面的角度看自己的模樣，包括你當時的表情。用不同的心之眼看這個情境，是否減輕了你的憤怒？

培養溝通與解決問題的技巧

感受憤怒是人性的一部分，但我們須學習如何以建設性、非暴力的方式來表達憤怒。在大多數的社會，那些最常訴諸暴力來解決人際問題的人，恰是那些缺乏適當社會技巧的人（Langhinrichsen-Rohling et al., 2012）。因此，減輕暴力的方法之一是，教導人們如何以建設性的方式來傳達憤怒與批評、在衝突產生時加以協調與妥協，以及如何在需要的時候道歉（Christensen et al., 2014）。

許多中小學現在都會特地訓練學生使用這些非攻擊的策略來解決衝突，教導孩子解決問題的技巧、情緒控制和衝突解決（Barnes, Smith, & Miller, 2014; Wilson & Lipsey, 2007）。在一項重要的縱貫性研究中，已經是高攻擊性的幼稚園男孩被隨機分派到歷經十年的實驗組或控制組。實驗組的介入包含教導他們在管理情緒、同儕相處以及在學校得到成功的時候，覺得自己更有能力。過了十多年等他們二十六歲時，這些年輕人被帶進實驗室，和一位（假裝的）伙伴玩遊戲，對方會偷他們的點數而激怒他們。在有機會報復的時候，實驗組不僅展現較少攻擊行為，甚至被激怒時的睪固酮反應都較低（Carré et al., 2014）。

正確的道歉

如果你不是感到憤怒的人，而是造成別人憤怒的人，該怎麼辦？你應該怎麼道歉才不會更激怒對方？任何真誠且表示負全責的道歉，都是減緩攻擊的有效方法，請特別注意「真誠」和「負全責」這兩個重點。很多公眾人物或企業老闆被抓到違法行為的時候，所做出的溫和道歉則不算在內（Smith, 2014）。企業的推特帳號花在對線上客訴道歉的時間，比發布新消息還多（Page, 2014）。為了讓對方更能接受道歉，你必須真心說對不起，並保證不會再犯。道歉時不要找理由解釋行為。如果遵守這些原則，對方最可能原諒而不會以攻擊報復你（Eaton & Struthers, 2006）。

當然，冒犯者一定會認為必須道歉，但這裡有性別差異。在一項實驗中，年輕女性和男性每天要寫日記，記錄自己冒犯別人或受到冒犯的心

情。研究人員發現，男人對何事需要道歉訂了較高的門檻。此外，每個人都被要求要評估他們過去或想像即將受冒犯的經歷，同樣的，男人想的就不比女人嚴重。以下是一對浪漫情侶的不幸後果：一個女人生氣或覺得對方忽視她，男人沒察覺冒犯了她，覺得嚴重到需要道歉；而男人生氣她過於敏感和臉皮薄（Schumann & Ross, 2010）。

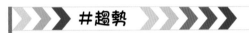

＃趨勢

「重新安置」：美國聯合航空的潰敗

2017年4月9日星期天的晚上，美國聯合航空3411號班機的旅客剛坐上座位，正準備從伊利諾伊州的芝加哥飛往肯塔基州的路易維爾市。趁大家沒注意時，四名聯合航空的人員跑到登機口，告訴機上同事說他們要立刻趕往路易維爾市，去負責第二天從當地離開的航班。3411號班機的機員向乘客提出400美元的代價，請自願者放棄座位，後來提高到800美元，但仍沒人願意。於是機上廣播說要隨機挑選乘客下機。

被挑中的其中一名乘客是住在肯塔基州伊麗莎白小鎮的69歲醫生陶大衛（David Dao），但是他不願下機，因為他第二天早上就要去見父母。機上保安被叫來阻止其他乘客用手機錄影，並強制陶醫師離開。保安把陶醫師的臉撞向把手，抓起流血且暈頭的他帶下機。其他乘客哭喊著：「天哪！你們在幹什麼？」「不！這樣不對！」陶醫師有腦震盪、鼻子受傷，且斷了兩顆門牙。

事後網路當然群情激憤，但這些憤怒是聯合航空執行長奧斯卡・姆諾茲（Oscar Munoz）為「不得不重新安置乘客」做出冷血道歉才開始的。（譯注：重新安置的英文re-acommodation是典型的公關用語，聯合航空用這個詞導致大眾覺得沒有道歉誠意）。他說聯合航空「遵照既定程序」，加劇了社群媒體上的憤慨。推特湧出一些主題標籤來嘲諷聯合航空，像是#新聯合航空銘言，以及#抵制聯合。大眾的抗議焦點是：這種不成比例的暴力怎麼會發生在尋常的商業環境中？姆諾茲沒有表示自責並承諾不會再發生類似事件，反而想為暴力辯解，所以糟蹋了挽救的機會。

糟糕的旅客服務會導致旅客攻擊行為，是一種稱之為「空中憤怒」（air rage）的現象。這種現象的基礎是相對剝奪。航空公司透過廣告打出航空是豪華服務的賣點，但多數人坐飛機的經驗很難叫做「豪華」。乘客的期待與航空服務的落差越大，空中憤怒就越多（Hunter, 2006）。而處理憤怒旅客的問題讓工作人員身心俱疲，導致員工在跟後來的旅客間引爆衝突時，會有更高的攻擊性（Grandey, Dickter, & Sin, 2004）。在這個案例中，陶醫師只是在機上主管請他下機時緊緊交叉雙臂，這個小動作被看成侮辱，於是發生暴力。

挫折—攻擊假說也可以解釋雙方的行為。陶醫師被叫離時，已經坐在座位上，「差一點」就能飛回家，這會提高他的挫折感而更不願配合。隨機人員與航空保安也有兩個目標受到阻礙：幫同事空出座位，以及在合理的時限內起飛。當陶醫師成為他們達成這些目標的障礙時，也就產生攻擊的衝動。

培養同理心對抗去人性化

對許多人來說，對別人加諸傷害並非易事，除非他們能找出某種合理化的方式，最常見的方法是將受害者去人性化（Caselman, 2007）。藉由培養人們的同理心，將使攻擊行為變得更難執行。研究資料為這項論點提出有力的佐證。在一項研究中，受到同理心訓練的學生（亦即設身處地為某個對象設想），比未受過相同訓練的學生，對該對象展現出較少的攻擊行為（Richardson et al., 1994）。另一項類似研究中，日本學生被要求在學習實驗中對另一名學生電擊（Ohbuchi, Ohno, & Mukai, 1993）。其中一個情境，「受害者」先揭露一些關於自己的私事；另一個情境，他們則沒有機會這麼做。當「受害者」自我揭露時，參與者所施的電擊較輕微。如果你和一個陌生人有私人的交流，就很難去傷害一個陌生人，無論這個陌生人是鄰居、流浪漢、售貨員或全民公敵。

由Norma Feshbach（1989, 1997）所設計的三十小時課程，是在小學教導同理心的先驅計畫。這些孩子要去用心思考一些問題，例如「如果你長得跟小貓一樣小，會看到什麼樣的世界？」、「哪一種生日禮物會讓你全家人都感到快樂？」，思考這些問題，可以幫助孩子們為他人設身處地著想的能力。除此之外，孩子們還聽故事，然後從故事中不同角色的觀點來重述每一個故事。孩子們扮演故事中每個角色。整個表演被錄影記錄，然後他們再觀看錄影帶，分析人們如何表示出不同的情感。課程結束後，這些孩子不但更具同理心，同時也表現出更高的自尊、更慷慨與積極的態度，與沒有參加此課程的學生相比，攻擊傾向也較低。由於設身處地著想需要認知彈性，不意外地，Norma Feshbach的報告指出，能從中學到更佳同理能力的學生，也具有較佳的學業表現（Feshbach & Feshbach, 2009）。

有同理心的小孩通常自尊心比較高，也比較寬厚，與其他缺乏同理心的小孩相比，也較不具攻擊性。

打破拒絕—暴怒的循環

本章開始，我們描述了哥倫拜高中的大屠殺事件與其他校園槍擊案，並且猜測造成這些恐怖事件的可能原因。關鍵問題是，這些事件是否可以預防？

無可否認，很多槍手患有嚴重精神疾病。年輕的大學生趙承熙，2007年在維吉尼亞理工學院，殺害三十二位同校學生。他長期有心理問題、妄想和行為異常，在事發前一年更為惡化。作為一個男孩，他寫下他想要「重複哥倫拜」（Hillshafer, 2013）。2012年，Adam Lanza在康乃狄克州紐敦鎮的桑迪・胡克小學，殺害二十名孩童和六名成年人；2014年，Elliot Rodger在加州大學聖塔芭芭拉分校殺害六人，兩人自童年起就有精神病史，近年開始惡化。一些研究者結論到Harris可能已經是精神變態者，可以輕易愚弄成年人，包括他自己的精神科醫師；Klebold則有嚴重憂鬱症（Cullen, 2010）。但是，如果以為哥倫拜大屠殺和其他多數校園槍殺事件都歸因到個人疾病，而不予理會，那可能犯下嚴重錯誤。如此無法解釋凶手的行為，因為Harris和Klebold就像一般人一樣，在校成績優良、上課正常出席，而且在父母和老師面前都未出現任何嚴重的偏差行為，Klebold甚至三天前才去班上的舞會。的確，他們獨來獨往，但哥倫拜高中的許多學生也都如此。

　　因此，將這些恐怖事件視為僅是心理疾病所造成，將會導致我們忽略一項重要因素，那是可以幫助我們於未來防範發生類似悲劇的因素，亦即社會環境的力量。更明確地說，Elliot Aronson（2000）認為，Harris和Klebold是以極端病態的方式做出反應，他們所處的整體校園氣氛充滿排擠、嘲弄和挑釁，相當多學生難以忍受這樣的環境。大多數的高中生都會形成小團體，學生們會排斥某些人，包括特定族群、來自貧窮地區、穿著「錯誤」、太短、太胖、太高或太聰明的人。槍擊案發生後，哥倫拜的學生回想起，Harris和Klebold痛苦地遭到嘲弄和霸凌。一位學生對自己的行為合理化如下：「大部分的人都不喜歡他們。他們太古怪，搞神祕信仰。我們當然笑他們，但是他們髮型怪異，戴著長角的帽子來上學，你能怎麼辦？如果你想趕走他們，通常就是笑他們，所以大家都說他們同性戀。」（Gibbs & Roche, 1999）

　　這些影片中，Harris和Klebold憤怒地述說在學校內遭受的侮辱和霸凌。Klebold在錄影片中揮動霰彈槍，說道：「也許現在我們將得到尊重。」的確，大部分狂暴殺人犯的犯罪動機，是企圖將差恥感和拒絕轉為榮譽感。社會排斥（social rejection）是青少年自殺、絕望和暴力事件中，最顯著的危險因素（Crescioni & Baumeister, 2009; Leary, Twenge, &

過去十年，很多學校啟動防制霸凌計畫，去改變攻擊形式的相應規範，否則會成為青少年普遍的危險。

Quinlivan, 2006; Stillman et al., 2009）。調查1995年到2001年間，發生過的十五起校園槍殺案，發現其中有十三起，都是因為殺手被霸凌或社會排擠所導致的憤怒而起（Leary et al., 2003）。哥倫拜屠殺案發生後，網路聊天團體有許多支持留言。極大多數人表達出哀痛與不悅，描述受到多數同學排斥與嘲弄的痛苦。我們發現這些青少年皆未縱容槍擊犯，但他們的網路留言對這兩名青少年的痛苦表示出高度的理解和同理心。一名十六歲女孩的網路留言可作為典型：「我知道他們的感受。父母需要瞭解到，當孩子成天說沒人理他們，這不是過度反應。」

如何終結霸凌與報復攻擊的惡性循環？從2013到2014學年間，Elizabeth Levy-Paluck及其同仁在紐澤西州對超過兩萬四千名中學生啟動大型的霸凌防制計畫（Paluck, Shepherd, & Aronow, 2016）。這項計畫的想法是：社會規範最佳的傳遞者，是社區裡最知名且最被喜愛的人，像是很酷、社交廣泛且受歡迎的孩子。研究者先畫出五十六所中學的社會網絡，然後從其中幾間學校隨機挑選學生去建立一個「反衝突介入團體」（anticonflict intervention group）。這些學生用高品質的印刷和易於流傳的數位影像，設計出反霸凌的校園宣傳。一年後，有反衝突介入團體的學校，同儕衝突減少了30%。當學校的反霸凌宣傳有受歡迎的孩子參與時，效果更好。

社會心理學研究顯示，藉由改變充滿排斥與負面的校園氣氛，同時建立學童的同理心，我們的校園應該可以更安全，也可以更加宜人、更人道。順道一提，哥倫拜高中現在已經有反霸凌計畫了。

複習題

1. 假設你想降低你的小孩攻擊其他人的可能性，下列哪一個策略最可能有用？

a. 成為好模範，不要有粗暴的語言和肢體表現。

b. 讓你的小孩玩所有他想玩的暴力電玩。

c. 命令他們友善對待其他小孩，不然就責罰他們。

d. 鼓勵他們到運動場玩，宣洩他們的挫折感。

2. Tiffany很氣Whitney忘了她的生日。為了消除怒氣，Tiffany應該

　　a. 想想Whitney對她生氣的時候，然後當面證實Whitney是多糟糕的朋友。

　　b. 連續幾天每天私下花二十分鐘寫下自己的感受，藉以得到新觀點。

　　c. 在她的臉書發表對Whitney的感受。

　　d. 向所有共同朋友抱怨Whitney。

3. Tiffany最後決定直接面對Whitney，那她應該如何表達憤怒（假設她想維持友誼）？

　　a. 她應該「毫不保留地說出來」會比較好過，而Whitney才會知道她真正的感受。

　　b. 她應該邀請Whitney去打網球，並澈底打垮她。

　　c. 她應該解釋為何感到不悅和受傷，盡可能冷靜，不要責怪。

　　d. 她應該解釋為何感到不悅和受傷，讓Whitney知道她在責怪她不體貼的行為。

4. 哪一種道歉最可能被接受並相信？

　　a.「如果我傷害到你，我真的很抱歉。」

　　b.「我很抱歉傷害了你，但是我們都有錯。」

　　c.「我真的很抱歉，我知道我錯在哪，它不會再發生了。」

　　d.「我很抱歉。」

5. 下列哪一項是最常導致青少年自殺和暴力的危險因素？

　　a. 在學校表現差勁。

　　b. 有嚴格的父母。

　　c. 有天生的基因問題。

　　d. 被其他人排斥拒絕。

摘　要

學習目標12.1　演化、文化和學習觀點對攻擊的解釋

■ 攻擊是天生的？學習來的？可選擇的？

「攻擊」是造成他人傷害或痛苦的有意行為。「敵對性攻擊」定義為以加諸別人痛苦或傷害為目的；「工具性攻擊」則是以傷害他人作為達成某種目的之手段。

• 演化論觀點　演化論者主張肢體衝突是因為基因已內建在男人體內，如此可使他們捍衛自己的族群並延續基因；男性的攻擊也具有「嫉妒性」，以確保伴侶不會紅杏出牆。讓男人具攻擊性的賀爾蒙是睪固酮激素（兩性都有，只是程度不同），但是攻擊和睪固酮之間的連結不太明顯。兩套演化理論相信其間的連結要視社會情境而定：雙激素假說的研究顯示，只有在有潛在的支配需要時，睪固酮才會引致攻擊，在壓力情況下睪固酮甚至可預測較低的攻擊行為；挑戰假說主張睪固酮只有在有助於尋偶的時候才會引致攻擊。雖然，與人類基因最近的兩種靈長類動物是

黑猩猩（chimpanzees）和巴諾布猿（bonobos），在攻擊程度上有很大的不同。但攻擊行為仍有其存在的價值，幾乎所有的動物都進化成較強的抑制機制，在需要的時候，可以抑制攻擊。

- 文化與攻擊　大部分心理學者相信人類天生就有攻擊的能力，但是攻擊表現會受情境和文化因素影響，因此是會改變的。攻擊的程度在跨文化間有很大的不同；在某些情況，群體會變得更有攻擊性，在其他情況又比較溫和。合作和集體主義的文化，攻擊程度較低。過去幾世紀以來，世界上的戰爭、謀殺和酷刑都穩定地減少。然而，在「尊嚴文化」中，像美國南部或西南部以及中東，男人被期許要反擊外來的威脅和不尊重，在保護經濟環境時有所反應。在這樣的文化中，因為這種暴力被視為男性特權，對女人進行肢體暴力的比率通常比在其他地方高。多重因素塑造文化是否傾向攻擊行為，包括從保護土地到滿足男性心中角色和身分認同。

- 性別與攻擊　面對挑釁環境，男性比女性更容易採取肢體攻擊行為，和陌生人打架或因暴力犯罪。但是，當女性跟男性一樣受挑釁或文化規範促使女性攻擊，則肢體衝突的性別差異就會降低。丈夫殺害妻子的可能性比反過來高過很多，但是社區研究發現較不極端的伴侶暴力，像拳打，其比率並沒有顯著的性別差異。女

性較傾向於人際關係暴力（relational aggression），藉由關係的操弄，然後透過閒言八卦、誹謗、散播謠言等對付目標者。

- 學習攻擊行為　社會—認知學習理論主張，社會行為，包括攻擊，會經由觀察而習得——觀察和模仿他人，尤其是尊敬的人物或機構。但是他們真正的行為也受他們對事物的信念、知覺和解釋所影響。

- 生理因素對攻擊的影響　酒精會降低社會自制力，而產生攻擊行為。研究者指出，酒精擾亂人們處理信息的方式，容易錯過情境的細節信息，只注意到情境的明顯信息。但是拜「借酒裝瘋」效應之賜，當人們預期酒精有特定效果時，通常就會成真。當人們經歷痛苦或在炎熱的環境時，他們更容易採取攻擊行為。

學習目標12.2　導致攻擊的情境與社會因素

■社會情境與攻擊

- 挫折與攻擊　挫折—攻擊理論認為挫折可能增加攻擊反應的可能性。如果某人意外受到阻礙而無法達成目標，此時挫折感更容易導致攻擊。此外，相對剝奪感——亦即你所擁有的比應得的還少，或者比跟自己類似者所擁有的還少——可能比絕對剝奪感更容易導致挫折和攻擊行為。

- 激怒與報復　個人遭到攻擊時，常以攻擊作為報復。如果情況趨緩，或受攻擊者相信他人行為並非有意，攻擊

反應會降低。

- **武器成為攻擊線索** 單純槍枝或其他武器的出現，就會增加攻擊行為，尤其是行為者已經經歷憤怒或受挫的情況下。一項著名研究顯示，被激怒的參與者在放有槍枝的房間中，比在放有羽球拍的房間，對受害者所施予的電擊更為強烈。

- **性侵害中的綜合因素** 大部分的強暴犯罪是由認識的人所犯下（熟人或約會強暴），強暴可能包括直接攻擊，或透過無行為能力狀況，亦即在受害者因用藥、喝醉或失去意識的時候侵害對方。男性強暴犯通常無法同理女性，會敵視或蔑視女性，覺得自己有權利和他看上的女人發生性關係。約會強暴也可能發生於性腳本的誤解和模糊，性腳本是男女雙方遵守的性規範。因為大部分的伴侶在溝通性的興趣與意圖時——包括不想要——是間接透過暗示、肢體語言、眼神接觸和其他非語言行為，很可能造相互誤解。本章主題有助於理解造成性侵害的因素：社會與文化規範的重要性；知覺和信念的影響力；觀察學習角色模範、同儕、媒體呈現的行為；為何「睪固酮使我這樣做」只是藉口；以及酒精與「借酒裝瘋」效應會降低抑制力。

學習目標12.3　觀看暴力會增加暴力的原因

■ 媒體暴力

- **媒體暴力的影響** 為了確認所有媒體暴力和暴力電玩可能對兒童和成人造成什麼影響，研究者做了實驗室實驗和縱貫性研究。觀看暴力與攻擊行為的增加有關，尤其是對兒童，但並非所有研究都找到關聯性。相較於接觸非暴力的情色影片，接觸情色暴力影片的男性會增加對女人性攻擊的接受程度；如果男人已經對女人持有敵意和攻擊傾向，這種影響會最強烈。在實驗室中，玩暴力電玩真的會增加敵意與攻擊行為，同時產生「麻痺」效應，漠視他人的需要，尤其當對方不是「我們的一員」的時候。縱貫性研究指出，個體於兒童時期在電視上觀看到的暴力行為愈多，在青少年時期及青年時期所展現的暴力行為也就愈多。觀看暴力也讓人們認為戶外很危險。

- **因果關係的問題** 媒體暴力和真實暴力是雙向道：已經有攻擊傾向的兒童比較會去觀看暴力或玩暴力遊戲，媒體暴力最大影響發生在原本就有攻擊傾向的兒童身上，這是傾向來自基因、住在暴力家庭中，或人格特質。暴力還受很多其他因素的深遠影響，包括在暴力陰影下長大、父母有暴力傾向、住在暴力充斥的社區、被社會排斥。

學習目標12.4　消減攻擊的方式

■ 如何減少攻擊行為？

- **懲罰能減少攻擊行為嗎？** 如果懲罰本身具攻擊性，其實是對兒童示範攻擊行為，而且懲罰可能導致兒童表現

更多攻擊。更進一步來說,嚴重的懲罰可能使兒童更喜愛違規行為;吸引孩子更想做,或惹孩子焦慮憤怒,都是反效果。處罰通常無法減少暴力發生,因沒有和孩子溝通應該做什麼,只有不應該做什麼。還有一項暴力模式日漸形成,會使兒童和青少年更加痛苦,就是網路霸凌;有些干預措施已經成功減少校園和網路霸凌。處罰若要制止犯罪,必須是立即且確實的。正因如此,在真實的複雜世界裡,司法的嚴屬懲罰不可能減少暴力犯罪。

- 宣洩可以紓減怒氣嗎? 宣洩理論認為,發洩憤怒或觀看他人的攻擊行為,有助於「釋放壓力鍋」,降低個人後續的攻擊行為。但研究卻顯示,從事攻擊行為或觀看他人攻擊(例如運動賽事),反而會增加後續攻擊行為的可能性。對一個侮辱或惹你生氣的人發怒,會讓你血壓升高,感到氣憤,並產生暴力行為。相對的,因為自我合理化和降低失調,人們所犯下的「合理攻擊」就會增加,而且惡性循環。

- 我們該如何處理憤怒? 一般而言,發洩怒氣會造成更多傷害,但是悶在心裡亦無益處。更有效的方式是察覺怒氣,然後用建設性的方法處理它,遠勝於吼叫或體罰:冷靜下來;用保持距離的觀點回憶憤怒事件;會更自我察覺(或許可以私下寫下你的感覺);學習在明確且不論斷、不人身攻擊的情況下溝通你的感覺;透過理解和道歉,學會解決激怒你或其他人的問題,並加強同理心等技巧,來承擔對別人生氣的責任。

- 打破拒絕—暴怒的循環 社會排斥是青少年自殺、絕望和暴力的危險因子。多數犯下可怕校園謀殺的青少年在學校被霸凌或受同學排擠。透過覺察、同理心訓練和減除霸凌計畫,來改變校園結構與氣氛,可以減少霸凌並改善兒童和青少年的生命。

分享寫作　你有什麼想法?

沉醉式互動

暴露在媒體暴力下會產生暴力傾向的三種解釋是什麼?

測　驗

1._____攻擊出於憤怒的情緒，目的在於造成傷害，然而_____攻擊是作為達到某目的的手段而非傷害。

　　a.敵對性；工具性

　　b.直接的；被動的

　　c.工具性；敵對性

　　d.被動的；直接的

2.尊嚴文化的研究對睪固酮和攻擊之間的關係提出什麼看法？

　　a.解釋為何在眾多文化中，男人比女人更有攻擊性。

　　b.顯示睪固酮與攻擊無關。

　　c.顯示文化影響何時與為何被激怒的男人會有攻擊行為。

　　d.顯示在男人睪固酮的生理因素下，文化影響很小。

3.人際關係暴力的意思是

　　a.對關係他人的暴力行為。

　　b.攻擊關係的負面影響。

　　c.藉由操弄關係，間接地表現攻擊。

　　d.和攻擊的對象發生性行為。

4.談到肢體暴力，男人比女人更容易

　　a.在公共場所展現暴力。

　　b.用暴力行為捍衛尊嚴和地位。

　　c.打配偶或伴侶。

　　d.以上皆是。

　　e.a與b。

5.社會—認知學習理論解釋當人被激怒時，為何

　　a.對攻擊合理化的人會有攻擊行為。

　　b.疲憊或飢餓的人會有攻擊行為。

　　c.他們會自動展現攻擊。

　　d.他們去問朋友該怎麼做。

6.John喝醉了。他在下列哪種情況中最可能展現攻擊行為？

　　a.他正和朋友參加宴會。

　　b.一個陌生人對他打招呼。

　　c.他在寒冷的冬天走路去工作。

　　d.一個陌生人在擁擠的餐廳撞倒他。

7.關於媒體暴力的影響，研究最合理的結論是

　　a.媒體暴力有影響，但主要是對已經有攻擊傾向的兒童。

　　b.媒體暴力有強烈影響，讓多數年輕兒童更有攻擊性。

　　c.媒體暴力實際上沒影響。

　　d.是否有影響要看看兒童觀看的是卡通、電視或是電影。

8.美國的強暴最常在什麼情況下發生？

　　a.被陌生人強迫。

　　b.被熟人強迫。

　　c.加害者意識不清的時候。

　　d.受害者意識不清的時候。

9.研究顯示宣洩理論的效度如何？

　　a.支持：通常有助於宣洩憤怒並釋放壓力鍋。

　　b.支持：從事或觀看暴力運動會降低攻擊。

　　c.不支持：表現憤怒通常讓人更憤怒。

　　d.不支持：把憤怒表現出來有益於生理健康，但無益於心理健康。

10.Jim最近因為公然毆打他人而被判刑。

他對自己的行為提出很多理由。下列哪一項說法符合社會心理學的科學發現？

a.「事件發生時，房內放有槍枝」。

b.「我過去常常看哥哥打鄰居小孩」。

c.「我剛被炒魷魚」。

d.「我成長在西南部的大型牧牛場」。

e.「我並沒有錯，是對方先惹我的」。

f.a、b、c。

g.a、c、d。

h.以上皆是。

CHAPTER 13

偏見：原因、後果和對策

綱要與學習目標

定義偏見

學習目標13.1　說明偏見的三個成分

認知成分：刻板印象

情感成分：情緒

行為成分：歧視

偵測隱藏的偏見

學習目標13.2　解釋我們如何測量人們不想透露的偏見
——或者他們也不知道自己抱持偏見

確認被壓抑偏見的方式

確認內隱偏見的方式

偏見對受害者的影響

學習目標13.3　描述偏見如何傷害其目標對象

自我應驗預言

社會認同威脅

導致偏見的原因

學習目標13.4　描述社會生活中導致偏見的三個層面

順從壓力：規範原則

社會認同理論：我們vs.他們

現實衝突理論

減少偏見

學習目標13.5　說明減少偏見的條件

接觸假說

合作與互賴：拼圖教室

●●●●●●●● 你認為如何？

調查：你認為如何？	
調查	**結果**
何謂偏見？它如何產生？要如何消除它？ □是 □否	

在本書討論的所有社會行為當中，最常見也最危險的就是偏見。請思考下面的實例，它們大約同時在媒體出現：

- 2017年2月24日星期三傍晚，兩位印度裔移民Srinivas Kuchibhotla和Alok Madasani在堪薩斯州Olathe當地常去的酒吧飲酒。有一位他們並不認識的男子Adam Purinton開始用侮辱「阿拉伯人」的用詞稱呼他們。酒吧員工把Purinton趕出去，但是他很快又回來，大喊：「滾出我的國家！」，然後對著兩人開火。儘管並不是針對他們自己種族的歧視，Kuchibhotla卻因此喪命，Madasani也身受重傷。

- 亞裔和非裔美國人要租賃或購買房屋時，房地產仲介告知有適合房屋的機率比白人客戶低17%。甚至在AirBnB這種臨時租屋網站也出現歧視，類似黑人姓名的提問者被接納的機率比類似白人姓名的提問者更低16%。

- 佛羅里達奧蘭多有一間同性戀者夜店Pulse，某個週末夜晚Omar Mateen持半自動步槍對這裡開火，當時跳舞的人超過三百名。四十九人因此喪命。雖然Mateen在社群媒體貼文上自稱恐怖分子，然而他的家人和同事都宣稱他是惡意的恐同者，他們也假定這就是他對Pulse展開攻擊的原因。的確，FBI聲明，他們認為這起攻擊既是仇恨犯罪，也是恐怖行動。

沒有任何人完全免於偏見的傷害；它是全人類的共同問題。當偏見升高成為極端憎恨，就會導致暴行、謀殺、戰爭，甚至種族滅絕。在過去五十年當中，社會心理學家致力於瞭解偏見的潛在心理歷程，並且開始提出可能的解決方案。何謂偏見？它如何發生？如何才能減少它？

定義偏見

學習目標13.1　說明偏見的三個成分

　　偏見是一種態度——充滿情緒力量。態度由三個成分組成：(1)情感或情緒成分：包含與態度相關的情緒類型（例如憤怒、溫馨）和情緒強度（例如稍微不自在、公開敵意）；(2)認知成分：跟組成態度的信念或想法（認知）有關；(3)行為成分：跟個人的行動有關（請參閱第七章）。人們不僅抱持態度，他們通常會付諸行動。

　　在這種脈絡之下，偏見（prejudice）被定義為對待可辨別之團體成員的敵意或負面態度，其基礎僅有身為該團體成員。因此，當我們說某人對特定團體有偏見，意思是他對該團體成員可能採取冷酷或敵意行動，而且認為該團體所有成員都是一樣的。這個人賦予該團體成員負面特徵，而且將所有成員視為一體。單一目標對象的個別特質或行為若不是被忽略，就是被排除。偏見具有的認知成分（刻板印象），可能會影響行為（形成歧視）。

　　我們都是偏見的受害者或潛在受害者，只要我們隸屬於某個可辨認的團體，無論其基礎是族群、膚色、宗教、性別、國家起源、性取向、體型或障礙等，這只是部分例子。並非只有弱勢團體能成為強勢團體之偏見目標對象。偏見是雙向的；可能從弱勢團體流向強勢團體，反之亦然。

　　誠然，目前的情勢已有長足進步。認為黑人比白人更低下、女人比男人更低下、同性戀者比異性戀者更低下的人數持續減少（Weaver, 2008）。五十年前，絕大多數美國人反對種族整合，也無法想像投票給黑人參選者，更別說是2008年歐巴馬當選美國總統。其他改變也橫掃美國各地。五十年前，幾乎沒有人能夠想像，有一天女性律師、醫師、酒保、最高法院法官、太空人或海洋生物學家已經是稀鬆平常的事情。同性戀者生活在害怕被人揭發的恐懼裡，過去幾乎沒有人能夠想像同性婚姻可能實現，更不用說在美國幾個州和世界上幾個國家，它已經合法化。受到人權運動所啟發，1969年肥胖者促進協會（National Association to Advance Fat Acceptance）成立，「致力於消除任何形式的體型歧視」，殘障者權益促進會（Disability Rights Advocates）也努力對抗不利於殘障者的歧視。

　　顯然偏見仍持續存在。美國的仇恨團體自從本世紀以來增加了兩倍

偏見

對待可辨認之團體成員的敵意或負面態度，其基礎僅在於身為該團體成員；包含認知、情緒和行為成分

以上。在2015年到2017年之間，美國的反穆斯林仇恨團體數量增加197％（Potok, 2017）。極端主義態度的高漲被歸因於對美國各地人口轉變的反應。有些人——絕非所有人——認為另一個團體得到更多自由必然造成自身團體承擔自由減少的損失。如果你用這種觀點來看待世界，地方人口組成和偏見的關係其實是有意義的。例如，有些美國白人認為種族歧視是零和遊戲，改善弱勢團體的行動會損害自身利益；他們認為降低對抗黑人的偏差伴隨著升高對抗白人的偏差（Norton & Sommers, 2011; Wilkins & Kaiser, 2014）；面臨這個國家變得更加多元化、白人比例正在降低，這群人的反應並非容忍，而是對拉丁美洲人、非裔美國人和亞裔美國人的偏見逐漸提高（Craig & Richeson, 2014）。在網路上，數十萬自稱白人愛國主義者驕傲地展示對同性戀者、黑人、墨西哥人，以及主要針對猶太人的輕視（Stephens-Davidowitz, 2014）。有時偏見在公開情境裡爆發，就像我們先前描述的故事，以及仇恨犯罪、野蠻行為、不懷好意的笑話。然而，大多數偏見的表達形式很微妙，或者在低層次運作，反映於我們的身體和訊息處理方式。

認知成分：刻板印象

人類心靈無法避免會創造類別，將某些人根據特定特徵歸於同一群，其他人則因為不同特徵而歸於另一群（Brewer, 2007; Dovidio & Gaertner, 2010）。社會神經科學（social neuroscience）領域的研究者發現，創造類別是一種適應機制，深植於人類的腦；人類幾乎早在出生時就開始創造類別（Cikara & Van Bavel, 2014）。新生兒對於各種族的臉孔幾乎沒有偏好，然而他們如果生活在「單一種族」的世界裡，在三個月大之前就會顯現出對自身種族臉孔的偏好（Anzures et al., 2013）。如果他們重複接觸兩種以上種族的臉孔，就不會顯現上述偏好。這項研究說明偏見之社會心理學取向的主要議題：我們生來就能夠察覺不同類別，然而經驗從一開始就塑造這種能力。

出生時，新生兒對不同種族的臉孔並沒有偏好，如果他們重複看見兩種以上種族的臉孔，將會持續維持無偏好。

就像我們將動、植物分門別類，藉此瞭解物理世界，我們也根據人們的重要特徵將他們分類，像是性別、年齡和種族，其目的是瞭解社會世界。我們依賴過去所具有相似特徵者的知覺，決定如何回應其他擁有相同特徵的人（Andersen & Klatzky, 1987; Macrae & Bodenhausen, 2000）。因此，當你想到某個社會團體時，與該團體相關的概念變得更容易提取（Greenwald & Banaji, 1995）。與刻板印象相符的訊息比「例外」更容易得到注意，並且被記住（Macrae & Bodenhausen, 2000）。當我們去評估某個藥癮者誠實或不誠實的時候，較多人記得他將街上的錢撿起來放進口袋，而不是他將錢還給失主（Wigboldus, Dijksterhuis, & van Knippenberg, 2003）。所得到的類別不僅有用且有必要，然而它們也帶來重大結果。它們並非無可避免會產生偏見，然而卻是第一步。

我們傾向於根據自己所認為的規範將人分門別類。而且在特定文化之內，人們心中的規範非常相似，部分原因在於媒體廣泛地複製和傳播這些影像。然而，刻板印象不僅是單純的分類。刻板印象（stereotype）意指有關某一群人的類推，將某些特質賦予該團體幾乎所有成員，而不理會他們實際上的變異。傑出專欄作家Walter Lippmann（1922）首先提出刻板印象一詞，區分「外面」世界和「我們腦中的小圖像」。在特定文化裡，這些圖像相當類似。

我們知道有男性啦啦隊員、女性電腦程式設計師和黑人古典音樂家。所以，我們為什麼要運用刻板印象呢？由於世界對我們而言過於複雜，無法對每件事情都擁有高度分化的態度，我們對某些主題建構出有細微差別的精確態度，以擴大我們的認知時間和能量，然而對另外一些主題則依賴簡單、易出錯的信念。Gordon Allport（1954）描述刻板印象遵循「最不費力原則」（the law of least effort）：因為外界過於錯綜複雜，我們無法對每一件事情形成高度分化的態度，因此針對某些主題會運用認知時間和精力發展出精緻、正確的態度，對其他主題則會採用簡單、概略的信念。刻板印象的認知效率具有神經學基礎；由於我們的訊息處理能力有限，人類的行為像是「認知吝嗇鬼」（cognitive misers）——運用捷徑、採取經驗法則來瞭解其他人（Ito & Urland, 2003）。我們基於自身經驗，以及從媒體和當地文化習得的內容，發展出刻板印象。即使某一個特定刻板印象是正確的，它也會蒙蔽我們去探索他人的個別性，因此對所有人都

刻板印象

有關某一群人的類推，將某些特質賦予該團體幾乎所有成員，而不理會他們實際上的變異

帶來極端適應不良的結果（請參閱【試試看！】專欄）。刻板印象必然會傷害其目標團體。在全世界各地，只要有職業的性別隔離，許多人就會對自己的生涯必要條件形成性別刻板印象：女性工作需要友善和撫育；男性工作需要力量和聰明。這些刻板印象接著扼殺許多人進入非傳統職涯的志向，也在雇主心中造成偏見，導致他們做出歧視行為（Agars, 2004; Cejka & Eagly, 1999; Eccles, 2011）。

試 試 看 ！

刻板印象與攻擊

請閉上眼睛。想像一位具有攻擊性的建築工人。這個人的穿著如何，住在何處，他如何具體地表達攻擊性？寫下你的答案，具體描述這個人的行動。

現在請想像具有攻擊性的律師。這個人的穿著如何，住在何處，他如何具體地表達攻擊性？寫下你的答案，具體描述這個人的行動。

如果你跟某一項實驗的參與者很像，你對

建築工人和律師的刻板印象也會影響你對攻擊一詞的建構：大多數研究受試者想像建築工人採取肢體攻擊，而律師則運用言語攻擊（Kunda, Sinclair, & Griffin, 1997）。順帶一提，在你的視覺影像裡，建築工人和律師都是男性嗎？年輕人？他們的種族或族群為何？除非你是亞裔美國人，我們相當確信，你所想像的這兩個人都不會是亞裔美國人。結果如何呢？

刻板印象是否像某些人主張的，包含「一絲真實性」？有些刻板印象可能屬實，有些則否。由於刻板印象以經驗為基礎，並且正確地確認某一團體整體而言的特定屬性，在處理複雜情境時是有助於適應的捷徑（Jussim et al., 2009; Lee, McCauley, & Jussim, 2013）。但是，有些刻板印象完全無法反映經驗。以大眾心理學的刻板印象為例，女性比男性「更多話」。為了驗證這項假說，心理學家找來一群男性和女性，請他們戴上聲音記錄器，以追蹤日常生活的交談。男女說話的數量並沒有顯著差異，平均是每天一萬六千個單詞，而且參與者之間有相當大的個別差異（Mehl et al., 2007）。如果要知道刻板印象是真是假，必須開放心胸採納否定的證據。

正面刻板印象是好事嗎？

並非所有刻板印象都只有負面內容。有時我們因為某人隸屬的團

體，而假定他是誠實的；如果有一位天主教神父從收銀機裡偷錢，我們會感到驚訝。抱持對某一團體成員的正向信念看來似乎是好事，其實正面刻板印象對雙方都不利。對抱持刻板印象的人來說，誤認為某些人很好比誤認為對方很差，更容易造成適應不良的結果。舉例來說，在《僵屍啟示錄》（譯註：科幻小說，描述僵屍感染人類，造成文明社會崩潰）裡，如果你誤認僵屍是人類，你可能被殺死或者變成僵屍，但是如果你誤認人類是僵屍，最糟的結果只是失去機會。對於刻板印象的目標團體來說，正面刻板印象意指，你仍被視為某個類別的成員，而不是個人，因此仍然可能被歧視。

這位婦女的職業是什麼？大多數西方的非回教徒抱持刻板印象，認為回教徒婦女全身穿戴黑紗（niqab）必然遭受性別及政治壓迫。但是生活在阿拉伯聯合大公國杜拜的回教徒Wedad Lootah是一位婚姻諮商師以及性別運動者，也撰寫阿拉伯文當中最暢銷的性手冊。

　　例如，亞裔美國人通常被稱為「少數民族楷模」，他們工作勤奮、有企圖心且聰明。但是許多亞裔美國人被這些特徵帶來的期待所限制，他們或許對學業成就不感興趣；不喜歡科學和數學，而且這些科目的成績不好；或是不喜歡被當成某一類人，只想成為某個人（Thompson & Kiang, 2010）。除此之外，刻板印象將所有亞裔美國人混為一談，忽略亞洲文化之間的差異（就像是將瑞典、德國、愛爾蘭、法國和希臘後裔都稱為「歐裔美國人」）。有一項研究以美國的柬埔寨、華人、韓國、寮國和越南學生為對象，發現他們的價值觀、動機和目標有所差異（S. J. Lee, 2009）。

　　或我們以「白人跳不高」的刻板印象為例，它隱含的正面刻板印象是：「黑人可以跳」。這是有關白人的負面刻板印象和有關黑人的正面刻板印象，但是兩個族群都不是贏家。目前，NBA選手80%以上是黑人，然而非裔美國人只占美國人口13%。當然，這樣的分歧部分源自對白人球員前景不看好的負面刻板印象。所以，少數民族受到侮辱嗎？上述說法的問題在於模糊了兩群人的重疊之處——也就是

你對於亞裔女性、金髮女性、刺青的女性或者男性化的女性有何刻板印象呢？照片當中這位女性符合上述四種類別。你對這四種女性的刻板印象是正向或負向的？

許多黑人兒童並不擅長籃球，但是許多白人兒童卻打得不錯。80%NBA選手是黑人，並不表示80%黑人都能夠成為NBA選手。因此，當一位白人遇見非裔美國青年，驚訝地發現對方打籃球笨手笨腳，其實就否定了這位黑人男性的個別性。他被歸類為「優秀的運動員」，而不是「聰明的專業人士」。它所造成的傷害類似於某位非裔美國法律教授的經驗：她某天傍晚跟兩位年幼兒子在一間精緻的餐廳裡，經理走過來，若無其事地問她：「他們是否會成為饒舌歌手或球員？」她回答：「比較可能是醫師或律師。」他說：「眼光真高啊！不是嗎？」（Cashin, 2014）。

儘管如此，正面刻板印象的運用和敘述在美國日益增長。由於公然表達偏見較難讓人接受，人們在對話與溝通裡開始有系統地以正面刻板印象來取代負面刻板印象（Bergsieker et al., 2012）。然而，贊同許多正面刻板印象的人也傾向於認可較多負面刻板印象。例如，有一項研究包含十九個國家的一萬五千名男性和女性，其結果顯示：正面性別刻板印象助長慈善性別歧視（benevolent sexism），也就是將女性理想化，認為女性在刻板印象的女性化特質（像是照顧他人、好廚師等）上更優於男性（Glick & Fiske, 2001）。相較之下，敵意性別歧視（hostile sexism）的描述類似於我們通常想到的性別歧視：女性比男性更低下，認可女性的負面刻板印象。由於慈善性別歧視不帶有對女性的敵意，對許多人而言似乎不像是偏見，然而慈善性別歧視和敵意性別歧視有強烈關聯，表示慈善性別歧視者也可能是敵意性別歧視者（Glick & Fiske, 1996）。在此我們並非只討論男性；許多女性也認可慈善性別歧視（像是希望男性幫她們開門），而且有些女性較不支持婦女平權運動（Becker & Wright, 2001）。因此，正面和負面刻板印象都是歧視的正當理由，也都可以用來辯護賦予人們刻板化角色的行為（Christopher & Wojda, 2008; Glick 2006）。

情感成分：情緒

如果你認為人們都有根深柢固的偏見，就會知道要改變他們的想法有多困難。有些人即使對大多數議題都很理性，一旦談到偏見，就無法聽進理性、合邏輯的論點。為何會如此？主要原因在於，態度的情緒層面使得有偏見的人難以聽進道理；合邏輯的論點未必都能有效地對抗情緒。

Gordon Allport（1954）在其重要著作《偏見的本質》（*The Nature of*

Prejudice）當中完美地證明了以理性改變態度的困難之處。他引述X先生
與Y先生之間的對話。

> X先生：猶太人的毛病就是他們只關心自己那群人。
>
> Y先生：但是根據公益基金募款的紀錄，他們比較慷慨；根據人
> 數的比例來看，他們的社區慈善專款比非猶太人更多。
>
> X先生：這表示他們總是想要收買人情，而且插手管基督徒的事
> 情。他們只想著錢，這就是為什麼有許多猶太裔銀行家。
>
> Y先生：但是近期研究顯示，猶太人在金融業的百分比微不足
> 道，比非猶太人的百分比更少。
>
> X先生：正是如此；他們對受人尊重的事業不感興趣；他們只想
> 經營電影事業或夜店。

這對話顯示出我們有保護某些信念的強烈動機。由於X先生陷入對猶
太人的強烈情緒，其反應不合理性。事實上，有偏見的X先生說：「不必
浪費時間告訴我事實；我已經做出決定。」他並未對Y先生提供的資料提
出異議，而是扭曲事實來支持他對猶太人的怨恨，或者乾脆忽略它們，展
開另一波新的攻勢。他仍然維持有偏見的態度，儘管X先生提出的論點已
經被駁斥。根據Gordon Allport多年前的觀察，結果就是「心智挫敗，偏
見情緒持續」（p. 328）。他的意思是，偏見的情緒成分，也就是根深柢
固的負面感受將會持續，即使個人明白偏見是錯誤的。

在一項早期的偏見研究裡，研究者首先要求大學生對二十個族群和
國家團體（例如阿根廷人、加拿大人、土耳其人）排序和評分。然後，這
些學生來到實驗室，戴上皮膚電阻儀器以測量生理激發狀態，同時聆聽他
們最不喜歡的團體之正面陳述，像是「全世界毫無疑問地認同他們是誠
實、有智慧，而且完全無私的」。以及他們最喜歡的團體之負面陳述，像
是「他們給人類帶來的麻煩當然多於價值」。他們也聆聽兩個中性團體的
正面和負面陳述。相較於聽到中性團體的陳述，當學生聽見最不喜歡團
體被稱讚或最喜歡團體被貶抑，其皮膚電阻降低（譯註：意指生理激發
狀態升高）。更有趣的是，在第二項研究裡，Cooper（1959）根據學生聽
見二十個團體的陳述所產生的生理激發狀態，預測這些團體的排序。因
此，偏見是非常強烈的態度，以致於你聽見不喜歡團體的好事也會反映在

皮膚電阻上。

　　刻板印象也塑造你對不同團體的情緒反應。Susan Fiske、Amy Cuddy和Peter Glick（2007）主張，所有團體刻板印象可以根據個人知覺的兩個普遍向度來分類：溫暖和能力。舉例來說，我們傾向於認為富人有能力但不溫暖，年長者溫暖但沒有能力，因此對他們產生不同情緒（請參閱**圖13.1**）。有能力但不溫暖的團體被人嫉妒，而溫暖卻沒有能力的團體讓人憐憫。對團體的溫暖和能力知覺可以預測對其成員的情緒反應。我們仰慕既溫暖又有能力的團體（像是中等階級），而且輕視既不溫暖又無能力的團體（像是遊民）。

　　在本書當中，我們曾說：沒有任何人是100%可靠的會計師，能夠精確地處理重要的社會訊息。人類心靈無法客觀地記錄事件；我們的情緒、需求和自我概念都造成妨礙（Fine, 2008; Gilovich, 1991; Westen et al., 2006）。因此偏見（混合了刻板印象及對特定團體的情緒「熱度」）難以改變。我們只會看見支持自己對「那些人」看法正確的訊息，排除要求我們改變心態的訊息，正如同X先生一樣。目前，你對某些團體抱持何種外顯的負面感受呢？——儘管你或許希望自己並沒有這樣感受。（請參閱【試試看！】專欄）

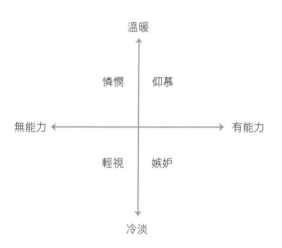

圖13.1　情緒反應隨著團體的溫暖和能力而改變

對團體的知覺通常因溫暖和能力向度而變化。根據團體刻板印象落在這些向度的位置，不同團體引發人們不同的情緒反應（改編自Fiske, Cuddy, & Glick, 2007）。

確認你的偏見

你是否對某些團體的人感到「難以忍受」？誰喚起你最強烈的偏見？是因為他們的外貌、時尚穿著、體重、年齡、職業、族群、宗教、性取向、性別或種族，甚至他們所聽的音樂嗎？請思考導致偏見的原因；哪些因素可能造成你的負面感受？請思考可能降低偏見的經驗和態度改變：在你能夠釋懷以前，可能產生何種結果？

行為成分：歧視

　　偏見通常導致歧視（discrimination），也就是針對某個人的不公平待遇，僅僅只是因為他們身為某一團體成員。歧視可能顯現於正式或隱晦的形式。比方說，在持續鼓吹「瘦就是美」的文化裡，胖子通常成為被取笑、騷擾和羞辱的對象，比瘦子更少獲得僱用與升遷；而且較不可能得到醫師的適當醫療（Finkelstein, DeMuth, & Sweeney, 2007; Miller et al., 2013）。這類歧視帶來致命後果。以Rebecca Hiles為例，她起初因久咳不癒，有時甚至咳血，因而尋求醫療，當時她只有十七歲。往後五年，她向多位醫生求診，全都得到相同回應：她的問題肇因於體重。最後終於有一位醫生認真看待Rebecca的問題，診斷出她罹患癌症。此時，她只能選擇切除全部的肺。外科醫生後來告訴她，如果在五年前就診斷出來，她仍可以保有肺。

歧視

針對某一團體之成員的不正當負面、有害行動，其基礎僅在於身為該團體成員

制度化的歧視

　　我們在本章開始時提供許多明顯為歧視的例子，但是在醫院、學校和職場的大多數明顯歧視違反現今美國法律。儘管如此，刻板印象和歧視仍以難以記錄的微妙方式影響行為。例如，頂尖大學的男、女理科教授被要求評估申請實驗室主任的學生。申請者資料完全相同，只有名字被隨機分派為男性或女性。教授評定男性求職者的能力顯著高於女性求職者。他們較願意僱用他，提供他較高起薪，而且提供較多職涯指導（Moss-Racusin et al., 2012）。

　　基於僱用歧視，人們訴諸淡化其社會認同的策略。非白人求職時除去履歷的種族資訊稱為「洗白」履歷，就像除去文化機構授予的獎勵。令人難過的是，剝除社會認同可能有效：在2015年夏季的一項大規模研究裡，研究者將非裔和亞裔大學畢業生的「白化」和「非白化」履歷寄給主要求職網站裡貼文的一千六百項求才廣告。白化履歷的應徵者獲得回覆的機率是非白化履歷的兩倍（Kang, DeCelles, Tilcsik, & Jun, 2016）。儘管矯正歧視的優惠待遇（affirmative action）讓黑人求職者得到優惠，尤其是大學畢業生，研究結果卻顯示：他們在經濟艱難時仍是不利的一群。

　　歧視似乎在司法系統裡也變得制度化。請思考在1980年代展開的全國「反毒品戰爭」使黑人社群遭遇嚴重社會和經濟傷害的事實。法律學

者Michelle Alexander在其著作《新吉姆‧克勞法》（*The New Jim Crow, 2012*）裡稱呼因對抗毒品戰爭而導致黑人大量被監禁是最新型態的合法種族隔離。根據人口比例和吸毒者人數來計算，黑人遭到逮捕、定罪和服刑的比例過高（Blow, 2011）。在西雅圖進行的研究就是典型的例子。西雅圖白人占總人口70%，絕大多數使用或販賣禁藥者都是白人，然而被逮捕者卻有三分之二是黑人。白人大多使用或販賣安非他命、快樂丸、古柯鹼粉末和海洛英；黑人則主要使用快克。但是，警方幾乎完全忽略白人市場，集中逮捕快克使用者。研究者表示，他們無法找到「種族中立」的理由來解釋這種現象。以快克為焦點似乎與快克交易次數、公共安全或健康考量、犯罪率或民眾抱怨都無關。研究者的結論是：警察部門的藥品執法反映出種族歧視──「種族」在潛意識當中影響官方對於城市藥品問題原因的知覺（Beckett, Nyrop, & Pfingst, 2006）。

日常生活的歧視

歧視並不限於重大生活事件。偏見可能微妙地藉由「微攻擊」（microaggression）（其定義是許多弱勢團體成員所體驗到的怠慢、無禮舉動和輕蔑言詞）導致不公平的待遇（Dovidio, Pagotto, & Hebl, 2011; Nadal et al., 2011; Sue, 2010）。Derald Sue（2010）提供一些實例：白人教授稱讚亞裔美國研究生「英語很棒」，其實這位學生一輩子在美國生活。雇主花費較少時間跟那些令他們不自在的人進行晤談，視線接觸較少，而且正向言詞較少（Hebl et al., 2002）。

從偏見到歧視

2016年獨立紀念日過後不久的一天傍晚，一對黑人伴侶Philando Castile和Diamond Reynolds帶著四歲女兒坐在車子裡，被Jeronimo Yanez攔下來。Castile對Yanez說，他有一把合法持有的槍在車裡，六秒鐘以後，警官對車子擊發七槍，殺死Castile。在無線電錄音裡，Castile不斷告訴Yanez，他並沒有伸手拿槍，Yanez則對Castile大吼不要碰槍。Yanez後來告訴每個人，他害怕Castile伸手拿槍。他開始對Reynolds大喊，不要碰槍，在此同時，她開使用臉書直播現場發生的事情。數百萬

以不受干擾的方式測量社會距離和「微攻擊」可以得知人們對於殘障者的非語文反應。

人目睹槍擊的可怕、悲傷結果。Yanez因為被起訴二級謀殺，以及朝車內開槍而危害Reynolds和她女兒的安全。在槍擊案不到一年，他在所有罪名上都被宣判無罪。Yanez的辯護理由取決於當時他感到害怕。

當天結束時，Castile的審判簡化為讓Yanez感覺害怕的理由，而不是這位警官遭遇的客觀危險程度。此時偏見轉變為最致命的歧視。研究結果顯示，美國白人賦予非裔美國人「超出人類」的性質，像是力大無窮（Waytz, Hoffman, & Trawalter, 2014）。在需要快速判斷瞬間危險時，這一組信念有重

鑑識團隊正在調查Philando Castile遇害之車輛。Castile是黑人男性持續遇害悲劇的一個例子，槍手宣稱他們有危險。有關內隱偏見和歧視的研究有助於瞭解和預防這樣的悲劇。

要影響。除此之外，警官通常被迫在極端壓力的狀況下快速做決定，沒有時間停下來分析某人是否構成威脅，因此他們需要倚賴快速、以連結為基礎的刻板印象。那個人伸手拿證件或槍？開槍的決定是否取決於被害人的種族？如果Castile是白人，警官會採取不同行動嗎？在2015年，警方對無武器的黑人開槍的次數是無武器白人的5倍。

這個問題促使研究者在實驗室重建當時情境。在某一項研究裡，參與者看見真實情境（在公園、火車站和城市人行道）的影片裡有個年輕男子（Correll et al., 2002）。半數參與者看見非裔美國人，另外一半的人看見白人。每組各有半數人看見這位男子手持手槍，另一半的人則看見他手持無威脅性的物品，像是手機、皮夾或攝影機。當參與者看見照片裡的人手持武器，則要按下「射擊」的按鍵，反之則按下「不射擊」的按鍵。他們跟警官一樣，在不到一秒鐘的時間內就要做出決定。參與者每回合都可以得到加分或扣分：不射擊未持有手槍者加五分，射擊持手槍者加十分；射擊未持有手槍者扣二十分，不射擊持有手槍者扣四十分（對警官而言，這是最可能威脅到生命的情境）。

實驗結果如何呢？結果是參與者看到影片裡的黑人特別容易扣扳機，無論他們是否持有手槍。「射擊者偏誤」（shooter bias）顯示出：當黑人持有手槍時，人們很少犯錯；然而它也意味著，當黑人並未持有手槍時，他們常犯下最嚴重錯誤（射殺手無寸鐵者）（見**圖**13.2）。當照片

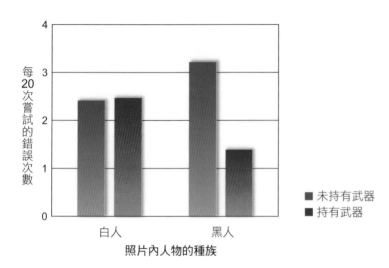

圖13.2 「射擊」視聽遊戲當中的錯誤

參與者玩視聽遊戲，他們要「射擊」持槍男子，如果對方手持手機等無害物品則不要射擊。圖中顯示，玩家最常犯的錯誤是「射擊」手無寸鐵的黑人（改編自Correll et al., 2002）。

裡的人是白人，無論他是否持有手槍，參與者犯錯的次數大略相等。在後來的實驗裡，由警官擔任參與者，同樣顯示出黑人與槍的關聯，他們射擊有武器的黑人快於白人，即使是背景情境看來安全、無威脅。許多不同實驗重複驗證其基本發現（Correll et al., 2011; Ma & Correll, 2011; Plant & Peruche, 2005）。

偏見也可能在個體憤怒時或遭到羞辱時被活化（Rogers & Prentice-Dunn, 1981）。白人學生被告知他們被另一位學生「學習者」（白人或非裔美國人）施予電擊，表面理由是為了探討生理回饋。學生一開始給予黑人學習者較低強度的電擊——這反映出他們希望表達自己沒有偏見。然後學生偷聽到學習者對他們的詆毀評語，很自然地，這讓他們感到憤怒。現在，他們有另一次機會施予電擊，此時他們給予黑人學習者較強的電擊（見**圖13.3**）。相同模式也出現在加拿大英語學生對待法語學生、異性戀者對待同性戀者、非猶太人學生對待猶太學生，以及男性對待女性的研究裡（Fein & Spencer, 1997; Maass et al., 2003; Meindl & Lerner, 1985）。

這些發現指出，我們許多人只是讓偏見潛浮在表面之下。它們很容易被活化，一旦被活化後，可能導致我們對於特定外團體的知覺和待遇產生悲劇結果。

「黑人的命也是命」（#BlackLivesMatter）是在George Zimmerman殺死十七歲青少年Trayvon Martin被判無罪後開始的運動，目的是對抗美國黑人的非人性待遇。

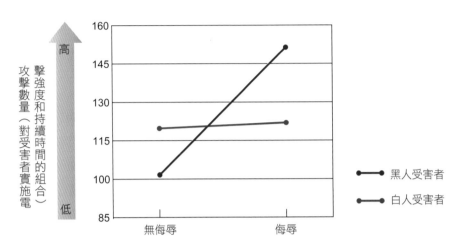

圖13.3　對非裔美國人之偏見的宣洩

人們感到憤怒或者被羞辱時可能活化偏見。在這個實驗裡，白人參與者感覺良好時給予黑人「學習者」的電擊比白人學習者更輕微。然而一旦白人學生被侮辱，就會給予黑人學習者較強的電擊（改編自Rogers & Prentice-Dunn, 1981）。

複習題

1. 社會神經心理學研究發現，
   a. 腦部快速形成類別具有演化上的助益。
   b. 形成類別和刻板印象的傾向大多由經驗決定。
   c. 某些文化的人比其他人更可能形成刻板印象。
   d. 經驗幾乎不影響覺察不同類別的能力。

2. 假定你是酒吧調酒師，你對手臂刺青的人抱持刻板印象：你認為他們比沒有刺青的人更可能在酒吧打架。你的知覺說明刻板印象的哪個層面？
   a. 你注意到符合刻板印象的人，忽略不符合刻板印象的人。
   b. 你特別注意有刺青的非攻擊者。
   c. 你特別注意沒有刺青的攻擊者。
   d. 你的刻板印象是正確的。

3. 慈善性別歧視意指人們認為女性的友善和撫育天生優於男性。國際研究顯示，這種信念會造成何種結果？
   a. 女性的自尊比男性更高。
   b. 男性嫉妒女性擁有更多正向特質。

   c. 它可能導致對女性的歧視變得合法，並且有正當理由將她們貶抑為傳統角色。
   d. 它可能導致人們過度忽略指向男性的性別歧視。

4. 何者導致我們嫉妒某一社會團體？
   a. 對該團體的刻板印象是沒有能力也不溫暖。
   b. 對該團體的刻板印象是有能力但不溫暖。
   c. 對該團體的刻板印象是沒有能力但溫暖。
   d. 對該團體的刻板印象是有能力且溫暖。

5. 由於美國法律判定大多數歧視形式都違法，偏見的表達
   a. 顯著減少。
   b. 較可能展限於微攻擊。
   c. 並未改變。
   d. 可能在個人感到壓力、憤怒或挫折時被活化。
   e. 對於弱勢團體成員的影響較小。
   f. b和d。
   g. b、d和e。

偵測隱藏的偏見

學習目標13.2 解釋我們如何測量人們不想透露的偏見——或者他們也不知道自己抱持偏見

當歐巴馬首次當選美國總統時，許多人希望美國朝向「後種族」紀元邁進，然而不久前我們得知顯然事與願違。高度偏見者知道基於種族歧視的反對過於粗野，因此轉而質疑他的國籍和宗教：他並非誕生在美國（其實他是）。他是回教徒（其實他是基督徒）。他不是合法公民（其實他是）。簡單來說，他不是「自己人」。以將近三百位黑人和白人學生為對象的研究發現，對抱有高度偏見的白人來說，歐巴馬總統的「非美國主義」影響對其表現的評估，但是對副總統拜登的表現並沒有影響（Hehman, Gaertner, & Dovidio, 2011）。實際上，這些學生可能會說：「我對黑人並沒有歧視——只是歐巴馬其實不算美國人，而且是個差勁的總統。」相對地，黑人學生和沒有偏見的白人學生無論支持或批評歐巴馬，都認為他身為美國人的身分與自己的評估無關。或許諷刺的是，繼任的總統川普正是堅持歐巴馬並非美國公民之「出生地懷疑派」運動的領袖。

首位黑人當選美國總統對許多美國人來說是令人振奮的里程碑，但是也喚起另外一些人的偏見。

現今，表達偏見是否為社會所接受仍未有定論。一方面，我們看見川普公然表達對穆斯林和墨西哥移民的負向信念，但是贏得總統選舉。但在此同時，我們看見佛羅里達州參議員Frank Artiles在2017年4月因酒醉後對其他參議員爆出種族和性別歧視言詞而辭職。基於這些混雜的動機，有些人壓抑真實感受是出於想要減少偏見的真誠動機；另外有些人壓抑其信念，只是為了避免被稱為種族歧視者、性別歧視者或者恐同症者（Devine et al., 2002; Plant & Devine, 2009）。無論何者，這些人都不透露其偏見。我們在第七章曾經討論，有些人抱持內隱偏見，甚至自己也無法有意識地覺察到一些微偏誤和很少活化的刻板印象，以及我們對於某一團體「好」或「壞」的模糊態度。社會心理學家發展各種內隱測量方法

（implicit measures）方法，嘗試要確認人們不想承認的偏見，無論對他人或者對自己都是如此（De Houwer et al., 2009）。

確認被壓抑偏見的方式

想要確認被壓抑偏見的其中一種方式是郵寄相同的履歷給潛在雇主，只是改變名字代表不同性別（例如John或Jennifer），暗示不同種族（名字或非裔美國人組織的成員），提及宗教組織或性取向，或者描述求職者很肥胖（Acquisti & Fong, 2014; Agerström & Rooth, 2011; Rooth, 2010）。雇主的反應會顯示出偏見嗎？

我們知道，答案通常是肯定的，然而當這種方法結合社交媒體時，也可能顯示其他偏見。如今，超過三分之一的美國雇主檢視求職者的臉書或其他線上來源，尋找聯邦或州法令禁止直接詢問的訊息。有一群研究者寄出四千多份捏造履歷給全國各地張貼徵人公告的私人公司。然後他們創造虛假臉書網頁，顯示求職者是回教徒或基督教徒，同性戀者或異性戀者。研究者發現，對於同性戀男性和女性的接納令人難以置信地進步：雇主並未像美國其他地方那樣，根據性取向而表現出歧視行為。然而在大多數保守黨執政的州，雇主卻透露反對回教徒的偏見：基督教求職者得到回電的機率比回教徒求職者更高——分別是17%對2.3%（Acquisti & Fong, 2014）。

由於人們相信自己無法愚弄機器，另一種確認被壓抑之外顯偏見的方法是訴諸科技。這種方式類似於早期的假線路（bogus pipeline）。參與者戴上看來冠冕堂皇的儀器，他們被告知這是測謊器；事實上，它只是一堆沒有作用的電子零件。參與者被隨機分派以問卷（很容易給予社會期許的正確答案）或假線路（他們認為儀器可以在自己說謊時透露其真實態度）表達其態度。人們在使用假線路時表達較多種族偏見（Jones & Sigall, 1971; Roese & Jamieson, 1993; Sigall & Page, 1971）。同樣地，男、女大學生在問卷上對於社會中的女性權利和女性角色幾乎表達相同的正向態度。然而，在使用假線路時，大多數男性透露其真實感受，對女性議題較少顯示同情心（Tourangeau, Smith, & Rasinski, 1997）。假線路也曾被用來顯露人們對於猶太人和以色列的敵意，這些感受因為社會認定不適當而被掩蓋（Cook et al., 2012）。

確認內隱偏見的方式

像是假線路這種方法的基礎在於，假定人們知道自己的真實感受，然而盡量對他人隱藏這些感受。然而有些人可能懷有連自己也不知道的偏見。心理學家設計幾種方法來測量內隱偏見。

得到美國及國際重視的方法是內隱連結測驗（Implicit Association Test, IAT），測量人們對某一目標團體之正向和負向連結的速度（Banaji & Greenwald, 2013; Greenwald, McGhee, & Schwartz, 1998）。以下介紹它的原理。你坐在電腦前，盡快將你看到的一系列臉孔進行分類——例如，黑人臉孔按左邊鍵、白人臉孔按右邊鍵。現在你要用相同方式判斷一系列正向或負向詞——正向詞（像是勝利、歡樂、誠實）按左邊鍵，負向詞（像是邪惡、狂想、失敗）按右邊鍵。一旦你對分類作業變得熟練，臉孔和字詞就結合在一起：現在，請盡量快速反應，你必須在看見黑人臉孔或正向詞的時候按左邊鍵，看見白人臉孔或負向詞的時候按右邊鍵。你進行一連串快速的組合：黑人＋勝利、黑人＋毒藥、白人＋和平、白人＋仇恨。然後關鍵配對改成看見黑人臉孔或負向詞按左鍵，看見白人臉孔或正向詞按右鍵。

研究結果不斷指出，人們將白人臉孔跟正向詞、黑人臉孔跟負向詞配對時反應較快速。上述的速度差異據說是對於非裔美國人的內隱態度指標，因為他們在潛意識當中較難將非裔美國人跟正向詞進行連結。IAT的不同版本曾經實施於多種目標團體，包括年輕或年長者、男性或女性、亞洲人或白人、殘障者或非殘障者、同性戀者或異性戀者、過重者或瘦子。全世界不同年齡和行業共有一千五百多萬人在線上、學校、工作場所接受該測驗，而且大多數人知道自己抱持內隱偏見（Nosek, Greenwald, &

內隱連結測驗

根據人們將目標人物臉孔（例如黑人或白人、老人或年輕人、亞洲人或白人）跟正向或負向刺激（例如誠實或邪惡）建立連結的速度來測量潛意識（內隱）偏見的測驗

試試看！內隱連結測驗

沉醉式互動

調查	結果
回答下列有關內隱連結測驗的問題：(1)根據你的測驗表現，你有任何偏見嗎？(2)你認為自己的內隱測驗結果可信嗎？(3)你是否對於接受內隱連結測驗的經驗感到意外？ 你填寫的答案會出現在儀表板上，而且老師可以觀看。	

Banaji, 2007; Miller et al., 2013）。

IAT的發展者Mahzarin Banaji和Anthony Greenwald（2013）指出，當人們被告知自己擁有未覺察的偏見，通常感到驚訝和不安。Banaji本人是有色人種女性，在印度出生和成長，她表示自己「未通過」種族IAT，顯露她有意識駁斥的反黑人連結。某位同性戀運動者得知「自己的心靈包含同性戀等於壞的連結更強過同性戀等於好的連結」，感到大吃一驚。年輕人對於「老＋壞」的反應時間比「老＋好」更快，但是大多數老年人也是如此。作家Malcolm Gladwell屬於兩個種族，當他得知自己的IAT反應時同樣很震驚。研究者引用他與Oprah Winfrey的晤談：「在我生命裡最愛的人『他的母親』是黑人，但是我在此接受的測驗卻顯示，坦白說，我並沒有對黑人特別著迷，你知道嗎？」（引自Banaji & Greenwald, 2013, p. 57）。

嗯，別太快下結論，Malcolm！IAT可能表示你有偏見，也可能未必如此。心理學家對於測驗結果解釋的模糊不清意義有所爭論。如果Gladwell對「黑人＋好」的反應比「黑人＋壞」的反應慢了幾毫秒，那可能表示他抱持潛意識（內隱）偏見。但這也可能意指，IAT並非總是測量原先欲測量的結果（De Houwer et al., 2009; Kinoshita & Peek-O'Leary, 2005; Rothermund & Wentura, 2004）。有些心理學家認為，它只是捕捉到文化連結或刻板印象，就像是人們對於「麵包＋奶油」的反應比「麵包＋鱷梨」的反應更快。因此老人或許像年輕人一樣，對於其他老人有偏見，但也可能是因為老人和年輕人共享有關老人的相同文化刻板印象和連結（Arkes & Tetlock, 2004; Olson & Fazio, 2004）。即使我們採納上述解釋，IAT的個別差異仍顯示有些人的刻板印象比其他人更強烈。

判斷IAT之效度的方法之一是檢視高分可否預測對待老人、過重者、變性者或其他團體的實際行為。有些研究確實顯示，人們的IAT分數愈高，愈可能對目標團體做出某些歧視行為（Green et al., 2007; Greenwald et al., 2009）。例如，有一項研究發現，在IAT當中透露種族偏見的白人認為黑人較不值得信任（Stanley et al., 2011）；另一項研究指出，高分的白人在專業情境裡跟黑人溝通時較不溫暖（Cooper et al., 2012）。IAT高分的癌症醫生治療黑人患者時間較少，而且認為黑人患者的癌症症狀較輕微。這種差異化行為並未出現在IAT低分的腫瘤學家身上（Penner et al.,

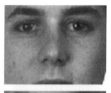

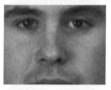

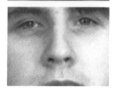

2016）。

然而，有些人宣稱IAT所測量的偏誤甚至連自己也無法覺察，因此你聽到自己對不同團體的內隱偏見會感到驚訝。相反地，當人們預測他們自己對於五種不同團體的IAT反應時，卻是「令人意外地正確」（Hahn et al., 2014）。這表示，如果內隱偏誤確實存在，你或許會知道。因此，儘管人們顯然可能、也確實抱持潛意識偏見，並且以他們未必瞭解的方式影響其行為（請參閱第七章），如何找出內隱偏見的爭議仍舊持續。

測量內隱種族歧視之IAT（內隱連結測驗）所使用的典型刺激。

複習題

1. 被壓抑的偏見是什麼？
   a. 個人抱持未覺察的偏見。
   b. 個人傾向於在適當狀況下出現偏見。
   c. 個人知道自己有偏見，然而選擇不要公開表達。
   d. 個人以微妙方式透露偏見，藉由暗示而非直接公開表達。

2. 內隱偏見是什麼？
   a. 個人抱持未覺察的偏見。
   b. 個人傾向於在適當狀況下出現偏見。
   c. 個人知道自己有偏見，然而選擇不要公開表達。
   d. 個人以微妙方式透露偏見，藉由暗示而非直接公開表達。

3. 當人們黏貼「假線路」或其他科技「測謊器」，如何影響他們承認偏見的意願？
   a. 他們更可能承認自己原本壓抑的偏見。
   b. 他們更可能承認潛意識偏見。
   c. 他們更不可能承認任何類型的偏見。

d. 他們更不可能透露性別歧視，然而更可能透露反猶太人歧視。

4. 內隱連結測驗（Implicit Association Test）的主要問題是什麼？
   a. 人們無法快速地對配對刺激產生反應。
   b. 它能夠確認種族歧視，然而無法確認其他類型的偏見。
   c. 它可能反映出文化規範，而非個人偏見。
   d. 它較適合用於測試外顯偏見，而非內隱偏見。

5. 內隱連結測驗可以用於測量內隱偏見，但是對其結果的另一種解釋是什麼？
   a. 它捕捉文化刻板印象，而非人們的真實感受。
   b. 它反映出兩種特質的真實連結，而未必是偏見。
   c. 它無法快速地測量連結速度。
   d. 以上皆是。
   e. a和b為正確答案。

偏見對受害者的影響

學習目標13.3　描述偏見如何傷害其目標對象

至此我們已經從加害者的觀點探討偏見，現在將焦點轉向受害者。身為偏見目標的常見後果之一是自尊降低；內化社會的觀點，將自己的團體視為次等、沒有吸引力或沒有能力。但是，另一個常見反應是重新評估負面刻板印象，將它們轉變為賦權的來源、動機和驕傲。如何預測哪一種反應會出現？在此我們將討論因內化感受而產生的兩種自我挫敗問題，以及帶有被汙名化認同的人們堅韌面對汙名的策略。

自我應驗預言

如果所有條件相等，當你相信Amy不太聰明，也依照這樣的印象來對待她，很有可能她在你面前會說出一堆不聰明的話。這種現象就是著名的自我應驗預言（self-fulfilling prophecy）（請參閱第三章）。它如何發揮作用？如果你相信Amy智力很低，你可能會問她有趣的問題，而且不會認真聽她說話；確實你甚至可能望著窗外或打呵欠。你的行為出於簡單的期待：為何要浪費精力去注意Amy，反正她不太可能說些明智或有趣的話？你的行為隨之影響Amy的行為，當她說話卻沒有人注意，會讓她感到不自在；她或許會轉為沉默，不再吐露內心的詩篇或箴言。這一點恰好符合你最初的信念。循環回到起點，自我應驗的預言完成。對Amy來說，一切都完了：當人們持續忽略她，她也會建立自己愚蠢、無聊的自我概念。

研究者在一項巧妙的實驗當中證實，此一現象與刻板印象和歧視的關聯（Word, Zanna, & Cooper, 1974）。白人大學生與白人或黑人求職者進行晤談。白人學生跟黑人求職者談話時表現出不安和不感興趣的態度。相較於跟白人求職者晤談，他們坐得較遠、較容易說話結巴、較快結束晤談。然後，在第二項實驗裡，研究者有系統地改變晤談者（其實是實驗助手）的行為，符合第一項實驗裡晤談者對待黑人或白人求職者的方式；然而在第二項實驗裡，接受晤談的都是白人。研究者錄下晤談過程，要求獨立評分者為求職者打分數。當求職者面臨黑人接受晤談的待遇時，他們表現得格外緊張、差勁；簡單來說，他們的行為反映出晤談者的期待（見**圖**13.4）。

自我應驗預言

人們對另一個人的期待影響自己對待對方的方式，而後造成對方的行為符合原本期待，導致預言成真

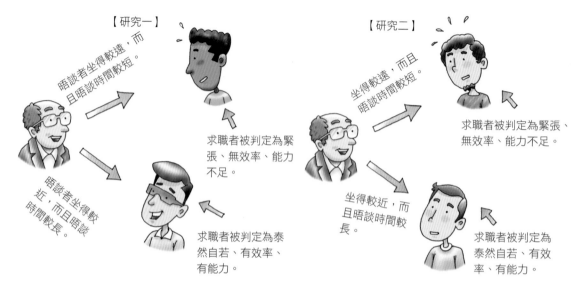

【研究一】

晤談者坐得較遠，而且晤談時間較短。

求職者被判定為緊張、無效率、能力不足。

晤談者坐得較近，而且晤談時間較長。

求職者被判定為泰然自若、有效率、有能力。

白人晤談者根據種族，在晤談期間給予求職者差別待遇。獨立評分者後來評定黑人求職者表現得比白人更差。

【研究二】

坐得較遠，而且晤談時間較短。

求職者被判定為緊張、無效率、能力不足。

坐得較近，而且晤談時間較長。

求職者被判定為泰然自若、有效率、有能力。

當白人晤談者接受訓練，採用【研究一】的兩種晤談「風格」：白人求職者接受先前黑人所受到的待遇時，表現較差；接受先前白人所受到的待遇時表現較好。

圖13.4　證實自我應驗預言的實驗

（黃建中繪製）

　　從社會的層次來看，自我應驗的預言甚至更加狡獪。假定一般人相信，某一團體無藥可救地不受教，只適合低薪資的工作。為何要浪費教育資源在他們身上？因此，他們未能得到適當的學校教育。因此，許多人輟學，無法學得高薪資工作所需的技能。因此，他們的工作機會有限。三十年之後，你會發現什麼？目標團體成員大多在求職時嚴重受限，跟其他族群相比處於不利地位。「看見了吧？我一直都是對的。」那些心胸狹窄的人說：「我們多麼幸運，沒有浪費珍貴的教育資源在這樣的人身上！」自我應驗的預言再度命中。

社會認同威脅

　　你是否曾經在跟他人談話時，因為某人直接提及或者交談主題有關，而對自己的團體認同特別警覺？你突然瞭解到，對方可能認為你代表你的團體，而不是個人。可能是因為你的種族、宗教或性取向，但是也可能基於較不「重要」的類別，像是你的政黨、參與的組織或球隊，甚至頭

髮的顏色。一旦發生上述情形，你感到肩頭有一股沉重的壓力，需要反駁有關你所屬團體的負面刻板印象，證明你是個聰明、多才多藝、心地善良的人。這種負擔耗盡你專注於手邊任務的認知資源，因而阻礙你展現自己技能和真實自我的能力。

研究者稱呼這種因為自己隸屬某個團體而被評價的感受和行為叫做社會認同威脅（social identity threat）（Inzlicht & Kang, 2010）。這種藉由團體負面刻板印象來評價他人的經驗過去稱為刻板印象威脅（stereotype threat）（Steele & Aronson, 1995a, b），但是它似乎可以延伸到可能因團體認同而被貶低的任何情境裡。研究結果顯示，社會認同威脅會降低工作記憶能力（Schmader & Johns, 2003），因此你沒有足夠的認知資源以達到良好表現。代表整個社會團體的額外負擔造成擔憂，干擾你的表現能力。

在其中一項實驗裡，Steele和Aronson對史丹佛大學黑人和白人學生實施困難的個別測驗（GRE）。每一種族學生有半數認為，研究者所感興趣的是測量他們的智力。另外半數學生認為，研究者只是為了檢驗受測過程，並不關心學生的能力。其結果肯定研究者的推測。無論他們是否認為測驗可以作為診斷工具，白人學生的表現一樣好（或一樣差）。當黑人學生認為測驗無法診斷其能力時，他們的表現跟白人學生一樣好。然而，認為測驗正是測量其能力的黑人學生的表現低於白人學生以及另外一組黑人學生。認為研究者探討受測過程的黑人學生跟白人學生表現一樣好。Steele和Aronson在後續實驗裡發現，引發社會認同威脅的原因之一是種族的顯著性：如果受測者在測驗開始前被問到其種族，黑人學生的表現更顯著地衰退。然而這項細節對白人受測者的表現並無影響。

社會認同威脅的出現跟你在特定情境裡最明顯的社會認同有關。有時，你的社會認同可能帶有互相衝突的刻板印象。舉例來說，社會對於亞裔美國女性的刻板印象是數學好或者數學差？一方面，美國文化的刻板印象是男性數學比女性好，儘管兩性的數學技能有相當大的重疊部分（Else-Quest, Hyde, & Linn, 2010）。然而，美國文化也有亞裔者數學優於非亞裔者的刻板印象。所以亞裔美國女性的數學表現如何？答案取決於她們想到族群認同或性別認同：亞裔美國女性被提示性別（刻板印象：女性數學差）時，數學測驗表現得比提示文化認同（刻板印象：亞裔人擅

社會認同威脅
人們知覺到他人將自己視為團體成員，而非個人來評價時引發的威脅

刻板印象威脅
團體成員擔憂自己行為可能符合文化刻板印象

你是否感受到「社會認同威脅」取決於你當時所認同的團體。亞裔女性認為自己是「女性」（刻板印象等於數學差）時數學測驗成績較差，認為自己是「亞裔」（刻板印象等於數學好）時成績較好。

長數學）時更差（Shih, Pittinsky, & Ambady, 1999）。上述現象也適用於白人男性：當他們認為自己在跟亞裔男性互相比較時，數學考試成績較差（Aronson, Lustina, et al., 1999）。

社會認同威脅的衝擊超越引發威脅的情境。當大學生的社會認同被引發後，在其他領域的自我控制下降——在某一項研究裡，他們吃下較多不健康食物；在另一項研究裡，他們的攻擊行為增加（Inzlicht & Kang, 2010）——他們的自我控制動機因為社會認同威脅而元氣大傷。社會認同威脅也影響人們的日常生活。有一項研究追蹤男、女工程師的日常經驗，為期兩星期（十個工作天）。整體而言，女工程師比男工程師更常覺得性別影響與同事的職場互動。除此以外，當女工程師感受到社會認同威脅，也較容易出現職場倦怠和疏離（Hall, Schmader, & Croft, 2015）。

社會認同威脅的效果能夠逆轉嗎？Joshua Aronson等人做出以下推論：如果只是想到負面刻板印象就能夠損害表現，則描繪相反的刻板印象應當可以增進表現。在實驗裡，他們提醒受測者（參與困難空間測驗的女性和男性），他們來自「精選的西北部自由藝術學院」。這項足以完全消除控制組（受測者只被提醒是「西北部居民」）的性別差異。「我是個好學生」的心向有效地對抗「女性數學不佳」的刻板印象，導致女性受測者的空間表現顯著提高（McGlone & Aronson, 2006）。類似結果也出現於大學高等微積分課程的學生，以及參與真實標準化測驗的中學生（請參閱Aronson & McGlone, 2009）。

我們曾討論自我肯定（self-affirmation），也就是如實地提醒自己，那些讓你感到成功或自豪的良好特質或經驗。自我肯定也是對抗刻板印象的一種取向。實驗和實地研究已經發現，想想沒有負面刻板印象的其他重要社會認同有助於對抗被汙名化、無禮對待或無能感受的影響（Cohen, Purdie-Vaughns, & Garcia, 2012; Hall, Zhao, & Shafir, 2014）。這種做法讓人們以更寬廣的角度來看待某一領域的不佳表現——他們的價值並非只取

決於單一領域的表現（Sherman et al., 2013）。對於社會認同威脅的瞭解（就像你正在學習的內容）有助於改善測驗和表現，因為人們將焦慮歸因於社會情境，而不是自己的能力（Johns, Schmader, & Martens, 2005）。

　　至此我們已經描述偏見的普遍性和結果，接下來要檢視其成因。

複習題

1. Noah的老師認為Noah不太聰明，所以不再注意他或者問他問題。經過幾年後，Noah認定努力追求好成績只是徒勞無功，因為他很笨。他成為何種現象的受害者？
   a. 努力的正當化。
   b. 自我應驗預言。
   c. 內隱偏見。
   d. 刻板印象威脅。

2. Jenny是亞裔美國人，正在接受數學測驗。在下列何種條件之下，她較可能表現良好？
   a. 當她覺察到，女性的數學表現比不上男性那麼好。
   b. 當她覺察到，她並非就讀頂尖的大學。
   c. 當她覺察到自己的亞裔認同。
   d. 因為Jenny的數學成績非常好，這些條件都無法影響她的表現。

3. 社會認同威脅是什麼？
   a. 被我們不希望擁有的偏見所威脅。
   b. 被自己對其他人的刻板印象所威脅。
   c. 被確認自己刻板印象的人所威脅。
   d. 被他人對我們保持的刻板印象所威脅。

4. 受測者如何降低社會認同威脅對其表現的影響？
   a. 提醒自己擁有技能和良好特質。
   b. 否認刻板印象能夠影響他們。
   c. 更努力讀書。
   d. 指責社會裡的文化偏見。

5. 下列何種思考方式可以降低社會認同威脅的影響？
   a. 瞭解人們的能力相當固定，所以不值得為了測驗表現不佳而難過。
   b. 承認測驗焦慮很正常，尤其對於被汙名化團體成員而言。
   c. 接受文化刻板印象可能符合實際的團體表現。
   d. 在接受測驗前花五分鐘反思被汙名化的團體認同，以及它如何界定你。

導致偏見的原因

學習目標13.4　描述社會生活中導致偏見的三個層面

　　偏見的出現和維持源自社會世界裡的多種力量。有些力量在團體或制度層次運作，要求人們順從於社會的規範標準或規則。有些力量運作於

個人內部，像是訊息處理或賦予事件意義的方式。還有一些力量運作於整個團體，像是競爭、衝突和挫折。

順從壓力：規範原則

大多數人只是因為生活在充滿刻板印象訊息，以及將歧視行為當成規範的社會裡，就建立有偏見的態度，並且做出歧視行為。我們稱之為制度歧視（institutional discrimination），亦即公司和其他機構合法地允許——或者鼓勵人們依照種族、性別或其他類別而實施歧視，則偏見看來似乎是正常的。如果你生長的社會只有少數弱勢團體成員和女性擔任專業工作，其他大多數人只能擔任奴僕，你對少數團體和女性的先天能力抱持（負面）態度的機率大增。你不需要接受主動教導，就知道弱勢團體和女性的低下，而且沒有任何法律或命令禁止弱勢團體和女性進入大學、董事會或醫學院。相反地，社會障礙阻礙了這些團體的機會，將使他們較不容易成功。

當社會規範有所改變，通常法律和習俗也隨之而異，偏見也是如此。數十年以來，反對LGBTQ社群（譯註：整體而言，此一社群為性少數族群；L意指女同性戀者lesbian，G意指男同性戀者gay，B意指雙性戀者bisexual，T意指跨性別者transgender，Q意指對自己性別感到疑惑者question或酷兒queer）的偏見已經成為法律和習俗等制度，正如同種族隔離一樣。直到2003年最高法院才廢止判定「雞姦」（肛交及特定類型的性行為，出現在所有性取向者身上）違法的法律。1996年的婚姻保護法（Defense of Marriage Act）定義婚姻乃是一男一女的結合，在2013年被判決違憲；到2017年為止，64%美國人支持同性婚姻，高於1996年的27%（Gallup, 2017）。同性戀婚姻並不是大多數年輕人關心的問題，然而老一輩則仍有高度爭議。三十五歲以下的美國年輕人有71%支持同性婚姻，相較於七十二歲以上美國人只38%（Pew Research Center, 2016）。

跟隨團體，以符合團體期待並獲得接納的現象，稱為規範性從眾（normative conformity）（請參閱第八章）。瞭解規範性從眾有助於解釋抱持

兒童通常從父母和祖父母身上學到偏見。

制度歧視

對某一弱勢團體之合法或非法歧視的習俗，其基礎僅在於種族、性別、文化、年齡、性取向，或者社會或公民偏見的其他目標

規範性從眾

跟隨團體以符合團體期待、獲得接納的傾向

深度偏見者為何不會付諸行動，沒有偏見者為何做出歧視行為：他們都是順應其社會團體或機構的規範。在數十年前，西維吉尼亞州的開礦小鎮曾嚴格實施種族隔離，鮮活地說明社會規範的影響：非裔美國礦工和白人礦工在地底下完全融合，然而回到地面上卻可以觀察到完全隔離的規範（Minard, 1952）。

身為不順從者並不輕鬆；你的朋友可能拒絕你，或者雇主可能解僱你。許多人寧願跟隨朋友和文化的普遍觀點，而不想破壞現狀。如果有人說：「嘿，其他人都認為X比較低下；如果我對X很熱誠，人們就可能不喜歡我。他們會說我的壞話。我可能丟掉工作。我不需要找麻煩。我只要跟別人一樣就好。」但是，認為正面對抗朋友或同事的種族歧視或性別歧視發言相當重要，實際上寧願跟隨他人卻不會大聲說出來的人又會如何呢？在一系列實驗裡，女大學生參與團體，討論所謂的團體決策；其中一位男性成員（實驗者的助理）不斷說出性別歧視的言詞。強調正面對抗，然而有機會發言時卻沉默以對的女性對實驗助理的評價比在意說出來的人高出很多。除此之外，自願沉默的人後來判定，正面對抗說出性別歧視言詞的人不像她們原本以為的那麼重要：「我想，他說的話並沒有那麼糟糕」（Rasinski, Geers, & Czopp, 2013）。這實在太糟糕了，因為目睹他人對抗偏見的人後來展現較少偏見和歧視（Czopp, Monteith, & Mark, 2006）。換言之，對抗偏見確實有效。上述研究的關鍵訊息在於，沉默有其代價：它不僅影響種族或性別歧視的目標對象，讓他們錯誤地認為在場其他人都同意這些話。它也影響保持沉默的人。他們為自己的無動於衷而辯護，藉此降低失調——因此他們未來更可能默不作聲。

因此，人們可能順從於他人的偏見或制度歧視的壓力，即使自身沒有偏見，就像他們可以在規範和情境要求之下，壓抑自己的偏見。然而我們的「內在」偏見最初如何產生，又為何如此難以根絕呢？

當南卡羅萊納州Latta市長在2014年將服役二十年後退伍的Crystal Moore（上圖）解除警察局長職務，而且毫不避諱地指出，原因是她的性取向。然而此舉激起Latta居民的憤怒，在Moore局長的帶領之下展開遊行，迫使當局進行公投，允許鎮議會重新恢復她的職務。我們可以對周遭環境的偏見實例發表意見，藉此創造對抗偏見的規範。

>>> **#趨勢** >>>

職業運動的日常歧視

2017年5月1日傍晚，大聯盟球迷正準備要欣賞巴爾的摩金鶯隊和波士頓紅襪隊在波士頓著名的芬威公園球場舉行的系列戰第一場比賽。球迷開心地享用爆米花和熱狗等經典球場點心，但是至少有一位球迷的仇恨高於飢餓。金鶯隊明星中外野手Adam Jones突然發現有人不斷稱呼他種族謾罵言詞（黑鬼），甚至朝他扔爆米花。那位球迷被驅離球場，但是並未被控訴攻擊。

第二天，Jones說出這段經歷，導致運動粉絲在社群媒體發生混戰。其他黑人棒球選手站在Jones這一方，分享他們遭受球迷之種族歧視的經驗，包括紅襪隊David Price第一年加入球隊時，也在芬威公園成為種族謾罵的對象。其他球員較沒有同情心。前紅襪隊投手Curt Shilling在媒體訪問時公開說Jones「說謊」，「我認為這是胡說。我認為這是有人刻意製造的情境。」這是人們質疑偏見的常見反應。質疑者被詆毀，

尤其當他們是目標團體成員時。當遭受偏見的人目睹某人質疑偏見，他們傾向於被激怒、對抗（Czopp & Monteith, 2003）。Shilling否認和忽略Jones的歧視經驗，而且公開地攻擊Jones的可信度。

金鶯隊和紅襪隊第二天晚上再度在芬威公園舉行比賽，在球賽開始前，紅襪隊球員Mookie Betts在推特上留言，他希望球迷「今晚挺身而出（支持Jones），而且不要再說出種族歧視的字眼。」當天晚上，當Jones上場打擊時，球場爆滿的球迷自動起立鼓掌。紅襪隊投手Chris Sale走下投手丘，好讓掌聲持續。Betts脫帽表達敬意，並且一起鼓掌。Jones說，他覺得紅襪隊和大聯盟的回應「很棒」而且迅速。不過，歧視的痛苦仍徘徊不去。儘管這起事件帶來正向結果，他後來仍表示這件事情「傷了我的心」。

社會認同理論：我們vs.他們

社會認同

個人自我概念的一部分，其基礎是他對於國家、宗教或政治團體、職業或其他社會機構的認同

我們每個人都擁有個人認同，其基礎在於我們特殊的性格特質和獨特的生活史。然而我們也根據自己所屬團體而發展出社會認同（social identity），包括我們的國家、宗教、政治和職業團體（Brewer & Brown, 1998; Tajfel & Turner, 1986）。社會認同賦予我們在世上的定位。身為「我們」的一份子讓人感覺不錯。但是這是否表示自動地認定我們優於「他們」？我們已經討論過社會認同威脅，這些社會認同也構成其他人判斷我們的基礎。

我族中心主義

認為自己的文化、國家或宗教優於其他人的信念稱為我族中心主義

（ethnocentrism）。它是普世存在的現象。或許因為它促使人們依附於自己的團體，願意為它的利益而努力，藉此幫助個人生存。它的基礎在於「我們」的類別。然而，一旦人們創造了「我們」這個類別，就會將其他人視為「非我族類」。懷疑「外人」的動機似乎是生物生存機制的一部分，促使我們偏好自己的家庭、部落或種族，並且保護自己的部落對抗外來威脅。然而這樣的說法並不充分，因為人類也具備友善、開放和合作的生物預備性（Cikara & Van Bavel, 2014; Kappeler & van Schaik, 2006）。

我族中心主義

認為自己所屬的族群、國家或宗教優於他人的信念

社會神經科學家探討對於某個民族或汙名化團體形成刻板印象、抱持偏見信念，並且感到厭惡、憤怒或焦慮的腦區域（Harris & Fiske, 2006; Stanley, Phelps, & Banaji, 2008）。在某一項研究裡，當非裔美國人和白人看到彼此的照片時，杏仁核（跟恐懼和其他負面情緒有關的腦結構）活動有所提高；然而看見自己所屬團體成員的照片時，杏仁核活動並未增加。當參與者參加簡單的視覺測驗，將這些臉孔視為個人而非「黑人」的類別時，杏仁核活化程度並未提高。似乎人腦天生就能夠記錄差異，然而跟這些差異有關的負面連結取決於情境脈絡和學習（Wheeler & Fiske, 2005）。因此，社會心理學家致力找出強化或減弱對於外團體之偏見和敵意的條件。

相似穿著是證實內團體身分的一種方式。

內團體偏私

即使人們幾乎沒有任何相似處，只要共享社會認同，就能夠立刻形成連結。人們假定內團體成員會公平對待自己。例如，投資者對於看似由美國人管理的共同資金願意付出資金高出10.9%（Kumar, Niessen-Ruenzi, & Spalt, 2015）。願意付出這種內團體偏私（in-group bias）意指給予內團體成員的正向感受和特殊待遇；不幸的是，通常它導致對他人的不公平待遇，只因為他們被界定為外團體。的確，社會心理學家Anthony Greenwald和Thomas Pettigrew（2014）主張，內團體偏私比直接的偏見和敵意構成更有力的歧視理由。人們偏好熟悉的人、規範和習俗相似的人，以及某些重要特徵「相似」的人，但是這種偏見可能導致並非故意的負面結果，像是在僱用和升遷時偏好內團體。

內團體偏私

偏袒自己團體的成員，給予優於其他團體成員之特殊待遇的傾向；團體可能是暫時且微不足道的，也可能是重要的

為了捕捉此一現象背後的單純不變機制，英國心理學家Henri Tajfel等人創造了最小團體（minimal groups）情境（Tajfel, 1982; Tajfel & Turner, 1986）。在他們的實驗裡，彼此完全陌生的人基於最微不足道的標準分為不同組別。例如，在某一項研究裡，英國男學生觀看一系列包含數量不等之圓點的幻燈片。他們要猜測圓點的數量。這些男孩被任意地區分為「高估者」或「低估者」，然後進行另一項作業。在這個階段，他們有機會分派點數給屬於高估者或低估者的其他男孩。儘管每個男孩單獨待在自己的隔間裡，幾乎所有人都分派較多點數給類似於自己的高估者或低估者。當男孩從自己的房間現身時，有人問他們：「你屬於哪一類？」，他們的答案可能得到他人的掌聲或噓聲。

簡單來說，即使分類的理由微不足道，身為內團體讓你想要戰勝外團體，也導致你不公平地對待他們，因為這種策略能夠建立自尊和「歸屬感」。當你的團體確實贏得勝利，會強化你的自豪感受，以及對團體的認同。當你學校的足球校隊贏球或輸球之後，你會有何感受呢？Robert Cialdini等人（Cialdini et al., 1976；請參閱Cialdini, 2009）計算七所大學在足球賽後星期一穿著學校校徽T恤和毛衣的人數。結果如何？你可以想見：學生在贏球之後較願意穿著有學校校徽的服裝，「我們」贏了。但是若我們的隊伍輸球，我們會說：「他們」輸了。

外團體同質性

外團體同質性
認為外團體成員彼此相似性（同質性）高於實際，並且高於內團體成員的知覺

除了內團體偏私之外，社會分類帶來的另一個結果是外團體同質性（out-group homogeneity）知覺，也就是「他們」全都相似的信念（Linville, Fischer, & Salovey, 1989; Quattrone, 1986）。內團體成員傾向於認為，外團體成員彼此之間相似性高於實際。你所就讀的大學是否在運動或學術上有傳統勁敵呢？如果屬實，身為內團體成員，你可能給予自己機構超過對手的高評價（因此提高和保護你的自尊），而且你認為對手學校的學生彼此之間的相似性高於本校學生之間。

下面的研究以兩所競爭大學的學生為對象：普林斯頓大學和羅格斯大學。這兩所學校在運動、學術，甚至社會階級意識上（普林斯頓是私立學校，羅格斯是公立學校）都長期處於競爭狀態。兩所學校的男生參與聽覺實驗，分別觀看三位年輕男子的錄影帶，並且決定想要聽搖滾樂或古典音樂（Quattrone & Jones, 1980）。參與者被告知，他是普林斯頓或羅格斯

的學生，因此可能是內團體或外團體成員。參與者要預測錄影帶裡的人會如何選擇。當他們看到實際選擇結果（搖滾樂或古典音樂）之後，還要預測該校有多少男學生做出相同選擇。其預測結果會因為目標對象屬於內團體或外團體而有所差異嗎？

　　根據**圖**13.5，研究結果支持外團體同質性假說：當目標對象是外團體成員（外校學生）時，參與者相信他的選擇更可能預測同儕的決定。換言之，如果你知道某件關於外團體成員的事情，你較可能認為你瞭解他們所有人。類似結果也出現在美國、歐洲和澳洲的許多實驗（Park & Rothbart, 1982）。

責怪受害者

　　人們可能會嘗試瞭解身為偏見目標的感受，然而只有曾被歧視過的人才能真正體會。優勢多數團體中的善心成員同情成為歧視目標的團體，然而因為他們通常獲得的評價是依據他們自身的長處，而非其人種、種族、宗教或團體成員身分，因此難以達到真正的同理心。如果欠缺同理心，就難以避免落入**責怪受害者**（blaming the victim）的歸因陷阱。

責怪受害者

責怪受害者（做出性格歸因）的傾向，通常其動機在於渴望將世界視為公平的地方

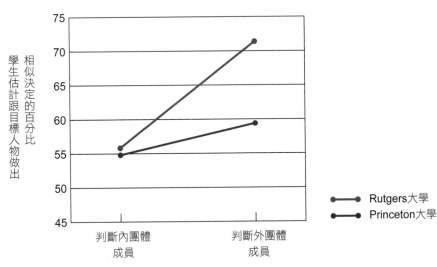

圖13.5　判斷內團體和外團體成員

在觀看目標人物從兩個選項當中做出選擇之後，Rutgers大學和Princeton大學學生要估計在他們自己學校（內團體）和對手學校（外團體）做出相同選擇之學生百分比。其結果顯示外團體同質性效應：學生認為外團體成員更相像，而內團體成員則有較多變異。這種「同質性偏誤」在Rutgers大學學生（藍線）當中特別明顯（改編自Quattrone & Jones, 1980）。

　　諷刺的是，責怪受害者的傾向——將受害者的處境歸因能力或品格的先天缺失——通常動機基礎在於：相信世界是個公平的地方，因此人們咎由自取（請參閱第四章）。人們的公正世界信念愈是強烈，愈可能責怪貧窮或無家可歸的人造成自己的不幸，或者責怪超重者懶惰，而不是經濟條件、基因傾向、精神疾病、缺少機會所造成（Crandall et al., 2001; Furnham & Gunter, 1984）。同樣地，當發現難以解釋不公平結果時，大多數人傾向於尋求責怪受害者（Aguiar et al., 2008; Lerner, 1980, 1991; Lerner & Grant, 1990）。在某一項實驗裡，兩人平等分擔相同作業，然後根據扔硬幣的結果，決定某個人獲得大筆酬賞，另一人卻無。事後觀察者會重新建構事件，並說服自己相信：不幸的人必定是工作不夠認真。

　　我們大多數人都很擅長事後重新建構情境，以支持公正世界信念。我們只需要做出性格歸因（這是受害者的錯），而非情境歸因（讓人害怕的隨機事件可能發生在任何人身上）。在一項絕佳的實驗裡，大學生讀到一位年輕女性對待男性的友善行為，並且判斷該行為完全恰當（Janoff-Bulman, Timko, & Carli, 1985）。另一組學生閱讀相同描述，然而加上額外訊息：這位年輕女性被那名男子強暴。後面這組學生評定年輕女性的行為不恰當；她被強暴是自找的。

　　我們如何解釋如此嚴厲的歸因？當壞事發生在別人身上，像是某人被搶劫或強暴，我們感到遺憾，同時慶幸可怕的事並未發生在自己身上。我們也害怕未來自己發生相同遭遇。我們保護自己免於害怕的方式就是說服自己：對方的作為導致悲劇。因為覺得自己的行為比較謹慎，我們會比較安心（Jones & Aronson, 1973）。

　　公正世界信念如何導致偏見永存？我們大多數人都害怕，在自己生活的世界裡，無辜者可能被強暴、歧視、剝奪同工同酬權利，或者基本生活需求被否定。相信他們親手塑造了自己的命運，比較令人安心。責怪受害者的另一種變化是「早有名聲」的藉口。它的意思大致如下：「如果猶太人在歷史上長期受害，一定是他們咎由自取。」這種說法等於要求外團體成員遵循比多數人更嚴厲的行為標準。

應得權利和優越感的正當化

　　偏見支持內團體的優越感、宗教或政治認同，以及財富、地位和權力不平等的合法性（「我們的團體有權得到較多財富和地位，因為『那些

人』比較低下」）。只要強勢團體有系統地歧視弱勢團體或維護其權力時，無論是白人、黑人、回教徒、印度人、日本人、胡圖人（Hutu）、基督徒、猶太人，或任何你指明的對象，他們都宣稱自己的行動是合法的，因為弱勢團體顯然是低下、沒有能力的（Jost, Nosek, & Gosling, 2008; Morton et al., 2009; Sidanius, Pratto, & Bobo, 1996）。在孟加拉進行的一系列實驗裡，回教徒（在當地是強勢團體）和印度人（弱勢團體）都表現出強烈的內團體偏私，但是只有回教徒詆毀印度人（Islam & Hewstone, 1993）。處於社會中支配地位的人大多數並不認為自己有偏見，他們認為自己對外團體的信念完全合理。

　　Christian Crandall和Amy Eshleman（2003）主張，對大多數人而言，無論是面對自己或是面對他人，都既想表達己見（偏見），又需要維持自己並非心胸狹窄的正向自我概念。然而，壓抑偏見需要持續付出能量，因此人們必須不斷尋找正當的理由，一種說服自己不喜歡特定外團體的理由。一旦他們發現正當理由，就可以如願地歧視對方，進而不覺得自己心胸狹窄（因此避免認知失調）。讀者應該還記得前述實驗，沒有偏見的人被侮辱或憤怒時，會對外團體實施更嚴厲懲罰？他們認為自己的攻擊行為有正當理由：「我不是壞人或有偏見，但是他侮辱我！她傷害我！」因此，Crandall和Eshleman（2003, p.425）認為：「正當化抵消壓抑，提供偽裝，以保障平等和無偏見的自我形象。」

　　許多人訴諸宗教教義，為自己的信念以及偏見信念而辯護。例如，人們常引用聖經來捍衛反對同性戀的感受，宣稱聖經禁止同性戀，或者他們只是維護「家庭價值」而不是反對同性戀者。引用聖經的問題在於，信仰同樣虔誠的人也會引用聖經作為支持他們接納同性戀平等的證據，而且目前許多宗教教派支持同性戀婚姻，也承認同性戀神職人員。David Myers和Letha Scanzoni（2006）在《神所結合：同性戀婚姻的基督徒個案》（*What God Has Joined Together: The Christian Case for Gay Marriage*）書中主張，聖經裡有許多讚頌同情、愛和正義的詩歌，遠超過極少數對同性戀的模糊描述。正如Gordon Allport（1954, p.444）的看法，「宗教的角色十分矛盾。它創造偏見，也消滅偏見」。

聖經曾用於推動容忍和同情——然而也正當化及加劇許多偏見。

現實衝突理論

現實衝突理論
認為有限資源導致團體
間衝突，並且造成偏見
和歧視升高的想法

最後，衝突和偏見的最明顯來源就是競爭——爭奪稀有資源、政治權力和社會地位。因簡單的內外團體區分所產生的任何問題，都會隨著實際的經濟、政治或地位競爭而加劇。**現實衝突理論**（realistic conflict theory）主張，資源有限導致團體間衝突，繼而產生偏見和歧視（J. W. Jackson, 1993; Sherif, 1966; White, 1977）。Muzafer Sherif等人（1961）在一項經典實驗裡驗證團體衝突理論。他們運用男童軍夏令營的自然環境作為實驗場地。參加夏令營的是健康的十二歲男孩，以隨機方式分為老鷹和響尾蛇兩組。每組都待在自己的小屋裡；兩隊的小屋相隔一段距離，避免他們接觸。藉由實驗者的安排，這些男孩逐漸建立對自己團體的凝聚力，例如進行爬山或游泳等愉快活動，全隊進行各種建造計畫，一起準備餐點等。在每一組建立凝聚力之後，研究者設計一系列競爭活動，讓兩隊開始對立——足球、籃球和拔河的勝隊可以贏得獎品。

這些競爭遊戲激起兩隊之間的衝突和緊張。研究者創造了強化衝突的其他情境。他們安排營隊晚會，但是各隊被告知的時間不同，所以老鷹隊比響尾蛇隊更早抵達。宴會點心包含兩種食物，半數是新鮮、好看、可口的，另一半則是被壓扁、賣相差、令人倒胃口。可想而知，先抵達的老鷹隊吃得不錯，遲到的響尾蛇隊很不高興。他們開始咒罵老鷹隊貪吃。由於老鷹隊自認沒錯（先到先拿），他們怨恨對方的說法，並且予以還擊。雙方由謾罵升高為扔食物，而且很快開始拳腳相向，暴動接踵而來。

在現今的經濟氛圍之下，世代間緊張升高，某些年輕人怨恨年長者獲得太多社會福利和機會。另一方面，年長者覺得所有的焦點都在年輕人身上。年長者和年輕者雙方都抱怨他們是年齡歧視的受害者（North & Fiske, 2012）。許多年輕人理所當然地抱怨年長者不公平地說他們懶惰、坐享其成。但是他們也可能是年齡歧視者，認為年長者沒有能力、無關緊要、固執、愚蠢或吝嗇。

經濟競爭產生許多偏見。當失業率上升時，對少數族群的怨恨也隨之升高。

John Dollard（1938）在一個工業小鎮上進行了偏見的經典研究。他首先記錄歧視與經濟競爭之間的關係。起初，

新德國移民抵達鎮上並未遭受到任何敵意對待；然而當工作機會減少時，偏見開始滋生。當地白人對新移民產生敵意和攻擊行為。他們開始表達有關德國人的嘲笑、詆毀意見，而且自覺本土白人比他們更優秀。Dollard表示：「允許攻擊德國人的關鍵成分就是，爭奪當地木材工廠之工作及地位。」（pp. 25-26）。

　　在政治上，軟弱的領導人和政府通常選擇弱勢團體作為代罪羔羊——「這些人是造成所有問題的原因」。這是為了要讓公民（「我們」）團結在一起對抗「他們」，因此人們不再注意「我們」治理國家的失敗（Staub, 1999）。杜特蒂（Rodrigo Duterte）在2016年夏季當選菲律賓總統，當時油價下跌而造成失業潮。他當選後幾乎立刻展開對抗毒品戰爭（#WarOnDrugs），鼓動菲律賓公民殺死藥癮者。他將國家花費在照顧藥癮者的經費轉而用於為失業者創造工作機會，所隱含的訊息是：如果沒有毒癮，經濟將回到正軌。不到一年後，超過七千名菲律賓藥物使用者在杜特蒂的對抗毒品戰爭裡被警方和平民殺死（Bueza, 2017）。

　　如今，墨西哥人被視為從前的華人一樣，尤其是墨西哥移民勞工曾是美國許多州所需要的勞動力，今天卻被視為是奪去美國勞工的工作。當真實與想像的競爭提高時，對抗拉丁美洲人的暴力也隨之增溫，墨西哥人和其他拉丁美洲人成為白人發洩勞工階級工作減少的主要焦點。主要團體之敵對目標的改變顯示出了，當時局艱難、資源稀少時，內團體感到外團體的威脅增加。因此，對外團體成員的偏見、歧視和暴力事件有所增加。

複習題

1. 根據現實衝突理論，偏見和歧視可能因下列何者而增加？
   a. 國家擁有種族歧視的歷史。
   b. 對某一目標團體抱持刻板印象的人遭遇挫折。
   c. 知道好朋友有偏見的人。
   d. 為工作和安定性而競爭的人。
   e. 外顯偏見而非內隱偏見。
2. Rebecca為學校報紙而採訪本校跟主要競爭對手學校的足球賽。在比賽時，她訪問六位本校學生，但是只訪問一位對手學校的學生。Rebecca的行為印證

a.內團體偏私。

b.外團體同質性。

c.應得權利。

d.責怪受害者。

3.有關社會心理學家對偏見的解釋，下列何者不正確？

a.順從壓力。

b.我族中心主義。

c.現實經濟衝突。

d.宣洩需求。

e.制度歧視。

4.John認識且喜歡許多拉丁美洲裔同學，然而私

底下認為自己的白人文化優於其他人。他的信念證實他抱持

a.反拉丁美洲偏見。

b.對弱勢團體的刻板印象。

c.我族中心主義。

d.外團體同質性。

5.夏令營研究製造兩群男孩之間的敵意，所使用的方法是

a.讓他們處於爭奪勝利獎品的競爭情境。

b.允許他們自由表達憤怒感受。

c.隨機給予其中一組較多特權。

d.讓男孩自己設定規則和遊戲。

減少偏見

學習目標13.5　說明減少偏見的條件

　　有時偏見似乎無所不在，我們很容易懷疑它是否不可避免。我們先前討論刻板印象時曾看到，當人們接收到反駁既有刻板印象的一、兩個實例，大多數人並不會改變整體信念。在某一項實驗裡，有些人得知相反證據時強化其刻板印象信念，因為相反證據挑戰他們，因此需要尋求更多訊息來支持其偏見（Kunda & Oleson, 1997）。這表示偏見是人類社會互動的核心層面，因此會永遠跟隨我們嗎？社會心理學家不採納這種悲觀的觀點。我們同意Henry David Thoreau的話：「放棄偏見，永不嫌遲。」人們可能改變。但是要如何改變？我們如何才能夠減少人類社會行為的有害層面呢？

　　由於刻板印象和偏見通常以錯誤訊息為基礎，多年以來社會運動者相信，教育就是解答：我們只需要讓人們接觸真理，

在2011年9月11日世貿中心和五角大廈攻擊事件之後，回教徒成為代罪羔羊的事件有所增加。

他們的偏見就會消失。然而根據先前的討論，這種期待過於天真。由於偏見潛藏的情緒層面，以及人們常有的認知習慣，依照錯誤訊息為基礎的刻板印象很難因為提供事實而修正，不過希望仍然存在。持續接觸外團體成員可能修正刻板印象和偏見（Pettigrew & Tropp, 2006）。然而單純接觸還不足夠，必須是特殊類型的接觸。這究竟是什麼意思呢？

接觸假說

在1954年，美國最高法院判斷種族隔離的學校違法，社會心理學家感到興奮樂觀。他們相信，學校取消種族隔離可以增加白人兒童與黑人兒童的接觸，因此提高弱勢兒童的自尊，預示偏見的結束。認為社會團體之間互動可以減少偏見的觀點後來被稱為接觸假說（contact hypothesis）。

樂觀以待的理由不僅在於它符合理論預期，而且實徵證據也支持種族接觸的力量（Van Laar, Levin, & Sidanius, 2008）。早在1951年，Morton Deutsch和Mary Ellen Collins就曾探討兩項公共住宅計畫如何影響白人對黑人的態度。其中一間住宅將黑人和白人家庭隨機分派於不同建築。在另一間住宅，白人居民與黑人家庭居住在相同建築裡。經過幾個月之後，參與整合式住宅計畫的白人居民，對黑人鄰居的正面態度改變，高於區隔式住宅的白人居民，儘管前者起初並非自願性加入（Deutsch & Collins, 1951）。同樣地，當南方白人加入美國陸軍（在1950年代初期陸軍單位整合之後），其種族歧視逐漸降低（Pettigrew, 1958; Watson, 1950）。

現今的多元族群大學校園是接觸假說的生活實驗室。室友、朋友和人際關係網跨越種族和族群界線的白人學生較少出現偏見，而且容易形成跨越團體邊界的共同性（Van Laar et al., 2008）。有一項研究以就讀白人為主大學的黑人和西班牙裔學生為對象，發現他們跟白人學生的友誼加深其歸屬感，減少對學校的不滿意。對於預期他人因種族而拒絕自己的學生來說，友誼的效果最為強烈（Mendoza-Denton & Page-Gould, 2008）（見圖13.6）。

接觸假說得到許多實驗室及真實世界的研究所支持。接觸其他族群可以緩和對各種族群的偏見，像是：年輕人對於年長者、健康者對於精神病患、身心健全兒童對於殘障兒童、異性戀者對LGBTQ族群的態度都有所改善（Herek & Capitanio, 1996; Wilner, Walkley, & Cook, 1955）。儘

社會心理學
Social Psychology

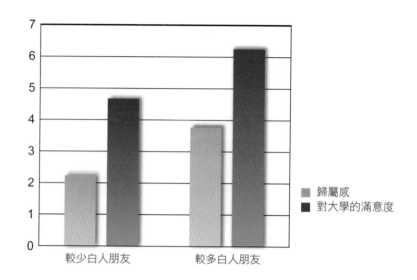

圖13.6 跨族群友誼對弱勢學生幸福感的影響

有一項縱貫研究以白人占多數之大學的弱勢黑人學生為對象。許多黑人學生最初覺得不滿意，在學校被排擠。但是他們結交愈多白人朋友，其歸屬感（橘色長條）以及對大學的滿意度（紅色長條）愈高。對於社會拒絕較敏感、在白人學生為主的學校裡感到焦慮不安的學生來說，上述結果尤其顯著。此項研究後來由白人為主的大學裡白人和拉丁裔學生的跨團體友誼重複驗證（根據Mendoza-Denton & Page-Gould, 2008）。

管接觸的有效性隨著不同團體而改變——異性戀者和男、女同性戀者接觸，降低偏見的效果最強；接觸年長者的效果最弱——在七百多個樣本當中，團體間接觸降低偏見的比例是94%（Pettigrew & Tropp, 2006）。但是儘管以接觸來改善團體關係的前景看好——甚至有人稱為「最佳希望」（Wright, Brody, & Aron, 2005）——仍有許多障礙限制其影響。

古典接觸假說的問題之一在於，它要求每個人直接體驗團體間接觸，以降低偏見。但是如果你沒有接觸機會呢？有些人生活在同質地區，沒什麼機會接觸不同類型的人。許多間接接觸形式也可以降低偏見。延伸接觸效果顯示，只是知道內團體成員結交外團體朋友就足以降低偏見（Wright et al., 1997）。因此，如果你結交新的跨團體朋友，你就可以幫助自己的朋友降低偏見。團體間接觸也可以藉由媒體傳播給大眾。媒體接觸可以經由下列兩種方式：(a)與其他社會團體的人物或名人建立情感連結，稱為類社會接觸（parasocial contact）；(b)經由新聞和娛樂媒體的文章，替代地目睹團體間接觸，稱為替代接觸（vicarious contact）（Joyce & Harwood, 2012; Schiappa, Gregg & Hewes, 2005）。間接接觸也

可以在群體層次改善偏見。

　　接觸假說的另一項問題是，不同團體成員的社會互動（又稱為團體間互動）通常帶有不信任和焦慮（Stephan & Stephan, 1985; Trawalter, Richeson, & Shelton, 2009）。團體間互動的焦慮感是人們避免和其他團體互動的核心理由（Plant & Butz, 2006）。團體間互動的不舒服可能深藏不露，像是跟汙名化認同者進行互動時顯示出威脅的生理反應型態（Blascovich et al., 2001）。然而，這些負面經驗可能因為你是團體間互動的新手（MacInnis & Page-Gould, 2015）。人們對團體間互動的預期可能比實際互動的經驗更差（Mallett, Wilson, & Gilbert, 2008），而且大多數日常生活的團體間互動相對平和（Page-Gould, 2012）。隨著接觸增多，團體間互動和團體內互動的心理差異逐漸消失。的確，擁有許多團體間互動經驗的人較少在跨種族互動時產生生理威脅（Blascovich et al., 2001）。

團體間接觸可能經由媒體而發生，像是人們參與亞美尼亞電視實境秀明星Kim Kardashian West的個人生活。一百年前，亞美尼亞人禁止在美國某些社區貸款或購買房屋。Kardashian West在IG和推特上有數千萬名追蹤者，人們與她的類社會關係代表高品質的團體間接觸。

　　接觸假說的最大問題在於，有時接觸使得團體間關係更具有敵意，甚至提高偏見（Saguy et al., 2011）。例如，在愛爾蘭發生北愛爾蘭問題（The Troubles）時期，北愛爾蘭天主教徒和基督教徒的頻繁暴力導致65％以上居民自身或親近者身受重傷（Paolini et al., 2004）。尤其在團體間極端暴力的情境裡，只是接觸似乎無法降低偏見，甚至讓情況惡化（Islam & Hewstone, 1993）。然而，即使在暴力的團體間脈落之下，高品質互動（像是跨團體友誼）仍可以降低偏見、帶來和解希望（Paolini et al., 2004）。

　　提高團體間接觸的品質是否可以改善偏見？Allport（1954）主張，在符合下列四個條件的情況下，接觸能夠降低偏見：雙方團體處於平等地位；雙方共享相同目標，因此覺察到他們的共同利益和共通性；接觸與團體間合作有關；雙方接觸得到法律、獲當地習俗（社會規範）所支持。Thomas Pettigrew和Linda Tropp（2006）檢視包含Allport所提出最佳條件的一百三十四項研究，跟未包含上述條件的研究加以比較。Allport的直覺是正確的，包含所有最佳條件的研究發現接觸和降低偏見之間的最強關聯，如果未達到最佳條件的接觸，仍可以降低偏見。因此，雖然最佳條件

社會心理學
Social Psychology

有幫助，卻並非以往所認為的必要條件。

有人說，當不同團體必須共同努力以追求共同目標時，接觸可以降低偏見。在強盜窟實驗裡，Sherif讓兩隊男孩處於相互依賴（interdependence）的情境（請參見**圖13.7**），也就是他們需要彼此依賴，以達成對雙方都重要的目標。研究者破壞供水系統，刻意製造緊急情境。唯一修復供水系統的方式就是，響尾蛇隊和老鷹隊的所有隊員立即合作。另一次，在露營旅行時，卡車故障。為了讓卡車移動，必須將它推上陡峭的山丘。唯有當全部男孩不分老鷹或響尾蛇隊，一起幫忙推車才能做到。

相互依賴
兩個以上的團體需要彼此依賴，以完成對所有人都重要之目標的情境

當接觸步入歧途

儘管族群之間的接觸通常是好事，學校實施去種族隔離政策並未像大多數人期待般順利。學校去除種族隔離並未帶來原先期望的和諧，反而導致教室裡的緊張與騷動。Walter Stephan（1978）發現，53%學校去隔離研究裡，偏見反而提高；34%研究則發現，偏見並無變化。如果你拍攝去種族隔離學校的校園，會發現幾乎沒有融合：白人兒童跟白人兒童聚在一起，黑人小孩跟黑人小孩成群結隊，西班牙裔孩子也只跟西班牙裔孩子

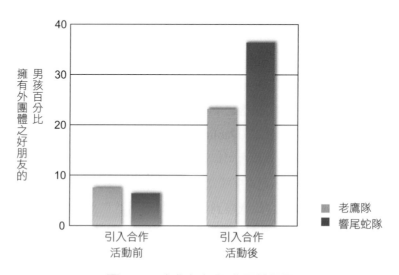

圖13.7　合作如何促進團體間關係

當老鷹隊和響尾蛇隊彼此競爭時，他們很少跟另一隊男孩結交朋友。當這些男孩必須互相合作以得到共享利益之後，團體之間的緊張獲得緩和，而男孩也開始跨越「敵對界線」結交朋友（根據Sherif, Harvey, White, Hood, & Sherif, 1961）。

在一起（Aronson & Gonzalez, 1988; Aronson & Thibodeau, 1992; Schofield, 1986）。顯然，在上述例子裡，單純接觸並未產生預期效果。究竟哪裡做錯了？為何去種族隔離住宅的效果優於去種族隔離學校？

　　既然我們已經知道讓接觸假說產生效果的條件，就更容易瞭解學校最初實施去隔離所產生的問題。請想像這個場景：墨西哥裔美國男孩Carlos就讀小學六年級，學校位於貧窮社區內。由於學校沒有適當的師資和設備，他前五年的教育有些不足。突然間，在沒有預警或準備的情況下，他被送到以白人中等階級為主的學校。

　　就大多數學生的經驗得知，傳統教室是高度競爭的環境。典型的景象是教師詢問問題，立刻有好幾隻手舉起，因為兒童努力讓教師知道：他們知道答案。當教師點名某一位兒童，其他人發出抱怨聲，因為他們錯過了向教師展現自己聰明才智的機會。如果被叫到的兒童遲疑或答錯，他們重新搶著舉手，甚至私下耳語，嘲笑答錯的學生。Carlos發現自己必須跟中等階級的白人學生競爭，他們早就習慣這種上課方式。他們在教師提問時熱切地舉手回應，但是Carlos卻毫無準備地闖入高度競爭情境，而且尚未具備應有的能力。經過幾次失敗之後，Carlos感到沮喪、羞恥、氣餒，他不再舉手，迫不及待地等候下課鐘聲到來。

來自強盜窟實驗的照片顯示，老鷹隊和響尾蛇隊努力一起拉營地卡車，所運用的工具諷刺的是先前拉鋸戰時避免直接接觸對方的繩索。

　　我們如何改變教室氣氛，使它更接近Allport的有效接觸處方呢？我們如何讓白人學生和弱勢學生處於平等地位、相互依賴，以及追求共同目標呢？

合作與互賴：拼圖教室

　　1971年，德州的奧斯汀學校取消學校的種族隔離。在幾星期之內，黑人、白人和墨西哥兒童公開發生衝突；他們在走廊和運動場上拳腳相向。奧斯汀的督學致電當時擔任德州大學教授的Elliot Aronson，希望他設法塑造更和諧的環境。Aronson等人花費幾天時間觀察教室動力，回想起Sherif等人（1961）在強盜窟實驗裡的情境。根據該研究的發現，他們發

拼圖教室

可以降低偏見、提升兒童自尊的教室情境，其做法是將兒童不分種族組成小團體，讓每位兒童彼此依賴才能夠學會課程教材、成績良好

展出能創造相互依賴之教室氣氛的技術，可以讓各種族和族群的學生一起追求共同目標。他們稱為拼圖教室（jigsaw classroom），因為它跟玩拼圖很類似（Aronson, 1978; Aronson & Bridgeman, 1979; Aronson & Gonzalez, 1988; Aronson & Patnoe, 1997; Walker & Crogan, 1998; Wolfe & Spencer, 1996）。

拼圖教室的運作程序如下：學生每六人分成一組學習小組。當天的課文被分成六部分，每位學生必須學習其中之一。因此，如果學生要學習羅斯福總統夫人的一生，教師會將自傳分成六個部分，分派給六位學生。每個人各自擁有獨特且重要的訊息，就像拼圖一樣，必須組合之後才能看出整幅圖畫。每位學生必須學習自己負責的內容，而且教給沒讀過的其他小組成員。因此，如果Alicia想要在羅斯福總統夫人的一生這篇課文考得高分，就必須注意Carlos（負責說明羅斯福總統夫人的少女時期）、Shamika（負責說明羅斯福總統夫人在白宮的日子）的說話內容。

傳統教室裡學生彼此競爭，在拼圖教室裡，學生則是相互依賴。在傳統教室裡，如果Carlos因為焦慮和不安無法背誦，其他學生很容易忽視他，或者努力贏過他以顯示自己的聰明。但是在拼圖教室裡，如果Carlos背誦有困難，其他學生基於自身利益，最好保持耐性、說些鼓勵的話，甚至友善地提問，讓Carlos更容易表達只有他擁有的知識。

藉由拼圖過程，兒童更加注意彼此，也更互相尊重。像Carlos這樣的兒童對這種處置會有所反應，他們變得更放鬆、更投入，因此其溝通能力必然有所改善。經過幾星期之後，其他學生突然發現Carlos比他們想像的更聰明。他們開始喜歡他。Carlos逐漸更喜歡上學，並且將同組的白人學生當做有幫助、負責任的隊員，而不是折磨他的對象。接下來，當Carlos在教室裡更自在、對自己更有信心，他的學業表現也有所進步。一旦學業成績進步，他的自尊也就提高。惡性循環被打破，導致情況惡化的成分有所改變，因此讓事情好轉。

從拼圖實驗得到的正式資料肯定實驗者和教師的觀察：相對於傳統教室的學生，拼圖小組學生的偏見和歧視減少，對組員的喜愛程度提高，無論是相同或不同族群的對象。此外，拼圖教室裡的兒童在客觀測驗上的表現顯著優於傳統教室的兒童，其自尊也明顯提升。拼圖教室裡的兒童也會更喜歡學校；還有，拼圖教室的學生表現出真正的整合：在運動場

上，各種不同族群的孩子玩在一起的情形遠
超過採用傳統教室的學校。

為何拼圖教室有效？

　　這種技術成功的原因之一在於，合作
學習團體的參與者打破內團體和外團體的知
覺，讓個人建立「同一團體」的認知類別，
沒有任何團體成員被排除在外（Gaertner et
al., 1990）。除此之外，合作策略將人們置
於「給予恩惠」的情境。在第六章裡，我們
曾討論一個實驗，證實人們在幫助他人之後
變得更喜歡對方（Leippe & Eisenstadt, 1998）。

當教室裡容許不同族群的兒童共同合作學習，偏見降低，
自尊則提高。

　　拼圖學習能夠產生正向人際結果的原因還有另外一個：合作歷程鼓
勵發展同理心。通常你不需要太注意班上其他同學，但是為了有效參與拼
圖學習，你必須密切注意團體其他成員背誦的內容。如此一來，參與者
瞭解到：如果能夠符合每位同學的特殊需求，就可以得到很棒的結果。
Alicia可能知道Carlos有點害羞，需要溫和地敦促，而Trang說個不停，可
能偶爾要約束他，Darnell可以禁得起開玩笑，而Peter只會回應認真的建
議。

　　如果我們的分析屬實，拼圖教室應該能夠磨練兒童的整體同理能
力，進而降低他們依賴刻板印象的傾向。為了驗證上述想法，Diane
Bridgeman以十歲兒童為對象，進行一項巧妙實驗。在實驗開始前，半數
兒童參與拼圖教室兩個月，另一半的兒童則參加傳統教室。

　　Bridgeman（1981）向兒童展示一系列漫畫，目的在於測試兒童設身
處地，理解卡通人物的能力。在某一則漫畫裡，第一格是一位小男孩在
機場向父親揮手，看來很悲傷；第二格顯示郵差交給小男孩一個包裹；
在第三格裡，小男孩打開包裹，看見裡面有一架玩具飛機，於是眼淚奪
眶而出。Bridgeman問這些兒童，小男孩為何看見玩具飛機就哭泣。幾
乎所有兒童都正確地回答：因為玩具飛機讓他想起多麼思念父親。然後
Bridgeman又問了另一個關鍵問題：「當郵差看到小男孩打開包裹，開始
哭泣時，他會有何想法？」

控制組兒童認為，郵差知道男孩難過的原因是禮物讓他想起離開的爸爸。但是曾參與拼圖教室的兒童卻有不同反應。基於在拼圖教室的經驗，他們能夠設身處地理解郵差的觀點——因為他並未看見機場送別的場景，所以對於男孩收到禮物卻哭泣感到困惑。這一點看起來似乎並不重要，誰會在意兒童是否有能力讀懂漫畫人物的心思？我們都應該在意！兒童能夠發展出從他人觀點看待世界的能力，對於同理心、慷慨、學習與他人相處都具有深厚的意涵（Todd et al., 2011）。（請閱讀接下來的【試試看！】專欄）

試試看！

拼圖類型團體研究

下次某一科目平時考之前，你可以嘗試找一群同學，組成類似拼圖的小組，一起準備考試。

指派每個人閱讀課文的一部分。那個人都有責任成為全世界最瞭解這段課文的專家。那個人將課文整理成為報告，交給同組其他成員。其他小組成員可以自由提問，直到他們確定自己充分瞭解課文。在練習結束時，你可以請問團體成員下列問題：

1. 跟自己讀書相比，這種方式更有趣或更無趣？
2. 跟自己讀書相比，這種方式更有效或更無效？
3. 相較於開始練習之前，你對團體裡每個人有何感受？
4. 你會在參加這種團體嗎？

你應當瞭解，上述情境或許效果不如本書所介紹的拼圖團體。為什麼？

當我們有能力瞭解另一個人在做什麼時，就能夠提高我們向對方敞開心胸的可能性。一旦我們對另一個人敞開心胸，就不太可能產生偏見，進而霸凌或羞辱對方。

合作和相互依賴學習的逐漸普及

拼圖取向首先在1971年進行測試；然後教育研究者發展出許多類似的合作技術（J. Aronson, 2010; Cook, 1985; Johnson & Johnson, 1987; Slavin & Cooper, 1999）。Aronson等人在奧斯汀獲得的驚人成果目前已經在美國各地及海外的數百間教室裡重複驗證，適用於各種年齡的兒童（Hänze & Berger, 2007; Jürgen-Lohmann, Borsch, & Giesen, 2001; Sharan, 1980; Walker & Crogan, 1998）。這種方法逐漸成為改善種族關係，增進對於被汙名化個人（像是罹患精神疾病）之接納，建立同理心和改進教學的最有效技術

之一（Desforges et al., Deutsch, 1997; McConahay, 1981; Slavin, 1996）。起初在學校系統進行的簡單實驗慢慢地形成公立學校教育的重要力量；不幸的是，前一句話的重點是在「慢慢地」。教育系統跟其他官僚組織一樣，通常不願意改變。

然而這是個值得追尋的目標。教室結構的簡單改變可以為兒童的一生帶來重大影響，這麼說並不為過。三十多年前，發明拼圖教室的Elliot Aronson接到某位大學生的來信。他保留這封信許多年，提醒自己：在所有科學研究和統計分析之下，仍有活生生的人每天受到偏見及社會情境所影響——當教室結構改變，他們也可能成長、茁壯。以下是整封信的內容：

> 親愛的Aronson教授：
>
> 　　我是＿＿＿＿大學四年級的學生。今天我收到哈佛大學法學院的入學許可。這可能對你來說並不奇怪，但是讓我告訴你一件事。我在家中七個孩子裡排行第六——我是唯一進大學的人，更不用說畢業或念法學院。
>
> 　　到現在為止，你可能仍在懷疑，為何這位陌生人要寫信給你，向你誇耀他的成就。事實上，我不是陌生人，雖然我們從未見面。你知道，上一年我曾經選修社會心理學，我們所用的課本就是你所撰寫的《社會動物》（*The Social Animal*），當我讀到偏見和拼圖教室時，它聽起來非常熟悉——然後，我想起我曾經待在第一個實施拼圖教室的班級裡——當時我是五年級。當我讀到這一段的時候，我回想起我就是你稱為Carlos的那個男孩。我記得你第一次走進我們的教室，當時我多麼害怕，還有我多麼愚笨，什麼都不知道。然後你走進來——當我閱讀你的書，一切都重新回到我心中——你非常高大——大約六呎半——而且你留著黑色的大鬍子，你很風趣，讓我們哈哈大笑。
>
> 　　還有，更重要的是，當我們形成拼圖團體時，我開始瞭解到，我其實並不笨。我原本以為很粗魯、不友善的孩子變成我

的朋友，老師對我很好，我其實開始喜歡學校，我也開始喜歡學習，現在我即將進入哈佛法學院。

你一定常常收到這樣的信，但是我決定無論如何也要寫信給你，因為我要告訴你一件事。我媽媽告訴我，當我出生時差一點死掉。我在家裡出生，臍帶纏繞我的頸子，產婆對著我的嘴吹氣，救回我的性命。如果她仍然健在，我也會寫信給她，告訴她：我長大之後很聰明，而且我要去念法學院。但是她幾年前過世了。我要寫信給你的原因是，你也拯救了我的生命。

真誠的

"Carlos"

複習題

1.增加團體間接觸可能減少偏見，只要達成某些條件。下列何者不正確？
a.共同目標。
b.弱勢團體居於高地位。
c.團體之間合作。
d.權威的讚許。

2.強盜窟研究提出何種策略以降低團體間敵意？
a.共享的社會規範。
b.共處於相同環境。
c.一起努力追求共同目標。
d.玩有趣的競爭遊戲，像是拔河。

3.為何早期的去隔離策略無法減少種族間偏見？
a.學生處於平等地位。
b.教室環境為高度競爭。

c.弱勢學生結交朋友不夠努力。
d.主流學生跟弱勢學生共享相同目標。

4.拼圖教室的關鍵特徵是什麼？
a.不同族群的孩子需要彼此才能解決問題。
b.不同族群的孩子有機會顯示其個人才能。
c.弱勢孩子依照自己的語言和偏好速度來學習。
d.教師停止指名個別學生。

5.拼圖教室產生效益的主要原因是什麼？
a.它要求孩子舉止要有禮貌和同理心。
b.它設定良好行為的明確規則。
c.它允許孩子表達對他人的真實感受。
d.它打破內團體和外團體的知覺。

摘　要

學習目標13.1　說明偏見的三個成分

■ **定義偏見**　偏見是普遍現象，出現在世界上所有社會。各社會之間的差異在於偏見受害者的社會團體，以及社會允許或制止歧視的程度。社會心理學家定義偏見是為對某一特殊族群的人懷有敵意和負面的態度，只因為他們是該族群的成員。它包含認知、情感和行為成分。

- 認知成分：刻板印象　刻板印象是有關某一群人的類推，將某些特質賦予該團體幾乎所有成員，而不理會他們實際上的變異。刻板印象可能包含正面或負面內容，它是組織社會世界的有用適應工具。然而，由於它消除團體內的個別差異，可能對於抱持刻板印象的人及目標對象都造成適應不良和不公平的結果。即使團體的正面刻板印象可能也會限制和貶抑刻板印象團體的成員。現代性別刻板印象的形式可能是敵意性別歧視或慈善性別歧視，它為歧視女性、貶低其傳統角色提供正當理由。

- 情感成分：情緒　偏見的深層情緒成分讓個人難以講理；邏輯論證無法有效抵消情緒。這就是當個人想要除去偏見後，它卻仍在潛意識當中徘徊的原因。根據團體刻板印象所傳達的溫暖和能力，人們對團體的情緒反應包括仰慕、憐憫、輕視或嫉妒。

- 行為成分：歧視　歧視是針對某一團體之成員的不正當負面或有害行動，其基礎僅在於身為該團體成員。歧視的例子包括警察針對黑人嗑藥者而非人數更眾多的白人嗑藥者；制度化歧視，出現在僱用和司法系統；以及微攻擊，許多弱勢團體成員所體驗到的無禮舉動和輕蔑言詞。當人們有壓力、憤怒、自尊遭受打擊，或者無法完全控制其意識企圖時，通常對於刻板印象目標做出較有攻擊性或敵意的行為。

學習目標13.2　解釋我們如何測量人們不想透露的偏見——或者他們也不知道自己抱持偏見

■ **偵測隱藏的偏見**　由於有關偏見之規範原則有所轉變，人們學會在自己可能被稱為種族歧視者、性別歧視者、反猶太人者及恐同症者的場合裡隱藏其偏見。因此，研究者發展出隱藏偏見的方法。

- 確認被壓抑偏見的方式　研究者發展出非侵犯測量方式，來確認被壓抑的偏見，像是寄出完全相同的履歷表，只改變求職者的姓名或其他特徵，藉此檢視雇主是否對特定團體有偏見；或者採用「假線路」，參與者相信儀器可以記錄他們的真實態度。

- 確認內隱偏見的方式　確認潛意識（內隱）偏見的普遍方法是內隱連結測驗（Implicit Association Test, IAT），測量目標團體跟負向特質之間連結速度的指標。然而，IAT究竟測量什麼，以及它是否可以預測偏見行為仍然充滿爭議。

學習目標13.3　描述偏見如何傷害其目標對象

■ 偏見對受害者的影響

- 自我應驗預言　刻板印象和偏見的普遍性可能造成多數成員和偏見受害者雙方的自我應驗預言。
- 社會認同威脅　導致學業差異的原因之一是社會認同威脅，也就是負面刻板印象所引發的焦慮，或者他們因為社會認同而被貶低。

學習目標13.4　描述社會生活中導致偏見的三個層面

■ 導致偏見的原因
社會生活裡可能引發偏見的三個層面是順從於社會規範、社會認同及「我們—他們」思考的重要性，以及對於資源或權力的現實衝突。

- 順從壓力：規範原則　制度歧視反映出社會規範。規範性從眾（渴望被接納和融入）導致許多人遵循刻板印象信念以及社會的主流偏見，並未加以挑戰。當規範改變時，偏見也是如此。
- 社會認同理論：我們vs.他們　偏見的出現在於人類將所有人區分為內團體和外團體的傾向。它始於我族中心主義，也就是人類傾向於認為自身團體優於其他團體，以及社會認同的需求，也就是根據重要團體的成員身分來界定自我概念。我族中心主義原本可能是人們偏好自己家庭和部落的生存機制，然而人類也具備友善和合作的生理基礎。因此社會心理學家致力於找出促進或消除團體間偏見的條

件。我族中心主義和「我們—他們」分類導致內團體偏私（對自身內團體成員的待遇優於其他外團體成員）以及外團體同質性。常見的外團體歸因是為了自己的偏見和歧視行為而責怪受害者。責怪受害者也促成內團體的優越感、宗教或政治認同，以及其權力的合法性。

- 現實衝突理論　根據現實衝突理論，偏見是團體間爭奪有限資源（無論是經濟、權力或地位）之真實衝突造成不可避免的附帶結果。資源競爭導致對外團體的詆毀和歧視，就像19世紀華人移民和今天的墨西哥和其他拉丁美洲移民一樣。代罪羔羊是指感到挫折和憤怒的人傾向於將攻擊行為由真實來源轉向較方便的目標——不受人喜歡、可以看見、相對無力之外團體。

學習目標13.5　說明減少偏見的條件

■ 減少偏見
偏見可能很普遍，然而社會心理學家已經探討許多減少團體間敵意和促進團體間關係的條件。只是告知有偏見者關於刻板印象的訊息仍不足夠；他們通常會更堅持其信念。

- 接觸假說　根據接觸假說，減少不同種族和族群之間偏見的最重要方式就是，藉由接觸讓內團體和外團體成員併在一起。上述接觸在許多情境都有效，從整合住宅計畫和軍隊，到促進大學裡跨越種族界限的友誼。然而，只有接觸仍然不夠，甚至可能讓既有負面態度更加惡化。接觸符合以下條件時可以達到最佳效果：與團體間合

作有關、共同目標、平等地位、得到權威的讚許。當團體互相依賴，需要彼此才能達到更高層次目標時。接觸格外有效。

• 合作與互賴：拼圖教室　拼圖教室是合作學習的形式之一，不同種族的兒童必須合作學習課文。它已經被證實可以有效地改善弱勢團體學生的自尊和表現，提高同理心，並且促進團體間友誼。

分享寫作　你有什麼想法？

沉醉式互動

　　大學校園如何對抗社會認同威脅對於某些學生的學業表現所產生的負面效果？

測　驗

1. 偏見
   a. 意指對於某一團體成員的敵意態度，其基礎僅在於他們屬於該團體。
   b. 意指優勢團體成員對弱勢團體成員所抱持的態度。
   c. 通常不會受到社會事件所影響。
   d. 通常在童年時學得，而且終生持續。

2. 刻板印象
   a. 是偏見的認知成分。
   b. 是對於某一團體的負面印象。
   c. 總是不正確的。
   d. 可能是正向或負向的認知總結。

3. 「敵意性別歧視者」認為女性比男性更低下；「慈善性別歧視者」認為女性比男性更優越。兩者有何共同之處？他們都
   a. 透露不喜歡女性。
   b. 使得對女性的歧視正當化。
   c. 共享對女性的潛在仰慕。
   d. 共享對男性的潛在厭惡。

4. 當Gordon Allport說：「偏見可以被理智打敗，然而情感依然持續。」他的意思是什麼？
   a. 你無法跟有偏見的人進行理性辯論。
   b. 有偏見的人無法以理性駁斥自己的態度。
   c. 個人的內隱偏見可能消退，然而外顯偏見依然持續。
   d. 個人的外顯偏見可能消退，然而內隱偏見仍然持續。

5. 下列何種潛意識偏見指標可以用來描述IAT？
   a. 個人跟不喜歡團體的成員維持較遠距離。
   b. 個人對於目標人物影像跟正向詞的連結比起跟負向詞的連結更緩慢。

c.個人以微妙方式蔑視目標人物。

d.團體忽視唯一弱勢成員的意見和貢獻。

6.根據現實衝突理論，在美國歷史上，美國白人改變對華人、日本人、愛爾蘭人和墨西哥人的偏見和歧視，其主要原因是什麼？

a.工作和政治地位的競爭。

b.白人對弱勢團體的熟悉程度。

c.弱勢團體大學生的百分比。

d.工作訓練和技能的差異。

7.何謂社會認同威脅？

a.擔心隱藏的認同在社會團體中被透露而感到恐懼。

b.刻板印象團體成員覺察到有關他們的刻板印象而感到焦慮。

c.構成個人社會認同的價值觀和習俗受到威脅。

d.弱勢團體成員威脅要報負他們所遭遇的不公平刻板印象。

8.下列何者描述內團體偏私的結果？

a.自我應驗預言。

b.自己所屬內團體的不適任感受。

c.歧視外團體成員的傾向。

d.更容易因刻板印象威脅而受害。

9.下列何者是延伸接觸假說隱含的意義？

a.團體間接觸可以經由新聞和娛樂媒體向大眾傳播。

b.接觸效果可以延伸到區域層次。

c.你可以減少朋友的偏見，只要他們知道你結交跨團體的朋友。

d.必須有直接接觸才能產生效果。

10.下列何者是讓拼圖教室發揮成效的主要社會心理學機制？

a.它仰賴合作以追求共享目標。

b.它倚賴我族中心主義。

c.它強調以個人成就證實弱勢團體的能力。

d.它測量並克服內隱偏見。

CHAPTER 14

運用社會心理學帶來改變：維持永續未來

綱要與學習目標

社會心理學的應用研究
學習目標14.1　描述如何應用社會心理學原理來改善人們的生活
運用實驗法以獲益
社會心理學的救援

運用社會心理學實現永續未來
學習目標14.2　描述如何運用社會心理學協助人們以永續方式生活
傳達與改變社會規範

追蹤消耗量
引發少許競爭
引發偽善
除去達到大改變的小障礙

快樂與永續生活風格
學習目標14.3　描述我們如何應用社會心理學讓人們更快樂
讓人們快樂的原因為何？
人們知道讓自己快樂的原因嗎？

●●●●●●●● 你認為如何？

當Jankel Aleman開車到佛羅里達州邁阿密的電子設備商店工作時，他一定會帶著塑膠袋和橡皮筋，從汽車走到商店時可以遮住鞋子。否則他的腿將會浸泡在從排水管湧出、讓店門口淹沒的海水裡。隨著海洋水位升高，邁阿密街頭愈來愈常淹水——即使晴天也是如此——為了預防這座城市變成水底都市，已經投入許多努力。這項計畫的第一階段要提高道路高度，以及安裝新的汙水幹管和抽水機，費用為美金一億元。這只是計畫的開端，總費用高達數十億美元（Davenport, 2014; Flechas, 2017）。「我們無須再爭論氣候變遷是否存在，現在的重點是因應目前與未來的威脅」，邁阿密市長Philip Levine表示（Davenport, 2014）。

邁阿密的情況比美國其他海岸城市更糟，因為它位於多孔石灰岩上，海水可以從排水管湧入，流進街道。海水水位上升也威脅其他城市。在維吉尼亞州諾福克（Norfolk），諾福克一神論教會（Unitarian Church）的會眾必須涉水才能抵達教堂，因此決定將它遷往高處。「我不知道有多少教堂必須在網頁上公布潮汐表」，Reverend Jennifer Slade說。她之所以這樣做，是為了讓會眾知道海水是否包圍教堂入口（Montgomery, 2014, p. A1）。諾福克海軍軍港未來數十年之間更難抵擋暴風雨，如果遭受侵襲，可能有好幾天會淹水。海軍已經花費架高幾座碼頭，架高每一座碼頭的費用是六百萬美元（"On the Front Line of Rising Seas," 2016）。

讓我們重新審視基本事實，地球持續排放「溫室」氣體，捕捉太陽的熱量，維持地球溫暖。然而自從18世紀的工業革命之後，人們排放氣體增加——主要是二氧化碳（CO_2），來自石化燃料的燃燒（像是電廠、

工廠和汽車）。我們所排放的二氧化碳總量遠超過地球自然吸收的數量。例如，過去十七年當中，有十六年出現史上最高溫（Mooney, 2017）。南極洲和格陵蘭的棚冰（shelf ice）融解速率令人警戒。專家估計，到本世紀結束前，海平面每年上升數英尺，甚至有些人主張上升程度更高（Sheridan, 2017）。此外，許多科學家相信，颶風的頻率和嚴重程度因為海水溫度上升而持續惡化。事實上，嚴重颶風的頻率幾乎是過去三十年的兩倍之多。某些人估計，

全球暖化導致海水水位升高，已經影響美國城市，包括佛羅里達州邁阿密和維吉尼亞州諾福克。

全球暖化導致死亡人數已高達每年三十萬人——遠超過死於恐怖攻擊的人數（Leber, 2015）。

　　不幸的是，全球暖化並非人類所造成的唯一環境問題。全世界的石油、煤炭、淡水，以及其他無法恢復的自然資源正在快速消耗殆盡。科學家估計，我們已經或快要達到最大石油產量。如何處理垃圾是另一個問題。回溯至1987年，名叫Mobro 4000的駁船從紐約市出發，尋找傾倒垃圾的地點，因為當地掩埋場已經滿溢。它沿途停靠南卡羅萊納、佛羅里達、阿拉巴馬、密西西比、路易斯安那、墨西哥、貝里斯和巴哈馬，然而沒有任何地方同意讓它傾倒紐約的垃圾。最後，經過6,000英里（譯註：大約為9,656公里）的旅程後，Mobro 4000回到家鄉，當地官員說服紐約市外的一所掩埋場，進行垃圾焚化和掩埋。其他垃圾到哪裡去了呢？在1990年代，研究者發現太平洋裡某一塊區域（其面積大於美國）已經被無數垃圾所覆蓋；類似的「垃圾漩渦」地區也出現在海洋的其他地方（Lovett, 2010）。問題在於，許多塑膠材料被棄置在河流和海岸邊。由於塑膠無法以生物分解，沿著洋流進入海洋，這就是許多廢棄牙刷、拋棄式打火機、塑膠袋和雨傘把手的最終安息之處（"Plastic oceans," 2008）。

　　所有環境問題的根源是人口過剩；目前地球人口大約75億人，而且仍在增加。根據圖14.1，在工業革命以前，人口數量相對穩定，之後人類近似瘋狂地繁殖。大約在同一時間，英國牧師Thomas Malthus提出警告，人口將快速擴增，很快即將面臨糧食不足。Malthus的災難預言並未

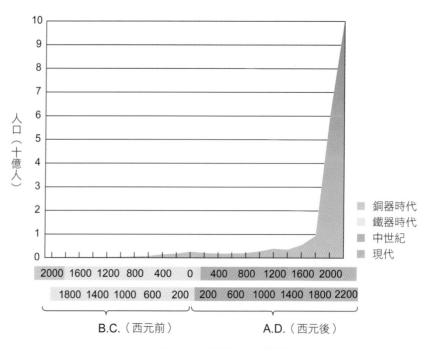

圖14.1　世界人口增長

人口在18世紀工業革命之前只有些微成長，後來則以指數比例增長。

1987年，名叫 Mabro 4000的駁船離開紐約市，尋找傾倒垃圾的地點。經過6,000英里徒勞無功的旅途之後，最終它回到紐約，將垃圾傾倒在已經滿溢的市區外掩埋場。

成真，主要原因是農業技術進步，改進收成量。但是他也說對了，因為食物供應量減少，世界上遭受飢荒的人數逐漸增加。據估計，全世界每九個人就有一人挨餓（World Hunger, 2016）。Malthus預言的時機或許稍微延後，然而許多科學家擔憂，他說的話每天都逐步逼近真實。

我們可以做些什麼？基本上，解決方式有三種：第一，我們可以嘗試抑制人口增加。好消息是，過去數十年的人口增長率開始減緩，儘管總人口數仍持續快速增長（"Population Growth Rate," n.d.）。第二，我們可以期待技術改善讓人類脫困——像是更有效的穀物收成，以及可恢復的能量來源（例如風力和太陽能）。雖然這些領域已有進步，卻不太可能解決人們自身的環境問題。第三，人們可以採納永續生活方式，減少資源使用。當然，說起來容易做起來難；沒有人喜歡被告知要減少消費，而且積習難改。但是如果我們必須改變，該如何鼓勵人們多做對環

境負責任的行為呢？

到目前為止，你可以瞭解這是典型的社會心理學問題。在先前的章節裡，我們談到人們如何形成和改變態度，如何受到他人行為所影響，以及社會規範的力量等等。現在我們轉而探討，如何運用社會心理學來解決社會和心理學問題，接下來則是介紹有關如何讓人們接受永續生活方式的研究。然後，在接下來的兩章，我們將討論應用社會心理學研究的另外兩個主要領域——健康與法律。

社會心理學的應用研究

學習目標14.1　描述如何應用社會心理學原理來改善人們的生活

自從社會心理學的領域誕生以來，應用知識以解決實用問題一直是其研究興趣。實徵社會心理學的創始人Kurt Lewin（1946）提出三個重點：

1. 社會心理學問題最好以實驗法來驗證。
2. 這些研究可用於瞭解基本心理歷程，以及發展有關社會影響的理論。
3. 社會心理學理論與方法可以用於探討迫切的社會問題。

對這個領域的許多人來說，社會心理學之美在於，本質上它同時強調有關人類行為的基礎和應用問題。舉例來說，有關刻板印象和偏見的研究，探討人們如何形成對他人之印象的基本理論問題，還有如何消除刻板印象和偏見的應用問題。

正如我們在第二章的討論，基礎研究主要關切理論議題，而應用研究主要關切具體的真實世界問題，兩者之間有所區分。儘管先前討論的許多研究都觸及實用問題，卻被歸類為基礎研究。根據Kurt Lewin（1951）的說法：「好的理論比任何事物更實用。」他的意思是指：想要解決困難的社會問題，首先必須瞭解人類本質和社會影響的潛在心理動力。社會心理學家逐漸開始進行有關具體實用問題的研究。事實上，社會心理學家比其他學科的研究者更適合探討應用問題，以下我們將討論原因所在。

「各位男士，此時我們該認真思考全球暖化的影響。」
Mick Stevens/ The New Yorker Collection/ The Cartoon Bank

運用實驗法以獲益

社會心理學最重要的課題之一在於，進行實驗以回答社會影響之問題。沒有任何事情能比解決應用問題更重要，像是讓人們減少能源消耗。只有進行實驗（而不是觀察或相關研究；請參閱第二章）才可能發現何種方式最有效。

大多數人似乎從其他領域瞭解這一課，像是有關醫療的研究。假定有一位化學家發現新的化合物，或許是有效的止痛藥；最初以老鼠進行研究看來頗有希望，但是尚未進行以人類為對象的研究。我們應該讓藥廠走在前面，讓藥品上市嗎？大多數人會想，不用這麼快。誰知道藥物對人類的安全性呢？──它可能會有嚴重的副作用，就像止痛藥Vioxx和治療牛皮癬的Raptiva一樣。我們應該普遍進行人體的臨床試驗，將人們隨機分派接受新藥物或安慰劑，看看它是否能夠減輕疼痛，或者是否有嚴重副作用。實際上，美國聯邦法律要求藥物在提供大眾使用之前，必須經過廣泛測試，並且得到美國食品及藥物管理局（Food and Drug Administration, FDA）核准。

我們對於心理和社會「治療」的標準較為寬鬆。如果某人想要嘗試新的節約能源技術、新的教育措施，或者降低偏見的方案，通常不需要經過嚴謹的測試。例如，某間公司可能嘗試新方案以降低能源使用，或開始實施多元化訓練方案，然而並未用實驗來驗證上述技術。

嗯，你可能會想，有什麼傷害呢？嘗試新的節約能源方案幾乎不會讓人們承擔風險，而且我們不應該讓人們受限於麻煩的測試準則，以致妨礙創新。我們難道不能事後進行訪談，或者觀察行為改變（例如在節約能源方案後使用較少能源），來檢驗這些介入方法的效果嗎？如果缺乏隨機分派的控制組，就難以驗證介入方法的效果可能會帶來嚴重後果。

評估介入的有效性

舉例來說，有一項心理介入程序在全世界普遍實施，用以幫助遭遇創傷事件的人，像是目睹自然災害或飛機失事造成多人死亡的救難人員。危機事件壓力簡報（Critical Incident Stress Debriefing, CISD）的基本理念是在創傷發生後盡快將人們聚在一起，進行三到四小時訪談，要求參與者詳細描述他們的經驗，並且討論他們對事件的情緒反應。這

種宣洩經驗應該能夠預防未來的精神疾病症狀，包括創傷後壓力症候群（PTSD）。許多消防隊和警局提供CISD給目擊悲慘事件的警官，它也普遍運用於經歷創傷事件的民眾。在2001年911恐怖攻擊事件後，紐約市幫助生還者處理創傷和壓力問題、預防PTSD，大多使用心理簡報技術。

心理簡報聽來很有道理，不是嗎？少許介入就能得到大量療效，而且讓人們公開討論對創傷事件的反應，不要悶在心裡，這似乎是不錯的事情。然而，「似乎」和「其實」並不相同；有關CISD的有趣之處在於，它早在社會科學家嚴謹地驗證其效果之前就已經被廣泛實施。研究者將某些人隨機分派至接受CISD的組別，另外一些人則否，然後所有人都接受心理測量——最好是經過一段時間之後。最後心理學家終於在不同地點進行這類實驗，以驗證CISD的效果。結果並不令人振奮。在廣泛回顧文獻之後，哈佛大學心理學家Richard McNally等人的結論是：「沒有可信證據」證實心理簡報技術可以預防PTSD（McNally, Bryant, & Ehlers, 2003, p. 72）。

社會介入的可能風險

即使CISD的效果不如預期，又有什麼了不起？讓人們聚在一起談論自己的經驗總是無害的。然而，社會和心理介入還有另一個問題。人們憑藉常識評估其有效性，只是，常識卻是錯誤的。CISD不僅無法預防PTSD，甚至會造成傷害。在某一項研究裡，因嚴重燒傷而住院的參與者，經由隨機分派接受CISD或擔任控制組。所有參與者在後來的幾個月內完成各種心理測驗，而且在家中接受研究者（不清楚他們是否參與CISD）的晤談。結果令人慎思：在介入後十三個月，CISD組罹患PTSD的機率顯著高於控制組，而且焦慮和憂鬱的心理指標分數較高，他們自述對生活滿意度顯著較低（Carlier, Voerman, & Gersons, 2000）。驗證急救人員接受CISD之有效性的研究也發現類似結果。McNally等人（2003）在文獻回顧時指出：「有些證據顯示，它（CISD）可能阻礙自然恢復歷程，」並且建議，「基於科學和倫理原因，專業人士應當停止對經歷創傷者強制實施簡報。」（p. 72）

原來，在創傷事件發生後，人們體驗到強烈的負面情緒，此時並不是跟他人討論的最佳時機。相反地，根據第

2001年911恐怖攻擊之後，九千多位諮商師趕往紐約市，協助生還者處理創傷和壓力，避免創傷後壓力症候群，許多人運用心理晤談技巧。在普遍運用這種技術之前，曾經用適當方法檢驗其效果嗎？它是有效或有害的？（請參考課文內容找出答案）

十五章的內容，人們即使被放著不管，也具有很高的韌性（Bonanno, 2004）。強迫人們談論和重新回想創傷經驗讓他們在未來更容易記住這些經驗。如果人們無法成功地靠自己復原，或許他們在重新回想創傷事件前需要一段時間，等他們遠離之後更能夠客觀地回想該事件（Pennebaker, 2001）。

請思考，在CISD的有效性尚未經過適當驗證前就廣泛實施，因此帶來的後果，它不僅浪費大量時間、精力和金錢，也讓數千名警察、消防隊員和救難人員被迫經歷可能造成更大傷害的簡報程序。如果這是醫療介入，事後必然發生強烈公眾抗議（以及無法避免的法律訴訟）。

社會心理學的救援

社會心理學家占有獨特位置，可以找出應用問題的解答，並且避免普遍運用CISD所導致的挫敗。首先，社會心理學包含人類行為的豐富理論，可以讓人擷取問題解答；其次，同樣重要的是，社會心理學家知道如何進行嚴謹實驗，來測試這些解答的有效性（Walton, 2014; Wilson, 2011）。我們將在後面兩章看到許多應用研究的實例。接下來將重新回到本章的議題：如何讓人們採取有助於永續經營未來的行動。

複習題

1. 下列何者不是Kurt Lewin對於社會心理學家應用所知來解決實用問題的觀點？
   a. 社會心理學問題最適合用實驗法來驗證。
   b. 實驗研究可以用於瞭解基本心理歷程，以及發展有關社會影響的理論。
   c. 有些社會問題非常迫切，所以我們應該在進行實驗以前嘗試解決它們。
   d. 社會心理學理論和方法應該用於處理迫切的社會問題。

2. 有一群社會心理學家設計新的介入方法，讓人們在家使用較少能源。下列何者是他們應該做的？

   a. 進行一項研究，以屋主的大樣本實施介入方法，看看這些房屋的能源使用是否降低。
   b. 進行一項實驗，經由隨機分派使得某些屋主實施介入方法，另外一些屋主屬於不實施介入方法的控制組，並且測量兩組的能源消耗。
   c. 由於節約能源非常重要，他們應該儘快將介入方法告知特定城市的所有屋主。
   d. 進行一項調查，詢問屋主認為介入方法是否有效。

3. 下列有關危機事件壓力簡報（Critical Incident Stress Debriefing, CISD）的陳述，何者正

確？

a.這是幫助經歷創傷事件之大學生的好方法。

b.當人們在經歷創傷事件後儘快接受CISD最有效。

c.這是幫助目擊創傷事件之緊急救難人員和最初回應者的好方法。

d.CISD被證實無法預防PTSD，而且弊多於利。

運用社會心理學實現永續未來

學習目標14.2　描述如何運用社會心理學協助人們以永續方式生活

社會心理學家採取各種取向，促使人們從事對環境更負責的行為。他們的取向受到社會心理學理論所啟發，而且經過實驗法的驗證（Clayton et al., 2016; Schultz & Kaiser, 2012; Stern, 2011）。

傳達與改變社會規範

促使人們對環境負起更多責任的其中一種取向是提醒他們社會規範的存在，也就是團體可以接受之行為、價值觀和信念等原則。根據第八章的討論，人們遵循兩種規範：(1)強制式規範，也就是人們知覺到他人所贊同或不贊同的行為；(2)描述式規範，也就是人們知覺到他人的實際行為。如果人們相信某種行為被其社會團體所強烈反對，當他們觀察到其他人遵循此一規範，那麼他們也可能遵循相同規範（Cialdini, 2012; Jacobson, Mortensen, & Cialdini, 2011）。

Robert Cialdini等人證實，社會規範可以鼓勵人們從事對環境友善的行為。例如，撿拾垃圾。將垃圾丟在地上或許看起來不像是嚴重問題。儘管公布欄哀求人們「維持國度的美麗」，許多人卻認為將紙杯丟在路邊，而不是丟在垃圾桶，不算是什麼大事。不幸的是，這些紙杯加起來卻是個大問題。美國每一年扔棄在路邊的垃圾有五百一十億件，每年都要花費一百一十億美元以上的清理費用（"Litter Prevention," n.d.）。

在第八章裡，我們曾討論Reno等人（1993）的實地實驗，實驗助手傳達反對丟垃圾的強制性規範，也就是撿起別人丟棄在地上的速食店紙袋。研究者推測，看見助手撿起紙袋鮮明地提示強制性規範──亂丟垃圾不對，其他人不會贊同──因此降低人們亂丟垃圾的傾向。他們是正確

的，看見助手撿起速食店紙袋的人幾乎都不會將擋風玻璃上的傳單丟棄在地面上。在控制組中，地上沒有紙袋，助手直接走過，這組共有37%參與者將傳單丟在地上。

傳達反對亂丟垃圾之描述性規範的最佳方式是什麼？最直接的方法似乎就是清理環境當中的所有垃圾，說明「沒有任何人在此亂丟垃圾」。一般而言，這種做法確實有效：環境裡垃圾愈少，人們愈不可能亂丟垃圾（Huffman et al., 1995; Krauss, Freedman, & Whitcup, 1978; Reiter & Samuel, 1980）。

然而，這項發現卻有個有趣的例外情形。Cialdini、Reno和Kallgren（1990）指出，看見地上只有一件醒目的垃圾，破壞原本乾淨的環境，會比完全乾淨的環境具有更好的提醒效果。單一垃圾就像是舉起大拇指一樣，提醒人們：只有粗心的人才會把垃圾扔在這裡。相反地，如果地上完全沒有垃圾，人們較不可能想起描述性規範。諷刺的是，人們在完全乾淨的環境裡，比只有一件垃圾的地方更容易亂丟垃圾。

為了驗證上述假說，研究者在學生的信箱裡塞入傳單，然後從隱密位置觀察，有多少學生會將傳單扔在地上（Cialdini et al., 1990）。其中一種狀況是，研究者清理信箱，沒有留下任何垃圾；另一種狀況是，他們將非常醒目的一件垃圾（西瓜皮）放在地上；第三種狀況則是除了西瓜皮之外，地上還有其他棄置的傳單。結果一如預期，只有單一垃圾時，亂丟垃圾的比例最低（見圖14.2）。單一違反描述性規範的例子點明了一個事實：沒有人亂丟垃圾，除了某個蠢蛋把西瓜皮丟在地上。現在，人們的注意力集中在反對亂丟垃圾的描述性規範上，幾乎沒有任何學生亂丟垃圾；而當地板上有一堆傳單時，亂丟垃圾的比

「救命！」
Mick Stevens/ The New Yorker Collection/ The Cartoon Bank

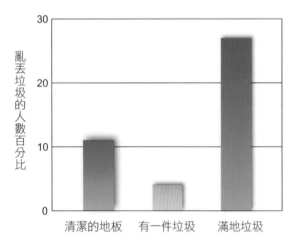

圖14.2　描述性規範和丟棄垃圾
誰最不可能亂丟垃圾——看見別人都不會亂丟垃圾的人、看見地上有一件垃圾的人，或者看見好幾件垃圾的人？根據上圖，答案是只看見一件垃圾的人。看見一件垃圾最可能讓人注意到大多數人不會亂丟垃圾，讓他們自己也較不可能亂丟垃圾（根據Cialdini, Reno, & Kallgren, 1990）。

例最高；因為描述性規範支持亂丟垃圾，許多學生也照做。

　　傳達描述性規範的另一種方式是告訴人們，大多數人怎麼做——尤其是在你無法直接觀察他人行為的情境裡。例如，如果你曾入住旅館，可能會看見一個標誌，要求你重複使用毛巾，因為每天清洗毛巾浪費環境資源（例如水和電力）。這些訴求是否有效？可能比不上傳達人們實際行為的描述性規範更有效。研究者發現，拯救環境的標準訴求比不上有人說：「加入其他旅客，一起拯救環境。」並且告知有75%旅客重複使用毛巾（Baca-Motes et al., 2013; Goldstein et al., 2008; Terrier & Marfaing, 2015）。「其他人都這樣做」的簡單訊息已經足以說服人們做正確的事情（Nolan et al., 2008）。如果你想要在自己的實驗裡運用描述性規範，請閱讀【試試看！】專欄。

運用描述式規範減少亂丟垃圾

　　試試看你是否能運用Goldstein等人（2008）的旅館研究發現，讓人們從事對環境友善的行為。例如，你可以在宿舍張貼各種公告，鼓勵人們回收瓶罐。根據你所學到的內容，下列何種公告最有效？

(a)「協助拯救環境——回收你的瓶罐。」

(b)「和同學一起加入拯救環境的行列——75%住宿生回收自己的瓶罐。」

(c)「宿舍裡有許多人不回收瓶罐。你可以做得更好！」

　　正確答案是(b)，因為它傳達大多數人在回收的描述性規範，可以鼓勵其他人順從這個規範。選項(c)可能帶來負面效果，因為它傳達大多數人不回收的描述性規範，可能使其他人順從這個規範。

　　顯然，讓人們同時覺察到強制性規範和描述性規範，可以推動人們從事對環境負責的行為。但是若適當規範並不存在，或者行為規範剛好相反，又會如何呢？舉例來說，如果你所參加的兄弟會或姊妹會裡，有許多人駕駛耗油的休旅車。或許這是你和同儕選擇的交通工具，甚至它可能是地位和特權的象徵。沒有人喜歡「打破規則」，雖然你曾想過要賣掉吉普車，換一輛油電混合引擎的小車，但又擔憂朋友的反應。

　　事情真的這麼糟嗎？有時人們過度高估違反強制性規範的結果——

除了難看之外，亂丟垃圾導致每年需花費數十億美元的清理費用。社會心理學家發現，強調反對亂丟垃圾的各種社會規範可以有效地預防這種行為。

換言之，如果你賣掉休旅車，有多少朋友真的關心此事？研究結果顯示，大學生過於高估其他強制性規範，像是朋友對喝酒的態度。大學生相信同儕贊成飲酒的比例高於實際數值（Neighbors et al., 2008; Prince & Carey, 2010）。對汽車的態度也是這樣；人們可能不像你這麼關心究竟開什麼車。

即使你的朋友並不贊成你買油電混合車，總有人要率先改變強制性規範。根據第八章的內容，如果我們找到另一位志同道合的夥伴，就比較容易抗拒潮流，所以你首先要嘗試說服一位考慮買車的朋友選擇油電混合車。如果這種做法無效，就直接換車吧！你可能驚訝地發現，你自己能夠改變規範的程度，尤其是你不斷提醒人們，你節省了多少汽油，而且休旅車也不像他們所想像的那麼安全（Gladwell, 2005）。

追蹤消耗量

有些類型的消耗問題並不容易解決，因為人們難以追蹤他們使用的資源數量——像是汽油、電力或水。例如，在乾旱時期，人們可能要節約用水，但是無法監控每個月的用水量。兩位研究者推論，讓人們更容易追蹤消耗的水量，有助於實踐增進公共利益的行為（Van Vugt & Samuelson, 1999）。他們比較了1995年嚴重乾旱時期英國Hampshire的兩個社區。其中一個社區的房屋裝設有水表，讓居民可以監控消耗的水量；另一個社區的房屋則沒有水表。一如預期，當人們感到嚴重缺水時，住屋裝設水表的居民用水較少。

如果讓人們追蹤他們所節省的能源，而不是他們所消耗的能源，又會如何呢？例如，當我們要求駕駛追蹤他們（因走路、騎腳踏車、搭乘大眾運輸工具，或者跟朋友共乘）不開車所節省的哩程數，情況又會如何？讓人們更清楚避免開車的結果，可能讓他們更願意把汽車留在家裡。Graham、Koo和Wilson（2011）要求大學生追蹤他們不開車所節省下的哩程數，而且每隔兩天記錄在網頁上，持續兩星期。一如預期，追蹤自己所節省之哩程數的學生比未追蹤的控制組學生更少開車。上述發現證實，追蹤自己行為是改變行為的第一步。

Graham等人（2011）也檢驗了各種回饋對學生的額外利益。當學生輸入他們不開車所節省下的哩程數之後，有些人得知他們所節省的汽油或維修成本；另外一些人得知有關空氣汙染減少的程度（例如減少排放的二氧化碳和碳水化合物數量）；有些人則是得到兩種回饋。最後一組（同時得知所省下的金錢及減少汙染的程度）特別傾向避免開車。追蹤避免環境危害的個人行為，以及獲得具體的節約程度回饋，是讓大學生減少開車的有效方法（如果你想要自行嘗試，可以下載空白表格和指導語，網址如下：people.virginia.edu/~tdw/Driving.file.htm）。

引發少許競爭

其他研究者證實，少許競爭能幫助人們在工作場合節約能源（Siero et al., 1996）。在荷蘭某一間工廠的其中一個部門，員工被鼓勵從事節約能源的行為。例如，公司雜誌裡的通知要求人們在冬天裡關上窗子，離開房間時關上電燈。除此之外，員工每週得到其行為的回饋；節約能源行為的進步（像是他們關燈的次數）被繪製成圖表張貼。這種介入程序造成中等程度的進步。在計畫結束時，他們忘記關燈的次數減少27%。

工廠的另一個部門也參與相同計畫，跟前一組只有一項差別：除了每週得知自己的節約能源行為之外，他們也知道另一組的表現。研究者推測，社會比較訊息可以促使人們超越另一部門的同事。根據**圖14.3**，他們是正確的。到計畫結束時，人們忘記關燈的次數減少61%。讓人們彼此競爭對於其行為產生重大影響（Staats, Harland, & Wilke, 2004）。

引發偽善

在世界上許多地方，淡水逐漸成為稀有資源。部分原因是以有限的水源供應著地區的人口成長，像是美國西南部；另一個原因是乾旱，它隨著地球溫度上升而變得更頻繁。在1975年，地球上有10%到15%的地區受到乾旱侵襲；但到了2005年為止，數字上升至接近30%（"Drought's Growing Reach," 2005）。有一項研究估計，到本世紀中期以前，美國本土的三分之一郡縣極有可能缺水（"Climate Change, Water, and Risk," 2010）。因此，設法鼓勵人們節約用水非常重要，尤其是乾旱出現時。

幾年前，加州經歷最嚴重的缺水，加州大學某一處校區的行政人員瞭

社會心理學
Social Psychology

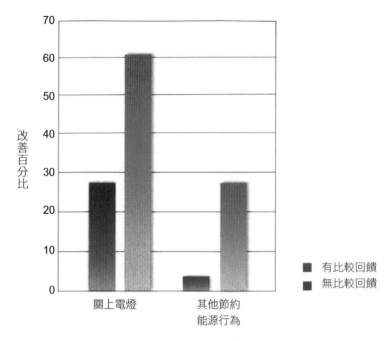

圖14.3 比較回饋對於節約能源行為的影響

同一間工廠的兩個部門被鼓勵要節約能源，並且得到成果回饋。然而其中只有一個部門得到比較回饋，也就是跟另一個部門相較之下的表現。根據上圖，這個部分的行為改善幅度最大，尤其是關上電燈（根據Siero, Bakker, Dekker, & Van Den Burg, 1996）。

解到，使用運動設施的學生浪費許多水。行政人員在體育館的淋浴間張貼公告，規勸學生節約用水，以有效地減少淋浴時間。這篇公告訴諸學生的良知，鼓勵他們縮短淋浴時間，而且在抹肥皂時關掉水龍頭。行政人員對這篇公告的效果充滿信心，因為校園裡大多數學生都具有生態意識，相信應該保留自然資源。然而，有系統的觀察卻顯示，只有不到15%學生順應公告裡的節約用水勸告。

行政人員感到迷惑；或許大多數學生不曾注意到公告。畢竟，牆上的公告很容易被忽略。所以他們將公告做得更醒目，而且放在淋浴間入口的三腳架上，學生進入淋浴間一定會行經公告旁邊。儘管順從比例略微增加（19%在抹肥皂時關水），但許多學生顯然感到憤怒；公告不斷被踢倒，也有許多學生淋浴時間還變得特別久，明顯地反抗公告內容。公告所帶來的弊多於利，讓行政人員更加迷惑。這時候該召喚社會心理學家了。

Elliot Aronson和他的學生（Dickerson et al., 1992）決定運用曾經讓學

生使用保險套的成功技術（請參閱第六章）。實驗程序包括攔下正要從游泳池前往淋浴間的女學生，進行實驗操弄，然後由研究助手偷偷跟著她們進入淋浴間，暗中計算淋浴時間。某一組的實驗操弄條件是要求研究參與者回答用水習慣的簡短問卷，刻意提醒她們有時淋浴浪費水；另一組研究參與者公開承諾要勸告其他人採取節約用水的步驟。具體來說，這些參與者要在公開海報上簽名，然後宣讀：「減少淋浴時間。抹肥皂時關水。如果我可以做到，你也可以！」最關鍵的是「偽善組」，參與者不只被提醒自己浪費水，而且要（在海報上）公開

美國許多城市正在經歷嚴重乾旱，而且其數量隨著全球暖化而上升。如何應用社會心理學來加強省水？

宣稱參與節約用水，當時她們自己並未做到。簡單來說，她們知道連自己也做不到勸誡別人的行為。

　　就像第六章描述的保險套研究一樣，覺得自己偽善的參與者改變了行為，以提高對自己的評價。在這種情況下，她們的淋浴時間比其他參與者更短。偽善程序也可以應用於其他保護環境的行為，像是回收（Fried & Aronson, 1995）。

除去達到大改變的小障礙

　　有時改變行為的最佳方法就是讓人們更容易完成這些行為。許多城市鼓勵居民回收，而且我們都知道回收能夠減少廢棄物。但是據你所知，這麼做非常不方便；在某些地區，你需要開車帶著瓶瓶罐罐，將它們丟棄在離家幾英里遠的回收中心。其他城市採用路邊回收，你將回收材料放在人行道邊，卡車會在指定日期將它載走，但是你通常需要自行將瓶瓶罐罐跟其他垃圾分開。因此我們遭遇另一種社會兩難困境——我們曾在第九章討論，這種衝突意指當大多數人採取最輕而易舉的行動（在上述例子當中就是不回收），對於所有人造成危害。你可以想見，有些社會心理學家開始將注意力轉向如何讓人們更願意回收。

　　解決這個問題有兩種取向。首先，有些心理學家著重於改變人們的態度（朝向更支持環保的方向），因為這樣做通常會導致行為改變（例如回收更多；請參閱第七章）。上述假設跟社會心理學的態度研究相符，在

許多條件之下，態度確實可以預測人們的行為（請參閱第七章）。有些研究指出，人們對回收的態度的確可以預測其行為，表示針對態度而進行媒體宣傳是種好方法（Knussen, Yule, & MacKenzie, 2004; Oskamp et al., 1998; Schwab, Harton, & Cullum, 2014）。

然而，我們有時並未做出符合態度的行為，儘管有良好意圖。或許回收中心距離太遠，或者無法撥出時間做垃圾分類，即使我們都知道應該這樣做。社會心理學創始人之一Kurt Lewin（1947）觀察到，重大的社會改變有時來自除去環境當中的微小障礙（Ross & Nisbett, 1991）。當我們談到回收時，只要除去小阻礙，像是設置路邊回收站，或許比改變人們的態度更有效。許多研究都顯示這是正確的。增加社區裡回收箱數量、設置路邊回收站，允許居民混合不同材料等，都可以增加人們的回收行為（Domina & Koch, 2002; Ludwig, Gray, & Rowell, 1998; Schultz, Oskamp, & Mainieri, 1995）。

以下的實例來自維吉尼亞州Fairfax郡的自然實驗（Guagnano, Stern, & Dietz, 1995）。該郡最近開始實施路邊回收，然而只有四分之一居民取得收集回收物資的塑膠箱。其他人需要自行準備放置瓶罐的容器。看起來，這件小事似乎並不會妨礙回收；如果人們真心關懷環境，他們可以自己找到貯存箱。然而，就像Lewin所說的，有時小小阻礙也會產生大大影響，而且有箱子的居民確實較可能回收。

研究者也測量人們對回收的態度，檢視正向態度者是否較可能回收。有趣的是，對於沒有回收箱的人來說，其態度可以預測行為。如果阻礙順從的因素（人們必須在車庫裡尋找適合的箱子）存在，只有抱持正向態度者會努力克服障礙。如果沒有障礙（人們擁有郡政府提供的便利容器），則態度如何並不重要。在這種情況下，人們即使沒有強烈的支持環保態度，也可能順從政府的要求。例如，有一項研究發現，提供辦公室員工放在桌子旁的回收箱，可以顯著地提高回收紙類的數量（Holland, Aarts, & Langendam, 2006）。將紙張放進桌子旁邊的紙箱——而不需要帶到回收地點，這個簡單的動作已經足以改變人們的行為。然而，便利或許會造成不利結果：有一項研究發現，當紙毛巾回收桶放在公共廁所時，人們使用較多紙毛巾。因此，當回收對人們愈是便利，他們也可能消耗愈多被回收的產品（Catlin & Wang, 2013）。我們學到什麼教訓呢？讓回收桶

唾手可得，但是也要抗拒增加可回收物消耗的誘惑。

當然，我們無法讓所有行為都易於展現。還有哪些做法可以促使人們做正確的事情？相同研究也發現，當人們形成執行意圖，也就是具體規劃在何處、何時及如何實現目標，會產生相同效果（Gollwitzer & Oettingen, 2011）。研究者也測量人們回收塑膠杯的程度，此時他們必須將回收物帶到回收地點（因為員工並沒有丟棄塑膠杯的箱子）。履行意圖組員工首先具體想像，並且寫下他們何時、在何處以及如何回收杯子，而控制組員工並沒有這樣做。前者回收杯子的數量幾乎是後者的四倍，顯示對老鼠和人來說的完美計畫通常都會出錯（改寫Robert Burns的詩句），除非我們起初具體想像如何實踐這些計畫。

現在我們已經讀過改變人們行為以協助環境的幾種取向，你可以自己親身嘗試。

複習題

1. 假定在你工作的地方，人們通常不回收。例如，在影印室裡，同時有回收盒和垃圾桶，許多人將用過的紙扔進垃圾桶，而不是回收盒。下列何種做法最可能讓人們增加回收？
   a. 張貼公告，內容如下：「你們許多人將紙丟在垃圾桶——請將它們回收。」
   b. 張貼公告，內容如下：「請回收。我們比公司裡其他單位做得更好，但是仍有改進空間。」
   c. 以身作則，清理影印室，將垃圾桶裡所有紙放入回收盒。
   d. 將垃圾桶裡的紙放進回收盒，只留下一張大而醒目的紙（例如海報）。

2. 假定你居住地區發生乾旱，你希望住在宿舍的大學生節省用水。下列何種做法最不可能產生成效？
   a. 在宿舍的公共區域張貼公告，鼓勵學生節約用水。
   b. 設置裝備，顯示學生淋浴時的用水量。
   c. 跟鄰近宿舍進行競賽，看看下個月誰能節省最多水。
   d. 要求學生填寫問卷，提醒他們有多少次浪費水，然後要求他們在公開海報上簽名支持減少淋浴時間的構想。

3. 假定有一間大學宿舍的居民難以做到回收，因為學生必須將回收資源帶到離宿舍很遠的回收桶。下列何者最不可能回收？
   a. Alex，他強烈支持回收。
   b. Heather，她不在意回收，但是室友同意：如果Heather把回收物放在房間的盒子裡，就會帶到回收桶。
   c. Savannah，她有點支持回收，並且認為宿舍裡其他學生都不在意。
   d. Eugene，他有點支持回收，但是決定寫下自己將回收物帶到宿舍外回收桶的時間、地點和方式。

快樂與永續生活風格

學習目標14.3 描述我們如何應用社會心理學讓人們更快樂

至此我們曾討論的研究似乎相當嚴肅，甚至令人沮喪，許多環境問題的存在必須採取激烈手段來預防。我們需要削減能源使用，減少消費，回收更多資源，整體來說就是要勒緊皮帶。這聽起來不像是快樂生活的處方，對吧？事實上，它可能是。我們以快樂的主調結束本章，討論消費並不像人們以為的那麼快樂。我們可以採取永續生活方式，而且成為非常快樂的人（Kjell, 2011）。

讓人們快樂的原因為何？

討論讓人們快樂的原因是不錯的起點。哲學家和心理學家針對這個問題辯論了數百年，並沒有適用於每個人的簡單答案。就某一方面來說，有些快樂處方超出我們所能控制。例如，大多數心理學家同意，快樂部分來自遺傳基因，有些人天生的快樂氣質就多於他人（Lykken & Tellegen, 1996）。更進一步來說，我們無法控制所有影響快樂的外在狀況，像是激烈政治變動或劇烈的環境災害（Inglehart & Klingemann, 2000）。儘管如此，研究結果顯示，有些人們能夠控制的事物會影響快樂（Diener et al., 2017）。其中四個重要因素是：令人滿意的關係、從事喜愛的事情、追求經驗而非事物，以及幫助他人。

令人滿意的關係

或許預測快樂的最佳指標就是社會關係的品質。例如，某一項研究發現，拿極端快樂的大學生跟比較不快樂的同儕相比，前者花費較多時間跟他人相處，而且對其關係較為滿意（Diener & Biswas-Diener, 2008; Diener & Seligman, 2004）。現在，身為一位優秀的社會心理學家，你應該知道這只是相關發現，至少有三種可能解釋：良好社會關係導致人們快樂，快樂的人較可能擁有良好關係，或者第三變項（像是外向）同時讓人快樂且擁有良好關係。這些可能性並非互相排斥；事實上，我們懷疑所有說法都正確。但是研究者通常同意：擁有高品質關係是快樂的主要來源（Diener & Oishi, 2005; Kawamichi et al., 2016; Siedlecki et al., 2014）。

事實上，即使跟陌生人進行短暫正向互動也能改善人們的心情。在某一項研究裡，咖啡廳的顧客被隨機分派至兩組之一。半數人跟結帳店員進行短暫的友善交談，另外半數人則避免跟結帳店員交談，盡量讓互動變得更有效率（Sandstron & Dunn, 2014）。然後，當他們離開商店時，所有參與者填寫問卷，評量他們的心情，以及當時跟他人有所連結的程度。跟結帳店員短暫交談的人比有效率互動的人心情更好，而且跟他人有更多連結。因此，下次你在商店或餐廳時，跟店員或服務人員說幾句討人喜歡的話——你會因此覺得更好。

心流：享受你喜愛的事情

請回想你曾經非常努力工作，想要達到極有價值的目標，而且你的努力得到善果。或許你的球隊贏得冠軍，或者你參與的交響樂團在音樂會上的表現得到極高的讚揚。現在回想你最快樂的時刻：在你達到目標之後或正在追求目標時？例如，在運動時，你在球賽結束獲得冠軍時比較快樂？或者是球隊領先但是你仍不確定勝負時？雖然夢想成真讓人無比滿足，但是研究證據指出：當人們致力於自己喜歡的事情，而且有所進步時，他們感到更快樂（Haidt, 2006）。

許多原因支持這個結論。第一，當人們努力朝向目標時，他們通常處於高度滿意的心流（flow）狀態，也就是人們「沉醉」在有挑戰性且可達到的作業當中（Csikszentmihalyi, 1997; Csikszentmihalyi & Nakamura, 2010; Harmat et al., 2016）。當人們高度投入某項作業，並且有所進步時，就會感受到心流，像是參與運動，從事寫作、作曲、演奏等創造性活動，或者解答有趣的謎題。心流是令人愉悅、引人入勝的狀態，人們通常不會追蹤時間的流逝，以及自己身在何處。當人們達到目標（比賽結束或完成藝術品），心流就停止。人可能對其成果感到滿足，但是不再「沉醉」於追求目標（Keller & Bless, 2008）。

第二，當人們朝向目標努力，在還不確定結果時，他們難以思考其他事情。對結果的

非常快樂的人比沒那麼快樂的人花費更多時間跟他人在一起，而且對於關係較為滿意。

不確定性將他們的注意力集中在作業上，其他事情都消失在腦海裡。然而，一旦目標達成，人們的思考又轉向其他事情——像是還有多少家庭作業與要洗的衣服。人們通常很快地適應其成功，總有一天會把他們的成就視為正常、甚至是可以預期的事情，不會經常想起（Wilson & Gilbert, 2008）。簡單來說，追求喜歡的事物通常比得到它更讓人快樂。

累積經驗，而非物品

你可能注意到，在快樂處方裡缺少某些事物——尤其是累積金錢。擁有大量金錢的人必然比沒錢的人更快樂嗎？其實結論不像你所想像的那麼直接（Diener, Tay, & Oishi, 2013; Dunn, Gilbert, & Wilson, 2011; Hershfield, Mogilner, & Barnea, 2016）。當然非常窮困、無法獲得食物和避難場所的人比其他人更不快樂。然而，當人們擁有基本生活所需之後，獲得更多金錢並不會增加快樂（Oishi & Gilbert, 2016; Kahneman & Deaton, 2010）。

更進一步來說，研究證據顯示，拜金主義者（高度重視金錢和財物）比起不重視金錢和財物者更不快樂。原因之一在於，拜金主義者的社會關係滿意度較低（Banerjee & Dittmar, 2008; Tatzel, 2014）。相對地，研究結果顯示：隨著時間過去，經驗比物品讓人更快樂。所謂「經驗」意指人們參與音樂會、假期、家人團聚等活動，相對於擁有衣服、珠寶、汽車和電子設備等財物。當人們想到過去經驗，比起想到自己購買的物品更感覺快樂（Howell & Guevarra, 2013; Van Boven & Gilovich, 2003）。

幫助他人提高快樂的程度超過花錢幫自己買東西。

至少有三個原因說明為何經驗比物品帶來更多快樂。第一，經驗比財物更容易將我們跟他人建立連結；例如，我們跟其他人一起聽音樂會，但是我們較可能自己把玩電子設備。我們已知，跟他人互動讓我們快樂（Yamaguchi et al., 2016）。第二，我們較可能將經驗視為真實自我的表達。因此，去看音樂會、戲劇和電影比買東西更可能表達我們的喜好和認同，因此也更讓人滿意（Carter & Gilovich,

2012）。第三，人們預期即將到來的經驗（像是參加音樂會）比預期購買物品得到更多樂趣（Kumar, Killingsworth, & Gilovich, 2014）。我們學到的教訓是，拜金主義不一定讓人快樂；擁有美好經驗更有效。

幫助他人

　　除了擁有經驗或購買物品之外，我們也可以將時間和金錢用於幫助其他人——研究結果顯示這是快樂的另一個重要成分。請想像某天早晨你正走在校園裡，一位研究者走近你，給你一個信封，裡面有二十元美金。她要求你在當天下午五點以前為自己的目的花完這筆錢，像是幫自己買個禮物或者付帳單。不錯的意外之財，對吧？你會怎麼花這筆錢。現在請想像你經由隨機分派成為另一組。你也得到二十元美金，但是研究者要求你在下午五點以前為別人花掉這筆錢，像是帶朋友外出午餐或者作為慈善捐款。你感覺如何？當研究者在傍晚詢問人們有多麼快樂時，被指派為「花錢在別人身上」的人比花錢在自己身上的人更快樂（Dunn, Aknin, & Norton, 2008）。為何助人能增加快樂。其中一個理由是，助人增加與他人的正向互動。花二十美元為自己買禮物不錯，卻無法改變我們的社交生活，然而請朋友吃午餐讓我們跟另一個人產生連結。另一個理由是，幫助他人讓我們覺得自己是好人——也就是改善我們的自我形象（Dunn, Aknin, & Norton, 2014）。現在你已經知道提升快樂的一些方法，在下面的【試試看！】練習裡，請嘗試應用於你的生活。

將研究結果應用於你的生活

　　本章描述讓人們更快樂的四種方法。你可以用於自己的生活嗎？

令人滿意的關係：你如何跟朋友和心愛的人享高品質的時光？

心流：你如何增加花在「心流」活動的時間？

以經驗取代物品：你如何花更多時間在令人滿意的關係，花更少時間在累積財物？

幫助他人：你有哪些幫助他人的具體方法？

人們知道讓自己快樂的原因嗎？

儘管我們多多少少清楚讓人快樂的原因，有關情感預報（affective forecasting）——人們可以預測對未來事件的情緒反應強度和持續時間的程度——的研究指出，我們並不完全清楚這件事情（Gilbert, 2005; Gilbert & Wilson, 2007; Wilson & Gilbert, 2003）。談到瞭解快樂處方，有時我們甚至背道而馳。

舉例來說，當我們跟大學生談論生涯規劃時，許多人提到：他們的目標是賺大錢。當然，想達到更舒適的生活並沒有錯。但是根據先前的討論，金錢本身並無法讓人更快樂，尤其它會滋生拜金主義。

我們也看到，快樂的最佳預測指標是擁有令人滿意的社會關係。美國人愈來愈跟他人隔離（Putnam, 2000）。1985年，接受調查的人大約75%自述有些可以談論問題的知心朋友，但是到了2004年卻只有一半的人這樣說（Vedantam, 2006）。

簡單來說，人們通常汲汲追求較不可能讓他們快樂的事物（例如賺大錢），忽略讓他們更快樂的事物（例如花時間跟知心好友和愛人相處）。諷刺的是，追求金錢和高度消費是許多環境問題的來源，真正讓人快樂的事物（例如社會關係）則否。如果要達到永續生活方式，我們所需要的改變並不會減少快樂。

假定你可以在兩種生活之間選擇其一。A生活表示你可以住在郊區的豪宅裡，每年賺進五十萬美元，讓你花費在許多美好的事物上，像是精美的家具、昂貴的轎車、名家設計的時裝等。負面結果是你要花許多時間做自己不喜歡的事情。如果你選擇B生活，你會住在公寓裡，每年賺五萬美元。你沒有汽車；大多數時候，你會騎腳踏車或走路去上班，你的工作是教師。你每天早晨都迫不及待地去上班，因為你熱愛這份工作。你在職場有許多朋友，跟大學死黨幾乎每星期都有聚會。你有許多興趣和嗜好；你最近開始學騷莎舞（salsa dance），而且你志願協助成人增進閱讀技巧。

當然，這是極端的例子，你可能認為我們故意偏袒B生活（例如，沒有任何理由選擇A生活的人不能學騷莎舞）。但是重點十分明顯：B生活包含快樂處方——令人滿意的社會關係、心流經驗（工作和休閒時），以及幫助他人的豐富機會。A生活完全沒有滿足這些條件。此外，依照人們

消耗的資源數量（像是豪宅的暖氣和冷氣、上班通勤所需要的汽油、製造這個人購買之商品所耗費的資源）來看，A生活比B生活更不符合永續生活方式。我們所面對的環境問題十分嚴峻，然而好消息是：我們不需要犧牲讓自己真正快樂的事物，就可以迎接這項挑戰。

複習題

1. Chantal贏5,000美元獎券彩金。根據社會心理學研究，下列何種花錢方式讓她最快樂？
   a. 購買一櫃子新衣服。
   b. 邀請三位朋友一起到加勒比海度假。
   c. 購買公寓裡的新家具。
   d. 購買公寓裡的新電視和音響系統。
2. 根據社會心理學研究，下列何者正確？
   a. 讓人們快樂的事物對環境有害。
   b. 人們賺錢愈多，感覺愈快樂。
   c. 我們可能採取下列生活風格，就是既保護環境，又不用犧牲讓我們快樂的事物。
   d. 人們最希望擁有的汽車通常油耗量最差。
3. 根據社會心理學研究，下列何者最不快樂？
   a. Nicole，她從事單調乏味的工作，每週工作60小時，年薪30萬美元。
   b. Rasia，她擔任貧困青少年的導師。
   c. Navin，他熱衷於自己的嗜好，為它花費許多時間。
   d. Rebecca，她跟家人非常親近，而且花許多時間跟一群親密朋友相處。

摘　要

學習目標14.1　描述如何應用社會心理學原理來改善人們的生活

■ 社會心理學的應用研究　本質上，社會心理學同時強調與人類行為有關的基本和應用問題。社會心理學家進行許多至關重要之社會和心理議題的應用研究，像是人們如何採行永續生活方式。

- 運用實驗法以獲益　社會心理學最重要的課題是以實驗回答社會影響之問題。其重要性在於驗證解決社會問題之介入方式的有效性。有些介入方法產生反效果，因為它們不曾經過適當驗證。

- 社會心理學的救援　社會心理學家擁有發現應用問題之解答的獨特位置。首先，社會心理學包含人類行為的豐富理論，可以讓人擷取問題解答。其次，社會心理學家知道如何進行嚴謹實驗，來測試這些解答的有效性。

學習目標14.2　描述如何運用社會心理學協助人們以永續方式生活

■ 運用社會心理學實現永續未來　人口以指數比例擴張，帶來嚴重的環境問題。飢荒和營養不良四處擴散，自然資源即將耗盡，而且全球暖化已經成為迫切的警戒問題。社會心理學家設計幾種取向，鼓勵人們採取永續生活方式。

- 傳達與改變社會規範　其中一種取向是提醒人們有關禁止傷害環境的強制性和描述性規範，像是不得亂丟垃圾。舉例來說，傳達描述性規範（人們知覺到他人的實際行為）可以減少路過者亂丟垃圾的情形，並且提高旅館住客重複使用毛巾的行為。

- 追蹤消耗量　有一種簡單的技術是讓人們更清楚他們所使用的能源數量，例如提供容易讀取的水表；記錄自己不開車（改成步行或搭公車）所節省之哩程數的大學生較少開車。

- 引發少許競爭　公司的某一個部門與其他部門共同競爭節約能源的成效，比起只鼓勵節約能源卻沒有競爭時更成功。

- 引發偽善　讓人們覺察自己並未實踐他們所宣揚的行為（相信節約用水卻又長時間淋浴），引發認知失調也可以發揮效用。

- 除去達到大改變的小障礙　除去阻礙支持環境行為的小問題也是有效的，像是設置路邊回收站、提供回收箱等。讓人們形成履行意圖也有幫助，就是人們形成在何處、何時及如何達成目標（像是回收）的具體計畫。

學習目標14.3　描述我們如何應用社會心理學讓人們更快樂

■ 快樂與永續生活風格　我們可以採取永續生活方式，同時成為快樂的人。

- 讓人們快樂的原因為何？　快樂的部分原因在於先天氣質，部分取決於我們無法控制的環境條件，像是政府的政治穩定性。有四件影響快樂的事情

是我們可以控制的：社會關係品質、「心流」經驗的機會、追求經驗而非物品，以及幫助他人。除此之外，拜金主義者（重視金錢和財物的人）比起不重視金錢和財物的人更不快樂。

• 人們知道讓自己快樂的原因嗎？ 談

到瞭解快樂處方，有些人甚至背道而馳：他們過於重視財富和拜金，過於忽略社會關係、心流和助人。我們學到的教訓是，人們可以達成永續生活方式，但是不需要犧牲讓自己真正快樂的事情。

分享寫作 你有什麼想法？

沉醉式互動

你在生活裡如何做到對環境有益，且無損於自己的快樂？

測　驗

1. 根據你在本章所讀到的內容，下列何者在解決環境問題時最不可能產生效果？

   a. 找出更有效的方法來擺脫人類所製造的垃圾。

   b. 減緩全世界人口增長。

   c. 發展更有效利用穀物或可更新資源（像是風力和太陽能）的新技術。

   d. 促使人們採取永續生活方式，減少使用地球的資源。

2. 下列有關運用社會心理學取向以解決應用問題的描述，何者不正確？

   a. 應用問題最適合以實驗法加以檢驗。

   b. 好的理論比任何事物更實用。

   c. 社會心理學理論和方法可以用於探討迫切的社會問題。

   d. 基於許多問題的迫切性，在運用實驗法檢驗解決方案之前就實施是個好主意。

3. 下列何者無法有效解決社會兩難困境：

   a. 訴諸人們的自我利益，告訴他們如果不合作將會遭受長期損失。

   b. 讓人們在決定如何行動之前彼此討論。

   c. 選定某人以身作則，始終如一、毫無例外地合作。

   d. 讓人們公開承諾做出合作行動。

4. 假定你希望跟你住在同一間公寓的人停止將垃圾郵件丟在郵件室地板上。下列何種方法最不可能產生效果？

   a. 以身作則，在別人看見時親自撿拾垃圾。

   b. 張貼標語，提醒人們：鎮上另一頭有收受垃圾郵件的回收中心。

   c. 清理郵件室的所有垃圾，但是將一件非常醒目的垃圾留在地板上。

   d. 在郵件室張貼標語，上面說：「加入

你的鄰居，協助清理環境──90%居
民回收垃圾郵件。」

5.假定你住在宿舍裡，你想要讓住在那裡
的人從事符合環保的行動，像是增加回
收資源。根據社會心理學研究，下列何
種方法最不可能產生效果？
a.測量宿舍每個月回收多少資源，將數
字繪圖張貼於每個人都可以看到的地
方。
b.讓不同宿舍彼此競爭，每個月回收最
多資源者獲得免費披薩。
c.下定決心把垃圾當中的汽水罐取出，
放在公共區域的資源回收箱，讓別人
看見你的舉動。
d.張貼要求人們增加回收的標誌。

6.假定你想要讓人們減少用電，你的做法
是鼓勵他們在離開時關燈。根據社會心
理學研究，下列何種方法最可能產生效
果？
a.要求人們簽署公開志願書，保證在離

開時會關燈。
b.要求人們寫下忘記關燈的次數。
c.要求人們簽署公開志願書，並且寫下
忘記關燈的次數。
d.要求人們簽署公開志願書，並且寫下
離開時記得關燈的次數。

7.下列何種方法最不可能讓人們快樂？
a.幫助他人。
b.與他人建立令人滿意的關係。
c.賺進足以購買許多奢侈品的錢。
d.在高度參與的活動中產生「心流」。

8.下列有關快樂的研究，何者正確？
a.人們很清楚未來如何讓自己快樂。
b.快樂的最佳預測指標之一是擁有令人
滿意的社會關係，但是美國人變得愈
來愈孤立。
c.在選擇生涯時，最重要的考慮因素是
你會賺到多少錢。
d.有益環保的行動可能讓人們更不快
樂。

CHAPTER 15

社會心理學與健康

綱要與學習目標

壓力與人類健康

學習目標15.1 說明壓力的定義，以及它對我們的健康有何影響
韌　性
負面生活事件的影響
知覺到的壓力與健康
負責任的感受：知覺控制之重要性

因應壓力

學習目標15.2 解釋人們如何因應壓力，以及從壓力經驗當中復原
因應壓力的性別差異

社會支持：獲得他人幫助
重新架構：從創傷事件中尋找意義

預防：促進健康行為

學習目標15.3 描述我們如何應用社會心理學，幫助人們過著更健康的生活

●●●●●●● 你認為如何？

調查：你認為如何？	
調查	**結果**
當你感到有壓力的時候，你可能跟朋友或家人分享你的感受，藉此因應壓力嗎？ □是 □否	

　　Joanne Hill在短短四年之內遭遇了他人難以想像的損失。首先是五十五歲的丈夫Ken死於心臟衰竭。在Hill陸續失去她的兄弟、繼父、阿姨、兩位叔叔、兩位表親、表親的配偶、繼母之後不久，她的兒子在三十八歲那年突然心臟病死亡。Joanne在幾位親人死前幫忙照顧他們，包括罹患阿茲海默症和乳癌的母親、死於肺癌的兄弟，與死於肝癌的阿姨。她說：「我所愛的每個人似乎都需要幫助。」（Hill, 2002, p. 21）

　　哪個人能夠忍受如此巨大的失落？當然其中任何一件悲劇都可能讓我們突然停頓，短期間遭遇如此眾多事件必然將大多數人推向轉捩點，嚴重損害身體和心理安康。然而Joanne並未倒下，而是憑藉無比的力量、慈悲和韌性，度過她所謂的「蕭條歲月」。她擔任親友的不動產管理人，成功地處理棘手的法律問題。她伸出援手，支持許多朋友和家人。她也重返大學、赴歐洲旅遊，並將自己的經歷撰寫成冊。生命「同時充滿光亮之處以及黑暗洶湧的時刻，」她說，「無論何者，我都在其中尋找智慧和真理的金礦，幫助我變得更堅強、更快樂和更健康。」（Hill, n.d.）

　　或許Joanne是少數生來擁有龐大內在力量的人，讓她能夠安然度過風暴。但是她並非總是能輕易地度過人生的明槍暗箭。她童年開始就為憂鬱所苦，結婚不久又百病纏身，而且罹患各種病痛——連購買人壽保險都有困難。「如今」，她在書中說：「儘管幾年以來接二連三的創傷，我仍身心健全；這並非出自幸運女神的恩賜，而是我決定做出不同的抉擇。」（p. 133）。Hill將她的倖存歸因於她從困頓經驗中學會，且應用於人生的一連串「彩虹藥方」（rainbow remedies）。

　　本章所關注的是如何將心理學應用於人的身心健康，這是一個正在

蓬勃發展的領域。我們的主要焦點在於社會心理學與健康：人們如何因應生活壓力、因應風格與身心健康之間的關係，以及如何讓人們的行為更符合健康。我們將不斷重返Joanne Hill的故事，討論她的「彩虹藥方」，至少部分得到社會心理學和健康之研究所支持。

壓力與人類健康

學習目標15.1　說明壓力的定義，以及它對我們的健康有何影響

　　身體健康不僅跟病菌、疾病有關——還需要考慮生活中的壓力程度，以及因應壓力的方式（Park, 2010; Segerstrom & O'Connor, 2012; Taylor, 2015）。此一領域的早期研究記錄了人們健康受壓力所影響的極端個案。以下就是心理學家W. B. Cannon（1942）所報告的實例：

1. 一位紐西蘭婦女吃了一片水果，然後才知道它是為酋長特別保留的食物。她在大驚之下，健康迅速衰退，第二天就死了——即使這片水果十分美味。

2. 有一位非洲男性跟朋友一起吃早餐，開心享用食物，然後離開。一年以後，他知道朋友用野生母雞當作他的早餐，這項食物在他的文化裡不被允許。這個人立刻顫抖，二十四小時之內不治死亡。

3. 一位澳洲男性在女巫醫對他施以咒語之後，健康迅速惡化。當女巫醫解除咒語時，他才恢復健康。

　　這些例子或許聽來瘋狂。但是讓我們轉向當今美國，仍然可以發現心理創傷之後猝死的類似個案。當人遭遇生活的重大變動，像是失去配偶、宣告破產，或被迫遷移到新文化，其死亡率都會提高（Morse, Martin, & Moshonov, 1991）。1994年1月17日洛杉磯大地震過後不久，突然死於心臟病的人數有所增加（Leor, Poole, & Kloner, 1996）。許多人在2001年911恐怖攻擊事件後產生心理和身體疾病（Neria, DiGrande, & Adams, 2011; Silver et al., 2002）。有一項研究測量911攻擊後一週，康乃迪克州紐哈文（New Haven）成人樣本的心跳。相較於攻擊前的控制組，911之後的樣本心跳變異率降低，這是猝死的風險因素（Gerin et al., 2005; Lampert et al., 2002）。另一方面，探討911事件之長期影響的研究指出，幾乎沒有

社會心理學
Social Psychology

任何證據顯示持久的負面反應。究竟壓力對我們的心理和身體健康有何影響？我們如何達到最有效的因應？

韌 性

首先值得注意的是，人類擁有非比尋常的韌性。當然，我們都必須面對生活當中的打擊，包括日復一日的瑣事和改變生活的重大事件。儘管上述事件可能對心理和身體健康帶來負面影響，包括Joanne Hill在內的許多人卻能夠適應得非常好。研究者檢驗人們對重大生活事件的長期反應，包括親人死亡和911恐怖攻擊。對這些創傷事件的最常見反應是韌性（resilience），其定義是對壓力事件的輕微、短暫反應，然後快速恢復正常、健康功能（Bonanno, 2005; Kalisch, Müller, & Tüscher, 2015; Sullivan et al., 2016）。

> **韌性**
> 對壓力事件的輕微、短
> 暫反應，然後快速恢復
> 正常、健康功能

以人生最困難的挑戰——面對所愛的人死亡——為例。多年以來，心理健康專家假定，哀悼的「正確」方式是經歷強烈的難過、沮喪時期，讓人們對抗、抒解其感受，最終導致接納失去的結果。未顯現極端沮喪症狀的人可能處於否認期，終究導致更大問題。然而，當研究者有系統地檢視人們面對所愛之人死亡的反應，卻發現有趣的事實：許多人從未感受重大沮喪，很快就復原（Bookwala, 2014; Wortman & Silver, 1989）。例如，對喪偶者的研究通常發現，不到半數的人出現重大、長期沮喪（Bonanno, Boerner, & Wortman, 2008; Bonanno et al., 2005），其他人（例如Joanne Hill）則完全沒有憂鬱徵兆，能夠感受正向情緒。

儘管你可能認為這樣的人處於否認狀態，或者他們從未依戀配偶，其實這些說法並未得到研究證據所支持。相反地，愈來愈多的證據指出，雖然生活創傷可能讓人非常痛苦，許多人卻擁有迅速恢復的資源。相同的模式也出現在人們對其他壓力事件的反應，像是1995年奧克拉荷馬市聯邦大樓爆炸案之急救人員，以及911恐怖攻擊事件時紐約市民的反應。出乎意外，只有少數人出現持久的負面反應（Dekel et al., 2013; Seery et al., 2008; Updegraff, Silver, & Holman, 2008）。儘管如此，確實有些人對壓力事件產生負面反應。哪些因素會決定人們在壓力之下快速回復或崩潰呢？

在面對壓力事件時，人們的韌性令人驚訝。例如，有關911恐怖攻擊反應的研究發現，只有少數人出現長期憂鬱症狀或其他心理健康問題。

負面生活事件的影響

壓力研究的先驅Hans Selye（1956, 1976）定義壓力是對於有威脅性之事件的身體反應。Selye的重點在於人類身體如何適應環境威脅，無論其來源為何——心理或生理創傷皆然。後來的研究者則探討有威脅性的生活事件。例如，Holmes和Rahe（1967）主張，壓力是人們因應外來事件時，在生活當中的改變以及再適應。他們需要愈多改變，就感受到愈大的壓力。舉例來說，如果配偶或伴侶死亡，個人生活裡幾乎所有層面都受到干擾，導致極大壓力。Holmes和Rahe對壓力的定義也適用於快樂事件，只要它們導致日常例行事務的重大改變。結婚是喜事，但是也可能因為規劃婚禮和家人摩擦而帶來壓力。

大學生的生活裡有哪些壓力？研究者為了找出答案，列出一長串潛在壓力源，要求大學生評量他們經歷這些事件的頻率，以及壓力感受（Renner & Mackin, 1998）。你可以嘗試簡版的壓力量表，請完成下面的【試試看！】練習。研究結果顯示，壓力量表得分愈高的人，心理和身體健康愈差（Armata & Baldwin, 2008; Dohrenwend, 2006; Seta, Seta, & Wang, 1990）。

壓力量表的限制

顯然，人們感受的壓力愈大，愈可能覺得焦慮，而且容易生病。但是，研究發現事實並非是如此直接了當。你可能已經察覺，問題之一在於：大多數研究使用相關設計，並非實驗法。生活改變與健康問題有關，並不表示生活改變導致健康問題。有些研究者極力主張，這是「第三變項」所產生的影響，有些人較可能經歷艱難的生活改變，並且自述生病（Schroeder & Costa, 1984; Watson & Pennebaker, 1989）。根據這些研究者的觀點，並非生活改變導致健康問題。相反地，擁有某些性格特質（像是感受負面心情的傾向）的人，較容易經歷生活困難，而且容易產生健康問題。

大學生活壓力量表這類的測量工具可能產生另一個問題，它們強調中產階級的壓力來源，忽略窮人和弱勢團體的壓力來源。像是貧窮和種族歧視等變項都是壓力的潛在原因（Gibbons, Gerrard, & Cleveland, 2004; Lick, Durso, & Johnson, 2013; Myers, 2009）。除此之外，這些變

試試看！

大學生活壓力量表

指導語：請將你過去一年當中遭遇之事件的「壓力評分」抄在最右列；然後將所有分數相加。

事件	壓力評分	你的分數
被強暴	100	_____
發現自己感染HIV	100	_____
好友去世	97	_____
近親去世	96	_____
感染性病（不包含愛滋病）	94	_____
擔心懷孕	91	_____
期末考週	90	_____
擔心伴侶懷孕	90	_____
考試睡過頭	89	_____
某一門課不及格	89	_____
男友或女友劈腿	85	_____
結束穩定的約會關係	85	_____
好友或近親重病	85	_____
財務困難	84	_____
撰寫主科期末報告	83	_____
考試作弊被逮到	83	_____
酒後駕車	82	_____
欺騙男友或女友	77	_____
飲酒或用藥帶來負面結果	75	_____
最好的朋友罹患憂鬱症或遭遇危機	73	_____
與父母感情不睦	73	_____
公開競賽或表演	69	_____
跟室友處不好	66	_____
工作改變（求職、換新工作、工作當中的爭執）	65	_____
宣布或擔心未來計畫	65	_____
討厭某個班級	62	_____
飲酒或使用藥物	61	_____
新學期開始	58	_____
進行第一次約會	57	_____
維持穩定的約會關係	55	_____
轉學或換工作	54	_____
同儕壓力	53	_____
第一次離家	53	_____
擔心外表	52	_____
全部成績都拿A	51	_____
結交新朋友；跟朋友相處	47	_____
上課睡覺	40	_____
你的總分		

項跟健康的關聯未必顯而易見。你毫不意外地發現，弱勢團體遭遇愈多種族歧視，其健康程度愈差（Mouzon et al., 2017; Prather et al., 2016）。讓人驚訝的是，優勢團體成員表達愈多種族歧視態度，其健康也愈惡化（Jackson & Inglehart, 1995）。種族歧視通常跟敵意和攻擊有關，有些研究證據顯示，敵意與冠狀動脈心臟病有關。顯然，想要瞭解壓力與健康之間的關係，還需要更瞭解貧窮和種族歧視等社區與文化變項。

有些讓人快樂的事情也可能導致壓力。你可以舉出生活中哪些正向發展或者好消息也可能帶來壓力？

知覺到的壓力與健康

　　大學生活壓力量表等測量工具還有另一個問題。它們違反社會心理學的基本原理——主觀情境對人們的影響大於客觀情境（Dohrenwend, 2006; Griffin & Ross, 1991）。當然，有些情境變項必然對健康有害，無論我們如何解釋它（Jackson & Inglehart, 1995; Taylor, Repetti, & Seeman, 1997）。例如，生長在洛杉磯和墨西哥市這種煙霧瀰漫地區的兒童，跟生長在汙染程度較低地區的兒童相比，其生理和心理缺損較多（Calderón-Garcidueñas & Torres-Jardón, 2012; Ferguson et al., 2013; Peters et al., 1999）。

儘管如此，有些環境事件仍有解釋空間，而且負面影響只出現在用特定方式建構事件的人身上。對某些學生而言，寫期末報告是主要困擾；對其他人來說，只是小小的不便（甚至是有趣的挑戰）。對於某些人來說，離婚這樣的重大生活改變表示從不快樂關係裡解放；對其他人而言，它卻是破壞性的個人失敗（Crum, Salovey, & Achor, 2013; Yeager et al., 2014）。根據Richard Lazarus（1966, 2000）有關壓力的先驅研究，主觀壓力造成問題而非客觀壓力。唯有人們解釋某事件帶來壓力，它才會造成壓力；因此，我們定義壓力（stress）是人們認為自己無法因應環境要求時所產生的負面感受和信念（Lazarus & Folkman, 1984）。

壓力
人們認為自己無法因應環境要求時所產生的負面感受和信念

以Joanne Hill在四年之間失去的親人為例。根據有關生活事件的研究，她應該感受到非常大的壓力——大到足以讓她產生嚴重身體問題。她堅強、慈悲地度過難關，表示以生活事件的壓力數值來預測人們的反應有所限制。我們還需要考慮人們如何解釋生活當中的干擾和挑戰。

採用壓力之主觀定義的研究證實，負面生活經驗對健康有害。事實上，對事件的負面解釋可能直接影響免疫系統，讓我們更容易感染疾病。以常見的感冒為例。當人們接觸導致感冒的病毒時，只有20～60%的人生病。壓力或許是決定誰會生病的原因？研究者為了確定這一點，要求自願參與者在英國南部的研究機構停留一星期（Cohen, Tyrrell, & Smith, 1991, 1993）。參與者列出他們知覺到最近對生活產生負面影響的事件，以測量其壓力。

然後研究者在參與者鼻腔滴入液體，可能包含感冒病毒或鹽（鹽水）。參與者經過幾天隔離，未與其他人接觸。結果如何？人們感受的壓力愈大，他們愈可能因病毒而感冒（見圖15.1）。

自述壓力最少的人只有27%罹患感冒。當人們報告的壓力愈多，患病機率穩定增加，最高達到50%。即使考慮影響感冒的其他因素（像是參與實驗的時間點，以及參與者的年齡、體重和性別），壓力的效果仍然存在。這項研究和其他研究都指出，人們感受的壓力愈大，對疾病的免疫

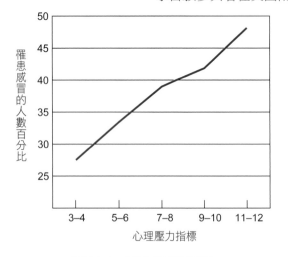

圖15.1 壓力與感冒機率
人們首先接觸導致感冒的病毒，然後接受隔離。他們所感受的壓力愈大，罹患感冒的機率愈高（根據Cohen, Tyrrell, & Smith, 1991）。

力愈差（Cohen et al., 2008; Marsland, Bachen, & Cohen, 2012）。

你可能注意到，Cohen等人的研究採用相關設計，因此需謹慎地解釋其結果。人們感受的壓力與罹患感冒的機率計算相關。或許壓力本身並未降低免疫力，而是第三變項所導致。例如，或許對生活的悲觀展望降低人們的免疫系統，並且提高他們所感受的壓力。當然，根據研究倫理，並不允許進行實驗研究，將人們隨機分派至長期壓力的組別。然而，有些研究測量人們在實驗室裡遭遇輕微壓力事件（像是連續六分鐘解答心算題目或突然告知要發表演講）前後的免疫反應。即使這種相對溫和的壓力也會導致免疫系統受到壓抑（Cacioppo, 1998; Cacioppo et al., 1998）。

壓力負向預測健康的發現引發重要問題：為何人們會認為情境帶有壓力？重要的決定因素之一是他們對該事件的控制程度。

負責任的感受：知覺控制之重要性

「在一生中，我們有時覺得無力控制，無助和絕望經常相伴，」Joanne Hill寫著，「但是選擇就像呼吸一樣，是我們的一部分。我們永遠都有選擇。」（Hill, 2002, p. 128）。然而，研究結果顯示，有些人比其他人更可能擁有這種感受。例如，假設你閱讀一系列陳述句，像是「人們的不幸結果來自於自己犯下的錯誤」，與「人們生活當中許多不快樂的事情部分原因來自運氣不佳」，你認為哪一句話更正確？這些陳述句來自內控—外控（internal-external locus of control）測驗（Johnson, Rosen, & Lin, 2016; Levenson, 1981; Rotter, 1966），意指相信發生的事件出於我們控制，或者相信好壞結果超出我們控制的傾向。第一句話反映出內控，也就是人們可以控制自己命運的信念；第二句話反映出外控，也就是我們的命運只不過是偶然的信念。

Jean Twenge等人（Twenge, Gentile, & Campbell, 2015; Twenge, Zhang, & Im, 2004）發現，在1960年到2002年之間，美國大學生的量表分數逐漸偏向外控。換言之，根據**圖15.2**顯示，大學生逐漸相信：生活裡的好事和壞事超出他們所控。此一趨勢的原因仍不完全清楚；美國年輕世代之間的疏離感和不信任感提高或許是部分原因（Fukuyama, 1999; Putnam, 2000）。

控制感受並非全有或全無。這些感受每天都有變化。有時候，人們

內控—外控

相信發生的事件出於我們控制或者相信好壞結果超出我們控制的傾向

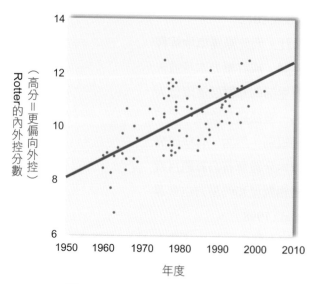

圖15.2 大學生的長期內外控信念

根據上圖，過去五十年以來，美國大學生傾向於接納更多外控信念。這表示他們更加相信，生活裡的好事和壞事超出自己控制之外（資料來自 Twenge, Zhang, & Im, 2004）。

認為自己站在世界頂端；然而有時候，他們覺得自己碰得頭破血流卻徒勞無功。這些信念非常重要，因為當人們覺得自己能夠控制的時候，他們會從事較有益健康的行為，像是運動和注重飲食（Ryon & Gleason, 2014）。整體而言，知覺控制（perceived control）——其定義是我們可以影響自己的環境，以決定得到正向或負向結果的信念——與良好的身體和心理健康有關（Frazier et al., 2011; Infurna, Ram, & Gerstorf, 2013; Roepke & Grant, 2011）。

如果人們罹患重病，控制感格外重要。Shelley Taylor 等人（Taylor, Lichtman, & Wood, 1984; Taylor, 2015）與罹患乳癌的婦女進行晤談，發現許多人相信：她們可以控制癌症是否復發。以下是某位男士描述他的妻子：「她讀書、讀小冊子、研究、跟癌症患者談話。她弄清楚發生在她身上的每件事情，然後對抗它。她跟它作戰。她稱呼這是『跳上推車繞圈圈』」（引述自 Taylor, 1989, p. 178）。研究者發現，相信可以控制癌症的婦女心理適應較佳（Folkman & Moskowitz, 2000）。相同結果也出現在有其他醫療問題的人身上，像是由於動脈病變而接受冠狀動脈血管修復手術的人。當他們感覺對未來可高度控制則較少發生後續心臟問題（Helgeson, 2003; Helgeson & Fritz, 1999）。Joanne Hill 承認這一課；她的彩虹藥方之一就是：「選擇的力量是真正造成生存和茂盛，或者衰弱和死亡之間差異的賦權良方。」（Hill, n.d.）

知覺控制
我們可以影響自己的環境，以決定得到正向或負向結果的信念

提高護理之家居民的知覺控制

知覺控制的最驚人效果出現在護理之家老人的研究。許多在護理之家和醫院度過晚年的老年人，會自覺自己失去對生活的控制（Raps et al., 1982; Sherwin & Winsby, 2011）。人們通常違背自己的意願，被強制安置在長期照顧機構，而且無法決定要做什麼、可以見誰，或者吃些什麼。兩位心理學家相信，促進控制感對他們有幫助（Langer & Rodin, 1976）。

他們要求康乃迪克州某一間護理之家的主任向居民傳達,他們對自己的生活有許多責任。以下是講稿的節錄:

> 花一分鐘想想你可以而且應該做的決定。例如,你有責任照顧自己,決定你是否要讓這裡成為你感到驕傲和快樂的家。你應該決定你要如何布置房間——你想要像現在這樣,或者你希望員工幫你重新安排家具。你應該決定你想要如何安排你的時間……如果你對這裡的任何事情不滿意,你有改變它的影響力……這只是你從現在開始,而且每一天都可以、也應該自己決定的一些事情(Langer & Rodin, 1976, pp. 194-195)。

主任接著說,下週有兩天晚上要放映電影,居民應該決定他們哪一天要參加。最後,他送給每位居民室內植物當作禮物,強調由居民自行決定是否要接受(他們全都接受)和照顧它。主任也向對照組居民發表演講,其中有一項關鍵差別:「所有關於做決定、為自己負責任的話都被刪除」。他強調他希望居民快樂,但是並沒說到要他們控制自己的生活。他也說下週有兩天晚上要放映電影,但是居民會被指派觀賞的日期。他送給居民植物,但是由護士負責照顧。

主任的演講似乎不會對居民的生活帶來重大改變。誘發控制組的人聽了一場演講,要他們為自己的生活負起責任,而且要為植物澆水。這似乎沒什麼了不起。但是對於無助、受限的機構居民來說,即使稍微增進控制感也能夠產生巨大效果。的確,誘發控制組居民比對照組居民更快樂、更主動(Langer & Rodin, 1976)。最戲劇化的是,介入改善居民的健康,降低他們在後來一年半的死亡率(Rodin & Langer, 1977)。在主任發表演講之後十八個月,誘發控制組居民有15%去世,對照組則有30%(見圖15.3的左半部)。

護理之家居民如果對生活有控制感,則身體和心理健康較佳。

另一位研究者採用不同方式來提高護理之家居民的控制感(Schulz, 1976)。大學生連續兩個月,每週拜訪北卡羅萊納州一間護理之家居民。在誘發控制組,居民決定何時拜訪以及持續時間。在隨機分派產生的對照組,學生決定何時拜訪以及停留多久,而非居民。因此,兩組居民都獲得拜訪,然而只有一

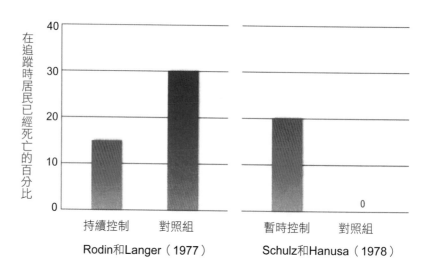

圖15.3　知覺控制與死亡率

在兩項研究裡，研究者提高護理之家居民對生活的控制感。在其中一項研究（Rodin & Langer, 1977）裡，介入效果持續，人們繼續維持控制感。根據本圖左半部，介入對壽命產生正向效果。接受介入的居民在十八個月之後的存活率較高。在另一項研究（Schulz & Hanusa, 1978）裡，介入只有暫時效果。得到控制卻又失去造成負向效果，圖示於右半部（根據Rodin & Langer, 1977; Schulz & Hanusa, 1978）。

組可以控制拜訪次數和持續時間。或許這只是輕微差異，然而讓居民擁有些許控制感卻帶來驚人效果。經過兩個月之後，誘發控制組的居民比較快樂、健康、主動，而且服藥較少。

　　研究者在幾個月之後重返護理之家，評估介入的長期效果，包括對死亡率的影響。根據Langer和Rodin（1976）的研究可以預期：可以控制學生拜訪的居民比較健康。然而兩個研究之間有一項關鍵差異，那就是：在Langer和Rodin的研究裡，居民持續擁有控制感；而在Schulz的研究裡，居民原有的控制感消失。Langer和Rodin研究的參與者可以持續選擇哪一天要參加活動，持續照顧植物，持續感到他們可以控制自己的生活，即使研究已經結束。相對地，當Schulz的研究結束，學生也不再拜訪。可以控制拜訪的居民卻無法再控制。

　　不幸的是，Schulz的介入帶來預料之外的效果：當計畫結束後，誘發控制組居民的結果較糟（Schulz & Hanusa, 1978）。相較於對照組，他們較可能健康惡化，喪失對生活的熱情，而且死亡率較高（請參考**圖15.3**的右半部）。此研究對許多帶領大學生拜訪護理之家、監獄和精神病院

的志工計畫產生嚴肅意涵。這些計畫短期有所助益,然而結束後造成弊多於利。但是這些研究在數十年後產生的最重要結論是,知覺到的控制對於年長者的生理、精神和心理健康都有明顯助益(Mallers, Claver, & Lares, 2014),但是某些介入方式更容易實現和維持這些助益(Walton, 2014)。

疾病、控制與幸福

最後,我們要提出一些警語。第一,知覺控制和沮喪之間的關係對於西方文化比亞洲文化更重要。有一項研究發現,亞洲人自述知覺控制對他們較不重要,而且知覺控制跟心理沮喪之間的關聯比西方人更弱(Cheng et al., 2013; Sastry & Ross, 1998)。西方文化崇尚個人主義和個人成就,因此人們如果無法控制其命運,較可能變得沮喪。在亞洲文化裡,控制感較低並不是問題,因為亞洲人較重視集體主義,將社會團體放在個人目標之上。

第二,即使在西方社會,誇大知覺控制和健康之間的關係也有危險。如果人們將疾病歸咎於某種人性缺陷,例如缺乏信仰、道德弱點或破碎的心,甚至不願尋求有效治療,當然是有問題的。雖然自覺可以控制疾病對人們有幫助,但是這種策略的黑暗面就是,當他們並未好轉時,可能責怪自己。悲哀的是,像癌症這樣的疾病,無論人們覺得有多少控制,都可能致命。如果重症者自認有道德錯誤,為了無法預測也不能治癒的疾病而責怪自己,情況更是雪上加霜。

對於罹患重病的人來說,維持某種形式的控制有所助益,即使其健康逐漸走下坡。研究者發現,罹患癌症或愛滋病的人如果自認無法控制疾病,許多人還是認為他們可以控制疾病帶來的結果,像是情緒反應或疾病的部分生理症狀,像是他們的疲倦程度。人們愈是感覺可以控制疾病的結果,適應愈是良好,即使他們知道自己無法掌控疾病的最終病程。簡單地說,可以控制的感受非常重要,即使並非控制疾病本身。維持控制感可能改善個人的心理幸福,即便其健康衰退(Heckhausen & Schulz, 1995; Morling & Evered, 2006; S. C. Thompson, 2002)。

複習題

1. Michael的室友罹患感冒。在下列何種狀況之下，Michael最可能從室友那裡傳染感冒？
   a. Michael剛剛跟女朋友分手，但是他早就知道此事會發生，也不認為這是件壞事。
   b. Michael的金魚剛剛死掉，對他而言是嚴重負面事件。
   c. Michael最近沒有做很多運動。
   d. Michael的生活裡發生什麼事件並不重要；唯一重要的是他接觸導致感冒的病毒。

2. 下列何者正確？
   a. 接觸感冒病毒的人幾乎都會罹患感冒。
   b. 對於罹患癌症等重病的人來說，他們自覺對疾病或結果的控制程度無關緊要。
   c. 如果大學生經歷大學生活壓力量表最上方的

   一件或多件生活壓力事件，他或她幾乎一定會生病。
   d. 許多人經歷心愛的人死去，並未感到嚴重沮喪，且迅速地恢復。

3. 下列何者正確？在過去六十年當中，大學生：
   a. 在控制所在量表上得到外控高分。
   b. 在控制所在量表上得到內控高分。
   c. 在韌性指標上得到高分。
   d. 在韌性指標上得到低分。

4. 下列何者跟健康良好有關？
   a. 低知覺控制。
   b. 低知覺壓力。
   c. 少數負面生活事件。
   d. 低韌性。

因應壓力

學習目標15.2　解釋人們如何因應壓力，以及從壓力經驗當中復原

因應風格
人們對威脅性事件的反應方式

　　當然，沒有任何人永遠有控制感，有時我們難免在壞事發生後變得悲觀。心愛的人死亡、不歡而散的離婚、失業都是極端的壓力事件。許多研究指出，人們面對威脅性事件時表現出各種反應或因應風格（coping styles）（Aspinwall & Taylor, 1997; Lazarus & Folkman, 1984; Taylor, 2015）。我們在此檢視因應風格，首先是人們之壓力反應的性別差異。

因應壓力的性別差異

　　如果你曾經去過狗公園，就會知道狗遭受攻擊時出現下列兩種反應之一：有時候牠們以牙還牙，結果發生混戰，狗主人急忙將狗拉開；有時則是遭受攻擊的狗夾著尾巴快速離開。Walter Cannon（1932）稱此

女性比男性更可能發展親密友誼，與他人合作，而且注意社會關係，尤其是面臨壓力時。這種傾向稱為照料及友善因應策略。

為戰鬥或逃離反應（fight-or-flight response），其定義是對壓力的反應為攻擊壓力來源或逃離它。多年以來，「戰鬥或逃離反應」被視為所有哺乳類動物對壓力的共同反應。在遭受威脅時，哺乳類動物因正腎上腺素和腎上腺素等荷爾蒙的釋放而動員能量，就像公園裡的狗一樣，儘快採取攻擊或逃離的反應。

至少上述結論多年以來都被接受。Shelley Taylor等人（Taylor, 2012; Taylor et al., 2000; Taylor & Master, 2011）指出，還有另一種因應壓力的方式，稱為照料及友善反應（tend-and-befriend response）。跟戰鬥或逃離反應相反，女性對壓力的反應是保護自己與子女（照料），以及創造能提供保護、免於威脅之社會網絡（友善）的撫育活動。儘管男性和女性都有能力展現照料及友善反應（von Dawans et al., 2012），它在女性當中格外普遍。為什麼呢？Taylor等人主張，戰鬥或逃離反應並不適用於女性，因為她們通常扮演照顧兒童的重要角色。戰鬥對孕婦或需要照料的兒童來說並非良好選擇。同樣地，當成人負責照顧幼小兒童或者在懷孕末期時，逃離也變得困難。確實，研究結果顯示：遭遇壓力時會分泌荷爾蒙泌乳激素，它有時被稱為「連結荷爾蒙」，因為它跟親近他人的慾求有關。儘管男性和女性都有泌乳激素，女性荷爾蒙雌激素可以強化其效果（Taylor, 2012）。

我們要當心，避免過於簡化上述性別差異。儘管因應的性別差異確實存在，其幅度也並不大（Tamres et al., 2002）。更進一步來說，尋求社會支持對女性和男性都有益——我們將在下一段討論。

社會支持：獲得他人幫助

Joanne Hill如果不是得到多位家人和朋友的幫助，也無法度過她的「蕭條歲月」。當她得知兒子死亡的噩耗時，正好在參加全國演講者協會（National Speakers Association, NSA）的集會。Joanne立刻求助於她的朋友Mitchell，他曾經歷摩托車意外和飛機失事。Mitchell雖然渾身傷疤，而且坐著輪椅，卻能夠克服自身的逆境，成為成功的公開演講者。在那悲慘的一天，他握住Joanne的手，分擔她的悲傷，陪她到機場；其他人也伸出援手：NSA主席和她的丈夫安排飛機，跟Joanne幾天前才在會議上認識的Barbara還堅持要陪她回家。

戰鬥或逃離反應

對壓力的反應是攻擊壓力來源或逃離它

照料及友善反應

對壓力的反應是保護自己與子女（照料），以及創造能提供保護、免於威脅之社會網絡（友善）的撫育活動

社會支持

他人能回應且接納自己
需求的知覺

　　社會支持（social support）意指他人能回應且接納自己需求的知覺，它對於因應壓力極有幫助（Hostinar, Sullivan, & Gunnar, 2014; Lakey & Orehek, 2011; Lam & Dickerson, 2013）。然而，研究者懷疑：社會支持對人們的身體和情緒健康都有幫助嗎？有些證據確實得到肯定答案。根據研究結果，提高社會支持、降低壓力的介入能夠改善癌症病人的免疫系統功能（Andersen et al., 2004; Antoni & Lutgendorf, 2007; Weihs, Enright, & Simmens, 2008）。社會支持似乎也能夠延長健康者的壽命。有一項研究以1967年到1969年的美國男女為對象，社會支持程度較低的男性在未來數十年的死亡率，是高社會支持男性的兩倍到三倍（House, Robbins, & Metzner, 1982），這項結果曾經在許多研究裡重複驗證（Holt-Lunstad, Smith, & Layton, 2010）。為了瞭解你生活中擁有的社會支持，請完成下一頁的【試試看！】練習。

社會支持

　　下面的陳述對你而言可能正確或不正確。如果你認為某一項陳述正確，請選擇「是」；如果你認為它不正確，請選擇「否」。

　　你可能發現許多題目並非完全正確或完全不正確，請迅速決定「是」或「否」的答案何者更符合你。儘管某些問題難以回答，重要的是你需要選擇某個選項。這不是測驗，沒有任何對或錯的答案。

1.至少有一人能夠提出讓我真心相信的建議。	是	否
2.其實我不相信任何人能提供良好的財務建議。	是	否
3.其實我不相信任何人能夠對我處理的問題提出客觀回饋。	是	否
4.當我需要有關個人問題的建議時，我知道我可以向某人尋求幫助。	是	否
5.我可以向某人自在地尋求性問題的建議。	是	否
6.我可以向某人尋求處理家務瑣事的建議。	是	否
7.我覺得沒有任何人能分擔我最私密的憂慮和恐懼。	是	否
8.如果發生家庭危機，我的朋友幾乎無法給我良好的建議。	是	否
9.我只信任極少數人能夠幫我解決問題。	是	否
10.當我想換工作或者找新工作時，我能夠向某人尋求建議。	是	否

※請根據測驗解說的指導語來計分。

（改編自Cohen, Mermelstein, Kamarack, & Hoberman, 1985）

　　看起來社會支持顯然有所助益，然而提供支持的時間和方式卻有些限制。第一，當事情棘手時，社會支持的類型很重要。為了說明這一點，請想像你正在跟某一科目奮鬥，而且參加期末考前的討論。你的朋友Sarah安慰你說：「我知道你這門課表現不太好，我們何不著重在你不瞭解的課文，額外給你協助呢？」一方面，你很感激她的協助。但是誰會喜歡被點名為「表現不好的人」？人們不喜歡在得到協助的同時，伴隨「你自己能力太差」的訊息。現在假定Sarah的協助更加巧妙。她知道你閱讀本章有些困難，但是並沒有單獨點名誰，而是說：「我們很多人都對本章感到困擾──我自己就是這樣。如果我們著重在這一章如何？」她不僅提供協助，而且沒有點名你、或傳達你能力不夠的訊息。

　　研究結果證實，後面這種隱性支持（invisible support）更加有效。這種支持既能夠協助人們，又不會暗示他們無法自行完成。前者稱為顯性支持（visible support），它是兩面刃，因為它點出受益者需要幫助，而且無法自行解決。我們學到的課題是什麼？如果你的朋友處於極大壓力，你需要幫助他，但卻不必大張旗鼓（Bolger & Amarel, 2007; Girme, Overall, & Simpson, 2013; Maisel & Gable, 2009）。

　　第二，社會支持在不同文化下的運作方式有所差異。你認為誰更可能在事情變得棘手時尋求他人協助：強調個人主義和獨立的西方人，或者強調集體主義和相依的東亞人？雖然集體主義文化者似乎比較可能向他人求助，但是研究結果剛好相反：在壓力之下，東亞文化成員比西方文化成員更少尋求社會支持（Chen et al., 2012; Kim, Sherman, & Taylor, 2008; Mojaverian & Kim, 2013）。原因呢？集體主義文化成員擔心，尋求他人支持會干擾團體和諧，導致他人批評。

　　這表示集體主義文化成員得到的社會支持和助益較少嗎？完全不是這樣。主要差異在於不同文化的人如何尋求和獲得社會支持。由於集體主義文化成員擔心干擾團體和諧、招致他人批評，他們較不可能直接尋求協助。例如，他們較不可能對朋友說：「嗨，我過得很糟。你可以幫助我嗎？」他們確實可以從願意支持的人身上獲益，只要不需要透露自己有問題（Kim et al., 2008）。

重新架構：從創傷事件中尋找意義

　　當創傷事件發生在你身上，最好將它深埋在心底，從此再也不要談起，或者花些時間思考這件事，跟他人討論一番？雖然俗話說開誠布公是最好的方式，近期研究才驗證此一假說。James Pennebaker等人（Pennebaker,1997; Sloan et al., 2008; Smyth, Pennebaker, & Arigo, 2012）曾經進行許多有趣實驗，探討書寫創傷事件的價值。例如，Pennebaker和Beale（1986）要求大學生連續四天，每天花費十五分鐘寫下發生在自己身上的創傷事件。控制組學生花費相同時間撰寫瑣事。人們選擇書寫的創傷事件包括被強暴和手足去世等悲劇。

　　書寫這些事件短期內當然令人沮喪：撰寫創傷事件的學生自述較多負面心情，而且血壓上升較多；但是他們也得到驚人的長期利益：同一組學生在未來六個月之內較少去健康中心，而且自述較少生病。同樣地，在各種樣本裡都顯示撰寫自身經驗可以改善後來幾個月的健康情形，包括：一年級新生撰寫進入大學的問題，大屠殺倖存者撰寫其經驗，以及心臟病患者撰寫患病經驗等（Pennebaker, Barger, & Tiebout, 1989; Pennebaker, Colder, & Sharp, 1990; Willmott et al., 2011）。

　　開放心胸為何有助於健康？撰寫負面事件的人建構了更有意義的敘說或故事，以重新架構該事件。Pennebaker（1997）分析參與者的數百頁作品，發現改變最多的人起初只能以沒有條理、凌亂的方式描述問題，最終卻能寫出流暢、有結構的故事，解釋事件並賦予意義。後續研究顯示，當人們向後退一步，以旁觀者角度來撰寫負面事件，而不是沉浸、回味事件經過時，最可能發生重新架構（Kross & Ayduk, 2011; Kross et al., 2014）。結果呢？一旦人們以這種方式重新架構創傷事件，他們較少想起它，也較不可能壓抑思考。嘗試抑制負面想法可能導致它盤據心中，因為不去想它的舉動在事實上卻是讓我們更容易想起，導致侵入記憶（Wegner, 1994）。

　　你可能回想到，在第十四章裡，我們討論關鍵危機事件壓力簡報（CISD），也就是要求目睹可怕事件的人儘快參與三到四個小時的討論，詳

James Pennebaker的研究顯示，撰寫或談論個人創傷事件對長期健康有所幫助，尤其是經過足夠時間，讓人們對創傷事件產生新觀點。

細描述他們的經驗，並且討論對該事件的情緒反應。在控制良好的研究裡，CISD沒有幫助。但是為何書寫事件能夠幫助人們恢復，而CISD卻無法做到？原因似乎在於時機。書寫練習的最佳效果出現於經過一段時間後，人們對意外事件產生新觀點。相對地，事件剛發生後並非是重新回想、重新架構或者以觀點來理解它的好時機。事實上，CISD的問題之一在於，它可能凝固對不幸事件的記憶，而非幫助人們重新架構。

　　綜合言之，研究證據顯示，人們通常在面對逆境時顯現出無比韌性，尤其是能夠維持控制感時。尋求社會支持也有幫助。如果人們持續為壓力事件之記憶所困擾，可以嘗試Pennebaker的書寫技術，重新理解過去事件及其意義。

複習題

1.下列何者正確？
　a.只有女性展現照料及友善反應，因為她們的泌乳激素濃度較高。
　b.大多數哺乳類動物對壓力展現戰鬥或逃離反應，儘管人類可能「戰鬥」多於「逃離」。
　c.男性和女性都會展現照料及友善反應，然而在女性當中特別普遍。
　d.女性從社會支持當中獲益多過男性。

2.下列何者正確？
　a.獲得社會支持對人們情緒上有所幫助，然而對身體健康毫無影響。
　b.獲得社會支持的女性壽命較長，然而獲得社會支持跟男性壽命無關。

　c.在壓力之下，東亞文化成員比西方文化成員更可能尋求社會支持。
　d.針對癌症患者提高社會支持、降低壓力的介入方法能改善免疫系統功能。

3.下列何種條件之下，人們最可能從創傷事件裡復原？
　a.如果他們在事件發生後立刻開始書寫該事件。
　b.如果他們過了一段時間後，後退一步，以旁觀者立場來書寫創傷事件，而不是沉浸和重現事件。
　c.如果他們沉浸於創傷事件，嘗試重現它。
　d.如果他們盡力壓抑有關創傷事件的想法。

預防：促進健康行為

學習目標15.3　描述我們如何應用社會心理學，幫助人們過著更健康的生活

　　根據世界衛生組織（World Health Organization）的資料，全世界半數以上死亡人數出於可以預防的慢性疾病（Reardon, 2011）。在美國也出現相同

表15.1　美國健康問題的行為成因

行為	健康風險	美國人的狀況如何？
吸菸	吸菸造成美國每年四十八萬人以上死亡*	18%美國人吸菸*
過重（肥胖）	肥胖者罹患心臟病、糖尿病、各種癌症、婦科問題和勃起功能障礙的風險較高**	超過三分之一美國人屬於肥胖；17%美國兒童屬於肥胖*
飲酒過量	飲酒過量每年導致八萬八千人死亡*	17%美國人至少每個月狂飲四次*
缺少運動	規律運動有助於預防心臟病、糖尿病和某些癌症**	52%美國成人未遵循運動的建議*
營養不良	營養不良跟許多疾病有關，像是心臟病、某些癌症和糖尿病*	38%美國成人每天吃水果不到一種，23%每天吃蔬菜不到一種*
不安全的性行為	每年大約一萬五千名美國人死於HIV*	美國HIV陽性者超過十萬人*
日曬、室內曝曬光線	每年超過六萬名美國成人被診斷罹患皮膚黑色素瘤*	只有58%成人自述定期使用防曬用品、穿防曬衣或避免日曬來保護自己*

*Center for Disease Control and Prevention (2014)
**Mayo Clinic (n.d.)

情形，吸菸是可預防之死亡成因第一位。第二名是什麼？你可能很驚訝，其實是肥胖，這也是美國人做得不太好的地方（請參閱**表15.1**）。肥胖的美國人超過三分之一，它跟其他健康問題有關，像是高血壓、糖尿病、乳癌、前列腺癌和結腸癌（NCHS Data Brief, 2015; "Adult obesity," 2011）。

另一個問題是飲酒。狂飲（定義是男性短時間內飲用至少五杯酒，女性則是四杯酒）（Wechsler & Austin, 1998）是許多大學校園內的嚴重問題。狂飲者的健康問題風險較高，包括高血壓、心臟病、肝病、腦膜炎和性病。他們也較可能發生車禍、死於溺水、意外懷孕、遭遇家暴，以及性行為障礙（Naimi et al., 2003; "Quick stats," 2008）。

全球感染HIV病毒（人類免疫缺乏病毒）的人數超過三千六百萬，在2015年有一百萬人以上死於愛滋病（"Global Health Observatory," n.d.）。大多數個案位在撒哈拉沙漠以南的非洲地區，然而沒有一片陸地免於這種疾病。如果人們在性行為時使用保險套，多數個案可以避免染病。所幸，使用保險套在美國日益普遍；有一項調查發現，在青少年當中，80%男性首次性行為就使用保險套。然而這表示有20%的人並未使用它（Martinez, Copen, & Abma, 2011）。儘管某些非洲國家有更多人使用保險套，其他國家的使用率仍然降低（"Global report," 2013）。

我們瞭解到，我們所詆毀的是許多人的主要生活樂趣：性、吃、喝

（甚至吸菸）。導因於這些行為的健康問題之所以非常普遍，正是因為它們讓人愉悅——有時會上癮（例如吸菸）。因此找出改變態度和行為的方法，讓人們養成健康習慣，是種挑戰。我們該如何做到呢？

　　現在你已經知道，這是社會心理學的經典議題。我們應當可以將理論付諸行動，運用態度改變和運用社會影響理論幫助人們從事更健康的行動。確實，許多研究以此為主題，社會心理學家成功地設計方案，幫助人們使用保險套、戒菸、減少飲酒，以及從

許多嚴重的健康問題都是可以預防的，像是不安全性行為、吸菸和過量飲食。社會心理學家成功地設計許多幫助人們改善健康習慣的計畫，像是鼓勵人們使用保險套。

事許多預防行為，像是擦防曬乳（Klein, Rothman, & Cameron, 2013; Noar, Benac, & Harris, 2007; Taylor, 2015）。許多方案運用本書的其他章節，討論社會心理學原理——像是第七章的態度改變技術，以及第八章和第十四章描述的社會規範技術。例如，有一項研究發現，住在亞利桑納州鳳凰城的女性知覺到有關日曬的強制規範並不正確：她們過於高估女性認為古銅色皮膚有吸引力的比例，並且過於低估女性贊成避免日曬以保護皮膚的比例。研究者發現，修正這些錯誤知覺導致婦女使用防曬用品、穿防曬衣，保護自己免於日曬（Reid & Aiken, 2013）。或許你可以在自己的生活裡採納這些取向。行為改變並不容易，然而你已經從本書學會社會心理學知識，所以我們相信你做得到。

複習題

1. 下列何者不正確？
   a. 美國之可預防死亡原因第一位是吸菸。
   b. 狂飲者罹患高血壓、心臟病、肝病、腦膜炎和性病的風險較高。
   c. 美國人使用保險套比例有所增加。
   d. 人們幾乎無法延長壽命，因為大多數疾病都是遺傳所導致。

2. 下列何者不正確？

   a. AIDS不再是重大健康風險，因為已經有治療藥物。
   b. 社會心理學家已經成功地設計出讓人們從事促進健康行為的計畫。
   c. 有一項研究運用社會規範技術，讓女性保護自己免於日曬。
   d. 狂飲者較可能發生車禍、死於溺水、意外懷孕、遭遇家暴，以及性行為障礙。

摘　要

學習目標15.1　說明壓力的定義，以及它對我們的健康有何影響

■ **壓力與人類健康**　社會心理學家相當重視壓力與人類健康的關係。

- **韌性**　人們經歷負面事件時所展現令人驚訝的韌性，通常只會產生輕微、短暫反應，然後快速恢復正常、健康功能。

- **負面生活事件的影響**　儘管如此，壓力事件可能減弱人們的心理和身體健康。有些研究計算人們所經歷的壓力事件數量，並依此預測其健康。

- **知覺到的壓力與健康**　壓力的定義是人們無法因應環境要求時，所產生的負面感受和信念。人們感受的壓力愈大，愈可能生病（例如感冒）。

- **負責任的感受：知覺控制之重要性**　如果人們無法控制負面事件，便會產生壓力知覺。過去數十年以來，大學生逐漸採納外控信念，也就是相信好壞結果超出他們控制之外。人們的控制感愈低，愈可能因為壓力事件而導致身體和心理問題。例如，護理之家居民失去控制感可能對健康帶來不利影響。

學習目標15.2　解釋人們如何因應壓力，以及從壓力經驗當中復原

■ **因應壓力**　因應風格意指人們對壓力事件的反應方式。

- **因應壓力的性別差異**　壓力因應方式有兩種，其一是戰鬥或逃離反應，也就是攻擊壓力來源或逃離它；其二是照料及友善反應，也就是保護自己與子女（照料），以及創造能提供保護、免於威脅之社會網絡（友善）。雖然男女都可以展現照料及友善反應，但是它在女性當中特別普遍。

- **社會支持：獲得他人幫助**　社會支持——他人能回應且接納自己需求的知覺——對男性和女性都有益。人們對於隱性支持的反應優於顯性支持。個人主義文化者對於直接尋求支持的反應較佳，集體主義文化者不需揭露問題就得到支持時反應較好。

- **重新架構：從創傷事件中尋找意義**　其他研究者著重於人人都曾採用的壓力因應方式。有些研究指出，藉由書寫或談論個人問題，重新架構創傷事件長期下來對健康有益。

學習目標15.3　描述我們如何應用社會心理學，幫助人們過著更健康的生活

■ **預防：促進健康行為**　找出幫助人們更直接改變健康習慣的方法也很重要。許多研究運用社會心理學技術達到此一目標，像是矯正人們對於強制規範的信念。

分享寫作　你有什麼想法？
根據本章所討論的研究，尋求和提供社會支持的好方法是什麼？

沉醉式互動

測　驗

1. Rachel在丈夫去世後並未產生嚴重沮喪，而且迅速復原。根據心理學研究，下列何者為真？

   a. 由於Rachel並未經歷適當的悲傷階段，她可能未來會出現嚴重的心理健康問題。

   b. 由於Rachel並未經歷極端悲傷，她可能有婚姻困擾，並不愛她的丈夫。

   c. 雖然生活中的創傷讓人相當痛苦，許多人擁有迅速恢復的資源。

   d. Rachel表現出「延遲悲傷症候群」，可能未來會經歷悲傷。

2. Bob的祖母最近去世，他又發現女友劈腿。同時他正在進行期末考。根據有關壓力和健康的研究，下列何者正確？

   a. 由於Bob遭遇許多負面生活事件，他很可能生病。

   b. 除非Bob將這些事件解釋為壓力，也就是他感到無法因應這些事件，他才會感到有壓力。

   c. 在遭遇壓力時，個人的免疫系統受到刺激。因此Bob現在比平時更不可能生病。

   d. 如果Bob感覺對這些事件的控制超出

實際，他會特別容易生病。

3. Lindsay在護理之家擔任實習生。根據本章所討論的研究，下列何種措施可能對居民有益？

   a. Lindsay鼓勵居民跟她討論生活中的壓力問題。

   b. Lindsay讓居民選擇何時進行拜訪，而且當實習結束後，只要居民要求，她就會持續拜訪。

   c. Lindsay讓居民選擇何時進行拜訪，但是當實習結束後，她再也沒有拜訪護理之家。

   d. Lindsay送給居民一棵植物，而且幫他們澆水。

4. 下列何者符合社會支持研究的結果？

   a. 各種類型的社會支持對所有文化的人都同樣有效。

   b. 如果你想要幫助某人，最好提供隱性社會支持，而非顯性社會支持。

   c. 如果你想要幫助某人，最好提供顯性社會支持，而非隱性社會支持。

   d. 東亞文化成員比西方文化成員更可能尋求他人協助。

5. 下列何者符合因應風格研究的結果？

a.最好盡可能形成對世界的正確知覺。

b.最好對於生活中的成功機會抱持樂觀態度，因為那會促使我們更加努力。

c.對生活展望保持樂觀是有益的，它不會妨礙我們採取面對生活挑戰的步驟。

d.我們應該對生活展望保持樂觀，即使它會讓我們遠離健康行為。

6.Navneet在爸媽離婚時處境艱困。根據社會心理學研究，下列何種方法最可能幫助Navneet？

a.她應該連續四天晚上，每晚花十五分鐘，寫下有關離婚的感受。

b.她應該嘗試將離婚歸因於內在、全面和整體因素。

c.她應該避免跟好朋友談論離婚的事，因為這會讓他們倆心情沮喪。

d.她應該面對事實，她改善與父母關係的自我效能很低。

7.下列何者正確？

a.儘管美國的肥胖情形很嚴重，它並非重大的健康問題。

b.許多嚴重健康問題可以預防，社會心理學介入可以讓人們採取更健康的行動。

c.社會心理學家無法讓人們從事更健康的行為。

d.吸菸不再是可以預防之死亡原因當中的主要原因。

8.根據社會心理學研究，下列何者最可能減少大學校園的狂飲行為？

a.指出大學時代可能是人們一生中充滿壓力的時期。

b.指出許多學生無法控制飲酒量。

c.指出許多大學生具有韌性。

d.指出許多大學生過於高估同儕贊同狂飲的比例。

社會心理學與法律

綱要與學習目標

●●●●●●● **你認為如何？**

調查：你認為如何？	
調查	**結果**
你是否曾有過這樣的經驗，你完全確信在你人生中發生了某件事情，後來卻發現你弄錯了？ □是 □否	

（左欄直排：沉醉式互動）

如果你是陪審員，當你聽見下列德州真實案例的證詞之後，會如何投票呢？在某個寒冷、黑暗的11月夜晚，Robert Wood警官和同伴看見一輛停在路邊的汽車未開頭燈。Wood走到駕駛座旁邊，但是還沒有機會開口，駕駛就舉槍射擊他，他立刻斃命。Wood的同伴以左輪手槍射擊加速逃逸的肇事車輛，然而凶手還是逃之夭夭。

一個月之後，警方逮捕嫌疑犯，十六歲的David Harris。Harris承認在槍殺案發生前偷竊了鄰居的汽車和手槍，那輛汽車跟Wood所攔下的車款式相同，而且槍擊案發生當時他正坐在贓車裡。然而，Harris否認他就是開槍射殺Wood的人。他說他讓一個叫做Randall Adams的人搭便車。他宣稱，Adams搶走武器，射殺警官。當警方訊問Randall Adams時，他承認他搭上David Harris的便車，但他在謀殺案發生前三小時就已經下車。

誰說的才是真話？Harris和Adams的話彼此衝突——直到有三位目擊證人支持Harris的故事。Emily和Robert Miller作證，他們剛好在Wood警官被射殺前開車經過現場。雖然當時天色很暗，他們還是清楚地看見駕駛的臉，兩人都指認Randall Adams。「當他搖下車窗時，他的臉孔顯得特別突出，」Robert Miller說，「他留鬍子，小鬍子，金髮顏色暗暗髒髒的。」（Morris, 1988）Randall Adams的確符合Miller夫婦的描述。相反地，David Harris在謀殺案發生當時沒留鬍子（參見左方的照片）。推銷員Michael Randell剛好在謀殺案發生前開車經過現場，並宣稱看見兩人在車上。他同樣說駕駛留長髮、蓄小鬍子，符合Randall Adams的外貌。

你認為誰犯下這件真實世界的謀殺案呢？這件案子的陪審團相信目擊證人，認定Adams是兇手，判處死刑。然而，當Adams入獄等候上訴

時，幾位專家開始質疑他是否有罪。因為，如今新證據開始顯現〔主要是根據此案所拍攝的紀錄片《藍色細線》（*The Thin Blue Line*）〕，幾乎可確信David Harris才是凶手。Harris後來因另一宗謀殺案被判刑，在等候執行死刑時，他強烈暗示自己射殺Wood警官，而非Randall Adams。上訴法庭最後推翻對Adams的判決。他如今重獲自由——在他為自己並未犯下的罪名坐牢十二年之後。

如果Adams是無辜的，為何目擊證人說駕駛留著長髮和鬍子？為何陪審團相信他們？這種審判不公的案件有多頻繁？在本章中，我們將討論這些問題的答案，焦點在於社會心理歷程在法律體系中所扮演的角色。

在本章開始前，我們將簡短回顧美國的司法系統。當人們犯罪，警方逮捕嫌疑犯之後，法官或大陪審團會判定是否有足夠證據以提起正式訴訟。如果答案是肯定的，被告律師和檢察官會蒐集證據，共同協商。根據協商結果，被告通常認罪以換取較輕的罪名。只有不到10%的刑事案件進入訴訟，由陪審團決定被告的命運（Edkins, 2011; Redlich et al., 2017）。

社會心理學家近年來大量地探討司法系統，不僅因為它提供基本心理歷程的絕佳應用情境，也由於它對於日常生活的重要性（Brewer & Williams, 2017; Greene & Heilbrun, 2013）。如果你自己並未犯錯卻被控犯罪，你如何才能說服這個系統，證明自己無辜？如果你自己擔任陪審員，你的社會心理學專業知識如何幫助你對案件做出更好、更明智的決定？我們首先將討論目擊證人的證詞，Randall Adams故事當中最棘手的層面。

Randall Adams（上）和David Harris（下）。目擊證人說凶手留著長髮和鬍子，這是Adams被判定謀殺Wood警官的主要理由。

目擊證人的證詞

學習目標16.1　解釋心理學如何探討目擊證人證詞的正確性

Randall Adams被判刑的主要原因在於目擊證人的指證，其他證據則相當薄弱。不幸的是，基於目擊證人錯誤指證所導致的誤判並非罕見。根據「無辜計畫」（Innocence Project, www.innocenceproject.com）網站的估計，被定罪之後依靠DNA證據翻案的數字超過三百五十件——他們多半都像Randall Adams一樣，在入獄多年後才獲得平反。在將近75%案例裡，定罪基礎在於錯誤的目擊證人指認。有時候，像是Randall Adams案例一

樣，許多位目擊證人都犯錯。簡單地說，無辜者被定罪的最常見原因是犯錯的目擊證人（Brewer & Wells, 2011; Pezdek, 2012; Wells, 2014）。

為何目擊證人常出錯？

問題在於，我們的心靈並非攝影機，可以記錄事件、長時間貯存，然後完美無誤地重新播放。為了成為正確的目擊證人，個人必須成功地完成三個階段的記憶歷程：目擊事件的習得、貯存和提取。編碼（encoding）意指人們察覺、注意環境訊息的歷程。由於人們無法知覺到發生在周圍的每件事情，所以只能對一部分訊息進行編碼。貯存（storage）意指人們將已經編碼之新訊息維持在記憶裡的歷程。提取（retrieval）意指人們回想記憶裡貯存之訊息的歷程（見**圖16.1**）。目擊證人的錯誤可能出現在任何一個階段。

編碼

人們注意環境訊息，將感覺資料轉換成心理表徵的歷程

貯存

人們將來自環境裡已經編碼之訊息維持在記憶裡的歷程

提取

人們回想記憶裡貯存之訊息的歷程

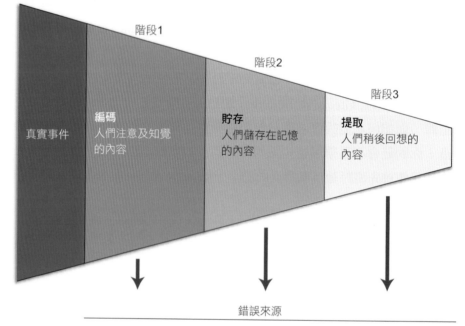

圖16.1 編碼、貯存和提取

如果要成為正確的目擊證人，人們必須完成記憶歷程的三個階段，每一階段都可能發生錯誤。

編　碼

　　人們在編碼階段接收到有關犯罪的訊息數量受限於幾個因素，像是觀看事件的時間以及觀看條件。顯然，人們有時忽視這些因素如何限制目擊證人對於案件的說詞。犯罪案件通常發生在難以編碼的條件下：快速、預料之外、觀看條件不佳（例如夜晚），而且處於極大壓力。這些條件當然適用於Wood警官的謀殺案。目擊證人在光線昏暗的路上開車，經過停在路邊的車子旁，看見預料之外的事件——手槍開火，警官倒在地上。

　　當目擊證人目睹犯罪時，他們相當害怕，僅僅這一點就讓他們難以理解所發生的每件事情。人們感受的壓力愈大，對於犯罪或涉入對象的細節記憶愈差（Deffenbacher, Bornstein, & Penrod, 2004; Morgan et al., 2013）。受害者對於嫌疑犯臉孔之記憶不佳的另一個原因在於，他們的注意力大多集中在武器，而不是嫌疑犯的特徵（Fawcett et al., 2013; Pickel, 2007; Saunders, 2009）。如果某人拿槍指著你，命令你交出錢，你的注意力主要在槍上面，而不是搶犯的眼睛顏色。

　　目擊證人所覺察和注意的訊息也受到其預期所影響。以我們的朋友，社會心理學家Alan為例，他是社會知覺的專家。某一個星期天，Alan擔心他的鄰居，一位八十多歲的體弱婦人沒有上教堂。在重複敲門未得到回應之後，Alan撬開窗戶，在房屋裡尋找她。他最擔憂的事情果然應驗：這位女士躺在臥室地板上，已經死亡。

　　Alan在震驚之餘回到自己的房子，打電話報警。刑警在老婦人的房子待了很久，然後詢問Alan一些意有所指的問題，像是他是否在前一、兩天注意到任何可疑的活動。Alan對這些問題感到困惑，最後終於爆發：「為什麼你問我這些問題？我的鄰居死於壽終正寢，這不是很明顯嗎？我們難道不該通知她的家人嗎？」現在輪到刑警滿臉困惑，「你不是發現屍體的人嗎？」刑警詢問。Alan回答他是。「那麼，」刑警說，「你沒有注意到她的臥室被洗劫，而且其他地方的玻璃也被打破，還有她脖子上綁著皮帶？」

　　原來Alan的鄰居被前來為房屋除蟲的男子勒死。雙方激烈打鬥，事實上這位女士被謀殺再明顯不過了。但是Alan完全沒有看出這些徵兆。他非常擔憂年老的鄰居去世。當他發現她竟然死亡時，感到非常沮喪，而且完全沒想到她被謀殺。當警方後來展示犯罪現場的照片時，他覺得自己似乎

從未去過那裡。他幾乎無法辨認任何事物。

根據研究證據顯示，人們難以覺察預料之外的事情。在某一項研究裡，參與者觀看兩隊交互傳球，並且計算其中一隊的傳球次數。影片在播放三十五秒鐘之後，發生了某件奇特的事情。一位女性穿著大猩猩戲服走進傳球者之間，轉向攝影機，用力捶打胸口，然後步行離開。與此同時，籃球選手繼續傳球。儘管每個人似乎都可能注意到這件詭異的干擾事件，其實只有一半的人注意到。另外一半的人根本沒看見大猩猩（Chabris & Simons, 2010; Simons & Chabris, 1999）。由於犯罪幾乎總是預料之外的事件，難怪人們通常無法記住犯罪場景當中的關鍵細節（Rensink, 2002; Simons & Ambinder, 2005; Wilford & Wells, 2010）。

即使我們覺察到某個人或某件事，如果不熟悉也無法清楚地記住。例如，人們較擅長辨認跟自己同一種族者的臉孔，這種現象稱為**同族偏誤**（own-race bias）〔有時也稱為跨種族偏誤（cross-race effect）〕。白人擅長辨認白人臉孔，優於黑人或亞洲人臉孔，黑人辨認黑人臉孔勝於白人臉孔，亞洲人辨認亞洲臉孔勝於白人臉孔（Brigham et al., 2007; McGuire & Pezdek, 2014; Wan et al., 2017）。有些研究發現，性別和年齡也有相似效果（Man & Hills, 2017; Wright & Stroud, 2002）。

同族偏誤的原因之一是，人們與相同種族者接觸較多，因此較清楚如何分辨不同的人（Meissner & Brigham, 2001）。另一個原因在於，當人們檢視相同種族者的臉孔時，他們格外注意能夠區分不同臉孔的個別化特徵，像是顴骨高度或前額線條。然而，當人們檢視不同種族者的臉孔時，他們更注意能夠區分自身種族者和其他種族者之間的差異，而非個別化特徵（Hugenberg et al., 2010; Levin, 2000）。Daniel Levin曾經探討上述假說：「當白人看著另一個白人的鼻子，他們可能對自己說：『這是John的鼻子。』當他們看著黑人的鼻子，他們可能想：『這是黑人的鼻子。』」（引自Carpenter, 2000, p. 44）因為人們對於區分其他種族者的特徵較不熟悉，因此通常並不擅長區分其成員。

同族偏誤

人們擅於辨認相同種族者之臉孔優於其他種族者的傾向

貯　存

先前討論編碼歷程時，我們瞭解到：有些變項會限制人們的知覺，以及能夠貯存在記憶的內容。當訊息被存在記憶當中，似乎像是相簿裡的

照片一樣維持不變。我們記錄事件的圖像，像是搶匪的臉孔，然後放在記憶「相簿」裡。事實上，我們很少人擁有照相般的記憶。記憶跟相片一樣，隨著年齡而褪色。此外，認為記憶像相片一樣，一旦貯存之後就不會被改變、修整，細節無法增刪，這是十分令人心動的想法。如果我們看見的搶匪沒有留鬍子，當然日後不會加上小鬍子，不是嗎？因此，Randall Adams案件的目擊證人作證，他們所記得的駕駛有長髮和小鬍子，似乎是不利於Randall Adams的證據。

然而，不幸的是，記憶絕非持久不變的。人們可能將他們所聽見或看過的事情混雜在一起；某一時間或情境的記憶可能跟另一段記憶互相混淆。因此，人們回想自己看過的事情可能相當不正確。這是多年以來有關建構式記憶（reconstructive memory）的研究結論，也就是對事件之記憶因為後來遭遇之訊息而有所扭曲的歷程（Blank & Launay, 2014; Loftus, 1979, 2005）。根據這些研究，目擊事件之後獲得的訊息有可能改變對該事件的記憶。

在一項經典研究裡，Elizabeth Loftus等人（1978）向學生展示三十張幻燈片，描述車禍的不同階段。其中一張幻燈片內容有所變化；有些學生看見車子停在「停」的標誌前，其他學生看見同一輛車停在「讓」的標誌前。看完幻燈片後，學生回答有關他們「目擊」之車禍的問題。關鍵問題的變化在於描述交通標誌的方式。在其中一個版本裡，問題是：「當紅色車子停在『停』的標誌前，另一輛車是否超越它？」在另一個版本裡，問題是：「當紅色車子停在『讓』的標誌前，另一輛車是否超越它？」因此，對半數的參與者來說，問題內容跟他們看見的事實相符。但是對另外半數的人而言，問題措辭微妙地加入新訊息——暗示他們曾經看見「停」的標誌，其實他們真正看見的是「讓」的標誌。這個小小的變化（類似於警方或律師詢問目擊證人的問題）是否影響人們對實際事件的記憶呢？

實驗者向所有學生展示兩張照片，並且詢問他們：何者是原先看過的照片。大多數人（75%）被問到正確標誌時選擇正確照片；換言之，如果他們看見「停」的標誌，也被問到是否看過「停」的標誌，大多數人能夠正確地辨認照片（請注意25%的人在這個簡單問題上犯下關鍵錯誤）。然而，被問到誤導問題的人只有41%選擇正確照片（Loftus, Miller,

建構式記憶

對事件之記憶因為後來遭遇之訊息而有所扭曲的歷程

& Burns, 1978）。Loftus等人證實，在意外發生以後的引導問題會影響人們對該事件的實際記憶。

在後續實驗裡，Loftus等人發現，誤導問題可能改變人們對於車速多快、車禍現場的破碎玻璃、號誌燈是綠燈或紅燈，以及嫌疑犯是否留鬍子（跟Randall Adams案件有關）的記憶（Loftus, 1979）。她的研究顯示，警方和律師詢問目擊證人的方式有可能改變其證詞（有人懷疑，在Randall Adams案件中，警方可能引導目擊證人，在問題裡暗示凶手是Adams，而非Harris。在謀殺案發生時，Harris是少年犯，不可能因為殺死警官而被判死刑；Adams已經三十多歲，可以合法判處死刑，也就是他們認為殺死同僚應承受的最重刑罰）。

來源監控

人們嘗試辨認記憶來源的歷程

誤導問題可能導致來源監控（source monitoring）產生錯誤，它是人們嘗試辨認記憶基礎的歷程（Hyman et al., 2014; Johnson, Verfaellie, & Dunlosky, 2008; Qin, Ogle, & Goodman, 2008）。例如，在Loftus的研究裡，參與者看見「停」的標誌卻被誤導為「讓」的標誌，其記憶當中有兩種訊息：「停」的標誌和「讓」的標誌。只要他們記住兩種記憶的來源，一切都沒問題：「停」的標誌來自早先看到的意外；「讓」的標誌來自後來被詢問的問題。問題在於，人們通常交錯混淆他們聽聞的來源，錯誤地認為「讓」的標誌似乎非常熟悉，因為他們曾看過它出現在幻燈片裡。人們也很容易混淆；當訊息貯存在記憶裡，並非永遠「貼上」來源的標籤。

司法證詞的意涵十分深遠。目擊證人被問到誤導問題時，通常會回答他們看見並不存在的事物。除此之外，目擊證人可能感到困惑，為何嫌疑犯看來很熟悉。例如，在Randall Adams案件審判當中，目擊證人在作證前看過新聞裡的Adams照片。當他們回想當天晚上所看到的事情，可能因來源監控錯誤而感到混淆——他們記住的是一個長髮、留鬍子的人，而不是他們在槍擊案當天晚上實際看到的人。

提　取

假定你是犯罪的目擊者，警方逮捕嫌疑犯，希望你指認他是否正是犯罪的人。通常，警方在警局安排列隊指認，你被問到其中一人是否為行凶者時，你可能透過單面鏡，看到嫌犯和一些陪襯者（已經證實並未犯罪者）排列等候指認；或者你檢視嫌犯及陪襯者的照片。無論何種狀況，如

果你指認嫌疑犯是行凶者，嫌疑犯可能被起訴和定罪。畢竟，如果目擊證人看見嫌疑犯犯罪，後來又在指認時挑出嫌疑犯，這是證明嫌疑犯有罪的絕佳證據，不是嗎？或許不是。

就像習得和貯存訊息的問題一樣，人們從記憶裡提取訊息時也可能出現問題（Brewer & Wells, 2011; Malpass, Tredoux, & McQuiston-Surrett, 2007; Wells & Quinlivan, 2009）。不幸的是，在記憶裡貯存的其他訊息可能干擾目擊證人的指認。例如，目擊證人通常選擇看來最像犯罪者的人，如果真正的犯人並不在列隊裡，就會造成重大問題！

簡單地說，目擊證人觀看一系列照片或列隊指認時，通常用學生回答選擇題的方式來完成作業：他們採用刪除程序。這表示，就像回答選擇題一樣，各種似乎瑣碎的因素可能對表現產生重大影響，包括誰是實施測驗者、給予受測者的指導語，以及每道題目的所有選項。為了避免目擊證人挑選看起來最像嫌疑犯者的「最佳猜測」問題，以及列隊指認的其他問題，心理學家提出一些進行指認的建議，摘要說明於**表16.1**。

判斷目擊證人是否犯錯

假設你是陪審團的一員，正在聆聽目擊證人描述嫌疑犯。你如何分辨她的記憶是否正確，或者她正在犯下先前我們討論的錯誤？問題的答案似乎非常直接：注意目擊證人有多大信心。以Jennifer Thompson案件為例，當她二十二歲就讀大學時被強暴。Thompson自述，在強暴過程裡，她「仔細探究強暴犯臉孔的每個細節」，幫助她進行指認。她決定，只要自己倖存，必定要讓他被逮捕入獄。事後她到警局報案，看了幾百張警方提供的照片。當她看見Ronald Cotton的照片時，她非常肯定這就是強暴犯。「我知道這就是那個人。我完全有信心。我很確定。」

警方將Cotton帶到警局進行列隊指認，Thompson毫不遲疑地挑選他。她在法庭裡作證，確認Cotton就是強暴她的人，「我確定。我清楚。我選出了正確的傢伙。」根據她充滿信心的證詞，Cotton被判終生監禁。幾年之後，警方要求Thompson到法庭檢視另一個人Bobby Poole，他在監獄裡吹噓他犯了強暴罪。有些人認為Poole長得很像Cotton，其他人則認為他們兩人只有些微相似之處。當警方問Thompson是否認得他，她回答：「我這一生從未見過他，我根本不知道他是誰。」

表16.1 根據研究結果對於指認的建議

建議	重要性
確保列隊指認的每個人都類似於目擊證人對嫌疑犯的描述	這種做法可以減少目擊證人選擇相對而言最像犯人者的可能性（Fitzgerald, Oriet, & Price, 2014; Wells et al., 1998）。
告訴目擊證人，犯罪嫌疑人可能在列隊指認裡，也可能不在其中	如果目擊證人相信犯人在其中，他們較可能選擇最像他們所記得的人，而不是他們不確定或者犯人不在其中。因此，如果告知人們，犯人可能在列隊指認裡，也可能不在裡面，此時較不可能發生錯誤指認（Clark, 2005; Steblay, 1997; Wells et al., 2000）。
確保實施列隊指認的警官不清楚誰是真正的嫌疑犯	這種做法可以避免人們（有意或無意）告訴目擊證人誰是嫌疑犯（Greene & Evelo, 2014; Wells et al., 1998）。
如果採用照片，每次呈現一張照片，而不是同時呈現所有照片	這種做法讓目擊證人難以比較所有照片，藉此選擇最像犯人者，即使他們知道犯人其實不在列隊指認裡（Lindsay & Wells, 1985; Meissner, Tredoux, & Parker, 2005; Steblay et al., 2001），儘管近期研究主張，上述程序可能讓目擊證人不容易指認任何人，甚至真正的犯人（Dobolyi, & Dodson, 2013; Gronlund, Wixted, & Mickes, 2014）。
不要相信目擊證人能夠瞭解自己的偏差	為了瞭解目擊證人的選擇是否有偏差，律師或法官有時會直接詢問他們，例如：「你認為你選擇嫌疑犯時是否受到照片或警方告知訊息所影響？」不幸的是，人們無法完全觸接其思考歷程，以偵測他們是否有偏差（Charman & Wells, 2008; Nisbett & Wilson, 1977）。

　　過了幾年之後，Cotton仍為了強暴罪而坐牢，但是DNA測試變得更加普遍。警方決定要檢視證據究竟符合Cotton還是Poole的DNA。1995年，犯罪已經發生十一年之後，警方通知Thompson檢驗結果：「當刑警和地方檢察官來拜訪我，我正在廚房裡。他們是善良正派的人，只是想做好自己的工作——就像我一樣。他們告訴我犯人其實是Bobby Poole。」（Thompson, 2000, p. 15）。Cotton為自己不曾犯下的罪服刑十一年之後獲得釋放。

　　這個例子說明，目擊證人的信心並非判斷正確性的良好指標。事實上，許多研究顯示，目擊證人的信心跟正確性沒有一致的關聯（Charman, Wells, & Joy, 2011; Douglass & Pavletic, 2012; Eisenstadt & Leippe, 2010）。當執法的警官和陪審員假定，有信心的目擊證人也是正確的，就有可能犯下嚴重錯誤。

　　為何信心並非正確性的徵兆？理由之一在於，影響信心的因素不同於影響正確性的因素。例如，在指認嫌疑犯之後，如果個人發現其他人也指認相同嫌疑犯，其信心會提升；如果其他人指認不同嫌疑犯，其信心會降低（Busey et al., 2000）。當然，信心改變並不影響先前的指認正確性。因此，目擊證人充滿信心並不表示他必然正確，就像是Randall Adams和Ronald Cotton案件的悲劇。然而，信心與其他反應方式的結合或許表示人們確實是正確的——當人們快速辨認臉孔時。

迅速反應

　　在David Dunning和Lisa Beth Stern（1994）的研究裡，參與者觀看影片，某位男子從婦女的皮夾裡偷錢；然後他們嘗試在照片裡指認竊賊。有些參與者快速地選擇，說犯人的臉孔就是這樣「跳出」（popped out）。其他人則慢慢來，仔細比較每一張臉孔。誰比較可能正確地辨認竊賊？其實是快速反應者，對他們來說，那張臉孔「跳出」。因此，當目擊證人說：「我在指認時立刻就認出被告」，而不是「我比較列隊指認的每張臉孔，然後經過思考而做出決定，他就是被告」，我們應該更願意相信前者——尤其是前一位目擊者在十秒鐘以內就要做出判斷（Dunning & Perretta, 2002）。就像Jennifer Thompson案件，即使目擊證人快速反應，而且對自己的判斷充滿信心，他們仍然可能出錯。但是迅速反應的目擊證人比需要思考的人更正確。

指認後回饋

　　另一個影響目擊證人信心的因素是指認後的回饋。請參考**表16.1**，其中一項改善列隊指認程序的建議是，確保實施列隊指認的人不知道誰是嫌疑犯。當列隊指認的執行者對真實狀況「盲目」，可以保證他的言行不會影響目擊證人的選擇，或者目擊證人對於指認的信心。如果沒有做到這一點，可能造成危害：Laura Smalarz和Gary Wells（2014）進行兩階段研

研究結果多次證實，成為正確的目擊證人以及從列隊裡正確地指認犯人比我們所想像的更有挑戰性。

不幸的是，陪審員評估目擊證人的記憶正確性時，過於偏重他的信心。但是許多因素都可能提高錯誤目擊證人的信心，像是指認後回饋。

究，要求大學生擔任目擊證人，觀看機場竊盜的錄影帶。在研究的第一階段，目擊證人要從六張照片裡指認被告（由於研究者已經拍攝錄影帶，所以知道目擊證人指認是否正確）。在第二階段，目擊證人錄影作證，描述他們所見以及指認結果；另一群擔任陪審員的參與者觀看這些錄影帶，負責判定每位目擊證人指認是否正確。對控制組而言，第二階段的觀看者確實較可能相信正確指認的目擊證人。真是太棒了！我們希望觀察者和陪審員都能夠區分正確和不正確的目擊證人。

然而對實驗組來說，第二階段的觀察者無法區分哪些目擊證人正確指認。在這組當中，目擊證人在指認後立刻得到正向回饋。具體來說，這組目擊證人從所有照片裡選出一張，這時候負責執行指認的人立刻說：「做得好，你認出嫌疑犯。」Smalarz和Wells（2014）發現，這句簡短的評論（無論目擊證人是否正確指認）提高目擊證人對記憶可靠性的信心。它也讓外部觀察者幾乎無法弄清楚目擊證人是否正確指認，這項發現對於真實審判裡必須做決定的陪審員具有重大意涵。

整體來說，有些因素可能會讓目擊證人的指認不正確，甚至造成錯誤指認。或許美國法律系統應該減少對目擊證人證詞的依賴。在某些國家的法律系統，只依靠單一目擊證人並不能夠將嫌疑犯定罪；至少需要兩位獨立目擊證人。如果在美國採納更嚴謹的標準，表示某些有罪者將會被釋放，但卻可以避免許多錯誤判決。接下來的【試試看！】練習提供一個機會，看看你和你的朋友擔任目擊證人的證詞有多正確，並說明其過程的部分缺失。

重新恢復記憶的爭論

重新恢復的記憶
重新想起曾被遺忘或壓抑的過去事件，像是性虐待

有時候目擊證人也是受害者。另一種記憶形式也引起廣泛注意：個人在多年未曾察覺的情況下，回想起自己曾為犯罪受害者（通常是性虐待）。當然，重新恢復的記憶（recovered memory）是否正確仍有激烈爭論（McNally, 2017; Schooler & Eich, 2000）。

試試看！

目擊證人證詞的正確性

你可以將一群朋友聚在同一處，像是宿舍房間或公寓，親自證實這個現象。你可以安排一場意外事件，某個人突然衝進房間，做出奇怪動作，然後離開。然後你要求朋友盡可能回想這個人的特徵，看看他們是否能成為好的目擊證人。以下是進行試驗的具體指導：

1. 在你進行試驗前，找一位朋友擔任演員。理想上，這位朋友對其他目擊證人來說應該是陌生人。演員應該突然衝進你跟朋友所在的房間，做出奇怪（但沒有威脅性）的舉動。例如，演員可以拿著一朵花，說：「花美男光臨！」或走到每個人面前說些奇怪的話，像是：「我在莫斯科的清真寺等你。」要求演員手裡拿著某件物品，像是鉛筆、鞋帶或香蕉。

2. 重要註解：演員不得做出暴力或威脅舉動，或者讓目擊證人感到不舒服。他的任務是做出預料之外和令人驚訝的舉動，而非嚇壞大家。

3. 經過幾分鐘之後，演員離開房間。告知你的朋友，這場表演是為了測試目擊證人的證詞，如果他們願意，應該盡可能回想方才事件的細節。要求他們寫下這些問題的答案：

   a. 演員的長相如何？請寫下詳細描述。

   b. 演員說了什麼話？請盡可能寫下你所記得的內容。

   c. 演員在房間裡待了多久時間？

   d. 演員是否碰觸任何人？如果有，是誰？

   e. 演員的手裡握著什麼東西？

4. 當參與者回答這些問題之後，要求他們大聲唸出答案。他們的一致性如何？人們的答案有多正確？請跟你的朋友討論，他們的描述為何正確或不正確。

附註：如果你準備錄影機，拍攝演員的動作，更能夠達到試驗效果。此時，你可以放映錄影帶，評估目擊證人描述的正確性。如果你無法錄影，記得追蹤所經過的時間，可以驗證他們所估計時間的正確性。

確實，在1980年代和1990年代，有些心理治療師相信，像這樣的創傷事件一貫地「被壓抑」，經由催眠、「夢的解析」和其他暗示技術，可以在治療當中提取記憶。這一點符合全國流行的說法：人們進行治療，結束後控訴他們的父親、保母、老師或其他成人持續多年虐待他們，只不過他們忘記虐待這件事。由於這類個案眾多，心理學家開始以實徵研究檢視重新恢復記憶治療的假設，他們發現：許多有關重新之記憶的假設根本是錯誤的。創傷通常不會被壓抑；相反地，大多數受害者難以忘記它。他們發現，記憶並非完美地貯存在腦部，而是受限於閒談、扭曲和社會影響（例如Loftus, Garry, & Hayne, 2008; McNally & Geraerts, 2009; Ofshe & Watters, 1994）。

這項研究指向虛假記憶症候群（false memory syndrome）的概念：

虛假記憶症候群

所記得的過去創傷記憶客觀上虛假，然而個人卻接受為真實

其中一個著名的案例於1988年發生在華盛頓州Olympia，Paul Ingram的女兒指控他犯下性虐待、邪教儀式和謀殺等罪名——她們宣稱多年後突然想起這些事件。警方無法找到犯罪證據，Ingram起初否認曾發生這些事，然而，經過一系列晤談（包括催眠在內），最後他相信自己必然也壓抑對過去行為的記憶，而且曾經犯罪，即使他完全沒有記憶。根據研究此一案例之專家的說法，Ingram的女兒參加宗教靜修，其目的是鼓勵婦女透露過去惡魔虐待事件，然後提出指控。她們真心相信虐待和謀殺曾經發生，Ingram也認為是這樣——但是她們錯了。她們宣稱回想起的事情其實是虛假的記憶（Wright, 1994）。

人們所記得的過去創傷記憶，客觀上是虛假的，然而人們卻相信是真實的（Kihlstrom, 1996）。現在有許多證據顯示，人們可能對從未發生的事件習得鮮明記憶，尤其當另一個人（像是心理治療師）主張此事件曾經發生（Loftus et al., 2008; Meyersburg et al., 2009; Schooler & Eich, 2000）。除了證實虛假記憶的實驗室研究之外，日常生活證據也指出，虐待記憶可能並不屬實。通常這些記憶違反客觀事實（例如沒有任何虐待的證據）；有時記憶內容太過瘋狂（例如被外星人綁架），令人質疑其可信度。因此，心理治療師必須考慮，主張過去虐待是植入的錯誤記憶，而非幫助當事人想起真實事件，這麼做有何風險。

為了檢驗這些記憶的基礎，Elke Geraerts等人（2007）刊登報紙廣告，招募有童年性虐待記憶的人。研究者將樣本分為兩組：持續記憶（他們從未遺忘自己被虐待）和相信自己重新恢復記憶。第二組又區分為非心理治療期間或心理治療期間恢復記憶者。所有參與者都需要報告有關虐待的確實證據，像是其他人是否曾經被相同加害者所虐待，或者加害者曾經自白虐待。儘管不盡完美，確實證據的存在部分地說明記憶正確的可能性。

根據圖16.2，在治療期間恢復性虐待記憶的人最不可能提供虐待的確實證據。事實上，這組參與者並無任何人這樣做。這一點是否證明，經由心理治療師幫助而恢復受虐記憶的人都錯了，其實虐待從未發生？當然並非如此；我們無法100%確定記憶的正確性。但是這些結果確實主張，虐待的說法並非完全真實，尤其是出於他人暗示的結果。當然性虐待和其他童年創傷確實是可怕的問題，而且確實比我們所認為的更常見。但是目前科學證據清楚地顯示，虐待通常不會被壓抑，治療師不斷鼓勵不記得虐待的當事人考慮自己曾經受害，可能帶來危險。

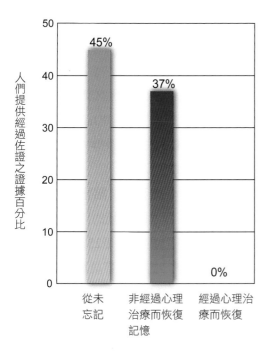

圖16.2 自稱童年性虐待的證據確鑿百分比

自稱童年遭受性虐待的人被分為三組：從未忘記虐待者、並非經過心理治療而恢復虐待記憶者、經由心理治療恢復虐待記憶者。所有參與者都要報告是否有任何經過佐證的虐待證據，像是加害者自白。如圖所示，在心理治療中恢復記憶者較不可能提供經過佐證的證據（根據Geraerts et al., 2007）。

複習題

1.下列何者並非記憶訊息處理的階段？
　a.貯存。
　b.提取。
　c.基模。
　d.編碼。

2.Andy是美國白人，在紐約市中心區，當著幾位目擊證人的面前犯案。根據研究結果，下列何人最可能在列隊指認時正確指認Andy？
　a.Mariano，他在巴拿馬出生長大，但是曾經在美國工作幾年。
　b.Matt，他是白人男性，曾經住在聖路易市幾年，最近才搬到紐約市。
　c.C.C.，他是非裔美國人。
　d.Masahiro，他是日本人，今年才來到美國。

3.不允許實施列隊指認的警方偵查員知道嫌疑犯是誰的建議
　a.並未得到心理學研究發現所支持。

　b.主要是為了避免指認後回饋。
　c.可能讓同族記憶偏差更嚴重。
　d.最適合解決目擊證人語文化所導致的問題。

4.下列有關目擊證人記憶的陳述何者正確？
　a.陪審員通常難以決定目擊證人是否正確。
　b.目擊證人正確性的最佳指標是他的信心。
　c.慢慢檢視所有照片，然後進行指認的目擊證人比快速判斷者更正確。
　d.對目擊證人出示照片時，警方應該同時展示所有照片，而非每次展示一張照片。

5.研究者探討重新恢復的虐待記憶，並且發現：
　a.所有宣稱重新恢復的記憶都是虛假的。
　b.虛假記憶症候群並不存在。
　c.在心理治療以外場合重新恢復的記憶比來自心理治療者更可能找到確實證據。
　d.催眠是預防人們相信虛假記憶的有效方法。

陪審團：團體歷程的運作

學習目標16.2　社會心理學如何協助陪審團做出更正確的決定

　　由陪審團進行審判的權利在英美法律系統裡已是長久傳統。陪審團審判在17世紀時首先於英國設立，在北美洲（維吉尼亞州Jamestown）的第一個英國殖民地也遵循這項傳統（雖然美國原住民以及非白人並未擁有這項權利，少數叛變的英國殖民者也曾經立即被吊死）。

　　儘管由同儕組成陪審團被認為是公平而且有利的，陪審團系統經常遭受攻訐。就Randall Adams案的審判來看，顯然陪審團的判決錯誤。有一項研究發現，刑事法庭法官不同意陪審團判決的比例是25%（Kalven & Zeisel, 1966）。近期觀察者也批評陪審團系統，質疑陪審員是否能夠理解複雜證據、達成不為感情所動之判決（Arkes & Mellers, 2002; Bornstein & Greene, 2011）。哈佛法學院前院長曾說：「為何有人會認為，根據不需要一般能力的方式，挑出街上找來的十二個人，而他們具備決定人與人之間紛爭的特殊能力呢？」（Kalven & Zeisel, 1966, p. 5）

　　當然，陪審團系統亦有堅定支持者，雙方都只有少數人主張應當廢除陪審團。有時陪審團似乎「弄錯了」，但是審判案件的個別法官也可能受限於先前章節所討論的知覺和決策歷程偏誤（Robbennolt, & Eisenberg, 2017）。讓公民參與重要決策能夠提高公眾對於法律系統公平性的知覺。重點在於陪審團系統並不完美，許多研究者持續瞭解它可能出錯的方式，以及如何改善其歷程（Devine, 2012; Semmler, Brewer, & Douglass, 2012; Sommers & Marotta, 2014）。

陪審員如何處理審判期間的訊息？

　　個別陪審員如何看待他們在審判期間聽見的證據？根據第三章的內容，人們通常建構理論和基模，以解釋周遭世界，陪審員也是如此（V. L. Smith, 1991; Weinstock, 2011）。有些心理學家提出陪審團決策的故事模式（story model），當陪審員聽過案件的證據之後，他們決定某個故事最適切地解釋他們聽到的每一件事。他們讓故事配合他們所能接受的可能判決，如果某項判決跟他們所偏好的故事非常搭配，他們可能投票支持它（Hastie, 2008; Hastie & Pennington, 2000）。故事模式深深地影響律師如

故事模式
一種理論，意指陪審員嘗試將他們在審判時聽到的證據配合成前後連貫的故事，最終達到最適合他們所創造之故事的判決

何呈現其案件。律師通常以兩種方式之一
來呈現其證據：其一稱為故事順序（story
order），律師依照事件發生的順序來呈
現證據，盡可能符合他們希望陪審員相信
的故事；其二稱為目擊者順序（witness
order），律師依照可能帶來最大衝擊的序
列來呈現目擊證人，即使打亂事件原本的
順序。例如，律師可能將最佳目擊證人保
留到最後，因此審判結束時帶有戲劇化的
意味，即使目擊證人描述的事件發生在所
謂的犯罪事件初期。

「法官閣下，我們正要跟上原告及其律師所編造的故事。」
Mike Twohy/ The New Yorker Collection/ The Cartoon Bank

　　如果你是律師，你會選擇哪一種順序
來呈現證據？如果陪審員最終被他們心中最能解釋事件順序的故事或基模
所打動，最佳策略應當是根據故事順序來呈現證據，而非目擊者順序。為
了驗證此一假說，研究者要求模擬陪審員聆聽一段模擬謀殺案審判，並且
操弄被告律師和檢察官呈現證據的順序（Pennington & Hastie, 1988）。其
中一種狀況是，雙方都採用故事順序；在另一種狀況裡，雙方都採用目擊
者順序。另外兩種狀況則是某一方律師採用故事順序，對方則採用目擊者
順序。

　　研究結果明確地支持故事順序策略。根據**表16.2**，當檢察官採取故事
順序，而被告律師採用目擊者順序時，陪審員較可能相信檢察官——78%
投票認定被告有罪。當檢察官採用目擊者順序，被告律師採用故事順
序，情況大逆轉——只有31%投票認定被告有罪。美國重罪審判的定罪率

表16.2　律師如何呈現其案件？

律師可以用不同方式呈現其案件。本研究發現，故事順序（律師呈現證據的順序盡可能貼近
他們希望陪審員相信的故事）效果最佳。

人們投票認定被告有罪的百分比		
	被告證據	
控方證據	故事順序	目擊者順序
故事順序	59%	78%
目擊者順序	31%	63%

（改編自 Pennington & Hastie, 1988）

相當高（大約80%），或許理由之一是，在真實審判當中，檢察官通常採用故事順序來呈現證據。如果你是初出茅廬的律師，當你準備審判時，請牢牢記住這一點！

自白：它們是否永遠像表面上那樣？

想像你是謀殺案陪審團的一員。檢察官似乎提交了鐵證——被告自白犯罪的錄影帶。「好吧！我承認，」你聽到被告這樣說，「我就是扣扳機的人。」你很可能投票贊成有罪。如果被告無辜，為何會承認犯罪呢？許多案件並未進入審判，其原因就是被告自白犯罪後認罪。

然而，自白並非總是表面上的模樣。請思考備受矚目的紐約中央公園跑者案例，1989年在紐約市，一位婦女在慢跑時被強暴和痛毆。受害者頭骨骨折而且出現腦傷，昏迷了幾天，當她清醒之後，對於攻擊過程毫無記憶。儘管她無法指認凶手，警方逮捕了五位非裔和西班牙裔青少年，最終提供駭人聽聞的事件細節。其中四段自白被拍攝成錄影帶，在審判時放映，所有青少年都被判有罪，並且給予多年監禁的重刑。

唯一的問題在於，十三年之後，根據Ken Burns的紀錄片《中央公園五人組》（*The Central Park Five*）的詳細說明，顯然這些男孩是無辜的。因三宗強暴罪和一宗謀殺罪而入獄的另一位男子宣稱他獨自犯案。他的DNA符合受害者身上取得的樣本（然而沒有任何一位青少年的DNA符合），而且他描述只有警方知道的犯罪現場細節。在2002年，法官撤銷所有五位男孩的有罪宣判。

如果這些男孩無辜，為何會承認犯罪？不幸的是，警方訊問過程可能導致虛假自白，甚至讓無辜嫌疑犯相信自己確實犯罪（Gudjonsson et al., 2014; Hasel & Kassin, 2012; Kassin et al., 2010）。其中一項問題是，警方調查員通常相信嫌疑犯有罪，此一信念讓他們在偵訊時產生偏差。他們詢問引導式問題、孤立嫌疑犯、讓他們置身於巨大壓力，宣稱目擊證人已經指認嫌疑犯，有時做出虛假承諾。例如，在中央公園慢跑者的案件當中，嫌疑犯被訊問

某些自白的問題在於完全不是自傳，反而是偽造的。「對我來說，自白太像是寫自傳。」
Frank Cotham/ The New Yorker Collection/ The Cartoon Bank

最長持續三十小時，刑警暗示：如果他們簽署自白書就可以回家。經過好幾個小時的持續訊問，無辜的人可能心理疲憊，無法思考，甚至相信自己有罪。如果嫌疑犯確實有罪，運用這種技術成功地讓他自白，這種做法沒有問題。然而，如前所述，人們（甚至經過訓練的調查員）並不善於分辨他人是否說謊，因此無辜者有時也因為這種技術而受害。事實上，根據DNA證據，許多因自白而被錯誤定罪的被告後來證明無罪（Kassin, Bogart, & Kerner, 2012）。

虛假自白問題的解決方案之一是將訊問過程錄影，目前已經有幾個州採取這種做法。這項規定確保陪審團可以看到紀錄，自行判斷被告是否被強迫承認未曾犯下的罪行。儘管將審訊過程錄影向前邁進一步，卻也引發另一個潛在問題。幾乎所有偵訊錄影帶都以嫌疑犯為焦點，而非詢問問題的偵訊者。那麼，你可能懷疑，這種做法有什麼不妥嗎？

問題在於：在觀眾心目中，攝影機對焦的對象擁有主導情境的影響力超出實際。有些研究向人們播放不同攝影機角度所拍攝的自白——觀看演講者的角度影響你對於何人主導談話的印象——然後請他們判斷自白出於自願或強制。當攝影機集中在嫌疑犯時，人們認為自白最可能出於自願（亦即最不可能出於強制）；此時，人們感覺嫌疑犯主導事件的發生。當攝影機同時拍攝到嫌疑犯和偵訊者，人們認為自白較少出於自願。然而，當攝影機只聚焦於訊問者，人們認為自白的強制成分最高（Lassiter, 2010）。請記住，所有人都聽到相同自白，唯一差異在於視覺觀點。部分受到本研究結果所影響，有些州現在開始要求，錄影晤談必須同時拍攝嫌疑犯和訊問者。

陪審室裡的商議

任何法庭律師都會告訴你，陪審團歷程的關鍵部分發生在你看不到的地方，也就是陪審員達成無異議判決的商議。即使大多數陪審員傾向於某個方向，具有說服力的少數也可能改變其他陪審員的心意。在大多數陪審團商議裡，最初的多數終究決定判決（Bornstein & Greene, 2011; Kalven & Zeisel, 1966; MacCoun, 1989）。例如，在Randall Adams的審判中，經過八小時商議，居於多數的陪審員獲得勝利：反對者改變心意，陪審團達成無異議的判決。有一項研究分析二百多件真實刑案審判，研究

當人們經歷長時間、充滿壓力的訊問時，有時會自白並未犯下的罪行。

者發現：在97%案件裡，陪審團的最後決定符合多數陪審員最初投票的結果（Kalven & Zeisel, 1966）。因此，根據第八章所討論的從眾，多數人意見通常獲得勝利。

如果陪審團商議以多數人意見為主，為何不廢除商議過程，直接根據陪審團最初的投票來決定被告有罪或無辜？這種建議並不妥當，主要有兩個理由：第一，強迫陪審團達到無異議判決促使他們更仔細地檢視證據，而不是假定第一印象必然正確（Hastie, Penrod, & Pennington, 1983; Sommers, 2006）；第二，即使少數人很少成功地說服多數人改變有罪或無辜的想法，他們有時能夠改變人們認為被告有罪的程度。在刑事訴訟當中，陪審團可能謹慎思考他們判決有罪的類型。例如，在謀殺案審判當中，他們通常決定被告為一級謀殺、二級謀殺或過失殺人。有一項研究發現，持少數意見的陪審員通常讓多數人改變對具體判決的想法（Pennington & Hastie, 1990）。因此，雖然少數陪審員無法讓多數人從一級謀殺罪改判無罪，他們可能說服他們從一級謀殺罪改為二級謀殺罪。

複習題

1. 研究結果指出，＿＿＿＿＿＿是最能夠說服陪審團的證據呈現方式。
   a. 目擊順序
   b. 基模順序
   c. 盲目順序
   d. 故事順序
2. 偵訊嫌疑犯時錄影
   a. 在美國是非法的。
   b. 有助於確認和預防虛假自白，然而攝影機焦點可能造成重大差異。
   c. 有助於確認和預防虛假自白，然而警官是否

知道自己被錄影可能造成重大差異。
   d. 幫助中央公園跑者命案的權責單位弄清楚，他們將錯誤的人定罪。
3. 在陪審團的決策歷程裡，少數人影響
   a. 從未發生。
   b. 在12個人組成的陪審團比6個人組成的陪審團更有效。
   c. 在改變陪審團判決的罪名時比起將有罪改成無罪更有效。
   d. 在目擊順序時最有效。

摘　要

學習目標16.1　解釋心理學如何探討目擊證人證詞的正確性

■ **目擊證人的證詞**　目擊證人證詞之正確性通常令人質疑，其原因在於人們觀察和記憶預料之外事件的方式。

- **為何目擊證人常出錯？**　許多因素使得人們觀察內容的編碼、貯存和提取產生偏差，有時導致錯誤指認罪犯。例如，有關同族偏誤的研究顯示，人們辨認其他種族者比相同種族者更困難。有關建構式記憶的研究指出，當人們對於自己聽聞內容的出處感到困惑時，就產生來源監控錯誤。社會心理學家瞭解人們提取訊息的問題，因此提出警方應如何進行列隊指認的準則。

- **判斷目擊證人是否犯錯**　我們無法保證能夠分辨目擊證人的指認是否正確，儘管有些證據顯示，當人們從照片指認嫌疑犯時花費時間在十秒鐘以內，而且對自己的選擇表達高度信心，那麼他們可能是正確的。實施列對指認者提供的指認後回饋可能提高目擊證人的信心，導致陪審員難以確定目擊證人的記憶是否正確。

- **重新恢復記憶的爭論**　儘管重新恢復的記憶可能正確，卻也可能是虛假記憶症候群的結果，也就是人們相信為真的記憶其實不然。虛假記憶尤其可能發生在他人（像是心理治療師）暗示事件確實發生時。

學習目標16.2　社會心理學如何協助陪審團做出更正確的決定

■ **陪審團：團體歷程的運作**　社會心理學家對陪審團特別感興趣，因為他們達成判決的方式與團體歷程和社會互動等社會心理學研究直接有關。陪審員很容易受限於先前章節所討論的偏差和社會壓力（儘管公平地說，個別法官也是如此）。

- **陪審員如何處理審判期間的訊息？**　在審判期間，陪審員試圖理解證詞，通常他們會接受能夠解釋所有證據的故事。當律師所呈現的證據可以表達一致的故事，就可以打動陪審團。

- **自白：它們是否永遠像表面上那樣？**　警方的訊問技術有時會產生虛假自白。訊問的錄影紀錄是保護措施，然而攝影機只拍攝嫌疑人會提高觀眾認為其自白出於自願的機率。

- **陪審室裡的商議**　在商議期間，持少數意見的陪審員通常遭受壓力，被迫順從多數人觀點；因此，判決通常符合多數陪審員的最初感受。

分享寫作　你有什麼想法？

沉醉式互動

　　司法系統可以採納哪兩種（以上）指認策略，以減少目擊證人指證錯誤？

測　　驗

1.下列有關目擊證人的訊息何者不正確？
　a.陪審員和執法專家在判定某人是否有罪時，主要依據在於目擊證人的證詞。
　b.陪審員傾向於高估目擊證人的正確性。
　c.人們較容易辨認與自己相同種族者的臉孔，勝過其他種族者的臉孔。
　d.寫下你對某人的描述有助於以後的重新辨認。

2.Gloria在便利商店值晚班。有位男子走進店裡，拿出一把槍，要求Gloria把收銀機裡面的所有錢拿給他。當警方詢問Gloria嫌犯犯案過程時，她最可能說出下列何種訊息？
　a.這名男子所拿的槍枝類型。
　b.這名男子所穿的衣服。
　c.這位男子的身高。
　d.這位男子的眼睛顏色。

3.你是一位地方助理檢察官，正要確定竊盜案的嫌犯。五位目擊證人各自從照片當中指認不同嫌犯。根據社會心理學研究，下列哪一位目擊證人最可靠？
　a.Phil，他仔細地比較每張臉孔。

　b.Luke，他在搶劫案之後立刻寫下對嫌犯的描述。
　c.Hayley，她說嫌犯臉孔就這樣「跳出」。
　d.Alex，她說她對自己的正確性「極有信心」。

4.在警方進行指認時，社會心理學不會提出下列何種建議？
　a.確保指認對象每一個人都類似於目擊證人對嫌犯的描述。
　b.告訴目擊證人，嫌犯可能在列隊指認裡，也可能不在其中。
　c.在指認之前，要求目擊證人以電腦合成臉孔程式來重建嫌犯臉孔。
　d.不要指望目擊證人知道他們的選擇有偏差。

5.研究結果支持下列何種有關重新恢復記憶的陳述？
　a.虛假記憶症候群並不存在。
　b.人們在心理治療中恢復的性虐待記憶幾乎總是正確的，虐待確實曾經發生。
　c.在許多實例當中，人們突然記起曾經發生的創傷事件。

d.法官比陪審團更可能相信他們。

6.社會心理學家對法律專家會提出下列何種建議？

　　a.警方應該盡力讓嫌犯自白，因為如果嫌犯自白，他們一定有罪。

　　b.律師應該以造成最大衝擊的序列來呈現證據，即使這表示不依照原來順序描述事件。

　　c.警方應該將所有訊問予以錄影，並且確保攝影機角度同時照到訊問者和嫌犯。

　　d.催眠可以有效地產生正確的目擊證人記憶。

7.下列有關陪審團的統計數字，何者正確？

　　a.無辜者被錯誤定罪的判決97%來自目擊證人錯誤。

　　b.法官和陪審團對案件的適當判決達到共識占75%。

　　c.在55%案件裡，陪審團的最後決定跟大多數陪審員在審議期間的最初投票相同。

　　d.陪審團對刑事案件的判決有25%是錯誤判決。

8.下列有關心理學和法律的陳述，何者正確？

　　a.在警方偵訊時，人們有時會自白未曾犯下的罪行，甚至相信自己曾犯罪。

　　b.當陪審團商議開始，如果有些陪審員不同意其他人的意見，他們通常說服多數人從有罪改判無罪。

　　c.人們對於所目擊之事件的記憶絕佳，很難讓人相信他們看見並不存在的事情。

　　d.如果目擊證人從列隊指認裡挑出某位嫌疑犯，而且極有信心自己認出正確的人，則他幾乎絕對正確。

9.有關目擊證人對於不正確指認仍充滿信心的解釋是：

　　a.故事模式。

　　b.指認後回饋。

　　c.同族記憶偏差。

　　d.重新恢復的記憶。

10.Raj記不清楚他是否確實看見一輛白色貨車加速駛離銀行搶案現場，或是他聽到別人談論一輛白色貨車。Raj的困擾在於：

　　a.組合記憶。

　　b.語文化效應。

　　c.貯存。

　　d.來源監控。

專有名詞

accessibility　可提取性
基模或概念浮上心頭的容易程度，也因而容易被提取用來作為判斷社會世界時的依據。

affect blends　混合情緒
臉上的某部分表達一種情緒，而另一部分則表達另一種情緒。

affective forecasting　情感預報
人們可以預測對未來事件之情緒反應強度和持續時間的程度。

affectively based attitude　以情感為基礎的態度
此態度較基於人們的情緒和價值觀，而非對態度對象性質的信念。

aggression　攻擊
以引起他人身體或心理痛苦為目的之故意行為。

altruism　利他
在助人者需要付出成本的情況下幫助他人的渴望。

altruistic personality　利他性格
導致個人在各種情境當中協助他人的特質。

analytic thinking style　分析式思考
注意事物的特徵，而未考慮周遭脈絡的思考模式。此類思考較常見於西方文化。

anxious/ambivalent attachment style　焦慮／矛盾依附風格
依附風格之一，其特徵是擔心對方無法回報自己的親密期望，導致高度焦慮。

applied research　應用研究
為了解決特定社會問題所進行的研究。

archival analysis　檔案分析
觀察法的形式之一，研究者檢驗某一文化當中已經累積的文件或檔案（例如日記、小說、雜誌和新聞）。

attachment styles　依附風格
人們對人際關係的期待，其基礎在於嬰兒時期與主要照顧者建立的關係。

attitude accessibility　態度可提取性
「某事物」和「你對這件事物的態度」兩者之間相互聯繫的強度。測量方式通常是根據人們多快說出他們對某事物或議題之感覺。

attitude inoculation　態度免疫
人們先面對較弱的對立論點，可使他們之後較不易改變態度。

attitudes　態度
對特定人物、事物或理念的評價。

attribution theory　歸因理論
分析人們如何解釋自己與他人行為的原因。

automatic thinking　自動式思考
下意識、非刻意、自發且不費力的思考形式。

availability heuristic　可得性捷思
依靠事物進入心中的容易程度做出判斷的一種心理捷徑。

avoidant attachment style　逃避依附風格
依附風格之一，其特徵是壓抑依附需求，曾經嘗試建立親密關係卻被回絕。

base rate information　基本率資訊
母群中不同類別之成員所占比例的資訊。

basic dilemma of the social psychologist　社會心理學家的基本兩難困境
進行研究時，內效度和外效度之間彼消我長的問題；同一實驗難以兼具很高的內效度，又能類推到其他情境和人

basic research　基礎研究
為了找到人們行為動機的最佳解答，純粹出於求知好奇理由所進行的研究。

behaviorally based attitude　以行為為基礎的態度
此態度是根據個人對態度對象所表現出來的行為而定。

behaviorism　行為主義
該學派主張，若要瞭解人類行為，只需研究環境中的強化因子，也就是環境裡面的正面事件和負面事件與特定行為之關係。

belief in a just world　公平世界的信念
一種防衛歸因，即人們傾向認為惡有惡報、善有善報。

belief perseverance　信念固著
堅持起初想法的傾向，即使後續資訊顯示應該重新考慮該想法。

bias blind spot　偏誤盲點
認為他人比自己更容易做出歸因偏誤的傾向。

blaming the victim　責怪受害者
責怪受害者（做出性格歸因）的傾向，通常其動機在於渴望將世界視為公平的地方。

bystander effect　旁觀者效應
目睹緊急事件的旁觀者人數愈多，任何一人幫助受害者的機率愈低。

catharsis　宣洩
認為「打開壓力鍋」——藉由攻擊行為或觀賞他人的攻擊行為——能夠減輕積累的攻擊能量，並因此降低進一步攻擊行為之可能性。

causal theories　因果理論
對於自己感覺和行為原因的理論，我們常從所處文化中習得這些理論，例如「小別勝新婚」。

central route to persuasion　說服的中央途徑
人們兼具可以理解說服溝通、仔細聆聽以及思考其中論證的動機和能力。

Challenge Hypothesis　挑戰假說
睪固酮含量只在有繁殖機會時，才會與攻擊有關。

classical conditioning　古典制約
某個會引發情緒反應的刺激（例如你的祖母），與不會引發情緒反應的中性刺激（例如樟腦丸的氣味），不斷配對出現，直到中性刺激獲得第一個刺激的情緒特性。

classical conditioning
此現象是將「會引起情緒反應的刺激」與「不會引起情緒反應的中性刺激」不斷伴隨出現，直到只靠該中性刺激也會引發情緒反應為止。

cognitive dissonance　認知失調
一種不舒服的衝動或感覺，最初被定義為：由兩個或更多個不一致的認知所引起的不舒服感；後來則被定義為：因為做了一件行為，此行為與自己習慣（而且通常是正向）的自我概念不符合，且產生不舒服感。

cognitively based attitude　以認知為基礎的態度
此態度主要是基於人們對態度對象之性質的信念。

communal relationships　共享關係
人們主要關心回應對方需求的關係。

companionate love　友伴愛
對他人產生親密和情感，然而並未伴隨熱情或生理激動狀態。

comparison level　比較基準
人們在特定關係當中可能得到的酬賞和懲罰高低的期待。

comparison level for alternatives　替代比較基準
人們在其他關係當中獲得酬賞和成本高低的期待。

conformity　從眾
由於真實或想像之他人的影響，而改變個人的行為。

consensus information　共識性資訊
其他人對於相同的刺激對象，是否會做出與行動者相同行為之資訊。

consistency information　一致性資訊
某一行動者對於某一刺激對象，是否會在不同時間和環境都做出相同行為之資訊。

construal　解讀
人們知覺、理解及解釋社會環境的方式。

contingency theory of leadership　權變領導理論
領導者的效能不僅取決於該團體究竟有一位任務導向的領導者或關係導向的領導者，還取決於對該團體，此位領導者握有多大的控制權。

controlled thinking　控制式思考
有意識、刻意、主動且費力的思考形式。

coping styles　因應風格
人們對威脅性事件的反應方式。

correlation coefficient　相關係數
評估從某一變項預測另一變項之程度的統計技術，例如以人們的身高可以預測其體重的程度。

correlational method　相關法
有系統地測量兩個以上的變項，並評估其間關係（例如根據某一變項可否預測另一變項）的技術。

counterattitudinal behavior　違反態度的行為
做出某件與自身信念或態度相反的行為。

counterfactual thinking　反事實思考
在心理上改變過去事件的某個環節，以便想像事情可能有所不同。

covariation model　共變模式
此理論認為，為了形成對他人行為的歸因，我們會有系統地注意可能原因是否出現，以及行為是否發生的模式。

cover story　表面故事
告知參與者的研究目標描述，與真實目標不同，通常用於維持心理真實性。

cross-cultural research　跨文化研究
以不同文化之成員所進行的研究，其目的是檢視心理歷程是否存在於所有文化，或者專屬於人們成長的文化。

debriefing　簡報
在實驗結束後，實驗者向參與者解釋研究的真正目的及實際發生的事件。

deception　欺瞞
誤導參與者有關研究的真實目的或者實際發生的事件。

decode　解碼
解讀他人表達之非口語行為的意義，例如將拍背視為表達高傲之意，而非關懷。

deindividuation　去個人化
當人們無法被辨認時（如在人群中時），會失去對行為的規範限制。

dependent variable　依變項
由研究者所測量，以檢視是否受到自變項所影響的變項；研究者假定依變項取決於自變項的程度高低。

descriptive norms　描述式規範
人們對他人在特定情境之實際行為的知覺，不論該行為是否受到贊同。

diffusion of responsibility　責任分散
每位旁觀者的助人責任感隨著目擊者人數增加而減少。

discrimination　歧視
針對某一團體之成員的不正當負面、有害行動，其基礎僅在於身為該團體成員。

display rules　表達規則
文化指導人們應該表達出哪種情緒的規則。

distinctiveness information　特殊性資訊
某一行動者對於不同刺激對象，是否會做出相同行為之資訊。

door-in-the-face technique　漫天要價法
這種社會影響策略先讓人們答應較大的要求，以使他們更可能同意後續的較小要求。

downward social comparison　向下社會比較
和那些在某個特徵或能力上比我們差的人做比較。

Dual-Hormone Hypothesis　雙激素假說
只有在壓力激素皮質醇維持低量時，睪固酮含量和尋求支配的行為才有關聯。

elaboration likelihood model　慎思可能性模式
此模式主張，說服溝通可以採取兩種途徑：其一是中央途徑，即人們有能力和動機專心聆聽溝通的論證；其二是邊緣途徑，即人們不注意論證的內容，而受到表面特性所影響。

emblems　標記
特定文化中定義清楚的非口語手勢。它們通常可以直接翻譯為語言，例如「OK」手勢。

empathy　同理心
設身處地為他人著想，體驗對方之經驗和情緒（例如快樂和難過）的能力。

empathy-altruism hypothesis　同理心─利他假說
當我們感受到對他人的同理心，就會出單純利他的理由去助人，無論自己是否有所獲益。

encode　編碼
表達或展現非口語行為，例如微笑或拍對方的背。

encoding　編碼
人們注意環境訊息，將感覺資料轉換成心理表徵的歷程。

equity theory　公平理論
當關係裡雙方的酬賞、成本及貢獻大致相等時，人們感到最快樂。

ethnocentrism　我族中心主義
認為自己所屬的族群、國家或宗教優於他人的信念。

ethnography 民族誌
研究者瞭解團體或文化的方法，也就是從內部觀察而不施加任何既有概念。

evolutionary psychology 演化心理學
根據天擇原理，用基因演化解釋社會行為的研究。

exchange relationships 交換關係
受到公平需求（追求酬賞和成本的比例相等）所掌控的關係。

experimental method 實驗法
研究者隨機分派參與者至不同組別，確保這些組別完全相等，除了自變項（研究者認為對人們反應產生因果效應的變項）之外。

explicit attitudes 外顯態度
我們能夠意識到，而且可以說出的態度。

external attribution 外歸因
將他人行為的原因推論為源自他所處的情境因素，認為大部分的人在相同情境中，會做出相同的反應。

external justification 外部理由
為解釋自己的失調行為而提出的存在於己身之外的理由（例如為了獲得大筆酬勞或為了避免嚴厲的懲罰）。

external validity 外效度
研究結果可以類推到其他情境和其他人的程度。

extrinsic motivation 外在動機
從事某項活動的欲望，是因為外在酬賞或壓力，而非因為我們喜歡該活動，或覺得該活動有趣。

false memory syndrome 虛假記憶症候群
所記得的過去創傷記憶客觀上虛假，然而個人卻接受為真實。

fear-arousing communication 激起恐懼的溝通
試圖引發恐懼而使人們改變態度的說服性訊息。

field experiments 實地實驗
在自然情境而非實驗室裡進行的實驗。

fight-or-flight response 戰鬥或逃離反應
對壓力的反應是攻擊壓力來源或逃離它。

fixed mindset 固定心態
認為自己擁有一些固定且無法改變的能力。

foot-in-the-door technique 得寸進尺法
這種社會影響策略先讓人們答應較小的要求，以使他們更可能同意後續的較大要求。

frustration-aggression theory 挫折—攻擊理論
本理論主張，挫折——認為自己在追求目標上受到阻礙的感覺——會提高一個人做出攻擊反應的可能性。

fundamental attribution error 基本歸因偏誤
對人們行為的成因高估內在人格因素，而低估情境因素的傾向。

Gestalt psychology 完形心理學
本學派強調，我們應該研究物體出現在我們心中的主觀方式，而非該物體的客觀物理特徵。

great person theory 偉人理論
該理論認為，優秀的領導者是某些關鍵的人格特質造就而成的，無論他面臨的情況之性質為何。

group 團體
團體是由彼此互動的兩人以上組成，基於需求與目標，彼此互相影響與互相依賴。

group cohesiveness 團體凝聚
把所屬成員連結在一起並促進彼此喜愛。

group polarization 團體極化現象
團體加強成員原先的傾向，而使他們的決定趨於極端。

groupthink 團體迷思
著重維繫團體凝聚力與團結更甚於務實地考量事實的一種思考方式。

growth mindset 成長心態
認為自己的能力具有可以鍛鍊和成長的性質。

halo effect 月暈效應
一種認知偏誤，假定擁有某一正向特徵的人也擁有其他（甚至無關）的正向特徵。

heuristic-systematic model of persuasion 捷思—系統化說服模式
此模式認為，說服性溝通引發態度改變的途徑有兩種：其一是系統化地處理論證的優點；其二是使用心理捷徑或捷思。

hindsight bias 後見之明偏誤
當人們知道事件發生後，誇大自己事前預測結果

之能力的傾向。

holistic thinking style　整體式思考
注意整體脈絡，尤其是事物之間關係的思考模式。此類思考較常見於東亞文化（例如中國、日本和韓國）。

hostile aggression　敵對性攻擊
一種源於憤怒感，旨在將痛苦加諸於他人的攻擊行為。

hypocrisy induction　誘導偽善
使人們陳述與行為相反的敘述，然後提醒他們，其行為與所鼓吹的內容不一致，引發其失調。這樣做的目的是為了使人們為自己的行為更負責任。

idiosyncrasy credits　特立獨行籌碼
個人因長期順從團體規範所取得的籌碼。個人如果累積足夠的特立獨行籌碼，便能偶爾偏離團體，而不會遭到團體報復。

implementation intentions　執行意圖
清楚地規劃何時、何地、如何達成目標且避免誘惑。

Implicit Association Test (IAT)　內隱連結測驗
根據人們將目標人物臉孔（例如黑人或白人、老人或年輕人、亞洲人或白人）跟正向詞或負向刺激（例如誠實或邪惡）建立連結的速度來測量潛意識（內隱）偏見的測驗。

implicit attitudes　內隱態度
非自主、不可控制而且有時是下意識的態度。

impression management　印象整飾
人們呈現出自己想要讓人看到的面向的方法。

independent variable　自變項
由研究者所改變，以檢視是否影響其他變項的變項。

independent view of the self　獨立自我觀
根據自己內在的想法、感受和行動來定義自我，而不是以別人的想法、感受和行動來定義自我。

informational social influence　訊息式社會影響
當我們將他人視為引導我們行為的資訊來源而跟隨其行為，即為訊息式社會影響。此時從眾的原因是因為我們相信他人對於模糊情境的詮釋比我們還正確，並以為他們可以幫我們選擇適當的做法。

informed consent　知後同意
參與者事前瞭解實驗性質，然後同意參與實驗。

ingratiation　逢迎
人們運用奉承或讚美，試圖討對方喜歡的歷程，通常對方是居高位者。

in-groups　內團體
自己所認同的團體。

in-group bias　內團體偏私
偏袒自己團體的成員，給予優於其他團體成員之特殊待遇的傾向；團體可能是暫時且微不足道的，也可能是重要的。

injunctive norms　強制式規範
人們認為其他人對行為贊同與否的知覺。

institutional discrimination　制度歧視
對某一弱勢團體之合法或非法歧視的習俗，其基礎僅在於種族、性別、文化、年齡、性取向，或者社會或公民偏見的其他目標。

institutional review board, IRB　機構審查
由至少一位科學家、一位非科學家、一位機構以外的人士所組成的團體，負責審查該機構所有研究計畫，判定其程序是否符合倫理準則；所有研究必須在執行前得到機構審查的核准。

instrumental aggression　工具性攻擊
以攻擊為手段來達成某種目的，而非以造成傷害為目的。

insufficient punishment　不充分的處罰
當缺乏外部理由來解釋自己何以抗拒某件所欲之事或物品時，個體會產生失調，通常最後個體會降低對該禁制活動或事物之價值。

integrative solution　整合式解決辦法
解決衝突的一種方式：雙方根據彼此不同的利益，造成利益交換，每一方都在對自己不重要，但對方很重要的議題上讓步。

interdependence　相互依賴
兩個以上的團體需要彼此依賴，以完成對所有人都重要之目標的情境。

interdependent view of the self　相依自我觀
以自己和他人的關係來定義自我，並知覺到自己的行為經常會受別人的想法、感受及行動所左右。

internal attribution　內歸因
將他人行為的原因推論為源自於個人因素，例如
態度、個性或人格。

internal justification　內部理由
藉由改變自己（例如自己的態度或行為）來減輕
失調。

internal validity　內效度
確保除了自變項之外，其他因素都不會影響依變
項。建立內效度的方法是控制所有外在變項，而
且將參與者隨機分派至不同的實驗狀況。

internal-external locus of control　內控─外控
相信發生的事件出於我們控制或者相信好壞結果
超出我們控制的傾向。

intrinsic motivation　內在動機
從事某項活動的欲望，是源於喜歡該活動，或覺
得該活動有趣，而非由於外在酬賞或壓力。

introspection　內省
人們往自己的內心深處探索，檢視自己的想法、
感受與動機之歷程。

investment model　投資模式
該理論主張，人們對關係的承諾不僅取決於他們
的關係滿意度，還有他們在關係當中已經付出、
離開時卻無法取回的投資。

jigsaw classroom　拼圖教室
可以降低偏見、提升兒童自尊的教室情境，其做
法是將兒童不分種族組成小團體，讓每位兒童彼
此依賴才能夠學會課程教材、成績良好。

judgmental heuristics　判斷捷思
人們為做出迅速且有效之判斷，而採取的一些心
理捷徑。

justification of effort　為付出的努力辯護
對於努力追求來的事物，人們會傾向提高自己對
它的喜歡程度。

kin selection　近親選擇
天擇偏好幫助有血緣關係之親屬的構想。

lowballing　低飛球
一種不老實的銷售策略。銷售員先誘使顧客答應
購買某項產品，然後宣稱搞錯價格，並且提高售
價。最後顧客常會同意提高後的售價。

mere exposure effect　單純曝光效應
我們接觸某個刺激愈多，愈傾向於喜歡它。

meta-analysis　後設分析
將兩個以上研究的結果予以平均，以檢視自變項
之效果是否可靠的統計技術。

minority influence　少數人的影響
團體中的少數人影響多數人的行為或信念。

misattribution of arousal　激動狀態的錯誤歸因
人們對於自己的感受做出錯誤的原因推論。

naïve realism　素樸實在論
一種信念，以為我們知覺的「就是真實的本
相」，而低估我們在主觀上對知覺做了多少「加
工」。

narcissism　自戀人格
結合高度自戀與缺乏對他人的同理心。

negotiation　協商
對立雙方在衝突中的一種溝通形式：雙方既提出
要求，也有所退讓，解決方案只有在雙方都同意
的情況下方能達成。

nonverbal communication　非口語溝通
人們在不使用語言的情況下，如何進行有意或無
意之溝通。如面部表情、音調、手勢、肢體位置
及動作，身體接觸及目光注視。

norm of reciprocity　回報規範
期待幫助他人可以提高未來對方幫助自己的機
率。

normative conformity　規範性從眾
跟隨團體以符合團體期待、獲得接納的傾向。

normative social influence　規範式社會影響
我們為了獲得他人的喜愛和接納而從眾。此類從
眾會導致個人公開順從團體的信念和行為，但不
必然私下接納團體的信念和行為。

obedience　服從
個人由於權威者的直接影響而改變自己的行為。

observational method　觀察法
研究者觀察人們，並且有系統地記錄其行為指標
或印象的技術。

operant conditioning　操作制約
個人自由選擇的行為會隨著行為之後的獎賞或懲

罰，而使行為頻率有所增減。

out-groups　外團體
自己不認同的團體。

out-group homogeneity　外團體同質性
認為外團體成員彼此相似性（同質性）高於實際，並且高於內團體成員的知覺。

overjustification effect　過度辯護效應
人們認為自己的行為起因於難以抗拒的外在因素，以至於低估了內在因素引發該行為的影響力。

own-race bias　同族偏誤
人們擅於辨認相同種族者之臉孔優於其他種族者的傾向。

passionate love　熱情愛
強烈渴望某個人，伴隨生理激動狀態。

perceived control　知覺控制
我們可以影響自己的環境，以決定得到正向或負向結果的信念。

perceptual salience　知覺顯著性
人們注意的焦點被當作是重要的資訊。

performance-contingent rewards　以表現為條件的獎勵
以表現好壞作為給予獎勵的標準。

peripheral route to persuasion　說服的邊緣途徑
未仔細思考說服性溝通的論證，只受到表面線索影響之情況。

persuasive communication　說服性溝通
在某議題上主張特定立場的溝通（如演講或電視廣告）。

planning fallacy　規劃謬誤
人們對於自己完成計畫的速度過於樂觀，即使過去他們在類似計畫上曾經無法及時完成。

pluralistic ignorance　人眾無知
人們認為其他人對該情境有特定的解釋，事實上卻不然。

postdecision dissonance　決策後失調
做出決定後會產生失調，通常會提高被選擇對象之吸引力，降低被拒絕對象的價值。

prejudice　偏見
對待可辨認之團體成員的敵意或負面態度，其基礎僅在於身為該團體成員；包含認知、情緒和行為成分。

primacy effect　初始效應
形成印象時，我們對他人一開始的知覺會影響我們如何看待他的後續資訊。

priming　促發
近期的經驗會使某些基模、特質或概念較易於被提取。

private acceptance　私下接納
因為真正相信他人言行的正確性，而跟隨他人的行為。

probability level, p-value　機率水準
根據統計技術所計算出，實驗結果純粹出於機率，並非出於自變項的可能性；根據科學慣例（包括社會心理學在內），若結果出於機率因素，而非自變項的可能性小於5%，則表示結果達到顯著水準（值得信任）。

process loss　歷程損耗
任何團體互動方面抑制了良好的問題解決方案。

propaganda　政治宣傳
使用細緻且有系統的方式來操弄大眾的態度和行為，通常透過誤導或充滿情緒的資訊。

propinquity effect　接近性效應
我們愈常看見及互動的人，愈可能成為朋友。

prosocial behavior　利社會行為
目的在於讓他人獲益的行為。

psychological realism　心理真實性
實驗引發的心理歷程類似於日常生活之心理歷程的程度。

public compliance　公開順從
在公開場合順應他人的行為，但私底下不一定相信他人的言行。

random assignment to condition　隨機分派
確保所有參與者參加任何一種實驗狀況的機率相等；藉由隨機分派，研究者可以確認，參與者的性格或背景變項平均地分布於不同組別。

random selection　隨機抽樣
確保樣本可以代表母群的方法，母群當中每個人
被選擇成為樣本的機率相等。

reactance theory　抗拒理論
當人們感覺自由選擇權遭受威脅時，便會感到不
愉快而產生抗拒，此時反而會從事被禁止之行
為。

realistic conflict theory　現實衝突理論
認為有限資源導致團體間衝突，並且造成偏見和
歧視升高的想法。

reconstructive memory　建構式記憶
對事件之記憶因為後來遭遇之訊息而有所扭曲的
歷程。

recovered memory　重新恢復的記憶
重新想起曾被遺忘或壓抑的過去事件，像是性虐
待。

relationship-oriented leaders　關係導向的領導者
較關心部屬的感覺及與部屬之關係的領導者。

replications　重複驗證
重複進行研究，通常運用不同受試者母群或者不
同情境。

representativeness heuristic　代表性捷思
利用對象與某種典型事物的相似性來進行歸類的
一種心理捷徑。

resilience　韌性
對壓力事件的輕微、短暫反應，然後快速恢復正
常、健康功能。

retrieval　提取
人們回想記憶裡貯存之訊息的歷程。

schemas　基模
人們用來組織社會世界或事物之知識的心理架
構，會影響人們對資訊之注意、思考與記憶。

secure attachment style　安全依附風格
依附風格之一，其特徵是信任、不擔心被遺棄、
認為自己有價值且受人喜愛。

self-affirmation theory　自我肯定理論
此理論認為人們可以藉由專注與肯定自己與威脅
無關的能力，來減輕失調。

self-awareness theory　自我察覺理論
此理論認為，當人們集中注意力於自己時，會依
自己內在的標準與價值觀來評鑑比較自己當下的
行為。

self-concept　自我概念
人們對於自己的個人特徵所抱持的整體信念。

self-esteem　自尊
一人對自己之價值的評估，換言之，就是一個人
認為自己有多好、多能幹以及多高尚。

self-evaluation maintenance theory　自我評價維
護理論
此理論認為當我們與某人感覺親近、他在特定領
域勝過我們，以及該領域是我們自尊的核心時，
我們會感到失調。為了減輕此失調，可以透過：
疏遠對方、在該領域勝過對方，或認為該領域對
自己不太重要。

self-fulfilling prophecy　自我應驗預言
人們對另一個人的期待影響自己對待對方的方
式，而後造成對方的行為符合原本期待，導致預
言成真。

self-handicapping　自我設限
人們為自己製造障礙或藉口，以便在表現不佳時
可以避免責怪自身之策略。

self-perception theory　自我知覺理論
當我們的態度和感受處於不確定或模稜兩可的狀
態時，我們會藉由觀察自己的行為和該行為發生
時的情境，來推論自己的態度和感受。

self-serving attributions　自利歸因
將成功歸因於內在性情因素，而將失敗歸咎於外
在情境因素的傾向。

sexual scripts　性腳本
一套隱含的規則，規定一個人在特定情境中的合
宜性行為，會因其性別、年齡、宗教、社會地位
與同儕團體而有所不同。

social cognition　社會認知
人們看待自己和社會世界的方式；講得更明確一
點，就是人們選擇、詮釋、記憶和使用社會資訊
做出判斷與決策的方式。

social-cognitive learning theory　社會—認知學習理論
本理論主張，我們透過觀察和模仿他人，同時藉由像計畫、期望、信念等認知歷程，來學習大部分的社會行為（如攻擊或助人）。

social comparison theory　社會比較理論
此理論主張，人們會透過與他人的比較來瞭解自己的能力與態度。

social dilemma　社會困境
指當大多數人都採取對自己最有利的舉動時，每個人反而會蒙受不利的影響。

social exchange theory　社會交換理論
人們對於關係的感受取決於他們對酬賞和成本的知覺，他們自認應當擁有的關係，以及他們可能找到其他更好關係的可能性。

social facilitation　社會助長作用
當他人在場，且個人表現可以受到評估時，人們對簡單作業表現較好，而對複雜作業表現較差的傾向。

social identity　社會認同
個人自我概念的一部分，其基礎是他或她對於國家、宗教或政治團體、職業或其他社會機構的認同。

social identity threat　社會認同威脅
人們知覺到他人將自己視為團體成員，而非個人來評價時引發的威脅。

social impact theory　社會衝擊理論
此理論認為，順從社會影響的因素包括：團體的重要程度、接近度和團體的人數。

social influence　社會影響
其他人所說的話、行動或僅僅別人的存在，對我們的思想、情感、態度或行為所造成的影響效果。

social loafing　社會性懈怠
當人們處於他人在場的情況而個人表現無法被評估時，在簡單或不重要的作業會表現較差，但在複雜或重要的作業會表現較好。

social norms　社會規範
團體可接受之行為、價值觀和信念的規則，這些規則可能是隱而未宣，也可能是明白的規定。

social perception　社會知覺
研究我們如何形成對他人的印象，以及如何對他們下判斷。

social psychology　社會心理學
探討人們的想法、感覺及行為，如何因他人的真實或想像之存在，而受到影響的科學研究。

social roles　社會角色
團體中關於特定個人應如何表現其行為的共同期望。

social support　社會支持
他人能回應且接納自己需求的知覺。

social tuning　社會調節
人們採納對方的態度的歷程。

source monitoring　來源監控
人們嘗試辨認記憶來源的歷程。

stereotype　刻板印象
有關某一群人的類推，將某些特質賦予該團體幾乎所有成員，而不理會他們實際上的變異。

stereotype threat　刻板印象威脅
團體成員擔憂自己行為可能符合文化刻板印象。

storage　貯存
人們將來自環境裡已經編碼之訊息維持在記憶裡的歷程。

story model　故事模式
一種理論，意指陪審員嘗試將他們在審判時聽到的證據配合成前後連貫的故事，最終達到最適合他們所創造之故事的判決。

stress　壓力
人們認為自己無法因應環境要求時所產生的負面感受和信念。

subliminal messages　閾下訊息
某些無法為意識所察覺，卻可能影響人們的判斷、態度與行為之文字或圖案。

survey　調查
要求代表性樣本當中的人（通常匿名）回答有關其態度或行為之問題的研究。

task-contingent rewards　以任務為條件的獎勵
只需完成任務即可獲得獎勵，不管表現是好是壞。

task-oriented leaders　任務導向的領導者
較關心任務完成與否，而非部屬的感覺或跟他們的關係之領導者。

tend-and-befriend response　照料及友善反應
對壓力的反應是保護自己與子女（照料），以及創造能提供保護、免於威脅之社會網絡（友善）的撫育活動。

terror management theory　恐慌管理理論
此理論認為，自尊像是個緩衝器，使人們不致因死亡念頭而感到恐慌。

theory of planned behavior　計畫行為理論
根據此理論，最能預測人們深思行為的是人們的意圖；而最能預測其意圖的是他們對特定行為的態度、主觀規範，以及自認對行為的控制程度。

thin-slicing　薄片擷取
根據極為簡要的行為觀察，就推論出他人的個性或技能。

tit-for-tat strategy　以牙還牙策略
促進合作的一種策略：先做出合作的反應，再根據對手於前一回合的反應（合作或競爭）做出反應。

transactional leaders　交易型領袖
交易型領袖會設定清楚且短期的目標，並獎勵那些達成的人。

transactive memory　交換記憶
即是兩人相加的記憶要比其中一人的記憶來得有效率。

transformational leaders　變革型領袖
變革型領袖會激勵追隨者專注在共同的長期目標上。

two-factor theory of emotion　情緒二因論
此理論認為情緒經驗是兩階段自我知覺歷程和結果：人們先經歷到生理激動狀態，接著對此狀態尋找適當的解釋。

two-step attribution process　歸因兩階段歷程人們在分析他人行為時，首先會自動地做內歸因，接著才思考可能的情境因素，然後才可能調整原本的內歸因。

ultimate attribution error　最終歸因偏誤
對某一團體的人做出性格歸因的傾向。

upward social comparison　向上社會比較
和那些在特定特質或能力上比我們優秀的人做比較。

urban overload hypothesis　都市過度負荷假說
該理論認為，生活在都市裡的人不斷受到刺激所轟炸，因此他們不與人往來，以避免被淹沒。

weapons effect　武器效應
單純槍枝或其他武器的出現，就會增加攻擊行為。

Yale Attitude Change Approach　耶魯的態度改變研究取向
研究人們在何種情況下最可能被說服性訊息改變態度，影響因素包括：溝通的來源、溝通的訊息本身，以及聽眾的特性。

本書之試題解答及參考書目，請至揚智文化公司網站揚智閱讀俱樂部（www.ycrc.com.tw）的「教學輔助區」中下載，亦可直接掃描QR code，謝謝！

參考文獻

試題解答

心理學叢書

社會心理學

原 作 者 / Elliot Aronson, Timothy D. Wilson, Samuel R. Sommers
譯　　　者 / 余伯泉、陳舜文、危芷芬、余思賢
出 版 者 / 揚智文化事業股份有限公司
發 行 人 / 葉忠賢
總 編 輯 / 閻富萍
特約執編 / 鄭美珠
地　　　址 / 新北市深坑區北深路三段 258 號 8 樓
電　　　話 / (02)8662-6826
傳　　　真 / (02)2664-7633
網　　　址 / http://www.ycrc.com.tw
 E-mail / service@ycrc.com.tw
 I S B N / 978-986-298-369-0
初版一刷 / 2011 年 6 月
二版一刷 / 2015 年 4 月
三版一刷 / 2019 年 1 月
四版一刷 / 2021 年 7 月
四版二刷 / 2023 年 3 月
定　　　價 / 新台幣 800 元

＊本書如有缺頁、破損、裝訂錯誤，請寄回更換＊

國家圖書館出版品預行編目（CIP）資料

社會心理學 / Elliot Aronson, Timothy D. Wilson, Samuel R. Sommers 著；余伯泉, 陳舜文, 危芷芬, 余思賢譯. -- 四版. -- 新北市 ：揚智文化事業股份有限公司, 2021.07
　　面；　公分. -- (心理學叢書)
譯自：Social psychology, 10th ed.

ISBN 978-986-298-369-0(平裝)

1.社會心理學

541.7   110008144